# 충실의무법

## 신뢰에 대한 법적 보호

이 중 기

삼 우 사

# 책의 출간에 즈음하여

마침내『충실의무법』책을 출간하게 되었다. 영국 유학 중 매우 흥미로우면서도 가장 이해하기 힘들었던 부분이 '조직과 지분'의 개념, '그 기관' 등이 부담하는 충실의무 개념이었다. 하지만 지금 돌이켜 생각해 보면 아마도 영국 법학이 세계법의 형성에 기여한 가장 큰 업적 중 하나는 신탁이라는 조직과 회사라는 조직의 창안과 그에 관한 조직법리의 발전, 특히 그 발전과정에서 형성되기 시작한 충실의무 개념이 아닌가 생각된다. 그 당시에는 영국법의 관점에서 충실의무가 무엇인가를 이해하려고 노력하였지만, 귀국 후에는 우리 법의 체제 내에서 어떻게 충실의무 개념을 수용할 수 있는가를 고민하였다. 이 책은 이러한 충실의무법리를 우리 법의 체계에서 어떻게 수용해야 하고, 어떻게 발전시켜야 하는가를 연구한 논문들을 엮은 것이다. 이 책으로 인해 더 많은 학자들이 충실의무를 연구해 우리나라에서도 영미와 같이 충실의무법이 잘 활용되었으면 좋겠다. 특히 충실의무법이 직무수탁자의 재산유용과 향응수수에 대한 사법원칙으로 정립되어 공정하고 투명한 사회의 확립에 기여하길 기대한다.

아직 이 책에는 충실의무의 제3자적 효력 등 일부 쟁점들은 반영되어 있지 않지만, 서둘러 출판을 결정하였다. 한 가지 이유는 영국 유학 중에 충실의무법과 함께 기획하였던 조직법을 발간하려면 더 이상 충실의무법 출간을 미룰 수 없었기 때문이다. 하지만, 이 책을 서둘러 출간하기로 한 더 큰 이유는 인공지능과 자율형 로봇의 등장 때문이다. 우리 학교 황기연 부총장과의 인연으로 "윤리적 자율주행자동차"에 대해 융합연구를 시작하고 알파고의 충격을 직접 체험한 후, 인공지능과 자율주행차가 앞으로 나의 많은 시간을 빼앗아 갈 것을 직감했기 때문이다.

충실의무법을 연구함에 있어 가장 큰 영향을 미친 분으로는 케임브리지 대학의 Maitland 교수와 Sealy 교수를 들 수 있다. Maitland 교수의 명저 『Equity』(2nd ed., 1936)는 형평법의 '보충적 역할'을 명확히 인식시켜 주었다.[1] 이러한 인식은 충실의무법의 적용범위를 확정함에 있어 나에게 분명한 기준을 제시해 주었다. Sealy 교수와의 인연은 Sheffield에서 시작된다. Cambridge LLM의 입학을 일년 미루고 안동대학교 민속학과 교수였던 아버지 소개로 셰필드 대학 한국학과 방문연구원으로 영국생활을 시작한 나는 셰필드 대학 법대에서 처음으로 영국 회사법 수업을 듣게 된다. 당시를 생각하면 다시 한번 영국 유학에의 길을 이끌어 주신 부모님께 감사한 마음이 든다. 이때 박사과정의 지도교수가 되는 Birds 교수를 만나게 되는데, 그의 수업에서 이사의 충실의무 개념을 처음 배우고, Sealy 교수의 『Cases and Materials in Company Law』와 이 책에 언급된 충실의무에 관한 그의 초기 논문들[2]을 접하게 된다. 일년 뒤 케임브리지로 간 나는 Sealy 교수의 강의를 직접 듣게 되는데, 그 뒤 그는 Birds 교수의 추천으로 나의 박사학위 논문[3]의 외부 심사위원이 되었다. 이 인연으로 케임브리지에서 서강대학교 상법교수직에 "갑자기" 지원하게 되었을 때 Sealy 교수께서 추천서를 써주기도 하였다. 교수님의 학문적 업적이 영원히 기억되길 기원한다. 지도교수인 Birds 교수와 더불어 나에게 큰 도움을 준 분으로 Jesus College의 Rider 교수를 언급하지 않을 수 없다. LLM 후에도 나는 계속 케임브리지에 머물렀는데, 케임브리지에서의 충실의무 연구를 격려하면서 칼리지 기숙사 시설을 제공해 주고, 학위취득 후 영국 체류를 강력히 권유하며 같이 연구하자고 한 사실은 지금 생각해도 고마운 일이다. 물론 예일 대학교 Langbein 교수도 나의 충실의무 연구에 있어 지대한 영향을 미쳤다. NYU Law School에서 Hauser Global Fellow로 있었던 2011년, 뉴헤이번으로 가서 Langbein 교수를 만나게 되었는데, 그 때 그가 강조한 "19세기 산업화에 따른 신탁재산의 변화"와 그에 따른 수탁자의 충실의무의 형성과정[4]은 나에

1) 자세히는 제2편 제1장 충실의무의 작동방식 참조.
2) Sealy, "Fiduciary Relationship", [1962] *Cambridge L.J.* 69 등.
3) *Conflicts of Interest in Securities Firms : On Fiduciary law, Confidentiality and Corporate Personality* (1994, Sheffield University).
4) 제2편 제2장 참조.

게 큰 영향을 미쳤다. 이러한 영향으로 인해 나는 인공지능의 등장이 새로운 유형의 권리·의무의 형성을 촉발할 것이라는 예측을 하게 되었고, 20년 후에는 "지능정보화에 따른 재산과 조직의 변화"와 그에 수반된 재산수탁자와 조직 기관들의 새로운 개념과 권리·의무가 형성될 것을 예상해 본다.

이 책을 출간함에 있어 많은 분들의 도움이 생각난다. 먼저 필자를 학문의 길로 인도하고 영국 유학을 추천해 주신 은사 송상현 선생님과 김건식 선생님께 무한한 감사의 마음을 전한다. 또한 귀국 후 척박한 땅에서 신탁법과 충실의무에 대한 관심을 환기해 주시고 연구자로서의 모범을 보여 주신 석광현 교수님께도 깊이 감사드린다. 그리고 이 책에 수록된 논문을 심사하면서 좋은 지적을 해 주신 익명의 심사자분들 모두에게 깊은 감사의 마음을 전한다. 물론 필자의 논문 초고를 읽고 도움의 말을 주신 박준 교수님, 권종호 교수님, 김기창 교수님, 박삼철 박사님, 윤영신 교수님, 송호영 교수님, 권영준 교수님, 송옥렬 교수님, 노혁준 교수님, 천경훈 교수님, 김연미 교수님을 비롯한 모든 분들께 감사의 마음을 전한다. 마지막으로 신탁법, 공익단체법에 이어 이 책까지 출판해 주신 도서출판 삼우사 조병철 사장님의 노고에 깊은 감사를 드린다.

이 책을 준비하는 동안 정민이와 진욱이가 무척 성장한 것 같다. 어느덧 고2가 되어 입시준비를 하는 우리 정민이는 벌써 엄마와 키가 같아져 버렸다. 정민이에게 바쁘다는 핑계로 잘해 주지 못해 많이 안쓰럽다. 큰방에서 늘 엄마와 함께 도란도란 이야기를 나누는 진욱이는 벌써 중2가 되어 축구구단주로서의 미래를 설계하고 있다. 정민이와 진욱이가 미래의 지능정보사회에서 자신이 원하는 주역으로 활동하면 좋겠다. 마지막으로 지난 20년 동안 나의 생활과 연구의 모든 것을 뒷받침하고 있는 사랑하는 아내 황은경에게 감사하다는 말을 전한다. 은경이의 격려와 도움이 없었으면 이 책은 출판되지 못했을 것이다.

2016년 9월 반포동 서재에서

이 중 기

# 차 례

## 제 1 편 충실의무법의 정립


### 제 1 장 '충실의무'의 정의와 역할, 충실의무법의 지위

Ⅰ. 인간의 공동생활과 규범 ........ 3

1. 공동생활과 이기심: 규범의 필요성 • 3
2. 법과 도덕의 관계 • 4

Ⅱ. 충실의무의 태동, 정의, 부과이유, 그 역할 ........ 4

1. 충실의무법리의 태동과 정의: 신뢰에 대한 법적 보호 • 4
2. 충실의무의 부과이유와 역할 • 5

Ⅲ. 충실의무법의 지위: 신의칙의 의무법적 발현 ........ 5

1. 주의의무와 충실의무: 신뢰에 대한 법적 규범력의 확보 장치 • 6
2. 충실의무 선언의 효과: 도덕적 의무에서 법적 의무로 전환 • 6
3. 신의칙과 충실의무: 의무이행에 있어서 신의칙의 발현 • 7

### 제 2 장 영미 충실의무 개념의 차이와 용어의 해석, 정의

Ⅰ. 용어의 정의 ........ 9

Ⅱ. 영국과 미국에서의 충실의무법의 발전 ........ 10

1. 영국의 충실의무법 • 10
2. 미국의 충실의무법 • 11

Ⅲ. 우리 법상 fiduciary duty 혹은 loyalty duty를 어떻게 부르고 어떻게 분류할 것인가? ..... 12
1. 미국식 해석과 분류 • 12
2. 영국식 해석과 분류 • 13
3. 소 결 • 13
Ⅳ. 충실의무법의 연구목표 ..... 13

## 제 3 장 신탁법에 기초한 영미 충실의무법리의 계수와 발전

Ⅰ. 머리말 ..... 15
Ⅱ. 영미 충실의무법의 개념, 태동, 역할, 기능 ..... 16
1. 영미 충실의무법의 개념 • 16
2. 충실의무법의 태동과 충실의무라는 용어의 사용 • 17
3. 충실의무법리의 작동방식 • 20
4. 충실의무법의 역할: 계약법의 역할과 비교하여 • 22
Ⅲ. 왜 우리 법에 충실의무법의 도입이 필요한가? ..... 24
1. 법원의 후견적 보충기능의 수행을 위하여 • 24
2. 왜 법원의 후견적 보충기능 수행이 필요한가? • 26
3. 신뢰사회의 건설을 위하여 • 27
Ⅳ. 회사법상 충실의무법의 도입과 발전 현황 ..... 28
1. 이사의 충실의무 • 28
2. 회사법에서의 충실의무법리 도입의 정당화 • 33
3. 회사법상 충실의무법의 약점 • 35
Ⅴ. 금융법상 충실의무법의 도입과 발전 현황 ..... 36
1. 자본시장법상의 충실의무 규정과 해석 • 36
2. 금융법에서의 충실의무법리 도입의 정당화 • 36
3. 금융기관의 충실의무자 지위 • 38
Ⅵ. 어떻게 발전시킬 것인가? ..... 39
1. 방안 Ⅰ: 신탁법의 충실의무법을 토대로 한 발전 • 39
2. 방안 Ⅱ: 유형별 충실의무관계에 대한 신탁법상 충실의무법리

의 변용과 수용 • 41
3. 방안 Ⅲ: 의무위반에 대한 충실의무법적 구제수단의 도입과 변용 • 47

Ⅶ. 충실의무자의 인정과 충실의무의 부과단계 ········ 48
1. 충실의무자의 인정절차와 충실의무의 부과절차 • 48
2. 충실의무 부과단계의 쟁점 Ⅰ: 본인의 보호 v. 당사자 공동의 이익의 실현 • 50
3. 충실의무 부과단계의 쟁점 Ⅱ: 계약의 형성과정 v. 엄격한 default rule의 완화과정 • 54
4. 충실의무 부과단계의 쟁점 Ⅲ: 계약으로 충실의무를 배제할 수 있는가? • 55

Ⅷ. 충실의무 위반에 대한 구제수단의 부여단계 ········ 57
1. 구제수단의 부여절차와 구제수단의 종류 • 57
2. 이익반환책임의 구체적 실현방안 • 60
3. 반환되는 이익의 산정과정 • 60

Ⅸ. 충실의무법 발전의 결정적 전제조건들 ········ 66
1. 입법부의 역할 • 66
2. 사법부의 역할 • 67
3. 학자들의 역할 • 67

제 4 장 신의칙과 위임법리에의 접목을 통한 충실의무법리의 확대와 발전

Ⅰ. 문제제기 ········ 70
1. 신탁관계, 회사관계, 금융관계에서의 충실의무법리 • 70
2. 위임관계에서의 충실의무법리는? • 71
3. 논의의 순서 • 72

Ⅱ. 충실의무법의 태동, 작동방식과 대표적 법리, 성질 ········ 72
1. 형평법원의 역할과 지위: 형평법의 보충성 • 73
2. 형평법원에 의한 충실의무법의 태동 • 73
3. 충실의무법의 작동방식과 대표적 법리 • 74
4. 충실의무법의 역할: 계약법의 역할과 비교하여 • 75

Ⅲ. 충실의무법리는 위임법에 접목될 수 있는가? ..................... 76
1. 위임관계는 충실의무법리가 상정하는 '신뢰와 신임'의 관계인가? • 76
2. 의무부과 측면: 신의칙이 충실의무법리를 대신하고 있는가? • 78
3. 구제 측면: 부당이득법이 이익반환책임을 대신하고 있는가? • 80
4. 영미의 충실의무법리는 위임관계에 접목될 수 있는가? • 83
Ⅳ. 위임관계에 충실의무법리를 도입하는 것은 바람직한가? .......... 86
1. 계약체결비용의 절감 • 86
2. 증명책임의 감경을 통한 감시기능의 강화 • 88
3. 사법 전체를 관통하는 충실의무법리의 정립 필요성—다른 신뢰와 신임 관계와의 통일성 • 88
Ⅴ. 충실의무법리는 명시적으로 선언되어야 하나? ..................... 89
1. 충실의무법리의 도입에 제정법 규정이 있어야 하는가? • 89
2. 어느 정도로 자세히 충실의무법리를 규정해야 하나? • 91
3. 어느 법전에 규정할 것인가?: 상법전, 민법전, 혹은 신탁법 95
Ⅵ. 충실의무법의 발전과 확대적용 방안 ..................... 96
1. 신탁법에 기초한 충실의무법리의 심화적 발전 • 96
2. 위임법리에 접목된 충실의무법리 적용관계의 확대: 신의칙에 근거해야 • 96
Ⅶ. 여론: 사무관리자의 충실의무와 선관의무 ..................... 97
Ⅷ. 맺음말 ..................... 98

## 제 5 장 충실의무의 수용방법: '준수탁자' 개념과 신탁충실의무법의 준용

Ⅰ. 머리말 ..................... 100
1. 연구의 배경 • 100
2. 이 글에서의 충실의무의 정의 • 100
Ⅱ. 우리 법상 충실의무 개념은 어느 정도 수용되어 있는가? ...... 102
1. 실정법이 '충실의무'라는 표현을 사용하는 경우 • 102

2. 회사법상 이사의 충실의무에 관한 논쟁: 동질설 v. 이질설 • 103
3. 구 신탁법상 수탁자의 충실의무에 관한 대법원 판례 • 106
4. 기존 논의의 한계와 신탁법상의 논의 • 108
5. 충실의무법리의 발전방향: '준수탁자'로서의 충실의무자 • 112
6. 준수탁자에 대한 수탁자의 충실의무 및 구제수단의 준용 • 115

## 제 2 편 충실의무와 주의의무

### 제 1 장 충실의무와 선관의무의 작동방식: 충실의무의 선관의무 보충역할

Ⅰ. 머리말 ............ 125
Ⅱ. 충실의무의 작동방식과 충실의무의 보충적 역할: 영국법상의 논의 ............ 127
1. 충실의무의 작동방식에 대한 전통적 입장 • 127
2. 충실의무의 작동방식에 대한 새로운 견해: 명령적 의무도 부과한다는 견해 • 130
3. 충실의무자의 사무처리에 관한 의무 • 133
4. 영국법에서 충실의무의 역할: 기본관계의 이행을 보조하는 역할 • 136
Ⅲ. 우리 법상의 충실의무와 선관의무의 작동방식 ............ 138
1. 신탁법이 규정한 충실의무와 선관의무의 작동방식 • 139
2. 회사법이 규정한 충실의무와 선관의무의 작동방식 • 144
Ⅳ. 우리 법상 충실의무의 역할과 지위 ............ 148
1. 충실의무법의 역할: 기본관계의 보충적 역할 • 148
2. '명령적 작위의무'의 부과는 충실의무법의 역할인가?: 신의칙상 '보호의무', '설명의무'와 관련하여 • 149
Ⅴ. 정리의 말 ............ 154

## 제2장 주의의무와 충실의무법리의 분화와 발전

Ⅰ. 머리말 ········· *157*

Ⅱ. 신탁재산의 변화에 따른 수탁자의 권리·의무의 발전: 영미의 논의를 중심으로 ········· *158*

1. 신탁재산의 변화에 따른 신탁의 기능과 수탁자의 역할 변화 • *158*
2. 수탁자의 역할변화에 따른 수탁자의 권리·의무의 변화 • *159*
3. 변화된 신탁재산의 적극적 운용과 충실의무법의 대응과 발전 • *161*
4. 변화된 신탁재산에 대한 적극적 운용과 신탁투자법의 대응과 발전 • *163*

Ⅲ. 일본에서의 신탁제도의 수입과 수탁자의 주의의무 논의 ········· *167*

1. 일본에서의 신탁제도의 수입 • *167*
2. 일본에서의 수탁자의 주의의무의 논의 • *168*
3. 일본에서 수탁자의 주의를 수임인의 선관주의로 보는 논거 • *168*

Ⅳ. 우리나라에서의 '신탁사무'의 개념과 수탁자의 투자의무, 주의의무, 충실의무 ········· *170*

1. '신탁사무' 개념의 역할과 '신탁사무' 처리에 대한 선관의무의 개념 • *170*
2. 신탁투자법의 발전단계에 따른 수탁자의 투자의무와 주의의무의 정도 • *177*
3. 신탁투자법의 발전에 따른 주의의무와 충실의무의 역할 분화와 발전 • *178*
4. 투자의무 위반에 대한 구제수단: 충실의무에 의한 영향 여부 • *183*

Ⅴ. 정리의 말 ········· 185

## 제 3 장 충실의무의 태동과 조직법의 기여: 소유와 수익의 분리로 인한 충실 의무의 발전

(…)

V. 조직법의 고유한 특징과 기여 ........ 188

1. 조직법의 고유한 특징: 소유와 수익의 분리 현상과 충실의무 개념의 탄생 • 188
2. 신탁법의 기여: 충실의무법, 회사법 발전의 기초 • 191
3. 회사법의 신탁법/충실의무법적 기초와 회사법의 기여: 충실 의무법 발전의 또 다른 원천 • 194

Ⅵ. 정리의 말 ........ 196

# 제 3 편 충실의무법의 강행성: 사적자치와 그 한계

## 제 1 장 수탁자의 충실의무의 강행성과 사적자치

Ⅰ. 머리말 ........ 203

Ⅱ. 영미법에서의 충실의무의 부과 이유와 충실의무에 대한 사적자치 ........ 205

1. 충실의무를 부과하는 사법정책적 이유: 이익충돌의 사전적 억지 • 205
2. 충실의무관계와 충실의무의 다양성 • 207
3. 충실의무에 대한 사적자치 • 208

Ⅲ. 우리 법상의 충실의무를 부과하는 정책적 이유와 충실의무관계의 다양성 ........ 212

1. 충실의무를 부과하는 정책적 이유와 충실의무의 성질에 대한 논쟁 • 212
2. 부과되는 충실의무의 내용과 정도의 다양성 • 215
3. 충실의무 위반의 판정: 이익충돌의 발생과 판정 • 217

Ⅳ. 충실의무의 해소방법 ........ 218
1. 충실의무에 대한 사적자치의 정당화와 자치의 정도 • 218
2. 사전적 해소장치: '신탁행위'를 통한 충실의무의 해소 • 220
3. 사후적 해소장치: '공시와 승인'을 통한 충실의무의 해소 • 221
4. '공동의 이익추구'로 인한 이익충돌의 해소 • 223
5. 충실의무에 대한 사적자치의 한계와 상사관계에서의 자치 가능성 • 226
6. 충실의무 위반의 효과 • 228
Ⅴ. 비용상환청구, 보수청구와 충실의무의 적용유예 ........ 231
1. 비용상환청구에 대한 충실의무의 적용유예와 선관의무에 의한 규제 • 231
2. 비용상환청구의 범위 • 233
3. 보수청구에 대한 충실의무의 유예와 선관의무에 의한 규제 • 235
4. 비용상환청구권, 보수청구권의 행사의 신뢰와 신임적 요소: 선이행 의무 • 236
Ⅵ. 정리의 말 ........ 236

## 제 2 장 이사의 충실의무의 강행성과 사적자치: 신탁충실의무법의 보충적 적용

Ⅰ. 머리말 ........ 241
Ⅱ. 이사의 충실의무의 개념과 부과 근거 ........ 242
1. 이사의 충실의무의 개념, 부과 필요성, 및 엄격성 • 242
2. 이사의 충실의무 부과 근거 • 245
Ⅲ. 이사의 충실의무의 강행성 여부 ........ 248
1. 영국법 • 248
2. 미국법의 입장 • 250
3. 한국법 • 252
Ⅳ. 이사의 충실의무에 대한 사적자치 ........ 256
1. 충실의무의 강행성과 사적자치: 경제적 이익 • 256

2. 회사법상 사적자치의 방법 I: 회사법상 '충실의무 특칙'이 있는 경우 • 256
3. 회사법상 사적자치의 방법 II: 회사법상 충실의무 특칙이 없는 경우 • 257
4. 비정형적 충실의무의 해소와 신탁 충실의무법의 보충적 적용 • 259

V. 정리의 말 ........ 264

## 제 4 편 충실의무: 양대원리, 위반과 판단기준, 구제수단

### 제 1 장 충실의무의 양대원리: 이익충돌 금지 원칙과 이익향유금지 원칙

I. 머리말 ........ 271

II. 이익향수금지 원칙과 이익충돌금지 원칙의 관계 ........ 273
1. 이익향수의 금지원칙 • 273
2. 이익향수금지와 이익충돌금지 원칙의 관계: 영국에서의 논의 • 274
3. 우리 법에서의 논의 • 276

### 제 2 장 이익향유금지 원칙: 유형, 위반에 대한 구제수단

(제1장과 연결됨)

III. 신탁법의 이익향수금지 원칙 ........ 279
1. 수탁자의 이익향수금지 원칙의 내용과 효과 • 279
2. 향수가 금지되는 '신탁의 이익'의 의미와 유형 • 280
3. '신탁의 이익'의 향수주체와 금지되는 이익향수의 유형 • 282
4. 이득반환청구권자, 반환청구의 상대방, 반환범위 • 283
5. 이익향수금지 위반시 구제수단의 종류 • 285

IV. 회사법의 이익향수금지 원칙 ........ 287
1. 이사의 이익향수금지 원칙의 도출 근거와 의미 • 287

2. 향수가 금지되는 '회사의 이익'의 의미와 유형 • 288
3. '회사의 이익'의 향수주체와 금지되는 이익향수의 유형 • 290
4. '이득반환청구권자', 반환청구의 상대방, 반환범위 • 291
5. 이사의 이익향수금지 위반시 구제수단의 종류 • 295
Ⅴ. 정리의 말 ........ 300

## 제 3 장 이득반환책임의 성질

Ⅰ. 개 념 ........ 304
Ⅱ. 이익반환책임의 근거와 효용 ........ 307
1. 인정근거 • 307
2. 효용성 • 307
Ⅲ. 수탁자의 이익반환책임의 논리구성 ........ 308
1. 부당이득법리에 의한 이익반환청구 • 308
2. 이익억지설에 의한 이익반환청구 • 310
3. 신탁재산회복설에 의한 이익반환청구 • 312
4. 일본에서의 이익토출책임에 관한 논의 • 314
5. 일본 개정신탁법상의 이익반환청구 방법 • 315
Ⅳ. 이익반환책임의 요건과 위반 유형 ........ 316
1. 책임의 요건 • 316
2. '신탁위반' 요건 • 316
3. '이익' 요건 Ⅰ: '신탁재산' 혹은 '수탁자지위'의 사용을 통한 이익 • 318
4. '이익' 요건 Ⅱ: '신탁정보'의 사용을 통한 이익 • 319
5. 자신의 특수한 재능을 사용한 경우 • 323
Ⅴ. '이익'의 의미: 수탁자 또는 제3자의 이익 ........ 324
1. 수탁자가 이득한 경우 • 324
2. 제3자가 이득한 경우 • 325
3. 다른 신탁이 이득한 경우 • 327
Ⅵ. 이익반환청구권의 행사방법과 행사기간 ........ 327
1. 채권적 청구권인가 물권적 청구권인가? • 327

2. 거래효과가 '수탁자'에게 귀속된 경우: 개입권의 행사 • 328
3. 거래효과가 '제3자'에게 귀속된 경우: 이익의 양도청구 • 329
4. 행사기간 • 330

Ⅶ. 구제수단 사이의 경합 ...... 331
1. 이익반환과 손해배상(혹은 원상회복) • 331
2. 수익자취소권과 이익반환청구권의 관계 • 332

Ⅷ. 이익반환책임의 배제 ...... 333
1. 사전적 배제: 사전공시와 승인 • 333
2. 사후적 면책 혹은 포기 • 333

Ⅸ. 이익반환책임의 확장 ...... 334
1. 공동수탁자가 있는 경우 • 334
2. 신탁사무수임인 • 334

Ⅹ. 여론: 충실의무법상의 이익반환책임의 전개 ...... 335

**제 4 장 이익충돌금지 원칙: 유형, 위반에 대한 구제수단**

Ⅰ. 이익충돌금지 원칙의 유형 ...... 338

Ⅱ. 이익충돌금지 원칙 위반에 대한 구제수단 ...... 338
1. 이익향유 있는 이익충돌 위반시 구제수단 • 338
2. 이익향유 없는 이익충돌 위반시 구제수단 • 339

Ⅲ. 이익충돌의 입증과 추정 ...... 339
1. 이익충돌의 입증과 인과관계의 추정 • 339
2. 이익향유의 입증과의 비교 • 340

Ⅳ. 준수탁자에 대한 신탁법상 구제수단의 준용 ...... 340

**제 5 장 이익충돌의 판정기준과 '법인격'의 고려 여부**

Ⅰ. 머리말 ...... 344

Ⅱ. 이익충돌의 판정기준: '법인격'은 고려요소인가? ...... 345
1. '자기거래'의 판정에 있어 실질과 형식 • 345

2. '경업거래'의 판정에 있어 실질과 형식 • *351*
3. 대상판결 비판: 자기거래와 경업거래에서의 '회사' 혹은 '회사의 이익'의 판단기준의 혼란 • *356*

## 제 6 장 법인에서의 이익충돌의 인식: 인식의 귀속과 정보차단장치

Ⅰ. 머리말 ........ *359*

Ⅱ. 사실 혹은 정황에 대한 법인의 인식방법 ........ *360*
1. '기관 인식'의 법인에의 귀속: 구심적 귀속 • *361*
2. '대리인 인식'의 본인 인식 간주: 구심적 귀속 • *367*
3. '법인 인식'의 기관/대리인에 대한 귀속: 원심적 귀속 • *369*

Ⅲ. 기관 등의 불법행위에 대한 법인의 불법행위책임 ........ *371*
1. '기관'의 불법행위책임을 법인에 귀속시키는 방법 • *372*
2. '피용자'의 불법행위책임을 법인에 묻는 방법: 사용자 책임 • *374*

Ⅳ. 법인의 충실의무 부담과 법인에서의 이익충돌의 인식 ........ *376*
1. 법인에 대한 충실의무자 지정과 충실의무의 부과 • *376*
2. '이익/의무'의 인식과 법인 충실의무자의 정보: '기관 인식'의 '구심적 귀속' • *381*
3. '의무' 이행시 법인 충실의무자의 사용정보: '법인 인식'의 기관에 대한 '원심적 귀속' • *384*
4. 법인에서의 이익충돌·의무충돌의 발생과 판정, 그리고 인식 • *385*
5. 법인의 이익충돌, 의무충돌 사례 I: 금융기관 • *388*
6. 법인의 이익충돌, 의무충돌 사례 II: 법무법인 • *392*

Ⅴ. '인식의 귀속 법리'에 따른 이익충돌의 인정과 수정 가능성 .. *394*
1. 법인의 이익충돌을 야기하는 두 가지 동기와 두 가지 법리적 기초 • *394*
2. 거대 법인에 대한 '인식의 귀속' 법리의 적용은 과도한 이익충돌을 야기하는가? • *396*
3. 법인의 인식 법리의 수정 가능성: '정보차단장치'의 유효성 여부 • *400*

4. '정보차단장치'에 대한 법적 승인의 어려움 • 403
5. 법인에서의 이익충돌의 해소 방법: 공시와 승인 • 407
Ⅵ. 정리의 말: 이익충돌에 대한 '정보차단장치'의 효과 ················ 409

## 제 5 편 충실의무자: 분류와 유형

### 제 1 장 충실의무자의 분류방법과 준수탁자 유형

Ⅰ. 충실의무자의 분류방법 ················ 415
1. 지위에 기한 충실의무자 v. 사실관계에 기한 충실의무자 • 415
2. '지위'나 '직무'에 대한 신뢰로부터 충실의무가 기대되는 경우 • 415
3. '사실관계'에 기한 신뢰로부터 충실의무가 기대되는 경우 • 416
Ⅱ. '지위'에 기한 충실의무자의 분류방법: 수탁자와 준수탁자 ····· 417
Ⅲ. 준수탁자 유형 Ⅰ: '신탁 외의 방법'으로 재산명의를 이전받은 자 ················ 418
1. 위탁매매인의 충실의무자 지위 • 418
2. 익명조합 영업자의 충실의무자 지위 • 419
3. 명의신탁 수탁자의 충실의무자 지위 • 419
Ⅳ. 준수탁자 유형 Ⅱ: 명의를 이전받지 않지만 '법정'처분권한을 갖는 자 ················ 420
1. 법인 이사의 충실의무자 지위 • 420
2. 조합원의 충실의무자 지위 • 421
3. 투자신탁 운용자의 충실의무자 지위 • 422
4. 영업점포 지배인과 상업사용인의 충실의무자 지위 • 422
5. 법정재산관리인의 이익충돌적 지위와 충실의무: 파산관재인 등 • 422
6. 국민연금공단의 충실의무자 지위 • 423
7. 지배주주의 지배권과 충실의무 • 423

Ⅴ. 준수탁자 유형 Ⅲ: 타인재산의 처분재량을 수권받거나 영향력을 행사하는 자 423
1. 자문업자, 일임업자의 이익충돌적 지위와 충실의무 • 424
2. 대리상의 이익충돌적 지위와 충실의무 • 424
Ⅵ. 준수탁자 유형 Ⅳ: 비재산적 관계에서 재량을 수권받거나 영향력을 행사하는 자 425
1. 의사의 충실의무자 지위 • 425
2. 종교인의 충실의무자 지위 • 425
3. 정치인·공무원·군인의 충실의무자 지위 • 426
Ⅶ. 준수탁자가 부담하는 구체적 충실의무의 내용과 그 위반에 대한 구제수단 427
1. '타인재산'을 지배하는 준수탁자의 충실의무와 위반시 구제수단 • 427
2. '타인정보'를 지배하는 준수탁자의 충실의무와 위반시 구제수단 • 428
3. 소 결 • 428

제 2 장 충실의무자의 기본유형: 수탁자

Ⅰ. 수탁자가 존재하는 법률관계: '신탁관계'와 '신탁을 채용한 조직관계' 429
Ⅱ. 투자신탁 수탁자의 이익충돌적 지위와 충실의무 430
1. 신탁설정시의 소유와 수익의 분리 • 430
2. 수탁자지위의 정립 • 430
Ⅲ. 퇴직연금신탁 수탁자의 이익충돌적 지위와 충실의무 431

제 3 장 준수탁자 Ⅰ: 주식회사 이사

(…)

Ⅱ. 회사법에서의 충실의무법리 도입의 정당화 433
1. 이사에 대한 재량부여의 필요성 증가 • 433

2. 이사의 재량 증가에 따른 통제방법: 법원의 충실의무 부과 재량 • 434

Ⅲ. 회사법상 충실의무법리의 전개 ........ 434

1. 문제제기: 이사의 선관의무와 충실의무의 관계 • 434
2. 회사법상 이사의 충실의무에 관한 논쟁: 동질설 v. 이질설 • 435
3. 구 신탁법상 수탁자의 충실의무에 관한 대법원 판례 • 437
4. 충실의무법의 발전방향: 이사의 충실의무와 수탁자의 충실의무는 달리 발전되어야 하는가? • 439
5. '준수탁자'로서의 이사에 대한 수탁자의 충실의무 및 구제수단의 준용 • 443
6. 소결: 대상판결의 의미 • 448

Ⅳ. 정리의 말 ........ 450

## 제 4 장 준수탁자 II: 변호사, 법무법인

(…)

Ⅲ. 법무법인에 발생하는 이익충돌과 충실의무 ........ 453

1. 법무법인의 직무와 업무집행 방법 • 453
2. 법무법인에 발생하는 이익충돌의 유형 • 454
3. 이익충돌의 발생원인과 법리적 기초: '단일법인격'에 기한 '복수고객'에 대한 '복수업무의 수행' • 465
4. 법무법인에 대한 충실의무의 부과 근거와 구체적 충실 의무 • 470
5. 법무법인의 이익충돌 해소장치와 충실의무의 준수 여부 • 474

Ⅳ. 법무법인의 충실의무 위반에 대한 효과, 구제수단: 준수탁자로서의 법무법인 ........ 479

1. 충실의무 특칙에 의해 커버되는 상황 • 479
2. 충실의무 특칙에 의해 커버되지 않는 상황: 준수탁자에 대한 신탁법의 준용 • 484

Ⅴ. 정리의 말 ........ 485

## 제 5 장 준수탁자 Ⅲ: 금융기관

Ⅰ. 금융기관의 충실의무자적 지위 ········ 489
1. 충실의무의 의미 • 489
2. 금융기관에 대한 충실의무의 부과 근거 • 490
3. 금융기관의 충실의무의 구체적 유형 • 492
4. 금융기관에 대한 충실의무와 그 발견절차 • 497

Ⅱ. 금융기관에서의 이익충돌 ········ 502
1. 금융기관에서 이익충돌이 발생하는 이유 • 502
2. 금융기관에 발생하는 이익충돌의 유형 • 504
3. 은행에서 발생하는 이익충돌의 실례 • 505
4. 증권회사에서 발생하는 이익충돌의 실례 • 507

Ⅲ. 금융기관에 발생하는 이익충돌의 해소방안 ········ 512
1. 금융기관의 이익충돌을 유발하는 법리: 법인론과 충실의무론 • 512
2. 금융기관에 적용되는 법인론과 그 수정 가능성 • 514
3. 금융기관의 충실의무자적 지위의 변경 가능성 • 526
4. 은행과 증권회사에 있어서의 이익충돌 해소방안의 차이 • 535

Ⅳ. 금융기관의 충실의무 위반에 대한 구제수단 ········ 536
1. 이익충돌회피의무 위반의 효과와 구제수단 • 537
2. 이익향유금지 위반의 효과와 구제수단 • 539
3. 고객정보의 비밀유지의무 위반의 효과와 구제수단 • 540
4. 자기정보의 사용의무 위반의 효과와 구제수단 • 541
5. 공평의무 위반의 효과와 구제수단 • 542

## 제 6 장 준수탁자 Ⅳ: 투자신탁운용사

(…)
3. 투자신탁관계에 대한 학설 • 546
(…)
Ⅳ. 시사점 및 제도 발전전략 ········ 551

3. 투자신탁계획 개념의 창설 • 551
5. 운용사지위 및 충실의무 정립 • 553

## 제 7 장 준수탁자 V: 지배주주

Ⅰ. 머리말: 지배권 프리미엄의 적정성과 통제방법 ........................ 559
Ⅴ. 과도한 지배권 프리미엄에 대한 사후적 통제장치 .................... 561
1. 사후적 시정방법: '당사자'의 재협상 v. '법원'에 의한 프리미엄 조정 • 561
2. 재협상의 어려움: 재협상유인을 증대시키는 법제도의 필요성 • 562
3. 재협상 유도방법: 법원의 공정성 심사의무 • 563
4. 재협상으로서의 정관변경의 어려움과 법원개입의 필요성 • 566
Ⅵ. '이사회 결의의 공정성 심사'와 '지배주주의 충실의무' ........... 567
1. 이사회 결의의 공정성 심사방법 • 567
2. '지배주주의 충실의무' 부과 방법 • 569
3. 공정성 심사의 '사전적'(ex ante) 경고 기능과 재판부담: 후행적 보충성 • 571
4. 법원의 적극적 법형성(충실의무 부과)의 외연과 내재적 한계: 프리미엄 수정권 • 572
Ⅶ. 지배권 프리미엄의 할인: 상호보유, 순환출자의 경우 ............. 573
Ⅷ. 정리의 말 ........................................................................................ 574

## 제 8 장 준수탁자 Ⅵ: 국민연금공단

(…)
Ⅲ. 국민연금기금의 성질과 연금수급권의 성질 ............................... 576
1. 연금기금의 성질 • 576
2. 국민연금관계의 법적 성질 • 579

**찾아보기** ........................................................................................ 583

# 주요 참고문헌

* 이 책의 저자(이중기)의 주요 논문에 대해서는 인용 편의를 위하여 다음과 같이 약식으로 인용함.


- Choong-Kee Lee, "Conflicts of Interest in Securities Firms: On Fiduciary Law, Confidentiality and Corporate Personality" (1994) (Ph.D. Thesis, Sheffield University, UK)
  ............ Choong-Kee Lee, "Conflicts of Interest"

- "증권회사에 발생하는 이익충돌과 Chinese wall의 문제: 공시와 승인, 상관습, 면책약관, Chinese Wall의 적용", 『한림법학 Forum』, 제6권(1997)
  ............ 증권회사에 발생하는 이익충돌과 Chinese wall

- "투자신탁제도의 신탁적 요소와 조직계약적 요소", 『한림법학』, 제9권(2000)
  ............ 투자신탁제도의 신탁적 요소와 조직계약적 요소

- "투자신탁의 법적 성질과 당사자들의 지위", 『상사법연구』, 제23권 제2호 (2004. 9) ............ 투자신탁의 법적 성질과 당사자들의 지위

- "금융기관의 충실의무와 이익충돌, 그 해소방안: 정보차단장치 및 공시와 승인의 법적 효력을 중심으로," 『증권법연구』, 제7권 제2호(2006)
  ............ 금융기관의 충실의무와 이익충돌

- "신탁에서의 이익향유금지의 원칙과 이익반환책임: 상법상 개입권의 행사가능성을 중심으로", 『홍익법학』, 제8권 제2호(2007)
  ............ 신탁에서의 이익향유금지의 원칙

- “이사, 상업사용인의 회사기회유용과 경업금지의무 위반: 이사, 상업사용인의 충실의무위반에 대한 개입권의 행사가능성을 중심으로”, 『홍익법학』, 제8권 제3호(2007) ........ 회사기회유용과 경업금지의무 위반

- “신탁업무의 외부위탁에 대한 규제방안”, 『홍익법학』, 제11권 제1호(2010) ........ 신탁업무의 외부위탁

- “신탁법에 기초한 영미 충실의무법의 계수와 발전: 회사법, 금융법의 충실의무를 중심으로”, 『홍익법학』, 제12권 제1호(2011) ........ 신탁법에 기초한 충실의무법의 계수

- “신의칙과 위임법리에의 접목을 통한 충실의무법리의 확대와 발전”, 『홍익법학』, 제12권 제2호(2011) ........ 신의칙과 위임법리에의 접목을 통한 충실의무법리의 발전

- “법무법인에 발생하는 이익충돌과 충실의무: ‘준수탁자’로서의 법무법인”, 『홍익법학』, 제14권 제4호(2013) ........ 준수탁자로서의 법무법인

- “‘사정변경’에 대한 사적자치와 법원의 역할: 재협상 유도를 위한 법원의 계약보충의무”, 『비교사법』, 제20권 제2호(통권 제61호)(2013) ........ 사정변경과 재협상

- “법인에서의 인식의 귀속과 이익충돌의 인식: 거대 회사에서의 ‘정보차단장치’의 효력을 중심으로”, 『서울대학교 법학』, 제55권 제4호(2014. 12) ........ 법인에서의 인식의 귀속과 이익충돌의 인식

- “신탁재산의 변화에 따른 투자법(investment law)의 등장과 수탁자의 주의의무, 충실의무 법리의 분화와 발전”, 『상사법연구』, 제34권 제2호(2015) ........ 주의의무와 충실의무법리의 분화와 발전

- “충실의무자의 이익향유금지”, 『홍익법학』, 제16권 제3호(2015) ........ 충실의무자의 이익향유금지

- “이익충돌의 판정기준과 ‘법인격’의 고려 여부, 회사기회 유용법리와 회사법상 충실의무법리의 전개”, 『민사판례연구(XXXVII)』(2015)
  ………………………………………… 이익충돌의 판정기준과 법인격의 고려 여부
- “이사의 충실의무의 강행성 여부와 충실의무에 대한 사적자치: 신탁 충실의무법의 보충적 적용을 중심으로”, 『비교사법』, 제22권 제3호(2015)
  ………………………………………… 이사의 충실의무에 대한 사적자치
- “신탁재산의 변화에 따른 투자법의 등장과 수탁자의 주의의무, 충실의무법리의 분화와 발전”, 『상사법연구』, 제34권 제2호(2015)
  ………………………………………… 주의의무와 충실의무법리의 분화와 발전
- “충실의무에 대한 사적자치: 충실의무의 부과이유와 그 해소장치를 중심으로”, 『비교사법』, 제22권 제2호(2015)
  ………………………………………… 수탁자의 충실의무에 대한 사적자치

# 제 1 편

# 충실의무법의 정립

# 목 차


제 1 장 '충실의무'의 정의와 역할, 충실의무법의 지위

Ⅰ. 인간의 공동생활과 규범

Ⅱ. 충실의무의 태동, 정의, 부과이유, 그 역할

Ⅲ. 충실의무법의 지위: 신의칙의 의무법적 발현

제 2 장 영미 충실의무 개념의 차이와 용어의 해석, 정의

Ⅰ. 용어의 정의

Ⅱ. 영국과 미국에서의 충실의무법의 발전

Ⅲ. 우리 법상 fiduciary duty 혹은 loyalty duty를 어떻게 부르고 어떻게 분류할 것인가?

Ⅳ. 충실의무법의 연구목표

제 3 장 신탁법에 기초한 영미 충실의무법리의 계수와 발전

Ⅰ. 머리말

Ⅱ. 영미 충실의무법의 개념, 태동, 역할, 기능

Ⅲ. 왜 우리 법에 충실의무법의 도입이 필요한가?

Ⅳ. 회사법상 충실의무법의 도입과 발전 현황

Ⅴ. 금융법상 충실의무법의 도입과 발전 현황

Ⅵ. 어떻게 발전시킬 것인가?

Ⅶ. 충실의무자의 인정과 충실의무의 부과단계

Ⅷ. 충실의무 위반에 대한 구제수단의 부여단계

Ⅸ. 충실의무법 발전의 결정적 전제조건들

제 4 장 신의칙과 위임법리에의 접목을 통한 충실의무법리의 확대와 발전

Ⅰ. 문제제기

Ⅱ. 충실의무법의 태동, 작동방식과 대표적 법리, 성질

Ⅲ. 충실의무법리는 위임법에 접목될 수 있는가?

Ⅳ. 위임관계에 충실의무법리를 도입하는 것은 바람직한가?

Ⅴ. 충실의무법리는 명시적으로 선언되어야 하나?

Ⅵ. 충실의무법의 발전과 확대적용 방안

Ⅶ. 여론: 사무관리자의 충실의무와 선관의무

Ⅷ. 맺음말

제 5 장 충실의무의 수용방법: '준수탁자' 개념과 신탁충실의무법의 준용

Ⅰ. 머리말

Ⅱ. 우리 법상 충실의무 개념은 어느 정도 수용되어 있는가?

# 제 1 장 '충실의무'의 정의와 역할, 충실의무법의 지위

## Ⅰ. 인간의 공동생활과 규범

### 1. 공동생활과 이기심: 규범의 필요성

인간은 사회적 동물이다.[1] 인간은 약육강식의 자연상태에서 종족보존을 위하여 공동생활을 시작하였고, 공동생활은 필연적으로 '타인의 협력'에 기반한 사회성[2]과 사회규범을 필요로 하게 되었다. '타인 존중'을 전제하는 도덕률[3]이 대표적인 것이다.

한편 인간은 개별적 존재로서 다른 사람과 구별되고 다른 사람보다 더 나아지려는 이기적 본성(selfish human nature)을 갖는다. 이러한 이기심은 개인 및 인류 발전의 원동력이 되기도 했지만, 어떤 경우 공동생활의 필요성 때문에 통제되기도 한다. 이러한 통제는 도덕규범뿐만 아니라 그 위반에 대하여 강제력이 수반되는 법규범에 의해서도 행해진다.

---

1) 아리스토텔레스(이병길·최옥수 옮김), 『정치학』(1996), 16면, Bekker section 1253a.
2) 인류는 사회성을 유지하기 위해 큰 두뇌를 발달시켰고, 사회성이 인간정신의 획기적 발전을 가져왔다는 진화인류학적, 고고학적 연구에 대해서는 던바·갬블·가울렛(이달리 옮김), 『사회성』(2016) 참조.
3) "윤리란 무엇이며, 도덕적 기준은 어디에서 왔는가?"에 대한 흥미로운 논의에 대해서는 피터 싱어(김성한 옮김), 『사회생물학과 윤리』(2012) 참조.
   그런데 이제 윤리문제는 인간에 대해서뿐만 아니라 인간이 만든 인공지능과 로봇에 대해서도 심각하게 발생한다. 자세히는 이중기·오병두, "자율주행자동차와 로봇윤리: 그 법적 시사점", 『홍익법학』, 제17권 제2호(2016), 1면.

### 2. 법과 도덕의 관계

법 형성 작업은 도덕률과 구별되는 새로운 규범을 창조하는 것이 아니다. 법은 이미 사회에 존재하는 도덕률을 발견하고 그 도덕률에 대해 법적 규범력을 선언하는 것뿐이다. 법적 규범력의 특징은 그 위반에 대한 제재가 규범과 강하게 결합[4]되어 있다는 데에 있다.

'신뢰에 기한 도덕률'에 대해서도 동일한 설명이 가능하다. 일정한 경우 신뢰에 기한 도덕적 기대는 법 형성 작업을 통해 법적 의무로 고양[5]될 수 있으며, 이 경우 그 위반에 대해 강한 법적 제재가 가해진다.

## Ⅱ. 충실의무의 태동, 정의, 부과이유, 그 역할

### 1. 충실의무법리의 태동과 정의: 신뢰에 대한 법적 보호

충실의무법리는 신뢰와 신임이 내재된 전형적 조직관계에서 발전하기 시작하였다.[6] 즉, 형식상 소유권과 실질적 수익권이 분리되는 신탁관계에서 충실의무는 신뢰에 기한 기대로부터 수탁자의 법적 의무로 고양되었고, 이후 소유와 수익이 분리되는 또 다른 조직관계인 회사관계에서 이사의 핵심의무로 뿌리를 내렸다. 이제 충실의무는 도덕적 신뢰가 존재하는 다른 지위 혹은 비전형적 관계에 대해서도 확대 적용되고 있다.[7]

이와 같이 충실의무는 도덕적 신뢰에 대해 법적 규범력을 선언한 것[8]이다. 충실의무란 계약 혹은 사무관리와 같은 '기본의무관계'(basic relationship)에 있는 의무자에 대해[9] 본인의 충실의무자에 대한 신뢰(trust and confidence)가 정당화되는 경우 이 신뢰를 법적으로 보호하기 위해 신의칙이 보충적으로 부

---

4) 한스 켈젠(김성룡 옮김), 『규범의 일반이론 1』(2016), 281면.

5) 다음 III. 2. 참조.

6) 충실의무법의 탄생에 대한 조직법의 기여에 대해서는 제2편 제3장 V. 이하(『홍익법학』, 제17권 제1호(2016), 560면 이하) 참조.

7) 충실의무자의 여러 유형에 대해서는 제5편 제1장 참조.

8) 제1편 제3장 III. 2. (3)(『홍익법학』 제12권 제1호(2011), 43면 이하) 참조.

9) "Equity was not a self-sufficient system, at every point it presupposed the existence of common law"(Maitland, *Equity*(2nd ed., 1936), p.19).

과하는 '부수의무'(supplementary duty)[10] [11]라고 정의할 수 있다.

충실의무원칙은 이러한 충실의무를 부담하는 충실의무자가 본인과의 관계에서 이익충돌에 빠지지 않게 하고, 또 본인에 대한 충실의무자 지위에서 파생된 이익을 향수하지 않도록 하는 법적 의무를 요구한다. 전자는 이익충돌의 금지 원칙(no-conflict rule)으로 발현되고, 후자는 이익향수의 금지 원칙(no-profit rule)으로 나타난다.[12]

### 2. 충실의무의 부과이유와 역할

충실의무는 인간의 본성 중 이기적 본성을 사전에 통제하기 위해 부과되는 금지적 의무(proscriptive duty)[13]이다. 금지적 의무 형식으로 발현된다는 점에서 충실의무는 사전예방적 역할(prophylactic role)을 담당한다. 또 결과적으로 볼 때, 충실의무는 본인과의 '기본의무관계'에서 행해야 할 '본연의 의무'(basic obligation)가 원활히 이행되도록 조장하는 보충적·보조적 역할[14]을 수행한다.

## Ⅲ. 충실의무법의 지위: 신의칙의 의무법적 발현

앞서 본 것처럼 법적 의무는 도덕규범과 다른 새로운 규범을 창조하는 것이 아니다. 주의의무 혹은 충실의무와 같은 법적 의무는 이미 존재하는 '사회'나 '사회구성원'에 대한 혹은 '특별한 지위'나 '구성원 개인'에 대한 기대나 신뢰를 발견하고, 그 기대나 신뢰에 대해 법적 규범력을 선언하는 것이다.

---

10) "We ought to think of equity as supplementary law, a sort of appendix added on to our code, or a sort of gloss written round our code"(*Ibid.*, p.18).

11) 충실의무의 보충적 부수의무성에 대해서는 제5편 제5장 I. 4. (3)(『증권법연구』, 제7권 제2호(2006), 80-81면) 참조.

12) 이익충돌금지원칙과 이익향수금지원칙에 대해서는 제4편 제1장, 제2장(『홍익법학』, 제16권 제3호(2015)) 참조.

13) 충실의무의 사전금지적 성질에 대해서는 제2편 제1장 II. 1. (1)(『홍익법학』, 제16권 제4호(2015), 335면 이하) 및 제3편 제1장 II. 1.(『비교사법』, 제22권 제2호(2015), 920면 이하) 참조.

14) 충실의무의 작동방식과 보충적 역할에 대해서는 제2편 제1장(『홍익법학』, 제16권 제4호(2015)) 참조.

## 1. 주의의무와 충실의무: 신뢰에 대한 법적 규범력의 확보장치

'사회'나 '사회구성원'에 대한 일반적 신뢰의 법적 규범력은 당시 사회에서 요구되는 구성원의 객관적 주의수준을 발견하고 이에 대해 법적 효력을 선언함으로써 확보될 수 있다. 반면에, '특별한 지위'나 '구성원 개인'에 대한 개별적 신뢰의 법적 규범력은 어떤 지위 혹은 개인에 대한 구체적·개별적 신뢰를 발견하고 이에 대해 법적 효력을 선언함으로써 달성될 수 있다.[15]

사회구성원의 객관적 주의의무는 계약에서 일반적으로 통용되는 주의의무 수준 혹은 사회적 경험칙에 의한 사회적 평균인의 일반적 주의의무 수준[16]으로부터 도출된다. 이에 반해, 충실의무자의 개별적 충실의무는 당해 특별한 지위에 대한 개별적 신뢰 혹은 당사자간의 구체적·개별적 신뢰관계로부터 도출된다.

## 2. 충실의무 선언의 효과: 도덕적 의무에서 법적 의무로 전환

법관이 신의칙에 기해 행하는 개별적 신뢰에 대한 충실의무의 선언(즉, 구체적 사실관계에 기한 충실의무의 선언) 혹은 입법자가 행하는 특별한 지위에 대한 충실의무의 선언(예를 들어, 이사의 지위에 대한 도덕적 신뢰를 상법전에 규정[17]하는 것) 등은 도덕적 의무를 법적 의무로 고양시키는 규범의 전환 작업이다. 이러한 충실의무의 인정절차[18]에 의해 개별적 신뢰에 기한 도덕적 기대가 법적 의무로 전환되게 된다.

신뢰에 기한 도덕적 기대가 법적 의무로 전환되면, 그 위반에 대한 제재가 달라진다. 윤리적 의무 위반시에는 발견되지 않는 강한 법적 제재[19]가 법 위반시 가해지기 때문이다.

---

15) '지위'에 기한 충실의무자 및 '사실관계'에 기한 충실의무자에 대해서는 제5편 제1장 I. 참조.
16) 사회평균인에 대해서는 권영준, "불법행위의 과실 판단과 사회평균인", 『비교사법』, 제22권 제1호(2015), 91면.
17) 예를 들어, 상법 제397조 이하 등.
18) 법관에 의한 충실의무의 인정절차에 대해서는 제1편 제3장 VII.(『홍익법학』, 제12권 제1호(2011), 62면 이하) 참조.
19) 충실의무 위반에 대한 제재에 대해서는 제4편, 특히 제2장과 제4장 참조.

### 3. 신의칙과 충실의무: 의무이행에 있어서 신의칙의 발현

개별적 신뢰에 대해 법적 보호를 선언하는 신의칙은 '의무법적' 형태로 발현되기도 하고 '권리법적' 형태로 발현되기도 하는데, 권리남용법리는 후자의 대표적인 예이고, 충실의무법리는 전자의 대표적인 예이다.[20]

#### (1) 권리행사에 대한 신의칙의 적용: 권리남용법리

권리남용법리는 권리자의 권리행사가 상대방의 신뢰에 반하는 경우 상대방의 신뢰보호를 위해 권리자의 과도한 권리행사를 정지시키거나 권리행사를 부정한다.[21] 이 점에서 권리남용법리는 상대방 채무자의 신뢰를 보호하기 위한 법리이며, 신의칙이 '권리행사'에 대해 작동하는 대표적인 예로 볼 수 있다.

신의칙은 나아가 일정한 권리행사에 대해 보충적 의무를 부과하기도 한다. 대표적인 것이 사용자의 보호의무이다. "사용자는 근로계약에 수반되는 신의칙상 부수적 의무로서 피용자가 노무를 제공하는 과정에서 생명, 신체, 건강을 해치는 일이 없도록 물적 환경을 정비하는 등 필요한 조치를 강구하여야 할 보호의무를 부담한다."[22]

#### (2) 의무이행에 대한 신의칙의 적용: 충실의무법리

이에 비해, 충실의무법리는 반대방향으로 작동한다. 즉 충실의무법리는 의무자의 '의무이행'에 대해 본인의 특별한 신뢰가 있는 경우, 기본의무의 '최적의 이행'을 촉진하기 위해 의무자에게 금지적 의무를 보충적으로 부과한다.[23] 이 점에서 충실의무는 본인의 신뢰를 보호하기 위한 법리이며, 신의칙이 '의무이행'에 대해 작동하는 대표적인 예[24]로 볼 수 있다.

---

20) 신의칙 적용의 유형화에 대해서는 김영호, "신의칙의 본질적 요소와 적용방법의 체계화", 『상사법연구』, 제28권 제4호(2010), 307면.

21) 대법원 2015.3.20. 선고 2013다88829판결; 대법원 2002.3.15. 선고 2000다13856판결; 대법원 2012.4.13. 선고 2011다47978판결 등.

22) 대법원 1999.2.23 선고 97다12082판결. 제2편 제1장 IV. 2. (3)(『홍익법학』, 제16권 제4호(2015), 358면) 참조.

23) 충실의무의 작동방식과 보충적 역할에 대해서는 제2편 제1장 참조.

24) 제1편 제4장 III. 2. 참조.

### (3) 충실의무의 강행성

신의칙은 강행성을 갖는다.[25] 따라서 신의칙의 의무법적 발현인 충실의무도 강행성을 갖는다. 즉, 충실의무 위반은 권리남용과 마찬가지로 강행규정에 위배[26]되는 것이 되고, 그 위반은 당사자의 주장이 없더라도 법원은 직권으로 판단할 수 있다.

25) 대법원 2015.3.20. 선고 2013다88829판결; 대법원 1995.12.22. 선고 94다42129판결; 대법원 2003.10.10. 선고 2001다74322판결 등.

26) 충실의무의 강행성에 대해서는 제1편 제3장 VII. 4. (3) 및 제3편 제1장, 제2장 참조.

# 제 2 장 영미 충실의무 개념의 차이와 용어의 해석, 정의

여기서는 영미에서 사용되는 fiduciary duty 등 관련 용어를 우리 법상 어떻게 해석하고 정의할 것인가에 대해 살펴본다. 이 문제는 중요한데, 영국과 미국의 충실의무법(fiduciary law)과 충실의무(fiduciary duties) 개념이 다르게 발전하였기 때문이다.

## Ⅰ. 용어의 정의

이 글에서는 전통적인 영국 형평법의 용례에 따라 'fiduciary'는 충실의무자, 'fiduciary duty'는 충실의무, 'fiduciary relationship'은 충실의무관계, 'fiduciary law'는 충실의무법, 'fiduciary remedy'는 충실의무법상 구제수단으로 번역한다. 'loyalty'도 충실의무로 번역한다. loyalty는 'fiduciary duty'의 핵심 혹은 그 자체이기 때문에 'loyalty'를 'fiduciary duty'와 특별히 구별하여 사용할 필요가 없기 때문이다.

미국 충실의무법, 특히 미국 회사법에서는 'fiduciary duty'에 loyalty 외에 duty of care를 포함시키기 때문에 미국법을 설명하기 위해서는 아래에서 보는 것처럼, fiduciary duty는 신인의무, loyalty는 충실의무로 구별하는 것이 편리할 수 있다.[1] 하지만, 이러한 구별은 전통적인 영국법의 설명으로서는 맞지 않는다.

---

1) 그러나 미국에서도 이사의 duty of care가 fiduciary duty인지 의문을 제기하는 견해가 있다. Stanley Kaplan, "Fiduciary Responsibility in the management of the Corporation", 31 *Bus. Law* 883, 888(1976). 또 duty of care는 계약관계나 불법행위관계에도 존재하므로 fiduciary duty에 고유한 것이 아니라고 보는 견해도 있다. Cheryl Weiss, "A Review of

마찬가지로, 주의의무가 계약법상 확립된 우리나라에서는 주의의무를 'fiduciary duty'의 하나로 볼 수도 없고 볼 실익도 없다. 'fiduciary duty'에 주의의무를 포함시키고 'loyalty'와 구별하는 것은 개념상 불필요한 혼란을 야기할 뿐이다.[2] 따라서 이 글에서는 전통적인 영국 형평법의 용례에 따라 'fiduciary duty'는 'loyalty'와 마찬가지로 충실의무로 번역하고, 이러한 충실의무는 두 개의 충실의무원칙인 이익충돌금지 원칙(no-conflict rule)[3] 및 이익향유금지 원칙(no-profit rule)[4]으로 표현된다고 본다.

## Ⅱ. 영국과 미국에서의 충실의무법의 발전

### 1. 영국의 충실의무법

영국법에서 충실의무는 수탁자의 의무로 발전하였으나 회사관계 기타 다른 신뢰와 신임의 관계에 대해서도 확대 적용되었다. 그 결과 지금 충실의무법은 형평법의 일부를 구성하는 중요한 법리로서 확고한 지위를 갖고 있다. 영국 충실의무법은 수탁자, 대리인, 변호사, 조합원, 회사 이사 등과 같이 '지위'에 기한 충실의무자(status-based fiduciaries)에 대하여 주로 논의되지만, 충실의무자 개념의 개방성을 인정하기 때문에 지위에 기초한 신뢰관계가 없더라도 '특별한 상황'에 기초해 신뢰관계가 발생하는 경우 사실관계에 기한 충실의무자(fact-based fiduciarites) 지위를 인정한다.[5]

#### (1) 영국법상 충실의무의 작동방식과 범위

그런데, 영국에서는 충실의무가 '금지적 의무'(proscriptive duty)의 형태로

---

the Historic Foundations of Broker-Dealer Liability for Breach of Fiduciary Duty", 23 *J. Corp. L.* 65(1998), p.68의 note 3 참조.

2) 장근영, "영미법상 신인의무 법리와 이사의 지위", 『비교사법』, 제15권 제1호(2008), 269면, 281-282면 및 291면의 각주 90) 참조. 또, 장근영은 나아가 281-282면에서 "주의의무와 충실의무를 신인의무라는 하나의 개념에 함께 포함시키고 있는 미국 법학계의 접근법은 충분히 발전되지 않은 것"이라고 본다. 같은 취지로는 이중기, 『신탁법』(2007), 276-278면 참조.

3) 제3편 제4장 이하.

4) 제3편 제2장, 제3장.

5) '지위'에 기한 충실의무자 및 '사실관계'에 기한 충실의무자에 대해서는 제5편 제1장 I. 참조.

만 부과되고, '작위적 의무'(prescriptive duty)의 형태로는 부과되지 않는다[6]고 본다. 따라서 작위적 명령, 즉 주의의 행사를 명하는 주의의무는 충실의무로서 포섭되지 않는다. 또 영국의 형평법상 전통은 형평법상 의무는 기본적 의무를 부과하는 것이 아니라 기본의무를 보충하는 것이다.[7] 따라서 형평법상 부과되는 충실의무는 주의의무의 이행을 보조하는 역할[8]을 한다고 보는 견해가 유력하다.

#### (2) 영국의 충실의무에 대한 연구

영국 충실의무법의 선구적인 연구로는 L. Sealy, "Fiduciary Relationships" (1962) *C.L.J.* 69 및 L. Sealy, "Some Principles of Fiduciary Obligation"(1963) *C.L.J.* 119를 들 수 있다. P. Finn, *Fiduciary Obligations*(1977); J. Shepherd, *Law of Fiduciary*(1981); M. Conaglen, *Fiduciary Loyalty: Protecting the Due Performance of Non-Fiduciary Duties*(2010) 등도 중요한 업적으로 평가된다.

### 2. 미국의 충실의무법

미국에서 형평법 및 신탁법은 주법원 관할이기 때문에 fiduciary와 관련된 법은 주별로 개별적으로 발전하고 있다. 미국에서도 수탁자, 대리인, 변호사, 조합원 등을 충실의무자로 칭하고 있으므로 충실의무법에 대한 개념은 존재하는데, 현재 우리나라에는 주로 회사법과 관련하여 이사의 충실의무만 소개되고 있으며,[9] 특히 이사의 의무 관점에서 충실의무가 논의되고 있다. 대표적인 것이 이사의 fiduciary duty를 loyalty duty와 duty of care로 나누고, loyalty의 성질을 가정적 계약으로 보는 계약론자와 강행규정으로 보는 전통주의자 사이의 논쟁[10]이다. 하지만, 충실의무자 개념은 이사의 지위보다 훨씬 폭넓은 것이고, 충실의무법은 회사법의 관점이 아닌 더 폭넓은 관점에서 충실의무자

---

6) 제2편 제1장 II. 1. (1) 이하(『홍익법학』, 제16권 제4호(2015), 335면 이하).

7) "Equity was not a self-sufficient system, at every point it presupposed the existence of common law"(Maitland, *Equity*(2nd ed., 1936), p.19).

8) 제2편 제1장 II. 4. (2) 이하(『홍익법학』, 제16권 제4호(2015), 343면 이하).

9) 예외적으로 대리인의 충실의무를 논하는 논문으로는 이지민, "본인과 대리인 사이의 권리의무에 관한 검토–미국법으로부터의 시사", 『비교사법』, 제21권 제1호(2014), 79면.

10) 제1편 제3장 VII. 2. (1) 이하(『홍익법학』, 제12권 제1호(2011), 63면 이하).

에 대한 일반법으로서 독자적인 접근을 할 필요가 있다.

미국의 충실의무법은 주법의 차원에서 발전하였으므로, 영국에 비해 통일성이 떨어지고 내용이 주마다 다르다. 또 충실의무법에 대한 본격적인 통일법은 아직 없다. 하지만, 제한된 범위에서 통일충실의무법을 실현하려는 노력은 있는데, 그 대표적인 예가 Uniform Fiduciary Act이다. 또, 주의 상이한 충실의무법을 극복하기 위해 연방법으로 충실의무자 개념을 제정법에 직접 도입한 예도 있다. 즉 ERISA(Employee Retirement Income Security Act)는 기업연금 관계에 등장하는 지명수탁자(named fiduciary), 수탁자, 운용자, 회계사, 계리인 등을 모두 충실의무자(fiduciary)라고 부르고, 그에 대한 의무를 주법에 맡기지 않고 연방법원에서 판단하도록 하고 있다. 그 결과 ERISA법은 연방충실의무법의 발전에 있어 중요한 역할을 하고 있다.

미국의 충실의무에 대한 대표적 연구로는 Cooter & Freedman, "The Fiduciary Relationship: Its Economic Character and Legal Consequences", 66 *NYU L. R.* 1045(1991); Easterbrook & Fischel, "Contract and Fiduciary Duty", 36 *J. L. & Econ.* 425(1993); Victor Brudney, "Contract and Fiduciary Duty in Corporate Law", 38 *B. C. L. Rev.* 595(1997); T. Frankel, *Fiduciary Law*(2011) 등이 있다.

## Ⅲ. 우리 법상 fiduciary duty 혹은 loyalty duty를 어떻게 부르고 어떻게 분류할 것인가?

fiduciary duty 혹은 loyalty duty를 어떻게 부르고 어떻게 분류할 것인가는 어려운 문제이다.

### 1. 미국식 해석과 분류

우리나라 회사법 학자들은 미국 회사법의 영향을 받아 fiduciary duty를 duty of care와 loyalty duty로 나누고, 각각 신인의무, 주의의무, 충실의무로 번역하는 예가 많다.[11] 이사는 fiduciary의 한 형태이기 때문에 fiduciary인 이사의 의무를 fiduciary duty로 보고, 그 의무를 duty of care와 duty of loyalty로

11) 김건식, 『회사법』(2015), 384면 이하; 송옥렬, 『상법강의(제5판)』(2015), 1001면.

분류하는 것은 틀리지 않는다. 하지만, 회사법의 관점이 아니라 충실의무법의 관점에서 보면 이러한 분류는 혼란을 야기할 수 있다.

### 2. 영국식 해석과 분류

fiduciary law의 관점에서는 fiduciary duty와 loyalty duty를 다른 의미로 쓰고, fiduciary duty에 duty of care를 포함시킬 이유는 없다. 영국법계에서 우리 법상 주의의무에 해당하는 duty of care는 주로 common law court에 의해 발전된 개념이고, equity court가 발전시킨 fiduciary duty의 일부로서 등장하지 않기 때문이다(물론 equity court도 이사의 duty of care 개념을 갖고 있지만, 그것을 활용하는 경우는 별로 없다). 특히 우리 충실의무법상 주의의무는 필요 없는 개념이다. 주의의무 개념은 이미 계약법상 확고하게 정립되어 있기 때문이다. 또 미국에서도 회사법 외의 분야에서 duty of care를 fiduciary duty의 일부로 포함시키는지는 의문이 있다. 대리인, 수탁자에게 부과되는 duty of care를 fiduciary duty라고는 부르지 않기 때문이다.

### 3. 소 결

이러한 관점에서, 개념상 혼란을 야기할 수 있는 미국 회사법상의 fiduciary duty 분류방법은 적어도 우리 법상은 불필요하고, 우리는 영국에서와 같이 fiduciary duty를 loyalty duty와 동일시해도 무방하다고 생각된다. 마찬가지로, fiduciary duty를 신인의무로, fiduciary를 신인의무자라고 부를 필요는 없고 그냥 충실의무, 충실의무자라고 불러도 무방할 것이다. 또 loyalty duty도 충실의무라고 불러도 무방하다.

## Ⅳ. 충실의무법의 연구목표

충실의무법의 관점에서 중요한 점은 duty of care와의 관계설정이 아니라 충실의무 자체의 개념을 정치하게 발전시키는 것이다: 즉 (ⅰ) 언제 특정인에 대해 fiduciary duty, 즉 loyalty duty를 인정할 수 있는가(다시 말해, 언제 충실의무자로 인정해 충실의무를 부과할 수 있는가) 하는 충실의무의 발견과 인정절차

(fiduciary-finding process)[12]와 (ii) 그 경우 그 자에게 부과되는 구체적인 충실의무의 내용을 어떻게 확정하는가 하는 것이다. 즉, 충실의무자(fiduciary)로 인정할 경우, 그의 loyalty duty, 다시 말해 fiduciary duty의 구체적인 내용을 무엇으로 하는가[13] 하는 것이다. 영국 충실의무법은 충실의무의 주된 내용으로, 다시 말해 loyalty duty의 구체적인 표현으로서 이익충돌금지의무, 이익향유금지의무[14]를 부과하고, 이 두 가지 충실의무원칙하에서 여러 가지 다양한 유형의 충실의무를 구체화한다. 이 경우 구체적 충실의무는 각각의 개별적 관계에 따라 그 의무가 확장되거나 축소될 수 있다.

12) 법관에 의한 충실의무의 인정절차에 대해서는 제1편 제3장 VII.(『홍익법학』, 제12권 제1호(2011), 62면 이하) 참조.

13) 충실의무 위반에 대한 구제수단의 종류와 부여절차에 대해서는 제1편 제3장 VIII.(『홍익법학』, 제12권 제1호(2011), 70면 이하) 참조.

14) 이익충돌금지 원칙과 이익향수금지 원칙에 대해서는 제4편 제1장, 제2장(『홍익법학』, 제16권 제3호(2015)) 참조.

# 제 3 장 신탁법에 기초한 영미 충실의무 법리의 계수와 발전*

## Ⅰ. 머리말

이 글은 우리 법에 도입된 충실의무의 현황과 충실의무법의 발전방향에 대해 살펴보는 것을 주된 목적으로 한다. 특히 상법 제382조의3 및 자본시장과 금융투자업에 관한 법률(이하 '자본시장법') 제79조, 제96조, 제102조 등은 명시적으로 이사, 집합투자업자, 투자자문업자, 투자일임업자 등의 충실의무를 규정하고 있는데, 이러한 이사 기타 금융업자들의 명시적 충실의무 조항과 관련하여 현재 충실의무법이 어떠한 상태로 도입되어 있으며, 어떻게 발전될 수 있는가를 살펴본다.

회사법 및 금융법에서의 충실의무법은 특히 신탁법상 충실의무법의 발전과 연관지어 살펴볼 필요가 있는데, 대법원은 신탁법에 명문의 규정이 없음에도 불구하고 수탁자의 충실의무를 정면으로 인정하였다.[1] 또 법무부가 전면개정안을 마련하여 2010년 2월에 국회에 제출해 통과된 신탁법은 제33조부터 제36조까지 다양한 충실의무에 대해 구체적으로 규정하고 있고, 특히 제43조에서 충실의무 위반에 대한 이익반환책임을 처음으로 규정하고 있다. 이러한 신탁법에 규정된 충실의무법리는 회사법 및 금융업법에 규정된 충실의무자에게 준용될 여지가 있을 것이다. 따라서 신탁법, 회사법, 금융법 등에 대한 국회의

* 이 장은 이중기, "신탁법에 기초한 영미 충실의무법리의 계수와 발전", 『홍익법학』, 제12권 제1호(2011)에 기초하였음.

1) 대법원 2005.12.22. 선고 2003다55059판결. 다음 주 64) 참조.

명시적 입법 노력이 있고, 이에 더하여 학자들의 충실의무법에 대한 선도적 연구가 행해지고, 마지막으로 충실의무에 대한 법원의 적극적인 해석이 행해진다면,[2] 우리나라에서도 영미에서와 같은 일반적 충실의무법이 정립될 수 있을 것이다.

이 글에서는 (i) 영미 충실의무법의 개념·태동·작동방식·역할, (ii) 충실의무법의 도입이 필요한 이유, (iii) 회사법상 충실의무법의 도입과 발전현황, (vi) 금융법상 충실의무법의 도입과 발전현황, (v) 충실의무법을 어떻게 발전시킬 것인가?, (vi) 충실의무자의 인정과 충실의무의 부과절차, (vii) 충실의무 위반에 대한 구제수단, (viii) 충실의무법 발전의 결정적 전제조건 등의 순서로 살펴본다.

## Ⅱ. 영미 충실의무법의 개념, 태동, 역할, 기능

### 1. 영미 충실의무법의 개념

영미에서 충실의무 혹은 충실의무법의 개념은 충실의무 개념 자체의 개방성 때문에 (i) 정확한 정의를 의도적으로 하지 않거나 혹은 (ii) 정확한 정의를 할 수 없다고 본다. 따라서 불완전하게 충실의무의 일반적 정의[3]를 시도하는 것보다는 충실의무관계를 야기할 수 있는 여러 요소들(관계의 성격, 청렴성의 필요성, 당사자의 능력과 기대, 이익충돌의 발생 가능성, 재량의 부여 정도, 당사자의 의존성 혹은 취약성 등)을 언급하는 접근방법이 보다 현실적이고 바람직한 접근방법이라고 생각된다.[4] 또한 이러한 개념상의 정의의 어려움으로 인해 영미법 국가간에도 충실의무법의 정립 및 활용의 정도는 차이가 크다. 예를 들어, 영국법계에서는 충실의무법의 매우 광범위한 관계에 대하여 '충실의무법' 자체의 제목하에서 활발히 논의되는데 비해(이 글 각주 3) Finn의 연구도 그 한 예이다), 미국에서는 주로 회사법, 증권법 등에서 '이사의 충실의무' 혹은 '증권

2) 다음 IX. 참조.
3) Finn의 정의가 한 예이다. Finn, "The Fiduciary Principle", in *Equity, Fiduciaries and Trusts*(Yordan ed., 1989) 및 Finn, "Fiduciary Law and the Modern Commercial World" in *Commercial Aspects of Trusts and Fiduciary Obligations*(Mckendrick ed., 1992).
4) 김건식, 『회사법연구 I』(2010), 59-60면.

업자·자문업자의 충실의무' 등의 제목으로 많이 논의되는 것 같다.[5] 그 결과 영국법계에서는 충실의무법 일반론에 관한 연구가 활발한데 비해, 미국에서의 충실의무 논의는 각 유형별 충실의무자의 충실의무 각론에 치중하는 경향을 보인다.[6] 미국 충실의무법의 또 하나의 흐름은 충실의무를 가정적 계약으로 보려는 계약론자들의 시도이다(이 글에서는 전통적 관점에서 충실의무법을 다루고 계약론자들의 관점과 그에 대한 비판에 대해서는 다음 VII. 2. (1)에서 살펴본다).

그럼에도 불구하고 논의의 필요상 충실의무법을 대강 다음과 같이 정의해 본다: 충실의무법은 법원에 의해 충실의무관계에 있다고 인정되는 충실의무자에 대하여 부과되는 다양한 스펙트럼의 충실의무(의무 측면)와 그러한 충실의무의 위반이 있는 경우 그 위반에 대해 인정되는 충실의무자에 대한 다양한 구제수단(구제수단 측면)[7]에 관한 법이다.

## 2. 충실의무법의 태동과 충실의무라는 용어의 사용

### (1) 충실의무법의 태동: 신탁법과 충실의무법의 관계

충실의무법의 역할과 필요성을 살펴보기 위해서는 보통법법원과 분리된 형평법원에서 형평법이 발전되는 과정 및 형평법원에서 신탁법의 발전으로 인해 신탁법과 충실의무법이 분화되는 과정을 살펴보는 것이 필요하다. 국왕의 근신이었던 Chancellor는 보통법법원에서 구제를 받지 못한 자의 청원에 대해 형평의 관념에 기하여 개별적인 구제를 해 주었는데, 이러한 개별적 사례가 축적되면서 형평법리(equity)로 발전되었고, Chancellor가 관장하는 기관은 형평법원인 Chancery Court로 발전되었다. 형평법원은 특히 재량의 부여 등을 이유로 '신뢰와 신임'(trust and confidence)이 존재하는 관계에 대하여 특별한 보호를 부여하였기 때문에, '신뢰 혹은 신임의 위반'(Breach of trust or confidence)은 형평법원의 전통적 관할의 하나로 되었다.

---

5) 이는 영국에서는 Equity and trust가 법학교육에서 필수과목으로 '매우' 중요시되는데 비해, 미국에서는 이러한 과목이 주목을 받지 못하고, 상대적으로 회사법·증권법이 중요시되는 현실과 관련이 있는 것으로 생각된다.

6) 예외적으로 Frankel, "Fiduciary Law", 71 *Cal. L. Rev.*(1983); Cooter & Freedman, "The Fiduciary Relationship: Its Economic Character and Legal Consequences", 66 *NYU L. R.* 1045(1991)은 충실의무법 일반론은 다루고 있다.

7) 의무 측면과 구제수단 측면에 대한 상세는 아래의 3. 충실의무법리의 작동방식 참조.

Sealy 교수[8]의 연구에 의하면, 18세기 및 19세기 초반까지도 '신뢰와 신임'(trust and confidence)이란 단어는 현재 신탁법상 의미로 사용되는 '재산의 신탁'이 수반된 신뢰와 신임 관계뿐만 아니라 타인에 대한 약속이나 타인의 사무처리에 대한 의존성이 있는 신뢰와 신임 관계에 대해서도 사용되었고, 이때까지만 해도 영국 법학자들은 'confidence'와 'trust'라는 단어를 신뢰를 의미하는 일반적 의미로 사용하였다. 일반적인 형평법리에 따라 재량을 행사해 적절한 형평법적 구제수단을 제공하는 한, 법률관계를 'trust'나 'confidence' 같은 일반적 단어로 묘사하는 것은 문제가 되지 않았다.[9] 그러나 판결집이 정비되고 형평법 교과서의 등장 등으로 인해, 'confidence'와 같은 일반적 단어 대신에 기술적 용어를 사용하여 형평법리를 확립하려는 움직임이 법학계에 대두되었다. 이러한 큰 변화 가운데 하나는 'trust'라는 단어가 오늘날과 같은 기술적 의미를 갖는 '재산의 신탁'이라는 의미로 인정되게 되고, 신탁법(law of trust)이 형평법상 '신뢰의 위반'의 영역에서 기술적 법분야로서 독자적으로 발전하게 된 것이다. 즉 이 때부터 'trust'라는 용어는 'trust and confidence'로서 사용되었을 때의 의미보다는 '재산의 신탁'이라는 기술적인 용어로 사용되게 된다.

그런데, 문제는 'trust'라는 용어를 '재산의 신탁'을 설명하는 기술적 의미로 사용하게 되면서, 과거에는 'trusts'라고 표현하였던 다른 상황, 즉 '재산의 신탁'이 수반되지 않는 '신뢰와 신임'(trust and confidence) 관계를 어떻게 표현하는가가 문제되게 되었다. Sealy 교수에 의하면, 이러한 관계를 표현하는 용어로서 'trust'가 더 이상 사용될 수 없게 되자, 대신 등장하게 되는 단어가 'fiduciary'라고 한다. 'fiduciary'라는 단어는 18세기 초의 판례에도 등장하지만 별로 법률가들의 주목을 받지 못하다가, 이 때부터 엄격한 신탁관계에 미치지 못하는 '신뢰와 신임 관계'를 묘사하는 일반적 단어로서 광범위하게 사용되기 시작한다.[10]

---

8) 케임브리지 대학의 회사법 명예교수로서 충실의무법 연구의 선구자로 생각된다. 1994년에 필자의 박사학위논문 Choong Kee, Lee, "Conflicts of Interest In Securities Firms: On Fiduciary Law, Confidentiality and Corporate Personality"에 대한 심사위원이기도 하다.

9) L. Sealy, "Fiduciary Relationship", *Cambridge L. J.* 69(1962), pp.69-70.

10) *Ibid.*, pp.71-72.

### (2) fiduciary라는 용어의 사용례와 실질

이와 같이, 충실의무법은 역사적으로 '신뢰와 신임' 관계에 대하여 형평법원이 'Breach of trust or confidence'의 이름으로 관할권을 행사하면서 발전시킨 법리이기 때문에 '신뢰와 신임'의 관점에서 보면 신탁법상 충실의무법을 포함한 신뢰와 신임에 관한 일반법리라고 정의할 수 있다. 하지만, 'fiduciary'라는 '용어사용의 관점'에서 보면, 형평법원이 '재산의 신탁'을 수반한 신뢰와 신임 관계에 대하여 신탁법을 독자적으로 발전시키고 남은 신뢰와 신임 관계, 즉 '재산의 신탁'이 수반되지 않는 나머지 신뢰와 신임 관계에 관한 법리라고도 할 수 있다. 19세기에 'fiduciary'라는 단어가 '신뢰와 신임 관계'를 설명하는 단어로 'trust'를 대체한 이후 2백년 동안 형평법원 그리고 학자들은 'fiduciary'라는 단어를 마치 이전의 형평법원이 'trust'와 'confidence'를 모든 신뢰와 신임 관계에 사용하듯이 사용하였다. 그 결과 수탁자를 포함해 신뢰와 신임을 받아 본인의 일을 행하는 대리인, 후견인, 변호사 기타 모든 종류의 사람들은 fiduciary라는 명칭으로 통합적으로 불리게 되고, 수탁자가 부담하는 loyalty는 fiduciary duty라는 이름하에서 이러한 fiduciary들의 일반적 의무로서 적용되게 되었다.

따라서 fiduciary라는 용어는 재량의 부여 등을 이유로 신뢰와 신임이 발전하게 되는 모든 관계를 커버하는 '베일'(veil)과 같이 사용되게 된다:[11] 즉 법원은 신뢰와 신임 관계가 형성된 관계를 일단 'fiduciary veil'을 덮어 씌워 'fiduciary relationship'이라고 칭하고, 그 베일(fiduciary veil) 뒤에서 당해 fiduciary가 처한 구체적 상황에 따라 구체적 fiduciary duty를 결정하는 것이다.[12] 그리고 이러한 과정을 살펴보면, 충실의무법리라는 것은 사법부가 명시적으로 표현하고 있지는 않지만, 실질적으로 충실의무 부과의 사법재량[13]을 의미한다.

### (3) 충실의무법의 미래: 법 형성의 원천과 사법개입의 재량으로서의 충실의무법

충실의무법은 '신뢰와 신임 관계'를 보호하면서 과거에는 'Breach of trust

---

11) Choong-Kee, Lee, "Conflicts of Interest". 특히, §1.7. Veil Rather Than Exact Standard 참조.
12) 자세히는 다음 VI. 2. 신탁법상 충실의무법리의 변용 및 VII. 충실의무자의 인정과 충실의무의 부과단계 참조.
13) Choong-Kee Lee, "Conflicts of Interest", §1.14.1 Fiduciary Designation, Discretionary 참조.

or confidence'의 이름으로 발전하였고, 현재는 fiduciary law의 이름으로 발전하고 있고, 앞으로도 계속 '법 형성의 원천과 개입의 재량'(Law of Source and Intervention)[14]으로서 발전할 것이다. 이러한 발전과정에서 과거에 '재산의 신탁'이 수반된 신뢰와 신임 관계가 신탁법관계로 분화되며 발전하였듯이, '정보의 제공'이 수반된 신뢰와 신임 관계는 duty of confidence 혹은 law of confidence로 분화되며 발전하고 있고, confidence란 단어는 이제 '신뢰'라는 의미 대신에 '정보보호 혹은 비밀유지'라는 기술적 의미로 사용되고 있다.[15] 이와 같이 충실의무법은 법 형성의 원천과 개입재량으로서 미래에도 특정 분야의 신뢰와 신임 관계를 분화·발전시키면서, 동시에 다른 신뢰와 신임 관계에 대해서도 신뢰와 신임의 보호를 위해 'fiduciary veil'을 던지고 있을 것이다.

Frankel 교수는 Maine의 유명한 테제 '신분에서 계약으로'(from status to contract)[16]를 차용해 충실의무법의 시대가 도래한다고 보았다: 우리 사회는 '모든 점에서 의존적이고 결정적'인 신분사회(status)에서 '모든 점에서 독립적이고 선택의 자유'를 갖는 계약사회(contract)로 발전하였고, 이제 계약사회에서 '분야별로 전문가가 등장'하는 충실의무의 사회(fiduciary society)로 진화하고 있다. 충실의무 사회에서 대중은 '많은 점에서 선택의 자유'를 갖지만 '특정 전문 영역'에서는 전문가에 의존하므로, 이러한 의존성을 해결하기 위하여 충실의무법은 더 중요해진다.[17]

## 3. 충실의무법리의 작동방식

### (1) 충실의무법의 작동방식

충실의무법은 당사자 사이의 신뢰와 신임을 보호하기 위한 법리이다. 따라서 신뢰와 신임을 이유로 충실의무가 부과된 충실의무자에게 이익충돌이 현실화되는 등 충실의무 위반이 발생할 때, 충실의무 위반에 대해 충실의무법상 특수한 구제수단이 동원되는 방식으로 작동한다. 따라서 신뢰와 신임의 보호를 위한 충실의무법리의 작동에 있어 큰 근간을 이루는 두 가지 대원칙은

---

14) *Ibid.*, §1.9 Function as Law of Source and Intervention 참조.
15) *Ibid.*, §1.11.1. 참조.
16) Maine, *Ancient Law*(1st ed., 1861), pp.169-170.
17) Frankel, *supra* note 6, pp.800-801.

충실의무자로 하여금 충실의무를 위반하여 이익충돌에 빠지지 말도록 경고하는 '이익충돌의 금지원칙'(no-conflict rule)과 충실의무의 수행과 관련하여 이익을 취득하지 말 것을 경고하는 '이익향유의 금지원칙'(no-profit rule)으로 구성된다. 물론 양 원칙은 사전적 경고에도 불구하고 이익충돌상황을 감수하거나 이익취득을 감행한 충실의무자에게 사후적인 구제 측면에서도 작동한다.

### (2) 이익충돌의 금지원칙

이익충돌의 금지원칙은 다음과 같이 작동한다. Beneficiary (B)가 Fiduciary (F)를 신뢰하여, F에게 재량을 부여하는 등 B와 F 사이에 신뢰와 신임의 관계가 형성되었다고 하자. F가 충실의무자로 인정되면, F는 B의 이익과 자신의 이익이 충돌할 수 있는 모든 상황을 회피하여야 한다. 이러한 이익충돌의 금지원칙으로부터 파생된 구체적 충실의무로는 자기거래금지, 겸직금지, 경업금지, 기회유용금지, 정보누설의 금지 등을 들 수 있다. 물론 이익충돌의 금지원칙은 사전에 B가 F의 이익충돌의 가능성을 안 경우, B로 하여금 F의 충돌상황의 초래를 유지청구할 수 있도록 한다는 점에서 구제 측면에서도 작동한다.

### (3) 이익향유의 금지원칙

이익향유의 금지원칙은 충실의무자 F가 '충실의무자 지위'에서 '의무의 수행과 관련'하여 이익을 취득하는 것을 사전적으로 금지한다. 예를 들어, F가 '수탁자로서의 의무의 수행'과 관련하여 거래업체나 경쟁사업자로부터 이익을 수령하는 것을 금지한다. 또, F가 이익충돌회피의무를 부담함에도 불구하고, B의 이익과 자신의 이익이 충돌하는 상황을 초래하고 자신의 이익을 실현하려는 경우(예: 자기거래, 경업 등)에도 이익향유의 금지원칙이 구제 측면에서 작동한다. 즉 이익향유의 금지원칙은 사전에 B가 F의 이익실현 시도를 안 경우 B로 하여금 F의 이익추구 시도를 유지청구할 수 있도록 하고, B가 F의 이익취득 사실을 사후에 안 경우, B로 하여금 F에 대하여 이익반환을 청구할 수 있도록 한다.[18]

---

18) 제4편 제3장(이중기, "신탁에서의 이익향유금지의 원칙", 195면) 참조.

## 4. 충실의무법의 역할: 계약법의 역할과 비교하여

충실의무법은 당사자 사이에 재량의 부여 등의 이유로 신뢰와 신임이 발생한 경우 적용되는데, 당사자가 자신들의 관계에 대해 합의를 한 경우, 충실의무법은 어떻게 작동하는가? 우선 법원은 당사자들이 자신들의 역할, 의무, 책임에 대하여 별도의 합의를 한 사항에 대해서 원칙적으로 기본관계를 존중한다. 하지만, 그러한 합의를 하지 않은 사항에 대해서는 법원은 당사자 사이의 신뢰와 신임을 보호하기 위하여 신뢰와 신임의 정도 등을 고려한 구체적 충실의무를 부과함으로써 기본관계를 보충할 수 있다. 나아가, 당사자의 기본적 합의가 부당한 경우, 법원은 기본관계를 수정할 수 있다. 각 항목별로 살펴보자.

### (1) 기본관계를 전제한다

충실의무법은 그 자체로서 당사자 사이의 기본관계를 형성하는 법은 아니다. 충실의무법은 당사자 사이의 '기본관계'를 보충해 주는 혹은 기본관계를 수정해 주는 역할을 한다. 형평법의 역할과 관련하여 Maitland는 다음과 같이 말했다: "형평법은 스스로 자족적인 법체계가 아니고, 모든 점에서 계약 등을 통해 형성된 기본관계를 전제한다."[19] 이 말은 충실의무법에 대해서도 그대로 적용된다. 따라서 계약의 체결, 재산의 신탁, 혹은 정보의 제공 등을 원인으로 계약관계, 신탁관계, 정보보유관계와 같은 기본관계가 발생한 경우, 충실의무법은 이러한 계약관계, 신탁관계, 정보보유관계가 불완전하다고 판단한 경우 이들 기본관계를 보충(supplement)하거나 혹은 수정(qualify)하는 역할을 수행한다.[20] 기본관계는 의사, 변호사, 회사의 이사와 같이 확립된 지위를 갖는 '지위에 기한 충실의무자'(status-based fiduciary)처럼 전형적 충실의무관계일 수도 있고, 구체적 사안에 기해 발생하는 '비전형적 충실의무관계'(fact-based fiduciary)[21]일 수도 있다.

한편, Frankel 교수는 충실의무관계는 '특정의 급부'에 대해서만 의존적이

19) "Equity was not a self-sufficient system, at every point it presupposed the existence of common law[*eg.* contractual relationship]"(Maitland, *Equity*(2nd ed., 1936), p.19).
20) Choong-Kee Lee, "Conflicts of Interest", §1.14.11 Requirement of Basic Relationship.
21) 다음 III. 2. (1)과 (3) 참조.

고 '다른 부분'에 있어 선택의 자유를 갖는 관계라고 보고, 이러한 관계에서 본인을 '특정의 급부'의 제공과 관련하여 보호하는 법이 충실의무법이라고 한다.[22] Frankel 교수의 설명은 특히 '지위에 기한 충실의무자'와 본인의 관계에 잘 적용될 수 있고, 본인이 선택의 자유를 갖는 '다른 부분'은 당사자 사이의 '기본관계'로 설정될 수 있다.

### (2) 신뢰와 신임을 보호한다

충실의무법은 당사자 사이의 재량의 부여, 의존성 등의 이유로 신뢰와 신임이 발생한 관계에서 당사자들의 신뢰와 신임을 법적으로 보호해 주는 역할을 한다. 따라서 신뢰와 신임이 발생하지 않은 관계는 충실의무법의 보호대상이 아니다.

### (3) 기본관계를 보충하거나 수정한다

재량의 부여 등의 이유로 당사자 사이에 신뢰와 신임이 발생한 관계이더라도 재량이나 이익충돌 등에 대해 당사자자치가 행해진 한도에서는 형평법원이 특별히 나설 필요가 없다. 이러한 의미에서 충실의무법은 당사자들이 신뢰와 신임에 대한 사적자치를 행하지 않는 부분을 채워주는 역할(gap-filling function), 즉 기본관계를 보충하는 기능을 수행한다.[23] 다시 Maitland의 표현으로 돌아가 보자: "우리는 형평법을 보충적인 법으로 생각해야 한다. 제정법에 부가된 일종의 부칙 혹은 제정법 위에 쓰여진 일종의 광택이다."[24] 즉 계약법, 신탁법 등이 기본관계를 형성하는 주인공 역할을 한다고 한다면, 충실의무법은 기본관계를 완성시키고 더욱 빛나게 하는 조연 역할을 한다.

하지만 충실의무법은 필요한 경우 신뢰와 신임에 기해 계약관계를 수정해 주는 역할도 한다. 예를 들어, 당사자들의 사적자치가 부당한 경우 법원은 신뢰와 신임의 보호를 위하여 충실의무를 부과하는 방식으로 개입하여 법률관계를 수정할 수 있다. 이러한 점에서 형평법은 보통법에 우월한 지위를 가진다. Brudney 교수는 충실의무법의 기본관계 보충 혹은 수정 역할을 주의의

---

22) 앞의 II. 2. (3) 참조. Frankel, *supra* note 6, pp.800-801.
23) 다음 VII. 2. (1) 이하 참조.
24) "We ought to think of equity as supplementary law, a sort of appendix added on to our code, or a sort of gloss written round our code"(Maitland, *supra* note 19, p.18).

무와 비교하여 설명한다: 주의의무는 신뢰와 신임을 받은 자의 행태에 대해 '최소한의 수준'(minimum level of performance)만 통제하기 때문에 '최적의 행태'(optimal managerial behavior)를 도출하기 위해서는 충실의무의 부과가 필요하다고 본다[25]: 계약법은 자족적인 법체계로서 가장 중요한 '기본관계 형성 역할'을 하지만, 신뢰와 신임을 받은 자의 '최적의 행태'를 도출하기 위해서는 충실의무법의 도움이 필요하다는 것이다.

(4) 사법부의 개입재량이다

앞서 본 것처럼, 충실의무법은 당사자의 유효한 합의가 존재하지 않은 사항에 대하여 법원이 당사자 사이에 존재하는 신뢰와 신임을 고려하여 충실의무자로 인정하고 충실의무를 인정하는 법이다. 이러한 점에서 충실의무법은 어느 정도 법원의 개입재량을 전제하고 있고, 법원으로 하여금 당사자의 기본관계에 대해 후견적 지위에서 충실의무의 이름으로 개입할 수 있게 해주는 법이다. 이러한 법원의 보충적 역할을 계약론자들은 '계약의 보충'[26]으로 파악하지만, 사법재량의 행사란 점을 고려하면 '강행적'인 성질을 갖고 있고 그 과정은 '추정된 default rule의 완화과정'[27]으로 파악해야 한다.

## Ⅲ. 왜 우리 법에 충실의무법의 도입이 필요한가?

### 1. 법원의 후견적 보충기능의 수행을 위하여

그렇다면 왜 우리나라에 충실의무법의 도입이 필요한가? 이 문제에 대한 해답은 당사자 사이에 재량의 부여 등을 이유로 신뢰와 신임이 형성된 경우, 당사자의 기본적 합의가 충분하지 못한 때, 법원이 적극적으로 후견적 차원에서 당사자관계에 보충적 충실의무를 인정하는 것이 바람직한 것인가 여부에 달려 있다. 현재 우리나라 사법체계하에서는, 당사자 사이에 신뢰와 신임이

---

25) Victor Brudney, "Contract and Fiduciary Duty in Corporate Law", 38 *B. C. L. Rev.* 595(1997), pp.599-600의 note 12 참조. 미국에서는 이사가 선관주의의무 위반으로 손해배상책임을 지는 일은 거의 없기 때문이다.

26) 다음 VII. 2. (1) 이하 참조.

27) 다음 VII. 3. 참조.

있다고 하여 당사자가 더 특별한 법적 보호를 받는 것은 아니고,[28] 또한 법원도 신뢰와 신임에 기하여 당사자관계에 충실의무를 부과할 수 있는 재량을 갖는 것도 아니다. 하지만, 앞서 본 것처럼 법원이 후견적 지위에서 보충적 충실의무를 인정할 재량을 갖는 것이 바람직하다고 본다면, 이러한 목적의 달성을 위한 충실의무법의 도입과 발전은 필수적인 것이 된다.

(1) 사법부의 해석을 통한 확립 v. 입법적 도입

물론 사법부는 제정법적 수단을 통하지 않고도 법보충적 재량을 획득할 수 있다. 사법부가 적극적 해석권한을 행사하여, 마치 미국 대법원이 위헌법률심사권을 획득하듯이, 보충적 충실의무의 인정재량을 스스로 확보할 수 있다. 그러나 사법부의 재량은 스스로 획득할 수도 있지만, 신뢰와 신임 관계 상황을 전제로 입법적으로 사법부의 충실의무 부과재량을 승인하는 것이 법적 안정성을 확보하는 차원에서 바람직할 것이다.

(2) 충실의무의 부과 v. 계약의사의 추정

또한 사법부가 재량을 확보하는 방법으로 충실의무법의 도입과 발전이 유일한 방법인가가 문제된다. 법원에 '당사자의 묵시적 의사'를 적극적으로 추정할 수 있는 권한을 주는 방식으로도 사법부의 보충재량을 부여할 수 있으므로, 충실의무법리의 도입이 사법부의 개입재량을 확보하기 위한 유일한 방법은 아니다.[29] 하지만, '당사자의 의사'를 전제로 '의사를 추정'하는 법원의 재량 행사방법은 지나치게 의제적이다. 또한 이러한 방법은 '당사자의 의사'라는 가정적 개념에 의해 구속될 수 있다. 따라서 신뢰와 신임 관계에 개입하는 새로운 근거를 '충실의무'라는 관념하에서 'fiduciary veil'을 씌우는 충실의무법리가 사법재량을 승인하는 방법으로서 보다 직접적이라고 생각된다. 충실의무법은 현재까지 법률가가 고안한 가장 효율적인 사법재량의 인정방법으로서 영미에서 훌륭하게 역할을 수행하고 있고 또한 우리도 많이 연구한 법리이다. 따라

28) 우리 법에서도 신의성실의 원칙이 존재하지만, 신의성실의 원칙은 법조문의 해석시 참조가 될 수는 있으나, 그 자체가 의무를 부과하거나 구제수단을 인정하는 원칙은 아니다.

29) 특히 "大村 교수는 "대륙법상 계약상의 의무는 반드시 당사자의 구체적인 합의에 의해서만 설정되는 것이 아니라 계약유형별로 그 성질상 신의칙이나 형평에 의하여 정형적인 의무로 설정될 수 있다고 주장한다." "大村 교수는 이를 대륙계약법의 의무보전기능으로 부르고 있다." 김건식, 앞의 주 4)의 책, 70면.

서 충실의무법을 도입하는 것이 가장 현실적인 최선의 방안이라고 생각된다.

## 2. 왜 법원의 후견적 보충기능 수행이 필요한가?

### (1) 계약체결비용의 절감을 위해

법원이 신뢰와 신임 관계에 대해 보충적 후견기능을 수행하는 경우 어떠한 사회적 효용이 생기는가? 충실의무자의 재량행사에 대해 당사자가 '완전한' 사적자치를 하지 않더라도, 법관이 충실의무자에 대해 필요한 충실의무를 보충할 수 있다. 이와 같이 사적자치가 행해지지 않은 부분을 보충해 주는 역할은, 당사자로 하여금 '기본관계'의 어느 정도까지 재량통제를 위한 사적자치를 하고 그 정도까지만 사적자치를 하면 나머지는 법원이 보충할 수 있다는 기대를 할 수 있기 때문에, 사회 전체적으로 계약체결에 드는 당사자의 노력과 감시비용을 줄일 수 있다.[30] 이러한 효용은 특히 이사, 수탁자 등과 같은 '지위에 기한 충실의무자'(status-based fiduciary)와 고객 간의 관계인 '전형적 충실의무관계'를 설명하는데 있어 유용하다.

### (2) 전문가의 등장과 집합투자의 대두: 의존성의 증대

특히 Frankel 교수는 우리 사회가 신분사회에서 계약사회로 발전하였고, 나아가 충실의무사회로 진화하고 있기 때문에 충실의무법의 필요성이 커지고 있다고 한다.[31] 그는 우리 사회가 충실의무사회로 진화하게 된 주요 원인으로 (ⅰ) 다양한 분야에 여러 전문가들이 등장하면서 여러 전문가에 대한 상호의존성이 증대되는 점 및 (ⅱ) 재산의 운용을 전문가에게 위탁하면서 재산이 소수의 전문가에게 집합되고 있는 점을 들면서, 이러한 새로운 현상을 해결하기 위해 충실의무법의 발전은 필연적이라고 한다.[32] 즉 전문가에 대한 의존성과 재산의 집합이라는 새로운 현상은 재량의 부여로 인한 재량남용의 위험성을 수반하기 때문에 충실의무법이 후견적으로 보호해야 하는 현상이라고 주장한다.

---

30) 이러한 설명은 충실의무를 법경제학적인 관점에서 바라보는 것이다. 다음 VII. 2. (1) 이하 참조. Easterbrook & Fischel, "Contract and Fiduciary Duty", 36 *J. L. & Econ.* 425(1993), pp.426-427.

31) 앞의 II. 2. (3) 참조.

32) Frankel, *supra* note 6, p.803 이하.

### (3) 도덕적 신뢰의 법적 보호를 위해

그런데, 충실의무관계는 일방이 타방의 충실의무자가 되기로 선언하는 경우(예: 신탁선언으로 수탁자가 되는 경우)와 같이 계약이 없이도 발생할 수 있다. 또 단순한 계약관계가 세월의 흐름에 따라 신뢰와 신임의 부여로 인해 충실의무관계로 발전할 수 있고, 또 몸이 불편한 어른의 부탁을 받아 심부름을 하러간 어린이와 같이 구체적 상황의 발생으로 인해 충실의무관계가 인정될 수도 있다. 이와 같이 일정한 사안에 기하여 충실의무자로 인정되는 '비전형적 충실의무자'(fact-based fiduciary)의 경우 충실의무법은 충실의무자의 본인에 대한 일방적 약속, 혹은 본인의 충실의무자에 대한 '도덕적 신뢰 혹은 기대'를 '법적 의무'로서 보호해 주는 역할을 한다.[33]

물론 비정형적 충실의무관계에 대해서도 계약론자처럼 '가정적 계약' 개념[34]으로서 '당사자가 이러한 상황에서 계약체결을 시도했더라면 체결하였을 가정적 계약'을 보충하는 역할을 수행한다고 볼 수도 있다. 하지만, 이러한 설명은 지나치게 의제적이다. 이들 비정형적 신뢰와 신임 관계자 사이에는 계약론자들이 전제하는 '공동의 이익'을 파악하기도 어렵고, 이들 당사자의 '계약체결을 활성화'시킬 이유도 발견하기 힘들기 때문이다. 법원은 오직 '본인의 보호'를 위해 충실의무를 추정하고 필요한 경우 완화할 뿐이다.[35] 이와 같이 역사적으로 형평법원의 일차적 충실의무부과 이유는 분명히 '도덕적 신뢰 혹은 신임'의 '법적 보호'였다.

## 3. 신뢰사회의 건설을 위하여

현재 우리나라 사법체계에서는 재량의 부여 등의 이유로 신뢰와 신임이 형성된 관계이더라도 '도덕적 신뢰와 신임'에 대한 '법적인 보호장치'는 잘 갖

33) 일부 법경제학자들은 충실의무는 계약상 의무와 다른 특별한 의무가 아니고 '도덕적 기반'을 갖는 것도 아니라고 한다. Easterbrook & Fischel, *supra* note 30, p.427. 하지만 이러한 견해는 충실의무법리 발전의 역사적 맥락을 무시하고 법리의 결론을 현재의 관점에서 본 것에 불과하다. 충실의무법리는 역사적으로 볼 때 형평법원이 본인의 신뢰와 신임을 받고 있는 충실의무자를 사후적으로 구속하기 위한 윤리적 동기에서 발전시킨 법리이다. 또 이러한 '윤리적 기반'은 '합리성'에 근거한 것이기도 하다(아래의 VIII. 3. (3) 참조).
34) 다음 VII. 2. (1).
35) 다음 VII. 3.

추어져 있지 않다. 따라서 타인을 신뢰하여 사무를 위탁하는 경우 복잡하게 자신의 법적 보호수단을 강구함이 없이 타인을 일방적으로 믿는 경우가 보통이다. 예를 들면, 재산권의 이전을 수반하는 신뢰와 신임은 신탁법의 보호를 받을 수 있지만, 신탁법 내용의 불명확성, 신탁법에 대한 이해부족 등의 이유로 인해 민사신탁제도는 별로 활용되고 있지 않고, 그 대신 재산을 증여하고 도덕적인 기대를 하는 것이 현실이다. 하지만, 신탁법리가 명확히 확립되고 그에 대한 이해도가 높아진다면 재산의 신탁에 의한 신뢰와 신임은 증가할 것으로 예상된다. 마찬가지로, 충실의무법이 발전하여 '도덕적 신뢰와 신임에 대한 법적 보호'를 기할 수 있다면, 공중은 신뢰와 신임에 대한 법적 보호를 확신하게 되고, 그러한 확신에 기하여 재량부여 등에 의한 신뢰와 신임 관계 형성을 좀 더 능동적으로 하게 될 것이다. 이와 같이 충실의무법은 신뢰와 신임에 대한 법적 확신을 갖게 한다는 점에서 신뢰사회의 형성기반을 조성하게 하고, 충실의무법이 발전하면 재량부여 등으로 인한 신뢰와 신임 관계가 더욱 다양하게 발전될 수 있고, 그에 따라 충실의무자의 전문지식에 의존하는 신뢰사회가 형성될 수 있다.

## Ⅳ. 회사법상 충실의무법의 도입과 발전 현황

### 1. 이사의 충실의무

#### (1) 충실의무규정에 대한 두 가지 견해

1998년 개정상법은 제382조의3에서 '이사의 충실의무'라는 제목하에 "이사는 법령과 정관의 규정에 따라 회사를 위하여 그 직무를 충실하게 수행하여야 한다"는 조항을 신설하였다. 이 조문의 위치지움 및 해석과 관련하여 이철송 교수는 "영미법의 신인의무는 상당히 폭넓은 규범으로서 그 중 상당 부분은 우리 법상의 이사의 주의의무와 대체로 일치하지만, 우리의 주의의무에 포섭될 수 없는 내용도 담고 있다. 주의의무를 벗어나는 내용은 우리의 법체계 하에서는 명문의 성문규정이 없이는 인정할 수 없는 규범으로서, 「이사는… 충실하게 수행하여야 한다」는 표현만으로는 영미법상의 신인의무를 수용하였다고 볼 수 없다. 그러므로 일본에서도 이 규정은 단지 주의의무를 부연설명한 데 그치고 이사에게 새로운 의무를 부여한 것은 아니라는 것이 통설·판례이다. 우리 상법상으로도 그 이상의 의미는 부여하기 어렵다. 다만, 주의의무의 규범을 운영함에 있어 영미법상의 신인의무의 규범원리를 원용하는 해석근거로 삼을 여지는 있다"고 한다.[36]

반면에 김건식 교수는 이 조문의 신설을 적극적으로 파악한다: "제382조의3의 신설로 인하여 이 같은 종래의 학설대립은 그 의미를 거의 상실하게 되었다. 이제 우리 회사법학계의 과제는 다시금 확인된 (또는 새로이 도입된) 충실의무에 영미에서와 같이 활력을 불어넣는 것이다. 그러나 이질적인 사회에서 장구한 세월에 걸쳐 형성된 새로운 법리를 단순히 법규정 하나를 신설함으로써 그대로 계수할 수 있다고 기대하는 것은 아무래도 무리일 것이다. 이러한 작업을 위해서는 신인의무 내지 충실의무를 그 뿌리에서 다시 살펴볼 필요가 있다."[37]

(2) 적극적 해석의 필요성

일본은 1950년 상법 개정시에 우리 상법 제382조의3과 동일한 규정을 신설하였다. 이철송 교수는 이 조문의 해석과 관련하여 일본의 통설·판례는 이사의 주의의무를 부연설명한데 불과하다고 본다면서, 상법 제382조의3의 문구가 동일하므로 우리 상법의 해석도 동일하게 행해져야 한다고 한다. 일본법의 영향력을 생각하면 상당히 현실적인 해석이긴 하지만, 1950년대에 일본학자들이 취하고 그 관성하에서 1970년에 일본최고재판소가 판결로써 추인한 해석을 50년이 지난 2010년의 우리나라 법학자와 대법원이 답습할 이유는 없다고 본다. 특히 1998년 12월 경제위기의 소용돌이 속에서 상법이 개정된 상황을 적시해야 하고, 우리 법학계가 충실의무 개념을 전향적으로 인식하게 된 발전상황을 주목해야 한다. 법무부는 1998년 개정상법의 입법취지에 대하여 이 규정이 영미법상의 충실의무를 도입하기 위한 것이라고 분명히 밝히고 있고,[38] 또한 '이사의 충실의무'라는 제목도 이를 명시적으로 나타내고 있다.[39]

36) 이철송, 『회사법강의(제17판)』(2009), 611면.
37) 김건식, 앞의 주 4)의 책, 54면.
38) 법무부, 『개정상법(회사편) 해설』(1999), 46면.

### (3) 회사법상 충실의무의 해석

상법 제382조의3이 영미법의 충실의무 개념을 도입한 것으로 해석한다면, "다시금 확인된 (또는 새로이 도입된) 충실의무에 영미에서와 같이 활력을 불어넣는" 작업이 필요하다.[40] 특히 (ⅰ) 회사법의 충실의무와 신탁법의 충실의무, 다시 말해 충실의무법 일반론과 회사법상 충실의무의 관계 문제, (ⅱ) 이사의 충실의무와 선관주의의무의 관계정립 문제 및 (ⅲ) 제382조의3의 적용범위 문제, 즉 제382조의3과 다른 충실의무 관련 조항과의 관계정립 문제 등이 선결문제로서 해결되어야 한다(이 글은 이사의 충실의무를 논하기 위한 것이 아니므로 필자의 생각만 간단히 밝힌다).

#### 1) 이사의 충실의무와 선관의무의 관계: 충실의무의 도출근거

회사법상 충실의무와 충실의무법 일반론의 관계에 대해서는 뒤에서 자세히 보기로 하고,[41] 먼저 이사의 충실의무와 선관의무의 관계에 대해 살펴보자. 먼저, 충실의무와 선관의무는 다른 의무인가? 만약 다른 의무라면 그 관계는 어떻게 설정되어야 하나? 결론부터 말하자면, 이사의 충실의무와 선관의무는 부과목적과 작동방식이 다른 별개의 의무라고 생각된다. 우선, 선관주의의무는 보통인, 표준인, 평균인에게 요구되는 선량한 관리자의 주의를 행할 의무로서 '객관적' 의무인데 반해, 충실의무는 본인으로부터 신뢰와 신임을 받은 충실의무자가 본인과의 관계에서 지는 '상대적이고 주관적' 의무이다. 충실의무는 '본인과의 관계', 즉 충실의무자의 지위 때문에 이익충돌에 들지 않아야 할 의무이고, '본인에 대한 관계', 즉 충실의무자 지위 때문에 생긴 이익을 향유해서는 안될 의무이기 때문이다.

그렇다면, 선관의무와 충실의무의 관계는 어떻게 설정되어야 하나? 부과목적과 작동방식이 다르고 또 상법 제382조의3이 존재한다고 하더라도 민법

39) 임중호 교수도 회사 내에서 발생하는 다양한 이해관계의 갈등문제를 해결하기 위해 일반조항적 성질의 규범이 필요함을 강조하면서 충실의무 개념을 본격적으로 도입했다고 본다. 임중호, "이사의 충실의무론", 『비교사법』, 제6권 제2호(1999), 583면, 590면, 600면.

40) 이러한 작업에 대해서는 김건식, 앞의 주 4)의 책, 72면 이하; 유영일, "이사의 충실의무(상법 제382조의3)의 재검토: 2009년 신탁법 개정안과 관련하여", 『상사판례연구』, 제23집 제1권(2010), 515면; 장근영, 제2장 주 2)의 논문, 291면 이하; 김병연, "이사의 충실의무와 영미법상 신인의무", 『상사법연구』, 제24권 제3호(2005), 61면.

41) 아래의 Ⅵ. 2. 신탁법상 충실의무법리의 변용과 수용 참조.

상 선관의무 근거규정과 제382조의3의 관계를 반드시 단절시킬 필요는 없다. 따라서 민법상 선관의무규정을 지금보다 광의로 해석하여 선관의무규정으로부터 '객관적 주의의무'인 선관의무뿐만 아니라 제382조의3으로 표현된 '주관적 충실의무'도 도출될 수 있다고 해석할 수 있는가가 문제된다. 만약 수임인이 부담하는 광의의 선관의무가 단순한 주의의무뿐만 아니라 민법 제2조의 신의성실의 원칙의 도움을 받아 '항상 위임인의 이익을 위하여 행동하여야 할 충실의무'도 포함한다고 확대해석[42]할 수 있다면, 선관의무규정과 신의성실의 원칙하에서 주관적 충실의무도 도출될 수 있을 것이다. 이렇게 일원적으로 해석하는 경우, 충실의무를 명시적으로 규정하지 않은 수임인 등에 대해서도 신뢰와 신임이 발생하였음을 근거로 선관의무규정으로부터 충실의무를 인정할 여지가 생긴다. 그런데 이 경우 단점은 "신인의무라는 하나의 개념에 이질적인 성격의 주의의무와 충실의무를 포함시키고 있는 미국의 법학계와 유사한 오류",[43] 즉 미국과는 반대로 "선관의무라는 하나의 개념에 이질적인 성격의 주의의무와 충실의무를 포함"시키는 오류를 범할 가능성이 생긴다는 점이다. 따라서 선관의무규정은 '객관적 주의의무'의 근거규정으로 그 역할을 제한하고, 위임관계에서의 충실의무를 인정하기 위해서는 제382조의3과 같은 규정을 추가로 명시하는 것이 더 바람직한 방안이다.

이와 같이 상법 제382조의3과 민법상 선관의무규정을 각각 독자적인 것으로 보고 선관주의규정을 '객관적 주의의무'의 근거규정으로 역할을 제한한다고 한다면, 이사의 충실의무는 제382조의3 기타 명문의 근거규정으로부터 도출된다. 즉 상법이 명문으로 이사는 회사에 수임인의 지위에 있다고 규정할 뿐만 아니라, 추가적으로 제382조의3 등을 통해 선관의무 이외에 충실의무를 부과하였기 때문이다(마찬가지로, 투자자문업자의 충실의무는 자본시장법 규정이 충실의무의 근거규정이 되고, 선관의무와 충실의무는 각각 다른 조문으로부터 도출되게 된다).[44] 하지만, 뒤에서 보는 것처럼, 법원이 적극적인 태도를 취한다면 충

42) "선관의무의 내용은 통일적으로 정형화되는 것이 아니라 … 각 이사의 특별한 직무에 따라 달라지므로, 이사회의 권한이 확대되면 선관의무도 그만큼 그 내용도 강화된다." 최기원, 『신회사법론(제13대정판)』(2009), 653면.

43) 제2장 각주 2) 및 관련된 본문 참조; 장근영, "영미법상 신인의무 법리와 이사의 지위", 『비교사법』, 제15권 제1호(2008), 269면, 292면.

44) 위의 논문, 293면.

실의무는 신뢰와 신임 관계 자체 혹은 자기거래의 금지와 같은 관련 조항으로부터 도출될 수 있는 것이고, 반드시 '충실의무'라는 제목의 성문법 조항에 의존해야 하는 것은 아니다.45)

2) 상법 제382조의3과 경업금지조항 등의 관계

마지막으로, 제382조의3 '이사의 충실의무'의 적용범위, 즉 제382조의3과 다른 회사법 조항의 관계 정립 문제에 관해 살펴보자. 결론적으로 이야기하면, 제382조의3은 이사의 충실의무에 관한 근본규정으로서, 이 조항으로부터 충실의무법리의 양대원칙인 이익충돌의 금지원칙(no-conflict rule)과 이익향유의 금지원칙(no-profit rule)이 파생된다: "[이사]의 충실의무는 [이사]가 [회사]목적에 따라 [회사]재산을 관리하여야 하고 [회사]의 이익을 최대한 도모하여야 할 의무로서 … [회사]재산이나 [주주]의 이익과 [이사]의 이익이 상반되"지 않도록 하는 의무이다.46)

먼저 제382조의3의 충실의무규정으로부터 파생되는 첫 번째 원칙인 이익충돌의 금지원칙에 대해 살펴보자. 이익충돌금지 원칙은 회사법에 구체적 조문으로 표현되어 있는데, 상법 제397조의 경업금지·겸직금지, 제398조의 이사와 회사 간의 거래의 금지, 제382조의4 이사의 비밀유지의무 등은 이익충돌의 금지원칙을 표현한 충실의무 특칙으로 보아야 한다. 또 이러한 이사의 충실의무 특칙 조문은 이사에 대하여 수탁자의 충실의무와 구별되는 이사에 변용(adaptation)된 구체적 충실의무 특칙을 규정한 것으로 볼 수 있다.47) 물론, 이러한 명시적 규정에 해당하지 않는 이사의 이익충돌도 이익충돌의 금지원칙에 의해 허용되지 않는다. 대표적인 것이 회사기회유용의 금지이다. 그런데, 회사기회의 유용과 같은 이익충돌 상황에 대해서는 명시적 조문이 없기 때문에 어느 정도까지 이익충돌이 금지되는가는 이익충돌의 금지원칙하에서 판례

45) 다음 VI. 2. (4) 충실의무의 도출근거 참조.

46) 수탁자의 충실의무에 대한 판결이지만, 이사의 충실의무의 정의에 대해서 적용될 수 있다. 대법원 2005.12.22. 선고 2003다55059판결. 다음 각주 64) 참조.

47) 다음 VI. 2. 신탁법상 충실의무법의 변용과 수용 참조. 그러나 이러한 특칙 규정이 충실의무법의 정신을 충분히 반영할 수 있는가는 의문이다. 예를 들어, 개입권의 행사범위와 관련하여 악의의 제3자에 대한 청구 여부, 손해 이상의 이익에 대한 반환청구 여부에 대해서는 미흡한 점이 많다. 자세히는 이중기 "회사기회유용과 경업금지의무 위반", 225면.

와 이론에 의해 구체적으로 형성되어야 한다.[48]

다음으로 제382조의3의 충실의무규정으로부터 파생되는 두 번째 원칙인 이익향유의 금지원칙에 대해 살펴보자. 이익향유금지 원칙을 구체적으로 표현한 조항은 회사법에는 발견되지 않는다. 하지만, 신탁법상 발전된 충실의무법리는 회사법상 충실의무법리의 발전을 위해 구체적 상황에서 변용[49]될 수 있다. 따라서 "수탁자는 누구의 명의로도 신탁의 이익을 향유하지 못한다"고 규정한 신탁법 제29조는 회사법 맥락에서도 수용될 수 있을 것이다. 물론 신탁법상 이익향유의 금지법리도 회사법 맥락에서 변용되어야 하므로, 회사의 이사가 회사의 이익을 실현하면서 자신도 이익을 취한 경우 회사에 반환해야 할 이익의 범위를 어떻게 결정해야 하는가[50]는 판례와 이론에 의해 구체적인 판례법으로 형성되어야 한다.

## 2. 회사법에서의 충실의무법리 도입의 정당화

### (1) 이사에 대한 재량부여의 필요성 증가

회사법상 이사는 이사회에 참여하여 중요한 회사의사를 결정하고, 내부적인 업무집행과 때로는 대외적인 회사대표권을 행사한다. 따라서 이사의 기회주의적 행위로부터 회사를 보호하기 위해 이사의 권한행사를 합리적으로 통제할 필요성이 발생하고, 회사법은 이러한 이사의 권한행사에 관하여 상세한 규정을 두고 있다. 그런데, 회사법이 이사의 권한행사에 대하여 상대적으로 더 자세한 규정을 두는 경우, 이사는 상대적으로 작은 재량을 갖게 되고 이사의 재량행사에 대한 통제 필요성은 낮아지게 된다. 반면에 회사법이 이사의 권한행사에 대하여 상세한 규정을 두지 않는 경우, 이사는 상대적으로 큰 재량을 갖게 되고 이사의 재량행사에 대한 통제 필요성은 높아지게 된다.

현재까지 우리 회사법은 영국과 미국의 회사법에 비하여 상대적으로 이사의 권한행사에 관하여 강한 규제를 하였다. 따라서 우리는 상대적으로 이사의

48) 회사기회의 유용은 이사의 동종영업 영위와 관련하여 많이 행해지기 때문에, 회사기회의 유용이론은 제정법으로 제정하는 방법이 좋지만, 제정법이 없더라도 우리 법의 해석론상 경업금지의무로써 해결될 수 있는 것으로 보인다. 이중기, 위의 논문, 232면.
49) 다음 VI. 1. 및 2. 참조.
50) 다음 VI. 2. (2) 1) 및 VIII. 3. 참조.

재량행사 폭이 좁고 따라서 재량행사에 대한 통제 필요성이 덜하였다. 그런데 회사법의 규제가 과도하므로 규제를 완화하여야 한다는 논의가 시작되면, 예를 들어 자본의 조달 혹은 M&A와 관련하여 좀더 많은 재량을 허용하는 것이 한국 회사의 국제경쟁력을 높이는 것이라면 우리 회사법은 이사의 권한행사에 대한 규제를 완화하고 이사의 재량을 더 많이 인정하는 개정입법을 할 것이다.

문제는 이와 같이 이사의 재량을 허용하는 회사법 개정을 하는 경우, 이사의 재량행사에 대한 통제를 어떻게 할 것인가가 문제된다. 이사에게 회사의 경쟁력을 높이기 위해 더 많은 재량을 허용하면서, 동시에 이사의 재량을 통제할 수 있는 방법은 법원에 이사의 재량을 통제할 수 있는 사법재량을 부여하는 방법밖에 없다: 이사에게 재량을 부여하면서, 입법부가 이사의 재량행사를 통제하기 위한 상세한 규정을 두는 방법은 또 다른 규제를 부과하는 것일 뿐이다. 그리고 법원에 이사의 재량행사를 통제할 수 있는 사법재량을 줄 수 있는 가장 효율적인 방법은 충실의무법리를 발전시켜 법원의 법보충적 재량을 인정하는 길이다. 이와 같이 이사에게 더 많은 재량을 부여하는 것이 회사의 국제경쟁력 강화를 위해 필요하다면 더 많은 재량을 주고, 그 통제장치로써 법관의 법보충적 역할 혹은 재량통제장치로서의 충실의무법리의 도입은 필수적이 되고, 이러한 재량통제장치를 도입하는 것이 사회 전체적 규제비용을 줄일 수 있다.

### (2) 회사기회유용금지의 제정법화

영국에서는 회사법에 회사기회유용이론과 비슷한 이론은 없다. 그러나 영국에서는 회사법이 아니라 충실의무법에 이익향유의 금지원칙(no-profit rule)이 확고하게 자리잡고 있다. 미국 회사법에서 발달한 회사기회유용이론은 영국법의 관점에서는 충실의무법의 no-profit rule을 회사법의 맥락에 적용한 것에 불과하다.[51] 그렇다면 우리나라에서는 회사기회유용이론을 회사법에 도입할 필요가 없는가? 우리와 같이 충실의무법리가 '일반적'으로 발전하지 않은

51) no-profit rule이 적용된 유명한 예로는 Boardmann v. Phipps [1967] 2 AC 46 (HL) 사건을 들 수 있다. 자세한 내용은 G. Jones, "Unjust Enrichment and the Fiduciary's Duty of Loyalty", 84 *LQR* 472 (1968). 영국에서는 no-profit rule은 이사뿐만 아니라 모든 종류의 충실의무자에게 확대적용된다.

나라에서는 회사법, 금융법 기타 신뢰와 신임의 보호가 필요한 개별 영역에서 가능한 한 많은 충실의무의 근거조항들을 명시적으로 규정하는 것이 필요하다. 이러한 많은 충실의무 조항들이 존재할 때 이러한 조항들을 아우르는 '일반적'인 충실의무법의 해석론이 도출되기 때문이다.

## 3. 회사법상 충실의무법의 약점

### (1) 의무부과의 측면

현재 회사법상 충실의무법리는 충실의무의 부과 측면에서뿐만 아니라 의무위반에 대한 충실의무법적 구제수단의 측면에서도 만족스럽지 못하다. 먼저 의무부과의 측면과 관련하여 상법 제382조의3이 선언한 '일반적' 충실의무 외에 이익충돌의 금지원칙과 이익향유의 금지원칙을 회사법에 명시적으로 선언할 필요가 있다. 회사법에 이익충돌의 금지원칙[52]을 명시적으로 선언하는 경우 경업금지, 겸직금지, 자기거래금지, 비밀정보의 누설금지 등과 같은 명문의 규정에 해당하지 않은 이익충돌에 대해서도 법원이 충실의무 위반으로서 포섭하기가 용이[53]해지기 때문이다. 마찬가지로, 회사법에 이익향유의 금지원칙을 명시적으로 선언하는 경우, 회사기회유용과 같은 명문의 규정에 위반하지 않는 이익향유에 대해서도 충실의무 위반으로서 포섭하기가 용이해진다.

### (2) 구제수단 부여의 측면

이사의 충실의무 위반에 대한 구제수단의 부여 측면은 더욱 더 만족스럽지 못하다. 왜냐하면 충실의무 위반에 대한 구제수단으로서 이익반환책임이 일반적 책임으로서 규정되어 있는 것이 아니라 경업금지의무 위반에 대해서만 규정되어 있고, 또 반환되는 이익의 범위는 손해액을 넘지 못한다고 한다.[54] 또한 악의의 제3자가 취득한 이익[55]에 대해서는 이익반환책임이 미치지

52) 이익충돌의 금지원칙에 대해서는 앞의 II. 3. (1)과 (2) 및 제4편 제1장, 제4장 참조.

53) 유영일, 앞의 주 40)의 논문, 530면.

54) 개입권을 행사한 회사가 손해보다 큰 이익을 환수한 경우, 부당이득으로 반환하여야 한다고 한다. '손해'의 관점에서 보면 이러한 결론은 타당할 수 있지만, 이 맥락은 충실의무를 지는 이사가 이익충돌회피의무를 위반하고 이익을 취득한 경우이므로, '의무위반의 억지'의 관점에서 보면 모든 이익을 환수해야 할 것이다. 이중기, 앞의 주 47)의 논문, 245면 이하 참조.

55) 악의의 제3자에 대한 개입권의 행사 필요성에 대해서는 이중기, 앞의 주 47)의 논문,

않는 것으로 되어 있다. 따라서 입법론으로는 이익충돌의 금지원칙과 병렬적으로 이익향유의 금지원칙[56]을 회사법에 명시적으로 선언하고, 이러한 이익향유의 금지원칙을 반영한 구제수단으로서 유지청구권과 아울러 전면적인 이익반환청구권을 규정할 필요가 있다. 신탁법개정안은 좋은 모범이 될 것이다(현재 상법은 제397조의2를 통해 회사기회유용의 경우는 이익을 손해로 추정해 반환받을 수 있게 한다).

## V. 금융법상 충실의무법의 도입과 발전 현황

### 1. 자본시장법상의 충실의무 규정과 해석

자본시장법 제79조는 '선관의무 및 충실의무'라는 제목하에 제2항에서 "집합투자업자는 투자자의 이익을 보호하기 위하여 해당 업무를 충실하게 수행하여야 한다"고 규정하고 있다. 제96조 제2항도 같은 제목하에서 "투자자문업자 및 투자일임업자는 투자자의 이익을 보호하기 위하여 해당 업무를 충실하게 수행하여야 한다"고 규정하고 있다. 마찬가지로 제102조도 신탁업자에 대하여 동일한 방식으로 충실의무를 규정하고 있다.

자본시장법상 집합투자업자, 투자자문업자, 투자일임업자 및 신탁업자에 대한 충실의무 부과방식은 회사법의 이사에 대한 충실의무 부과방식과 동일하기 때문에, 이들의 충실의무에 대해서도 회사법상 논란이 된 두 가지 견해의 충돌 가능성[57]이 존재한다. 앞에서 이야기한 이유 때문에 이들 금융투자업자의 충실의무에 대해서도 영미의 충실의무를 도입한 것으로 해석하고 싶다.[58]

### 2. 금융법에서의 충실의무법리 도입의 정당화

금융업자에 대해서는 다음과 같은 이유로 충실의무의 부과가 정당화될

236면 이하.

56) 이익향유의 금지원칙에 대해서는 앞의 II. 3. (1)과 (3) 및 제4편 제2장, 제3장 참조.

57) 앞의 IV. 1. (1) 참조.

58) 금융투자업자의 충실의무에 관한 주목할 만한 논문으로는 이채진, "금융투자업자의 신인의무에 대한 소고－미국에서의 논의를 중심으로", 『상사판례연구』, 제23집 제4권(2010), 43면.

수 있다. 금융업법에 금융업자의 충실의무법리를 발전시켜야 하는 이유는 다음과 같다.

(1) 금융업의 속성

금융기관에 대한 충실의무의 부과 필요성은 금융업 자체가 고객 혹은 투자자를 위하여 금융상품을 제공하거나 금융상품에 대한 서비스를 제공하기 때문에 발생한다. 즉, 금융기관은 (i) 영리법인으로서 자기이익을 추구함과 동시에, (ii) 영업으로서 고객의 이익을 위해 행위하기 때문에 본질적으로 자신의 이익과 고객의 이익이 충돌하는 상황에 직면[59]하고, 이러한 이익충돌 상황에서 자기이익을 우선할 금융기관의 기회주의적 행동유인을 통제하기 위해 충실의무를 부과할 필요성이 생긴다.

(2) 금융업자에 대한 재량 부여의 필요성 증가

금융업자가 행할 수 있는 업무의 범위, 혹은 업무의 영위방법 등에 대하여 규제당국이 강한 규제를 하는 한에서는 금융업자에 대한 충실의무법리의 적용 필요성은 상대적으로 작다. 하지만, 업무범위 혹은 업무의 영위방법 등에 대한 규제를 완화하는 경우 금융업자는 더 많은 재량을 갖게 되고 그 재량의 통제방법이 문제된다. 이와 같이 규제완화로 인하여 금융업자가 더 많은 재량을 가질수록 재량의 통제방법으로서 법원에 의한 법보충 역할 혹은 사법재량을 인정하는 충실의무법리의 도입과 발전은 필수적이 된다.

(3) 금융기관에서의 이익충돌의 증가

또한 규제완화로 인해 금융기관이 복수의 영업을 영위하는 경우, 금융기관은 수개의 영업의 영위로 인하여 의무가 충돌하는 의무충돌적 지위에 빠지게 된다. 또, 복수의 고객을 위해 행위하는 경우 금융기관이 복수의 고객으로부터 수령한 정보보유에 의하여 의무충돌적 지위에 빠질 수 있게 된다.[60] 이와 같이, 더 복잡해진 금융기관의 이익충돌상황으로부터 고객을 보호하기 위해서 금융기관에 충실의무를 부과할 필요성이 더 높아지게 된다.

---

59) 第5편 제5장 II. 1.(이중기, "충실의무와 이익충돌", 67면, 82면) 참조.
60) 第5편 제5장 II. 2. (1) (위의 논문, 83-84면) 참조.

## 3. 금융기관의 충실의무자 지위

### (1) 증권회사의 충실의무자 지위

고객이 증권회사에 대해 금전을 맡기고 특정 증권의 매매체결을 위탁하는 경우, 고객의 증권회사에 대한 신뢰와 신임은 '적절한 시점에 시장가에 맞춘 당해 증권의 매매계약 체결'에 한정되기 때문에 신뢰와 신임이 보호되는 정도는 상대적으로 낮다.[61] 반면에 고객이 증권회사에 대하여 재산의 투자를 일임하고 투자재량을 행사해 줄 것을 위탁한 경우, 고객은 증권회사가 '모든 정보를 이용하여 자신의 필요성에 맞는 투자'를 해줄 것으로 신뢰하고 기대하기 때문에 신뢰의 정도와 의존성은 매우 크다. 따라서 후자의 상황에서는, 특히 감독당국이 증권회사의 업무범위와 업무방법 등에 대한 규제를 완화하는 경우, 법원이 충실의무법리에 따라 고객의 신뢰와 의존성을 보호해 줄 필요성이 더 커진다.[62]

### (2) 은행의 충실의무자 지위

고객이 은행에 예금을 맡길 때, 고객은 일정 시기에 반환청구를 하면 예금액에 상당한 금전을 반환받을 수 있다는 기대를 갖는다. 하지만, 은행이 예금을 갖고 고객을 위해 운용할 것을 기대하지는 않는다. 아니 할 수가 없다. 왜냐하면 예금은 더 이상 고객의 금전이 아니고 은행의 금전이 되기 때문이다. 은행은 '자신의 금전'에 대해 고객을 위해 운용할 충실의무를 질 필요가 없다. 단지 고객에 대한 '반환채무'만을 질 뿐이다. 이와 같은 관계는 단순한 채권·채무관계가 된다. 하지만 은행이 신탁업자로서 금전을 수탁받는 경우, 금전은 수익자들의 것이고, 고객은 은행이 수익자들의 이익을 위해 운용해 줄 것을 기대한다. 이러한 상황에서는 법원은 충실의무법리에 따라 법보충적 역할 혹은 사법재량을 행사할 필요성이 더 커진다.

61) 하지만 이 때에도 증권회사에 대한 충실의무의 부과 필요성이 있다. 이에 대해서는 VI. 2. (2) 1) 참조.

62) 특히 투자중개업자의 충실의무에 대해서는 이채진, 앞의 주 58)의 논문, 62-63면 및 66면 이하 참조.

## Ⅵ. 어떻게 발전시킬 것인가?

위에서 회사법, 금융법에 도입된 충실의무 개념의 발전현황에 대해 살펴보았다. 이제 회사법, 금융법, 신탁법 등에 우리 입법부가 명시적으로 도입한 영미의 충실의무 개념을 어떻게 발전시킬 것인가에 대해 살펴보자. 여기서는 충실의무법 발전을 위한 세 가지 방안을 제시해 본다. 대전제로서, 충실의무법은 충실의무법 일반론과 각 유형별 충실의무자에 적용되는 충실의무법 특칙이 상호 영향을 끼치면서 서로 조화롭게 발전되어야 하는데, 첫째, 충실의무법 일반론은 신탁법상 충실의무법을 굳건한 토대로 하여 발전되어야 한다. 둘째, 각 유형별 충실의무자에 대한 구체적인 충실의무 특칙은 각 유형별 충실의무자의 상황에 맞게 융통성 있게 발전되어야 한다. 이를 위해 신탁법상 충실의무법의 변용(adaptation)과 수용이 이루어져야 한다. 셋째, 충실의무 위반에 대한 충실의무법상의 구제수단, 특히 이익반환책임이 각 유형별 충실의무자에 대해 명시적으로 규정되어야 한다. 차례로 살펴보자.

### 1. 방안 Ⅰ: 신탁법의 충실의무법을 토대로 한 발전

#### (1) 근거 Ⅰ: 역사적 경로종속성

앞서 본 것처럼, 충실의무법은 형평법원에 의해 '재산의 신탁'이 수반된 신뢰와 신임 관계뿐만 아니라 재산의 신탁이 수반되지 않은 신뢰와 신임 관계에 대해서도 '신뢰 혹은 신임의 위반'(Breach of trust or confidence)이라는 관할하에서 발전하다가, 나중에 재산의 신탁을 수반한 신뢰와 신임 관계가 신탁법(law of trusts)으로 분화·발전하면서, 재산의 신탁을 수반하지 않는 나머지 신뢰와 신임 관계에 대해 fiduciary law라는 이름으로 발전하게 된다. 이와 같이 충실의무법은 '재산의 신탁'이라는 기술적인 측면에서는 신탁법과 구별될 수 있지만, '신뢰와 신임 관계'의 보호라는 관점에서 보면 신탁법을 포함하여 넓게 논의될 수 있다. 이와 같이 충실의무법 발전의 '역사적 경로종속성'(historical path dependency)을 생각하면, 충실의무법을 도입하는데 있어서도 법 발전의 역사적 경로를 따라 도입하는 것이 이론적으로나 실천적으로 볼 때 가장 적응력을 높이는 도입방법이다. 따라서 충실의무법상 의무와 구제수단의 가장 큰 토대인 신탁법상의 충실의무법을 자세히 연구한 기반 위에서 회사법, 금융법 등의 충실의무법을 연계하여 연구하는 것이 가장 바람직하다.

(2) 근거 Ⅱ: 가장 강한 신뢰와 신임 관계

default rule은 가장 근본이 되는 원칙이므로, 신뢰와 신임이 가장 강한 관계인 신탁법의 충실의무로서 충실의무의 기준을 정하고, 구체적인 신임관계의 내용에 따라 그 의무를 완화해 가는 방법이 현실적으로 편리하다. 특히 충실의무의 인정이 사법재량의 행사라고 본다면, 백지에서 구체적인 신임관계의 내용에 따라 개별적 충실의무를 발견하고, 각각의 구체적 충실의무를 더해가는 절차는 법원에 큰 부담이 될 수 있다.

(3) 신탁법상 충실의무법의 발전현황

상법에 이사의 충실의무를 규정했음에도 불구하고 앞서 본 것처럼 두 가지 견해의 대립[63]이 있는데 비해, 신탁법상 수탁자의 충실의무에 대해서는 명문의 규정이 없음에도 불구하고 대법원이 판례로써 충실의무를 인정하였다.[64] 이는 신탁법상 충실의무법이 충실의무법의 가장 기본법이기 때문이다. 따라서 우리의 법조 실무도 영국에서 일어난 것과 마찬가지로 신탁법을 토대로 충실의무법이 발전하고 있다고 볼 수 있다. 이는 신탁법과 관련된 영국에서의 충실의무법의 발전과정이 우연이 아니고 그것이 가장 합리적인 경로였음을 보여주는 근거가 될 수 있다. 다시 말해, 충실의무법 도입과 발전에 있어서 '역사적 경로종속성'이 존재한다(이는 뒤에서 보는 것처럼,[65] 충실의무에 대한 계약론적 관점에 대한 비판으로 작용할 수 있다).

또 법무부가 전면개정안을 마련하여 2010년 2월에 국회에 제출하여 통과된 신탁법은 제33조부터 제36조까지 다양한 충실의무에 대해 구체적으로 규

63) 앞의 IV. 1. (1) 참조.

64) "수탁자의 충실의무는 수탁자가 신탁목적에 따라 신탁재산을 관리하여야 하고 신탁재산의 이익을 최대한 도모하여야 할 의무로서, 신탁법상 이에 관한 명문의 규정이 있는 것은 아니지만 일반적으로 수탁자의 신탁재산에 관한 권리취득을 제한하고 있는 신탁법 제31조를 근거로 인정되고 있다. 이 사건 … 행위는 신탁재산이나 수익자의 이익과 수탁자의 이익이 상반되는 행위가 아니어서 수탁자로서의 충실의무에 위반된 행위라고 할 수 없다." 대법원 2005.12.22. 선고 2003다55059판결.

65) 다음 VII. 2. (2) 이하 및 VIII. 2. 이하 참조.

정하고 있고 — 제33조 충실의무, 제34조 이익상반행위의 금지, 제35조 공평의무, 제36조 수탁자의 이익향수 금지 — 특히 제43조에서 충실의무 위반에 대한 이익반환책임을 처음으로 규정하고 있다. 이러한 신탁법에 규정된 충실의무법리는 회사법 및 금융업법에 규정된 충실의무자에게 변용될 여지가 있을 것이다. 유영일의 논문[66] 등은 이러한 움직임을 보여주는 대표적인 논문으로 볼 수 있다.

## 2. 방안 II: 유형별 충실의무관계에 대한 신탁법상 충실의무법리의 변용과 수용

앞서 본 것처럼, 신탁법상 충실의무법을 굳건히 함으로써 충실의무법 일반론을 발전시켰다면, 다음으로 각각의 유형별 충실의무자에 대한 구체적인 충실의무 특칙을 각 유형별 충실의무자의 상황에 맞게 발전시켜야 한다.

### (1) 신탁법상 충실의무법리의 변용과 수용: '충실의무의 인정'의 문제

신탁법상 충실의무법리를 일반적 충실의무법 발전의 출발점으로 파악한다는 의미가 신탁법상 수탁자의 충실의무를 회사법이나 금융법에 등장하는 다른 종류의 충실의무자에게 동일하게 인정하고, 수탁자에 대해 인정되는 구제수단을 회사법이나 금융법에 등장하는 다른 종류의 충실의무자에 대해 그대로 적용하여야 한다는 뜻은 아니다. 앞서 본 것처럼, 충실의무법리는 '신뢰와 신임'에 관한 일반법리이므로 '신뢰와 신임'이 형성되면 충실의무법의 관할 내에 일단 들어온다. 하지만 충실의무관계라고 하여 신탁법상 default rule로서 적용되는 정도의 충실의무와 구제수단이 당연히 모든 다른 충실의무관계에 적용되는 것은 아니다.[67] 뒤에서 자세히 살펴보겠지만, 어느 특정의 충실의무가 당해 충실의무자에게 적용되는가 여부는 당해 충실의무자가 처한 상황이 특정의 충실의무의 부과를 정당화시킬 수 있는가 여부에 달려 있다. 이와 같이 '신뢰와 신임'이 형성되어 충실의무관계로 파악된 관계의 구체적 사정을 따져 어떠한 정도의 충실의무를 부과하고 그 위반에 대하여 어떠한 정도의 구제

66) 유영일, 앞의 주 40)의 논문, 515면, 533-534면, 537면 참조; 이중기, 앞의 주 47)의 논문, 228면.
67) Sealy, *supra* note 9, p.78.

수단을 인정할 것인가가 '충실의무의 인정'(fiduciary finding)의 문제68)로 다루어져야 한다. 이것은 신탁법상 충실의무를 구체적 충실의무관계에 어떻게 변용(adaptation)시킬 것인가의 문제이고, 이는 살아 있는 충실의무법을 발전시키기 위한 중요한 과정이다.

#### (2) 충실의무관계의 유형화와 충실의무의 변용

##### 1) 전형적 충실의무자의 충실의무 특칙의 조문화 필요성

그런데 수탁자, 이사, 운용업자 등과 같이 충실의무를 미리 예상할 수 있는 '전형적'인 충실의무관계에 대해서는 신탁법상 충실의무의 변용을 입법적으로 행할 수 있다. 따라서 전형적 충실의무관계를 유형화하여 어떤 유형의 충실의무관계에 필요한 구체적 충실의무 특칙을 미리 조문으로 명시하고, 그에 대한 관련 구제수단을 사전적으로 명시하는 것이 충실의무법의 법적 안정성을 확보하기 위해 필요할 것이다. 대표적인 것이 회사의 이사를 충실의무자로 규정하고, 이사에게 적용될 수 있는 구체적인 충실의무 특칙을 회사 이사의 맥락에 적절히 변용시켜 조문화하는 것이다. 회사법이 규정한 이사의 자기거래금지, 경업금지, 겸업금지 등은 이러한 충실의무 특칙으로 볼 수 있다. 물론 그 밖에 충실의무가 논의될 수 있는 다양한 회사법상 상황69)에 대해 이익충돌의 금지원칙과 이익향유의 금지원칙을 변용시켜 회사법상 필요한 충실의무 특칙을 탐구해야 한다.

그런데, 회사 이사는 투자자의 신뢰와 신임에 상응한 충실의무를 지는데, 투자자는 이사가 수익의 극대화를 위한 위험의 감수(risk-taking)를 용인한다. 따라서 이사에 대한 충실의무 특칙의 규정에 있어서는, 보다 안정적으로 신탁재산을 운용해야 하는 수탁자의 충실의무와는 다른 요소가 '이익충돌의 회피

68) 다음 VII. 1. 이하 참조

69) 미국 회사법은 영국 회사법에서와 달리 이사뿐만 아니라 지배주주 나아가 소수주주의 충실의무도 인정한다. 또 '충실의무를 지는 자'의 범위뿐만 아니라 '충실의무의 상대방'에 대한 논의도 회사법상 중요한 논의이다: 이사는 주주뿐만 아니라 채권자 등에 대해 충실의무를 질 수 있다. 예를 들어 김건식, 앞의 주 4)의 책, 72면 이하는 지배주주의 충실의무, 충실의무의 상대방 등에 대해, 또 Brudney, *supra* note 25, p.640 이하는 보통주주의 우선주주에 대한 충실의무의 부담 여부 등에 대해 논의하며, 문정해, "주주행동주의 규제를 위한 충실의무 적용에 관한 연구", 『비교사법』, 제16권 제1호(2009), 367면은 소수주주의 충실의무에 대해 논의하고 있다.

원칙'과 '이익향유의 금지원칙'의 입법적 변용과 관련하여 고려되어야 한다. 하지만, "회사법이 엄격한 이익향유의 금지원칙을 공평원칙(fairness test)으로 대체한다고 하더라도, 이사의 충실의무관계가 거래시장을 상정한 arm's length 관계로 완전히 희석되는 것은 아니다".[70] 이사가 자기거래로부터 보상을 받을 가능성이 높게 되더라도 이들 관계는 여전히 이사의 기회주의적 행동으로부터 회사를 보호할 필요성이 높으므로, 충실의무관계로 파악할 필요성이 잔존한다.

마찬가지로, 금융법 맥락에서 신탁업자, 집합투자업자 등의 충실의무 특칙을 입법적으로 변용할 때에도 각각의 충실의무관계에 필요한 구체적인 충실의무 특칙을 미리 조문으로 명시하는 작업이 행해질 필요가 있고, 그 정도는 금융업자들의 기회주의적 행동을 통제할 수 있는 정도여야 한다. 예를 들어, 미국에서는 투자자문업자와 달리 투자중개업자가 충실의무를 지는지가 분명하지 않았다.[71] 하지만, 최근에는 투자중개업자도 투자판단을 제공함에 있어 투자자문업자와 동일한 수준의 행위기준의 적용을 받는다고 명시적으로 규정하였다.[72] 자본시장법도 집합투자업자, 투자자문업자, 신탁업자와는 달리 투자매매업자, 투자중개업자에 대해서는 명시적인 충실의무를 규정하고 있지 않지만, 이들의 기회주의적 행태를 통제할 필요성은 동일하므로 자문업자와 동일 수준의 충실의무를 지는 것으로 보아야 한다.[73]

#### 2) 융통성의 확보와 일반화의 오류의 극복

각 유형별 충실의무자에 대한 충실의무 특칙을 발전시킴에 있어 특히 유의해야 할 점은 신탁법상 충실의무를 입법적으로 변용시킴에 있어 충실의무법의 가장 큰 특징인 융통성(flexibility)을 잃지 않아야 한다는 점이다. 앞서 본 것처럼, 충실의무는 본인에 대한 주관적이고 상대적인 의무이고, 그때 그때

70) Brudney, *supra* note 27, p.632.

71) 김건식·송옥렬, 『미국의 증권규제』(2001), 434면. 증권업자의 충실의무에 대한 자세한 논의는 Cheryl Weiss, "A Review of the Historic Foundations of Broker-Dealer Liability for Breach of Fiduciary Duty", 23 *J. Corp. L.* 65(1997).

72) Dodd-Frank Wall Street Reform and Consumer Protection Act(H.R. 4173), Sec.913(g).

73) 투자중개업자에 대한 충실의무의 부과근거인 제37조 제2항의 해석에 대해서는 VI. 2. (4) 참조.

발생하는 충실의무자의 이익충돌상황을 해결하기 위한 법이다. 따라서 입법부는 어떤 충실의무관계에 대한 구체적 충실의무를 인정함에 있어 유형별 특징에 따라 융통성을 발휘하여 일반화의 오류를 범하지 않도록 해야 한다. Maitland가 말한 것처럼, "충실의무법은 스스로 자족적인 법체계가 아니고, 모든 점에서 계약 등을 통해 형성된 기본관계를 전제한다."[74] 따라서 입법부는 당사자가 설정한 '기본관계의 특징에 대응'하여 그것에 맞는 충실의무를 유형화해야 하는 것이다. 이것이 충실의무법의 정신이다. 물론 이러한 융통성은 법원이 유형화되지 않은 비전형적 충실의무관계를 인정하고 충실의무를 부과함에 있어서는 더욱 더 커진다.

3) 일반화의 필요성

물론 전형적인 '신뢰와 신임 관계'를 유형화하고 유형화된 충실의무자에게 충실의무 특칙을 인정함에 있어 융통성은 매우 중요하지만, 충실의무법의 안정을 위해서는 이러한 유형별 충실의무관계에 관통하는 충실의무법 일반론을 도출하는 것도 필요하다. 이러한 일반론은 앞서 언급한 것처럼, 신탁법상 충실의무법을 토대로 시작하는 것이다. 일반화의 필요성은 특히 충실의무 위반에 대해 어떠한 구제수단을 인정할 것인가와 관련하여 큰 의미를 갖는다.

### (3) 유형화되지 않은 충실의무관계의 인정과정: 법원의 적극적 역할 필요성

신탁법상 충실의무의 변용과 수용이 가장 문제되는 분야는 수탁자, 이사와 같이 유형화된 전형적 충실의무관계가 아니고, 유형화되지 않은 '신뢰와 신임의 관계'이다. 다시 말해, 충실의무법리의 적용에 있어 법원의 역할이 가장 필요한 부분은 이처럼 미리 예상해서 유형화된 전형적 충실의무관계에 발생하는 '충실의무의 인정' 문제가 아니라, 유형화되지 않는 비전형적 신뢰와 신임 관계에 대해 어떻게 충실의무관계로 인정할 것인가, 그리고 이러한 비정형적 충실의무자(fact based-fiduciary)[75]에 대해 구체적으로 어느 정도의 충실의무를 부과할 것인가의 문제이다. 물론, 유형화된 충실의무자의 경우에도 입법적으로 조문화되지 않은 특수한 이익충돌상황이 발생하면 유사한 의무부과 문

74) Maitland, *supra* note 19, p.19. 앞의 II. 4. (1) 참조.
75) 앞의 III. 2. (3) 참조.

제가 발생할 수 있다. 예를 들어, 회사기회의 유용에 대한 회사법상 조문이 없는 현 상태에서, 이사에게 회사기회의 유용상황이 발생하면 법원은 어느 정도의 충실의무를 부과할 것인가의 문제에 봉착하게 된다. 뒤에서 살펴보는 것처럼,[76] 한국의 법관들은 충실의무법의 정신을 충분히 이해할 수 있다고 생각되고, 보다 적극성을 띤다면, 우리 법원은 영미에서 형평법원이 수행하는 유형화되지 않은 '신뢰와 신임의 관계'에 대해 충실의무의 인정을 할 수 있고, 이를 통해 충실의무법의 '기본관계 보충역할'[77] 혹은 본인의 보호역할을 효율적으로 수행할 수 있다고 생각한다.

#### (4) 충실의무관계의 인정근거/충실의무의 도출근거: 성문법 조항 v. 신뢰와 신임 자체

충실의무관계의 인정 혹은 구체적 충실의무의 부과를 위해서는 '충실의무'를 규정한 성문법 조항이 반드시 존재해야 하는가? 앞서 언급한 것처럼,[78] 신뢰와 신임이 부여된 위임관계, 후견관계 등에 대해 충실의무를 도출하기 위해서는 주식회사 이사나 투자자문업자의 경우와 같이 충실의무에 관한 명시적 규정을 두는 것이 더 바람직하다. 하지만 반드시 '충실의무'를 규정한 성문법 조항이 있어야 하는 것은 아니다. 수탁자의 충실의무의 경우 대법원은 신탁법에 명문의 규정이 없음에도 불구하고 수탁자의 충실의무를 판례로써 인정하였다.[79] 이와 같이 법원이 적극적인 태도를 취한다면, 충실의무는 '신뢰와 신임 관계 자체' 혹은 자기거래의 금지와 같은 관련 조항으로부터 인정될 수 있는 것이고 반드시 '충실의무'라는 제목의 성문법 조항에 의존해야 하는 것은 아니다. 예를 들어, 민법 제64조, 제921조가 규정한 비영리법인 이사, 친권자의 '이익상반행위의 금지' 조항과 신탁법 제29조, 자본시장법 제37조 제2항이 규정한 '이익향수의 금지' 조항은 충실의무의 양대원칙인 이익충돌의 금지원칙 및 이익향수의 금지원칙을 선언한 것으로 볼 수 있다. 따라서 이러한 조항으로부터 법원은 비영리법인 이사, 친권자, 수탁자, 금융투자업자의 일반적 충

76) 다음 IX. 2. 참조.
77) 앞의 II. 4. 참조.
78) 앞의 IV. 1. (3) 1) 이사의 충실의무의 도출 근거 참조.
79) 앞의 주 64) 판결 참조.

실의무자 지위를 인정할 수 있다. 또, 민법 제124조의 자기계약, 쌍방대리의 금지조항 및 상법 제17조, 제89조, 제198조의 경업금지규정은 '이익충돌의 금지원칙'을 구체화한 조문으로 볼 수 있다. 따라서 이러한 조항으로부터도 대리인의 충실의무자 지위 및 상업사용인, 대리상, 합명회사 사원 등의 충실의무자 지위를 도출할 수 있다.

(5) 전형적 충실의무관계에 대한 계약론적 설명과 그 한계: Standard v. Function

전형적 충실의무관계인 수탁자와 수익자 간 혹은 회사와 이사 간의 '기본관계'는 통상 계약으로서 설정되고, 전형적 충실의무자의 충실의무 특칙규정도 '표준화된 의무수준'(standardized level of obligation)을 표창한다고 볼 수 있다. 따라서 이들 관계는 계약관계로서 설명할 수 있고, 통상 계약적 기초를 가진다고 설명할 수 있다.[80] 하지만, 전형적인 충실의무관계가 계약으로서 설정되고, 그것이 계약적인 기초를 갖는다고 하더라도 그 관계가 전부 계약관계로 설명되는 것은 아니다. Maitland가 파악한 것처럼, 충실의무법은 당사자가 설정한 '기본관계'를 신뢰와 신임을 이유로 보충하거나 수정하는 역할을 하므로, 법원은 당사자가 계약으로 설정한 기본관계를 신탁법이나 회사법이 규정한 충실의무의 정신을 근거로 보충하거나 수정할 재량을 갖기 때문이다. 이러한 점에서 신탁관계나 회사와 이사 간의 관계를 계약적이라고 설명하는 것은 '전형적인 관계'에 대한 '전형적인 수준'(standard)을 이야기하는 것에 불과하고, 충실의무법이 수행하는 구체적 이익충돌상황에서의 '법형성적 역할(role)'[81]까지 파악하는 설명은 될 수 없다. Sealy 교수가 파악한 것처럼, 형평법원은 '재산의 신탁'을 수반한 신뢰와 신임 관계에 대해 신탁법을 발전시켰고, 회사현상에 대해서는 '신탁과 조합의 법리'를 통해 회사법을 발전시켰지만, 이러한 전형적 신탁관계와 회사관계의 신뢰와 신임의 문제에 대해서도 여전히 fiduciary veil을 던지면서 충실의무의 이름으로 개입한다. 이는 우리가 충실의무법을 도입하는 근본이유로서, 우리 법원이 충실의무법을 발전시킴에 있어 잊지 말아야 할 역할이다(충실의무법에 대한 계약론자들의 관점과 그에 대한 비판은 앞 VII. 2. (1)에서 자세히 살펴본다).

80) Langbein, "The Contractarian Basis of the Law of Trusts", 105 *Yale L. J.* 625(1995).
81) 앞의 II. 2. (3) 참조.

## 3. 방안 Ⅲ: 의무위반에 대한 충실의무법적 구제수단의 도입과 변용

### (1) 충실의무법적 구제수단의 도입

충실의무는 의무자로 하여금 충실의무를 위반하여 이익충돌에 빠지지 말도록 사전적으로 경고하는 '이익충돌의 금지원칙'(no-conflict rule)과 충실의무의 수행과 관련하여 이익 취득을 사전적으로 금지하는 '이익향유의 금지원칙'(no-profit rule)을 통해 작동한다.[82] 따라서 충실의무법리를 성공적으로 도입하기 위해서는, 먼저 의무부과 측면에서 이익충돌 혹은 이익향유 가능성이 높은 여러 상황을 금지하는 규정들(예: 자기거래의 금지, 겸직금지, 경업금지, 기회의 유용금지 등)을 명시함과 동시에, '이익충돌의 금지' 및 '이익향유의 금지'라는 대원칙을 먼저 입법적으로 선언해야 한다. 나아가, 구제수단 부여의 측면에서 이익충돌의 금지원칙을 위반하여 이익충돌을 실현하려는 경우 혹은 이익향유의 금지원칙을 위반하여 이익을 실현하려는 경우, 이익충돌이나 이익향유를 유지 또는 박탈할 수 있는 다양한 충실의무법적 구제수단(예: 이익실현에 대한 유지청구, 실현이익의 반환책임 등)을 입법적으로 선언해야 한다.

회사법에 명시적으로 이사의 충실의무를 규정하였으나, 이것이 영미의 충실의무를 규정한 것인지 혹은 단순히 선관주의의무를 선언한 것인지에 관하여 끊임없는 논란[83]이 발생한 이유의 하나는, 충실의무에 대한 구체화 노력이 부족했다는 점 외에 구제수단에 대한 명시적 규정의 미비 및 그에 따른 구제수단의 구체화 논의가 흠결되었기 때문이다[84](회사법상 충실의무법의 구제수단에 대해서는 앞의 IV. 3. (2)에서 살펴보았고, 충실의무법상 구제수단 일반론에 대한 자세한 설명은 아래의 VIII. 1. (2)에서 살펴본다).

### (2) 충실의무법적 구제수단의 변용

충실의무법리를 발전시키기 위한 다음 단계는 입법적으로 도입한 일반적 구제수단을 각 유형별 충실의무자에 대하여 변용하는 것이다. 충실의무의 대

---

82) 앞의 II. 3. 참조.
83) 앞의 IV. 1. (1). 참조.
84) 예외적으로 김건식, 앞의 주 4)의 책, 86면 이하는 구제수단의 중요성을 인식하고 그에 대해 논하고 있다.

원칙인 이익충돌의 금지원칙과 이익향유의 금지원칙이 각 유형별 충실의무자의 상황에 맞게 변용되었듯이, 충실의무법상의 일반적 구제수단인 이익반환책임 등도 각각의 유형별 충실의무자가 부담하는 충실의무 특칙의 위반상황에 맞추어 구제수단의 특칙이 형성되어야 한다.

예를 들어, Sealy 교수는 구제수단의 관점에서 충실의무관계를 다음과 같이 두 가지로 유형화하여 일반화한다: (i) 타인의 '재산을 지배'하는 충실의무관계, (ii) 타인의 재산을 지배하지 않는 충실의무관계(예: 타인을 위해 사무처리의 약속을 한 관계 등). Sealy 교수는 첫 번째 유형의 충실의무관계에 대해서는 '재산의 신탁'이 있는 신탁관계에 준하는 것으로 보아 수탁자에게 적용되는 충실의무와 구제수단이 대부분이 적용될 수 있고, 특히 '재산의 회복'에 필요한 반환청구권 등도 인정할 수 있다고 본다.[85] 두 번째 유형의 충실의무관계에 대해서는 타인의 재산을 지배하는 특징이 없으므로 '재산의 회복'에 필요한 반환청구권 등은 인정할 수 없지만, 충실의무자에 의한 자기거래의 무효화 혹은 충실의무자에 대한 이익의 반환책임 등은 가능하다고 본다.[86] Sealy 교수의 견해에 따르면, 회사의 이사나 투자일임업자 등은 자기명의로 재산을 보유하는 신탁업자는 아니지만, '재산을 지배'하고 있기 때문에 신탁의 수탁자에 준하는 충실의무와 구제수단이 부과될 수 있다. 물론, 앞서 언급한 것처럼, 회사 이사에 대해서는 투자자가 위험의 선택을 용인하고 경영성과에 대한 보수를 허용한 점이 다른 요소로서 고려되어야 할 것이다.

## Ⅶ. 충실의무자의 인정과 충실의무의 부과단계

### 1. 충실의무자의 인정절차와 충실의무의 부과절차

앞서 본 것처럼[87] 당사자 사이에 재량의 부여 등의 이유로 신뢰와 신임이 형성된 경우, 법원은 당사자들이 자신들의 역할과 의무, 책임에 대하여 별도

---

85) Frankel 교수도 어떤 자를 충실의무자로 인정하는 경우 본인에게 충실의무자에 대한 물권적 권리를 인정해 주자고 한다. Frankel, *supra* note 6, p.795.
86) Sealy, "Some Principles of Fiduciary Obligation", *Cambridge L. J.* 119(1963).
87) 앞의 II. 4. 충실의무법의 역할 참조.

의 유효한 합의를 한 사항에 대해서는 기본관계를 존중한다. 하지만, 그러한 합의를 하지 않은 사항에 대해서는, 법원은 당사자들의 신뢰와 신임을 보호하기 위해 신뢰와 신임의 정도 등을 고려하여 구체적 충실의무를 부과함으로써 기본관계를 보충할 수 있다. 또 합의사항이 부당한 경우 법원은 충실의무를 부과함으로써 부당한 기본관계를 수정할 수 있다. 이러한 과정은 '충실의무자의 인정'(fiduciary-finding stage) 절차와 '구체적 충실의무의 부과'(duties-finding stage) 절차를 통해 이루어진다. 이때 입증의 문제가 발생하는데 다음과 같은 순서로 진행될 수 있다.

(i) 충실의무관계의 주장단계: 원고는 당사자 사이에 재량의 부여 등을 이유로 기본관계에 신뢰와 신임이 발생하였음을 입증함으로써 피고가 충실의무자임을 주장한다.

(ii) 충실의무자의 인정단계: 법원이 원고의 주장을 받아들여 피고를 충실의무자로 인정하면, 일응 엄격한 충실의무가 기본적으로 적용되는 것으로 추정된다.

(iii) 구체적 충실의무의 확정단계: 이 단계에서 법원은 ① 피고인 충실의무자가 신뢰와 신임의 존재는 인정하지만 구체적 충실의무를 배제하기 위한 사적자치가 있었음을 입증하면, 그 한도에서 피고의 구체적 충실의무를 인정하지 않거나 감경할 수 있다. ② 피고인 충실의무자가 당사자 사이의 신뢰와 신임의 정도가 강하지 않으므로 법원에 대하여 일부 충실의무의 적용배제를 주장한 경우에도 마찬가지이다.

(iv) 기본관계의 보충과 수정: 앞의 절차에 따라 법원이 피고에 부과할 구체적 충실의무를 확정하면, 원고와 피고 사이의 기본관계는 법원이 부과한 충실의무에 의해 보충되거나 혹은 수정된다.

(v) 충실의무 위반의 주장과 인정단계 및 구제수단(fiduciary remedy)의 부여단계: 이에 대해서는 아래의 VIII.에서 살펴본다.

## 2. 충실의무 부과단계의 쟁점 I : 본인의 보호 v. 당사자 공동의 이익의 실현

### (1) 충실의무를 어떻게 볼 것인가?

#### 1) 계약론자들의 관점

지금까지 충실의무법에 대한 전통적 견해에 대해 살펴보았다. 여기서는 충실의무법에 대한 일부 계약론자들의 견해에 대해 살펴보고 몇 가지 쟁점에 대해 자세히 논의해 본다. 계약론자들의 충실의무에 대한 견해는 특히 회사법적 맥락에서 살펴보는 것이 이해하기 쉬우므로 회사법의 충실의무론을 중심으로 계약론자의 주장을 요약해 보자: 계약론자들은 회사법의 최대목적을 '회사가치의 최대화'에 둔다. 이러한 일차적 목적을 설정하면, 회사법의 가장 큰 목적으로 볼 수 있는, '창출된 회사가치를 회사참여자 — 주주, 경영자 등 — 사이에 어떻게 분배할 것인가'는 부차적인 것이 된다. 계약론자들의 관점에서 보면, 억지론적 관점에서 작동하는 전통적 충실의무법은 회사의 최대가치를 창출할지 모르는 거래를 '사전적으로 금지'한다는 점에서 큰 장애로 작용한다.[88] 또한 계약론자들은 충실의무자를 공동의 이익실현을 위한 '공동사업자'(co-ventureres)로 파악하고, 이사의 부수이익취득은 기업가치 최대화를 위한 활동의 유인이 될 수 있다는 점에서 긍정적이라고 본다. 하지만, 전통적 충실의무법은 이사의 이익취득행위를 엄격히 금지한다. 따라서 계약론자들은 이러한 전통적 충실의무는 이사에 대해 완화되어야 하고, 이사는 엄격한 '이익향유의 금지원칙'의 적용을 받는 것이 아니라 '공정의 원칙'(fairness test)의 적용을 받아야 한다고 주장한다.[89] 계약론자들의 이러한 논리의 귀결은 충실의무관계를 단순한 계약관계로 파악하고 강행적 충실의무를 단지 계약상 의무라고 간주하는 것이다.

88) Easterbrook & Fischel, "Corporate Control Transactions", 91 *Yale L. J.* 698, 698(1982).
89) 현재 미국 회사법에서 이사의 충실의무는 전통적인 충실의무에서 많이 희석되어 있다. 예를 들어, ALI Principles of Corporate Governance는 이사의 충실의무를 공정거래의무(duty of fair dealing)로 표현하고 있다. 계약론자들에 의한 미국 회사법의 충실의무 완화 시도 과정에 대해서는 Douglas Branson, "Assault on Another Citadel: Attempts to Curtail the Fiduciary Standard of Loyalty Applicable to Corporate Directors", 57 *Fordham L. Rev.* 375(1998).

계약론자들에 의하면, 엄격한 충실의무는 단순히 background rule이고, background rule은 계약법논리와 같이 '별도의 합의가 없는 한' '당사자 사이에 적용하기로 동의한 것으로 간주'된다. 따라서 계약론자에 의하면, 당사자 사이에 '별도의 합의가 있으면' 충실의무는 계약으로 배제될 수 있게 된다. 또 계약론자에 의하면, 이러한 background rule로서의 충실의무는 계약당사자가 의도적으로 체결한 계약의 일부인 것처럼 해석되어야 한다. 이를 위해 등장하는 개념이 가정적 계약(hypothetical bargain analysis of contract) 개념이다. 그런데 Brudney 교수에 의하면, 계약론자들이 충실의무관계를 단순한 계약관계로 파악하고 충실의무를 단지 계약상 의무라고 간주하는 것은 이사의 충실의무를 무력화시키기 위한 개념적 장치에 불과하다고 본다.[90] 또한, 계약론자들은 이사에 대해 부과된 강행적 충실의무를 당사자의 동의를 전제하는 계약구조로 설명함으로써, 충실의무법의 강행성을 무력화시킨다고 본다: 계약론자는 외부로부터 강행적으로 개입되는 충실의무의 성질을 차단하고 당사자의 자유로운 계약으로 파악하기 위하여 '추정된 의사'(imputed consent) 개념을 등장시켰고, 법전의 충실의무는 명시적으로 배제하지 않은 한, '추정된 의사'로서 당사자의 계약에 포함되는 것으로 파악한다. 따라서 계약론적 관점에서 보면, 충실의무는 계약상 추정되는 의무이고 당사자의 명시적 의사가 있으면 배제될 수 있는 의무가 된다.[91] 그렇다면, 과연 계약론자들이 주장하는 것처럼, 충실의무는 가정적 계약으로 볼 수 있는지, 계약으로 배제할 수 있는지 등에 대해 살펴보자.

#### 2) 충실의무의 기능: '당사자 공동의 이익' 실현을 위한 '계약보충'

Easterbrook과 Fischel에 의하면 충실의무법리는 당사자가 사전에 합의하고 합의이행을 감독하기 어려운 경우에 보충적으로 불완전한 계약의 내용을 완성시켜 주기 위한 기능을 수행한다.[92] 이는 Maitland가 파악한 기본관계의 보충이라는 충실의무법의 전통적 역할과 다르지 않다(계약론자는 물론 기본관계

90) Brudney, *supra* note 25, p.623. Branson, *ibid.* 참조.
91) Brudney, *supra* note 25, p.623.
92) 이러한 시각은, 잘 아는 것에 대한 계약의 경우 예상되는 문제점들을 계약에 반영할 수 있지만, 그렇지 못한 경우 사무를 처리하는 자에게 적절하게 처리할 의무를 부과하는 방법으로 거래비용을 절감할 수 있으며, 이는 거래의 효율화를 달성하게 하는 수단이 된다고 보는 관점과 일맥상통한다.

의 수정이라는 전통적 충실의무법의 강행적 역할은 인정하지 않는다). 그런데, 이들은 계약의 보충을 '당사자의 공동의 이익'을 실현하기 위한 것으로 본다. 따라서 계약론적 관점에 의하면, 법원이 흠결된 계약의 내용을 보충시켜 줄 수 있는 '충실의무의 정도'는 "당사자가 합의하였더라면 협상할 수 있는 정도"(hypothetical contractual terms)의 충실의무여야 하고, 더 과중하거나 더 낮은 정도의 것이어서는 안된다. 예를 들어, 더 과중하게 부과하면 당장은 본인에게 windfall을 가져다 줄지 모르나, 충실의무자로 될 자를 위축시켜 충실의무자로 될 자의 공급을 감소시키거나 충실의무자를 고용하는 비용의 증가로 결과적으로 충실의무 부과로써 보호하려고 했던 본인을 보호하지 못하는 결과가 되고,[93] 종국적으로 사회 전체의 대리인비용을 증가시키게 된다고 본다. 계약론자들은 충실의무자를 '공동의 사업자'(co-ventureres)로 인정함으로써 '공동의 이익'을 더 창출하도록 해야 한다고 본다. 따라서 계약론자에 의하면, 억지적 관점[94]에서 충실의무의 근본법리로 이야기되는 이익충돌금지 원칙이나 이익향유금지 원칙은 '당사자 공동의 이익'의 실현을 방해하는 원리로서 재검토되어야 한다고 본다.

#### (2) 전통적인 관점: '본인의 보호'를 위한 '사법재량의 행사'

##### 1) 계약의 보충 v. 사법재량

법원이 충실의무자에게 부과하는 충실의무의 역할을 '당사자의 공동의 이익'을 실현하기 위한 계약보충이라고 보는 것은 당사자가 계약적으로 충실의무자 지위를 합의할 수 있는 경우(예를 들어 변호사, 이사와 같은 '지위'에 기한 충실의무자(status-based fiduciaries)의 경우) 매력적인 설명이 될 수 있다. 하지만, 당사자들보다 더 부족한 정보를 보유하고 있는 법원이 당사자의 의사를 추정하여 계약을 보충한다고 가정하는 것은 지나치게 의제적이다. 따라서 보다 직접적으로 법원이 법원에 알려진 정보를 토대로 '본인의 보호'를 위하여 후견적 입장에서 '기본관계'를 보충 혹은 수정하는 '사법재량, 즉 법형성권능을 행사'한다고 보는 것이 훨씬 직접적이고 간명한 설명이다. 즉 "당사자간의 관계는

---

93) Easterbrook & Fischel, *supra* note 30, pp.431-432.

94) 억지적 관점에 대해서는 아래의 VIII. 3. (2) 및 (3) 참조. 더 자세히는 이중기, "회사기회유용과 경업금지의무 위반", 앞의 IV. 참조.

서로 자발적으로 참여하는 관계이지만, [충실]의무는 [충실의무]자의 의사에 기하여 발생한 것이라기보다는 법원이 구체적으로 타당한 결과를 얻기 위하여 인정한 것"이다.[95)]

2) 본인의 보호 v. 공동의 이익 실현

충실의무법리는 역사적으로 법원이 타인에게 신뢰와 신임을 준 본인을 충실의무자의 기회주의적 행태로부터 보호하기 위한 법리로 발전시킨 것이다. 앞서 본 것처럼, Maitland는 형평법, 다시 말해 충실의무법이 계약관계와 같은 보통법관계를 보충 혹은 수정하는 역할을 수행한다는 점을 인식하였지만,[96)] 그 목적은 신뢰와 신임을 준 '본인의 보호'를 위한 것으로 파악하였다. 형평법원이 수행한 '본인의 보호'를 위한 충실의무법의 역할은 이와 같이 '역사적 경로 종속성'을 갖는다고 볼 수 있고, 법원에 의한 충실의무 부과는 계약론자들이 주장하는 것처럼 '당사자 공동의 이익'을 실현하기 위한 것이 아니라 '본인의 보호를 위한' '사법재량의 행사', 즉 보충적 법 형성[97)]로 보아야 한다.

이러한 충실의무의 역할에 관한 전통적 견해는 다음과 같은 이유로 계약론자보다 더 현실적이라고 생각된다: 충실의무의 위반 여부가 문제되는 상황은 당사자가 평등한 관계가 아니고 한쪽이 충실의무자에게 재량을 부여하는 등 계약을 통해 달성하려고 하는 전문지식을 결여하여 충실의무자에게 의존하는 관계가 대부분이다.[98)] 따라서 이러한 관계에서는 '당사자 공동의 이익'을 위한 기준을 기본원칙로 설정할 수 없고, '본인의 이익'을 보호하기 위한 억지적 기준이 기본원칙으로서 타당하다(자세히는 VIII. 3. (3) 억지론의 정당화 참조).

95) 김건식, 앞의 주 4)의 책, 62면.
96) 앞의 II. 4. (1) 참조.
97) 충실의무법의 '법 형성의 원천과 사법개입의 재량'으로서의 역할에 대해서는 앞의 II. 2. (3) 및 Choong-Kee Lee, "Conflicts of Interest", §1.14.1 Fiduciary Designation, Discretionary 참조.
98) Brudney, *supra* note 25, pp.627-628. 물론, 문제된 당사자가 이사와 회사처럼 대등한 조건에서 협상할 수 있는 계약당사자일 수 있는 경우 충실의무의 정도로서 '당사자 공동의 이익' 실현을 위한 기준이 타당할 수 있는 경우도 있지만, 충실의무법리의 기본적 상황은 수탁자와 수익자와 같이 본인이 충실의무자에게 재량의 부여 등으로 의존하는 상황을 상정하는 것이 타당하다.

(3) '본인의 보호'를 위한 재량행사의 기준: 주관적 기준

계약론적 관점에 따라 법원이 보충해야 하는 충실의무의 정도를 '당사자 공동의 이익'의 실현을 위한 것이라고 보면, 이러한 기준은 '당사자가 합의할 수 있었고 감독할 수 있었던' 정도의 가정적 기준이 되므로, 객관적인 기준이 될 수밖에 없다. 하지만, 전통적 입장에 따라 법원이 보충해야 할 충실의무의 정도를 '본인의 보호'를 위한 법 보충이라고 보면 본인의 신뢰와 신임을 고려할 수밖에 없고, 따라서 충실의무의 정도를 인정함에 있어 본인이 충실의무자에 대해 신뢰하고 신임하였던 주관적 사정을 고려하여야 할 것이다.

### 3. 충실의무 부과단계의 쟁점 Ⅱ: 계약의 형성과정 v. 엄격한 default rule의 완화과정

충실의무법리를 '당사자 공동의 이익'의 실현을 위한 계약보충이라고 보는 계약론자들에 의하면, 법원에 의한 충실의무의 부과, 즉 법원이 하는 '기본관계'의 보충은 계약의 형성과 마찬가지로 당사자들의 구체적 상황을 따져 그에 상응하는 충실의무를 보충해 가는 절차로 보는 것이 논리적이다. 하지만 충실의무법은 역사적으로 계약론자가 주장하는 것과는 다른 경로를 통해 발전하였다: 형평법원은 충실의무관계에 있는 당사자를 계약의 당사자와 같이 자유로운 평등한 당사자를 전제하기보다는 충실의무자에게 신뢰와 신임을 부여한 '의존적인 본인'을 상정한다. 그 결과 신뢰와 신임에 기해 충실의무자라는 베일(veil)이 씌워지면, 충실의무자의 '의무위반을 억지'하기 위한 신탁수탁자의 엄격한 충실의무가 default duties로서 추정[99]되고, 법원은 사법재량으로 당해 충실의무자가 처한 구체적 상황을 고려하여 엄격한 default duties를 완화해 가는 것이다. 다시 말해, 계약관계는 당사자가 평등한 지위에서 '계약내용을 형성'시켜 가는 과정인데 반해, 충실의무관계는 엄격충실의무를 완화해 가는 과정이다: 충실의무법은 이러한 엄격의무의 추정을 전제로 '엄격의무의 완화절차'(즉 이익충돌의 공시와 승인을 받는 절차)[100]를 자족적으로 구비해 놓고

99) Cooter & Freedman, "The Fiduciary Relationship: Its Economic Character and Legal Consequences", 66 *NYU L. R.* 1045(1991).

100) 회사법 맥락에서 이사회의 승인에 관한 자세한 논의로는 김건식, 앞의 주 4)의 책, 84

있다. 이와 같이, 계약관계와 충실의무관계는 의무의 발견과정(process)이 역전되어 있다.

Maitland가 일찌기 파악한 것처럼, 충실의무법은 '기본관계'를 보충 혹은 수정해 가는 역할을 수행하지만,[101] 계약론자들이 주장하는 것처럼, 평등한 당사자 사이의 '계약의 활성화'를 위하여 보충적 역할을 수행하거나, '공동의 이익의 실현'을 위하여 보충적 역할을 수행하는 것이 아니다. 계약론자들의 설명은 이미 유형화된 '지위에 기한 충실의무자'의 보충적 의무형성[102]에는 타당할 수 있지만, '유형화되지 않은 신뢰와 신임 관계'를 '충실의무관계로 인정'하고 필요한 충실의무를 부과하는 충실의무법 본래적 역할[103]에 대해서는 제대로 적용되기 힘들다: '유형화되지 않은 신뢰와 신임 관계'는 법원에 익숙한 관계가 아니기 때문에, 신뢰와 신임 관계이므로 fiduciary veil을 던져야 한다는 사실은 쉽게 판단할 수 있지만, 이들 사이에 계약이 체결되었다면 이들이 협상하였을 가정적 계약조건을 파악하는 것은 쉽지 않다.[104] 이 경우 법원은 이들 비전형적 신뢰와 신임 관계자 사이의 '공동의 이익'을 파악하기도 어렵고, 이들 당사자의 '계약체결의 활성화'를 위해 계약을 보충할 이유도 발견하기 힘들다. 이 경우 오직 '본인의 보호'를 위해 충실의무를 추정하고, 필요한 경우 완화하는 사법재량을 행사할 뿐이다.

## 4. 충실의무 부과단계의 쟁점 Ⅲ: 계약으로 충실의무를 배제할 수 있는가?

### (1) 당사자는 계약으로 '충실의무'를 배제할 수 있는가?

앞서 본 것처럼, 계약론자들은 법원의 충실의무 부과를 가정적 계약이라는 관념으로 계약을 보충한다고 보지만, '본인의 보호'를 위하여 후견적 입장

---

면 이하.

101) 앞의 II. 4. (1) 참조.

102) 유형화된 충실의무자의 충실의무 부과에 대해서는 앞의 VI. 2. (2) 참조.

103) 유형화되지 않은 신뢰와 신임 관계에서의 충실의무 부과에 대해서는 앞의 VI. 2. (3) 참조.

104) 계약론자도 이 경우, 법원이 예외적으로 엄격한 default rule을 사전에 명확히 선언함으로써 당사자에 의한 협상의 시도 자체를 억지해야 한다고 한다. 다음 VIII. 3. (1). 그러나 전통적 억지론의 입장에서는 엄격한 default rule은 예외가 아니고 대원칙이다.

에서 '기본관계'를 보충 혹은 수정하는 '사법재량을 행사'한다고 보는 것이 훨씬 직접적이고 간명한 설명이다. 그런데, 당사자는 이러한 법원의 사법재량 행사를 계약으로 배제할 수 있는가? (i) 당사자, 특히 전형적 충실의무자가 이미 법전에 규정된 '전형적 충실의무 특칙'을 기본관계의 형성단계에서 사전에 배제한 경우와 (ii) 당사자가 기본관계의 형성에서 배제하지 않은 이익충돌상황이 발생한 경우를 구별해 살펴보자.

### (2) 사전에 전형적 충실의무 특칙을 배제한 경우

법전에 유형화된 전형적 충실의무자의 충실의무 특칙규정은 강행규정인가? 반드시 그렇지는 않다. 전형적 충실의무관계인 수탁자와 수익자 간 혹은 회사와 이사 간의 '기본관계'는 통상 계약으로서 설정되고, 이들 관계에 적용될 충실의무 특칙규정도 '표준화된 의무수준'(standardized level of obligation)을 표창한다고 볼 수 있으므로, 전형적 계약관계인 '기본관계'에 적용되는 충실의무 특칙도 임의규정으로 볼 여지가 존재한다.[105] 특히 충실의무법 특칙규정은 통상 엄격한 충실의무의 추정을 전제로 '엄격의무의 완화절차'(즉 이익충돌의 공시와 승인을 받는 절차)를 자족적으로 구비하고 있기 때문에, 적어도 지위에 기한 전형적 충실의무자의 충실의무는 당사자가 예상할 수 있는 한에서 당사자 사이의 사전합의(*ex ante* contract)로서 배제할 수 있다고 본다. 이러한 점에서 '전형적 충실의무의 특칙'은 임의규정으로 보아도 무방하다.[106]

물론 당사자에 의한 충실의무 특칙의 사전적 배제 가능성의 정도 혹은 그에 상응하는 법원의 충실의무 부과를 통한 기본관계의 보충 혹은 수정 가능성의 정도는 각 유형별 충실의무자의 종류에 따라 그 정도가 달라지는데, 이러한 충실의무의 배제 가능성 정도에 대해서는 각 유형의 충실의무자별로 법률이 가능한 한 자세히 규정하는 것이 충실의무법의 안전성을 확보하기 위해 필요하다. 예를 들어, 신탁법과 회사법 등이 규정한 이익충돌거래의 명시적 완화요건은 이러한 사전적 충실의무의 배제 가능성을 입법적으로 결정한 것으로 볼 수 있다: 신탁법 제31조는 '법원의 허가'를 자기거래의 요건으로 규정하

---

105) 물론, 전형적인 충실의무관계가 계약으로서 설정되고, 그것이 계약적인 기초를 갖는다고 하더라도 그 관계가 전부 계약관계로 되는 것은 아니다. 앞의 VI. 2. (5) 참조.
106) 김건식, 앞의 주 4)의 책, 84면.

고 있으므로 사전적 배제 가능성이 낮아지는데 비해, 회사법은 자기거래, 경업금지 혹은 겸직금지에 대해서 '이사회의 승인절차'를 규정하고 있으므로 배제가 가능하다고 볼 수 있다.

(3) 사법재량을 배제할 수 있는가?

다음으로, 당사자가 기본관계 형성시에 배제하지 않은 이익충돌상황이 발생한 경우를 생각해 보자. 이러한 상황과 관련하여, 당사자는 계약으로 법원의 충실의무 부과 재량을 배제할 수 없다. 첫째, 현실적으로 예상할 수 없는 상황에 대해서는 전형적 충실의무자의 경우에도 합의가 불가능하여 당사자가 사전적으로 배제할 수 없기 때문이다. 특히, 충실의무자는 사전적으로 추상적 이익충돌회피의무를 지지만, 충실의무 위반 여부는 구체적으로 사후에 이익충돌상태에 돌입했을 때 판단되므로 이러한 이익충돌이 현실화되지 않은 상태에서는 미래의 의무위반 상황을 사전적으로 모두 계약으로 커버할 수 없다. 또, 충실의무 위반에 대한 추인에는 사후적 공시와 승인(*ex post* informed consent)이 있어야 하는데, 본인의 추인은 항상 사후적이고 구체적인 상황에 대한 것이어야 하므로 예상하지 않은 상황에서의 충실의무 발생과 위반은 당사자가 사전추인할 수 있는 것이 아니다. 둘째, 충실의무의 부과를 사법부의 재량행사라고 본다면, 당사자의 합의로써 법원의 충실의무 부과 재량을 박탈할 수는 없다. 오히려 법원이 당사자 사이의 기본관계가 부당한 경우 신뢰와 신임에 기하여 충실의무를 부과함으로써 당사자들이 합의한 기본관계를 수정할 수 있다.[107] 이러한 점에서 법원의 충실의무 부과 재량은 임의적이 아니고 강행성을 갖는다.

## Ⅷ. 충실의무 위반에 대한 구제수단의 부여단계

### 1. 구제수단의 부여절차와 구제수단의 종류

(1) 충실의무 위반에 대한 구제수단의 종류

충실의무법리의 핵심적 측면의 하나는 구제수단의 특수성이다. 앞서 본

107) 충실의무법의 기본관계 보충과 수정 기능에 대해서는 앞의 II. 4. (3) 참조.

것처럼, Sealy 교수는 (ⅰ) 타인의 '재산을 지배'하는 충실의무관계와 (ⅱ) 타인의 재산을 지배하지 않는 충실의무관계(예: 타인을 위해 사무처리의 약속을 한 관계 등) 등으로 유형화하여 첫 번째 유형의 충실의무관계에 대해서는 '재산의 신탁'이 있는 신탁관계에 준하는 것으로 보아 수탁자에게 적용되는 충실의무와 구제수단 대부분을 인정하여야 하고, 특히 '재산의 회복'에 필요한 반환청구권도 인정해야 한다고 보았다. 반면, 두 번째 유형의 충실의무관계에 대해서는 타인의 재산을 지배하는 특징이 없으므로 '재산의 회복'에 필요한 반환청구권은 인정할 수 없지만, 충실의무자가 행한 자기거래의 무효화 혹은 충실의무자에 대한 이익의 반환책임은 가능하다고 보았다.[108] 충실의무법이 영미처럼 발달하지 않은 우리나라의 현 단계에서는 '다양한' 충실의무법상 구제수단을 모두 인정하기는 힘들다. 따라서 우선 가장 대표적 구제수단인 이익반환책임에 대해서 제대로 연구하여 잘 도입할 필요가 있다. 따라서 여기서는 주로 이익반환책임의 주장과 인정절차에 대해 살펴본다.

### (2) 충실의무 위반에 대한 구제수단의 부여절차

앞에서 법원의 충실의무자 인정절차와 구체적인 충실의무의 부과절차에 대해 살펴보았다.[109] 법원이 피고를 충실의무자로 인정하고 구체적 충실의무를 확정한 다음의 단계는 피고의 충실의무 위반을 인정하고 원고에게 필요한 충실의무법상 구제수단(fiduciary remedy)을 부여하는 단계이다. 법원은 이 단계에서 피고인 충실의무자가 당해 상황에서 구체적으로 어떠한 충실의무를 위반하였는가를 심사하고, 그에 대한 적절한 구제수단을 부여한다. 크게 이익충돌의 금지원칙을 위반한 경우와 이익향유의 금지원칙을 위반한 경우로 나누어 살펴보자.

#### 1) 이익충돌의 금지원칙 위반을 주장하는 경우

누군가가 본인으로부터 신뢰와 신임을 받은 경우, 그는 충실의무자로서 자신의 이익과 본인의 이익이 충돌하는 상황을 회피해야 할 '이익충돌의 금지원칙'(no-conflict rule)의 적용을 받는다. 먼저 원고가 충실의무자의 '이익충돌금

---

108) 앞의 VI. 3. (2) 참조.
109) 앞의 VII. 1. 참조.

지원칙 위반'을 주장하는 경우에 대해 살펴보자. 이러한 의무위반은 통상 충실의무자가 충실의무를 위반해 이익충돌 상황에 빠진 사실은 알 수 있으나 이익향유의 사실은 알 수 없는 경우에 주장된다. 예를 들어, 이사가 경업금지를 위반해 경업을 하고 있는 것을 원고가 알고 있으나 그 경업으로 얼마나 이익을 취득하였는지는 모르는 경우이다. 따라서 구하는 구제수단은 이익의 반환이 아니라 통상 원상회복 혹은 손해배상이 되게 된다. 이 경우 원고는 원상회복 혹은 손해배상의 원칙에 따라 (ⅰ) 피고인 충실의무자의 충실의무 위반사실, 즉 이익충돌의 발생 사실과 (ⅱ) 원고 재산의 변경 혹은 손해의 발생 사실을 입증하여야 한다. 충실의무 위반, 즉 이익충돌로 인해 재산의 변경 혹은 손해가 발생하였다는 인과관계는 추정된다(제4편 제4장 III. 참조). 물론 이익충돌의 금지원칙은 사전에 원고가 피고 충실의무자의 이익충돌행위 시도를 안 경우, 원고로 하여금 충실의무자의 이익상충행위 시도를 유지청구할 수 있도록 해준다는 점에서 구제 측면에서도 작동할 수 있다.

2) 이익향유의 금지원칙을 주장하는 경우

충실의무자는 또한 이익향유의 금지원칙의 적용을 받는다. 여기서는 원고가 충실의무자의 '이익향유금지 원칙 위반'을 주장하는 경우에 대해 살펴보자. 만약 원고가 충실의무자 지위에서 '충실의무 수행과 관련'하여 이익을 향유한 사실을 안 경우, 그 이익을 입증할 수 있으면, 이익의 반환을 주장할 수 있다. 예를 들어, 이사가 이사의 직무수행과 관련하여 경쟁업체 혹은 거래업체로부터 경제적 이익을 수령한 것을 원고가 안 경우이다. 이 때 법원은 충실의무의 수행과 관련한 이익의 향유 사실만 입증하면 피고가 취득한 이익의 반환을 명할 수 있고, 원고에 대한 손해의 발생 여부나 정도 등을 고려할 필요는 없다. 이익반환책임은 손해배상과 달리 본인에게 생긴 '손해의 회복'을 목적으로 하는 것이 아니라, 충실의무자의 의무위반으로 인한 '이익취득을 억지'하기 위한 독자적 구제수단이기 때문이다.[110] 이러한 이익반환책임은 본인의 손해의 입증은 어려우나 충실의무자가 취득한 이득의 입증은 쉬운 경우 효용이 크다. 물론 원고가 사전에 충실의무자가 직무수행과 관련해 경제적 이익을 취득

110) 제4편 제3장 II.(이중기, "신탁에서의 이익향유금지의 원칙", 203면) 참조.

하려는 사실을 안 경우, 이익향유의 금지원칙은 원고로 하여금 충실의무자의 이익취득행위의 시도를 유지청구할 수 있도록 한다.

## 2. 이익반환책임의 구체적 실현방안

### (1) 이익을 손해로 파악하는 방안

의무위반에 대한 구제수단으로 손해배상만을 인정하는 법제(예를 들어 회사법은 이사의 충실의무는 규정하고 있지만, 이사의 이익반환책임에 대해서는 특별히 규정하고 있지 않다) 에서는 충실의무 위반으로 인한 충실의무자 혹은 제3자의 이익을 입증하더라도 본인의 손해를 입증할 수 없는 한 그 이익을 본인에게 환원시킬 수 없다. 하지만 이러한 법제에서도 이익을 손해로 간주하는 규정을 둔다면 손해배상체제하에서 충실의무자가 실현한 이익을 본인에게 반환시킬 수 있게 된다.[111] 상법 제397조의2(회사기회 및 자산의 유용금지) 혹은 일본의 신탁법은 이러한 방식을 택하고 있다.[112]

### (2) 이익의 반환을 직접 인정하는 방안

하지만 이익을 손해로 간주하여 손해배상을 인정하는 방안은 매우 의제적이라고 생각된다. 충실의무자에 대하여 이익충돌의 금지원칙 혹은 이익향유의 금지원칙을 적용했으면, 그 원칙을 위반해 이익을 실현한 충실의무자에 대해서는 이익의 박탈이라는 충실의무법적 관점에서 접근해야 하고, 따라서 구제수단도 명시적으로 이익의 박탈을 실현하는 것이어야 한다. 우리 신탁법은 이러한 직접적인 방법을 채택하고 있다: 신탁법 제43조(수탁자의 원상회복의무 등) "… ③ 수탁자가 제33조부터 제37조까지의 규정에서 정한 의무를 위반한 경우에는 신탁재산에 손해가 생기지 아니하였더라도 수탁자는 그로 인하여 수탁자나 제3자가 얻은 이득 전부를 신탁재산에 반환하여야 한다".

## 3. 반환되는 이익의 산정과정

### (1) 계약론자들의 관점

Easterbrook과 Fischel에 의하면, 의무위반에 대한 책임은 본인의 손해의

111) 김건식, 앞의 주 4)의 책, 87면.
112) 일본 신탁법 제40조.

관점에서 산정하는 것이 바람직하고, 이익의 반환, 즉 충실의무자의 이익을 기준으로 한 책임은 '공동의 이익'을 증진시키는 거래체결을 위축[113]시키므로 바람직하지 않다고 한다. 특히 무조건적 억지를 위한 이익 전부의 반환책임은 제한될 필요가 있다고 한다. 이들은 (ⅰ) 당사자의 거래비용은 많이 들지만 그 결과는 분명하여 법원이 그 당부를 판단하기는 쉬운 경우와, 반대로 (ⅱ) 당사자의 거래비용은 적게 들지만 최적의 계약조건을 산정하는 것은 어려워 법원이 판단하는 것이 타당하지 않은 경우를 나누어 이익반환책임을 다르게 부과할 필요가 있다고 설명한다.[114] 우선 후자의 경우, 법원은 당사자의 거래체결을 유도하는 쪽으로 반환책임을 산정해야 한다고 한다. 따라서 법원은 충실의무자가 반환책임에 의해 반환해야 하는 이익의 범위를 '당사자가 직접 다양한 협상을 통해 정할 수 있는 결과'와 유사하게 산정해야 한다고 한다. 다시 말해, 반환해야 할 이익의 범위는 충실의무 위반으로 취득한 '이익 전체'가 아니라, 전체이익에서 협상할 수 있었던 이익, 즉 충실의무자가 다른 기회를 가졌다면 얻을 수 있었던 금액을 공제하고 난 이익을 반환해야 한다고 주장한다. 나아가, 이와 같이 '이익 전체에서 기회비용을 뺀 금액'을 이익반환범위로 산정한다면, 충실의무 위반으로 인한 이익반환책임은 계약위반으로 인한 일실이익의 손해배상책임과 크게 다르지 않다고 주장한다.[115]

Easterbrook과 Fischel처럼 충실의무자를 공동사업자로 보고 법원에 의한 충실의무 부과 목적을 당사자 '공동의 이익 실현'을 위한 계약의 보충이라고 본다면, 이익반환의 범위도 '공동의 이익'을 산정하여 충실의무자의 기회비용

113) Easterbrook & Fischel, *supra* note 30, p.442는 이익반환책임이 위축시킬 수 있는 '공동의 이익을 증진시키는 거래'로서 management buy-outs과 특허개발 직원의 이익분배계약을 예로 들고 있다. 그런데, 충실의무법은 당사자가 합의한 한도에서 기본관계를 존중하고 또한 사후공시와 승인이라는 이익반환책임의 완화장치를 자족적으로 마련하고 있다. 따라서 MBO의 경우 경영자가 치밀한 계약을 체결하면 이익반환책임의 적용을 배제할 수 있고, 특허개발의 경우에도 직원이 사전계약을 하는 경우 이익반환책임으로부터 면제될 수 있다. 또, '공동의 이익'이 생길 수 있는 경우, 사후공시와 승인을 받는 절차를 밟으면 된다. 특히 이들은 '전형적 충실의무자'이기 때문에, 법원은 이들의 충실의무 위반책임을 산정함에 있어 입법적 가이드라인이나 표준계약을 참고할 수 있기 때문에 계약론자가 주장하듯이 이익반환책임으로 인하여 이들의 이익이 부당하게 박탈당할 가능성은 낮다.

114) Easterbrook & Fischel, *supra* note 30, p.445.

115) *Ibid.*, p.443.

을 반환해야 할 이익에서 공제하는 것이 타당할 수 있다. 예를 들어, 이사의 자기거래가 결과적으로 '회사와 이사 모두'에게 도움이 된 경우, 이사가 다른 회사에서 거래를 했었다면 취득했을 이익은 반환해야 할 이익의 범위에서 제외하는 것이 '회사 및 이사' 모두에게 이익이 된다고 보는 것이다.

한편 전자의 경우', 법원은 명확한 default rule을 사전에 분명히 선언함으로써 당사자에 의한 거래체결 시도 자체를 억지해야 한다고 한다. 이러한 경우 법원이 충실의무자가 취득한 '이익 전체'의 반환을 명하는 것이 충실의무자로 하여금 확정된 시장가격의 계약체결을 유도하는 순기능을 하므로, 충실의무법은 이익 전체의 반환을 강제하는 방식으로 작동해야 한다고 한다.[116] 예를 들어, 절도할 가능성이 있는 충실의무자에 대해서는 절도이익 전부의 박탈을 미리 선언함으로써 절도를 억지하고 시장에서 시장가격으로 물건을 사도록 하는 효과가 있다고 한다. 국가정보를 이용할 가능성이 있는 정보기관 근무자에 대해서도 이익 전부의 박탈을 명확히 선언함으로써 국가정보의 이용에 관한 사전억지가 필요하다고 한다. 법원은 국가정보의 이용으로 침해되는 국익은 명확히 판단할 수 있으나 그로 인한 개인의 이익은 산정하기 어려우므로, 법원에 의한 충실의무 부과는 당사자 사이의 거래체결 자체를 억지하는 방향으로 이루어져야 하고, 이를 위해 이익반환책임은 이익 전체를 반환하도록 하는 것이 타당하기 때문이다.

(2) 구제의 인정과정: 반환책임의 인정과정 v. 엄격한 default책임의 완화과정

계약론자들이 주장하는 것처럼, 무조건적 억지를 위한 이익 전부의 반환책임은 충실의무관계의 종류에 따라 제한될 필요가 있다. 또 거래비용이 낮아 당사자의 계약체결이 용이한 경우, 법원은 직접 기본관계를 보충해 주는 것보다 당사자가 계약내용을 확정하도록 충실의무법을 운용해야 하고, 이익반환의 범위는 이를 반영하는 것이어야 한다. 그러나 계약론자들의 반환이익산정 '과정'에는 충실의무법 발전의 역사적 경로, 즉 형평법원이 정책적으로 선택한 'default책임의 추정'과 '충실의무자의 반증'이라는 절차적 과정을 고려하지 않은 오류가 있다. 당사자의 계약조건 협상이 용이한 경우에도, 계약론자들이

116) *Ibid.*, p.444.

주장하는 것처럼, 법원이 '당연히' 이익 전체에서 기회비용을 공제해 주어야 하는 것은 아니다. 법원은 '어떠한 과정을 거쳐' 기회비용을 공제해 주어야 하는가? 형평법원은 '충실의무관계를 인정'(fiduciary finding)할 때 계약론자들처럼 자유로운 당사자를 전제하지 않는다. 항상 충실의무자에게 신뢰와 신임을 부여한, '의존적인 본인'을 상정한다. 따라서 (법원에 의한 '충실의무 인정과정'이 당사자 공동의 이익실현을 위한 계약의 보충과정이 아니라 충실의무자로 인정된 자의 엄격한 충실의무를 완화해 가는 과정이듯이[117]) 법원에 의한 '충실의무 위반에 대한 구제수단의 인정과정'도 의무위반한 충실의무자의 책임을 발견해 가는 과정이 아니라 반대로 의무위반한 충실의무자의 default책임인 엄격책임을 당해 충실의무관계의 정도를 고려하여 완화해 가는 과정이다. 충실의무법은 이러한 엄격책임을 전제로 '책임의 완화절차'(즉 이익충돌의 공시와 승인을 받는 절차)를 자족적으로 구비해 놓고 있다. 이와 같이 법원의 충실의무 위반에 대한 구제과정은 당사자의 계약조건 협상이 용이한 경우에도 계약책임에서의 책임인정과정과는 역순인 경로로 작동한다.

마찬가지로, 충실의무관계에 있는 각 유형별 충실의무자에 대한 이익반환책임의 차별화 과정, 즉 이익반환책임의 특칙의 인정과정도 엄격한 '이익 전체'의 반환책임을 각 유형별 충실의무자에 대한 신뢰와 신임의 정도 등에 따라 완화해 가는 과정이 되어야 한다. 따라서 각 유형별 충실의무자의 구체적 책임을 인정함에 있어서도 default rule인 이익 전체의 반환책임이 일단 추정되고 법원은 당해 유형의 충실의무자의 구체적 상황을 고려하여 이러한 default책임을 완화해 가야 한다.

물론 어떤 유형의 충실의무관계에 필요한 구체적 충실의무 특칙을 사전에 입법적으로 명시하는 것이 충실의무법의 안정성을 확보하는데 도움이 되듯이,[118] 유형별 충실의무자에 대한 이익반환책임의 특칙규정도 미리 명시적으로 규정하는 것이 도움이 된다. 예를 들어, 이사에게 적용될 수 있는 구체적 충실의무 특칙을 회사 이사의 맥락에 적절히 변용하여 조문화하듯이 그것에 상응한 충실의무 위반에 대한 구제수단 특칙, 특히 일반적 이익반환책임을 미

117) 앞의 VII. 3 참조.
118) 앞의 VI. 2. (2) 1) 참조.

리 입법적으로 규정하는 것이 바람직하다.119)

(3) 억지론의 정당화: 불균형적 지위를 교정하기 위한 억지적 이익반환

계약론자들의 논의는 본인과 충실의무자가 대등한 관계에 있어 특별한 보호가 필요 없다는 것을 전제하고, 따라서 '대등한 당사자'의 '공동의 이익' 실현을 충실의무법의 목표로 전제한다. 하지만, 현실에 있어 본인은 전문가인 충실의무자에게 강한 의존성을 보이므로, 법원은 충실의무법의 운용에 있어 '의존적 본인의 일방적 보호'라는 정책적 목표를 설정한다. 즉 '당사자의 계약조건 협상이 용이한 경우'라 하더라도, 본인은 정보불균형으로 인해 충실의무자가 이익충돌상황에 들어가는지 여부 혹은 충실의무자 지위에서 이익을 실현하는지 여부를 알기 어렵다. 이와 같이 본인이 발견하기 어려운 충실의무자의 이익충돌 여부 혹은 이익향유 여부에 대해서는 '의무위반 자체를 억지'하는 규정을 default rule로 정해야 사회 전체의 감시비용을 줄일 수 있다. 또 이러한 의무위반의 억지력을 확보하기 위해서는 의무위반으로 인한 이익 전체를 반환시키도록 하는 엄격책임이 default rule로서 설정되어야 한다. 이러한 관점에서 보면, 본인의 보호라는 충실의무법의 목표는 '도덕적·윤리적'이지만, 충실의무자의 기회주의적 본성을 고려해 도출한 '합리적' 혹은 '경제적'120)인 목표가 된다.

만약 법원이 충실의무자가 지는 이익반환책임을 당사자 사이의 가정적 계약을 반영한 금액에 한정하고 책임의 인정과정을 계약책임의 인정과정과 같이 운영한다면, 합리적인 충실의무자라면 사전적으로 (i) 계약을 통해 의무의 범위에 관한 '협상의 노력'을 할 필요도 없고, 사후적으로도 (ii) 충실의무법이 인정한 '책임의 완화절차'(즉 이익충돌의 공시와 승인을 받는 절차)를 거칠 유인을 갖지 않게 된다. 대신에 이익충돌금지 및 이익향유금지 원칙을 위반하여 이익충돌상황으로부터 이익을 실현할 유인을 강하게 갖게 된다. 왜냐하면 첫째, 본인은 상대적으로 정보가 부족하기 때문에 충실의무자의 의무위반을

119) 하지만, 현재 이사의 충실의무 위반에 대해서는 충실의무법리에 따른 일반적 이익반환책임이 규정되어 있지 않다. 단 회사기회유용의 경우, 이익을 손해로 추정해 반환받을 수 있게 한다. 이러한 흠결에 대해서는 앞의 IV. 3. 참조.

120) Cooter & Freedman, *supra* note 99 참조.

적발할 가능성이 매우 낮고, 둘째, 본인이 충실의무 위반을 우연히 적발하였다고 하더라도 법원이 충실의무 위반으로 반환해야 할 이익의 범위를 충실의무자의 기회비용을 반영해 결정할 것이기 때문이다. 이와 같이 계약론자들의 계산에는 '본인의 보호'라는 '정책적' 결단하에서 충실의무자가 이익충돌금지나 이익향유금지를 위반한데 대해 치루어야 할 비용을 산정하지 않은 흠결이 발견된다.

Cooter와 Freedman은 더 나아가, 발견된 이익의 반환만으로는 적절한 억지적 구제수단이 될 수 없고, 충실의무 위반에 대한 '최적의 억지'121)를 위해서는 발견된 이익보다 더 가중한 이익을 반환해야 한다고 본다: 유용행위에 대한 통상적 구제수단인 이익반환은 단순히 '충실의무자를 유용행위가 있기 전의 상태로 원상회복'시키는 것에 불과하므로, 의무위반에 대한 발견의 어려움을 고려하면 이익반환만으로는 억지력을 담보할 수 없다. 따라서 충실의무법은 효율적 억지를 위해 이익반환 외에 징벌적 요소를 추가하여 책임을 가중해야 한다고 한다.

만약 의무위반의 억지라는 정책적 결단이 사전에 명확히 선언되고, 의무위반으로 인한 이익 전체의 반환책임이 확립된 법리로서 인정되면, 합리적인 충실의무자는 비록 적발될 가능성은 낮지만 만약 적발되면 모든 이익 혹은 가중된 이익을 반환할 것이므로, 의존적인 본인과 사전협상을 하거나 혹은 이익충돌의 공시와 승인을 받는 사후절차를 통해 추인을 시도할 것이다. 결과적으로 억지적 이익반환법리는 이러한 공시와 승인절차의 활성화를 통해 충실의무자로 하여금 좀 더 많은 정보를 의존적인 본인에게 제공하게 하고, 본인으로 하여금 충실의무자에 대한 효율적 감시·감독을 수행할 수 있게 한다. 계약론자들이 이야기하는 것처럼, 무조건적인 억지를 위한 이익 전부 혹은 가중이익의 반환책임은 제한될 필요가 있지만, 이러한 무조건적 억지의 부작용은 '충실의무자의 반증' 과정을 통해 법원이 책임을 완화함으로써 해결될 수 있다.

121) *Ibid.*, p.1051 이하. 이러한 논리는, "주의의무는 신뢰와 신임을 받은 자의 행태에 대해 '최소한의 수준'만 통제하기 때문에 '최적의 행태'를 도출하기 위해서는 충실의무의 부과가 필요하다"고 본 Brudney의 논리(*supra* note 25와 관련된 본문)와 일맥상통한다.

(4) 징벌적 손해배상과 억지적 이익반환

충실의무자가 취한 이익을 전부 반환하도록 함으로써 의무위반에 대한 억지력을 확보하려는 충실의무법상 시도는 충실의무자가 본인에 가한 손해에 대해 징벌적 손해배상을 인정함으로써 억지력을 확보하려는 손해배상법상 시도와 일맥상통하는 점이 있다. 따라서 양 법리는 충실의무자의 의무위반으로부터 본인을 보호하려는 동일한 목적을 가진 것으로 이해할 수 있고, 어느 한 쪽이라도 잘 작동한다면 충실의무자의 의무위반은 많이 줄어들 것으로 예상된다.122) 물론 징벌적 손해배상은 몇 배 가중하는가에 따라 그 배상책임이 높아질 수 있으므로 책임의 결정방식이 상향적이라는 점에서 이익반환책임과 차이가 난다. 전통적 이익반환책임은 이익의 전체반환이 최대이고 앞서 본 것처럼, 전체반환책임을 완화하는 방식으로 작동한다. 하지만 Cooter와 Freedman처럼 '최적의 억지'를 위해 이익반환 외에 징벌적 요소를 가중한다면 손해배상책임과 이익반환책임의 작동방식은 차이가 없게 된다.

## Ⅸ. 충실의무법 발전의 결정적 전제조건들

### 1. 입법부의 역할

영미에서는 형평법원이 판례법으로서 확립한 원칙이지만, 우리는 제정법으로 도입해야 한다. 따라서 충실의무법의 도입과 발전에 있어 입법부의 역할은 일차적이다. 입법부가 신탁법에 다양한 충실의무와 구제수단을 명시적으로 규정한 것처럼, 회사법 및 금융법 등 가능한 한 많은 법률에 충실의무법리를 명문으로 규정해야 한다. 또한 유형화된 전형적인 각각의 충실의무자에 대하여 가능한 한 구체적인 충실의무 특칙을 상세히 규정해야 하고, 그러한 충실의무 위반에 대한 구제수단 특칙도 가능한 한 상세히 규정해야 한다. 이것은

122) 영국은 징벌적 손해배상에 대해 미지근한 태도를 보이는데, 충실의무법리에 따른 이익반환책임이 징벌적 손해배상제도의 필요성을 감소시키는 것은 아닐까? 마찬가지로 미국에서 충실의무법리의 적용은 영국법계에 비해 상대적으로 덜 활발한 것으로 보이는데, 이는 충실의무법리에 의하지 않고도 규제기관/사법부가 재량을 행사할 수 있는 근거(예: 증권법상의 Rule 10b-5에 기한 재량)가 제정법의 해석에 의해 확보되어 있고, 또 징벌적 손해배상제도가 구제수단의 융통성을 보장해 주기 때문이 아닐까 추측해 본다.

입법부의 몫이다.

## 2. 사법부의 역할

충실의무법의 운용은 고도의 법적 능력을 갖추고 신뢰와 신임을 보호하려는 의지를 가진 후견적 법관을 전제로 한다. 즉, Maitland가 파악한 것처럼, 충실의무법은 당사자가 설정한 기본관계를 신뢰와 신임을 이유로 보충하거나 수정하는 역할을 하므로, 구체적 당해 상황에서 이러한 당사자의 기본관계를 파악하고 신뢰와 신임을 이유로 필요한 정도의 충실의무를 인정할 수 있는 법관의 능력, 후견기능을 수행할 수 있는 법관의 의지가 필수적이다. 우리나라 법원은 이미 법률 선진국 수준의 잘 훈련된 법관인력을 충분히 보유하고 있다. 우리 법관들은 충실의무법리의 정신을 충분히 이해할 수 있다고 생각되고, 보다 적극성[123]을 띤다면, 우리 법원은 영미에서 형평법원이 수행하는 유형화되지 않은 '신뢰와 신임의 관계'에 대해 충실의무자 인정을 할 수 있고, 이를 통해 충실의무법의 '기본관계의 보충역할'[124] 혹은 본인의 보호역할을 효율적으로 수행할 수 있다고 생각된다.

## 3. 학자들의 역할

충실의무법의 도입과 발전에는 학자들의 선도적 역할도 필수적이다. 학자들은 입법부가 충실의무와 그 위반에 대한 구제수단을 법률로 제정할 수 있도록 기초적인 연구를 행하여야 하고, 법률이 통과된 후에는 제정법상 충실의무와 구제수단에 관한 명시적 규정의 해석과 관련하여, 사법부가 구체적 사건에서 과감히 판단할 수 있도록 해석근거를 제공하여야 한다.

123) 적극적이고 창의적인 법원의 역할에 대해서는 김건식, 앞의 주 4)의 책, 89면 이하.
124) 앞의 II. 4. 참조.

[참고문헌]

김건식, 『회사법연구 I』, 2010.

김건식·송옥렬, 『미국의 증권규제』, 2001.

김병연, "이사의 충실의무와 영미법상 신인의무", 『상사법연구』, 제24권 제3호(2005).

문정해, "주주행동주의 규제를 위한 충실의무 적용에 관한 연구", 『비교사법』, 제16권 제1호(2009).

법무부, 『개정상법(회사편)해설』, 1999.

유영일, "이사의 충실의무(상법 제382조의3)의 재검토 : 2009년 신탁법 개정안과 관련하여", 『상사판례연구』, 제23집 제1권(2010).

이철송, 『회사법강의(제17판)』, 2009.

이중기, 『신탁법』, 2007.

_____, "금융기관의 충실의무와 이익충돌, 그 해소방안: 정보차단장치 및 공시와 승인의 법적 효력을 중심으로", 『증권법연구』, 제7권 제2호(2006).

_____, "이사, 상업사용인의 회사기회유용과 경업금지의무 위반: 이사, 상업사용인의 충실의무위반에 대한 개입권의 행사가능성을 중심으로", 『홍익법학』, 제8권 제3호(2007).

_____, "신탁에서의 이익향유금지의 원칙과 이익반환책임: 상법상 개입권의 행사가능성을 중심으로", 『홍익법학』, 제8권 제2호(2007).

이채진, "금융투자업자의 신인의무에 대한 소고 – 미국에서의 논의를 중심으로", 『상사판례연구』, 제23집 제4권(2010).

임중호, "이사의 충실의무론", 『비교사법』, 제6권 제2호(1999).

장근영, "영미법상 신인의무 법리와 이사의 지위", 『비교사법』, 제15권 제1호(2008).

최기원, 『신회사법론(제13대정판)』(2009).

Bishop & Prentice, "Some Legal and Economic Aspects of Fiduciary Remuneration", [1983] 46 MLR 289.

Douglas Branson, "Assault on Another Citadel: Attempts to Curtail the Fiduciary Standard of Loyalty Applicable to Corporate Directors", 57 *Fordham L. Rev.* 375(1998)

Victor Brudney, "Contract and Fiduciary Duty in Corporate Law", 38 *B. C. L. Rev.* 595(1997).

Cooter & Freedman, "The Fiduciary Relationship: Its Economic Character and Legal Consequences", 66 *NYU L. R.* 1045(1991).

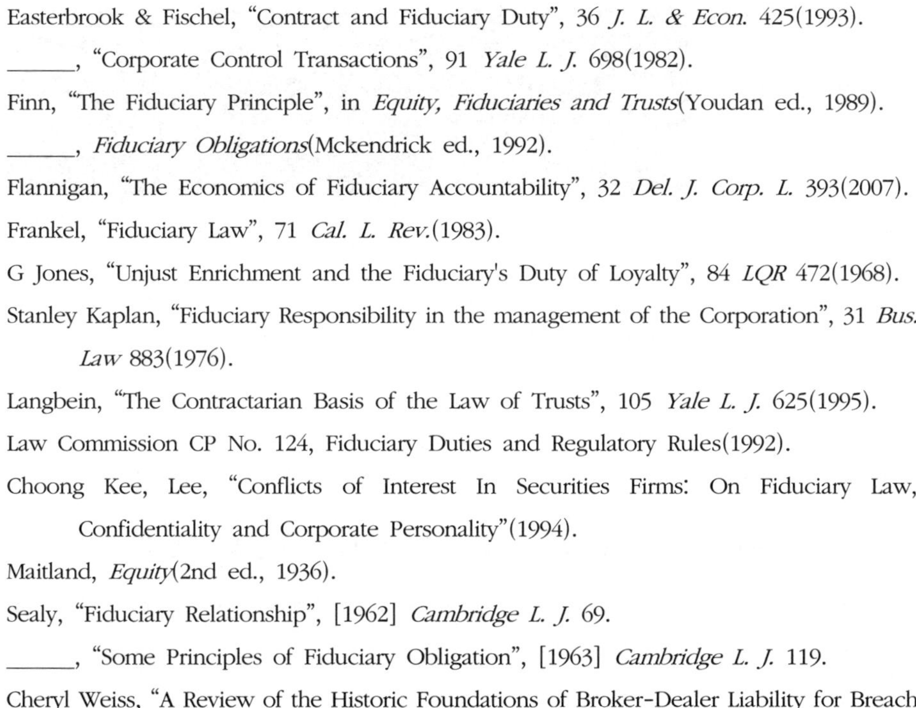


Easterbrook & Fischel, "Contract and Fiduciary Duty", 36 *J. L. & Econ.* 425(1993).

______, "Corporate Control Transactions", 91 *Yale L. J.* 698(1982).

Finn, "The Fiduciary Principle", in *Equity, Fiduciaries and Trusts*(Youdan ed., 1989).

______, *Fiduciary Obligations*(Mckendrick ed., 1992).

Flannigan, "The Economics of Fiduciary Accountability", 32 *Del. J. Corp. L.* 393(2007).

Frankel, "Fiduciary Law", 71 *Cal. L. Rev.*(1983).

G Jones, "Unjust Enrichment and the Fiduciary's Duty of Loyalty", 84 *LQR* 472(1968).

Stanley Kaplan, "Fiduciary Responsibility in the management of the Corporation", 31 *Bus. Law* 883(1976).

Langbein, "The Contractarian Basis of the Law of Trusts", 105 *Yale L. J.* 625(1995).

Law Commission CP No. 124, Fiduciary Duties and Regulatory Rules(1992).

Choong Kee, Lee, "Conflicts of Interest In Securities Firms: On Fiduciary Law, Confidentiality and Corporate Personality"(1994).

Maitland, *Equity*(2nd ed., 1936).

Sealy, "Fiduciary Relationship", [1962] *Cambridge L. J.* 69.

______, "Some Principles of Fiduciary Obligation", [1963] *Cambridge L. J.* 119.

Cheryl Weiss, "A Review of the Historic Foundations of Broker-Dealer Liability for Breach of Fiduciary Duty", 23 *J. Corp. L.* 65(1997).

# 제 4 장 신의칙과 위임법리에의 접목을 통한 충실의무법리의 확대와 발전*

## Ⅰ. 문제제기

### 1. 신탁관계, 회사관계, 금융관계에서의 충실의무법리

영미의 영향을 많이 받은 신탁, 회사, 금융 분야에는 신탁법, 회사법, 금융법 등을 통해 영미 충실의무 개념이 도입되어 있다. 대법원에 의하면, 충실의무(fiduciary duty)란 "본인의 이익을 최대한 도모하여야 할 의무로서, 본인의 재산이나 이익과 자신의 재산이나 이익이 상반되지 않도록 할 의무"이다.[1] 따라서 충실의무법(fiduciary law)은 "본인과 충실의무자 사이에 재량의 부여 등의 이유로 신뢰와 신임이 형성된 경우, 본인의 신뢰와 신임을 보호하기 위해 부과되는 본인의 이익을 최대한 도모하여야 할 의무에 관한 법 혹은 이러한 충실의무가 인정되는 충실의무관계(fiduciary relationship)에 관한 법"으로 정의할 수 있다. 구체적으로, 충실의무자에게 부과되는 다양한 스펙트럼의 충실의무(의무 측면)와 그러한 충실의무의 위반이 있는 경우 그 위반에 대해 인정되는 다양한 충실의무법적 구제수단(구제수단 측면)에 관한 법이다.

---

* 이 장은 이중기, "신의칙과 위임법리에의 접목을 통한 충실의무법리의 확대와 발전", 『홍익법학』, 제12권 제2호(2011)에 기초하였음.

1) "수탁자의 충실의무는 수탁자가 신탁목적에 따라 신탁재산을 관리하여야 하고 신탁재산의 이익을 최대한 도모하여야 할 의무로서, 신탁법상 이에 관한 명문의 규정이 있는 것은 아니지만 일반적으로 수탁자의 신탁재산에 관한 권리취득을 제한하고 있는 신탁법 제31조를 근거로 인정되고 있다. 이 사건 … 행위는 신탁재산이나 수익자의 이익과 수탁자의 이익이 상반되는 행위가 아니어서 수탁자로서의 충실의무에 위반된 행위라고 할 수 없다." 대법원 2005.12.22. 선고 2003다55059판결.

신탁, 회사, 금융 분야에 도입된 이러한 충실의무법리가 깊이 발전하기 위해서는 종적으로 신뢰와 신임에 관한 대표적 충실의무관계인 수탁자의 충실의무에 대한 집중적인 연구가 필요하다. 또 충실의무법리가 여러 분야에 통일적으로 적용되기 위해서는 횡적으로 수탁자의 충실의무관계와 회사, 금융관계의 충실의무 사이의 공통점과 차이점을 밝히는 연구가 필요하다. 따라서 충실의무법리를 심도 있고 또한 통일적으로 발전시키기 위해서는, 충실의무법 발전의 원천이 된 신탁법상 충실의무의 내용을 발전시키면서, 이를 기반으로 수탁자의 충실의무법리를 회사관계[2]나 금융관계와 같은 유사한 충실의무관계에 확대적용 혹은 변용하는 것이 필요하다.[3]

## 2. 위임관계에서의 충실의무법리는?

그런데 신탁, 회사, 금융 관계에 도입된 충실의무 개념은 이와 비슷한 신뢰와 신임 관계인 위임, 후견 등에 대해서는 아직 명문으로 도입되어 있지 않고, 위임·후견관계를 선관의무 이외에 충실의무의 관점에서 설명하려는 시도는 별로 없는 것 같다. 하지만 신탁, 회사, 금융 관계에 대해 계약에 의한 기본관계와 별도로 '신뢰와 신임'이라는 특징에 기해 선관의무와 구별되는 충실의무를 통일적으로 논할 수 있다면, 비슷한 신뢰와 신임 관계인 위임, 후견 등에 대해서도 계약에 의한 기본관계와 독립적으로 충실의무법의 관점에서 충실의무를 통일적으로 논할 수 있다.

이러한 논의의 시작은 먼저 위임관계가 충실의무법리가 예상하는 '신뢰와 신임' 관계인지, 신의칙과 별도로 위임법리에 충실의무법리를 도입할 실익이 존재하는지, 혹은 영미에서 발전한 이익반환법리를 독일법계에서 발전한 부당이득법리와 별도로 도입할 필요가 있는지 등의 문제제기로부터 시작될 수 있다. 이와 관련하여 주목할 것은 영미에서 충실의무법이 수행해 온 '역할'이다: 형평법은 그 자체로서 전형적인 법률관계를 형성하는 주도적 역할을 해온 것이 아니고, 보통법이 형성한 '기본적' 법률관계를 전제하고 이를 보충하는 조

2) 장근영, "영미법상 신인의무 법리와 이사의 지위", 『비교사법』, 제15권 제1호(2008), 269면.
3) 신탁, 회사, 금융 분야에서의 통일적인 충실의무법의 도입과 발전방향에 대한 논의로는 제1편 제3장(이중기, "신탁법에 기초한 영미 충실의무법리의 계수와 발전: 회사법, 금융법의 충실의무를 중심으로", 『홍익법학』, 제12권(2011), 29면) 참조.

연기능을 해 왔다. 따라서 충실의무법리는 위임이라는 '기본적' 계약관계와 충돌하는 것이 아니라 위임이라는 기본관계를 더욱 정치하게 보충해 주는 최적화 기능을 수행한다.

이와 같이 충실의무법리가 위임이라는 기본관계를 보충하는 기능을 수행하기 때문에 기존의 신의칙과 위임법리에 효과적으로 접목될 수 있고 또한 이익반환법리가 부당이득법리와 별도로 작동할 수 있다고 본다면, 다음 단계는 일정한 위임관계에 충실의무법리를 접목시키고 발전시키는 것, 다시 말해 위임인과 수임인 사이에 재량의 부여 등의 이유로 신뢰와 신임이 형성된 경우, 법원이 위임인을 보호하기 위해 '본인의 이익을 최대한 도모하여야 할 의무'를 인정하는 것이 법정책적으로 바람직한 것인가라는 문제가 제기된다.

### 3. 논의의 순서

이 글에서는 먼저 충실의무의 태동, 작동방식 등에 대해 간단히 살펴본 다음 ( i ) 위임관계가 충실의무법리가 상정하는 '신뢰와 신임' 관계인지, 영미에서 발전한 충실의무법리가 대륙법에서 발전한 위임관계에 접목될 수 있는지 등에 대해 살펴본다. 다음으로 ( ii ) 위임, 후견 등에 충실의무법리를 도입하는 것이 어떤 효용을 가지는지, (iii) 충실의무법리를 위임법리에 접목할 때 어떻게 접목하는 것이 가장 효율적인 것인지, (iv) 위임법리에 접목된 충실의무법의 사법상의 지위, ( v ) 충실의무법 발전의 두 가지 방향 등의 순서로 논의를 전개해 본다.

## Ⅱ. 충실의무법의 태동, 작동방식과 대표적 법리, 성질

영미에서 발전한 충실의무법리를 독일법계에서 발전한 위임법리에 충돌없이 접목시키기 위해서는, 먼저 영국에서 충실의무법리를 발전시킨 형평법원이 보통법법원에 대하여 어떠한 지위를 갖고 어떠한 역할을 하는지, 그리고 이러한 형평법원이 충실의무법리를 어떻게 발전시켰는지, 또 충실의무법리가 어떻게 작동하는지를 살펴보는 것이 필요하다. 차례로 살펴보자.

## 1. 형평법원의 역할과 지위: 형평법의 보충성

영국의 보통법(common law)은 국왕의 법원인 보통법법원(common law court)에 의하여 발전하였다. 그런데, 구체적인 개별적 사안에 있어 보통법법리의 경직성 때문에 그 판결이 형평에 반하는 경우가 생기곤 하였다. 이러한 경우, 당사자의 청원이 있으면 국왕의 근신이었던 Chancellor는 보통법법원에서 구제를 받지 못한 자의 청원에 대하여 형평의 관념에 기해 개별적인 구제를 해주었는데, 이러한 개별적 사례가 축적되면서 형평법리(equity)가 형성되었고, Chancellor가 관장하는 기관인 Chancery는 형평법원인 Chancery court로 발전하였다.

이와 같이 형평법원은 보통법법원의 판결에 대하여 구체적 사안의 형평성에 기해 개별적이고 대인적인 구제(in *personam* jurisdiction)를 제공하였기 때문에, 형평법원이 발전시킨 형평법도 스스로 자족적인 법체계를 구축하고 있는 것이 아니라 보충적인 법리를 형성하였고, 그 역할도 보통법의 경직성을 보충하는 역할이었다.[4)]

## 2. 형평법원에 의한 충실의무법의 태동[5)]

Sealy 교수의 연구에 의하면, 18세기 및 19세기 초반까지도 'trust and confidence'란 단어는 현재 신탁법상 사용되는 '재산의 신탁'이 수반된 신뢰와 신임 관계뿐만 아니라 타인에 대한 약속이나 타인의 의존성이 있는 신뢰와 신임 관계에 대해서 사용되었고, 이 때까지만 해도 형평법원과 영국 법학자들은 'trust'와 'confidence'라는 단어를 '신뢰와 신임'을 의미하는 일반적 의미로 사용하였다.[6)] 그러나 형평법 판결집이 정비되고 형평법 교과서의 등장으로 인해

4) 형평법이 보충적 법리로서 형성되었고 보충적 역할을 한다는 이러한 설명은 역사적인 사실로서 지금도 타당한 부분이 있다. 하지만, 1875년 영국의 법원조직 개편 이후에는 이러한 설명이 완전히 타당한 것은 아니다. 1875년의 법원개혁에 의해 Chancery Court는 폐지되었고 그 관할은 대부분 High Court의 Chancery Division으로 옮겨졌는데, Chancery Division은 형평법 사건을 관할하는 1심법원의 일부이고 보충적 역할을 하는 법원은 아니기 때문이다. Pettit, *Equity and The Law of Trust*(10th ed., 2006), p.1 이하 참조.

5) 이 부분은 이중기, 앞의 주 3)의 논문, 34-37면을 요약한 것이다.

6) L. Sealy, "Fiduciary Relationship", *C. L. J.* 69(1962), pp.69-70.

일반적 용어 대신에 기술적 법률용어를 사용하여 형평법리를 확립하려는 움직임이 법학계에 대두되었다. 이러한 큰 변화 가운데 하나는 'trust'라는 단어가 오늘날과 같은 기술적 의미를 갖는 '재산의 신탁'이라는 법률용어로 인정되게 되고, 신탁법(law of trust)이 형평법상의 '신뢰 혹은 신임의 위반' 관할에서 기술적인 법분야로서 독자적으로 발전하게 된 것이다. 그런데 문제는 'trust'라는 용어를 '재산의 신탁'을 설명하는 법률용어로 사용하게 되면서, 과거에 'trusts'라고 표현하였던 다른 상황, 즉 '재산의 신탁'이 수반되지 않은 '신뢰와 신임'(trust and confidence) 관계를 어떻게 표현하는가가 문제되었다. Sealy 교수에 의하면, 이러한 관계를 표현하는 용어로서 'trust'가 더 이상 사용될 수 없게 되자, 대신 등장하는 단어가 'fiduciary'라고 한다. 'fiduciary'라는 단어는 18세기 초의 판례에도 등장하지만 별로 법률가들의 주목을 받지 못하다가, 이 때부터 엄격한 신탁관계에 미치지 못하는 '신뢰와 신임 관계'를 묘사하는 일반적 단어로서 광범위하게 사용되기 시작한다.[7)]

19세기에 'fiduciary'라는 단어가 '신뢰와 신임 관계'를 설명하는 단어로 'trust'를 대체한 이후 2백년 동안 형평법원 그리고 법률가들은 'fiduciary'라는 단어를 마치 19세기 이전의 영국 형평법원이 'trust'와 'confidence'를 모든 신뢰와 신임 관계에 사용하듯이 사용하였다. 그 결과 수탁자를 포함해 신뢰와 신임을 받아 일을 행하는 대리인, 후견인, 변호사, 의사 기타 모든 종류의 사람들은 'fiduciary'라는 명칭으로 통합적으로 불리게 되었고, 수탁자가 부담하는 loyalty duty — 구체적으로는 이익충돌의 금지원칙 및 이익향유의 금지원칙 — 는 fiduciary duty라는 이름하[8)]에서 이들 'fiduciary'들의 일반적 의무로서 적용되게 되었다.

## 3. 충실의무법의 작동방식과 대표적 법리[9)]

충실의무법은 당사자 사이의 신뢰와 신임을 보호하기 위하여 '본인의 이익을 최대한 도모하여야 할 의무'를 부과하는 법리이다. 따라서 충실의무법은

7) *Ibid.*, pp.71-72.
8) fiduciary duty의 번역 및 loyalty duty의 관계에 대해서는 제1편 제2장 참조.
9) 이 부분은 이중기, 앞의 주 3)의 논문, 37-38면을 요약한 것이다.

본인의 신뢰와 신임을 받은 충실의무자가 이익충돌적 지위에 들어가는 등 충실의무를 위반할 때 충실의무 위반에 대한 충실의무법상 구제수단이 동원되는 방식으로 작동한다. 따라서 신뢰와 신임의 보호를 위한 충실의무법리의 작동에 있어 큰 근간을 이루는 두 가지 대원칙은 충실의무자로 하여금 '본인의 이익을 도모하여야 할 의무'를 위반하여 이익충돌에 빠지지 말도록 경고하는 '이익충돌의 금지원칙'(no-conflict rule)과 '본인의 이익을 도모하여야 할 의무'의 수행과 관련하여 이익을 취득하지 말 것을 경고하는 '이익향유의 금지원칙'(no-profit rule)으로 구성된다. 구체적인 충실의무로는 자기거래금지, 겸직금지, 경업금지, 기회유용금지,[10] 정보누설의 금지, 자기집행의무[11] 등을 들 수 있다.

## 4. 충실의무법의 역할: 계약법의 역할과 비교하여[12]

충실의무법리는 당사자 사이에 재량의 부여 등의 이유로 '신뢰와 신임'이 발생한 경우 '본인의 이익을 최대한 도모하여야 할 의무'를 부과함으로써 작동한다. 그런데, 당사자가 자신들의 관계에 대해 계약으로 사적자치를 한 경우, 충실의무법은 어떻게 영향을 미치는가? 형평법이 보통법에 보충적 역할을 하였듯이 형평법리로 발전한 충실의무법은 기본관계의 형성법인 계약법 등에 대해 보충적으로 작동한다: 우선 충실의무법은 당사자들이 자신들의 역할, 의무, 책임에 대하여 별도의 합의를 한 사항에 대해서는 원칙적으로 '기본관계'를 존중하고 또한 '전제'한다.[13] 하지만 그러한 합의를 하지 않은 사항에 대해서는 충실의무법리는 법원으로 하여금 당사자 사이의 신뢰와 신임을 보호하기 위해 신뢰와 신임의 정도 등을 고려한 구체적 충실의무를 부과하도록 함으로써 기본관계를 '보충'할 수 있다. 나아가, 당사자의 기본적 합의가 부당한 경우, 법원으로 하여금 기본관계를 '수정'하게 할 수 있다.[14]

---

10) 경업금지, 기회유용금지에 대해서는 이중기, "회사기회유용과 경업금지의무 위반", 225면.
11) 수탁자의 자기집행의무의 개념과 완화 필요성에 대해서는 이중기, "신탁업무의 외부위탁", 355면.
12) 이 부분은 이중기, 앞의 주 3)의 논문, 38-40면을 요약한 것이다.
13) Maitland, *Equity*(2nd ed. revised by J. Brunyate)(1936, reprinted 1969), p.19.
14) *Ibid.*, p.18.

## Ⅲ. 충실의무법리는 위임법에 접목될 수 있는가?

여기서는 먼저 위임관계가 충실의무, 즉 '본인의 이익을 최대한 도모하여야 할 의무'가 작동하기에 적절한 '신뢰와 신임'의 관계인지에 대해 살펴본 다음, 위임관계에 충실의무법리를 대체하는 민법법리가 작동하고 있는지 여부에 대해 살펴본다. 만약 위임관계가 충실의무법에서 전제하는 것과 같은 의미에서의 '신뢰와 신임'의 보호가 필요한 관계가 아니라면, '본인의 이익을 도모하여야 할 의무'가 작동하기에 적절치 않은 법률관계가 되기 때문이다. 또한 위임관계에서 충실의무법리가 수행하는 역할을 다른 민법법리가 수행하고 있다면, 충실의무법을 위임관계에 도입할 실익은 없기 때문이다.

### 1. 위임관계는 충실의무법리가 상정하는 '신뢰와 신임'의 관계인가?

위임관계는 "일방이 상대방에 대하여 사무의 처리를 위탁하고 상대방이 이를 승낙함으로써" 발생하는데(민법 제680조), 위임인이 사무의 처리를 수임인에게 위탁하는 때에 수임인의 인격·식견·지능·기량 등에 관한 특별한 신뢰를 기초로 하는 것이 보통이므로 위임에 있어 당사자 사이의 신뢰관계는 절대적이라고 한다.[15] 이러한 점에서 일응 위임관계는 충실의무법리가 전제하는 신뢰와 신임의 보호가 필요한 법률관계라고 할 수 있다.

#### (1) '직무'에 대한 신뢰와 신임 v. '이익의 최대보호'에 대한 신뢰와 신임

그런데, 위임은 수임인에 대한 신뢰관계를 기초로 형성되는 것이기는 하지만, 이때 이야기하는 신뢰는 '본인의 이익을 최대한 도모할 것'이라는 데 대한 신뢰가 아니라, 수임인의 특수한 지식, 경험, 재능 등에 비추어 볼 때 자기보다 더 사무를 잘 처리할 것이라는 신뢰, 즉 '수임인의 직무능력'에 관한 신뢰로 생각된다. 왜냐하면 위임법은 수임인에 대한 위임인의 신뢰를 확보하기 위한 방안으로 '객관적' 선관의무를 부과하고 있기 때문이다: 위임법은 수임인의 직무능력에 대한 신뢰를 확보하기 위해, 위임사무를 처리함에 있어 '선량한 관리자'의 주의로써 자신이 갖고 있는 특수한 재능을 발휘하도록 하는 객관적

15) 곽윤직, 『채권각론(제6판)』(2003), 274면.

의무를 부과하고 있다. 대표적인 것이 중개인이다. 중개인은 양 당사자로부터 중개의 위탁을 받아 사무를 처리해 주면서 선관의무를 지지만, 중립의무[16]로 인해 본인의 이익을 '최대한' 도모할 것이라는 의무는 성립하기 힘들다.

특히 위임법에 의하면 "사무처리의 법률상의 효과가 위임인에게 생기는 한, 결과적으로 수임인의 이익을 위한 것이더라도 위임이 성립하는 데에는 아무런 지장이 없다."[17] 이러한 관점에서 보면, 민법이 규정한 위임관계는 '위임인의 이익을 최대한 도모할 것'에 대한 신뢰가 당연히 전제되지 않기 때문에, 충실의무법리가 예정하는 '신뢰와 신임' 관계가 아닐 수 있고, 따라서 위임관계에 충실의무법리가 작동하는 것이 부적절할 수 있다.

(2) '직무'에 대한 신뢰로부터 충실의무에 대한 기대

하지만, '수임인의 직무능력'에 대한 신뢰와 신임으로부터 위임인은 수임인이 '본인의 이익을 최대한 도모할 것'이라는 데 대한 기대를 갖게 되고, 이러한 기대는 항상 그런 것은 아니지만 많은 경우 정당화될 수 있다: 수임인이 자신의 능력을 발휘하여 <u>위임인에게 이익이 되도록 사무를 처리해야 하는 것</u>이 자신의 선관주의를 다하는 것이 되기 때문이다. 또 수탁자의 경우 신탁법 제1조 제2항의 '특별한 신임'은 수탁자 개인에 대한 신임이 아니라 수탁자지위에 대한 직무의 신임으로 볼 수 있는데,[18] 수탁자지위에 대한 신임으로부터 충실의무가 인정될 수 있다면, 수임인지위에 기한 직무의 신임으로부터도 충실의무가 도출될 수 있다. 또 프랑스 민법 제496조 제2항은 "후견인은 대리행위에 있어서 오로지 피후견인의 이익만을 위하여 신중하며 정성스럽고 사려깊은 주의를 하여야 한다"고 규정하고 있는데, 후견인의 충실의무와 유사한 이 의무도 후견인이라는 직무에 기해 도출된다고 볼 수 있다. 이와 같이 모든 위임관계는 아니지만, 적어도 '위임인의 이익을 최대한 도모할 것'이라는 데 대한 기대가 정당한 상황(예를 들어 영업적 위임관계, 대리권이 수여된 위임관계, 혹은 계속적 위임관계 등)[19]이라면, 이러한 위임관계에 대해서는 직무에 대한 신뢰로부

16) 상법 제100조 제2항 "중개인의 보수는 당사자 쌍방이 균분하여 부담한다".
17) 『민법주해[XV]』(1997), 533면.
18) 이중기, 『신탁법』(2007), 128면.
19) 다음 V. 2. (1) 2)와 3) 참조.

터 선관의무뿐만 아니라 '위임인의 이익을 우선'할 충실의무가 부과될 수 있고, 따라서 충실의무법리가 충분히 작동할 수 있다고 본다.

#### (3) 지위에 기한 충실의무자 v. 사실관계에 기한 충실의무자

영국에서 충실의무자는 크게 '지위에 기한 충실의무자'(status-based fiduciaries)와 '사실관계에 기한 충실의무자'(fact-based fiduciaries)로 구분되는데, 전자는 이사·변호사·의사·자문인 등과 같이 '본인의 이익을 최대한 도모할 것'이라는 신뢰가 그 지위나 직무에 기해 발생한 충실의무자를 의미하고, 후자는 구체적 사실관계에 기하여 본인의 이익을 도모할 의무를 부담하게 된 충실의무자를 의미한다.[20] 이와 같이 충실의무법에서도 모든 충실의무자는 아니지만, 지위나 직무에 대한 신뢰에 기해 충실의무자로 지정되는 유형을 발견할 수 있다. 이와 같이 선관의무를 야기하는 '직무에 대한 신뢰'는 충실의무의 도출을 추정하는 적극적 역할도 한다.

### 2. 의무부과 측면: 신의칙이 충실의무법리를 대신하고 있는가?

'본인의 이익을 최대한 도모할 것'이라는 신뢰가 발생한 위임관계에 충실의무법리가 작동할 수 있다고 하더라도, '위임인의 이익을 도모하여야 할 의무'의 필요성이 민법상 다른 법리에 의하여 이미 해결되고 있다면, 별도로 충실의무법리를 도입할 실익은 존재하지 않는다. 위임법에 이러한 법리가 작동하고 있는지 살펴보자.

#### (1) 신의칙에 의한 의무 부과 v. 충실의무법리에 의한 충실의무 부과

충실의무는 '본인의 이익을 최대한 도모하여야 하는 의무'로서 그 주된 내용은 ① 이익충돌의 금지원칙과 ② 이익향유의 금지원칙으로 이루어져 있고, 이러한 원칙들로부터 파생되어 나온 구체적 부수의무로서 ① 겸직금지, ② 경업금지, ③ 기회유용금지, ④ 정보누설금지, ⑤ 위임금지(자기집행의무) 등이 있다.[21] 충실의무법은 '본인의 이익을 도모할 것'이라는 신뢰와 신임에 기하여 법원으로 하여금 위와 같은 충실의무를 부과하도록 함으로써 작동한다. 그런

20) Law Commission CP No. 124, *Fiduciary Duties and Regulatory Rules*(1992), p.28; Flannigan, "The Fiduciary Obligation", 9 *O.J.L.S.* 285(1989) 참조.

21) 앞의 II. 3. 참조.

데, 민법 제2조에 규정된 "신의칙은 법률과 법률행위를 해석하여 그 내용을 보다 명확하게 하는 기능이 있다"고 보기 때문에, 위와 같은 부수적 의무를 예외적으로 인정할 필요가 있는 경우, 법관은 신의칙에 기해 '계약의 보충 혹은 수정권한'을 인정할 수 있다.[22] 이와 같이 신의칙에 기해 부수적 의무의 존재를 긍정할 수 있다면, 충실의무법리를 별도로 도입할 실익은 별로 없다고 볼 측면이 존재한다.

하지만, '본인의 이익을 최대한 도모할 것'이라는 신뢰와 신임 관계에서의 계약의 보충과 수정은 통상의 계약관계에서의 계약의 보충·수정과는 그 필요성 및 강도에 있어 차이가 있다. 신의칙에 기한 법관의 계약 보충·수정권한은 특히 '본인의 이익을 최대한 도모하여야 할 상황'에서는 일반적 상황에서 보다 더 강화된 형태로 나타나야 하기 때문이다. 특히 오늘날과 같이 전문가에 의한 사무처리가 증가하고 전문가에 대한 의존성이 높아지는 상황에서는 위임인의 보호를 위한 특별한 장치의 마련이 시급하다고 생각된다.

따라서 '본인의 이익을 최대한 도모하여야 할 상황'에서 필요한 '강화된 신의칙' 개념은 오랜 기간에 걸쳐 우리 법원이 판례의 축적을 통해 시간을 두고 형성할 수도 있지만, 영미에서 이러한 상황에 맞게 발전시킨 충실의무법리가 이미 존재한다면, 이 개념을 수입함으로써 우리 법상의 '강화된 신의칙' 개념의 형성을 더욱 촉진할 수 있지 않을까?

### (2) 신의칙과 충실의무의 조화: 신의칙에 기한 충실의무법리의 도출

이와 같이 충실의무법리는 비록 영미에서 발전한 법리를 도입하는 것이고 '충실의무'라는 용어를 사용하고 있지만, 우리 민법이 인정하고 있는 신의칙의 계약보충과 수정권한을 '본인의 이익을 최대한 도모할 것'이라는 신뢰와 신임 관계에 적용하는 특수현상을 설명하는 것에 불과하다. 특히 충실의무법리가 영미에서 기본관계를 보충하는 법리로서 발전하였다는 사실(아래의 3. 참조)을 생각하면, 충실의무법리는 우리의 신의칙 개념의 구체적 적용의 한 형태로서 무리없이 접목될 수 있다고 생각된다. 따라서 민법적 개념으로 설명하면, 충실의무법리란 '본인의 이익을 최대한 도모할 것'이라는 신뢰와 신임이 정당화되는 경우 신의칙으로부터 도출된 '계약의 보충·수정권한'을 구체적인 신뢰

22) 송덕수, 『민법총칙』(2011), 99면 이하.

와 신임 관계에 적용하는 법리"라고 개념정의하면 될 것이다.

최근 대법원은 ELS를 발행·운용하는 증권사에 대해서 투자자의 이익과 상충되는 자기 또는 제3자의 이익추구행위를 금지한 바 있는데(제3편 제2장 III. 3. (2)), 이 판결은 대법원이 신의칙에 기해 충실의무를 선언한 좋은 예로 볼 수 있다.

### 3. 구제 측면: 부당이득법이 이익반환책임을 대신하고 있는가?

#### (1) 부당이득법리에 의한 구제 v. 이익반환책임에 의한 구제

충실의무는 대법원이 선언한 것처럼 '본인의 이익을 최대한 도모하여야 할 의무'로서[23] 이익충돌의 금지원칙과 이익향유의 금지원칙이라는 양대원칙에 의해 작동한다. 그런데 우리 위임법에 의하면 "사무처리의 법률상의 효과가 위임인에게 생기는 한, 결과적으로 수임인의 이익을 위한 것이더라도 위임이 성립하는 데에는 아무런 지장이 없다."[24] 또 부당이득법에 의하면, 이득자는 손실자의 '손실'을 한도로 부당이득반환의무를 부담하고 있을 뿐이므로, 수임인이 자기 능력을 발휘하여 위임인의 손실보다 많은 이득을 얻은 경우라 하더라도 수임인은 위임인의 손실을 넘어서는 이익 부분을 위임인에게 반환할 의무가 없다.[25] 이러한 위임 및 부당이득법리하에서 수임인에게 이익향유금지의무와 이익반환책임을 '일반적'으로 부과하는 규정을 신설하는 것은 위임계약에 관한 기존의 법리와 정면으로 충돌할 우려가 있다.

하지만 앞서 살펴본 것처럼, 충실의무법리는 '일반적'으로 적용되는 법리가 아니라, '본인의 이익을 최대한 도모할 것'이라는 신뢰와 신임 관계에 한정하여 신의칙에서 도출된 '계약의 보충·수정권한'을 개별 사건에 적용하는 법리이다. 따라서 위임관계를 나누어 직무에 대한 신뢰에 기해 '선관의무'만 부과된 경우에는 부당이득법리에 의해 해결하고, '선관의무'뿐만 아니라 '위임인의 이익을 도모하여야 할 의무'가 부과된 경우에 한해서만 충실의무법리에 따

23) 앞의 주 1)의 판례 참조.
24) 『민법주해[XV]』(1997), 533면.
25) 부당이득법리에 의한 이익반환청구에 대해서는 곽윤직, 앞의 주 15)의 책, 353면 이하; 제4편 제3장 III. 1.(이중기, "신탁에서의 이익향유금지의 원칙과 이익반환책임: 상법상 개입권의 행사가능성을 중심으로", 『홍익법학』, 제8권 제2호(2007), 195면, 201면 이하) 참조.

라 이익반환책임을 묻게 된다. 따라서 충실의무법리가 기존의 부당이득법과 충돌하는 현상은 나타나지 않는다고 생각된다.

(2) 이익반환책임이 타당한 경우: 충실의무를 지는 수임인의 책임

충실의무법리는 본인의 이익을 우선하도록 하는 충실의무를 부과함으로써 충실의무자의 의무위반을 사전에 억지하는 기능을 수행하고, 충실의무 위반에 대한 구제수단도 억지력을 확보하기 위해 작동한다. 따라서 이익충돌의 회피경고에 불구하고 충실의무 위반이 있는 경우 의무위반으로 취득한 '이익'의 박탈이라는 관점에서 작동한다.[26] 따라서 충실의무법리의 핵심적 구제수단은 충실의무자의 의무위반으로 충실의무자 혹은 제3자가 '이익'을 취득한 경우, 그 이익을 원상회복시키는 것이다. 따라서 '선관의무'에 더하여 '위임인의 이익을 도모하여야 할 의무'가 부과된 수임인에 대해서는 신탁법 제43조 제3항에서 규정한 것과 유사한 이익반환책임을 규정할 필요가 있다. 이러한 이익반환책임은 '손해'의 '회복' 관점에서 작동하는 기존의 손해배상책임과는 달리 '이익취득의 억지'라는 관점에서 작동하는 특별한 구제수단이라고 볼 수 있다.[27]

(3) 부당이득책임이 타당한 경우: 선관의무만 지는 수임인의 책임

그러나 직무에 대한 신뢰는 존재하지만 '본인의 이익을 최대한 도모하여야 할 의무'는 지지 않는 수임인에 대해서는 이익반환책임을 부과하기 힘들다. 재능이 넘치는 수임인이 위임인에게 이익이 되도록 사무를 처리함과 동시에 이를 '기회로 자신의 이익 또한 실현'하였다면, 다시 말해 '공동의 이익'을 실현하였다면, 초과이익 부분은 수임인의 개인적 능력에 기초한 것이므로 초과이익의 보유를 인정해야 하기 때문이다.[28] 만약 '본인의 이익을 도모하여야 할 의무'를 지지 않는 수임인에 대해 이러한 기회의 실현을 보장하지 않는다면 로마법 시대 위임계약의 원칙이 되었던 무상위임계약은 성립하기 어려울 것이다.

---

26) 이익반환책임의 이론적 근거에 대해서는 제4편 제3장 III. 2.(이중기, 위의 논문, 203면 이하) 참조.
27) 구체적인 작동방식에 대해서는 제1편 제3장 VIII. 1.(이중기, 앞의 주 3)의 논문, 70면 이하) 참조.
28) 손실을 한도로 하는 부당이득법리도 이러한 논거에 근거한 것이다.

이러한 논거는 미국에서 이사의 충실의무의 완화 관점에서 제기되는 논거와 유사성을 보인다. 전통적 충실의무론에 의하면 이사는 회사의 최대이익을 위해 행위할 충실의무자이므로, 의무수행과 관련해 일체의 이익을 향유할 수 없다고 본다. 이에 대해 일부 계약론자들은 이사와 회사의 관계를 충실의무관계가 아니라 공동사업자(co-ventureres) 관계로 보고 이사의 부수이익 취득은 기업가치 최대화를 위한 활동의 유인이 되므로 허용되어야 한다고 본다. 계약론자들에 의하면 전통적 충실의무법상의 이익향유의 금지원칙은 이들 공동사업자 사이의 '공정의 원칙'으로 대체되어야 한다고 함으로써 충실의무의 무력화를 시도한다.[29)]

(4) 수임인에 대한 초과이익 창출과정에 대한 통제 필요성

하지만, 기업가치를 최대화하기 위해 이사의 부수이익 취득을 허용해야 한다는 계약론자들의 주장은 완전히 타당한 것은 아니다. 왜냐하면, 가치의 '창출'에 있어 기업가치가 최대화되더라도 가치의 '분배'에 있어 이사에 배당되는 가치는 증가하면서 주주에 배당되는 가치는 감소할 수 있기 때문이다. 기업가치의 '최대화'라는 명분은 이사의 재량을 정당화해 줄 뿐 주주의 가치참여에 대한 어떠한 권리도 보장해 주지 않는다. 마찬가지로 수임인이 '본인의 이익을 도모해야 할 의무'를 지지 않는 경우, 위임법리에 의하면 수임인은 본인에 대해 최소한의 사무만 처리해 주고 위임인의 사무처리를 기회로 초과이득을 취할 수 있는데, 이러한 결과가 항상 타당한지 의문이다. 이 경우, 수익의 기회를 제공[30)]한 본인에게 상당한 보상을 해야 하지 않을까? 무상위임의 경우 무상의 사무처리라는 보상이 제공되는 것처럼, 유상위임의 경우에도 초과이익 가운데 상당한 이익의 반환이 필요하지 않을까 생각된다. 수임인의 기회주의적 행동유인을 생각하면, 상당한 이익의 반환을 실현하는 가장 바람직한 방법은 원칙적으로 이익취득행위를 금지하고, 사후적으로 수임인의 공시와 위임인의 승인을 통해 이익취득을 허용하는 것이다.

---

29) 자세히는 제1편 제3장 VII. 2. (1) 및 VIII. 3. (1)(이중기, 앞의 주 3)의 논문, 63면 이하 및 73면 이하) 참조.

30) 수임인의 이익취득의 기회는 (i) 위임인이 영업정보를 제공하는 방법으로 이루어질 수도 있고, (ii) 후견인이 위탁한 재산을 관리·운용하는 경우와 같이 위탁재산의 관리·운용으로부터도 제공될 수 있다.

현행 위임법리는 전문가에 의한 사무의 처리를 활성화하고 수임인에 의한 사무처리를 통한 사회적 부가가치를 '증대'시키는 데는 적절한 법리라고 생각된다. 하지만, 오늘날과 같이 전문가에 대한 사무처리의 의존성이 높아지고 전문가에 의한 기회유용의 가능성이 높아진 상황에서는 위탁자의 기회제공으로 창출된 가치의 '정당한 분배' 과정 또한 중요하다. 따라서 위임법리에는 '본인의 이익을 도모해야 할 의무'를 지지 않는 경우에도 위임인이 수임인에게 수익의 기회를 제공한 경우 수임인에 의한 자의적 이익지배 과정을 통제할 수 있는 수단이 모색되어야 할 것이다.

물론 이 경우에도 수임인이 위임인의 사무를 처리함에 있어 위임인의 '이익을 해하는 방식'으로 자신의 이익을 도모하였다거나, 위임인과의 사이에서 누설해서는 안되는 정보를 이용하여 자신의 이익을 추구하는 것은 현행 위임법하에서도 허용되지 않는다. 이러한 위반에 대해서는 이익향유금지 원칙을 도입하지 않더라도 선관주의의무 위반에 의해 충분히 책임을 추궁할 수 있을 것이다.

## 4. 영미의 충실의무법리는 위임관계에 접목될 수 있는가?

앞서 본 것처럼, '본인의 이익을 최대한 도모할 것'이라는 신뢰와 신임이 존재하는 위임관계에는 충실의무법, 즉 "신의칙으로부터 도출된 '계약의 보충·수정권한'을 구체적인 사건에 적용하는 법리"가 작동할 수 있는 것처럼 보인다. 여기서 다시 한번 영미 충실의무법리가 독일법계에서 발전한 위임법리에 쉽게 접목될 수 있는 논거를 확인해 보자. 영미에서 발전한 충실의무법리가 독일법계에서 발전한 위임관계에 쉽게 접목될 수 없다면, 아무리 충실의무법리의 수용이 법정책적으로 바람직하다고 하더라도 우리 사법체계에 도입하는 것은 어렵기 때문이다. 이와 관련하여 주목할 것은 영미에서 형평법 혹은 충실의무법이 수행해 온 '역할'(function)이다.

### (1) 충실의무법의 보충적 기능 — 주연이 아닌 조연으로서의 충실의무법

Maitland가 말한 것처럼, "형평법은 스스로 자족적인 법체계를 갖춘 것이 아니고, 모든 점에서 보통법의 존재를 전제한다".[31] 즉 영국에서 법률관계는

31) 앞의 주 13)과 관련된 본문 참조.

자족적인 체계를 갖춘 보통법에 의하여 주도적으로 창설되었고 이러한 보통법의 흠결이나 모순이 생기는 경우 형평법원이 보충을 하였으므로, 기본관계는 자족적인 법체계를 갖는 보통법, 특히 계약법에 의해 형성되고 형평법 혹은 충실의무법은 주도적인 보통법, 특히 계약법의 기본관계 형성에 대해 보충적 역할을 수행하였다. 이와 같이, 충실의무법은 기본적인 법률관계를 형성하는 역할을 하는 것이 아니라 보통법이 창설한 기본관계를 보충하는 이차적 역할을 수행하므로, 충실의무법은 우리 법체계에 계수되더라도 그 자체로서 전형적인 계약관계를 형성하는 역할이 아니라, 민법의 전형적인 계약관계를 보충하는 역할을 수행하게 될 것이고, 특히 위임관계에 접목되더라도 위임법의 내용을 변형시키는 것이 아니라 '본인의 이익을 최대한 도모할 것'이라는 신뢰와 신임 관계가 존재하는 경우에만 의무를 보충하거나 수정하는 역할을 수행할 것이다. 따라서 민법 혹은 위임법에 대한 '광택으로서의 충실의무법',[32] 혹은 민법에 대한 조연으로서의 충실의무법의 기능을 생각하면, 충실의무법리는 위임법리와 상충하는 것이 아니라 양립할 수 있고 또 조화롭게 접목될 수 있다고 생각된다.

특히 충실의무법은 당사자가 형성한 위임관계의 구체적 사항에 대해 당사자의 일차적 합의를 존중하는 경향을 보인다. 예를 들어, 위임인과 수임인이 사무처리에 관하여 일정한 의무를 완화하기로 사전합의한 경우, 충실의무법의 보충성은 이러한 사항에 대한 사적자치를 존중하므로, 사적자치의 원칙과 상충되는 것도 아니다.

#### (2) 충실의무법리의 의무와 구제수단의 최적화 기능

##### 1) 충실의무의 선관의무 최적화 기능

충실의무법은 기능적으로 계약에 의해 창설된 기본관계를 보충하는 기능을 수행하는데, 특히 기본관계에서의 의무를 최적화(optimalise)하는 기능을 수행한다. '본인의 이익을 최대한 도모하여야 할 의무'인 충실의무는 충실의무자가 '기본관계'에서 위탁받은 사무의 성질에 따라 부담하는 객관적 주의의무인 선관의무와는 달리, 충실의무자의 본인에 대한 관계에서 부과되는 상대적 의

32) 앞의 주 14)와 관련된 본문 참조.

무이고 또한 당해 충실의무자에게만 부과되는 주관적 의무이다.[33] 통상 객관적 주의의무는 신뢰와 신임을 받은 자의 행태에 대해 최소한의 수준(minimum level of performance)만을 통제하기 때문에, 충실의무자의 최적의 의무행태(optimal behavior)를 도출하기 위해서는 이러한 상대적이고 주관적인 충실의무가 추가적으로 부과되는 것이 필요하다.[34] 따라서 충실의무는 충실의무자에게 객관적으로 부여된 선관주의의무의 이행을 '당해 충실의무자의 본인에 대한 구체적 맥락'에서 가장 잘 실행하도록 강제하는 부가적 의무로서 작동한다. 따라서 본인과 충실의무자 사이의 구체적인 상황에서 객관적 선관주의의무가 가장 잘 실행될 수 있도록 최적화하는 선관의무 보충기능을 수행한다.

2) 이익반환책임에 대한 최적의 억지기능

또 충실의무법이 상정하고 있는 이익반환책임은 '본인의 이익을 최대한 도모하여야 할 상황'에 한정해 충실의무자가 의무위반으로 취득한 이익을 전부 반환시키도록 함으로써, 의무위반의 억지 관점에서 의무위반에 대한 '최적의 억지' 기능을 수행한다. 즉 부당이득법에 의한 반환 혹은 손해배상책임은 본인의 손실 혹은 손해를 한도로 하고, 의무위반자가 취득한 초과이득은 반환시키지 못하므로, 이러한 구제수단은 '본인의 이익을 최대한 도모하여야 할 의무'를 지는 자에 대해서는 의무위반에 대한 적절한 억지력으로 작동하지 못한다. 따라서 충실의무법은 이익반환책임을 동원해 '손해'의 범위와 무관하게, 취득한 '이익' 전체를 반환하도록 함으로써 의무위반에 대한 '최적의 억지력'을 갖추도록 한다.

의무위반의 억지력을 더 강조하는 다른 견해에 의하면, 취득한 이익 전체를 반환시키는 것도 충실의무자를 '의무위반행위가 있기 전의 상태로 원상회복'시키는 것에 불과하므로, 의무위반에 대한 입증의 어려움까지 고려하면 이익 전체의 반환으로도 부족하고, 이익반환에 더해 징벌적 요소를 추가해 책임을 추궁해야 한다고 한다.[35] 이와 같이 충실의무법은 위임법에 계수되는 경우

33) 제1편 제3장 IV. 1. (3) 1)(이중기, 앞의 주 3)의 논문, 46면) 참조.

34) Victor Brudney, "Contract and Fiduciary Duty in Corporate Law", 38 *B. C. L. Rev.*(1997), p.595, pp.599-600 note 12 참조.

35) Cooter & Freedman, "The Fiduciary Relationship: Its Economic Character and Legal Consequences", 66 *NYU L. R.* 1045(1991), p.1051.

에도, 억지력이 필요한 상황에 한해 억지력의 확보 목적에서 이익박탈적 구제수단을 부여하기 때문에 위임법상의 다른 구제수단과 양립할 수 있다.

(3) 프랑스 민법상의 후견인의 충실의무

비교법적으로 보더라도 충실의무법리는 오직 영미에만 존재하는 것은 아니고, 대륙법계에도 유사한 법리가 존재하는 것 같다. 예를 들어, 프랑스 민법 제496조 제2항은 "후견인은 대리행위에 있어서 오로지 피후견인의 이익만을 위하여 신중하며 정성스럽고 사려깊은 주의를 하여야 한다"고 규정하고 있는데, 프랑스 민법이 규정한 이러한 후견인의 의무는 '본인의 이익을 최대한 도모하여야 할' 충실의무와 유사한 의무로 생각된다. 이와 같이 영미의 충실의무 개념은 비교법적으로 보더라도 영미법에만 작동 가능한 고유한 개념이 아니고 대륙법에서도 접목될 수 있는 법 개념이라고 생각된다.

## Ⅳ. 위임관계에 충실의무법리를 도입하는 것은 바람직한가?

다음으로 위임관계에 충실의무, 즉 '본인의 이익을 최대한 도모하여야 할 의무'를 수임인에게 부과하는 것이 법정책적으로 바람직한 것인가에 대해 살펴보자. 계약체결의 비용의 관점 및 신뢰와 신임 관계에 관한 법 통일의 관점에서 접근해 보자.

### 1. 계약체결비용의 절감

'일방이 상대방에 대하여 사무의 처리를 위탁하고 상대방이 이를 승낙'한 경우, 수임인은 사무처리에 대한 재량을 갖게 되고, 위임인은 수임인의 사무처리 재량에 의존하게 된다. 이와 같이 위임관계는 본질적으로 위임인의 이익이 수임인의 기회주의적 행동으로부터 침해될 수 있는 신뢰와 신임 관계로 볼 수 있고, 재량을 갖는 수임인의 기회주의적 행동으로부터 위임인을 보호하기 위해 수임인의 권한행사를 합리적으로 통제하고 감시할 필요성이 발생한다. 이러한 필요성은 '직무에 대한 신뢰'의 경우, 선관주의의무를 부과함으로써 해결할 수 있지만, '본인의 이익을 최대한 도모할 것'이라는 신뢰에 대해서는 충실의무를 부과함으로써 해결해야 한다.

(1) 사적자치를 통한 통제시의 비용

'본인의 이익을 최대한 도모할 것'이라는 신뢰가 발생한 경우 수임인의 기회주의적 행위를 통제하고 감시하는 하나의 방법은, 이러한 위임관계를 다른 계약관계와 동일하게 보고 사적자치에 의한 당사자 자율에 맡기는 방법이다. 이러한 방법을 취하는 경우, 위임인은 자신을 보호하기 위한 조치로써 충실의무를 사전에 계약조항으로 삽입해야 하고 통제와 감시에 관한 상세한 조항을 계약에 구현해야 한다. 그런데, 이러한 방법에 의하는 경우, 위임인은 사전에 필요한 계약조항을 삽입해야 하므로, 계약체결의 노력과 비용이 발생하게 된다.

(2) 충실의무관계로 선언하는 경우의 비용: 법원에 의한 사후통제

'본인의 이익을 최대한 도모할 것'이라는 신뢰가 발생한 경우 수임인의 기회주의적 행위를 통제하고 감시하는 다른 한 가지 방법은 이러한 위임관계를 다른 위임관계와 구별하여 '본인의 이익을 최대한 도모하여야 할 의무'가 부과된 충실의무관계로 선언하는 것이다. 이러한 위임관계의 수임인에게 충실의무가 선언되면, 위임인은 사전에 자신의 보호를 위한 상세한 계약조항을 삽입하지 않아도 된다. 법원이 후견적 차원에서 사후에 위임인의 보호를 위하여 필요한 부수의무를 보충해 줄 수 있기 때문이다.[36] 이와 같이 일정한 수임인에 대해 위임법이 충실의무를 선언하면, 각 위임인은 계약체결시에 자신의 보호를 위해 사전에 지불해야 하는 일정한 거래체결비용을 절감할 수 있게 된다.

(3) 충실의무 도입의 정당화

모든 위임관계에 대해 '본인의 이익을 최대한 도모하여야 할 의무'를 인정할 필요는 없다. 직무에 대한 신뢰관계만 발생한 경우 선관의무로도 충분하기 때문이다. 하지만 어떤 수임인에 대해서는 재량의 부여, 높은 의존성 등의 이유 때문에 수임인의 기회주의적 행동의 가능성이 높아지는 경우가 있다. 이러한 수임인에 대해서는 '본인의 이익을 최대한 도모하여야 할 의무'를 수임인에게 부과하면, 사회적 효용이 증가한다. 앞서 본 것처럼, 수임인의 재량행사에 대해 위임인이 사적자치를 통해 충분한 보호조치를 취하지 않았더라도 법관

36) 충실의무법의 운용에 있어서 법원의 사후적 계약보충 역할은 필수적이다. 김건식, 『회사법연구 I』(2010), 89면; 제1편 제3장 IX. 2.(이중기, 앞의 주 3)의 논문, 78면) 참조.

이 사후적으로 수임인에 대해 '본인의 보호'를 위해 필요한 충실의무를 보충적으로 인정할 수 있기 때문이다. 이와 같이 충실의무가 선언되면 법관이 사적자치가 행해지지 않은 부분에 대해 후견적·보충적 역할을 할 수 있게 되므로, 위임인으로 하여금 '위임관계'의 어느 정도까지만 재량통제를 위한 사적자치를 하고 그 정도까지만 사적자치를 하면 나머지는 법관이 후견적으로 보충해 줄 것이라는 기대를 할 수 있기 때문에, 사회 전체적으로 위임계약의 체결에 드는 당사자의 노력과 감시비용을 줄일 수 있게 된다.[37]

### 2. 증명책임의 감경을 통한 감시기능의 강화

위임관계에는 본질적으로 수임인의 기회주의적 행동으로부터 위임인을 보호하기 위해 수임인의 권한행사를 통제하고 감시할 필요성이 발생한다. 하지만, 현행 위임법에 의하면 의무위반을 주장하는 위임인이 수임인의 선관의무위반 사실을 입증해야 한다. 통상 전문가인 수임인이 우월적 지위에 있고 더욱이 사무처리의 재량까지 갖고 있는 상황을 고려하면, 위임인이 수임인의 선관의무 위반을 입증하는 것은 매우 어렵다. 하지만, '본인의 이익을 최대한 도모해야 할 상황'에 있는 일부 수임인에 대해 충실의무를 선언하게 되면, 이러한 수임인에 대해서는 엄격한 충실의무가 추정[38]될 수 있으므로, 위임인이 부담하는 수임인의 선관의무 위반에 대한 증명책임이 감경될 수 있다. 이와 같이 일정한 수임인에 대해 충실의무를 인정하면, 이러한 위임인에 대한 통제와 감시는 상대적으로 쉽게 된다.

### 3. 사법 전체를 관통하는 충실의무법리의 정립 필요성 — 다른 신뢰와 신임 관계와의 통일성

앞서 본 것처럼, 영미의 영향을 받은 신탁, 회사 및 금융 관계에서는 제정법을 통해 충실의무가 명시적으로 규정되어 있지만 위임관계에 대해서는 충실의무가 규정되어 있지 않다. 하지만, '본인의 이익을 도모할 것'이라는 정당

37) Easterbrook & Fischel, "Contract and Fiduciary Duty", 36 *J. L & Econ.* 425(1993), pp.426-427.

38) 제1편 제3장 VII. 3.(이중기, 앞의 주 3)의 논문, 67면) 참조.

한 신뢰가 발생한 위임관계는 이들 관계와 비슷한 신뢰와 신임의 관계이다. 따라서 기본관계의 차이에도 불구하고 신뢰와 신임의 보호를 위한 충실의무의 필요성은 동일하다. 따라서 신탁, 회사, 금융 분야뿐만 아니라 위임과 같은 전통적인 계약 분야에 대해서도 동일한 충실의무법리를 통해 신뢰와 신임을 통일적으로 보호해 나가는 것이 바람직하다.

이와 같이, '직무'에 대한 신뢰뿐만 아니라 '본인의 이익을 도모할 것'이란 신뢰의 보호가 필요한 위임관계에 대해 충실의무를 선언하면, 사법 전체를 관통하는 충실의무법리, 즉 "신의칙으로부터 도출된 '계약의 보충·수정권한'을 구체적인 신뢰와 신임의 관계에 적용하는 법리"를 통일적으로 관철시킬 수 있게 된다.

## V. 충실의무법리는 명시적으로 선언되어야 하나?

다음 문제는 어떠한 입법방식으로 충실의무법리를 위임법리에 접목시킬 것인가 하는 것이다. 먼저 충실의무는 제정법에 명시적으로 선언되어야 하는지에 대해 살펴보자.

### 1. 충실의무법리의 도입에 제정법 규정이 있어야 하는가?

#### (1) 이익충돌적 지위에 기한 충실의무의 부과

'본인의 이익을 최대한 도모할 것'이라는 신뢰가 발생한 위임관계에 충실의무법리를 도입하기 위해서 민법이나 상법 혹은 신탁법에 수임인의 충실의무에 관한 명시적 조항을 규정해야 하는가? 반드시 그렇지는 않다. '본인의 이익을 최대한 도모하여야 할 의무'는 이익충돌적 지위에 있는 충실의무자의 기회주의적 행위로부터 본인의 신뢰와 신임을 보호하기 위해 부과되는 것이지 명시적 규정에 의해 부과되는 것은 아니기 때문이다: 대법원은 수탁자의 충실의무와 관련해 "수탁자의 충실의무는… 신탁법상 이에 관한 명문의 규정이 있는 것은 아니지만 일반적으로 수탁자의 신탁재산에 관한 권리취득을 제한하고 있는 [개정전]신탁법 제31조를 근거로 인정되고 있다"[39]고 함으로써, 충실

39) 대법원 2005.12.22. 선고 2003다55059판결.

의무는 명문의 규정에 기해 인정되는 것이 아니라 이익상충을 금지하고 있는 조문 등에 기해 인정될 수 있음을 정면으로 인정하였다.

특정한 위임관계에 대해서도 동일한 논리를 적용할 수 있다: 위임관계는 "일방이 상대방에 대하여 사무의 처리를 위탁하고 상대방이 이를 승낙"한 관계이기 때문에 성질상 본질적으로 수임인에 대한 신뢰와 신임이 내재할 수 있는 관계이고, 수임인의 기회주의적 행위로부터 위임인을 보호할 필요성이 생기게 된다. 따라서 수탁자에 있어서와 마찬가지로 특정한 수임인의 이익충돌적 지위 때문에, 특히 대리권이 수여된 위임인의 경우 민법 제124조의 자기계약, 쌍방대리의 금지 규정에 기해 충실의무가 인정될 수 있다. 법정대리인에게도 민법 제124조에 기해 충실의무가 인정될 수 있고, 마찬가지로 민법 제921조가 규정한 친권자의 이익상반행위 금지조항으로부터도 법원은 친권자의 충실의무를 인정할 수 있다.

### (2) 선관주의의무규정 등의 확장해석을 통한 충실의무법리의 도출

이익충돌적 지위에 근거해 충실의무를 도출하는 대법원 판례와 달리, 현행 위임법 혹은 선관의무의 해석에 의해서 '위임인의 이익을 최대한 도모하여야 할 의무'를 도출할 수 있다고 보는 견해도 존재한다. 최기원 교수는 "선관의무의 내용은 통일적으로 정형화되는 것이 아니라 … 각 [수임인]의 특별한 직무에 따라 달라지므로, [수임인]의 권한이 확대되면 선관의무도 그만큼 그 내용도 강화된다"[40]고 함으로써, 수임인의 권한이 확대되면 확대된 선관의무가 부과되고, 확대된 선관의무에는 '위임인의 이익을 최대한 도모하여야 할 의무'가 포섭될 수 있다고 본다. 大村 교수도 "대륙법상 계약상의 의무는 반드시 당사자의 구체적인 합의에 의해서만 설정되는 것이 아니라 계약유형별로 그 성질상 신의칙이나 형평에 의하여 정형적인 의무로 설정될 수 있다"고 주장하면서, 이를 대륙계약법의 의무보전기능이라고 한다.[41]

### (3) 명시적 규정이 없는 경우의 단점

민법, 상법 혹은 신탁법에 충실의무에 관한 명시적 규정을 두지 않는 경

40) 최기원, 『신회사법론(제13대정판)』(2009), 653면.
41) 김건식, 앞의 주 36)의 책, 70면.

우에도 수임인의 충실의무는 '본인의 이익을 최대한 도모할 것'이라는 신뢰가 발생한 경우 (i) 대법원처럼 수임인의 이익충돌적 지위에 기반하여, 혹은 (ii) 大村 교수처럼 선관의무규정 혹은 신의칙이나 형평에 기해서 도출할 수 있다. 하지만, 이와 같은 방법으로 수임인의 충실의무를 인정하는 것보다는, 특정한 수임인의 충실의무를 민법, 상법 혹은 신탁법에 명시적으로 규정하는 것이 충실의무의 운용에 있어 훨씬 효율적이라고 생각된다.

첫째, 법적 안정성의 확보 차원에서 특정한 수임인의 충실의무를 제정법에 명시하는 것이 수임인의 이익충돌적 지위 혹은 신의칙이나 형평에 기해 도출하는 것보다 충실의무의 운용에 큰 도움이 된다. 특히 충실의무의 양대원칙인 이익충돌금지 혹은 이익향유금지 원칙이 위임법에 명문으로 선언되지 않은 경우, 이익충돌금지 원칙의 구체적인 표현인 수임인의 자기거래금지, 겸직금지, 경업금지, 기회유용금지, 정보누설의 금지 등은 수임인의 이익충돌적 지위나 혹은 신의칙 형평 혹은 선관의무에 기하여 도출해야 하는데, 법원이 명시적 근거 없이 이러한 부수의무를 융통성 있게 인정할 수 있을지는 의문이다.

둘째, 충실의무법은 그 운용에 있어 충실의무자로서의 인정과 그에 따른 엄격한 충실의무의 추정[42]을 전제로 해야 '억지적 기능'[43]을 제대로 발휘할 수 있는데, 수임인의 충실의무를 민법 등에 명시적으로 인정하지 않는 경우, 법원으로서는 수임인에 대한 엄격한 충실의무를 추정할 수 있는 근거가 확보되지 않는 문제가 발생한다.

따라서 일정한 위임관계에 충실의무법리를 접목하는 방법으로서 가장 바람직한 것은 민법, 상법 혹은 신탁법에 수임인의 충실의무에 관한 명시적 규정을 두어 충실의무 및 충실의무법적 구제수단을 적용하는 것이다.

## 2. 어느 정도로 자세히 충실의무법리를 규정해야 하나?

신뢰를 보호할 필요가 있는 위임관계에 대해 충실의무법리를 구체적으로

42) 충실의무자의 인정과 충실의무의 추정절차에 대해서는 제1편 제3장 VII. 1.(이중기, 앞의 주 3)의 논문, 62면) 이하 참조.

43) 충실의무법의 억지적 기능에 대해서는 제4편 제3장 III. 2.(이중기, 앞의 주 25)의 논문, 203면) 참조.

명시하는 경우, 어느 정도로 상세하게 충실의무법리를 규정해야 하나? 의무부과의 측면과 의무위반에 대한 구제수단의 측면으로 나누어 고찰해 보자.

(1) 의무부과 측면에서의 명시 필요성

1) 충실의무의 선언, 이익충돌금지와 이익향유금지의 선언

'본인의 이익을 최대한 도모할 것'이라는 신뢰의 보호가 필요한 위임관계의 경우, 충실의무를 어느 정도로 구체적으로 명시해야 하나? 하나의 방법은 현행 회사법에 규정된 이사의 충실의무 조항[44]과 같이 "특정한 수임인의 경우 위임인에 대해 충실의무를 진다"는 조항을 신설하는 방안이다. 예를 들어 다음과 같은 조항을 삽입하는 것이다: "위임관계의 성격, 부여받은 재량의 정도, 위임인의 기대 및 의존성 등을 고려하여 수임인이 위임인의 이익을 최대한 도모하는 것이 필요한 경우, 수임인은 위임인의 이익을 위해 행위할 충실의무를 진다". 다른 하나의 방법은, 이러한 조항뿐만 아니라 충실의무의 양대원칙인 이익충돌금지의무와 이익향유금지의무도 구체적으로 선언하는 방안이다. 즉 "앞서 언급한 수임인은 위임인의 이익을 위해 행위하여야 하고, 위임인의 이익과 충돌하는 지위에 들 수 없으며, 위임관계로 인한 이익을 향유할 수 없다"고 선언하는 것이다. 세 번째 방법은 더 나아가 신탁법 제34조에 규정한 것처럼, 이익충돌의 금지를 선언하는 것 외에 이익충돌금지의무의 구체적인 형태인 자기거래금지, 겸직금지, 경업금지, 기회유용금지, 정보누설의 금지, 자기집행의무 등을 명시하는 것이다.

회사법상 이사의 충실의무와 관련하여 많은 논란이 야기된 점[45]을 생각하면, 첫 번째 방안처럼 단순히 "특정한 수임인은 위임인에 대해 충실의무를 진다"고 선언하는 조항만으로는 충분하지 않다고 생각된다. 따라서 두 번째 방법처럼 "특정한 수임인은 '위임인의 이익을 최대한 도모하여야 할 의무'를 진다"고 규정해야 할 뿐만 아니라, 충실의무의 좀 더 구체적인 형태인 수임인의 이익충돌금지 및 이익향유금지를 명시적으로 선언하는 것이 필요하다. 하지만, 더 나아가 세 번째 방법처럼 이익충돌금지의 구체적인 형태인 경업금지

44) 상법 제382조의3(이사의 충실의무) 이사는 법령과 정관의 규정에 따라 회사를 위하여 그 직무를 충실하게 수행하여야 한다.

45) 제1편 제3장 IV. 1.(이중기, 앞의 주 3)의 논문, 44면) 이하 참조.

등을 민법에 규정하는 것은 다음과 같은 이유로 필요하지 않다고 생각된다.

2) 대리권이 부여되는 위임관계의 경우

대리권이 부여된 위임관계의 경우, 대리인에 적용되는 자기계약, 쌍방대리의 금지규정은 이익충돌금지의 구체적 규정으로서 대리권 있는 수임인의 의무로 부과될 수 있다. 따라서 이 두 가지 의무는 위임 부분에 별도로 규정하지 않더라도 대리권 있는 수임인의 구체적 충실의무로서 부과될 수 있고, 대법원의 논리처럼, 이익상충을 금지하는 이러한 조문에 기해 대리권 있는 수임인의 충실의무자 지위가 인정될 수 있다. 또 실제로 이러한 수임인의 대부분의 이익충돌상황은 자기계약, 쌍방대리 금지의 유추 혹은 확대 해석의 문제로 해결할 수 있다.

3) 민사적 위임관계와 영업적 위임관계

물론 수임인에 대하여 경업금지나 겸직금지, 기회유용의 금지 등을 부과할 필요성이 있을 수 있다. 하지만, 이러한 구체적 충실의무는 주로 상업사용인, 대리상, 이사 등과 같은 영업적 수임인의 경우에 주로 문제되기 때문에 이러한 충실의무는 민사적 위임관계 일반의 경우에 반드시 타당한 것은 아니다. 따라서 상업사용인, 대리상, 이사 등과 같은 영업적 수임인의 경우에 이러한 충실의무를 명시적으로 규정할 필요성이 있는 것은 별론으로 하고(상법 제17조, 제89조, 제397조 참조), 민법 제680조 이하에 이러한 충실의무를 규정하는 것은 반드시 필요한 것은 아니라고 생각된다. 만약 민사적 수임인의 경우에 이러한 필요성이 발생하면 법원은 두 번째 방안에 따라 규정된 이익충돌금지 혹은 이익향유금지라는 양대원칙으로부터 당해 사안의 필요성에 기해 필요한 부수의무를 도출하면 된다.

4) 계속적 위임관계와 일회적 위임관계

계속적 위임관계의 경우 민사적 위임관계이더라도 경업금지나 겸직금지, 기회유용의 금지를 부과할 필요성이 생길 수 있다. 예를 들어, 민사신탁의 수탁자처럼, 가사관계에서 계속적으로 사무처리의 위탁을 받는 수임인의 경우 구체적 충실의무의 적용이 필요할 수 있다. 하지만 대부분의 민법상 수임인은 '일회적으로' 위임인의 사무를 처리할 뿐이므로, 일률적으로 위와 같은 겸직금지 등의 의무를 부담시키는 것은 수임인의 사적 영역에 지나치게 개입하는 결과를 초래한다. 따라서 예외적인 계속적 위임관계가 발생한 경우에도 필요할 때마다 법관이 민법 제2조에서 규정하고 있는 신의칙으로부터 도출되는 '계약 수정권한'을 행사하여 부수적 의무를 인정하면 되고, 위임법에 구체적인 충실의무의 유형을 직접 명시할 필요는 없다. 실례로 프랑스 민법 제496조 제2항은 "후견인은 대리행위에 있어서 오로지 피후견인의 이익만을 위하여 신중하며 정성스럽고 사려깊은 주의를 하여야 한다"고 규정함으로써 계속적 위임관계의 후견인에게 충실의무와 유사한 의무를 부여하고 있지만, 구체적인 부수의무는 명시하고 있지 않다.

### (2) 구제수단 부여 측면에서의 명시 필요성: 이익반환책임의 선언

충실의무법리를 위임법에 성공적으로 접목하기 위해서는 의무부과의 측면에서뿐만 아니라 의무위반에 대한 구제수단의 측면에서도 적절한 구제수단을 명시해야 한다. 충실의무는 대법원이 선언한 것처럼 '본인의 이익을 최대한 도모하여야 할 의무'로서 '이익'충돌금지 원칙과 '이익'향유금지 원칙이라는 양대원칙에 의해 작동하므로, 충실의무법리는 본인의 이익을 우선함으로써 사전 억지기능을 수행하고, 또한 사전 억지에도 불구하고 충실의무 위반이 있는 경우 '이익'의 박탈이라는 관점에서 구제수단이 작동해야 한다. 따라서 충실의무법적 구제수단의 핵심은 충실의무 위반으로 충실의무자 혹은 제3자가 '이익'을 취득한 경우, 그 이익을 박탈하는 방식으로 작동하는 규정을 명시하는 것이다. 즉, 신탁법 제43조 제3항에서 규정한 것과 같은 이익반환책임을 명시적으로 규정해야 한다. 이러한 이익반환책임은 손해의 회복 관점에서 작동하는 기존의 손해배상책임과는 달리 이익의 억지라는 관점에서 작동하는 특별한 구제수단이라고 볼 수 있다.46)

물론 앞서 언급한 것처럼, 이익반환책임이란 구제수단은 모든 위임인이 행사할 수 있는 것은 아니고, '본인의 이익을 최대한 도모할 것'이라는데 대해 정당한 신뢰를 갖는 위임인만이 행사할 수 있게 된다(앞의 III. 2. (2) 참조).

46) 이익반환책임의 이론적 근거에 대해서는 제4편 제3장(이중기, 앞의 주 25)의 논문, 195면) 참조.

## 3. 어느 법전에 규정할 것인가?: 상법전, 민법전, 혹은 신탁법

### (1) 민법전 혹은 상법전에 명시하는 방법

충실의무법리의 위임법리에의 접목은 민법 위임편에 '본인의 이익을 최대한 도모'하는 충실의무와 충실의무법적 구제수단을 규정하는 것이 가장 합리적이다. 앞서 본 것처럼, 주로 영업적 위임관계에서 수임인의 '본인의 이익을 도모할 의무'가 문제되지만, 민사적 위임관계에서도 후견과 같은 계속적 위임관계의 경우 충실의무가 문제될 수 있기 때문이다. 두 번째 방안은 충실의무가 필요한 개별적 위임유형에 각각 충실의무를 규정하는 방법이다. 즉 프랑스 민법에서처럼 후견[47]과 같은 계속적 위임관계 및 대리관계에 직접 충실의무를 규정하고, 동시에 상법총칙편에 영업적 위임관계에 관한 충실의무 통칙규정을 두는 것이다[예를 들어, 제49조(위임)에 이어 제49-1조(영업적 수임인의 충실의무)를 신설하는 방법]. 이 경우 계속적 위임관계, 대리권이 부여된 관계 및 영업적 위임관계에 대해 충실의무법리를 통일적으로 해석할 필요성이 생긴다.

### (2) 신탁법에 준수탁인 개념을 명시하는 방법

다른 한 가지 방법은 "특별한 신임관계에 기하여 재산권을 이전하고 수탁자로 하여금 수익자의 이익을 위하여 그 재산권을 관리, 처분하는 법률관계"라는 신탁법 제1조 제2항의 문구에 착안하여, "특별한 신임관계에 기하여 재산의 신탁 없이 수임자로 하여금 위임인의 이익을 위하여 사무를 처리하는 법률관계"라는 '신탁관계에 준하는 신임관계' 개념을 신설하여, 특별한 신임을 받는 수임인, 즉 준수탁인에 대해 수탁자의 충실의무를 준용하는 방법이다.

신탁의 설정과 관련하여 신탁계약에 의한 경우 신탁계약을 체결하는 때, 유언신탁의 경우 유언을 작성하고 유언자가 사망하는 때 신탁이 성립하므로, 신탁성립 단계에서 신탁재산의 이전은 필요하지 않다. 따라서 준신탁관계 개념은 신탁 개념과 다른 개념이 아니고 신탁재산 이전 전의 신탁관계를 설명하는 개념으로 볼 수 있다. 하지만, 처음부터 재산의 이전을 의도하지 않은 신임관계도 있을 수 있으므로(예: 투자신탁의 운용사), 준신탁관계를 별도로 규정할 실익이 있다. 나아가 神田 교수와 같이 "신탁재산은 상사신탁에 있어 불가결

47) 앞의 III. 4. (3).

하지 않고, 오히려 arrangement에 그 본질이 있다"고 보는 견해[48]에 의하면, 재산의 신탁 없이 특별한 신임을 받는 상사수임인의 준신탁관계는 당연히 신탁관계의 한 유형으로 인정되고, 따라서 수탁자의 충실의무가 직접 적용되게 된다. 즉, 투자신탁에서 운용사는 재산을 신탁받지 않지만, 신탁재산의 운용에 관한 운용권을 보유하는 자이므로 신탁 수탁자로서 충실의무를 당연히 부담하게 된다.

## Ⅵ. 충실의무법의 발전과 확대적용 방안

### 1. 신탁법에 기초한 충실의무법리의 심화적 발전

앞서 언급한 것처럼 신탁, 회사, 금융 분야에 도입된 충실의무법리가 깊이 있게 발전하기 위해서는 종적으로 신뢰와 신임에 관한 대표적 충실의무관계인 신탁법상의 충실의무, 즉 수탁자의 충실의무관계에 대한 집중적인 연구가 필요하다.[49] 충실의무법리가 위임법리에 도입되는 경우에도 충실의무법리의 심도깊은 발전은 가장 엄격한 충실의무관계인 수탁자의 충실의무법을 통하여 실천하는 것이 바람직하다. 따라서 충실의무법리를 심도 있게 발전시키기 위해서는 충실의무법 발전의 원천이 된 수탁자의 충실의무 내용을 더욱 발전시켜야 하고, 이를 기반으로 민법상 전형계약인 위임관계, 회사관계 및 금융관계 등과 같은 유사한 신뢰와 신임의 관계에 확대적용 혹은 변용할 필요가 있다.

### 2. 위임법리에 접목된 충실의무법리 적용관계의 확대: 신의칙에 근거해야

오늘날과 같이 전문가에 의한 사무처리가 증가하고 전문가에 대한 의존성이 급증하는 시대에는 전문가에 대한 통제장치가 중요하므로 위임법리에 충실의무법리의 접목은 필수적이다. 특히 타인의 사무처리에 관한 법률관계의 '통칙'이라고 볼 수 있는 위임법에서 충실의무법리를 발전시키는 것이 필요하

48) 能見善久, 『現代信託法』(2004), 22면.
49) 제1편 제3장(이중기, 앞의 주 3)의 논문) 참조.

다. "민법은 타인의 사무의 처리라는 법률관계가 위임계약에 의하지 않고서 발생하게 되는 경우에도, 위임의 규정을 준용하고 있"기 때문이다.[50] 위임에 관한 규정은 업무집행조합원, 회사의 이사, 부재자의 재산관리인, 자의 재산을 관리하는 친권자, 피후견인의 재산을 관리하는 법정후견인, 상속재산을 관리하는 상속인 또는 후견인 등 타인의 사무를 관리하는 자에게 준용된다.

또 위임관계는 다양한 형태를 띠기 때문에 구체적 유형의 위임관계에 따라 '본인의 이익을 최대한 도모하여야 할 의무'는 다른 형태를 띨 수 있다. 따라서 충실의무법리를 사법상의 일반원리로서 널리 적용하면서, 위임관계의 유형별로 "위임관계의 성격, 수임인에 대한 기대 및 의존성, 이익충돌 혹은 재량의 정도 등에 의해 수임인이 지는 충실의무가 어떻게 달라지게 되는지"에 대해서도 구체적으로 연구해야 한다.

## Ⅶ. 여론: 사무관리자의 충실의무와 선관의무

계약에 의한 사무처리는 위임법리에 의해 해결되지만, 계약에 의하지 아니한 사무처리는 사무관리(민법 제734조 이하)에 의해 해결된다. "일반적으로 사람은 타인의 사무를 관리할 의무를 부담하는 것은 아니지만, 일단 사무관리를 개시한 때에는 민법은 대체로 위임에 있어서의 수임인과 같은 의무를 관리자에게 부담시키고 있다."[51] 따라서 '의무 없이' 타인을 위하여 사무를 관리하는 자도 "그 사무의 성질에 좇아 가장 본인에게 이익되는 방법으로 이를 관리하여야 한다"(민법 제734조 제1항). 그런데, "이 때의 관리방법은 객관적인 표준에 의하여 정해지므로",[52] 선량한 관리자의 의무로써 가장 본인에게 이익되는 방법으로 사무를 처리하는 것으로 해석된다. 그런데, 위임법에 의하면 "사무처리의 법률상의 효과가 위임인에게 생기는 한, 결과적으로 수임인의 이익을 위한 것이더라도 위임이 성립하는 데에는 아무런 지장이 없"다.[53] 따라서 사무관리자도 사무관리를 기화로 '자신의 이익'을 추구해도 원칙적으

50) 곽윤직, 앞의 주 15)의 책, 274면.
51) 위의 책, 339면.
52) 위의 책, 340면.
53) 『민법주해[XV]』(1997), 533면.

로 문제가 없다.

그런데 의무 없이 타인의 사무를 관리하는 자는 언제나 '자신의 이익'을 추구해도 되는가? 사무관리자도 '본인과의 이익충돌상황'이 발생하는 경우에는 선관주의의무 외에 '본인의 이익을 우선'하는 충실의무를 질 수 있다고 생각된다. 충실의무가 인정되는 이익충돌상황의 사무관리자의 모습은 앞서 살펴본 '사실관계에 기한 충실의무자'(fact-based fiduciaries)의 모습과 매우 유사하게 될 것이다(자세한 연구는 다음의 기회로 미루기로 한다).

## Ⅷ. 맺음말

이 글은 위임법리에의 접목을 통한 충실의무법리의 도입에 있어 제기되는 근본적 질문들에 대하여 주로 이론적인 측면에서 논의를 진행하였다. 향후 연구에서는 위임에 관한 구체적인 상황 내지 사례의 분석이 수반될 필요가 있다. 예컨대 위임의 가장 대표적인 유형인 변호사, 의사, 건축사, 투자은행 등 각종 전문가의 사무처리와 관련하여 충실의무법리가 어떻게 적용되는지를 논의할 필요가 있다.

충실의무법이 "신의칙으로부터 도출된 '계약의 보충·수정권한'을 구체적인 신뢰와 신임 관계에 적용하는 법리"라고 본다면, 다양한 신뢰와 신임의 위임관계에 대한 연구는 신의칙에 기초하여 행해져야 하고, 앞으로 신의칙의 구체적 적용형태인 다양한 충실의무가 판례의 축적을 통해 형성될 것으로 기대한다.

[참고문헌]

곽윤직, 『채권각론(제6판)』(2003).
김건식, 『회사법연구 I』(2010).
『민법주해[XV]』(1997).
송덕수, 『민법총칙』(2011), 99면.
이중기, 『신탁법』(2007).
최기원, 『신회사법론(제13대정판)』(2009).

能見善久, 『現代信託法』(2004).

Law Commission CP No.124, *Fiduciary Duties and Regulatory Rules*(1992).
Maitland, *Equity*(2nd ed. revised by J Brunyate)(1936, reprinted 1969).
Pettit, *Equity and The Law of Trust*(10th ed. 2006).

이중기, "신탁업무의 외부위탁에 대한 규제방안: 개정방안을 중심으로", 『홍익법학』, 제11권 제1호(2010).
______, "이사, 상업사용인의 회사기회유용과 경업금지의무 위반: 이사, 상업사용인의 충실의무위반에 대한 개입권의 행사가능성을 중심으로", 『홍익법학』, 제8권 제3호(2007).
______, "신탁에서의 이익향유금지의 원칙과 이익반환책임: 상법상 개입권의 행사가능성을 중심으로", 『홍익법학』, 제8권 제2호(2007).
______, "신탁법에 기초한 영미 충실의무법리의 계수와 발전: 회사법, 금융법의 충실의무를 중심으로", 『홍익법학』, 제12권(2011).
장근영, "영미법상 신인의무 법리와 이사의 지위", 『비교사법』, 제15권 1호(2008).

Victor Brudney, "Contract and Fiduciary Duty in Corporate Law", 38 *B. C. L. Rev.* 595(1997).
Cooter & Freedman, "The Fiduciary Relationship: Its Economic Character and Legal Consequences", 66 *NYU LR* 1045(1991).
Easterbrook & Fischel, "Contract and Fiduciary Duty", 36 *J. L & Econ.* 425(1993).
Flannigan, "The Fiduciary Obligation", [1989] 9 *O.J.L.S* 285.
Sealy, "Fiduciary Relationship", [1962] *CLJ* 69.

# 제 5 장 충실의무의 수용방법: '준수탁자' 개념과 신탁충실의무법의 준용*

## Ⅰ. 머리말

### 1. 연구의 배경

이 글은 먼저 우리 법에 충실의무에 대한 논의가 어느 정도까지 진전되어 있고, 어떠한 법률관계에 대해 충실의무를 인정할 수 있는지에 대해 살펴본다. 먼저, 우리 법상 충실의무 개념이 어느 정도 수용되어 있는지에 대해 (ⅰ) 회사법상의 이사의 충실의무에 대한 논쟁, (ⅱ) 수탁자의 충실의무에 대한 대법원 판례의 논리, (ⅲ) 기존 논의의 한계와 신탁법 개정 내용, (ⅳ) 바람직한 충실의무법리의 발전방향, (ⅴ) 준수탁자로서의 충실의무자 개념의 활용과 신탁법상 구제수단의 준용 방안 등에 대해 살펴본다.

### 2. 이 글에서의 충실의무의 정의

이 글에서 충실의무라는 용어는 "자신의 이익과 위탁인의 이익이 충돌하는 경우 자신의 이익보다 위탁인의 이익을 우선해야 하는, 혹은 위탁인의 이익을 최대한 도모해야 하는 수탁인의 의무"를 의미하는 것으로 사용된다. 즉 영미법상의 duty of loyalty를 의미하는 것으로 사용한다. 영미법에서 충실의무는 위탁인과 수탁인 사이에 그러한 의무를 의욕하였기 때문에 부과되는 것이 아니라, 위탁인－수탁인 관계의 객관적 성질이 그러한 의무를 필요로 하기 때

* 이 장은 이중기, "법무법인에 발생하는 이익충돌과 충실의무: '준수탁자'로서의 법무법인", 『홍익법학』, 제14권 제4호(2013)에 기초하였음.

문에 법원에 의해 보충적으로 부과된다. 즉 위탁인과 수탁인 사이의 관계가 신뢰와 신임 관계이거나 정보의 제공이나 재량의 부여 등으로 인해 위탁인의 수탁인에 대한 관계가 의존적(dependent)이거나 취약성(vulnerable)을 보이는 경우 수탁인은 위탁인에 대한 충실의무자로 포섭되고, 그 지위 혹은 관계는 충실의무자지위(fiduciary status) 혹은 충실의무관계(fiduciary relationship)로 정의되게 된다. 특히 신탁설정자-신탁수탁자 관계, 의뢰인-변호사 관계, 이사-회사 관계, 환자-의사 관계 등과 같이 위탁인에 대한 '수탁인의 지위'가 관계의 내재적 성질상 신뢰와 신임을 받거나, 정보나 재량을 부여받는 지위여서 수탁인의 지위 자체가 충실의무를 표창하는 경우, 이러한 유형의 충실의무자를 '지위에 기한 충실의무자'(status-based fiduciary)라고 한다. 뒤에서 살펴보는 것처럼, 우리 법에서도 duty of loyalty를 의미하는 충실의무 개념이 발전하고 있고, 또한 '지위에 기한 충실의무자' 개념은 수용될 수 있는 것으로 생각된다.

이와 관련하여 영국과 미국에서 사용되고 있는 fiduciary duty라는 용어의 의미와 그 차이점을 파악하는 것이 필요하다. fiduciary duty라는 용어는 영국법과 미국법에서 다른 발전과정을 거쳐 약간 다른 의미로 사용되고 있기 때문이다(자세히는 제2장 참조). 영국에서 fiduciary duty는 거의 duty of loyalty와 같은 의미로 사용된다. 따라서 영국법 문헌을 읽을 때에서는 fiduciary duty와 duty of loyalty를 동일시해도 무방하고, 두 단어 모두 충실의무로 번역해도 큰 문제는 없다. 반면에 미국 특히 미국 회사법에서 fiduciary duty는 영국법과 다른 의미로 사용된다. 미국 회사법에서 fiduciary duty는 영국법보다 넓은 의미로 사용되는데, duty of loyalty 외에 duty of care를 포함하는 의미로 사용된다. 따라서 미국 회사법을 읽을 때에는 fiduciary duty는 충실의무로 번역하기 곤란하고, duty of loyalty와 duty of care를 포섭하는 용어로 번역하는 것이 필요해진다. 그러한 번역이 '신인의무'라는 번역이다. 따라서 미국법, 특히 미국 회사법 문헌을 읽을 때는 fiduciary duty를 신인의무, duty of loyalty는 충실의무라고 이해하면 무리가 없다. 하지만, 영국 문헌을 읽을 때 fiduciary duty를 미국 회사법의 신인의무로 생각하고 duty of care를 포함하는 것으로 파악하면 곤란하다. 따라서 영국 문헌의 fiduciary duty를 번역할 때는 신인의무로 번역하는 것보다 충실의무로 번역하는 것이 적절하다.

# Ⅱ. 우리 법상 충실의무 개념은 어느 정도 수용되어 있는가?

## 1. 실정법이 '충실의무'라는 표현을 사용하는 경우

먼저 실정법이 법률에서 '충실의무'라는 표현을 사용하고 있는 경우에 대해 살펴보자. 상법, 자본시장과 금융투자업에 관한 법률(이하 '자본시장법'), 신탁법 등에는 '충실의무'라는 표현이 사용된다. 그런데, 이러한 법률에 표현된 충실의무는 모두 선관주의의무와 대비되는 형식으로 규정되어 있다. 특히 자

**표 1** 의무의 규정형식

| | 선관의무 관련 조문 | 충실의무 관련 조문 |
|---|---|---|
| 상법 | 제382조(이사의…회사와의 관계) ② 회사와 이사와의 관계는 민법의 위임에 관한 규정을 준용한다. | 제382조의3(이사의 충실의무) 이사는 법령과 정관의 규정에 따라 회사를 위하여 그 직무를 충실하게 수행하여야 한다. |
| 자본 시장법 | 제79조(선관의무…) ① 집합투자업자는 투자자에 대하여 선량한 관리자의 주의로써 집합투자재산을 운용하여야 한다. | 제79조(…충실의무) ② 집합투자업자는 투자자의 이익을 보호하기 위하여 해당 업무를 충실하게 수행하여야 한다. |
| | 제96조(선관의무…) ① 투자자문업자는 투자자에 대하여 선량한 관리자의 주의로써 투자자문에 응하여야 하며, 투자일임업자는 투자자에 대하여 선량한 관리자의 주의로써 투자일임재산을 운용하여야 한다. | 제96조(…충실의무) ② 투자자문업자 및 투자일임업자는 투자자의 이익을 보호하기 위하여 해당 업무를 충실하게 수행하여야 한다. |
| | 제102조(선관의무…) ① 신탁업자는 수익자에 대하여 선량한 관리자의 주의로써 신탁재산을 운용하여야 한다 | 제102조(…충실의무) ② 신탁업자는 수익자의 이익을 보호하기 위하여 해당 업무를 충실하게 수행하여야 한다. |
| 신탁법 | 제32조(수탁자의 선관의무) 수탁자는 선량한 관리자의 주의로 신탁사무를 처리하여야 한다. | 제33조(충실의무) 수탁자는 수익자의 이익을 위하여 신탁사무를 처리하여야 한다. |

본시장법은 집합투자업자, 투자자문업자, 투자일임업자, 신탁업자에 대해서 동일 조문의 제1항과 제2항에서 각각 선관의무와 충실의무를 구분하여 규정한다.

이상의 법률에서 이사, 투자자문업자, 투자일임업자, 신탁업자, 수탁자의 의무는 명시적으로 '충실의무'라는 표현을 사용하고, 또한 선관의무에 대비되는 형식으로 규정되어 있기 때문에 이들 충실의무는 선관의무와는 구별되는 영미식의 충실의무를 규정하였다는 해석이 일응 타당하다. 그런데, 충실의무의 성질 혹은 개념에 대한 논의와 관련하여 두 가지 흐름이 있다. 하나는 회사법상 이사의 의무와 관련되어 전개된 충실의무 논의이고, 다른 하나는 대법원 판례에 의해 인정된 개정전 신탁법하에서의 수탁자의 충실의무에 관한 논의이다.

## 2. 회사법상 이사의 충실의무에 관한 논쟁: 동질설 v. 이질설

회사법상 이사의 충실의무에 대한 논의는 이사의 선관의무의 범위가 전통적인 객관적 주의의무만 부과하는가 아니면 나아가 충실의무까지 부과하는가, 즉 선관의무가 이사의 자기이익 추구행위까지 금지하는가의 여부와 관련된 것이다. 만약 선관의무로서 이사의 이익추구행위까지 금지할 수 있다고 본다면, 별도의 충실의무를 부과하기 위해 새로운 입법이 필요 없을 것이고, 상법 제382조의3은 선관의무의 예시규정으로 볼 수 있다. 하지만, 선관의무가 이사의 이익추구행위까지 금지하지 않는다고 본다면 이사의 이익추구행위를 금지하는 새로운 입법이 필요하게 되고, 상법 제382조의3은 이러한 이익추구행위를 금지하기 위한 새로운 입법이라고 볼 수 있게 된다.

### (1) 충실의무 동질설

수임인으로서의 이사에 부과되는 선관의무가 전통적인 객관적 주의의무를 부과할 뿐만 아니라 자신의 이익추구행위까지도 금지한다고 보는 입장이다. "이사의 선관주의의무란 널리 위임자의 이익을 위하여 행동해야 할 의무이므로 당연히 이사가 자신의 이익을 위해서 행동하는 것은 금지된다."[1] 특히 "선관의무의 내용은 통일적으로 정형화되는 것이 아니라… 각 [수임인]의 특

1) 송옥렬, 『상법강의(3판)』(2013), 995면.

별한 직무에 따라 달라지므로, [수임인]의 권한이 확대되면 선관의무도 그만큼 그 내용도 강화된다".[2] 동질설에 의하면 논리적으로 충실의무는 선관의무의 한 유형이 될 뿐이다. 따라서 동질설에 의하면 선관의무 외에 별도의 충실의무 개념을 인정할 실익은 없게 된다.

(2) 충실의무 이질설

반면에 위임관계의 선관의무는 객관적 주의의무만을 부과하므로, 이사에 대해 선관의무만을 부과하는 것으로는 이사의 자기이익 추구를 금지할 수 없다고 보는 입장이 이질성설이다.[3] 이질설에 의하면, 충실의무는 선관의무와 성질상 다른 의무이고, 따라서 이사의 자기이익추구행위를 규제하기 위해서는 별도의 충실의무 근거규정을 입법화할 필요가 있게 된다. 이질설에 의하면, 상법 제382조의3은 이러한 충실의무를 입법한 것이라고 한다(물론, 이질설을 취하면서도 제382조의3의 표현만으로는 영미법의 충실의무를 수용하였다고 볼 수 없다는 견해도 있다).[4]

(3) 논쟁의 평가

논리적으로 어느 설에 의하든 우리 법상 이사의 자기이익 추구는 금지되게 된다. 동질설에 의하면 이사에 부과되는 선관주의의무(혹은 선관의무의 구체화로서의 충실의무)에 의해 이사의 자기이익추구행위가 금지되고, 이질설에 의하면 이사의 선관의무에 의해 금지되지 않지만 별도로 부과된 제382조의3(충실의무)에 의해 금지되기 때문이다. 따라서 어느 설에 의하건, 이제는 이사의 자기이익추구행위가 제382조의4(이사의 비밀유지의무), 제397조(경업금지), 제397조의2(회사의 기회 및 자산의 유용), 제398(이사 등과 회사 간의 거래)에 구체적으로 해당하지 않는 경우에도 추상적 선관주의의무 혹은 제382조의3의 추상적 충실의무에 의해 금지되게 된다. 이제 남은 문제는 법원이 앞서 열거한 구체적 이익충돌 유형에 해당하지 않는 충실의무 위반의 경우에 추상적인 선관

---

2) 최기원, 『신회사법론(제13대정판)』(2009), 653면.
3) 김건식, 『회사법연구 I』(2010), 53면 이하; 제1편 제3장 IV. 1. (3) 1)(이중기, "신탁법에 기초한 영미 충실의무법리의 계수와 발전", 『홍익법학』, 제12권 제1호(2011), 29면, 46면) 참조.
4) 이철송, 『회사법강의(20판)』(2012년), 718면.

의무 혹은 추상적 충실의무를 활용하여 적극적으로 개입할 의지(willingness) 및 능력(capability)을 보이는가 여부이다(물론 이질설을 취하면서 제382조의3만으로는 충실의무가 수용되지 않는다는 입장에 의하면, 충실의무는 부과되지 않게 된다).

1) 동질성설 비판

그런데, 위임법리를 엄격히 적용하면 "사무처리의 법률상의 효과가 위임인에게 생기는 한, 결과적으로 수임인의 이익을 위한 것이더라도 위임이 성립하는 데에는 아무런 지장이 없다."[5) 6)] 따라서 민법상 위임관계는 "수임인과의 이익충돌시, 위임인의 이익을 우선하거나 혹은 최대한 도모할 것"에 대한 신뢰가 당연히 전제되지는 않고, 이러한 점에서, 충실의무법리가 예정하는 '신뢰와 신임' 관계가 아닐 수 있다. 이와 같이 전통적인 위임의 선관의무에 기해 충실의무를 부과하는 것은 부적절할 수 있기 때문에,[7)] 동질설과 같이 이사에 대해 위임의 선관의무에 의해 이익추구행위가 금지된다고 하기 위해서는 이사의 회사에 대한 위임관계는 전통적 위임관계와 다른 특수한 위임관계라는 것이 전제되어야 할 것이다. 따라서 동질설을 취할 때는 이사의 회사에 대한 위임관계에서 이익추구행위를 금지할 수 있는 별도의 근거에 대한 보충적 설

5) 『민법주해[XV]』(1997), 533면. 예를 들어, 수임인인 이사는 회사의 이익극대화(value-maximization)를 위한 위탁을 받았기 때문에, 회사의 이익을 극대화하는 한 내부정보이용과 같은 이사의 부수이익취득은 위임법상으로는 문제가 되지 않는다(물론, 증권법상 시장보호를 위해 내부자거래를 금지시킬 것인가는 다른 문제이다). 마찬가지로, 위임법리상 이사와 회사의 자기거래도 회사이익이 극대화되는 한 위임법리상 문제되지 않는다(물론 자기거래는 이익충돌규제 목적에서는 규제될 수 있고 실제 제398조에 의해 규제된다). 위임법리는 기업가치 최대화를 위한 효과의 관점에서 바라본다는 점에서 이익충돌의 규제목적에서 접근하는 충실의무법리와 차이가 난다[제3장 VII. 2. (1) 1)(이중기, 앞의 주 3)의 논문, 63면) 참조].

6) 그런데, 『민법주해[XV]』(1997), 533면은 "사무처리의 法律上效果가 위임인에게 생기는 한 受任人의 利益을 위하여 위임이 행하여져도 지장이 없다. 예컨대 채무자가 채권자에게 자기의 채권의 推尋을 위임하고 그것을 가지고 자기의 채무의 辨濟에 충당하는 경우나 株式의 讓渡人이 양수인에게 주식의 名義改書를 위탁하는 경우가 그것이다"라고 하고 있는데, 예를 든 것을 보면 수임사무의 내용과 위임의 동기를 구별하지 않고 적은 것에 불과한 것 아닌가라고 생각할 수도 있다. 위임은 수임인의 지식/경험/재능을 '신뢰'하여 사무를 위탁하는 것이라는 점에서 기본적으로 영미에서의 fiduciary관계와 매우 흡사한 신뢰/신임 관계이지 그것이 아니라고 하기는 어렵기 때문이다. 위임법리를 이렇게 유연하게 파악하면, 본문과 같은 엄격한 적용은 과도한 것이 된다.

7) 제4장 III. (1)(이중기, "신의칙과 위임법리에의 접목을 통한 충실의무법리의 확대와 발전", 『홍익법학』, 제12권 제2호(2011), 307면, 317-318면) 참조.

명이 필요하게 된다. 그런데, 동질성설에 의하면 이익추구행위의 금지는 선관의무에 기해서 부과될 수 있으므로 이사 이외의 사무수임인에 대해서도 선관의무에 기해 충실의무를 부과할 수 있는 길이 열리게 된다. 따라서 지배인, 자문업자, 법무법인 기타 수임인에 대해서도 선관의무에 기해 충실의무를 부과할 수 있게 된다.[8)]

2) 이질성설 비판

'사무처리의 효과'를 중시하는 전통적 위임법리의 논리를 생각하면, 수임인의 이익추구행위의 금지에 대해 별도의 충실의무 부과가 필요하다는 이질설의 설명이 논리적이고 간명해 보인다. 하지만 이질설의 단점은 선관의무로는 이익추구행위를 금지시키지 못하기 때문에 이를 금지시키기 위해서 별도의 조치(예를 들어, 추상적 충실의무규정의 도입) 혹은 법리가 필요하다는 점이다. 따라서 이사나 자문업자의 경우와 같이 추상적 충실의무부과 규정이 존재하여 충실의무 부과에 문제가 없는 경우도 있으나, 이러한 명문의 충실의무규정이 없는 다른 사무수임인, 예를 들어 법무법인에 대해서는 어떠한 근거에서 이익추구행위를 금지시킬 수 있는가 라는 문제에 봉착하게 된다.

## 3. 구 신탁법상 수탁자의 충실의무에 관한 대법원 판례

이사의 충실의무에 관한 회사법상 논쟁 외에 주목할 만한 충실의무법리에 관한 발전이 있었는데, 바로 충실의무에 대한 명시적 규정과 상관없이 이익상충금지 조문에 기해 충실의무를 인정한 대법원 판례이다.

> "수탁자의 충실의무는 수탁자가 신탁목적에 따라 신탁재산을 관리하여야 하고 신탁재산의 이익을 최대한 도모하여야 할 의무로서, 신탁법상 이에 관한 명문의 규정이 있는 것은 아니지만 일반적으로 수탁자의 신탁재산에 관한 권리취득[즉 자기거래]을 제한하고 있는 [구]신탁법 제31조[9)]를 근거로 인정되고 있다. 이 사건 …

8) 제5편 제1장 참조.

9) 구 신탁법 제31조(수탁자의 권리취득의 제한) ① 수탁자는 누구의 명의로 하든지 신탁재산을 고유재산으로 하거나 이에 관하여 권리를 취득하지 못한다. 단 수익자에게 이익이 되는 것이 명백하거나 기타 정당한 사유가 있는 경우에는 법원의 허가를 얻어 신탁재산을 고유재산으로 할 수 있다.

행위는 신탁재산이나 수익자의 이익과 수탁자의 이익이 상반되는 행위가 아니어서 수탁자로서의 충실의무에 위반된 행위라고 할 수 없다."[10]

(1) 대법원 판례에 대한 평가

이러한 대법원의 충실의무 도출 논리는 회사법상 충실의무 논쟁과는 확실히 다른 양상을 보인다. 왜냐하면 대법원은 충실의무의 도출 근거를 선관주의의무에서 찾지 않고 바로 자기거래를 제한하는 이익충돌금지규정에서 직접 찾고 있고, 또한 '이익이 상반되는 행위'가 바로 '충실의무위반행위'라는 것을 명시적으로 승인하기 때문이다. 신탁법 제34조는 대법원 판례의 취지를 더 자세히 명문화하여 이익상반행위, 즉 충실의무위반행위를 더욱 구체화하고 있다 (뒤의 <표 3> 충실의무의 구체화 참조).

이익충돌금지 규정에서 충실의무를 도출하고 이익상반행위를 충실의무위반행위라고 파악하는 대법원의 논리는 확실히 획기적인 것이다. 이에 의하면, 충실의무를 동질설과 같이 선관의무를 확장시킴으로써 도출할 필요가 없게 된다. 또 이질설이 전제하는 것처럼 명시적인 충실의무규정을 두고 그 규정에 기해 충실의무를 부과할 필요도 없게 된다. 단지, 문제의 수임인의 '지위'(status)가 이익충돌적 지위여서 그 지위 보유자에 대해 이익충돌을 금지하는 법규정이 있으면 그 이익충돌금지 규정에서 충실의무를 도출할 수 있기 때문이다. 이러한 논리는 영국 형평법원이 이익충돌적 지위에 있는 자에 대하여 그 지위 혹은 지위에 따른 직무에 기해 충실의무를 인정한 것과 매우 유사하다(소위 '지위에 기한 충실의무자'(status-based fiduciary)).[11] 영국에서 이사, 투자자문업자, 변호사 등에 대한 충실의무는 이들이 보유하는 이익충돌적 지위와 그 지위에서 행하는 직무에 기해 부과되어 왔다. 위와 같은 대법원의 논리는 우리나라에서 충실의무법리를 발전시킬 수 있는 토대를 제공한 획기적인 것으로 평가된다.

(2) 위임관계에 대한 대법원 논리의 적용

위임관계에서의 충실의무 부과 필요성과 부과방법에 대해 대법원의 논리

---

10) 대법원 2005.12.22. 선고 2003다55059판결.

11) 제4장 III. 1. (3)(이중기, 앞의 주 7)의 논문, 318면); Law Commission CP No. 124, *Fiduciary Duties and Regulatory Rules*(1992), p.28; Flannigan, "The Fiduciary Obligation", 9 *O.J.L.S.* 285(1989) 참조.

를 적용해 보자. 먼저 위임관계는 "일방이 상대방에 대하여 사무의 처리를 위탁하고 상대방이 이를 승낙"한 관계이고 성질상 본질적으로 수임인에 대한 신뢰와 신임이 내재할 수 있는 관계이기 때문에, 수임인의 기회주의적 행위로부터 위임인을 보호할 필요성이 생긴다. 그런데, 이 경우 어떻게 충실의무를 부과하는가가 문제되는데, 동질설에 의하면 선관의무의 확장해석에 의해 충실의무를 부과할 수 있고, 이질설에 의하면 독자적인 충실의무부과규정 혹은 다른 논리가 있어야 한다. 그런데 대법원의 논리에 의하면, 특정한 수임인의 경우 이익충돌적 지위 때문에, 특히 대리권이 수여된 위임인의 경우, 일정한 이익충돌금지규정이 존재하는데, 이러한 규정에 기하여 충실의무를 부과할 수 있게 된다. 예를 들어, 대리인에 대해서는 민법 제124조의 자기계약, 쌍방대리의 금지 규정에 기해 충실의무가 인정될 수 있고, 법정대리인에 대해서도 민법 제124조에 기해 충실의무가 인정될 수 있고, 마찬가지로 민법 제921조가 규정한 친권자의 이익상반행위 금지조항으로부터도 법원은 친권자의 충실의무를 인정할 수 있게 된다.[12] 이러한 논리는 이사, 지배인, 자문업자, 법무법인에 대해서도 적용할 수 있다.[13]

## 4. 기존 논의의 한계와 신탁법상의 논의

### (1) 기존 논의의 한계: 구제수단에 대한 논의의 부재

기존의 동질설, 이질설 및 대법원의 충실의무 논의는 충실의무의 부과 근거와 방법에 대해서는 상당한 기여를 하였다. 하지만, 그 논의에서 다루어지지 않은 부분이 있는데, 그것은 충실의무 위반에 대한 구제수단에 관한 것이다. 충실의무는 이익이 충돌하는 상황에서 자신의 이익을 추구하는 것을 금지하는 것이므로, 충실의무 위반은 이해상충하는 사적 이익을 추구 혹은 취득하는 형태로 나타난다. 따라서 충실의무 위반에 대한 구제수단은 위탁인에 가해진 '손해'의 관점이 아니라 충실의무자가 편취할 '이익'의 관점에서 접근해야 하고,[14] 구체적 구제수단도 '손해의 배상'이 아니라 '이익의 억지' 혹은 '이익의

---

12) 제4장 V. 1. (1)(이중기, 앞의 주 7)의 논문, 329면) 참조.
13) 제5편 제1장 참조.
14) 제4편 제3장 II.(이중기, "신탁에서의 이익향유금지의 원칙과 이익반환책임", 『홍익법학』, 제8권 제2호(2007), 195면, 200면 이하) 참조.

원상회복'의 관점이 강조되어야 한다. 따라서 충실의무 위반에 대한 대표적인 구제수단으로 이익취득행위에 대한 유지청구 및 편취한 이득에 대한 반환청구 등이 논의되어야 한다.

(2) 신탁법의 충실의무 위반에 대한 일반적 구제수단 제시

충실의무 위반에 대한 일반적 구제수단으로서 이득반환청구권에 대한 논의는 '회사기회 유용법리'의 도입과정 및 신탁법 개정과정에서 본격적으로 제기되었다. 특히 신탁법 개정 논의 결과, 충실의무자의 이득의 관점에서 이득 억지를 위한 사전적 이익향수금지와 더불어 편취이득의 사후적 반환방법으로서 이득반환청구권이 처음으로 입법에 규정되었다.

표 2 구제수단의 규정형식

| | |
|---|---|
| 상법 | 제397(경업금지) ② 이사가 제1항의 규정에 위반하여 거래를 한 경우에 회사는 이사회의 결의로 그 이사의 거래가 … 제3자의 계산으로 한 것인 때에는 그 이사에 대하여 이로 인한 이득의 양도를 청구할 수 있다.<br>제397조의2(회사의 기회 및 자산의 유용) ② 제1항을 위반하여 회사에 손해를 발생시킨 이사 및 승인한 이사는 연대하여 손해를 배상할 책임이 있으며 이로 인하여 이사 또는 제3자가 얻은 이익은 손해로 추정한다. |
| 신탁법 | 제43조(수탁자의 원상회복의무 등) ① 수탁자가 그 의무를 위반하여 신탁재산에 손해가 생긴 경우 위탁자, 수익자 또는 수탁자가 여럿인 경우의 다른 수탁자는 그 수탁자에게 신탁재산의 원상회복을 청구할 수 있다. 다만, 원상회복이 불가능하거나 현저하게 곤란한 경우, 원상회복에 과다한 비용이 드는 경우, 그 밖에 원상회복이 적절하지 아니한 특별한 사정이 있는 경우에는 손해배상을 청구할 수 있다.<br>② 수탁자가 그 의무를 위반하여 신탁재산이 변경된 경우에도 제1항과 같다.<br>③ 수탁자가 제33조부터 제37조까지의 규정(* 뒤의 <표 3> 참조)에서 정한 의무를 위반한 경우에는 신탁재산에 손해가 생기지 아니하였더라도 수탁자는 그로 인하여 수탁자나 제3자가 얻은 이득 전부를 신탁재산에 반환하여야 한다. |

그런데 이러한 신탁법상 이득반환청구 방식은 상법이 규정한 회사기회유용으로 취득한 이득의 처리방식과 비교된다. 후자는 이사 혹은 제3자가 얻은

이익을 손해로 추정해 '회사'의 손해배상청구권을 인정하는 방식으로 구성하는데 비해, 전자는 이득을 직접이득으로서 인정하고 '위탁자 및 수익자'에게 수탁자에 대한 이득반환청구를 직접 인정한다.

이득을 손해로 추정하고 손해배상청구권을 인정하는 방식은 이미 확립된 손해배상법리를 이용하여 구제를 인정한다는 점에서 편리한 점이 있다. 하지만, 이익을 손해로 의제하는 방식은 직접적이지 못하다. 충실의무법리는 이익충돌상황에서 이익의 관점에서 접근하는 법리이다. 즉 이익충돌상황에 있는 충실의무자로 하여금 (ⅰ) 사전에 이익충돌, 이익향수를 회피하도록 하고, (ⅱ) 사후적으로 이득편취행위가 있으면 이에 대한 반환을 강제함으로써 이익의 편취 유인을 억지한다는 정책적 목적에서 확립된 법리이다.[15] 따라서 사전적 이익상반행위금지, 이익향수의 금지와 더불어 사후적 반환청구권을 이익의 관점에서 유기적으로 발전시키는 것이 충실의무법리를 일관되게 발전시키는 길이다. 이러한 점에서 보면 이익을 손해로 추정하는 회사법상 방식은 이익의 관점에서 사전적·사후적인 일관된 구제수단을 발전시키는데 있어 장애로 작용할 수 있다.

### (3) 개정상법, 신탁법의 추상적 충실의무의 구체화

최근 법 개정을 통해 추상적 충실의무는 더 구체화된 충실의무로서 법에 규정되게 되었다. 먼저 상법이 '회사기회유용법리'를 도입함으로써, 회사법은 비밀유지의무, 경업금지, 겸직금지, 회사기회의 유용, 자기거래 등 구체화된 충실의무규정을 가지게 되었다. 신탁법은 더 나아가 구체적 충실의무로서 이익상반행위를 유형별로 자기거래, 쌍방대리 등을 예시한 다음, 일반조항으로 "그 밖의 수익자의 이익에 반하는 행위"를 규정함으로써 경업금지, 겸직금지, 신탁정보의 비밀유지의무, 신탁기회의 유용과 같은 예측 가능한 이익충돌 상황뿐만 아니라 기타 수익자의 이익에 반하는 행위를 모두 포섭할 수 있는 소위 catch-all 조항을 명문화하였다. 따라서 전형적인 이익충돌상황이 아닌 상황에 대해서도 충실의무 위반으로 규제할 구체적 근거를 확보하게 되었다.

15) 이중기, "회사기회유용과 경업금지의무 위반", 225면, 245-46면.

**표 3** 충실의무의 구체화

| | 일반규정 | 구체화된 충실의무 유형 |
|---|---|---|
| 상법 | 제382조의3(이사의 충실의무) 이사는 법령과 정관의 규정에 따라 회사를 위하여 그 직무를 충실하게 수행하여야 한다. | 제382조의4(이사의 비밀유지의무)<br>제397조(경업금지)<br>제397조의2(회사의 기회 및 자산의 유용)<br>제398(이사 등과 회사 간의 거래) |
| 신탁법 | 제33조(충실의무) 수탁자는 수익자의 이익을 위하여 신탁사무를 처리하여야 한다. | 제34조(이익에 반하는 행위의 금지) ① 수탁자는 누구의 명의로도 다음 각 호의 행위를 하지 못한다.<br>1. 신탁재산을 고유재산으로 하거나 신탁재산에 관한 권리를 고유재산에 귀속시키는 행위<br>2. 고유재산을 신탁재산으로 하거나 고유재산에 관한 권리를 신탁재산에 귀속시키는 행위<br>3. 여러 개의 신탁을 인수한 경우 하나의 신탁재산 또는 그에 관한 권리를 다른 신탁의 신탁재산에 귀속시키는 행위<br>4. 제3자의 신탁재산에 대한 행위에서 제3자를 대리하는 행위<br>5. 그 밖에 수익자의 이익에 반하는 행위<br>제35조(공평의무) 수익자가 여럿인 경우 수탁자는 각 수익자를 위하여 공평하게 신탁사무를 처리하여야 한다. 다만, 신탁행위로 달리 정한 경우에는 그에 따른다.<br>제36조(수탁자의 이익향수금지) 수탁자는 누구의 명의로도 신탁의 이익을 누리지 못한다. 다만, 수탁자가 공동수익자의 1인인 경우에는 그러하지 아니하다.<br>제37조(수탁자의 분별관리의무) ① 수탁자는 신탁재산을 수탁자의 고유재산과 분별하여 관리하고 신탁재산임을 표시하여야 한다. |

## 5. 충실의무법리의 발전방향: '준수탁자'로서의 충실의무자

### (1) '신탁법에 기초한 충실의무법리의 발전'과 '위임법리에의 접목을 통한 충실의무관계의 확장'

이상에서의 충실의무법리에 대한 논의로부터 현재 (i) 이익추구행위에 대한 충실의무 부과를 위한 논리가 대법원에 의해 발전되고 있고, 또한 (ii) 충실의무 위반시 이용될 수 있는 다양한 구제수단이 제시되고 있고, (iii) 추상적 충실의무의 구체적 표현으로서의 충실의무의 유형화 작업 등이 입법적 조치를 통해 이루어지고 있음을 살펴보았다.

이제 남은 과제는 (i) 신탁법, 회사법, 자본시장법 등 개별적 영역에서 발전된 충실의무법리를 일관되게 설명할 수 있는 통일적 충실의무법리를 도출하는 것과 동시에 (ii) 이러한 충실의무법리를 이익상충의 발생 가능성이 높은 모든 유형의 위임관계 등에 대해 확대적용하는 것이다. 전자는 신탁법에 기초한 충실의무법리의 심화와 발전을 통해서 이루어질 수 있다.[16] 후자는 대법원의 논리에 기초해 이익충돌 가능성이 있는 위임관계를 충실의무관계로 규정하고, 당해 위임관계에 필요한 구체적 충실의무를 신의칙에 기하여 발견해 나감으로써 이루어질 수 있을 것이다. 즉 "'[사무처리]'에 대한 신뢰뿐만 아니라 '본인의 이익을 도모할 것'이란 신뢰의 보호가 필요한 위임관계에 대해 충실의무를 선언하면, 사법 전체를 관통하는 충실의무법리…를 통일적으로 관철시킬 수 있게 된다".[17] 이러한 가능성과 관련하여 '준수탁자'로서의 충실의무자 개념을 제시해 본다.

### (2) 준수탁자로서의 충실의무자

#### 1) '신탁 외의 방법'으로 '재산을 수탁'받은 자

수탁자는 신탁재산을 수탁받으면서 수익자의 이익을 위해 행위할 충실의무를 지는 자이다. 그런데, 위탁인의 이익을 위해 행위할 충실의무는 반드시 재산의 이전이 '신탁의 방법'으로 행해지는 경우에만 필요한 것은 아니다. 재산의 위탁이 신탁이 아닌 다른 방법으로 행해진 경우에도 위탁인의 이익보호

16) 이에 관한 자세한 논의는 제3장(이중기, 앞의 주 3)의 논문) 참조.
17) 제4장 IV. 3.(이중기, 앞의 주 7)의 논문, 328면) 참조.

가 필요한 경우 이익편취를 금지하는 충실의무의 부과 필요성은 동일하다. 예를 들어, 명의신탁을 통해 재산이 위탁되거나 혹은 위탁매매를 위해 재산이 위탁되는 경우에도 명의신탁관계의 명의수탁자나 위탁매매인에 대해 충실의무를 부과할 필요성은 똑 같이 발생한다. 익명조합관계도 동일하다.

이러한 자들은 재산을 신탁 외의 방법으로 수탁받는 점에서 차이가 날 뿐 수탁받은 재산의 처리에 있어 부담하는 충실의무 부과의 필요성은 이익충돌시 위탁인의 이익을 최대화하여야 한다는 점에서 차이가 없다. 따라서 이러한 자들은 준수탁자라고 부를 수 있고, 이러한 준수탁자에 대해서는 (ⅰ) 수탁재산의 관리와 관련된 신탁법 규정 및 (ⅱ) 충실의무의 부과와 적용에 관한 신탁법 규정들이 상황에 따라 준용될 수 있게 된다.

따라서 채권을 신탁 아닌 '양도'의 방법으로 사무처리를 위탁하거나 소유권을 양도의 방법으로 사무처리를 위탁한 경우 혹은 위탁매매의 경우, 수탁인이 위탁인의 이익을 위해 어떤 행위를 해야 할 때, 수탁자에 준하여 충실의무를 진다고 볼 수 있다. 예를 들어, "모두 동일한 채무자에 대하여 물품대금채권을 가지고 있는 채권자들로서 자신 명의로 담보를 설정받을 수 있지만, 다수 당사자가 권리를 행사하는 불편함을 없애고 채권의 효율적인 회수를 하기 위하여 채권자단의 대표인 피고들에게 자신의 채권을 양도하여 근저당권자를 피고들 명의로 하[여 설정등기한 경우]",[18] 피고들은 채권과 근저당권의 준수탁자로서 근저당권을 채권자들의 최대이익을 위하여 실행할 충실의무를 부담한다고 할 수 있다. 다만 공동수익자의 일인으로서 누릴 수 있는 이익은 수익자로서 수익할 수 있게 된다(신탁법 제36조 단서의 준용). 위탁매매인이 매도 혹은 매수 위탁을 실행하는 경우에도 동일한 법리가 적용될 수 있다.

2) 재산을 수탁받지 않지만 법정처분권한을 갖는 자

나아가 위탁인의 이익을 위해 행위할 충실의무는 반드시 재산의 명의가 이전되는 경우에만 한정되는 것은 아니다. 타인의 재산에 대한 명의를 넘겨받지 않으나, 타인의 재산에 대한 소송당사자가 되는 등 독자적으로 타인의 재산에 대한 법정처분권한을 보유하는 자들에 대해서도 수탁자에 준하는 충

18) 대법원 2002.12.6. 선고 2000다4210판결.

실의무를 부과할 필요성은 똑같이 발생한다. 신탁재산관리인, 파산관재인, 후견인, 상속재산관리인 등은 이와 같은 수탁자에 준하는 자들로 볼 수 있을 것이다.

3) 재산의 이전이 수반되지 않지만 처분재량을 수권받은 자

또 재산의 명의가 사무수탁인에게 이전되지 않고 법정대리권을 갖지 않더라도 수탁인이 타인명의 재산에 대해 처분재량이나 영향력을 보유할 수 있는 경우(예를 들어, 고객이 고객명의의 재산에 관해 투자자문업자, 투자일임업자 등에게 투자자문을 구하거나 투자를 일임하는 경우, 혹은 고객이 재산의 처분방법 혹은 분쟁에 관해 변호사에게 법률자문을 구하는 경우 등), 위임인의 이익을 위해 행위할 충실의무의 부과는 필요하다. 이와 같이 타인명의 재산에 대한 처분재량이나 영향력을 갖는 지위에서 직무를 수행하는 자도 충실의무 부과 필요성 관점에서는 준수탁자라고 부를 수 있다. 나아가 神田 교수와 같이 "신탁재산은 상사신탁에 있어 불가결하지 않고, 오히려 arrangement에 그 본질이 있다"고 보는 견해[19]에 의하면, 재산의 신탁 없이 특별한 신임을 받는 상사수임인의 준신탁관계는 당연히 신탁관계의 한 유형으로 인정되고, 따라서 수탁자의 충실의무가 직접 적용되게 된다."[20]

이러한 사무수탁자들은 재산의 명의를 수탁받지 않은 점에서 차이가 날 뿐 고객명의 재산의 운명을 좌지우지할 수 있는 처분재량 혹은 영향력을 가지고 있다는 점에서 충실의무 부과의 필요성은 신탁의 수탁자와 동일하므로, 고객과의 이익충돌시 고객의 이익을 우선해야 하고, 충실의무 부과와 적용에 관한 신탁법 규정들이 준용될 수 있다. 물론 수탁재산의 관리와 관련된 신탁법 규정은 당연히 적용되지는 않지만, 사무수탁자의 고객의 재산에 대한 처분재량이나 영향력의 정도가 수탁자에 준하는 정도라면 명의의 보유 여부와 관계없이 준용될 수 있다. 예를 들어, 투자신탁의 운용자는 신탁재산에 대한 운용권을 가지므로 이러한 자에 해당한다.

---

19) 能見善久, 『現代信託法』(2004), 22면.
20) 제4장 V. 3. (2)(이중기, 앞의 주 7)의 논문, 332면) 참조.

#### 4) 재산이 아닌 다른 법률관계에서 처분재량을 수권받은 자

또한 반드시 특정 재산에 대한 처분재량, 영향력을 가지고 있는 경우에만 충실의무의 부과 필요성의 문제가 제기되는 것은 아니다. 위임인과의 신뢰관계하에서 재산이 아닌 다른 법률관계나 권리·의무 또는 신체에 대한 재량을 부여받은 경우에도 동일한 문제가 제기될 수 있다. 예를 들어, 민사소송이 아니라 단순히 가사소송/형사소송을 맡은 변호사에 대해서도 수탁자에 준하는 의무를 부과할 필요성이 생기는데, 이 경우에는 재산에 대한 처분재량/영향력이 있기 때문에 준수탁자의 지위를 인정하는 것은 아니다. 즉 재산의 수탁이 없어도 위탁인과 수탁인 사이의 관계가 신뢰와 신임 관계이거나, 정보의 제공이나 재량의 부여 등으로 인해 위탁인의 수탁인에 대한 관계가 의존적(dependent)이거나 혹은 취약성(vulnerable)을 보이는 경우 수탁인은 위탁인에 대한 충실의무자로 포섭되고 그 지위 혹은 관계는 수탁자에 준하는 지위 혹은 준수탁자 관계로 정의되게 되고, 준수탁자에 대하여는 신탁법상 충실의무가 적용되어야 한다. 예컨대 의사, 국회의원 같은 경우 그러한 신분/지위/arrangement에 따른 충실의무가 발생하므로, 준수탁자의 지위에 있다고 볼 수 있고, 따라서 수탁자의 의무가 준용될 수 있다.

## 6. 준수탁자에 대한 수탁자의 충실의무 및 구제수단의 준용

### (1) 준수탁자에 대한 수탁자의 구체적 충실의무의 준용

앞서 본 것처럼 신탁 외의 방법으로 재산을 수탁받은 경우, 재산의 이전이 수반되지 않더라도 위임인의 재산에 대한 처분재량이나 영향력을 보유하는 경우, 혹은 재산이 아닌 다른 법률관계에서 처분재량을 수권받는 경우, 수탁자의 충실의무가 준용될 수 있다. 대법원의 논리에 의하면, 이때 당해 위임관계를 규제하는 이익충돌금지규정이 있으면 이에 기해 '이익충돌적 지위'의 해당 위임관계를 충실의무관계로 규정할 수 있다. 따라서 충실의무관계로 규정된 위임관계에 대해, 필요한 구체적 충실의무가 무엇인가를 신의칙에 기하여 발견해 나가야 한다.[21)]

---

21) 앞의 주 17)과 관련된 본문과 각주에 인용된 논문 참조.

구체적으로 '이익충돌적 지위'에서 직무를 수행하는 사무수탁자, 즉 준수탁자에 대해 어떠한 충실의무를 당해 위임관계에서 부과할 수 있는가가 문제된다. 먼저 신탁법 제34조 제1항에 충실의무 유형으로서 예시된 이익상반행위 금지조항, 즉 자기거래, 쌍방대리 금지 등이 부과될 수 있다. 또한 일반적 금지조항인 '그 밖의 수익자의 이익에 반하는 행위'의 해석으로 인정되는 전형적 충실의무, 즉 경업금지, 겸직금지, 정보의 비밀유지, 기회의 유용금지 등이 구체적 상황에 따라 신의칙에 기해 부과될 수 있을 것이다.

(2) 준수탁자에 대한 이익반환책임 등의 준용

신탁 외의 방법으로 재산을 이전받아 사무를 처리하는 준수탁자이건, 자문업자나 운용업자와 같이 재산의 이전 없이 충실의무를 지는 준수탁자이건, 혹은 재산이 아닌 다른 법률관계에서 처분재량을 수권받는 준수탁자이건 간에 충실의무자가 자신의 이익을 우선하는 행위를 한 경우 이러한 행위는 충실의무 위반으로 될 수 있다. 이와 같이 준수탁자가 자기이익을 우선하는 행위를 하려는 경우 사전적으로 유지할 필요성이 생기고 신탁법상의 유지청구권이 준용될 수 있다. 만약 준수탁자가 자기이익을 우선해 이득을 취득한 경우, 사후적으로 이러한 이득을 박탈할 필요가 생긴다.

준수탁자는 앞서 본 것처럼, 의무의 부담과 책임에 있어 수탁자에 준하는 자로 볼 수 있기 때문에 이러한 준수탁자가 취득한 이득에 대해서는 신탁법상의 이득반환책임[22]을 준용할 수 있을 것이다. 이때 이득반환책임을 구체적으로 준수탁자에 대해 어떻게 적용할 것인가가 문제된다. 이득반환책임을 준수탁자에 준용하는데 있어서는, 준수탁자의 지위/업무의 내용에 따라 그 내용이 달라져야 한다. 다시 말해, 신탁법적 구제수단을 적용함에 있어 변용(adaptation)이 필요하다.[23] 준수탁자에게는 그의 지위/업무의 내용에 비추어 수탁자에게 요구되는 여러 가지 의무 중에서 적합한 것들만이 요구되어야 합리적이고, 또 그러한 의무의 위반을 억지하는데 필요한 정도에서 신탁법상 구제수단이 적용될 수 있을 것이다. 예를 들어, 준수탁자인 자문업자나 운용업자에 대해서는 자문업, 운용업무와 관련해 자기이익을 추구하는 행위를 억지하는데 필요

22) 제4편 제2장, 제3장 참조.
23) 제3장 VI. 3. (2)(이중기, 앞의 주 3)의 논문, 61-62면) 참조.

한 정도에서 충실의무가 부과되고 그러한 목적에서 이득반환청구권을 준용할 수 있게 된다.[24)]

### (3) 개별 법령에 의한 구제수단과 신탁법에 의한 구제수단의 관계

'이익충돌적 지위'에서 직무를 수행하는 충실의무자, 즉 준수탁자의 경우, 준수탁자를 규제하고 있는 개별 법령에서 준수탁자의 이익충돌상황을 해결하기 위해 특별규정들을 두고 있는 경우가 보통이다. 따라서 준수탁자에 대해 신탁법상 충실의무규정과 충실의무 위반에 대한 구제수단을 준용하는 경우, 이들 개별 법령의 충실의무 특칙규정들과 신탁법상 규정들 사이의 관계를 어떻게 정립하는가 하는 문제가 발생한다.

#### 1) 구제수단 특칙이 강행규정인 경우

준수탁자를 규제하고 있는 개별 법령에서 준수탁자의 이익충돌상황을 해결하기 위해 특별규정들을 두고 있는 경우, 이들 특별규정들은 강행법규인 경우도 있고 임의규정인 경우도 있다. 만약 특별규정들이 강행법규로 해석될 수 있는 경우에는 이들 규정들이 먼저 적용되어야 하고, 이들 규정이 적용되는 한도에서 이들 규정과 저촉되는 신탁법상의 구제수단들은 적용이 배제된다. 따라서 다음 <표 4>에 나타난 회사기회유용과 관련된 특칙, 친권자·후견인의 이익충돌시 특칙은 강행규정으로 해석되므로, 이들 구제수단 특칙들은 우선적용되어야 하고, 이들 규정이 적용되는 한도에서 이들 규정과 저촉되는 신탁법 규정들은 준용이 배제된다. 따라서 이러한 특칙규정에 따르지 않은 이사, 지배주주, 친권자, 후견자의 이익추구행위는 무효로 해석되고, 신탁법상 예외원칙, 즉 이익충돌상황이 생긴 경우 이해충돌상황의 공시와 승인으로 해결될 수 있는 가능성은 배제된다.

#### 2) 구제수단 특칙이 임의규정인 경우

반면에 준수탁자를 규제하고 있는 개별 법령이 특칙의 규정형식을 '어떤 상황에서' ○○○을 '할 수 있다'로 표시한 경우 당해 구제수단 특칙은 임의법규로 해석될 수 있다. 이러한 경우에는 이들 규정들이 배타적으로 적용될 필요는 없고, 신탁법상 구제수단들은 병렬적으로 이용될 수 있다. 따라서 <표 4>에

24) 제1편 제3장 VI. 3. (2) 및 제5편 제1장 VII. 참조.

표 4 요건 혹은 구제수단 특칙

| | |
|---|---|
| 상업 사용인 | 제17조(상업사용인의 의무) ② 상업사용인이 [경업금지, 겸직금지] 규정에 위반하여 거래를 한 경우에 그 거래가 자기의 계산으로 한 것인 때에는 영업주는 이를 영업주의 계산으로 한 것으로 볼 수 있고 제3자의 계산으로 한 것인 때에는 영업주는 사용인에 대하여 이로 인한 이득의 양도를 청구할 수 있다. |
| 이사, 주요주주,25) 특수관계인 | 제397(경업금지) * 앞의 <표 2> 참조.<br>제397조의2(회사의 기회 및 자산의 유용) * 앞의 <표 2> 참조.<br>제398(이사 등과 회사 간의 거래) [이사, 주요주주, 특수관계인이] 자기 또는 제3자의 계산으로 회사와 거래를 하기 위해서는 미리 이사회에서 해당거래에 관한 중요사실을 밝히고 이사회의 승인을 받아야 한다. 이 경우 이사회의 승인은 이사 3분의 2 이상의 수로서 하여야 하고, 그 거래의 내용과 절차는 공정하여야 한다.<br>제542조의9(주요주주 등 이해관계자와의 거래) |
| 특별이해 관계 있는 주주26) | 제368조(…의결권의 제한) ④ 총회의 결의에 관하여 특별한 이해관계가 있는 자는 의결권을 행사하지 못한다.<br>제381조(부당결의 취소, 변경의 소) ① …결의가 현저하게 부당하고 그 주주가 의결권을 행사하였더라면 이를 저지할 수 있었을 때에는 그 주주는 그 결의의 날로부터 2월 내에 결의의 취소의 소 또는 변경의 소를 제기할 수 있다. |
| 친권자, 후견인 | 제921조(친권자와 그 자간 혹은 수인의 자간의 이해상반행위) ① 법정대리인이니 친권자와 그 자 사이에 이해상반되는 행위를 함에는 친권자는 법원에 그 자의 특별대리인의 선임을 청구하여야 한다.<br>② 법정대리인인 친권자가 그 친권에 따르는 수인의 자 사이에 이해상반되는 행위를 함에는 법원에 그 자 일방의 특별대리인의 선임을 청구하여야 한다.<br>제949조의3(이해상반행위) 후견인에 대하여는 제921조를 준용한다. |

25) 지배주주의 소수주주에 대한 충실의무에 대해서는 제5편 제7장(이중기, "'지배권 프리미엄'의 표현으로서 '다수지배원칙'과 통제장치로서의 '지배주주의 충실의무'", 『상사법연구』, 제32권 제1호(2013)) 참조.

26) 특별이해관계 있는 주주는 이해관계 없는 주주에 대해 충실의무를 진다고 본다면, 주주총회에서의 의결권배제는 강행규정인 구제수단 특칙이라고 볼 수 있다.

나타난 것처럼 상업사용인, 이사의 경업거래 혹은 겸직의 경우 특칙이 '할 수 있다'라고 표현하고 있기 때문에, 이들 상황에서는 이들 규정들의 적용은 배타적이지 않다. 즉 '특정된 상황에서' 성질상 신탁법상 구제수단들이 준용될 수 있는 경우, 이들 규정들은 신탁법상 구제수단들과 병렬적으로 준수탁자에 적용될 수 있고, 만약 신탁법상 구제수단이 유리하다면 신탁법상 구제수단을 추구할 수 있다고 본다. 예를 들어, 이사의 회사기회유용의 경우, 상법 제397조의2가 규정한 이익을 손해로 추정하는 방식으로 손해배상을 청구할 수도 있고, 또한 준수탁자에 대해 신탁법 제43조에 기한 이득반환청구도 가능하다고 볼 수 있다.

[참고문헌]

최기원, 『신회사법론(제13대정판)』(2009).

송옥렬, 『상법강의(3판)』(2013).

이철송, 『회사법강의(20판)』(2012).

『민법주해[XV]』(1997).

박 준, 『판례 법조윤리』(2011).

박 준·이상원·이효원·박준석·윤지현, 『판례로 본 미국의 변호사윤리』(2012).

김건식, 『회사법연구 Ⅰ』(2010).

김연미, "기업에 대한 법률자문에 있어 이익충돌의 문제", 『홍익법학』, 제8권 제3호 (2007).

김제완, "이익의 충돌에 의한 수임제한과 변호사의 윤리", 『인권과 정의』, 제330호(2004. 2).

손창완, "변호사와 의뢰인간의 이익충돌과 변호사의 의무", 『法學論叢』, 제33집 제1호 (2013).

송호영, "법인의 활동과 귀속의 문제 :법인본질논쟁의 극복을 위한 하나의 시론", 『민사법학』 제31호(2006).

______, "이른바 "인식의 귀속"에 관하여 – 법인의 경우를 중심으로", 『비교사법』, 제8권 1호(2001).

이병준, "법인에 있어서의 인식의 귀속과 인식의 책임 – 대표권남용시 인식귀속 부정여부와 저장된 정보에 대한 인식책임을 중심으로", 『외법논집』, 제35권 제2호(2011).

이상돈, "한국에서의 법조윤리와 변호사의 책임", 중앙법학 제8집 제1호 (2006.4) 21면.

______, "변호사와 의뢰인의 관계에 관한 연구 – 비밀유지의무를 중심으로", 『중앙법학』, 제9집 제2호(2007. 8).

이상수, "차단막을 이용한 이익충돌 회피", 『법과 사회』, 제36권(2009).

이중기, "증권회사에 발생하는 이익충돌과 정보유용의 문제: 공시와 승인, 상관습, 면책약관, Chinese Wall의 적용", 『한림법학 FORUM』, 제6권(1997).

______, "신의칙과 위임법리에의 접목을 통한 충실의무법리의 확대와 발전" 『홍익법학』, 제12권 제2호(2011).

______, "신탁법에 기초한 영미 충실의무법리의 계수와 발전", 『홍익법학』, 제12권 제1호 (2011).

______, "신탁에서의 이익향유금지의 원칙과 이익반환책임", 『홍익법학』, 제8권 제2호 (2007).

______, "이사, 상업사용인의 회사기회유용과 경업금지의무 위반" 『홍익법학』, 제8권 제3호(2007).

______, "금융기관의 충실의무와 이익충돌, 그 해소방안 : 정보차단장치 및 공시와 승인의 법적효력을 중심으로", 『증권법연구』, 제7권 제2호(2006).

정인진, "변호사의 비밀유지의무", 『저스티스』, 제104호(2008. 6).

Law Commission CP No.124, *Fiduciary Duties and Regulatory Rules*(1992).

Flannigan, "The Fiduciary Obligation", [1989] 9 *O.J.L.S* 285.

# 제 2 편

# 충실의무와 주의의무

# 목 차

제 1 장 충실의무와 선관의무의 작동방식: 충실의무의 선관의무 보충역할

Ⅰ. 머리말

Ⅱ. 충실의무의 작동방식과 충실의무의 보충적 역할: 영국법상의 논의

Ⅲ. 우리 법상의 충실의무와 선관의무의 작동방식

Ⅳ. 우리 법상 충실의무의 역할과 지위

Ⅴ. 정리의 말

제 2 장 주의의무와 충실의무법리의 분화와 발전

Ⅰ. 머리말

Ⅱ. 신탁재산의 변화에 따른 수탁자의 권리·의무의 발전: 영미의 논의를 중심으로

Ⅲ. 일본에서의 신탁제도의 수입과 수탁자의 주의의무 논의

Ⅳ. 우리나라에서의 '신탁사무'의 개념과 수탁자의 투자의무, 주의의무, 충실의무

Ⅴ. 정리의 말

제 3 장 충실의무의 태동과 조직법의 기여: 소유와 수익의 분리로 인한 충실의무의 발전

( … )

Ⅴ. 조직법의 고유한 특징과 기여

Ⅵ. 정리의 말

# 제 1 장 충실의무와 선관의무의 작동방식: 충실의무의 선관의무 보충역할*

## Ⅰ. 머리말

충실의무란 본인의 충실의무자에 대한 신뢰를 보호하기 위해 부과되는 의무로서, "충실의무자의 이익과 본인의 이익이 충돌하는 경우, 자신의 이익보다 본인의 이익을 우선해야 하는, 혹은 본인의 이익을 최대한 도모해야 하는 사무수탁인의 의무"를 의미한다.[1] 즉 영미법상의 duty of loyalty를 의미한다. 우리 대법원도 신탁 수탁자와 관련하여 충실의무와 충실의무 위반행위를 다음과 같이 정의한 바 있다:

> "수탁자의 충실의무는 수탁자가 신탁목적에 따라 신탁재산을 관리하여야 하고 신탁재산의 이익을 최대한 도모하여야 할 의무로서, 신탁법상 이에 관한 명문의 규

* 이 장은 이중기, "충실의무와 선관의무의 작동방식: 충실의무의 선관의무 보충역할에 대하여", 『홍익법학』, 제16권 제4호(2015)에 기초하였음.

1) 대표적 충실의무자인 수탁자의 충실의무에 대한 논의에 대해서는 안성포, "신탁법상 수탁자의 충실의무에 관한 고찰－2009년 법무부 개정안을 중심으로", 『상사판례연구』, 제22권 제4호(2009)(이하 안성포, "충실의무"), 83면, 84면 이하; 이연갑, "수탁자의 보상청구권과 충실의무", 『민사판례연구[XXX]』(2008)(이하 이연갑, "보상청구권과 충실의무"), 271면, 292면 이하; 이연갑, "개정 신탁법상 수탁자의 권한과 의무, 책임", 정순섭·노혁준, 『신탁법의 쟁점(제1권)』(2015)(이하 이연갑, "수탁자의 의무"), 320면, 333면 이하; 이연갑, "위임과 신탁: 수임인과 수탁자의 의무를 중심으로", 『비교사법』, 제22권 제2호(2015)(이하 이연갑, "위임과 신탁"), 23면, 38면 이하; 이중기, "신탁법에 기초한 충실의무법의 계수"; 이중기, "신의칙과 위임법리에의 접목을 통한 충실의무법리의 발전", 307면; 최나진, "신탁법상의 충실의무에 대한 소고", 『법학연구』, 제16집 제1호(2013)(이하, 최나진), 53면, 56면 이하 참조.

정이 있는 것은 아니지만 일반적으로 수탁자의 신탁재산에 관한 권리취득[즉 자기거래]을 제한하고 있는 [구]신탁법 제31조[2]를 근거로 인정되고 있다. 이 사건 … 행위는 신탁재산이나 수익자의 이익과 수탁자의 이익이 상반되는 행위가 아니어서 수탁자로서의 충실의무에 위반된 행위라고 할 수 없다."[3]

그런데, 이익충돌상황에서 본인의 이익을 우선하거나 최대한 도모하기 위한 이러한 충실의무는 전통적으로 '사전금지적' 의무(proscriptive duty)[4]로 이해되어 왔다. 즉, 충실의무는 크게 두 가지 원리로 표현되는데, 하나는 충실의무자로 하여금 위탁인과의 관계에서 모든 이익충돌을 금지하는 '이익충돌금지' 원칙(no-conflict rule)이고, 다른 하나는 충실의무자로 하여금 충실의무자 지위에서 향유할 수 있는 모든 이익의 향수를 금지하는 '이익향수금지' 원칙(no-profit rule)이다. 이 두 가지 대표적인 충실의무 원리는 모두 이익충돌행위 혹은 이익향수행위를 금지한다는 점에서 '사전금지적' 규범형식을 취한다.

한편, 충실의무자는 많은 경우 위임인으로부터 사무의 처리를 위탁받은 수임인이기 때문에 사무처리와 관련해 "위임의 본지에 따라 선량한 관리자의 주의로써 위임사무를 처리하여야 한다"(민법 제681조). 이러한 선관의무는 '위임의 내용에 따라 위임사무를 처리하여야 한다'는 점에서 적극적 작위를 명하는 규범형식을 취하고, 이러한 점에서 선관의무는 '명령적' 의무(prescriptive duty)[5]의 방식으로 작동한다.

이와 같이 충실의무자는 한편으로는 당사자간의 신뢰와 신임의 관계로부터 사전금지적 충실의무를 부담하는 반면, 한편으로는 사무처리의 위임관계의 성격으로부터 일정한 작위를 적극적으로 수행해야 하는 명령적 선관의무를

---

2) 구 신탁법 제31조(수탁자의 권리취득의 제한) ① 수탁자는 누구의 명의로 하든지 신탁재산을 고유재산으로 하거나 이에 관하여 권리를 취득하지 못한다. 단 수익자에게 이익이 되는 것이 명백하거나 기타 정당한 사유가 있는 경우에는 법원의 허가를 얻어 신탁재산을 고유재산으로 할 수 있다.

3) 대법원 2005.12.22. 선고 2003다55059판결. 이연갑, "보상청구권과 충실의무"는 이 판례에 대한 평석이다.

4) 영국법상 논의에 대해서는 II. 1. 및 2. 참조; 우리 법상 논의에 대해서는 III. 1. (2) 및 2. (2) 참조.

5) 영국법상 논의에 대해서는 II. 3. 참조; 우리 법상 논의에 대해서는 III. 1. (3) 및 2. (3) 참조.

부담할 수 있다. 대표적인 경우가 신탁사무의 처리를 위탁받은 수탁자와 회사사무의 처리를 위탁받은 이사이다. 수탁자와 이사는 한편으로는 신탁 혹은 회사와의 관계에서 이익충돌적 상황에 들지 않아야 할 이익충돌금지의무 및 신탁 혹은 회사의 재산/이익을 향수하지 않아야 할 이익향수금지의무를 부담하지만, 동시에 위탁자 혹은 회사가 위임한 사무를 처리해야 하고 이때 일정한 수준의 주의를 적극적으로 행사해야 할 선관의무를 부담한다.

이러한 충실의무와 선관의무의 작동방식의 차이로부터 우리는 '충실의무와 선관의무의 관계'를 정립할 수 있으며, 또한 충실의무자가 수행해야 하는 선관의무의 이행과 관련하여 '충실의무가 수행하는 보충적 역할'을 도출할 수 있다. 즉, 충실의무관계는 계약관계, 제정법관계 혹은 판례법 등과 같이 사무처리의무 등을 부과하는 별도의 '기본적 관계'의 존재[6]를 전제한다. 이러한 기본관계에서 당사자 사이에 신뢰와 신임이 부여되는 예외적인 경우 충실의무법은 이러한 기본적 관계에 대해 추가적인 '금지적' 충실의무를 부과함으로써 충실의무자가 기본관계에서 부담한 본연의 의무인 사무처리의무의 이행을 원활하게 하는 '보충적 역할'을 수행[7]한다.

이하에서는 먼저 (ⅰ) 충실의무의 작동방식, 및 (ⅱ) 충실의무의 보충적 역할에 대한 영국법상의 논의에 대해 살펴본다. 다음으로 (ⅲ) 우리 신탁법과 회사법에서의 충실의무의 작동방식과 충실의무의 보충적 역할에 대해 살펴본 다음, 마지막으로 (ⅳ) 우리 법상 충실의무의 역할과 지위에 대해 논의해 본다.

## Ⅱ. 충실의무의 작동방식과 충실의무의 보충적 역할: 영국법상의 논의

### 1. 충실의무의 작동방식에 대한 전통적 입장

#### (1) 금지적 의무의 부과

충실의무는 전통적으로 '인간의 이기적 성질(selfish human nature)의 통제

6) 영국법상 논의에 대해서는 II. 4. (1) 참조; 우리 법상 논의에 대해서는 IV. 1. (1) 참조.
7) 영국법상 논의에 대해서는 II. 4. (1) 참조; 우리 법상 논의에 대해서는 IV. 1. (2) 참조.

필요성'[8] 때문에 발전하였고, 그 효과에 있어 사전금지적(proscriptive)이라고 이해되고 있다. 즉 충실의무법은 충실의무자가 '무엇을 해야 하는가?'를 발견하는 법체계가 아니라, '충실의무자에 대해 신뢰와 신임이 부여되는 예외적 상황에서', 충실의무자가 '무엇을 하지 않아야 하는가?'를 발견하는 법체계로 발전되어 왔다.[9] 그 결과 충실의무자가 본인의 신뢰 때문에 본인에 '충실'해야 할 의무(duty of loyalty to principal)를 지는 경우, 충실의무자의 사무처리에 있어 일정한 작위를 금지하는 형태(prohibition)로 나타난다.[10] 특히 이러한 작위의 금지는 크게 두 가지 원리로 발전되어 왔는데, 하나는 충실의무자로 하여금 위탁인과의 관계에서 모든 이익충돌을 금지하는 '이익충돌금지 원칙'(no-conflict rule)으로 발전했고, 다른 하나는 위탁사무 수행과 관련해 충실의무자가 알게 된 모든 이익의 향수를 금지하는 '이익향수금지 원칙'(no-profit rule)로 발전했다.[11]

구체적으로 첫 번째 충실의무원리인 '이익충돌'금지 원칙으로부터 위탁자인 본인과의 경업을 금지하는 경업금지, 경쟁되는 사업체에서의 겸직을 금지

---

8) 예를 들어, Lord Herschell은 다음과 같이 말한다: "It does not appear to me that this rule is, as has been said, founded upon principles of morality. I regard it rather as based upon the consideration that, <u>human nature</u> being what it is, there is danger of the person holding a fiduciary position being <u>swayed by interest rather than duty</u>, and thus prejudicing those whom he was bound to protect. It has, therefore, been deemed expedient to lay down this <u>positive rule.</u>" (Bray v Ford [1896] AC 44, 51-2); 동일한 취지로, Birks, *An Introduction to Law of Restitution*(1985), pp.332-333, pp.338-343.

9) "1.2. *For Proscriptive Duties* : The imposition of proscriptive fiduciary duties can be explained on the basis of selfish human nature in the relationship of conflicts of interests and public necessity to preserve integrity in such a relationship, since where there arises a conflict of interests between parties and one party reposes trust upon the other party, it is too easy for the latter to utilise his position at the expense of the former." in Choong-Kee Lee, "Conflicts of Interest").

10) Virgo, *The Principles of Equity & Trusts*(2012) (이하, 'Virgo') p.487; Millett, "Equity's Place in the Law of Commerce"(1998), 114 *L.Q.R.* 214, pp.222-223; S. Worthington, "Fiduciaries: When is Self-Denial Obligatory?"(1999), 58 *C.L.J.* 500; R. Flannigan, "Fiduciary Duties of Shareholders and Directors" [2004] *J.B.L.* 277; R. Nolan, "A Fiduciary Duty to Disclose?"(1997) 113 *L.Q.R.* 220; P. Parkinson, "Fiduciary Law and Access to Medical Records: Breen v Williams"(1995), 17 *Sydney L. Rev.* 433

11) Bray v Ford [1896] AC 44, 50 (Lord Herschell); Bristol and West Building Society v Mothew [1998] Ch 1, 16 (Millett LJ); Conaglen, "The Nature and Function of Fiduciary Loyalty", [2005] 121 *L.Q.R.* 452 (이하, 'Conaglen'), p.459.

하는 겸직금지, 위탁자와의 자기거래를 금지하는 자기거래금지, 쌍방대리를 금지하는 쌍방대리금지 등 좀 더 구체적인 충실의무 유형이 도출되었다.[12] 또 두 번째 충실의무원리인 '이익향수'금지 원칙으로부터 위탁자의 출연재산의 사용을 금지하는 재산사용의 금지, 위탁자로부터 수령한 정보의 유용을 금지하는 정보유용의 금지, 위탁자의 사업으로부터 알게 된 사업기회의 유용을 금지하는 기회유용의 금지 등 좀 더 구체적인 충실의무 유형이 도출되었다.[13]

그런데, 이 두 가지 대표적인 충실의무법 원리는 모두 충실의무자에 대해 일정한 작위를 금지한다는 점에서 앞서 언급한 것처럼 '사전금지적' 형식을 취한다.

(2) 명령적 의무는 부과할 수 없는가?

그렇다면, 영국법상 명령적 의무는 충실의무의 형태로는 부과할 수 없는가? 전통적으로 영국에서 충실의무법 원리는 성질상 '금지적 의무'만을 부과하는 것으로 이해[14]하기 때문에, 법원이 어떤 자의 '충실의무자 지위'를 인정하는 것만으로는 명령적 의무가 부과될 수 없다고 본다. 따라서 충실의무자에 대해 특정한 작위명령을 부과하기 위해서는 충실의무관계의 인정과는 별도로 그러한 작위를 명하는 기본적 계약관계, 제정법 혹은 판례법 등이 따로 존재해야 한다고 본다.[15] 예를 들어, Breen v. Williams[16] [17] 사건에서 호주 대법원은 환자에 대한 의료기록의 공개, 즉 의사에 대해 '작위'를 명할 의무는 의사의 환자에 대한 관계를 충실의무관계라고 보더라도 인정될 수 없다고 보았고, 따라서 충실의무에 기한 의사의 의료기록 공개의무를 인정하지 않았다. 이처럼 영국 및 호주에서 적극적 작위의무를 부과하는 것은 충실의무법의 역할이 아니므로, 사무처리의무 기타 작위를 명하는 의무를 부과하기 위해서는 계약관계, 제정법관계 혹은 판례법 등과 같은 별도의 기본관계가 존재해야 한다.

12) Virgo, pp.495-497.
13) Virgo, pp.505-507, pp.517-518.
14) 앞의 주 9), 10) 참조.
15) 자세히는 아래의 II. 4. 참조.
16) (1996) 186 CLR 71. 이에 대한 평석으로 P. Parkinson, "Fiduciary Law and Access to Medical Records: Breen v Williams"(1995), 17 *Sydney L. Rev.* 433.
17) 동일한 취지의 판례로는 National Mutual Property Services (Australia) Pty. Ltd & Ors. v. Citibank Savings Ltd. [1998] F.C.A. 564; Aequitas v. A.E.EC. [2001] NSWSC 14.

(3) 금지적 의무의 실현을 위한 명령적 의무의 부과

물론 전통주의자도 충실의무관계에 필요한 '금지적 의무'의 실현을 위한 '명령적 의무'(prescriptive duty)의 부과 가능성은 인정한다. 예를 들어, 충실의무자가 충실의무자 지위에서 영업기회를 알게 된 경우, 충실의무자는 그 기회의 이용이 당연히 금지된다. 하지만, 이러한 기회를 이용하기 위해 본인에게 적극적으로 그 사실을 공개하고 본인의 승인을 받으면 그 기회를 이용할 수 있다.[18] 이와 같이 '기회유용의 금지'로부터 해방되기 위한 방편으로 명령적 작위의무, 예를 들어 앞서 언급한 적극적 정보공시의무가 충실의무관계에서 부과될 수 있다. 그런데, 이러한 명령적 의무는 금지의무인 '기회유용금지'의 목적 달성에 수반되는 수단적 작위의무라는 점에서 충실의무관계에서 직접 파생되는 독자적 의무라고 볼 수 없다. 따라서 충실의무의 작동방식은 금지적이라고 보는 전통주의자의 충실의무 관점은 여전히 정당화될 수 있다.[19] 마찬가지로, 주주와 거래하는 이사에 대해서도 회사기회유용의 금지로부터 해방되기 위해 적극적 공시의무가 부과될 수 있고, 또한 이익상충하는 당사자 쌍방을 대리하려는 대리인에 대해서도 쌍방대리금지로부터 해방되기 위해서 중요사항을 공시할 명령적 의무가 부과될 수 있는데,[20] 이러한 명령적 의무는 충실의무의 연장으로 볼 수 있다.

## 2. 충실의무의 작동방식에 대한 새로운 견해: 명령적 의무도 부과한다는 견해

(1) 이사의 충실의무와 관련된 새로운 주장

그런데, 충실의무란 이름하에 부과되는 의무를 '금지적 의무'로 제한하는 이러한 전통적 관점의 충실의무 작동방식에 대해, 일부 판례와 논자는 충실의무자에 대해 특정 방법으로 행위할 것을 요구하는 '명령적 의무'도 충실의무로서 부과할 수 있다는 주장을 제기한 바 있다. 예를 들어, Item Software UK Ltd

18) Virgo, p.487.
19) Virgo, p.487.
20) Ho & Lee, "A Director's Duty to Confess : A matter of Good Faith?"(2007), 66 *CLJ* 348 (이하, 'Ho & Lee'), p.357.

v. Fassihi[21] 사건에서 Arden LJ는 이사가 경업금지의무를 위반해 경업을 시도하는 경우 이사는 경업이라는 의무위반행위를 적극적으로 공시할 의무를 지는데, 이러한 '의무위반의 적극적 공시의무'는 충실의무에 포함된다고 보았다. 이 경우 공시를 명하는 충실의무는 '경업금지로부터 해방되기 위한 방편'으로 부과되는 것이 아니라, 의무위반이 있었기 때문에 그 사실을 공시할 의무가 자동적으로 부과되는 독자적 의무가 된다. 만약 Arden LJ처럼 이사에 부과되는 이러한 명령적 공시의무를 충실의무라고 본다면, 이러한 충실의무는 성질상 '독자적으로 작위를 명한다'는 점에서 앞서 살펴본, '금지로부터 해방되기 위한 방편'으로 작위를 명하는 충실의무와 성질상 구별될 수 있다. 이러한 Arden LJ의 판시에 대해, Ho & Lee는 충실의무자로 하여금 특정한 행위를 하도록 명령하더라도 이러한 의무는 충실의무관계의 기초가 되는 loyalty 개념에 배치되지 않는다고 본다.[22] 마찬가지로, Lionel Smith도 적극적 공시의무는 충실의무관계에 내재한다는 Arden LJ의 판결에 동의하면서, 충실의무자가 금지된 이익을 향유하면 이익반환의무를 지듯이, 충실의무자 지위에서 회사기회에 관한 정보를 취득하면 정보의 공시의무를 지고, 이는 충실의무관계에 포섭된다고 본다.[23]

### (2) 전통주의자의 반론: 명령적 의무는 충실의무가 아니다

Arden LJ의 새로운 견해에 대해, 전통주의자들은 '의무위반의 적극적 공시의무'가 충실의무의 새로운 유형인가에 대해서 의문을 표시한다. 즉 Item Software 사건에서 Arden LJ는 의무위반의 공시의무를 충실의무라고 표현하였지만, 전통주의자는 이 공시의무는 충실의무가 아니라 '회사의 <u>최대이익</u>을 위해 행위할 의무'(duty to act in the best interests of the company)의 일부분으로 파악한다: Item Software 사건은 회사 '이사'의 의무가 문제된 사건인데, 회사 이사는 다른 충실의무자와 달리 이익충돌을 회피할 충실의무 외에 적극적으로 '회사의 <u>최대이익</u>을 위해 행위할 의무'를 추가적으로 부담하고, 이 사건에서

21) [2004] EWCA (Civ) 1244, [2005] 2 BCLC 91.
22) Ho & Lee, p.357.
23) Lionel Smith, "Fiduciary relationships: ensuring the loyal exercise of judgement on behalf of another", [2014] 130 *L.Q.R.* 608, 631.

문제된 '의무위반의 적극적 공시의무'는 충실의무에 기초한 것이 아니라 '회사의 최대이익을 위해 행위할 의무'에 근거한 별개의 의무라고 본다.[24] 즉 이사는 충실의무 외에 '본인의 최대이익'을 위해 행위할 '적극적' 의무'[25]를 지기 때문에, 의무위반이 있으면 이에 대한 적극적 공시의무를 진다고 본다. 왜냐하면, 이사가 아닌 다른 충실의무자들은 '최대이익을 위해 행위할 의무'를 지지 않고, 따라서 '의무위반에 대한 적극적 공시의무'도 지지 않기 때문이다. 이러한 관점에서 보면 충실의무법은 금지적 의무만을 부과하고 명령적 의무를 부과하지 않는다는 전통적 충실의무법의 입장은 여전히 유효하다.[26]

#### (3) 소 결

논리적 혹은 개념적 완결성 측면에서 볼 때, 충실의무의 역할을 '금지적 측면'에 제한하는 전통주의자의 입장이 타당해 보인다. 명령적 의무는 이사, 수탁자의 예에서와 같이 계약이나 제정법 혹은 판례에 의해 충실의무자에게도 부과될 수 있다(예: 이사의 주의의무, 수탁자의 신탁사무처리의무 등). 하지만, 충실의무자에게 부과되는 이러한 명령적 의무는 신뢰와 신임에 관한 '충실의무자 지위' 때문에 부과되는 고유한 충실의무로 보기 어렵고, 충실의무자가 위탁받은 사무수행과 관련되어 부과되는 계약적 혹은 제정법적 의무라고 파악해야 한다.

#### (4) 충실의무 여부는 왜 중요한가?

당사자 사이의 관계가 충실의무관계인가의 여부, 어떤 자가 충실의무자인가의 여부, 혹은 충실의무자에게 부과된 어떤 의무가 충실의무인가의 여부는 왜 중요한가? 충실의무는 성질상 강행성을 갖기 때문이다. 문제된 의무가 충실의무인 경우 그 위반행위는 강행성을 위반한 것이 되므로 무효로 될 수 있다.[27] 반면에 당사자 사이의 관계가 충실의무관계가 아닌 경우, 일방당사자

---

24) *Sealy & Worthington's Cases and Materials in Company Law*(10th ed., 2013), p.346.

25) 영국법상 회사의 이익을 위해 행위할 이사의 의무에 대해서는 이중기, "회사지배구조의 변동과 관련한 이사와 지배주주의 의무", 『한림법학 FORUM』, 제6권(1996), 207면, 208면 이하.

26) Virgo, p.488.

27) 제3편 제2장 III.(충실의무의 강행성 문제에 대해서는 이중기, "이사의 충실의무의 강행성 여부와 충실의무에 대한 사적 자치", 1295면, 1304면) 참조.

는 '금지적' 충실의무를 지지 않고, 따라서 적극적으로 자기이익을 추구하는 행위를 유효하게 할 수 있다.[28] 마찬가지로, 충실의무자가 부담한 의무라고 하더라도 문제된 의무가 충실의무가 아닌 경우 그 의무위반(예: 주의의무의 위반 등)은 당연무효로 되지는 않는다.

## 3. 충실의무자의 사무처리에 관한 의무

### (1) 충실의무자의 선관의무

영국법은 사무의 처리와 관련하여 추상적인 계약법의 일종으로서 위임법(mandate law)을 갖고 있지 않다. 따라서 우리의 위임법에 존재하는 수임인의 '선량한 관리자의 주의의무'(good manager's duty of care)의 개념도 존재하지 않는다. 그렇다고 하여 선관의무에 상응하는 의무 개념이 존재하지 않는 것은 아니다. 영국 법원은 다양한 사무처리관계를 추상화하여 위임관계에 관한 추상적 법원리를 도출하는 대신, 독자적 성질을 갖는 다양한 사무처리관계인 대리관계(agency), 신탁관계(trust), 조합관계(partnership), 회사관계(company) 등에 대하여, 대리법·신탁법·조합법·회사법 등을 독립적으로 발전시켰고, 이들 개별법에서 대리인, 수탁인,[29] 조합원, 이사[30]의 사무처리에 관한 개별적인 주의의무를 발전시켰다. 이러한 사무처리에 관한 개별 법리들은 대강 우리의 위임관계의 법리와 유사하고, 이들이 사무처리상 부담하는 주의의무는 수임인의 선관주의의무와 비슷한 역할을 수행한다.

### (2) 수탁자의 신탁사무처리에 관한 의무: 신탁재산 관리의무, 처분의무 등

영국에서 수탁자는 대표적인 충실의무자로서 수익자에 대해 '금지적' 충실의무를 지는 외에 신탁사무의 처리(administration trust)와 관련해 신탁재산에

28) 뒤의 주 51)의 Fletcher-Moulton LJ in Re Coomber [1911] 1 Ch. 723, 728-9 참조.

29) 수탁자의 주의의무는 Speight v Gaunt (1883) 9 App Cas 1, 19 (Lord Blackburn) 등의 판례에 의해 형성되어 왔고, Trustee Act 2000은 s.1에서 수탁자의 제정법상 주의의무를 규정한다. 자세히는 Virgo, p.422 이하.

30) 이사의 주의의무도 Re City Equitable Fire Insurance Co. [1925] Ch. 407 (Romer J, 주관적 기준), Re D'Jan of London Ltd [1994] 1 BCLC 561 (Hoffmann LJ, 주관적/객관적 기준) 등의 판례에 의해 형성되어 왔는데, 이들 기준은 Companies Act 2006, s.174의 제정법상 주의의무에 의해 수정되고 있다. 자세히는 Gower & Davies, *Principles of Modern Company Law*(9th ed., 2012)(이하, 'Davies'), p.517 이하.

대한 여러 가지 '관리의무'를 부담한다. 첫째, 수탁자는 수탁자에게 기대되는 보통법상 주의의무(common law duty of care)와 Trustee Act 2000이 부과한 주의의무(statutory duty of care)를 부담한다.[31] 또한, 수탁자는 선임시부터 신탁재산의 확인 및 보관의무(duty to collect and safeguard trust assets)를 부담하고,[32] 동시에 신탁재산에 대한 투자의무(duty to invest)도 부담한다.[33] 수탁자가 신탁재산에 관하여 부담하는 회계장부의 유지의무도 '관리의무'의 한 유형으로 볼 수 있다.[34]

수탁자는 신탁사무의 처리와 관련하여 이러한 수임인의 관리의무와 유사한 관리의무를 지는 한편, 신탁원본 및 수익의 분배(distribution of trust property)와 관련해서는 적극적인 작위를 행할 '처분의무와 처분권한'(dispositive powers and duties)도 갖는다.[35] 이러한 명령적 처분권한과 처분의무는 수탁자로 하여금 신탁재산의 분배에 관한 '재량'의 행사를 가능하게 하기 때문에, 일반적인 신탁사무의 처리와 구별되는 중요한 특징이 있다. 이러한 처분의무의 핵심은 수탁자로 하여금 일정한 방법으로 행위하도록 강제한다는 점이다.[36] 이러한 점에서 이러한 명령적 의무는 아래에서 살펴볼 이사의 '회사의 성공을 증진시킬 의무'와 일맥상통한다.

### (3) 이사의 회사사무처리와 관련된 의무: 충실의무와 선관의무

또 다른 대표적 충실의무자인 회사 이사도 회사에 대해 '금지적' 충실의무를 지는 외에 회사사무의 처리와 관련해 여러 가지 '관리의무'를 부담하고, 나아가 적극적 작위를 행할 권한과 의무를 부담한다. 특히 이사의 경우, 회사의 성공을 위해 위험을 감수(risk-taking)해야 한다는 점에서 수탁자와 비교할 때 적극적 작위를 행할 권한과 의무의 정도가 더 강하다고 할 수 있다. 현재, 회사 이사는 영국 회사법상 다음과 같은 제정법상 의무를 진다:

---

31) 자세히는 Hanbury & Martin, *Modern Equity*(19th ed., 2012)(이하, 'Martin'), pp.18-017; Virgo, p.422 이하.
32) 자세히는 Martin, pp.18-001 이하; Virgo, p.427 이하.
33) 자세히는 Martin, pp.18-005 이하; Virgo, p.428 이하.
34) 자세히는 Virgo, p.454 이하.
35) 자세히는 Martin, pp.18-024 이하.
36) Virgo, p.459.

( i ) 수권범위 내에서 수권받은 목적을 위해 권한을 행사할 의무(duty to act within powers)37)

( ii ) 회사의 성공을 증진시킬 의무(duty to promote the success of the company)38)

(iii) 독립된 판단을 행사할 의무(duty to exercise independent judgement)39)

(iv) 합리적인 주의를 베풀 의무(duty to exercise reasonable care, skill and diligence)40)

( v ) 이익충돌회피의무(duty to avoid conflicts of interest)41)

(vi) 제3자로부터의 이익수취 금지의무(duty not to accept benefits from third parties)42)

(vii) 이익의 공시의무(duty to declare an interest in a proposed or existing transaction or arrangement)43)

이 가운데 마지막의 ( v )-(vii)은 형평법상 인정되던 이사의 다양한 충실의무를 성문화한 것이다. 또, (iv)은 이사의 보통법상 주의의무를 성문화한 것이고, (iii)는 이사는 스스로 '경영재량'을 행사하여야 한다는 판례법을 성문화한 것인데, ( ii )·(iii)·(iv)의 의무는 대강 우리 법상의 선관의무에 해당한다. 특히 ( ii )는 판례법상 인정되던 '회사의 최대이익을 위해 행위할 의무'(duty to act bona fide in the best interests of the company)44)를 성문화한 것인데, 이는 회사의 성공을 위해 강한 정도의 적극적 작위를 명하는 의무이다.

37) CA 2006, s.171; 자세히는 Davies 527 이하.
38) CA 2006, s.172; 자세히는 Davies 540 이하.
39) CA 2006, s.173; 자세히는 Davies 536 이하.
40) CA 2006, s.174; 자세히는 Davies 517 이하.
41) CA 2006, s.175; 자세히는 Davies 559 이하.
42) CA 2006, s.176; 자세히는 Davies 611 이하.
43) CA 2006, ss.177 and 182; 자세히는 Davies 560 이하.
44) 앞의 주 25)와 관련 본문 참조.

## 4. 영국법에서 충실의무의 역할: 기본관계의 이행을 보조하는 역할

이러한 영국법상 충실의무와 사무처리의무의 작동방식의 차이로부터 우리는 영국에서 '충실의무와 사무처리의무의 관계'를 정립할 수 있으며, 또한 충실의무자가 수행해야 하는 사무처리의무의 이행과 관련해 '충실의무법이 수행하는 보충적 역할'을 도출할 수 있다.

### (1) 충실의무관계는 기본관계를 전제한다.

Maitland가 설파한 것처럼 "형평법은 스스로 자족적인 법체계가 아니고, 모든 점에서 계약 등을 통해 형성된 보통법관계[기본관계]를 전제한다."[45] 마찬가지로, 형평법원이 발전시킨 충실의무법도 그 자체로서 당사자 사이의 기본관계를 형성하는 법이 아니다. 전통적으로 영국 충실의무법은 '금지적 의무'만을 부과하는 것으로 이해하기 때문에, 형평법원이 어떤 자의 '충실의무자 지위'를 인정하는 것만으로는 명령적 의무가 부과될 수 없다. 따라서 충실의무자에 대해 특정한 작위명령을 부과하기 위해서는 충실의무관계의 인정과는 별도로 그러한 작위를 명하는 기본관계인 계약관계, 제정법 혹은 판례법 등이 따로 존재해야 한다.[46] "충실의무법은 당사자 사이의 '기본관계'를 보충해 주는 혹은 기본관계를 수정해 주는 역할을 한다… 계약의 체결, 재산의 신탁, 혹은 정보의 제공 등을 원인으로 계약관계, 신탁관계, 정보보유관계와 같은 기본관계가 발생한 경우, 충실의무법은 이러한 계약관계, 신탁관계, 정보보유관계가 불완전하다고 판단한 경우 이들 기본관계를 보충(supplement)하거나 혹은 수정(qualify)하는 역할을 수행한다. 기본관계는 의사, 변호사, 회사의 이사와

---

45) "Equity was not a self-sufficient system, at every point it presupposed the existence of common law [eg. contractual relationship]", Maitland, *Equity*(2nd ed., 1936), p.19.

46) "1.14.1.1. *Requirement of Basic Relationship* : Considering the role of fiduciary law is supplementary and the law works as qualification of basic relationships, the existence of the basic legal relationships is prerequisite for the court of equity to intervene. Such basic legal relationships normally arise from contracts, transfer of trust property, or certain circumstances in which a duty of care may be imposed. While these relationships are primarily the concerns of the laws relevant to these relationships and should be resolved therein, fiduciary law could intervene in these relationships if and only if there are additional facts which necessitate additional protection in these relationships." in Choong-Kee Lee, "Conflicts of Interest".

같이 확립된 지위를 갖는 '지위에 기한 충실의무자'(status-based fiduciary)처럼 전형적 충실의무관계일 수도 있고, 구체적 사안에 기해 발생하는 '비전형적 충실의무관계'(fact-based fiduciary)일 수도 있다."47)48)

### (2) 충실의무법의 역할

#### 1) 기본관계의 보충적 보조적 역할

충실의무법은 당사자 사이의 관계가 신뢰와 신임 관계로 발전한 예외적인 경우 기본관계에 기한 본연의 의무에 더해 추가적으로 '금지적' 충실의무를 부과함으로써 충실의무자가 기본관계에서 부담한 본연의 의무의 이행을 원활하게 하는 '보충적 역할'을 수행한다.49) 전형적인 '지위에 기한 충실의무관계'인 신탁관계, 회사관계에 대해 설명해 보자. 신탁법 혹은 회사법은 수탁자와 이사에 대해 본연의 의무로서 신탁재산 관리의무와 회사재산 관리의무를 부과한다. 동시에 신탁법과 회사법은 추가적으로 이익충돌금지의무 혹은 이익향수금지의무를 부과함으로써 수탁자 혹은 이사가 본연의 의무로서 부담하는 신탁재산 관리의무와 회사재산 관리의무의 원활한 이행을 촉진 혹은 강제한다.

이러한 관점에서 보면 '금지적' 충실의무의 역할은 사무처리의무의 이행을 촉진하는 보조적 역할을 수행한다. 이와 같이 "계약법, 신탁법 등이 기본관계를 형성하는 주인공 역할을 한다고 한다면, 충실의무법은 기본관계를 완성시키고 더욱 빛나게 하는 조연 역할을 한다".50) 비전형적 충실의무관계인 '사실관계에 기한 충실의무관계'에 대해서도 동일한 설명이 가능하다. 예를 들어, 몸이 불편한 노인이 지나가는 이웃의 청년에게 현금을 주면서 가게에서 물건을 사달라고 심부름을 시켰다고 하자. 충실의무법은 노인과 청년의 관계를 충실의무관계로 보고, 노인의 청년에 대한 신뢰를 보호하기 위해 청년에게 본연의 의무인 심부름을 이행할 의무 외에 현금을 자기를 위해 이용하지 않을 금지적 충실의무를 부과할 수 있다.51)

---

47) 제1편 제3장 II. 4. (1)(이중기, "신탁법에 기초한 충실의무법의 계수", 38-39면) 참조.
48) '지위에 기한 충실의무자'와 '사실관계에 기한 충실의무자' 개념의 구별에 대해서는 최나진, 57면; Flannigan, "The Fiduciary Obligations", 9 *O.J.L.S.* 285(1989); Law Commission CP No. 124, *Fiduciary Duties and Regulatory Rules*(1992), p.28; 제5편 제1장 I. 참조.
49) Conaglen, 471-2, 477; 앞의 주 46) 참조.
50) 제1편 제3장 II. 4. (3)(이중기, "신탁법에 기초한 충실의무법의 계수", 39-40면) 참조.

2) 적극적 작위의무의 부과시 그 성질은?

은행과 고객 간의 관계는 충실의무관계가 아니고 통상의 상사관계로 인식되고 있기 때문에, 은행은 예금자에 대해 기본적 채무만 이행하면 된다. 하지만, "어느 지점에서 수십년 거래한 연로한 고객에 대해서는 직접 방문하여 업무를 처리해 주는 등 통상적 서비스 이상의 서비스를 제공해 줄 수 있다. 이와 같이 특별한 사정이 있는 경우에는 은행은 고객에 대한 충실의무자가 될 수 있다."[52] 이와 같이 신뢰와 신임 관계로 발전한 예외적인 경우 은행은 기본관계에 더하여 신뢰보호를 위해 추가적으로 금지적 충실의무를 부담할 수 있다. 나아가, 은행이 고객의 투자와 관련해 특별한 정보사용을 약속하는 경우, 은행이 정보사용의무를 부담하게 되는 경우도 발생한다. 그런데, 앞서 본 것처럼, 이러한 적극적 정보사용의무는 충실의무로 포섭되는 것이 아니라 별개의 약속에 기한 다른 유형의 의무로 파악해야 한다.

## Ⅲ. 우리 법상의 충실의무와 선관의무의 작동방식

충실의무의 작동방식과 관련된 이러한 영국법에서의 논의는 우리 회사법에서 진행되고 있는 충실의무와 선관의무의 관계에 관한 논쟁[53]에 직접적인

---

51) "Fiduciary relations are of many different types; they extend from the relation of myself to an errand boy who is bound to bring me back my change up to the most intimate and confidential relations which can possibly exist between one party and another where the one is wholly in the hands of the other because of his infinite trust in him. All these are cases of fiduciary relations, and the Courts have again and again, in cases where there has been a fiduciary relation, interfered and set aside acts which, between persons in a wholly independent position, would have been perfectly valid. Thereupon in some minds there arises the idea that if there is any fiduciary relation whatever any of these types of interference is warranted by it. They conclude that every kind of fiduciary relation justifies every kind of interference. Of course that is absurd. The nature of the fiduciary relation must be such that it justifies the interference. There is no class of case in which one ought more carefully to bear in mind the facts of the case, when on reads the judgment of the Court on those facts, than cases which relate to fiduciary and confidential relations and the action of the Court with regard to them." per Fletcher-Moulton LJ *in re* Coomber [1911] 1 Ch. 723, 728-9.

52) 제5편 제5장 I. 4. (3) 1)(이중기, "충실의무와 이익충돌", 67면, 81면) 참조.

53) 예를 들어 권재열, "상법 제382조의3(이사의 충실의무)의 존재의의", 『상사판례연구』,

관련이 있어 보인다. 왜냐하면 우리 법에서도 충실의무는 영국의 전통주의자와 같이 금지적 의무(proscriptive duty)로 이해할 수 있고, 선관의무는 '위임의 내용에 따라 위임사무를 처리하여야 한다'는 점에서 적극적 작위를 명하는 '명령적' 의무(prescriptive duty)로 이해할 수 있기 때문이다.

이하에서는 우리 신탁법과 회사법이 수탁자와 이사에 대해 어떠한 충실의무를 부과하고 있고, 또 이러한 충실의무가 어떻게 작동하는지, 또 수탁자와 이사의 사무처리와 관련해 선관의무를 어떻게 부과하고 있고, 이러한 선관의무가 어떻게 작동하는지를 살펴본다.

## 1. 신탁법이 규정한 충실의무와 선관의무의 작동방식

### (1) 수탁자의 충실의무와 선관의무

신탁법이 규정하고 있는 수탁자의 여러 의무는 다음과 같다:

(ⅰ) 수탁자의 선관의무(제32조)

(ⅱ) 수탁자의 충실의무(제33조)

(ⅲ) 이익에 반하는 행위의 금지(제34조)

(ⅳ) 공평의무(제35조)

(ⅴ) 수탁자의 이익향수금지(제36조)

(ⅵ) 수탁자의 분별관리의무(제37조)

(ⅶ) 장부등 서류의 작성 보존 및 비치 의무(제39조)

(ⅷ) 신탁사무의 위임금지(제42조)

(ⅸ) 다른 수탁자의 감시의무(제51조 제2항 단서)

이러한 수탁자의 여러 의무 가운데, 충실의무에 해당하는 의무로는 (ⅱ), (ⅲ), (ⅴ)를 들 수 있다. 즉 신탁법은 먼저 제33조에서 "수익자의 이익을 위하

---

제22집 제1권(2009), 3면; 김현경, "상법상 이사의 충실의무에 관한 고찰", 『중앙법학』, 제14집 제1호(2012), 147면; 박기령, "이사의 선관의무와 충실의무의 법사학적 기원에 관한 고찰", 『상사법연구』, 제30권 제2호(2011)(이하, '박기령'), 477면; 장근영, "영미법상 신인의무 법리와 이사의 지위", 『비교사법』, 제16권 제1호(2008), 294면; 이철송, "선관주의의무와 충실의무에 관한 이론의 발전과 전망", 『비교사법』, 제22권 제1호(2015), 1면; 송옥렬, 『상법강의(제5판)』(2015)(이하, '송옥렬'), 1000면 이하; 김홍기, 『상법강의』(2015)(이하, '김홍기'), 585면 이하.

여" 행위할 충실의무를 포괄적으로 선언한 다음, 제34조에서 이러한 충실의무의 양대원칙 중 하나인 '이익충돌금지' 원칙을 규정하고, 제36조에서 또 다른 충실의무의 대표원칙인 '이익향수금지' 원칙을 규정하고 있다.

동시에 신탁법은 충실의무자인 수탁자가 신탁사무의 처리에 있어 부담해야 할 선관의무를 규정하고 있다. 즉, 제32조에서 "수탁자는 선량한 관리자의 주의로 신탁사무를 처리하여야 한다"고 선언한 다음, 이러한 선관의무의 구체적 형태로서 수익자 사이의 공평의무(제35조), 신탁재산과 고유재산 사이의 분별관리의무(제37조), 장부등 작성과 비치의무(제39조) 등을 규정하고 있다.

(2) 수탁자의 충실의무와 그 작동방식: 사전금지적 의무

앞서 본 것처럼, 영국에서 충실의무법은 충실의무자가 '무엇을 해야 하는가?'를 발견하는 법체계가 아니라, 충실의무자가 본연의 임무를 수행함에 있어 '무엇을 하지 않아야 하는가?'를 발견하는 법체계로서 발전되어 왔다. 따라서 당사자간의 관계가 신뢰와 신임의 관계로 발전한 경우, 위탁자에 대해 '충실해야 할 의무'(duty of loyalty to principal)는 충실의무자에 대해 일정한 행위를 금지하는 형태(prohibition)로 나타난다.[54] 우리 신탁법하에서도 충실의무는 동일한 형태로 규정되어 있다.

먼저 신탁법은 제33조에서 '충실의무'란 제목하에 "수탁자는 수익자의 이익을 위하여 신탁사무를 처리하여야 한다"고 선언한 다음, '수익자의 이익을 위하여' 행위할 충실의무를 제34조와 제36조에서 '사전금지적'인 두 개의 원칙으로써 표현하고 있다: 제34조는 충실의무의 대표적 원칙으로서 '이익충돌금지' 원칙을 선언하면서, 수탁자의 모든 이익상반행위를 금지한다. 다음으로 제36조는 또 다른 대표원칙인 '이익향수금지' 원칙을 선언하면서, 수탁자지위에서 신탁과 연관된 모든 이익의 향수를 금지한다. 이러한 대표적 두 가지 충실의무 원칙은 영미에서와 마찬가지로 모두 일정한 행위를 금지한다는 점에서 '사전금지적' 형식을 취한다. 차례로 살펴보자.

1) '이익충돌금지' 원칙과 구체적 충실의무 유형

'이익충돌금지' 원칙을 선언한 제34조는 금지되는 수탁자의 이익상반행위

54) 앞의 II. 1. (1) 참조.

를 일부 열거한 다음, 제5항에서 개방된 개념으로서 이익상반행위를 정의함으로써 수탁자의 모든 이익상반행위를 이익충돌금지 원칙의 적용대상으로 포섭할 수 있게 해 놓았다:

(i) 신탁재산을 고유재산으로 하거나 신탁재산에 관한 권리를 고유재산에 귀속시키는 행위
(ii) 고유재산을 신탁재산으로 하거나 고유재산에 관한 권리를 신탁재산에 귀속시키는 행위
(iii) 하나의 신탁재산 또는 신탁재산에 관한 권리를 다른 신탁의 신탁재산에 귀속시키는 행위
(iv) 신탁재산과 그 거래상대방을 쌍방대리하는 행위
(v) <u>그 밖에</u> 수익자의 이익에 반하는 행위

제5항에 개방 개념으로 정의된 '그 밖의 수익자의 이익에 반하는 행위'의 예로는 수탁자의 경업행위, 수탁자의 겸직행위 등을 들 수 있는데, 수익자의 이익과 상반될 수 있는 모든 행위가 포함될 수 있다.

2) '이익향수금지' 원칙과 구체적 충실의무 유형

두 번째 충실의무 원칙인 '이익향수금지' 원칙은 제36조에 선언되어 있는데, "수탁자는 누구의 명의로도 신탁의 이익을 누리지 못한다"고 규정되어 있다. 따라서 수탁자는 명의를 불문하고 '신탁재산'에 관한 이익의 향유,[55] '신탁정보'의 이용, 혹은 수탁자로서 알게 된 모든 '영업기회'를 이용[56]할 수 없게 될 뿐만 아니라 수탁자지위에서 제3자로부터 향응을 수령[57]하는 것도 금지된다.

### (3) 수탁자의 선관의무와 그 작동방식: 명령적 의무

신탁법은 수탁자가 신탁사무를 처리함에 있어 부담하는 수탁자의 추상적 선관의무를 제32조에서 선언한 다음, 추상적 선관의무가 적용된 구체적 유형의 선관의무로서 수탁자의 분별관리의무(제37조), 장부 등 서류의 작성·보존 및 비치 의무(제39조) 등을 예시하고 있다. 수익자의 서류열람 청구 혹은 신탁사무 처

55) 자세한 내용은 제4편 제2장 III. 2. (1)(이중기, "충실의무자의 이익향유금지", 529면, 539면) 참조.
56) 제4편 제2장 III. 2. (2)(위의 논문, 539-40면) 참조.
57) 제4편 제2장 III. 2. (2)(위의 논문, 540면) 참조.

리에 관한 설명 요구시 열람을 해 주거나 설명을 해 줄 의무(제41조) 및 신탁금전의 관리의무(제41조) 등도 수탁자의 선관의무의 특칙이라고 볼 수 있다.

1) 작동방식: 작위적 명령과 이행을 통한 의무의 해소

이러한 수탁자의 추상적 선관의무 및 구체적 선관의무들은 모두 수탁자에 대해 '신탁사무'의 처리에 있어 작위를 명하는 '명령적' 의무이다. 따라서 이러한 수탁자의 선관의무의 정도와 관련해 (i) 위임상 선관의무와 같은 것으로 보거나,[58] (ii) 위임상 선관의무보다 더 중한 주의의무로 보거나,[59] 혹은 (ii) 자기재산에 대한 주의의무로 보는[60] 등 견해가 나뉠 수 있지만, 이러한 명령적 의무의 해소는 수탁자가 명해진 작위를 이행함으로써만 해소될 수 있다. 따라서 수탁자는 신탁사무를 처리함에 있어 추상적 선관의무를 부담하고, 이러한 선관의무를 이행하기 위해 선량한 관리자의 주의를 적극적으로 베풀어야 한다. 구체적으로 신탁재산을 적극적으로 분별관리해야 하고, 장부 등 서류를 작성·보존 및 비치해야 하고, 수익자의 서류열람 청구 혹은 신탁사무 처리에 관한 설명 요구시 적극적으로 열람시켜 주거나 설명을 해주어야 하고, 신탁금전을 명령된 대로 운용하여야 한다.

2) 작위적 의무의 변화: 전문화 경향

과거에는 수탁자의 작위적 의무는 별로 중요하지 않았다. 영미에서도 마찬가지였다. 신탁은 주로 가족 부동산인 가산의 승계적 기능을 수행하기 위해 설정되었고, 또 가족신탁 수탁자의 신탁재산에 대한 처분권한은 가산승계를 위해 무력화되어 있었기 때문이다. "이러한 전통적 신탁에서 수탁자의 신탁재산 처분권한은 박탈되어 있었으므로 수탁자의 역할은 단순한 보관 관리만 하다가 잔여권자에게 신탁재산을 인도하는 것이었다. 따라서 이 시기 수탁자의 신탁재산에 대한 주의의무의 정도는 '자기의 재산'에 대한 주의의무만 지면 충분하였다."[61] 하지만 산업화의 영향으로 회사가 생기고 이에 따른 주식과 사채

58) 대법원 2006.6.9. 선고 2004다24557판결; 최동식, 『신탁법』(2006), 181면.
59) 윤태영, "신탁수탁자의 선관주의의무", 『비교사법』, 제22권 제2호(2015)(이하, '윤태영'), 527면, 544면; 가정준, "신탁재산에 대한 수탁자와 수익자의 권리－DCFR 신탁법을 중심으로", 『외법논집』, 제37권 제3호(2013), 149면, 156면; 이연갑, "위임과 신탁", 29면.
60) 제2장 IV. 1. (3)(이중기, "주의의무와 충실의무법리의 분화와 발전", 349면, 368면) 참조.
61) 제2장 II. 2. (1)(위의 논문, 353면) 참조.

의 등장은 영국에서 금융업의 발전을 초래하였다. 그리고 이에 따라 신탁의 기능과 수탁자의 역할은 획기적으로 전환되게 된다. 신탁재산의 형태가 가산인 부동산이 아니라 금전, 주식, 채권과 같은 금융자산으로 바뀌고, 신탁설정 목적이 가족 부동산의 소극적 유지가 아니라 금융자산의 적극적 운용으로 전환됨에 따라 전문 수탁자의 운용권한과 적극적 운용의무가 중요하게 된 것이다.[62]

### (4) 신탁사무의 위임금지, 자기집행의무는 충실의무인가?

수탁자에 대해 제3자에 대한 신탁사무의 위임을 금지하는 '신탁사무의 위임금지' 혹은 수탁자의 '자기집행의무'(제42조)는 충실의무로서 포섭되는가? 충실의무란 본인과의 관계에서 신뢰를 부여받은 충실의무자로 하여금 본연의 의무의 이행을 촉진 혹은 강제하기 위해 본연의 의무의 이행에 있어 이익충돌에 들지 못하도록 하고, 그 지위를 이용해 이익을 향유하지 못하도록 하는 금지적 의무로 볼 수 있다. 따라서 수탁자에 대한 신뢰에 기반해 수탁자로 하여금 본연의 의무인 신탁사무의 적절한 이행을 촉진 혹은 강제하기 위해 부과된 '신탁사무의 위임금지'는 '금지적' 충실의무로 볼 여지가 있다. 또한 금지적 충실의무의 실현을 위한 방편으로 볼 수 있는 명령적 의무는 충실의무에 포섭될 수 있으므로, 신탁사무의 위임금지를 실현하기 위해 작위적 의무형식으로 수탁자에 부과된 소위 '자기집행의무'도 충실의무로서 포섭될 수 있다고 본다.

그런데, 신탁재산이 단순하고 수탁자의 역할도 단순하였던 과거에는 위탁자의 수탁자에 대한 특별한 신뢰를 보호하기 위해 신탁사무의 위임을 금지할 만한 정당성이 인정되었고, 신탁사무의 위임금지는 타당한 법원칙으로 승인되었다.[63] 하지만, 신탁재산의 변화에 따라 자산운용형 신탁이 등장하고 이러한 신탁의 역할이 적극적 운용으로 전환됨에 따라 '부동산 및 다양한 금융자산'에 대한 운용을 각 자산의 전문가에게 위임하는 것이 오히려 유리한 상황이 전개되었다. 따라서 신탁사무의 위임금지 원칙이 현대적 자산운용신탁에서 본연의 의무인 자산운용의 효율성을 촉진 혹은 강제하기 위한 충실의무법원칙으로서 여전히 유효한지에 대해서는 의문이 발생한다.[64] 현재 영국, 미국,

62) 제2장 II. 4.(위의 논문, 357면) 참조.
63) 이중기, "신탁업무의 외부위탁", 355면, 357면.
64) 위의 논문, 363면.

일본 등에서는 수탁자의 신탁사무 위임금지 원칙은 수탁자가 재량으로 위임할 수 있는 원칙으로 변경되고 있다.[65]

## 2. 회사법이 규정한 충실의무와 선관의무의 작동방식

### (1) 이사의 충실의무와 선관의무

상법이 규정하고 있는 이사의 여러 의무는 다음과 같다:

(ⅰ) 이사의 선관의무(제382조 제2항)

(ⅱ) 이사의 충실의무(제382조의3)

(ⅲ) 이사의 비밀의 유용과 누설금지(제382조의4)

(ⅳ) 이사회 출석 이사의 이사록 서명의무(제391조의3 제2항)

(ⅴ) 이사의 감시의무(제393조 제2항의 유추적용 등)

(ⅵ) 이사의 보고의무(제393조 제4항)

(ⅶ) 이사의 정관등의 비치, 공시의무(제396조)

(ⅷ) 이사의 경업금지, 겸직금지(제397조)

(ⅸ) 회사의 기회 및 자산의 유용금지(제397조의2)

(ⅹ) 이사의 자기거래금지(제398조)

이러한 이사의 여러 의무 가운데, 충실의무에 해당하는 의무로는 (ⅱ), (ⅲ), (ⅷ), (ⅸ), (ⅹ)를 들 수 있다. 그런데, 이사의 충실의무 규정방식과 관련해 상법은 '회사를 위하여' 직무를 수행할 이사의 추상적 충실의무는 포괄적으로 선언하고 있지만(제382조의3), 충실의무의 양대원칙인 '이익충돌금지' 원칙, '이익향수금지' 원칙은 명시적으로 선언하고 있지 않다. 즉 회사법은 신탁법과 달리 양대원칙의 선언은 생략한 채, '이익충돌금지' 원칙의 구체적 적용례인 이사의 경업금지, 겸직금지, 자기거래금지 등 구체적 충실의무 유형만 규정하고 있고, 동시에 '이익향수금지' 원칙의 구체적 적용례인 비밀유용금지, 회사의 기회 및 자산의 유용금지 등 구체적 충실의무 유형만 규정하고 있다.

한편 회사법은 충실의무자인 이사가 회사사무의 처리에 있어 부담해야 할 선관의무에 대해 규정하고 있다. 즉, 제382조에서 "회사와 이사의 관계는

65) 위의 논문, 364면 이하 참조.

민법의 위임에 관한 규정을 준용한다"고 선언함으로써 수임인의 선량한 관리자의 주의의무가 이사에 준용됨을 명시적으로 밝히고 있다. 이사가 회사사무의 처리에 있어 부담하는 추상적 선관주의의무는 구체적인 업무집행상황에서 여러 가지 형태로 나타나는데, 특히 경영판단시의 주의의무, 다른 이사의 업무집행을 감시·감독할 의무, 이사회 출석의무, 이사회에 대한 보고의무 등의 형태로 나타난다.

(2) 이사의 충실의무와 그 작동방식: 사전금지적 의무

앞서 본 것처럼, 충실의무법은 충실의무자가 '무엇을 해야 하는가?'를 발견하는 법체계가 아니라, 충실의무자가 본연의 의무를 행함에 있어 '무엇을 하지 않아야 하는가?'를 발견하는 법체계로서 발전되어 왔고, 따라서, 본인에 대해 '충실해야 할 의무'(duty of loyalty to principal)인 충실의무는 일정한 행위를 금지하는 형태(prohibition)로 나타난다.[66] 우리 회사법도 이사의 충실의무를 동일한 형태의 금지적 의무로 규정한다. 문제는 우리 회사법이 이익충돌금지 원칙과 이익향유금지 원칙을 선언함이 없이 직접 구체적 충실의무 유형만 규정하고 있다는 점이다.

1) 이익충돌금지 원칙과 구체적 충실의무 유형

회사법은 신탁법과 달리 양대 원칙의 선언은 생략한 채, '이익충돌금지' 원칙의 구체적 적용례인 이사의 경업금지, 겸직금지, 자기거래금지 등 구체적 의무유형을 직접 규정한다. 따라서 이사의 이익상충행위가 경업금지, 겸직금지, 혹은 자기거래금지의 유형에 해당하지 않은 경우, 이러한 이익상충행위가 금지되는지 여부, 금지된다면 어떻게 금지되는지 그 근거가 문제될 수 있다. 하나의 해석은 제382조의3이 규정한 이사의 '포괄적' 충실의무규정으로부터 경업금지, 겸직금지 혹은 자기거래금지에 해당하는 않는 이사의 이익상충행위도 금지된다고 해석하는 것이다. 하지만, 제382조의3이 규정한 이사의 충실의무규정을 단순한 선언적 규정이라고 해석[67]한다면, 경업금지 등 명시적 이익충돌 유형에 해당하지 않는 이사의 이익상충행위의 금지 근거를 찾는 작업은

66) 앞의 II. 1. (1) 참조.
67) 예를 들어, 이철송, 『회사법강의(제22판)』(2014), 721면.

어려움에 봉착할 수 있다. 이러한 해석을 극복하기 위해 이사의 지위를 수탁자에 준하는 자로 보고, '준수탁자'인 이사에 대해서는 수탁자에 적용되는 이익충돌금지 원칙과 이익향수금지 원칙이 준용된다는 해석론이 전개되었다.[68] "이론구성은 어떻든 이제 우리 상법상으로도 주식회사 이사가 미국법상의 주의의무와 충성의무에 상응하는 의무를 부담한다는 점을 부정하기는 어렵다"고 본다.[69]

2) 이익향유의 금지와 구체적 충실의무 유형

마찬가지로 회사법은 '이익향유금지' 원칙을 선언하지 않고 직접·구체적 충실의무 유형인 회사비밀의 유용금지, 회사기회의 유용금지를 규정하기 때문에, 이사의 이익향유행위 유형이 회사비밀의 유용 혹은 회사기회의 유용에 해당하지 않는 경우, 예를 들어 이사의 지위를 이용해 제3자로부터 이득을 수령한 경우, 이를 어떻게 금지시킬 것인가가 문제된다. 제382조의3이 규정한 이사의 포괄적 충실의무규정으로부터 회사비밀유용, 회사기회유용에 해당하지 않는 이사의 이익향유행위도 금지된다고 해석할 수 있다. 마찬가지로, 이사의 지위를 수탁자에 준하는 자로 보고, 준수탁자인 이사에 대해서 수탁자에 적용되는 이익향수금지 원칙이 준용된다고 볼 것이다.[70]

(3) 이사의 선관의무와 그 작동방식: 명령적 의무

1) 작동방식: 작위적 명령과 이행을 통한 의무의 해소

상법은 이사가 회사사무를 처리함에 있어 부담하는 추상적 선관의무를 제382조 제2항에서 선언한 다음, 추상적 선관의무가 적용된 구체적 선관의무의 유형으로서 다른 이사의 업무집행을 감시·감독할 의무, 이사회 출석의무, 이사회에 대한 보고의무 등을 규정한다. 이러한 이사의 추상적 선관의무 및 구체적 선관의무들은 모두 이사에 대해 회사사무의 처리에 있어 작위를 명하는 명령적 의무이다. 따라서 이사는 자신에게 부과된 이러한 작위적 명령을 적극적으로 이행하여야만 회사에 대해 부담하는 작위적 의무를 해소할 수 있다.

---

68) 제4편 제2장 II. 3. (2) 1)(이중기, "충실의무자의 이익향유금지", 537면) 참조.
69) 김건식, 『회사법』(2015)(이하, '김건식'), 385면; 제3편 제2장 II. 2. (3)(이중기, "이사의 충실의무의 강행성 여부와 충실의무에 대한 사적 자치", 1302면 이하) 참조.
70) 제4편 제2장 IV. 1.(이중기, "충실의무자의 이익향유금지", 546면) 참조.

2) 주식회사의 영리성에 기초한 특수한 작위의무 I: 경영위험의 감수의무

그런데, 주식회사의 영리성 및 이사의 기관성은 주식회사 이사에 대해 이사로서의 주의의무를 다함에 있어 특별한 작위를 명한다. 즉, 주식회사 이사는 전문경영을 위해 출연자인 주주들이 특별히 선임한 회사의 기관이다. 따라서 주식회사 이사는 주주들의 출연목적인 '회사의 최대이익'을 달성하기 위해 최선을 다해야 하고, 이러한 '회사이익의 극대화'를 위해 경영위험을 감수해야 한다. 이러한 점에서 주식회사 이사는 경영위험을 적극적으로 선택해야 할 의무가 있고 동시에 그에 따른 위험을 감수해야 한다.

주식회사법은 이사로 하여금 이러한 경영위험의 선택을 적극적인 의무로 강제할 뿐만 아니라, 동시에 이러한 적극적 작위의무의 이행 결과 그것이 회사에 손실을 끼치더라도 그 위험의 선택이 합리성을 갖는 한 이사의 판단을 경영판단으로서 보호[71]해 준다.

3) 이사의 기관성에 기초한 특수한 작위의무 II: 재량행사적의 타당성심사 의무

주식회사의 영리성 및 이사의 기관성은 또 다른 관점에서 이사에게 특별한 작위를 명한다. 즉 주식회사의 영리성은 기관인 이사로 하여금 경영위험의 선택을 강제하기 때문에 기관인 이사에 대해 절대적 경영권을 부여한다. 그런데, 이러한 절대적 경영권은 대내외적인 관계에서 특별한 제한을 가하지 않는 한 무제한적인 것이므로, 회사법은 이사로 하여금 자신의 재량을 행사함에 있어 행사목적의 타당성을 스스로 심사할 것을 요구한다.

이와 같이 주식회사법은 기관인 이사로 하여금 완전한 경영판단 재량을 행사할 수 있도록 하기 위해 무제한인 업무집행권과 대표권을 인정하면서, 동시에, 이러한 권한행사의 남용을 방지하기 위해 이사에 대해 '주관적'으로 권한행사 목적의 타당성(proper purpose)을 심사하도록 한다. 우리 회사법은 대표이사가 회사의 이익이 아니라 자기 또는 제3자의 이익을 위해 대표권을 행사한 경우, '대표권남용'으로서 대표행위의 효력을 부인하는 법리를 인정하고 있는데, 이러한 '대표권남용' 법리[72]는 이사에 대하여 대표권행사 목적의 주관적

71) 경영판단에 대한 사법심사유보의 정당성에 대해서는 이중기, "'지배권 프리미엄'의 표현으로서의 '다수지배원칙'과 통제장치로서의 '지배주주의 충실의무'", 『상사법연구』, 제32권 제1호(2013), 251면, 269면 이하.

심사를 명하는 대표적인 예로 볼 수 있다.

## Ⅳ. 우리 법상 충실의무의 역할과 지위

### 1. 충실의무법의 역할: 기본관계의 보충적 역할

대표적 충실의무자인 수탁자와 이사의 예에서 본 것처럼, 우리 법에서도 충실의무는 이익충돌을 금지하는 혹은 이익향유를 금지하는 '금지적 의무'로 이해할 수 있고, 선관의무는 '위임 내용에 따라 위임사무를 처리하여야 하는' '명령적' 의무(prescriptive duty)로 이해할 수 있다. 따라서 이러한 충실의무와 선관의무의 작동방식의 차이로부터 우리도 '충실의무와 선관의무의 관계'를 정립할 수 있으며, 또한 충실의무자가 수행해야 하는 선관의무의 이행과 관련해 '충실의무가 수행하는 보충적 역할'을 도출할 수 있다.

#### (1) 충실의무와 선관의무의 관계

앞서 본 것처럼, 영국 충실의무법은 자족적인 법체계가 아니고, 또한 '금지적 의무'만을 부과하는 것으로 이해하기 때문에, 법원이 어떤 자의 '충실의무자 지위'를 인정하는 것만으로는 명령적 의무가 부과될 수 없다.[73] 마찬가지로, 우리 사법체계에서 충실의무자에 대해 특정한 작위명령을 부과하기 위해서는 신뢰에 기한 충실의무관계의 인정과는 별도로 그러한 작위를 명하는 기본적 계약관계, 제정법 혹은 판례법 등이 따로 존재해야 한다. 예를 들어, '지위에 기한 충실의무자'인 이사, 수탁자, 변호사 등에 부과되는 선관의무는 그러한 지위에의 선임계약에 기해 부과되는 본연의 의무이다. 따라서 영국에서와 마찬가지로 우리나라에서도 충실의무는 기본관계를 전제한다고 볼 수 있고, 이사·수탁자·변호사 등이 지는 충실의무는 이들이 기본관계에서 지는 본연의 의무, 즉 사무처리의무의 원만한 이행을 위해 부수적으로 부과되는 의무[74]라고 볼 수 있다,

72) 자세히는 김건식, 370면; 김홍기, 573면; 송옥렬, 986면; 이철송, 689면.

73) II. 4. (1).

74) 충실의무의 보충적 부수의무성에 대해서는 제5편 제5장 I. 4. (3) (이중기, "충실의무와 이익충돌", 80-81면) 참조.

### (2) 충실의무법의 역할: 기본의무의 보충적·보조적 역할

이와 같이 충실의무법의 역할은 우리 법하에서도 당사자 사이의 관계가 신뢰와 신임 관계로 발전한 예외적인 경우 추가적으로 '금지적 의무'를 부과함으로써 선관의무와 같은 본연의 의무의 이행을 촉진 혹은 강제하는 보조적 역할을 수행한다고 볼 수 있다. 대표적인 예가 수탁자와 이사의 충실의무이다. 신탁법 혹은 회사법은 수탁자와 이사에 대해 본연의 의무로서 신탁재산 관리의무와 회사재산 관리의무를 부과하는데, 동시에 추가적으로 이익충돌금지의무 혹은 이익향수금지의무를 부과함으로써 수탁자 혹은 이사가 본연의 의무로서 부담하는 신탁재산 관리의무와 회사재산 관리의무의 원활한 이행을 촉진 혹은 강제한다.

## 2. '명령적 작위의무'의 부과는 충실의무법의 역할인가?: 신의칙상 '보호의무', '설명의무'와 관련하여

앞서 본 것처럼, 명령적 의무는 충실의무로서 부과되지 않지만, 의무위반의 공시의무와 같은 명령적 의무를 충실의무 개념으로 포섭하려는 새로운 견해가 영국에서 등장한 바 있다.75) 우리 법하에서 의무위반의 공시의무와 같은 명령적 의무는 어떻게 파악할 수 있는가? 이와 관련해 우리 대법원은 신의칙의 한 유형으로서 '보호의무' 개념을 발전시키고 있다. 대법원이 인정한 이러한 보호의무가 금지적 의무인지 혹은 명령적 의무인지에 대해 살펴보고, 이러한 보호의무를 충실의무의 한 유형으로 파악할 수 있는지 다음 세 가지 상황에 대해 살펴보자.

### (1) 신의칙상 보호의무 유형 I: 증권회사의 투자자 보호의무, 설명의무

대법원은 증권사가 ELS를 운용하는 경우 이해가 상충하는 투자자에 대해 부담하는 증권사의 보호의무를 다음과 같이 설시한 바 있다:

> "증권회사는 유가증권의 발행, 매매 기타의 거래를 함에 있어 투자자의 신뢰를 저버리는 내용 또는 방법으로 권리를 행사하거나 의무를 이행하여 투자자의 보호나 거래의 공정을 저해하여서는 안되므로 투자자와의 사이에서 이해가 상충하지 않

75) 앞의 II. 2. 참조.

도록 노력하고, 이해상충이 불가피한 경우에는 투자자가 공정한 대우를 받을 수 있도록 적절한 조치를 취함으로써 투자자의 이익을 보호하여야 하며, 정당한 사유 없이 투자자의 이익을 해하면서 자기 또는 제3자의 이익을 추구하여서는 안된다.

따라서 증권회사가 약정 평가기준일의 기초자산 가격 또는 지수에 연계하여 투자수익이 결정되는 유가증권[ELS]을 발행하여 투자자에게 판매한 경우에는, 증권회사가 기초자산의 가격변동에 따른 위험을 회피하고 자산운용의 건전성을 확보하기 위하여 위험회피거래를 한다고 하더라도, 약정 평가기준일의 기초자산 가격 또는 지수에 따라 투자자와의 사이에서 이해가 상충하는 때에는 그와 관련된 위험회피거래는 시기, 방법 등에 비추어 합리적으로 하여야 하며, 그 과정에서 기초자산의 공정한 가격형성에 영향을 끼쳐 조건의 성취를 방해함으로써 투자자의 이익과 신뢰를 훼손하는 행위를 하여서는 안된다."[76]

이 판결에서 대법원은 '증권의 발행, 매매 기타의 거래'를 함에 있어 투자자의 이익을 해하면서 자기 또는 제3자의 이익을 추구하는 행위를 금지하는 '금지적' 충실의무를 선언함으로써 증권회사의 '충실의무자 지위'(fiduciary status)를 인정한다. 이러한 금지적 의무는 증권의 발행, 매매 기타 거래를 본연의 업무로 하는 증권사에 대해 법원이 투자자의 신뢰를 보호하기 위해 부과한 보충적 의무로 이해할 수 있다. 동시에 대법원은 '이해가 상충하지 않도록 노력'해야 하고 '적절한 조치를 취함'으로써 투자자의 이익을 적극적으로 보호할 '명령적' 의무를 부과한다, 그런데, 이러한 명령적 의무는 이익추구를 금지하는 금지적 충실의무의 실현을 위한 구체적 방편으로 볼 수 있다. 따라서 대법원은 원칙적으로 증권회사에 대해 '금지적' 충실의무를 부과하면서, 이러한 '금지적' 의무의 실현을 위해 필요한 명령적 의무를 함께 부과한 것으로 볼 수 있다. 앞서 본 것처럼, 영국에서 금지적 충실의무의 실현을 위한 명령적 의무는 금지적 충실의무의 연장으로서 파악된다. 우리 법하에서도 이러한 명령적 의무는 금지적 충실의무의 실현을 위한 방편으로 볼 수 있으므로 충실의무에 포섭된다고 본다. 따라서 대법원이 이 판결에서 설시한 투자자의 보호의무는 충실의무의 한 유형으로 파악할 수 있다.

한편 대법원은 고객과 장외파생상품 거래를 하는 금융기관이 부담하는

76) 대법원 2015.5.14. 선고 2013다2757판결.

설명의무에 대해서 다음과 같이 설시한다.

> "금융기관이 일반 고객과 사이에 전문적인 지식과 분석능력이 요구되는 장외파생상품 거래를 할 때에는, 고객이 당해 장외파생상품에 대하여 이미 잘 알고 있는 경우가 아닌 이상, 그 거래의 구조와 위험성을 정확하게 평가할 수 있도록 거래에 내재된 위험요소 및 잠재적 손실에 영향을 미치는 중요인자 등 거래상의 주요 정보를 적합한 방법으로 명확하게 설명하여야 할 신의칙상의 의무가 있다."77)

금융기관이 파생상품거래를 하는 일반고객에게 부담하는 신의칙상 설명의무는 충실의무로 포섭될 수 있는가? 이러한 설명의무는 적극적 설명이라는 작위를 명한다는 점에서 명령적 의무이지만 금지적 충실의무의 방편으로서 부과되는 경우 충실의무로 포섭될 수 있다.78) 또, 금융기관과 파생상품거래를 하는 일반고객의 관계는 고객의 금융기관에 대한 신뢰를 보호해 줄 필요성이 있는 경우 이익상충이 금지되는 충실의무관계로 발전할 수 있다. 따라서 신의칙상 설명의무가 충실의무로 포섭되기 위해서는 먼저 (i) 금융기관을 충실의무자로 인정할 수 있어야 하고, 또한 (ii) 설명의무가 금융기관의 이익상충금지의 방편으로서 부과되는 경우여야 한다. 이 판결이 인정한 적극적 설명의무는 파생상품거래를 하는 일반고객의 신뢰보호를 위해 금융기관에 부과된 것으로 보이는데, 당해 금융기관의 이익상충을 금지하는 방편으로서 주요 정보의 공시를 명한다는 점에서 충실의무로 파악할 여지가 있다.

### (2) 신의칙상 보호의무 유형 II: 병원의 입원환자 보호의무

다른 유형의 보호의무에 대해 살펴보자. 대법원은 입원치료를 받는 환자에 대한 병원의 보호의무를 다음과 같이 설시한 바 있다:

> "환자가 병원에 입원하여 치료를 받는 경우에 있어서, 병원은 진료뿐만 아니라 환자에 대한 숙식의 제공을 비롯하여 간호, 보호 등 입원에 따른 포괄적 채무를 지는 것인 만큼, 병원은 병실에의 출입자를 통제·감독하든가 그것이 불가능하다면 최소한 입원환자에게 휴대품을 안전하게 보관할 수 있는 시정장치가 있는 사물함을 제공하는 등으로 입원환자의 휴대품 등의 도난을 방지함에 필요한 적절한 조치를

77) 대법원 2013.9.26. 선고 2011다53683판결.
78) II. 1. (3) 참조.

강구하여 줄 신의칙상의 보호의무가 있다고 할 것이고, 이를 소홀히 하여 입원환자와는 아무런 관련이 없는 자가 입원환자의 병실에 무단출입하여 입원환자의 휴대품 등을 절취하였다면 병원은 그로 인한 손해배상책임을 면하지 못한다."[79]

이 판결에서 대법원은 병원에 대해 입원환자의 휴대품 보호의무를 선언하고 있는데, 병원은 환자에 대해 '입원'에 따른 '포괄적 채무'를 지기 때문에 시건장치가 있는 사물함의 제공 등 휴대품의 도난방지에 필요한 조치를 강구할 '적극적' 보호의무가 있다고 선언한다. 환자의 휴대품 보호를 위하여 사물함의 제공 등 조치를 강구할 의무는 앞서 살펴본 투자자의 보호의무와 달리 '금지적' 의무가 아니라 조치를 명하는 '명령적' 의무이고, 이러한 명령적 의무는 증권사의 ELS 운용시 투자자의 신뢰를 보호하기 위해 이해상충행위를 금지하는 의무와 구별된다. 즉, 여기서 병원이 부담하는 '명령적' 보호의무는 본연의 의무(예: 치료의무)의 이행을 보조하기 위한 부수의무(예: 의료정보의 누설 금지 등)로 구성되는 것이 아니라, '별개'의 본연의 의무인 '입원'에 따른 '포괄적 채무'의 일부, 즉 숙식제공, 간호, 보호와 같은 수준의 의무로서 구성된다.[80] 이러한 병원의 휴대품보호의무의 구조는 증권사의 보호의무가 증권사의 ELS 운용이라는 본연의 의무이행을 보조하기 위해 부과된 것과는 차이를 보인다. 따라서 이러한 명령적 의무는 금지적 충실의무의 실현을 위한 방편으로 볼 수 없으므로 충실의무에 포섭된다고 볼 수 없다. 따라서 대법원이 병원에 대해 설시한 환자의 보호의무는 충실의무의 한 유형으로 파악할 수 없다.

### (3) 신의칙상 보호의무 유형 Ⅲ: 사용자의 피용자 보호의무

또 다른 유형의 보호의무에 대해 살펴보자. 대법원은 사용자가 피용자에 대해 부담하는 보호의무를 다음과 같이 설시한 바 있다:

"사용자는 근로계약에 수반되는 신의칙상의 부수적 의무로서 피용자가 노무를 제공하는 과정에서 생명, 신체, 건강을 해치는 일이 없도록 물적 환경을 정비하는 등 필요한 조치를 강구하여야 할 보호의무를 부담하고, 이러한 보호의무를 위반함으

79) 대법원 2003.4.11. 선고 2002다63275판결.

80) 즉 진료를 위한 입원시, 진료를 위한 관계와 입원관계는 별개로 존재한다고 볼 수 있다. 전자 때문에 후자의 관계가 설정되지만, 환자에 대한 진료의무와 환자에 대한 보호의무는 각각 진료관계와 입원관계라는 두 개의 다른 관계에서 파생된다고 볼 수 있다.

로써 피용자가 손해를 입은 경우 이를 배상할 책임이 있다."[81]

이 판결에서 대법원은 사용자에 대해 피용자의 보호의무를 선언하고 있는데, 피용자가 노무를 제공하는 과정에서 피해를 입는 일이 없도록 사용자가 물적 환경을 정비하는 등 필요한 조치를 강구해야 할 '명령적' 의무를 인정한다. 그런데, 이러한 명령적 의무는 기본관계인 근로계약의 '의무자'인 피용자가 아니라 '권리자'인 사용자에 대해 부과된다는 점에서 앞서 살펴본 병원(의무자)의 환자(권리자)에 대한 보호의무와 그 작동방식이 다르다. 신의칙에 기해 '권리자'에 대해 부과하는 이러한 명령적 보호의무는 충실의무의 역할과 대척점에 있는 신의칙의 다른 작동방식으로 생각된다. 왜냐하면, 충실의무법은 근로계약의 의무자인 '충실의무자'(상업사용인)에 대해 본연의 의무(선관의무)의 이행을 촉진하거나 강제하기 위해 경업금지의무 등을 부과하기 때문이다. 이와 같이, 사용자의 피용자 보호의무는 채권자가 채권을 행사함에 있어 채무의 이행을 강제하기 위한 전제로서 부과된다는 점에서 '채무자'의 보호를 목적으로 하고, 따라서 '본인'의 보호를 위해 기본관계의 채무자에게 충실의무를 부과하는 충실의무법의 작용으로 파악할 수 없다.

### (4) 소 결

충실의무는 본인과의 관계에서 신뢰를 부여받은 충실의무자가 본연의 의무를 이행함에 있어 이익충돌에 들지 못하도록 하고, 그 지위를 이용해 이익을 향유하지 못하도록 하는 금지적 의무이다. 따라서 투자자, 환자, 혹은 사용자와의 관계에서 선관의무를 지는 금융기관, 병원, 근로자 등이 자문/운용, 치료, 근로제공을 하는 과정에서 부담하는 의무이기 때문에, 사용자가 근로자에 대해 부담하는 보호의무와는 그 작동방식이 다른 법리로 볼 수 있다. 또 충실의무의 부과목적은 충실의무자의 본연의 의무인 자문/운용, 치료, 근로제공을 촉진하기 위해 이익충돌 기타 일정한 작위를 금지하는 금지적 의무이다. 따라서 병원이 입원환자에 대해 부담하는 사물함 제공 기타 작위를 명하는 보호의무는 '치료'관계가 아닌 '숙박'관계에 따른 독자적 작위의무로 볼 수 있으므로 충실의무로 포섭할 수 없는 다른 유형의 부수의무로 볼 수 있다.

81) 대법원 1999.2.23. 선고 97다12082판결.

## V. 정리의 말

이 글에서는 먼저 (ⅰ) 충실의무의 작동방식, 및 (ⅱ) 충실의무의 보충적 역할에 대한 영국법상의 논의에 대해 살펴 보았다. 다음으로, (ⅲ) 우리 신탁법과 회사법에서의 충실의무의 작동방식과 충실의무의 보충적 역할에 대해 살펴보고, 마지막으로 (ⅳ) 우리 법상 충실의무의 역할과 지위에 대해 논의해 보았다. 충실의무자는 한편으로는 당사자간의 신뢰와 신임의 관계로부터 사전 금지적 충실의무를 부담하는 반면, 한편으로는 사무처리의 위임관계의 성격으로부터 일정한 작위를 적극적으로 수행해야 하는 명령적 선관의무를 부담할 수 있다. 대표적인 경우가 신탁사무의 처리를 위탁받은 수탁자와 회사사무의 처리를 위탁받은 이사이다. 수탁자와 이사는 한편으로는 신탁 혹은 회사와의 관계에서 이익충돌적 상황에 들지 않아야 할 이익충돌금지의무 혹은 신탁 혹은 회사의 이익을 향수하지 않아야 할 이익향수금지의무를 부담하지만, 동시에 위탁자 혹은 회사가 위임한 사무를 처리해야 하고 이때 일정한 수준의 주의를 적극적으로 행사해야 할 선관의무를 부담한다.

이러한 충실의무와 선관의무의 작동방식의 차이로부터 우리는 '충실의무와 선관의무의 관계'를 정립할 수 있으며, 또한 충실의무자가 수행해야 하는 선관의무의 이행과 관련해 '충실의무가 수행하는 보충적 역할'을 도출할 수 있다. 즉, 충실의무관계는 계약관계, 제정법관계 혹은 판례법 등과 같이 사무처리의무 등을 부과하는 별도의 기본적 관계의 존재를 전제한다. 이러한 기본관계에서 당사자 사이에 신뢰와 신임이 부여되는 예외적인 경우 충실의무법은 이러한 기본적 관계에 대해 추가적인 충실의무를 부과함으로써 충실의무자가 기본관계에서 부담한 본연의 의무인 사무처리의무의 이행을 원활하게 하는 '보충적 역할'을 수행한다.

## [참고문헌]

김건식, 『회사법』, 2015.
김홍기, 『상법강의』, 2015.
송옥렬, 『상법강의(제5판)』, 2015.
이철송, 『회사법강의(제22판)』, 2014

Birks, *An Introduction to Law of Restitution*(1985).
Gower & Davies, *Principles of Modern Company Law*(9th ed., 2012).
Hanbury & Martin, *Modern Equity*(19th ed., 2012).
Choong-Kee Lee, "Conflicts of Interest in Securities Firms: On Fiduciary Law, Confidentiality and Corporate Personality"(1994) (PhD Thesis, Sheffield University, UK).
Law Commission CP No. 124, Fiduciary Duties and Regulatory Rules(1992).
Maitland, *Equity*(2nd ed., 1936).
*Sealy & Worthington's Cases and Materials in Company Law*(10th ed., 2013).
Virgo, *The Principles of Equity & Trusts*(2012).

가정준, "신탁재산에 대한 수탁자와 수익자의 권리－DCFR 신탁법을 중심으로", 『외법논집』, 제37권 제3호(2013).
권재열, "상법 제382조의3(이사의 충실의무)의 존재의의", 『상사판례연구』, 제22집 제1권(2009).
김현경, "상법상 이사의 충실의무에 관한 고찰", 『중앙법학』, 제14집 제1호(2012).
박기령, "이사의 선관의무와 충실의무의 법사학적 기원에 관한 고찰", 『상사법연구』, 제30권 제2호(2011).
장근영, "영미법상 신인의무 법리와 이사의 지위", 『비교사법』, 제16권 제1호(2008).
이철송, "선관주의의무와 충실의무에 관한 이론의 발전과 전망", 『비교사법』, 제22권 제1호(2015).
안성포, "신탁법상 수탁자의 충실의무에 관한 고찰－2009년 법무부 개정안을 중심으로", 『상사판례연구』, 제22권 제4호(2009).
윤태영, "신탁수탁자의 선관주의의무", 『비교사법』, 제22권 제2호(2015).
이연갑, "수탁자의 보상청구권과 충실의무", 『민사판례연구(XXX)』, 2008.
______, "개정 신탁법상 수탁자의 권한과 의무, 책임", 정순섭·노혁준, 『신탁법의 쟁점(제1권)』, 2015.

______, "위임과 신탁: 수임인과 수탁자의 의무를 중심으로", 『비교사법』, 제22권 제2호 (2015).

이중기, "금융기관의 충실의무와 이익충돌, 그 해소방안: 정보차단장치 및 공시와 승인의 법적 효력을 중심으로", 『증권법연구』, 제7권 제2호(2006).

______, "신의칙과 위임법리에의 접목을 통한 충실의무법리의 확대와 발전", 『홍익법학』, 제12권 제2호(2011).

______, "신탁법에 기초한 영미 충실의무법의 계수와 발전", 『홍익법학』, 제12권 제1호 (2011).

______, "신탁업무의 외부위탁에 대한 규제방안", 『홍익법학』, 제11권 제1호(2010).

______, "신탁재산의 변화에 따른 투자법의 등장과 수탁자의 주의의무, 충실의무 법리의 분화와 발전", 『상사법연구』, 제34권 제2호(2015).

______, "이사의 충실의무의 강행성 여부와 충실의무에 대한 사적 자치", 『비교사법』, 제22권 제3호 (2015).

______, "지배권 프리미엄의 표현으로서의 다수지배원칙과 통제장치로서의 지배주주의 충실의무", 『상사법연구』, 제32권 제1호(2013).

______, "충실의무자의 이익향유금지", 『홍익법학』, 제16권 제3호(2015).

______, "회사지배구조의 변동과 관련한 이사와 지배주주의 의무", 『한림법학 FORUM』, 제6권(1996).

최나진, "신탁법상의 충실의무에 대한 소고", 『법학연구』, 제16집 제1호(2013).

M. Conaglen, "The Nature and Function of Fiduciary Loyalty", [2005] 121 *L.Q.R.* 452.

Flannigan, "The Fiduciary Obligations", [1989] 9 *O.J.L.S.* 285.

Ho & Lee, "A Director's Duty to Confess: A matter of Good Faith?" (2007) 66 *CLJ* 348.

Millett, "Equity's Place in the Law of Commerce" (1998) 114 *L.Q.R.* 214.

R. Flannigan, "Fiduciary Duties of Shareholders and Directors" [2004] *J.B.L.* 277.

R. Nolan, "A Fiduciary Duty to Disclose?" (1997) 113 *L.Q.R.* 220.

P. Parkinson, "Fiduciary Law and Access to Medical Records: Breen v Williams" (1995) 17 *Sydney L. Rev.* 433.

L. Smith, "Fiduciary relationships: ensuring the loyal exercise of judgement on behalf of another", [2014] 130 *L.Q.R.* 608.

S. Worthington, "Fiduciaries: When is Self-Denial Obligatory?" (1999) 58 *C.L.J.* 500.

# 제 2 장 주의의무와 충실의무법리의 분화와 발전*

## Ⅰ. 머리말

이하에서는, 먼저 영미에서 산업사회의 발전으로 인한 신탁재산의 변화에 따라 신탁투자법(trust investment law)이 어떻게 등장했는지, 또 투자법의 발전에 따라 수탁자의 주의의무와 충실의무가 어떻게 분화·발전되어 왔는지를 살펴본다. 다음으로, 일본에서 어떻게 신탁법을 계수했는지 그리고 일본 신탁법에서 수탁자의 선량한 관리자의 주의의무가 어떠한 맥락에서 입법되었는지를 살펴본다. 끝으로 한국에서의 수탁자의 선관주의의무를 어떻게 해석해야 하는지를 살펴본다. 이와 관련해 수탁자의 선관의무 개념은 '신탁사무'의 개념을 반영해야 하고, '신탁사무'는 위임의 개념뿐만 아니라 임치의 개념도 포섭할 수 있는 융통성 있는 개념이어야 함을 지적한다.

마지막으로 타인재산의 수탁 혹은 투자재량의 부여로 인한 이익충돌 문제는 주의의무를 강화하는 방식이 아닌 충실의무 개념으로 해결해야 할 영역이라는 점을 강조해 본다.

* 이 장은 이중기, "신탁재산의 변화에 따른 투자법의 등장과 수탁자의 주의의무, 충실의무 법리의 분화와 발전", 『상사법연구』, 제34권 제2호(2015)에 기초하였음.

## Ⅱ. 신탁재산의 변화에 따른 수탁자의 권리·의무의 발전: 영미의 논의를 중심으로

### 1. 신탁재산의 변화에 따른 신탁의 기능과 수탁자의 역할 변화

#### (1) 전통적인 신탁의 기능과 신탁재산의 형태, 수탁자의 역할: 승계적 신탁

영미에서 전통적인 신탁은 가문의 재산, 특히 가문의 부동산의 양도(conveyance)를 위하여 설정되는 것이 일반적이었다. 따라서 이러한 시절에는 신탁재산은 주로 부동산이었고, 신탁설정의 목적은 가문의 부동산의 상속인에 대한 증여적 승계가 주된 목적이었다.[1] 이러한 시절에 설정된 신탁에서 수탁자의 역할은 단순하였다. 즉 수탁자는 통상 생애권자(life beneficiary)로서 자신의 생존기간 동안 신탁재산을 사용하면서 보관하다가, 사망시 자신의 상속인 등에게 수탁자의 지위와 수익권 등이 승계되었다. 이러한 가족신탁에서 수탁자가 할 수 있는 역할은 많지 않았다. 단순히 신탁재산을 수익하면서 보관하면 족하였고, 이 시절 수탁자는 가족과 같은 일반인이 무상으로 수탁자 역할을 수행하였다.

#### (2) 운용형 신탁의 등장과 신탁재산의 형태, 수탁자의 역할 변화

그런데, 17세기부터 시작된 산업화의 영향으로 인해 영국에서는 국왕의 허가를 받는 초기 회사(소위 the regulated company), 즉 법인격 없는 회사의 형태가 등장하는데, 이 회사 사원 사이에 조합(partnership) 개념이 침투하면서 joint stock 개념이 형성되고, 각 사원들의 사업에 대한 위험과 수익의 합유가 이루어지게 된다. 또 joint stock에 대한 각 사원의 share의 개념이 인식됨에 따라 joint stock과 share에 대한 가격이 형성되고, stock과 share의 가격을 제시한 paper가 등장하고, 이들 자산에 대한 거래 메커니즘과 매도옵션(put option), 매수옵션(call option) 등이 이들을 전문적으로 거래하는 중개인(broker), 매매업자(jobber)의 등장과 함께 생성되게 된다.[2] 드디어 '금융자산'이 등장하

1) Moffat, *Trust Law*(5th ed., 2009), pp.35-44; Virgo, *The Principles of Equity & Trusts*(2012), p.41; Sin, *The Legal Nature of the Unit Trust*(1997)(이하, 'Sin'), p.187; J. Langbein, "The Contractarian Basis of the Law of Trust", 105 *Yale L.J.* 625, 632(1995)(이하 Langbein, "The Contractarian Basis of the Trust Law").

2) Sin, p.9 이하.

게 된 것이다.

금융자산이 축적되면서 신탁재산의 형태는 급격하게 변화하기 시작하는데, 이에 따라 전통적인 신탁의 기능도 서서히 달라지기 시작한다. 즉 축적된 금융자산의 등장으로 인해 신탁의 기능은 조상의 부동산의 증여적 '승계'보다는 금융자산의 '운용'을 위해 설정되기 시작하였다.[3] 또 이러한 운용목적의 신탁에서는[4] 수탁자의 역할이 보다 중요하게 되었다. 즉 이러한 신탁에서 수탁자는 보관자 역할만 하면 충분한 전통적 수탁자와 달리 금융자산의 운용능력을 보유해야 하고 변화하는 시장상황에 맞추어 신탁재산을 운용해야 하였다. 이러한 수탁자는 전문가여야 하므로, 보수를 받는 전문수탁자들이 등장하게 된다. 신탁업이 하나의 산업으로서 형성된 것이다.

## 2. 수탁자의 역할변화에 따른 수탁자의 권리·의무의 변화

### (1) 전통적 신탁에서의 수탁자의 권리·의무: 소극적, 보관적

신탁재산을 수탁자 명의로 보유하는 신탁관계에서 신탁재산 혹은 수익자 보호장치는 언제나 중요하다. 그런데, 전통적 신탁에서 신탁재산 혹은 수익자 보호장치는 어떠한 방식으로 작동하였는가? 전통적 신탁에서 수탁자는 통상 신탁재산인 부동산에 대해 생애 동안 수익권을 가지고 있었고, 그 재산은 계속 승계될 것이 예정되어 있었다. 이러한 신탁에서 신탁재산 혹은 다른 수익자의 이익을 보호하기 위한 확실한 장치는 수탁자의 신탁재산에 대한 '거래권한을 무력화(disempowerment)'시키는 것이었다.[5] 전통적 신탁에서 수탁자는 가산의 명의상 소유권자로서 보관·관리 외의 특별한 임무가 없었고, 또 신탁재

3) Langbein, "The Contractarian Basis of the Trust Law", p.638; Sin, p.187 이하; J. Langbein, "The Secret Life of the Trust: The Trust as an Instrument of Commerce", 107 *Yale L. J.* 165(1997)(이하 Langbein, "The Trust as a Instrument of Commerce").

4) 대표적인 운용형 신탁으로 투자신탁을 들 수 있다. 투자신탁제도의 태동에 대해서는 Sin, p.19 이하; 박삼철·이중기, "'제도'로서의 투자신탁법제의 기본구조와 발전전략", 『홍익법학』, 제15권 제1호(2014), 533면, III. 1. 이하 참조. 투자신탁의 구조에 대해서는 이중기, "투자신탁제도의 신탁적 요소와 조직계약적 요소", 『한림법학 FORUM』, 제9권 (2000), 59면.

5) Langbein, "The Contractarian Basis of the Trust Law", p.640. 예를 들어, 수인의 공동수탁자를 선임하면 공동수탁자의 만장일치를 요하므로, 각 수탁자는 사실상 거부권을 갖게 된다.

산은 승계될 것이 예정되어 있었기 때문에 신탁재산의 보호장치로서 수탁자의 신탁재산 거래권한을 사실상 무력화시켜도 별다른 문제가 생기지 않았다.

또 이러한 전통적 신탁에서 수탁자의 신탁재산 처분권한은 박탈되어 있었으므로 수탁자의 역할은 단순한 보관·관리만 하다가 잔여권자에게 신탁재산을 인도하는 것이었다. 따라서 이 시기 수탁자의 신탁재산에 대한 주의의무의 정도는 '자기의 재산'에 대한 주의의무만 지면 충분하였다.

(2) 운용형 신탁에서의 수탁자의 권리·의무의 변화

1) 신탁재산에 대한 운용권한의 증대

그런데, 신탁재산의 형태가 조상의 부동산이 아니라 금전, 주식, 채권과 같은 금융자산으로 바뀌고, 신탁설정 목적이 가족 부동산의 '소극적 유지'가 아니라 금융재산의 '적극적 운용'으로 전환됨에 따라 (i) 수탁자의 운용권한을 어떻게 볼 것인가? 그리고 (ii) 신탁재산 혹은 수익자 보호장치를 어떻게 설정할 것인가가 중요한 문제로 대두되게 되었다. 운용형 신탁에서는 수탁자의 '적극적' 운용이 전제되므로, 보존형 신탁에서와 같이 수탁자의 거래권한을 무력화하는 방법(disempowerment)은 채용될 수 없기 때문이다.

운용형 신탁에서는 금융자산 운용이 중요하게 되었으므로 수탁자의 운용재량이 전제되고, 과거와는 반대로 신탁재산에 대한 수탁자의 처분권한이 더 강화되어야 한다. 따라서 미국에서 수탁자의 거래권한은 점점 증대되었고, Uniform Trustees' Powers Act(1964) 등을 통해 수탁자에게 신탁재산의 가치를 증대시킬 수 있는 거래체결권한 등이 인정되었다.[6] 현재 Uniform Trust Code(2000)는 수탁자에 대해 "신탁재산에 대한 완전한 소유권자로서의 권한"을 인정[7]함으로써 신탁재산에 대한 거래권한을 실질적으로 부인하던 보통법상 원칙을 완전히 번복하게 된다.

2) 신탁재산의 '적극적' 운용에 대한 충실의무법과 투자법의 대응

운용형 신탁에서 신탁업계가 수탁자의 운용권한을 증대시키는 조치를 취한 결과 수탁자는 수익자의 이익을 증대시킬 수 있는 운용권을 가짐과 동시에

6) Langbein, "The Contractarian Basis of the Trust Law", p.641.
7) Uniform Trust Code, Section 815(a)(2)(A) 참조.

그 권한을 자신의 이익을 위해 적극적으로 남용할 가능성도 증가하게 되었다. 수탁자의 적극적 운용권한 허용으로 인한 운용권한 남용 문제는 다음 두 가지 방식으로 해결되었다. 하나는 수탁자의 적극적 운용으로 인한 이익충돌 문제를 해결하기 위한 충실의무법(fiduciary law)의 발전이고, 다른 하나는 수탁자의 적극적 운용의 가이드라인을 제공하기 위한 투자법(investment law)의 발전이다. 차례로 살펴보자.

### 3. 변화된 신탁재산의 적극적 운용과 충실의무법의 대응과 발전

#### (1) 충실의무법의 대응과 발전

영국에서 충실의무법 원리는 이미 18세기 초에 확립되고 있었다. 예를 들어, 이익향수금지 원칙(no-profit rule)을 확립한 판결로 간주되는 Keech v. Sanfford는 1726년에 선언된 것이다.[8] 하지만 앞서 본 것처럼, 이 때 신탁은 주로 가산의 보관적 기능을 수행하기 위해 설정되었고, 또 수탁자의 신탁재산에 관한 처분권한은 무력화되어 있었기 때문에 수탁자에 의해 이익충돌상황이 초래되는 경우는 많지 않았다. 따라서 이 시기에 충실의무법은 존재했지만, 그 역할은 현저하지 않았다. 하지만, 부동산 대신 금융자산이 재산의 주된 형태로 등장하고, 금융자산의 운용을 위한 신탁설정이 활성화되면서, 신탁재산의 핵심은 부동산 대신 금융자산으로 변화한다. 또한 수탁자가 금융자산의 운용에 있어 적극성을 띠는 운용형 신탁설정이 활성화되면서, 수탁자의 투자권한과 운용재량의 행사로 인한 이익충돌 현상이 증가하고, 이를 통제하기 위한 충실의무법의 역할이 두드러지게 된다.[9] 바야흐로 본격적인 충실의무법의 시대가 도래하기 시작한 것이다.

#### (2) 충실의무법의 발전에 따른 'fiduciary'라는 법률용어의 정착

충실의무법의 발전과 관련해 특히 이 시기에 'fiduciary'란 용어가 신뢰와 신임 관계를 표창하는 법률용어로 영미 법학계에 정착하게 되었다. Sealy

---

8) Keech v. Sanford 사건 판결에 대해서는 박기령, "이사의 선관의무와 충실의무의 법사학적 기원에 관한 고찰", 『상사법연구』, 제30권 제2호(2011)(이하, '박기령'), 477면, 491면 이하 참조.

9) Langbein, "The Contractarian Basis of the Trust Law", p.642.

교수의 연구에 의하면, "18세기 및 19세기 초반까지도 '신뢰와 신임'(trust and confidence)이란 단어는 현재 신탁법상 의미로 사용되는 '재산의 신탁'이 수반된 신뢰와 신임 관계뿐만 아니라 타인에 대한 약속이나 타인의 사무처리에 대한 의존성이 있는 신뢰와 신임 관계에 대해서도 사용되었고, 이때까지만 해도 영국 법학자들은 'confidence'와 'trust'라는 단어를 신뢰를 의미하는 일반적 의미로 사용하였다….[10] 그러나 판결집이 정비되고 형평법 교과서의 등장 등으로 인해, 'confidence'와 같은 일반적 단어 대신에 기술적 용어를 사용하여 형평법리를 확립하려는 움직임이 법학계에 대두되었다. 이러한 큰 변화 가운데 하나는 'trust'라는 단어가 오늘날과 같은 기술적 의미를 갖는 '재산의 신탁'이라는 의미로 인정되게 되고, 신탁법(law of trust)이 형평법상 '신뢰의 위반'의 영역에서 기술적 법분야로서 독자적으로 발전하게 된 것이다. 즉 이때부터 'trust'라는 용어는 'trust and confidence'로서 사용되었을 때의 의미보다는 '재산의 신탁'이라는 기술적인 용어로 사용되게 된다."[11]

그런데, 문제는 "'trust'라는 용어를 '재산의 신탁'을 설명하는 기술적 의미로 사용하게 되면서, 과거에는 'trusts'라고 표현하였던 다른 상황, 즉 '재산의 신탁'이 수반되지 않는 '신뢰와 신임'(trust and confidence) 관계를 어떻게 표현하는가가 문제되게 되었다. Sealy 교수에 의하면, 이러한 관계를 표현하는 용어로서 'trust'가 더 이상 사용될 수 없게 되자, 대신 등장하게 되는 단어가 'fiduciary'라고 한다. 'fiduciary'라는 단어는 18세기 초의 판례에도 등장하지만 별로 법률가들의 주목을 받지 못하다가, 이때부터 엄격한 신탁관계에 미치지 못하는 '신뢰와 신임 관계'를 묘사하는 일반적 단어로서 광범위하게 사용되기[12] 시작한다."[13] 그리고 이후 'fiduciary'라는 단어에 기반해 'fiduciary law', 즉 충실의무법은 획기적으로 발전하게 된다. "19세기에 'fiduciary'라는 단어가 '신뢰와 신임 관계'를 설명하는 단어로 'trust'를 대체한 이후 2백년 동안 형평법원 그리고 학자들은 'fiduciary'라는 단어를 마치 이전의 형평법원이 'trust'와

10) Sealy, "Fiduciary Relationship", *Cambridge L.J.* 69(1962)(이하, Sealy, "Fiduciary Relationship"), pp.69-70.
11) 제1편 제3장 II. 2. (1)(이중기, "신탁법에 기초한 충실의무법 계수", 29면, 34-35면) 참조.
12) Sealy, "Fiduciary Relationship", pp.71-72.
13) 제1편 제3장 II. 2. (1)(이중기, "신탁법에 기초한 충실의무법 계수", 35면) 참조.

'confidence'를 모든 신뢰와 신임 관계에 사용하듯이 사용하였다. 그 결과 수탁자를 포함해 신뢰와 신임을 받아 본인의 일을 행하는 대리인, 후견인, 변호사 기타 모든 종류의 사람들은 fiduciary라는 명칭으로 통합적으로 불리게 되고 수탁자가 부담하는 loyalty는 fiduciary duty라는 이름하에서 이러한 fiduciary들의 일반적 의무로서 적용되게 되었다."[14)]

## 4. 변화된 신탁재산에 대한 적극적 운용과 신탁투자법의 대응과 발전

앞서 본 것처럼, 신탁재산의 변화에 따른 수탁자의 적극적 운용권한 허용 필요성은 신탁재산 혹은 수익자 보호장치를 새롭게 고안해야 하는 새로운 문제를 야기하였다. 즉 이전에는 수탁자의 처분권한을 무력화(disempowerment)시킴으로써 신탁재산 혹은 수익자 보호를 꾀하지만, 수탁자의 운용재량 필요성이 발생한 결과 다른 방식으로 신탁재산 혹은 수익자 보호 문제를 해결해야 하였다. 이러한 문제는 한편으로는 충실의무법의 발전을 통해 해결하였지만, 다른 한편으로는 수탁자의 투자재량을 직접 규제하는 투자법(investment law)의 발전과 그에 따른 주의의무법의 발전을 야기하였다.

### (1) 투자법의 등장: '법정열거주의' 방식

산업의 발전으로 인해 자산의 형태가 부동산에서 금전, 주식, 채권 등을 포함한 다양한 형태를 취하고, 그 자산의 운용 필요성이 높아짐에 따라 신탁에서 수탁자의 운용재량의 필요성이 등장하였다. 이러한 운용재량의 요구는 수탁자의 투자권한의 자유화와 관련되어 있다. 먼저 영국에서 투자법(investment law)이 어떻게 발전되었는가를 살펴보자. 영국에서 신탁투자는 그 시작이 별로 성공적이지 않았다. 즉 1719년 의회는 수탁자에 대해 South Sea Company의 주식에 대한 투자를 허용하였는데, 그 다음해 소위 South Sea Bubble이 폭발하였고, 이 때 주식가격이 90퍼센트 정도 폭락하게 된다. 이러한 상황에 겁을 먹은 형평법원은 적절한 신탁투자의 대상을 제한하게 되는데(소위 법정열거방식), 처음에는 국채만 인정하다가 후에 일순위 저당권도 허용하게 된다. 그

14) 제1편 제3장 II. 2. (2)(위의 논문, 35-36면) 참조.

후 영국은 수십년간에 걸쳐 여러 입법에 의해 동인도회사의 주식 등 투자대상을 점진적으로 확대하다가, 1961년에 이르러서야 비로소 일반 주식에 대한 투자를 일반적으로 승인하게 된다.15)

한편, 많은 미국의 주(州)도 영국과 비슷한 역사를 가지는데, 대부분의 주는 법원이 승인하거나 입법부가 승인한 '적법한 투자목록'(legal lists) 제도를 발전시키게 된다. 처음에는 이러한 목록에 국채와 일순위 저당권만 있었으나, 일부 주에서는 회사발행 증권도 점차적으로 포함시키게 된다.16) 이러한 '적법한 투자목록' 같은 법정열거방식은 많은 미국의 주에서 20세기 초까지도 계속되었다.17)

(2) '신중한 일반인' 원칙의 등장: '법정열거주의'에서 '자유재량주의'로

하지만, 자본시장에서 점점 다양한 투자대상을 개발함에 따라, 보수적으로 투자대상을 제한하는 '적법한 투자목록' 제도는 완화되기 시작한다. 전문투자자들은 투자에 대해 더 큰 재량을 허용하는 기준, 즉 신중한 투자의무를 요구하였고, 결국 매사추세츠 주법원은 Harvard College v. Amory 사건에서 투자기준으로서 '신중한 일반인' 원칙을 다음과 같이 선언하게 된다.

> "[Trustees should] observe how <u>men of prudence</u> ⋯ <u>manage</u> <u>their own affairs</u>, not in regard to speculation, but <u>in regard to</u> the <u>permanent disposition</u> of their funds, <u>considering</u> the probable <u>income</u>, as well as the probable <u>safety of the capital</u> to be invested."18)

매사추세츠 주법원이 선언한 '신중한 일반인' 원칙은 '적법한 투자목록' 제도와 달리 승인된 투자대상을 지정할 필요가 없게 된다는 점에서 훨씬 진전된 형태의 투자법으로 간주된다. 신중성(prudence)은 합리성(reasonableness)의 다른 말로서, '신중한 일반인 원칙'(prudent man rule)은 과실법에서 발전된 '합

15) J. Langbein, "The Uniform Prudent Investor Act and the Future of Trust Investing", 81 *Iowa L.R.* 641, 643(1996)(이하 Langbein, "Uniform Prudent Investor Act")
16) *Ibid.*, pp.643-644.
17) M. Shattuck, "The Development of the Prudent Man Rule for Fiduciary Investment in the United States in the Twentieth century", 12 *Ohio St. L.J.* 491, 499(1951).
18) 26 Mass.(9 Pick.) 446(1830).

리적인 일반인 원칙'(reasonable man rule)과 유사한 개념이다. 신중한 투자기준은 비슷한 위치에 있는 다른 수탁자의 투자기준으로서 업계의 관행으로 자리잡았고, '신중한 일반인 원칙'에 의한 투자관행은 신탁계좌에 주식과 사채와 같은 회사발행 증권의 편입을 일반적으로 인정하게 되었다.[19] 1940년대까지 많은 미국의 주는 '신중한 일반인 원칙'을 입법을 통해 채택하게 된다.

(3) '신중한 투자자' 원칙의 등장: '자유재량주의'의 개선

'신중한 일반인 원칙'은 20세기 후반에 들어와 '신중한 투자자 원칙'으로 진화하게 된다. 즉 20세기 후반에 증권시장의 효율성(efficient market)에 대한 이론 및 분산투자의 효과(effective diversification)에 대한 투자이론이 널리 인정됨에 따라 신중한 투자의무에 대한 검토가 다시 있게 된다. 현대적 투자법은 현대적 포트폴리오 이론(portfolio theory)을 반영하여 (i) '포트폴리오 전체'에 대한 주의의무,[20] (ii) 강력한 분산투자의무,[21] (iii) 투자기구의 정당화 등을 승인한다. 이러한 원칙을 반영한 투자법이 Uniform Prudent Investor Act of 1994(이하 'UPIA')인데,[22] 이 통일법은 미국의 대부분의 주에서 채택되고 있다. 이 진화된 투자법이 선언한 '신중한 투자자 원칙'의 핵심은 다음과 같다:

> "Objective Standard: The concept of prudence in the judicial opinions and legislation is essentially relational or comparative. [Prudent Investor rule] resembles in this respect the "reasonable person" rule of tort law. A prudent trustee behaves as other trustees similarly situated would behave. The standard is, therefore, objective rather than subjective. Sections 2 through 9 of this Act identify the main factors that bear on prudent investment behavior."[23]

이 원칙은 전문수탁자에 대해서 신탁업계의 주의의무의 수준(standard of care)을 결정해 준다. 즉 전문수탁자는 비슷한 신탁사무를 영업으로 수행하는 다른 전문수탁자의 주의를 베푸는 한 의무위반으로 되지 아니한다. 마찬가지

---

19) Langbein, Uniform Prudent Investor Act, p.644.
20) The Uniform Prudent investor Act, section 2 (b) 참조.
21) The Uniform Prudent investor Act, section 3 참조.
22) 자세한 사항은 Langbein, Uniform Prudent Investor Act, p.645 이하.
23) The Uniform Prudent Investor Act, Section 1, Comment의 Objective Standard의 내용임.

로, 비전문 수탁자는 비슷한 신탁사무를 무상으로 수행하는 다른 비전문가의 주의를 베푸는 한 의무위반이 되지 아니한다. 자세히 살펴보자.

### (4) '투자법'의 발전에 따른 주의의무의 정립

신탁투자법(trust investment law)의 발전에 있어 채택된 '신중성' 기준은 수탁자의 주의의무의 정립에 큰 영향을 미쳤다. 즉 가족 부동산을 단순히 보관만 하던 소극적 수탁자는 과거에는 단순한 의무만 부담했으나, 투자대상 자산의 다양화로 인해 적극적 운용이 강제되었고, 법원과 의회는 운용이 강제된 수탁자에 대해 신탁재산의 운용기준으로서 '신중성' 기준을 승인하게 되는데, 신탁재산의 투자에 있어 승인된 '신중성' 기준은 이후 수동성을 탈피한 수탁자의 일반적 의무의 기준이 되었다. 특히, 앞서 본 것처럼, 수탁자의 역할이 단순한 보관에서 적극적 운용으로 바뀜에 따라 일반인이 아닌 전문수탁자가 등장하고 신탁업이 금융산업으로서 정착하게 되면서, '신중성' 기준은 동일업계에 있는 전문수탁자의 일반적 주의의무를 결정짓는 기준으로서 작용하게 된다.

> UPIA 1994, SECTION 2. STANDARD OF CARE; PORTFOLIO STRATEGY; RISK AND RETURN OBJECTIVES.
>
> (a) A trustee shall <u>invest and manage trust assets as a prudent investor</u> would, by considering the purposes, terms, distribution requirements, and other circumstances of the trust. <u>In satisfying this standard</u>, the trustee shall <u>exercise reasonable care, skill</u>, and caution.
>
> …
>
> (f) A trustee who has <u>special skills or expertise</u>, or is named trustee in reliance upon the trustee's representation that the trustee has special skills or expertise, has a <u>duty to use those special skills or expertise</u>.

### (5) 비전문가의 주의의무

하지만, 비전문가, 다시 말해 특별한 전문지식이나 기술이 없는 아마추어 수탁자는 '신중한 투자자 원칙'의 충족을 위해 이러한 전문지식이나 기술을 발휘할 필요는 없다. UPIA, SECTION 2(f)는 전문수탁자에게만 적용되기 때문이다. '신중한 투자자' 기준은 모든 투자자에게 적용되는데, 가장 전문적인 전문

운용사나 신탁업자뿐만 아니라 투자 경험이 없는 가족수탁자에게도 적용된다. 그런데, '신중성' 기준은 관계적 혹은 비교적(relational or comparative)[24] 개념이기 때문에 전문수탁자의 신중성 기준은 전문투자자가 기준이 되고, 가족수탁자의 신중성 기준은 '신중한 아마추어 투자자'가 기준이 된다.[25] 특히 비전문가 수탁자는 신탁재산을 '자신의 재산'을 다룰 때 베풀어야 할 주의를 베풀면 충분하고, 전문수탁자와 같이 '타인의 재산'을 다룰 때 베풀어야 할 주의를 다 할 의무는 없다.

> "The trustee is under a duty to the beneficiary in administering the trust to exercise such care and skill as a man of ordinary prudence would exercise in dealing with his own property; and if the trustee has or procures his appointment as trustee by representing that he has greater skill than that of a man of ordinary prudence, he is under a duty to exercise such skill."[26]

## Ⅲ. 일본에서의 신탁제도의 수입과 수탁자의 주의의무 논의

### 1. 일본에서의 신탁제도의 수입

20세기 초에 일본에서는 '신탁붐'이라고 불리는 사회현상이 발생하게 되고, 부동산중개·사채업·투자 등 여러 가지 영업활동이 신탁이라는 이름하에 이루어지고 있었다. 그 결과 1921년에 514명의 신탁업자와 487개의 신탁회사가 난립하였다고 한다. 이러한 신탁업계의 혼란에 대처하기 위해 대장성은 신탁업계의 규제에 나서게 되었는데, 사법성과 함께 신탁관계의 일반법이 될 신탁법과 업계규제법인 신탁업법에 대한 입법화 작업을 동시에 추진하게 된다. 신탁법과 신탁업법은 공포일(1921. 4. 21)과 시행일(1922. 1. 1)이 모두 같은 날 이루어졌는데, 입법의 중심은 업자규제법인 신탁업법이었다. 이와 같이 일본 최초의 본격적인 신탁입법은 업계규제의 필요성에 의해 대장성에 의해 이루어진 것이고, 업자규제법인 신탁업법이 중심이 되었다는 점에서 영미와 다른 특

24) 위의 주 23)과 관련된 본문 참조.
25) The Uniform Prudent investor Act, Section 2, comment 의 Professional Fiduciaries 부분 참조.
26) Restatement of Trusts 2d §174(1959).

색이 있다.[27]

## 2. 일본에서의 수탁자의 주의의무의 논의

일본의 개정전 신탁법 제20조는 우리의 개정전 신탁법 제28조와 마찬가지로 수탁자에 대하여 선관주의의무를 부과하고 있었다. 개정전 신탁법에서의 선관주의의무의 내용이나 의무의 정도 등에 대해 일본의 통설은 일본 민법상의 선관주의의무에 관한 일반이론에 따라 이해하면 된다는 것이었다.[28] 일본의 개정신탁법도 개정전 신탁법을 답습하여 제29조 제2항에서 수탁자의 선관주의의무를 규정하고 있는데, 선관주의무의 구체적인 내용이나 의무의 정도 등에 대해서 구 신탁법과 동일한 것으로 해석된다고 한다.[29]

개정신탁법 제29조 제2항이 구 신탁법과 다른 점은 단서규정을 두어, 신탁행위로 정하는 경우 그 정하는 바에 따른 주의가 부과될 수 있도록 한 점이다. 일본은 이러한 단서를 둠으로써 입법적으로 선관의무 기준을 임의규정화 하였는데, 개정전 신탁법하에서도 구 신탁법 제20조는 임의규정이라는 설이 유력하였다.[30]

## 3. 일본에서 수탁자의 주의를 수임인의 선관주의로 보는 논거

그런데, 일본 민법상의 주의의무 규정과 비교할 때 일본 신탁법상의 주의의무 규정은 상대적으로 엄격하였다. 예를 들어, 민법상으로는 사안에 따라 주의의무가 경감되는 것이 있는데 비하여, 개정전 신탁법에서는 신탁행위가 있는 경우를 제외하면 항상 '선관'주의의무가 부과되는 특징이 있었다. 예를 들어, 무상수치인처럼 책임경감이 인정되는 사례(일본 민법 제659조 참조)가 있는데 비해, 개정전 신탁법에서는 수탁자가 보수를 받지 않는 무상수탁자이더라도, 또한 수탁자가 비전문가라고 하더라도 항상 고도의 주의의무인 선관주의의무가 부과되는 것으로 해석되었다. 그런데, 일본에서는 왜 영미에서 채택

27) 안성포, "일본에서의 신탁 실무와 신탁법리의 전개", 정순섭·노혁준, 『신탁법의 쟁점(제2권)』(2015), 404면, 406-408면 참조.

28) 四宮和夫, 『信託法(新版)』(이하, '四宮和夫'), 247면.

29) 新井誠(안성포 역), 『信託法(제3판)』(이하, '新井誠(안성포 역)'), 273면.

30) 四宮和夫, 247면.

한 수탁자의 주의 기준인 '자기의 사무' 처리에 관한 일반인의 주의가 아니라 선량한 관리자의 주의가 그 기준이 되었는가?

(1) 기존의 설명

일본에서 수탁자의 주의의무를 수임인의 선관주의로 파악한 이유로 크게 두 가지가 거론된다. 우선, 수탁자지위를 파악할 때 '자기의 재산'을 관리하는 자가 아니라 신뢰를 받아 '타인의 재산'을 관리하는 자로 파악[31]한 것이 한 원인이 될 수 있다. 또 신탁제도의 기초가 신인관계, 즉 충실의무관계에 있다는 점[32]도 수탁자의 주의의무를 높게 파악한 하나의 이유가 될 수 있다. 그러나 뒤에서 살펴보는 것처럼, 신뢰와 신임 관계, 즉 신인관계로 발생하는 문제는 신인의무, 즉 이익충돌관계를 해결하는 충실의무법의 문제로 해결해야 하지, 주의의무법의 문제로 접근해 높은 주의의무 부과로 해결해야 할 문제는 아니라고 본다.[33] 물론 당시에 일본에서 충실의무법이 제대로 정립되지 못했기 때문에, 이익충돌 문제를 높은 주의의무로써 해결을 시도할 수밖에 없었다는 한계도 있었을 것이다.

(2) 사 견

수탁자의 주의의무를 수임인의 선관주의로 본 결정적인 이유는 일본에서 신탁 입법을 제정할 때 당시 난립하던 '신탁업자'들을 규제하기 위해 신탁업법과 신탁법을 제정하였기 때문이라고 생각된다. 이러한 입법목적에 의하면 민사신탁의 '무상수탁자'의 주의의무, 즉 낮은 수준의 주의의무는 고려할 필요가 없었고, 오직 '신탁업자'의 주의의무 문제만 해결하면 충분하였다. 따라서 '신탁업자'의 남용을 규제하기 위해서 수탁자에 부과되는 주의의무의 기준은 높아야 했으며, 주의의무를 통해 규제하려는 신탁의 수탁자들은 모두 '신탁업자'라는 점에서 '자기재산'의 주의를 필요로 하는 무상신탁의 수탁자, 예를 들어 가족신탁의 친척 수탁자의 존재는 고려할 필요가 없었기 때문이다. 이는 앞서 본 것처럼, 일본에서의 신탁입법의 추진 주제가 대장성이었고, 신탁업법이 그 입법의 중심이 되었다는 점에서 추론할 수 있다.

31) 四宮和夫, 247면.
32) 新井誠(안성포 역), 273-274면.
33) 아래의 IV. 3.과 4. 참조.

## Ⅳ. 우리나라에서의 '신탁사무'의 개념과 수탁자의 투자의무, 주의의무, 충실의무

### 1. '신탁사무' 개념의 역할과 '신탁사무' 처리에 대한 선관의무의 개념

#### (1) '신탁사무' 개념과 개방성의 필요성

우리 신탁법상 '신탁사무'(trust administration)의 개념은 수탁자의 의무와 관련해 핵심적인 역할을 수행한다. 신탁법 제32조는 "수탁자는 선량한 관리자의 주의로 신탁사무를 처리하여야 한다"고 규정하고 있기 때문이다. 그런데, 앞서 본 것처럼, '신탁사무'의 요소는 설정된 신탁의 성질이나 신탁행위에 따라 그 내용이 달라진다. 제1조가 규정한 것처럼 수탁자가 "[신탁]재산의 관리, 처분, 운용, 개발 그 밖에 신탁 목적의 달성을 위하여 필요한 행위"는 모두 '신탁사무'에 포함될 수 있지만, 신탁사무의 구체적 내용은 신탁의 성질이나 목적에 따라 다종다양하게 설계될 수 있기 때문이다. 예를 들어, (우리나라에서는 활성화되어 있지 않지만) 영미에서처럼 친척에 대해 건물을 신탁하고 단순히 보관 관리하고 있다가 미성년 수익자가 성년이 되면 그 때 수익자에게 귀속시켜 줄 것을 부탁하는 가족신탁 혹은 성직자에 대해 건물을 신탁하고 보관·사용하고 있다가 해외의 수익자가 영구귀국하면 그 때 귀속시켜 줄 것을 부탁하는 민사신탁도 가능하다. 이 경우 친척이나 성직자가 수행하는 가족신탁과 민사신탁의 '신탁사무' 내용은 무상임치와 다르지 않다. 이에 반해, 금융자산 포트폴리오의 운용을 위한 투자신탁과 같이 투자전문가의 주의를 요하는 위임사무가 수반된 상사신탁 설정도 가능한데, 이러한 신탁에서는 '신탁사무'의 내용은 투자운용을 위한 전문적 위임사무가 된다.

#### (2) 수탁자의 '선관주의'에 대한 학설과 판례

이와 같이 수탁자의 '신탁사무'는 투자운용과 같은 전문적 수임사무가 될 수도 있고, 혹은 비전문가의 단순한 보관도 될 수 있기 때문에, 신탁법 제32조가 규정한 '신탁사무'의 처리와 관련한 '선량한 관리자의 주의'는 전문가의 주의뿐만 아니라 비전문가의 자기재산에 대한 주의까지를 포함할 수 있도록 해석되어야 한다. 하지만, 다수설과 판례는 수탁자의 선관주의와 관련해 "타인의 재산에 관한 관리를 하는 자의 주의의무"라고 본다. 이러한 견해에 의하면 수탁자가 비전문가인 경우에도 자기재산이 아닌 타인재산에 관한 주의를 베풀어야 한다. 좀더 자세히 살펴보자.

1) 다수설과 판례: 위임상 선관의무와 같은 것으로 보는 견해

다수설은 수탁자의 선관주의가 타인재산의 관리·처분에 관하여 기울여야 하는 주의와 유사한 점에 착안하여, 수탁자의 선관의무는 수임인에게 요구되는 선관의무[34]와 같이 타인재산에 대한 관리를 하는 수탁자에게 일반적으로 요구되는 사법상의 의무라고 본다. 수임인의 선관주의의무에 의하면, 관리자의 개인적·구체적 능력을 기준으로 하는 것이 아니라 그 자가 종사하는 직업, 그가 속한 사회적 지위 등을 고려하여 그 유형에 속하는 자에 대한 '일반적 평균인'[35]에게 요구되는 정도의 주의능력에 따른 주의를 기울여야 한다.[36] 판례도 수탁자의 선관주의를 다수설과 같이 보고 있다.

> "[구]신탁법 제28조에 의하면, 수탁자는 신탁의 본지에 따라 선량한 관리자의 주의로써 신탁재산을 관리 또는 처분하여야 하고, 이러한 주의의무는 민법상 위임에 있어서 수임인의 주의의무와 같은 개념으로 이해할 수 있으며, 따라서 토지신탁계약의 수탁자는 우선적으로 위탁자의 지시에 따라 사무처리를 하여야 하나, 그 지시에 따라 신탁사업을 추진하는 것이 신탁의 취지에 적합하지 않거나 경제성이 없는 것으로 판단되어 위탁자에게 불이익할 때에는 그러한 내용을 위탁자에게 알려주고 그 지시를 변경하도록 조언할 의무를 진다고 할 것이다."[37]

하지만, 뒤에서 보는 것처럼, 수탁자가 수행하는 '신탁사무'에는 위임사무뿐만 아니라 무상임치에 불과한 사무도 있을 수 있기 때문에 수탁자의 선관주의를 수임인의 주의의무와 동일시하는 것은 타당하지 않다.

---

34) 위임상의 선관의무에 대한 자세한 설명으로는 박기령, 482면 이하; 이재홍·곽윤직, 『민법주해(XV) 채권(8)』(1997), 535면 이하.
35) 평균인의 개념에 대해서는 권영준, "불법행위의 과실 판단과 사회평균인", 『비교사법』, 제22권 제1호(2015), 91면 참조.
36) 최동식, 181면; 문형배, "토지신탁상 수탁자의 손해배상의무와 보상청구권", 『판례연구』, 제19집(부산판례연구회, 2008), 155면.
37) 대법원 2006.6.9. 선고 2004다24557판결.

2) 제2설: 위임상의 선관의무보다 더 중한 주의의무라는 견해

최근에는 수탁자의 선관의무는 위임상 선관의무보다 더 중한 주의의무라는 견해도 대두되고 있다. 이 견해는 다수설/판례와 마찬가지로 수탁자는 타인재산을 관리하는 자라는 전제하에 위임상 선관의무 부과가 정당하다고 보고, 나아가 "신탁재산은 수탁자에게 이전되어 수탁자가 이를 이용하는 것이기 때문에 더 중한 주의의무를 전제로 하고 있다"고 한다.[38] 즉 "수탁자는 수임인과 달리 보다 넓은 재량권을 행사할 수 있으므로 수탁자에게 보다 신중히 재산을 관리하고 처분할 의무를 부과"해야 한다고 보는 것이다.[39]

하지만, 이 견해에서 이야기하는 '선관의무보다 더 중한 주의의무'를 신탁수탁자에 부과하는 것이 정당화되는지는 의문이다. 주식회사 이사의 경우 경영전문가로서 타인재산인 회사의 재산을 관리하지만 선관의무 이상의 주의의무는 부과되지 않는다. 회사의 경영과 관련해 법령과 정관이 허용하는 한도에서 '완전한' 재량을 행사하는 이사에 대해서도 수임인의 선관의무가 부과된다는 점에서 볼 때 '투자법상 제한'[40]을 받는 수탁자에게 선관의무보다 더 가중한 주의의무를 부과하는 것은 과도한 것으로 생각된다. 또 나아가, '선관의무보다 더 중한 주의의무'의 개념이 일반적으로 설정 가능하고 실무상 실천 가능한지도 의문이다. 결론적으로 수임인의 선관의무보다 중한 주의의무는 감경된 주의의무와 마찬가지로 개별 조항의 삽입으로써 개별적으로 규정할 수는 있지만, 일반적 개념으로 설정할 수는 없다. 또, 아래에서 보는 것처럼, '신탁사무'의 개방성을 고려하면, 수탁자에 대한 더 가중된 주의의무는 법상 불필요하고, 또 그렇게 부과할 이유도 없다고 본다.

특히, 이 견해는 타인재산의 명의수탁 및 수탁자의 넓은 재량을 근거로 수탁자에 대해 더 중한 주의의무를 부과해야 한다고 하는데, 타인재산의 명의수탁 혹은 재량 부여로 인한 수탁자의 이익충돌 가능성 증가는 아래에서 보는

38) 윤태영, "신탁수탁자의 선관주의의무", 『비교사법』, 제22권 제2호(2015)(이하, '윤태영'), 527면, 544면.

39) 윤태영, 543면. 동일한 취지로는 가정준, "신탁재산에 대한 수탁자와 수익자의 권리－DCFR 신탁법을 중심으로", 『외법논집』, 제37권 제3호(2013), 149면, 156면; 이연갑, "위임과 신탁", 『비교사법』, 제22권 제1호(2015)(이하 이연갑, "위임과 신탁"), 23면, 29면.

40) 투자법과 주의의무의 상호관련성에 대해서는 아래의 Ⅳ. 2. 참조.

것처럼 '충실의무'로서 해결해야 할 영역이고, '주의의무'로써 해결할 수 있는 영역은 아니라고 본다[41](따라서 이 견해가 선관의무 동질설[42]에 기하여 충실의무를 선관의무의 확장 형태로 커버하기 위해 '선관의무보다 더 중한 의무'라고 표현했다면, 이 견해는 수긍할 수 있다).

### (3) 사견: '자기재산'에 대한 주의의무

#### 1) '신탁사무'의 개방성과 수탁자 선관의무의 독자성

'신탁사무'의 처리와 관련한 수탁자의 주의의무는 수탁자가 수행할 수 있는 '신탁사무'의 다양한 스펙트럼을 반영할 수 있는 주의의무여야 한다. 이러한 점에서 수탁자의 주의의무를 다수설과 같이 '선관주의'로 한정하는 견해 혹은 제2설과 같이 선관주의보다 더 중한 주의의무로 보는 견해는 '신탁사무'의 다양한 스펙트럼, 예를 들어 단순한 가족신탁의 무상수탁자의 주의의무를 반영할 수 없는 견해로 생각되므로 찬성하기 힘들다. 특히 수탁자의 주의의무를 선관의무보다 더 중한 의무로 보는 견해는 수탁자의 재량으로부터 신탁재산의 보호를 더 충실히 하려는 의도에서 주장된 것으로 보이지만, 이러한 견해는 충실의무법의 역할을 인식하지 못한 것으로 파악된다. 왜냐하면, 재량행사로 인한 이익충돌상황의 해결은 주의의무법의 역할이 아니라 충실의무법의 역할[43]이기 때문이다. 신탁법이 자족적으로 구비하고 있는 충실의무법 체계[44]를 고려하면, 주의의무법[45]은 수탁자의 이익충돌 문제에 개입할 필요가 없으며 신탁의 '사무처리'에 필요한 수탁자의 주의의무의 정도만 해결하면 된

---

41) 자세히는 아래의 Ⅳ. 3. 및 Ⅳ.4. 참조.

42) 회사법상 충실의무의 성질에 관해서는 선관의무 동질설과 이질성 사이에 큰 논쟁이 존재한다. 자세히는 장근영, "영미법상 신인의무 법리와 이사의 지위", 『비교사법』, 제16권 제1호(2008), 294면; 권재열, "상법 제382조의3(이사의 충실의무)의 존재의의", 『상사판례연구』, 제22집 제1권(2009), 3면; 김현경, "상법상 이사의 충실의무에 관한 고찰", 『중앙법학』, 제14집 제1호(2012), 147면; 이철송, "선관주의의무와 충실의무에 관한 이론의 발전과 전망", 『비교사법』, 제22권 제1호 (2015), 1면 이하; 박기령, 477면 이하; 송옥렬, 『상법강의(제5판)』(2015), 1000면 이하.

43) 선관의무와 충실의무의 분화된 역할에 대해서는 박기령, 499면 이하 및 아래의 IV. 3.과 4. 참조.

44) 신탁법의 충실의무법 체계에 대한 설명으로는 이연갑, "위임과 신탁", 41면 이하; 아래의 IV. 3. (2) 참조.

45) 우리 민법상의 주의의무법 체계에 관한 설명으로는 윤태영, 533면 이하.

다. 그리고 신탁사무의 처리와 관련해 필요한 주의의무의 정도는 '자기재산'에 대한 주의의무를 출발점으로 해야 한다. 그 이유는 다음과 같다.

2) 가족신탁이 설정된 경우: '신탁사무'의 내용과 수탁자의 주의의무

앞서 본 것처럼, 신탁은 설정목적에 따라 다양하게 설계될 수 있기 때문에, '신탁사무'의 개념은 전통적인 증여적 신탁의 무상수탁자가 수행하는 단순사무뿐만 아니라 현대적 자산운용신탁의 전문수탁자가 수행하는 금융사무 개념을 모두 포섭할 수 있어야 한다. 그런데, 전통적·증여적 신탁의 무상수탁자가 수행하는 '신탁사무'의 내용은 무상임치의 수치인이 수행하는 임치사무와 다르지 않기 때문에 '신탁사무'의 개념은 '무상임치'의 주의수준을 포섭할 수 있어야 한다. 예를 들어, 친척에 대해 건물을 신탁하고 단순히 보관·관리하고 있다가 미성년 수익자가 성년이 되면 그 때 수익자에게 귀속시켜 줄 것을 부탁하는 가족신탁 혹은 성직자에 대해 건물을 신탁하고 보관·사용하고 있다가 해외의 수익자가 영구귀국하면 그 때 귀속시켜 줄 것을 부탁하는 민사신탁의 경우, 친척이나 성직자가 수행하는 가족신탁과 민사신탁의 '신탁사무' 내용은 무상임치의 수치인이 수행하는 '임치사무'와 다르지 않다. 따라서 친척이나 성직자가 지는 주의의무의 정도는 '타인재산'에 대해 베풀어야 하는 주의의무가 아니라 무상수치인과 같이 '자기재산'에 대해 베풀어야 하는 주의가 되어야 한다.

이러한 태도는 영미 신탁법의 태도와도 일치한다. 앞서 본 것처럼, 영미에서도 수탁자가 비전문가인 경우 '자기재산'에 대한 주의의무만 부과할 뿐 '타인재산'에 대한 주의를 요구하지 않는다.[46] 우리나라에서 더 강한 주의의무를 부과할 특별한 정책적 이유가 발견되지 않는 한 신탁법이 더 강한 주의의무를 부과할 이유는 없다. 앞서 본 것처럼, 일본에서는 수탁자의 주의의무에 대해 수임인의 주의의무와 같이 보고 있지만,[47] 이는 일본에서 신탁 개념을 도입할 때 상사신탁을 위주로 도입했고, '수탁자'의 주의의무를 '신탁업자'의 선관주의와 달리 볼 이유가 없었기 때문이다.[48] 우리나라의 다수설과 판례도

---

46) 앞의 주 18)과 26) 참조.

47) 앞의 III. 2. 참조.

48) 앞의 III. 1. 참조.

일본 신탁법의 영향을 받아 일본과 같이 '타인재산'에 대한 주의의무를 요한다고 보지만, '신탁사무'의 요소는 다양하고 위임뿐만 아니라 임치 수준의 신탁사무도 있을 수 있다는 점을 생각하면 이제부터라도 수탁자의 주의의 정도를 좀 더 개방적으로 보는 것이 필요하다.

(가) 민사신탁의 활성화를 위한 주의의무의 개방 필요성

또 이러한 태도는 정책적으로도 타당하다. 만약 무상의 단순보관자인 친척 혹은 성직자에 대해 '타인재산'에 대한 선관주의무가 부과된다면, 이는 과도한 의무가 되고 누구도 친척 혹은 신도를 위한 보관수탁자가 되려하지 않을 것이다. 무상수임인의 경우 일회적인 사무의 처리로 위임관계가 끝나는 경우가 보통이므로 무상이더라도 '타인재산'에 대한 주의의무가 정당화될 수 있다. 하지만, 계속적 관계인 신탁에서 비전문 무상수탁자가 계속 '타인재산'에 대한 주의로 신탁재산을 보관·관리하는 것은 과도하기 때문이다.[49] 이러한 결과는 신탁의 기본형태로서 우리 신탁법이 전제하고 있는 민사신탁의 활성화 목표와도 부합하지 않는다. 일본이나 우리나라에서 민사신탁이 활성화되지 않았던 한 이유는 무상의 비전문 보관수탁자이더라도 수탁자의 주의는 '타인재산'에 대한 선관주의라고 인식된 것도 한 원인이라고 생각된다.

(나) 수탁자의 신탁재산 남용 문제와 충실의무법적 대응

물론, 비전문가가 수탁자인 가족신탁의 경우에도 수탁자가 신탁재산을 유용하거나 기타 신탁재산을 둘러싼 이익충돌 문제가 생길 수 있다. 하지만, 이러한 문제는 뒤에서 논의하는 것처럼, 이익충돌금지 원칙 및 이익향유금지 원칙을 선언한 충실의무법[50]의 문제로 해결되어야 할 것이고 주의의무법의 문제로 접근할 사안은 아니다. 주의의무법은 '신탁재산의 관리·운용'과 관련해 베풀어야 할 객관적 주의의무의 수준을 결정하는 역할을 하면 충분하기 때문이다.

3) 유상신탁, 상사신탁을 설정하는 경우: 전문수탁자의 의무

수탁자의 주의의무에 대해 '자기재산'에 관한 주의의무를 기본으로 하는

49) 이중기, 『신탁법』, 271면.
50) 뒤의 IV. 3.과 4. 참조.

경우, 유상신탁 혹은 상사신탁의 수탁자에 대해서 너무 낮은 주의의무가 부과되는 것이 아닌가 하는 의문이 제기될 수 있다. 하지만, 수탁자의 주의의무에 대해 '자기재산'에 대한 주의의무를 기본원칙으로 하더라도, 유상신탁이나 상사신탁의 경우에는 항상 높은 수준의 선관주의의무가 부과되므로, 이러한 우려는 근거가 없는 것이다. 왜냐하면 수탁자의 주의의무 수준은 '관계적 혹은 비교적'(relational or comparative)[51]으로 결정되므로, "신탁업자의 주의의무는 높은 수준이 될 수밖에 없[기 때문이]다. 모든 수탁자는, 회사이건 아니건 간에, '자신의 일'에 베풀어야 할 주의를 베풀어야 하는데, 신탁업자가 자신의 일에 베푸는 주의는 실제 보유하는 전문지식과 판단을 사용하는 것이기 때문에 높은 수준이 될 수밖에 없고, 따라서 신탁사무에 대해 베푸는 주의의무도 저절로 높아지게 된다."[52] 특히 "신탁업인가를 받고 신탁을 영업으로 인수하는 자는, 그들이 특별한 능력을 갖고 있다는 것을 표시하면서 신탁을 인수하는 것이기 때문에, 그들이 제공하겠다는 서비스는 '타인의 사무를 관리하는 자'로서 합리적으로 제공할 수준이 되게 된다."[53]

3) 소 결

신탁법상 '신탁사무'의 내용은 (ⅰ) 신탁재산의 수치 및 보관과 (ⅱ) 그에 따른 사무의 처리에 관한 것으로서, 자세한 내용은 신탁의 성질에 따라 다종다양하게 설계될 수 있다. '신탁사무'의 수준은 위임적 수준뿐만 아니라 임치적 수준도 가능하므로, '신탁사무'를 설명할 때는 이 모든 수준을 포섭할 수 있는 개방된 개념으로 설명하는 것이 필요하다. 따라서 수탁자의 '신탁사무'의 처리와 관련한 '선량한 관리자의 주의의무' 개념도 다양한 '신탁사무'의 수준을 반영할 수 있는 융통성 있는 개방 개념이 되어야 한다. 특히 영미에서 신탁법은 '신뢰와 신임'(trust and confidence)을 보호하기 위한 법제도로서 발전한 것이고, 주의의무법 체계로서 발전된 것이 아니므로 수탁자의 주의의무의 정도와 수준을 제한하지 않는다. 따라서 우리 법상의 수탁자의 주의의무의 수준과 내용을 탐구할 때도 위임과 임치에서의 주의의무 수준을 모두 포괄할 수 있도록

51) 각주 23)과 관련된 본문 참조.
52) 이중기, 『신탁법』, 272면.
53) 위의 책, 272-273면.

융통성 있게 설정되어야 한다. 이렇게 해야만 비전문가인 무상수탁자의 주의의무를 포섭하면서 동시에 전문수탁자의 주의의무를 포섭할 수 있게 된다.

## 2. 신탁투자법의 발전단계에 따른 수탁자의 투자의무와 주의의무의 정도

'신탁사무' 개념의 다양성에서 수탁자의 주의의무 수준의 개방성을 도출할 수 있는데, 우리나라 신탁투자법(investment law)의 발전단계로부터도 수탁자의 투자의무와 그에 따른 주의의무의 정도와 범위를 도출할 수 있다.

### (1) 우리나라 신탁투자법의 발전단계

최근의 신탁법 개정에도 불구하고 신탁투자법의 발전은 매우 초기단계에 머무르고 있다. 앞서 본 것처럼, 영미에서 신탁투자법은 산업의 발전에 따라 자산형태가 다양해지고 수탁자의 운용재량을 요구한 결과 탄생하게 되는데, 처음에는 (i) 투자대상을 법으로 열거하는 '열거주의' 방식[54]을 채택하다가, (ii) 매사추세츠주 법원에 의해 수탁자의 투자재량을 인정하는 '신중한 일반인 원칙'으로 발전[55]되었고, (iii) 최근 들어 포트폴리오 이론을 수용한 '신중한 투자자 원칙'으로 다시 발전[56]되고 있다.

그런데 우리 신탁법상의 투자법은 어느 단계의 발전을 보이고 있는가? 유감스럽게도 개정신탁법은 아직도 '열거주의' 방식을 벗어나지 못하고 있다. 즉 신탁법 제41조는 신탁재산에 속하는 금전의 관리방법과 관련해 안전자산을 열거하는 '열거방식'을 아직까지 고수하고 있고, 수탁자의 투자재량을 인정하지 않는다. 특히 신탁법은 제31조에서 "수탁자는 신탁재산에 대한 권리와 의무의 귀속주체로서 신탁재산의 관리, 처분 등을 하고 신탁목적의 달성을 위하여 필요한 모든 행위를 할 권한이 있다"고 선언하고 있음에도 불구하고, 신탁금전의 투자와 관련해서는 제41조에서 '강제적인 투자목록'을 규정함으로써 제31조에 규정된 수탁자의 투자재량을 무력화시키고 있다.

하지만, 제41조는 "신탁행위로 달리 정한 바가 있으면" 그에 따르도록 함

54) 앞의 II. 4. (1) 참조.
55) 앞의 II. 4. (2) 참조.
56) 앞의 II. 4. (3) 참조.

으로써, 신탁행위로 정한 경우 '열거방식'을 변경해 '신중한 일반인 원칙' 혹은 '신중한 투자자 원칙'이 적용될 수 있는 여지를 남기고 있다.

### (2) '신탁행위'에 따라 '신중한 일반인 원칙' 등이 채용된 경우의 투자의무와 주의의무

신탁금전의 투자와 관련해 "신탁행위로 신중투자 원칙을 채용한 경우" 수탁자는 그에 따라 '신중한 일반인 원칙' 혹은 '신중한 투자자 원칙'에 따라 투자재량을 행사하여 투자금전을 운용할 수 있다. 따라서 수탁자의 주의의무도 이러한 수탁자의 투자의무와 재량을 반영해 설정될 수 있다. 신탁행위로 '신중한 일반인 원칙' 혹은 '신중한 투자자 원칙'이 반영된 경우[57] 수탁자는 신중성 투자기준을 충족시키는 한 투자대상에 대한 제한을 받지 않고 완전한 재량을 행사해 투자대상을 선정할 수 있다. 그런데, 이 경우는 완전한 재량을 행사해 투자의무를 이행하는 것이므로, 재량행사의 수준을 반영해 높은 수준의 주의의무를 부과할 수 있다.

하지만, "신탁행위로 달리 정한 바가 없는 경우"에는 수탁자는 투자와 관련해 단지 제41조가 규정한 투자대상만 투자할 수 있을 뿐이다. 따라서 수탁자의 투자재량의 범위는 제41조에 규정된 투자대상에 한정되고, 신중성 투자기준에 의한 재량을 행사할 수 없다. 이 경우 수탁자가 투자의무를 이행함에 있어 재량행사의 범위 및 행사 필요성이 감소하기 때문에 투자의무를 이행함에 있어 높은 수준의 주의의무를 부과할 필요성도 동일한 정도로 감소한다. 또 투자대상은 모두 상대적으로 안전한 투자상품(저위험·저수익 상품)이기 때문에 투자상품의 위험도에 대한 판단에 있어서도 주의를 행사할 필요성은 감소한다.

## 3. 신탁투자법의 발전에 따른 주의의무와 충실의무의 역할 분화와 발전

앞서 살펴본 것처럼, 영미에서는 산업의 발전에 따른 자산의 형태가 다양[58]해짐에 따라 적극적 운용기능을 수행하는 운용형 신탁이 대두하고,[59] 이

57) 자세히는 뒤의 Ⅳ. 3. (1) 2) 및 Ⅳ. 3. (1) 3) 참조.
58) 앞의 Ⅱ. 1. (2) 참조.

에 따라 단순했던 수탁자의 의무도 정치하게 발전[60]되어 간다. 대표적인 것이 투자재량의 확대에 따른 투자법(investment law)의 발전[61] 및 그에 따른 주의의무법의 발전[62]이다. 동시에, 수탁자의 투자재량의 확대에 따른 이익충돌 가능성이 증대하고, 이러한 수탁자의 이익충돌 문제를 해결하기 위한 충실의무법(fiduciary law)이 발전[63]하게 된다.

우리의 신탁업계는 서구식 발전과정을 그대로 겪지 않았지만, 이러한 발전의 결과 탄생된 영미식 투자법과 그에 따른 수탁자의 권리·의무에 관한 논의를 그대로 계수하고 있고, 앞으로도 영미식 발전방식을 계수할 가능성이 높다. 한국의 신탁업계의 발전은 영미 및 영미법을 계수한 일본 신탁업계의 영향을 강하게 받고 있기 때문이다. 이하에서는 신탁투자법의 발전에 따라 분화되어 발전된 주의의무와 충실의무의 개념이 우리 신탁법하에서 어떻게 구체화되었고 어떻게 적용될 수 있는지를 살펴본다. 먼저, 우리 신탁법상의 투자법과 주의의무법의 발전에 대해 살펴보자.

### (1) 투자재량의 확대에 따른 투자법의 발전과 투자의무, 주의의무의 정립

영미에서는 증여적 기능을 수행하는 전통적 가족신탁으로부터 신탁이 발전[64]해 왔는데, 산업사회가 대두되면서 자산의 형태가 다양해지자 다양한 금융자산의 운용 수요를 충족시키기 위해 신탁이 이용되기 시작한다. 이러한 과정에서, 수탁자의 역할은 단순한 보관자에서 적극적 운용자로 변신한다. 드디어 자산의 적극적 운용의 시대가 도래하고, 신탁투자법의 시대가 열린 것이다. 그리고 투자운용의 시대는 수탁자의 투자재량의 범위에 따라 (ⅰ) 투자대상을 법으로 열거하던 시기를 거쳐, (ⅱ) 투자대상을 '신중한 일반인 기준'에 따라 선정할 재량을 허용하는 시기를 거쳐, 마침내 (ⅲ) '신중한 투자자'로서 포트폴리오 이론에 따른 투자재량의 행사의무를 지는 시기로까지 발전하였다.

앞서 본 것처럼, 신탁법은 제31조에서 "수탁자는 신탁재산에 대한 권리와

59) 앞의 II. 1. (2) 참조.
60) 앞의 II. 2. (2) 참조.
61) 앞의 II. 4. 참조.
62) 앞의 II. 4. (4)와 4. (5) 참조.
63) 앞의 II. 3. 참조.
64) 앞의 주 1)의 문헌 참조.

의무의 귀속주체로서 … 신탁목적의 달성을 위하여 필요한 모든 행위를 할 권한이 있다"고 선언하고 있음에도 불구하고, 신탁금전의 투자와 관련해서는 제41조에서 '강제적 투자목록'을 규정함으로써 수탁자의 투자재량을 무력화시키고 있다. 따라서 우리 신탁법상 수탁자의 주의의무는 원칙적으로 '법정열거주의' 방식에 따른 투자의무의 이행과 관련하여 논의되어야 한다. 하지만, 제41조는 "신탁행위로 달리 정한 바가 있으면" 그에 따르도록 함으로써, 신탁행위로 정한 경우 '열거주의방식'을 변경해 '신중한 일반인 원칙' 혹은 '신중한 투자자 원칙'이 적용될 수 있는 여지를 남기고 있다. 따라서 신탁행위로 정한 경우 '신중한 일반인 기준' 혹은 '신중한 투자자 기준'에 기한 투자법도 채택될 수 있기 때문에 당사자 사이에 이러한 투자법이 채택된 경우 수탁자의 주의의무는 신중한 투자 기준에 의한 투자의무 이행과 관련해 논의되어야 한다. 차례로 살펴보자.

1) '법정열거주의' 투자법과 수탁자의 주의의무

산업사회의 등장 이후 투자법의 발전과 관련해 수탁자의 투자권한과 투자의무는 상호간 영향을 미치면서 증대하였고, 투자재량의 확대에 따라 수탁자의 투자와 관련된 주의의무도 점점 확대되거나 높아졌다. 즉 단순한 자산보관의 시대에는 수탁자는 특별한 투자권한이 없었고 따라서 투자의무도 부과되지 않았다.[65] 물론 투자의무에 수반되는 주의의무도 문제되지 않았다. 하지만, 다양한 금융자산의 출현으로 인한 투자운용의 시대가 도래함에 따라 수탁자의 투자운용 재량이 문제되게 된다. 이 때 영국의 형평법원은 보수적인 태도를 취해 제한적인 자산만을 투자대상으로 인정한다. 미국의 많은 주도 '법정열거방식'에 따라 '적법한 투자목록'(legal lists) 제도를 발전시키게 된다.[66]

우리 신탁법도 투자법의 발전단계상 이 단계에 있다고 볼 수 있는데, 이 때 수탁자는 투자목록에 있는 투자대상만 투자해야 하므로 수탁자가 갖는 투자재량은 제한적이고 투자의무도 제한적이 된다. 동시에 투자의무를 이행함에 있어 재량행사의 범위 및 행사 필요성도 감소한다. 따라서 제한적 투자의무를 이행함에 있어 높은 수준의 주의의무를 부과할 필요성도 동일한 정도로 감소한다.

65) 앞의 II. 2. (1) 참조.
66) 앞의 II. 4. (1) 참조.

2) '신중한 일반인 원칙' 투자법과 수탁자의 주의의무

수탁자의 적극적 운용필요성은 존재하였지만, 수탁자에 대해 적극적 운용재량을 허용하지 않았던 '법정열거주의' 방식의 투자법은 메사추세츠 주법원에 의해 획기적으로 전환되게 된다. 앞서 본 것처럼, 메사추세츠 주법원은 수탁자가 투자운용을 할 때 충족시켜야 할 일반적 기준으로서 '신중한 일반인'이라는 투자운용 기준을 제시함으로써 수탁자에게 완전한 운용재량을 허용하게 된다.[67] 수탁자가 '신중한 일반인' 기준에 의한 완전한 투자운용재량을 부여받음으로써 자산운용산업은 획기적 발전을 하게 된다. 또 이 때, 운용재량의 행사에 있어 '신중한 일반인' 기준을 충족시키기 위한 주의의무가 문제되게 되는데, 메사추세츠 주법원은 '자신의 일'(their own affairs)에 대한 주의로써 재산을 '영구적으로 처분'(permanent disposition)할 때 '원본자산의 안전성'과 '수입'의 정도를 고려하여 '신중한 일반인' 기준을 충족시키면 된다고 보았다.[68]

그런데, 신탁의 당사자가 신탁법 제41조에 따라 신탁행위로써 '신중한 일반인' 기준에 따른 투자법을 채택한 경우, 수탁자가 투자운용시 베풀어야 할 주의의 정도가 문제된다. 당사자가 '신중한 일반인' 기준에 의한 투자법을 채택한 경우, 계약자치의 원칙상 우리 신탁법의 해석으로도 위에서 논의한 것과 유사한 수준의 주의의무가 부과될 수 있다고 생각된다.

3) '신중한 투자자 원칙' 투자법과 수탁자의 주의의무

20세기 후반 포트폴리오 이론(portfolio theory)의 발전에 따라, 신탁투자법은 포트폴리오 이론을 반영한 '신중한 투자자 원칙'에 기한 투자법으로 다시 발전하게 된다.[69] 따라서 수탁자는 여전히 완전한 투자운용 재량을 갖지만, 이러한 운용재량을 행사할 투자의무의 내용이 수정되게 된다. 즉 현대적 투자법은 포트폴리오 이론을 반영하여 (ⅰ) 포트폴리오 전체에 대한 주의의무,[70] (ⅱ) 강력한 분산투자의무,[71] (ⅲ) 투자기구의 정당화 등을 '신중한 투자자 원칙'으로서 승인한다. 따라서 수탁자는 투자운용 재량을 행사함에 있어 '신중한

67) 앞의 II. 4. (2) 참조.
68) 앞의 주 18) 참조.
69) 앞의 II. 4. (3) 참조.
70) The Uniform Prudent investor Act, section 2 (b) 참조.
71) The Uniform Prudent investor Act, section 3 참조.

투자자'로서 이러한 현대적 투자의무를 충족시키기 위한 충분한 주의를 기울여야 한다.

마찬가지로, 신탁의 당사자가 신탁법 제41조에 따라 신탁행위로써 '신중한 투자자' 기준에 따른 투자법을 채택한 경우 수탁자가 투자운용시 베풀어야 할 주의의무의 정도가 문제되는데, 우리 신탁법의 해석으로도 위에서 논의한 것과 유사한 수준의 주의의무가 부과될 수 있다고 생각된다.

### (2) 투자재량의 확대에 따른 이익충돌 증대와 충실의무법리의 정립

앞서 본 것처럼, 운용형 신탁설정이 활성화되면서, 수탁자의 투자권한과 운용재량의 행사로 인한 이익충돌 현상이 급격하게 나타나게 된다. 이러한 이익충돌 현상의 증가에 대응해 영미의 형평법원은 이를 통제하기 위한 수탁자의 충실의무를 선언하고 충실의무법리를 발전시키게 된다.[72] 바야흐로 본격적으로 충실의무의 역할이 중요해지는 충실의무법의 시대가 도래한 것이다. 영국에서 충실의무법 원리는 이미 18세기 초에 이익향수금지 원칙(no-profit rule)을 선언한 Keech v. Sanfford 사건 판결[73]에 의해 확립되어 있었지만, 이 시기에 신탁은 주로 가산의 보관기능을 수행하기 위해 설정되었고, 또 수탁자의 신탁재산 처분권한은 무력화되어 있었기 때문에 수탁자에 의해 이익충돌 상황이 초래되는 경우는 현저하지 않았다. 따라서 이 시기에 충실의무법의 역할도 현저하지 않았다. 하지만, 19세기에 들어 재량행사의 보편화로 인해 이익충돌 현상이 증가하자 영국과 미국의 형평법원은 18세기 초에 확립된 법리를 본격적으로 적용시키고 발전시키게 된다.[74]

이와 같이 충실의무법의 발전현상은 19세기 내지 20세기적인 현상인데, 우리 신탁법은 영미에서 발전한 충실의무법리를 제33조 이하에서 잘 계수하고 있다. 즉 제33조에서 수익자의 이익보호를 위한 수탁자의 일반적 충실의무를 선언하고 있고, 제34조에서 이익충돌금지 원칙을, 제35조에서 공평의무, 제36조에서 이익향유금지 원칙을 규정하고 있다. 나아가 충실의무 위반에 대한 구제수단으로서 제43조에서 수탁자의 원상회복의무, 손해배상의무뿐만 아니

72) 앞의 II. 3. 참조.
73) 이 판결에 대해서는 박기령, 491면 이하 참조.
74) 앞의 II. 3. (1) 참조.

라 충실의무법의 특유한 구제수단인 이득반환의무를 규정하고 있다. 따라서 수탁자가 투자운용시 이익충돌금지의무를 위반하거나 혹은 금지된 신탁이익의 향수가 문제되는 경우, 우리 신탁법의 충실의무법이 적용되어 문제를 자족적으로 해결할 수 있게 되었다.[75)]

(3) 소결: 우리 법상의 주의의무법과 충실의무법의 역할 분화

자본시장의 발달로 인한 다양한 금융자산의 등장과 이에 대한 적극적 운용 수요 문제에 대해 우리 신탁법은 '신탁행위'를 통한 수탁자의 운용재량을 인정함으로써 해결하고 있다. 수탁자의 운용재량 증가에 따른 투자대상 선정 및 사무처리상 주의의 정도 문제에 대해서는 투자법과 주의의무법을 발전시킴으로서 해결해야 하는데, 아직까지 '법정열거주의' 방식을 채택하고 있다는 점에서 우리 신탁투자법의 발전속도는 더딘 것으로 볼 수 있다. 하지만, 제41조 단서를 이용하면 '신중한 투자자' 기준의 투자법 등을 채택할 수 있다. 동시에, 수탁자의 운용재량 증가에 의한 이익충돌 증대 문제에 대해 신탁법은 충실의무법을 제33조 이하에서 체계적으로 정비함으로써 잘 대처하고 있다. 이러한 점에서 우리 신탁법은 운용재량의 증가에 따른 투자대상 선정 및 사무처리상 주의의 문제 및 이익충돌의 증대 문제에 관해 각각 주의의무법리와 충실의무법을 독자적으로 발전시킴으로써 전체적으로 잘 대응하고 있는 것으로 보인다.

## 4. 투자의무 위반에 대한 구제수단: 충실의무에 의한 영향 여부

수탁자의 투자의무 혹은 주의의무 위반에 대해서는 어떠한 구제수단이 동원될 수 있는가? 신탁법은 주의의무 위반에 대한 구제수단으로 제43조에서 수탁자의 원상회복의무 및 손해배상의무를 규정하고 있다. 그런데, 수탁자의 주의의무 위반에 대한 구제를 인정함에 있어, 위반자가 본인에 대한 충실의무자인가 여부, 다시 말해 주의의무의 위반자가 이익충돌 상황에 있었다는 징표에 의해 영향을 받는가?

75) 충실의무법의 발전에 대해서는 최나진, "신탁법상의 충실의무에 대한 소고", 『법학연구』, 제16집 제1호(2013), 53면; 이중기, "신의칙과 위임법리에의 접목을 통한 충실의무법리의 발전", 307면; 이중기, "준수탁자로서의 법무법인", 475면; 안성포, "신탁법상 수탁자의 충실의무에 관한 고찰-2009 법무부 개정안을 중심으로", 『상사판례연구』, 제22권 제4호(2009), 83면; 이연갑, "위임과 신탁"; 이중기, "신탁법에 기초한 충실의무법 계수" 등 참조.

앞서 살펴본 것처럼, 신탁투자법의 발전에 있어 수탁자의 적극적 투자재량의 행사 문제는 두 가지 다른 문제, 다시 말해 '주의의무'의 정도와 수준 문제와 '이익충돌'의 증가 문제를 야기하였고, 두 가지 다른 문제의 해결책과 관련해 각각 주의의무법과 충실의무법이 분화되어 발전하였다. 따라서 신탁재산의 남용 혹은 이익충돌이 있었다는 징표는 충실의무의 인정, 위반 여부 및 책임의 결정에 있어 영향을 미칠 뿐 주의의무의 정도와 위반 여부를 결정하는데 있어서는 영향을 미치지 않는다. 동일한 논리로, 투자의무 혹은 주의의무의 위반과 관련해 수탁자가 부담하는 원상회복책임의 범위 혹은 손해배상의 범위를 인정함에 있어서도 충실의무를 진다는 사실은 영향을 미치지 않아야 한다.[76] 영국도 동일한 입장을 취한다.[77]

그런데, 대법원은 이사의 기회유용 문제와 관련해 다음과 같이 경영판단의 문제로 접근하여 '주의의무법적' 해결방식과 '충실의무법적' 해결방식을 혼용해서 접근하고 있다.

> "[회사법에 사업기회에 대한 명문의 규정이 있는 것은 아니지만] 이사는 이익이 될 여지가 있는 <u>사업기회</u>가 있으면 이를 <u>회사에 제공하여 회사로 하여금 이를 이용할 수 있도록 하여야</u> 하고, 회사의 승인 없이 이를 <u>자기 또는 제3자의 이익을 위하여 이용</u>하여서는 아니 된다. 그러나 회사의 <u>이사회</u>가 그에 관하여 <u>충분한 정보</u>를 수집·분석하고 <u>정당한 절차</u>를 거쳐 회사의 이익을 위하여 의사를 결정함으로써 그러한 사업기회를 포기하거나 어느 <u>이사가</u> 그것을 <u>이용할 수 있도록</u> <u>승인</u>하였다면 그 의사결정과정에 현저한 불합리가 없는 한 그와 같이 결의한 이사들의 <u>경영판단은 존중</u>되어야 할 것이므로, 이 경우에는 어느 <u>이사가</u> 그러한 <u>사업기회를 이용하게 되었더라도</u> 그 이사나 이사회의 승인 결의에 참여한 이사들이 이사로서 선량한 관리자의 주의의무 또는 <u>충실의무를 위반하였다고 할 수 없다</u>."[78]

---

76) 동일한 취지로 박기령, 499면 이하.

77) Gower & Davies, *Principles of Modern Company Law*(9th ed., 2012), pp.16-38 참조; Millett LJ, "It is inappropriate to apply the expression [breach of fiduciary duty] to the obligation of a trustee or other fiduciary to use proper skill and care in the discharge of his duties." Bristol and West Building Society v Mothew [1998] 1 Ch. 1 CA.

78) 대법원 2013.9.12. 선고 2011다57869판결. 이 판례에 대한 평석으로는 권재열, "모회사의 이사에 대한 자회사의 실권주 배정에 관련된 몇 가지 쟁점의 검토", 『선진상사법률연구』, 제65호(2014. 1), 12면; 천경훈, "신세계 대표소송의 몇 가지 쟁점: 경업, 회사기회유용, 자기거래", 『상사법연구』, 제33권 제1호(2014), 135면; 최문희, "실권주에 관한 법적 쟁점의 검토: 최근의 판례

기회유용의 문제는 이익향유와 관련한 충실의무 위반의 문제이고, 경영판단의 문제는 주의의무의 행사 정도와 관련된 선관의무 위반의 문제이므로 이 두 문제는 구별하여 접근하는 것이 옳다고 본다. 후자는 그 지위에서 요구되는 객관적 주의를 다하지 않아 손해가 발생한 경우, 손해의 사후적 원상회복의 관점에서 접근하지만, 전자는 이익충돌적 지위에 있는 충실의무자로 하여금 지위를 이용한 이득취득 가능성을 사전적으로 금지 혹은 사후적으로 박탈함으로써 그 지위를 이용한 이익취득행위를 억지하기 위한 법이기 때문이다.79)

## V. 정리의 말

'신탁사무'는 (ⅰ) 신탁재산의 수치 및 보관과 (ⅱ) 그에 따른 사무의 처리에 관한 것으로서 자세한 내용은 신탁재산의 성질이나 내용에 따라 다종다양하게 설계될 수 있다. 이와 같이 수탁자의 '신탁사무'는 신탁재산의 성질이나 내용에 따라 투자운용과 같은 전문적 수임사무가 될 수도 있고, 혹은 비전문가의 단순한 임치가 될 수 있기 때문에, '신탁사무'의 처리와 관련한 '선량한 관리자의 주의의무'는 전문가의 주의의무뿐만 아니라 비전문가의 자기재산에 대한 주의까지를 포함할 수 있도록 해석되어야 한다. 따라서 수탁자의 '신탁사무'의 처리와 관련한 '선량한 관리자의 주의의무'는 다양한 '신탁사무'의 내용을 반영할 수 있는 융통성 있는 개방 개념이 되어야 한다. 특히 영미에서 신탁법은 '신뢰와 신임'(trust and confidence)을 보호하기 위한 법제도로서 발전한 것이므로 수탁자의 주의의무의 정도와 수준을 제한하지 않는다. 따라서 우리 법상의 수탁자의 주의의무의 수준과 내용을 설정할 때도 위임과 임치에서의 주의의무를 모두 포괄할 수 있는 정도와 수준으로 융통성 있게 설정되어야 한다. 마지막으로 타인재산의 수탁 혹은 투자재량의 부여로 인한 이익충돌 문제는 수탁자의 주의의무를 강화하는 방식이 아닌 충실의무법리로써 해결해야 할 영역이라는 점을 강조해 본다.

---

를 소재로 하여", 『상사법연구』, 제32권 제3호(2013), 103면; 이중기, "이익충돌의 판정기준과 법인격의 고려 여부".

79) 자세히는 제4편 제3장(이중기, "신탁에서의 이익향유금지의 원칙") II. 이하 참조.

[참고문헌]

송옥렬, 『상법강의(제5판)』, 2015.

이중기, 『신탁법』, 2007년.

이재홍·곽윤직, 『민법주해(XV) 채권(8)』, 1997.

최동식, 『신탁법』, 2006.

가정준, "신탁재산에 대한 수탁자와 수익자의 권리－DCFR 신탁법을 중심으로", 『외법논집』, 제37권 제3호(2013).

권영준, "불법행위의 과실 판단과 사회평균인", 『비교사법』, 제22권 제1호(2015).

권재열, "모회사의 이사에 대한 자회사의 실권주 배정에 관련된 몇 가지 쟁점의 검토", 『선진상사법률연구』, 제65호(2014. 1).

______, "상법 제382조의3 (이사의 충실의무)의 존재의의", 『상사판례연구』, 제22집 제1권(2009).

김현경, "상법상 이사의 충실의무에 관한 고찰", 『중앙법학』, 제14집 제1호(2012).

문형배, "토지신탁상 수탁자의 손해배상의무와 보상청구권", 『판례연구』, 제19집(부산판례연구회, 2008).

박기령, "이사의 선관의무와 충실의무의 법사학적 기원에 관한 고찰", 『상사법연구』, 제30권 제2호(2011).

박삼철·이중기, "'제도'로서의 투자신탁법제의 기본구조와 발전전략", 『홍익법학』, 제15권 제1호(2014).

안성포, "신탁법상 수탁자의 충실의무에 관한 고찰－2009 법무부 개정안을 중심으로", 『상사판례연구』, 제22권 제4호(2009).

______, "일본에서의 신탁 실무와 신탁법리의 전개", 정순섭·노혁준, 『신탁법의 쟁점(제2권)』, 2015.

윤태영, "신탁수탁자의 선관주의의무", 『비교사법』, 제22권 제2호(2015).

이연갑, "위임과 신탁", 『비교사법』, 제22권 제1호(2015).

이중기, "신탁법에 기초한 영미 충실의무법의 계수와 발전", 『홍익법학』, 제12권 제1호(2011).

______, "신탁에서의 이익향유금지의 원칙과 이익반환책임", 『홍익법학』, 제8권 제2호(2007).

______, "이익충돌의 판정기준과 '법인격'의 고려여부, 회사기회 유용법리와 회사법상 충실의무법리의 전개", 『민사판례연구(XXXVII)』, 2015.

______, “투자신탁제도의 신탁적 요소와 조직계약적 요소”, 『한림법학 FORUM』, 제9권 (2000).

______, “신의칙과 위임법리에의 접목을 통한 충실의무법리의 확대와 발전”, 『홍익법학』, 제12권 제2호(2011).

______, “법무법인에 발생하는 이익충돌과 충실의무: ‘준수탁자’로서의 법무법인”, 『홍익법학』, 제14권 제4호(2013).

이철송, “선관주의의무와 충실의무에 관한 이론의 발전과 전망”, 『비교사법』, 제22권 제1호(2015).

장근영, “영미법상 신인의무 법리와 이사의 지위”, 『비교사법』, 제16권 제1호(2008).

천경훈, “신세계 대표소송의 몇 가지 쟁점 : 경업, 회사기회유용, 자기거래”, 『상사법연구』, 제33권 제1호(2014).

최나진, “신탁법상의 충실의무에 대한 소고”, 『법학연구』, 제16집 제1호 (2013).

최문희, “실권주에 관한 법적 쟁점의 검토 : 최근의 판례를 소재로 하여”, 『상사법연구』, 제32권 제3호(2013).

四宮和夫, 『信託法(新版)』.

新井誠(안성포 역), 『信託法(第3版)』

Gower & Davies, *Principles of Modern Company Law*(9th ed., 2012).

Moffat, *Trust Law*(5th ed., 2009).

Virgo, *The Principles of Equity & Trusts*(2012).

Restatement of Trusts 2d §174(1959).

Sin, *The Legal Nature of the Unit Trust*(1997).

Langbein, “The Contractarian Basis of the Law of Trust”, 105 *Yale L.J.* 625, 632(1995).

______, “The Secret Life of the Trust: The Trust as an Instrument of Commerce”, 107 *Yale L.J.* 165(1997).

______, “The Uniform Prudent Investor Act and the Future of Trust Investing”, 81 *Iowa L.R.* 641, 643(1996).

Sealy, “Fiduciary Relationship”, *Cambridge LJ.* 69(1962).

Shattuck, “The Development of the Prudent Man Rule for Fiduciary Investment in the United States in the Twentieth century”, 12 *Ohio St. L.J.* 491, 499(1951).

# 제 3 장 충실의무의 태동과 조직법의 기여: 소유와 수익의 분리로 인한 충실의무의 발전*

( … )

## Ⅴ. 조직법의 고유한 특징과 기여

### 1. 조직법의 고유한 특징: 소유와 수익의 분리 현상과 충실의무 개념의 탄생

조직법은 출연재산의 분리와 통합의 연결점인 인격[1]을 제공함으로써 독립된 목적재산을 형성[2]하는 역할을 수행한다. 그런데, 독립된 인격을 매개로 목적재산이 통합되는 경우 항상 통합재산에 대한 소유권자와 수익권자가 분리(separation of ownership and enjoyment)되는 현상이 발생한다. 신탁의 설립과 법인의 설립에 따라 소유와 수익이 분리되는 현상에 대해 차례로 살펴보자.

#### (1) 신탁설정시의 소유와 수익의 분리

전통적인 신탁설정은 수익자에 대한 직접적 증여 대신 형식적 소유자인 수탁자를 통한 실질적 증여의 기능을 수행한다. 이러한 과정에서 '신탁재산'을 이전받은 수탁자는 신탁재산에 대한 소유권을 보유하게 되지만, 이 소유권은 '수익권자를 위해 보유'(holding property for another)하는 것이므로, 수탁자는 신탁재산을 자신을 위해 사용할 수는 없고 수익자를 위해서만 사용해야 한다.[3]

* 이 장은 이중기, "조직법의 물권법적, 계약법적 기초, 조직법의 고유한 특징과 기여", 『홍익법학』, 제17권 제1호(2016)에 기초하였음.

1) 제3장이 기초한 원래 논문의 I. 2. (1) 참조.

2) 원래 논문의 I. 2. (2) 참조.

3) Virgo, *The Principles of Equity and Trusts*(2012), pp.381-382.

이것이 '수탁자지위'의 핵심이다.

신탁재산에 대한 소유와 수익의 분리 현상은 산업화의 영향으로 등장한 '운용형 신탁'에서도 계속되고 있다. 즉 투자신탁의 경우 전통적 신탁에서 수탁자가 보유했던 신탁재산의 운용권과 명목상 소유권이 다시 분화되어 각각 운용자와 수탁자에게 귀속되지만, 수익권은 계속 투자자인 출연자가 보유하게 된다. 그런데, 운용권을 갖는 운용사와 형식상 소유권을 갖는 수탁자는 신탁재산을 자신을 위해 운용 혹은 보유하는 것이 아니라 투자자인 "수익권자를 위해" 보유하고 운용하여야 한다. 이와 같이 '운용형 신탁'의 신탁설정에서도 수탁자와 수익권자의 분리 현상은 계속되고 있다.

### (2) 회사설립시의 소유와 수익의 분리

회사설립도 마찬가지로 회사재산의 소유자인 회사와 수익자인 사원을 분리시킨다. 즉 출연재산의 연결점인 회사가 설립되고 출연재산이 전부 회사의 소유가 됨으로써, 출연자인 사원은 실질적 수익지분을 갖게 되나, 통합재산의 소유는 재산통합의 연결점인 회사의 것이 되고, 회사는 기관을 통해 회사재산을 관리하게 된다. 이러한 기관을 통한 회사 소유권은 출연자인 '사원을 위해 보유'하는 것이므로 기관은 회사재산을 자신을 위해 사용할 수는 없고 출연자인 사원을 위해서만 사용해야 한다. 이와 같이 회사기관의 지위의 핵심도 회사재산을 '사원을 위해' 사용해야 한다는 것이다.

### (3) 소유와 수익의 분리로 인한 충실의무의 필요성

조직의 설립에 있어 발생하는 통합재산에 대한 소유와 수익의 분리 현상은 수익자의 통합재산 지배 문제[4]를 야기하고, 동시에 조직의 기관의 선임을 통한 통합재산의 관리 문제[5]를 야기하는데, 소유와 수익이 분리되는 조직의 특수한 상황은 조직법이 충실의무법리를 고유하게 발전시킬 수 있는 좋은 환경이 되었다. 즉 출연자의 재산을 수탁자 혹은 회사의 명의로 이전하는 신탁설정 혹은 법인설립은 항상 재산의 명의자인 수탁자 혹은 회사의 기관을 신뢰할 수밖에 없는 상황을 조성한다. 이러한 신뢰와 신임의 관계에서는 신탁재산

---

4) 원래 논문의 III. 1. 이하 참조.
5) 원래 논문의 IV. 1. 이하 참조.

의 명의자인 수탁자 혹은 회사재산의 관리자인 이사의 재량에 의해 신탁재산 혹은 회사재산의 운명이 결정되기 때문에 수탁자 혹은 이사의 이기심(selfish human nature)에 대한 통제장치가 필수적이 된다. 형평법원은 신탁재산의 관리자인 수탁자 및 회사재산의 관리자인 이사로 하여금 본연의 의무인 신탁재산 혹은 회사재산의 관리의무의 원활한 수행을 위하여 수탁자 혹은 이사의 이기심의 통제장치로서 충실의무를 부과하게 된다.[6]

#### (4) 조직관계에서 사전금지적 작동 및 엄격의무의 정당화

이와 같이 신탁재산에 대한 소유와 수익의 분리기능은 논리필연적으로 신탁의 기관인 수탁자의 충실의무를 필요로 하게 되고, 이러한 관념으로부터 충실의무의 양대 원리인 이익충돌금지 원칙(no-conflict rule) 및 이익향유금지 원칙(no-profit rule)[7] 등이 발전되었고,[8] 뒤에서 보는 것처럼 이러한 충실의무 원리는 회사의 이사에게도 적용되어 이사에게도 충실의무가 적용되게 된다.[9] 그런데, 이러한 충실의무는 사전금지적(proscriptive)으로 작동하고, 엄격의무(strict duty)의 형식을 띠는데, 이러한 현상은 조직법의 맥락에서 특히 정당화될 수 있다.

##### 1) 충실의무의 '금지적' 작동방식의 정당화

충실의무는 이익충돌의 금지 및 이익향유의 금지 등과 같이 사전에 수탁자 혹은 이사가 이익충돌 상황에 드는 것을 금지하고, 신탁 혹은 회사의 이익을 향유하는 것을 금지하는데, 이러한 충실의무의 사전금지적(proscriptive) 작동방식은 기능적으로 수탁자 혹은 이사의 주의를 산만하게 할 수 있는 일체의 가능성을 사전에 차단하기 위한 것이다. 즉 충실의무는 사전에 금지적 조치를

---

6) 예를 들어, Lord Herschell은 다음과 같이 말한다: "It does not appear to me that this rule is, as has been said, founded upon principles of morality. I regard it rather as based upon the consideration that, human nature being what it is, there is danger of the person holding a fiduciary position being swayed by interest rather than duty, and thus prejudicing those whom he was bound to protect. It has, therefore, been deemed expedient to lay down this positive rule." (Bray v Ford [1896] AC 44, 51-2); 동일한 취지로 Birks, *An Introduction to Law of Restition*(1985), pp.332-3, pp.338-43.

7) 자세히는 제4편 제1장(이중기, "충실의무자의 이익향유금지", 529면) II. 이하 참조.

8) Virgo, p.480.

9) 다음의 3. (1) 참조.

선언함으로써 조직의 기관이 지는 본연의 의무(basic relationship)인 '신탁재산 혹은 회사재산 관리의무'를 충실하게 이행할 수 있게 한다. 이러한 점에서 충실의무는 본연의 의무인 주의의무를 뒷받침하는 보충적 역할(supplementary role)을 수행한다고 볼 수 있다.[10)]

2) 충실의무의 엄격성과 강행성의 정당화

충실의무는 또한 엄격성과 제한적 강행성을 갖는데,[11)] 이러한 강행성은 충실의무의 보충적 역할의 효율성을 담보하기 위해 정당화될 수 있다. 즉 주의의무는 신뢰와 신임을 받은 자의 행태에 대해 '최소한의 수준'만을 통제하기 때문에 충실의무자에 대해 '최적의 행태'를 도출하기 위해서는 엄격한 충실의무 부과가 필요하게 된다.[12)] 통제의 효율성을 위한 충실의무의 엄격성은 충실의무 위반시 구제수단의 인정에 있어서도 반영되어야 하는데, 충실의무의 사전금지적 목적을 관철하기 위해서는 충실의무 위반시 발견된 손실의 보상 혹은 이익의 반환만으로는 적절한 억지적 구제수단이 될 수 없으므로, 충실의무 위반에 대한 '최적의 억지력'을 확보하기 위해서는 발견된 손실이나 이익보다 더 가중한 손실 혹은 이익을 반환하도록 해야 한다.[13)]

## 2. 신탁법의 기여: 충실의무법, 회사법 발전의 기초

### (1) 신탁법의 정립에 따른 충실의무법의 독자적 발전

신탁법은 충실의무의 양대 원칙인 이익충돌금지 원칙과 이익향유금지 원칙을 발전시켰을 뿐만 아니라 신탁법의 정립은 보다 광범위한 충실의무법리를 독자적으로 발전시킨 계기가 된다. Sealy 교수의 연구에 의하면, "18세기 및 19세기 초반까지도 '신뢰와 신임'(trust and confidence)이란 단어는 현재 신탁

10) 충실의무의 선관의무 보충역할에 대해서는 제1장(이중기, "충실의무와 선관의무의 작동방식: 충실의무의 선관의무 보충 역할에 대하여", 『홍익법학』, 제16권 제4호(2015), 331면) II. 이하 참조.
11) 제3편 제2장(이중기, "이사의 충실의무의 강행성 여부와 충실의무에 대한 사적 자치", 1295면, 1311면 이하) III. 이하 참조.
12) Brudney, "Contract and Fiduciary Duty in Corporate Law", 38 *B. C. L. Rev.* 595, 599-600(1997)의 note 12 참조.
13) Cooter & Freedman "The Fiduciary Relationship: Its Economic Character and Legal Consequences", 66 *NYU L. R.* 1045, 1051 *et seq*(1991).

법상 의미로 사용되는 '재산의 신탁'이 수반된 신뢰와 신임 관계뿐만 아니라 타인에 대한 약속이나 타인의 사무처리에 대한 의존성이 있는 신뢰와 신임 관계에 대해서도 사용되었고, 이때까지만 해도 영국 법학자들은 'confidence'와 'trust'라는 단어를 신뢰를 의미하는 일반적 의미로 사용하였다.[14] … 그러나 판결집이 정비되고 형평법 교과서의 등장 등으로 인해, 'confidence'와 같은 일반적 단어 대신에 기술적 용어를 사용하여 형평법리를 확립하려는 움직임이 법학계에 대두되었다. 이러한 큰 변화 가운데 하나는 'trust'라는 단어가 오늘날과 같은 기술적 의미를 갖는 '재산의 신탁'이라는 의미로 인정되게 되고, 신탁법(law of trust)이 형평법상 '신뢰의 위반'의 영역에서 기술적 법분야로서 독자적으로 발전하게 된 것이다. 즉 이때부터 'trust'라는 용어는 'trust and confidence'로서 사용되었을 때의 의미보다는 '재산의 신탁'이라는 기술적인 용어로 사용되게 된다."[15] 그런데, 'trust'라는 용어를 '재산의 신탁'을 설명하는 기술적 의미로 사용하게 되면서, 과거에 'trusts'라고 표현하였던 다른 상황, 즉 '재산의 신탁'이 수반되지 않는 '신뢰와 신임'(trust and confidence) 관계를 어떻게 표현하는가가 문제되게 되었다. Sealy 교수에 의하면, 이러한 관계를 표현하는 용어로서 'trust'가 더 이상 사용될 수 없게 되자 대신 등장하게 되는 단어가 'fiduciary'라고 한다. 'fiduciary'라는 단어는 18세기 초의 판례에도 등장하지만 별로 법률가들의 주목을 받지 못하다가, 이때부터 엄격한 신탁관계에 미치지 못하는 '신뢰와 신임 관계'를 묘사하는 일반적 단어로서 광범위하게 사용되기 시작한다.[16]

그리고 이후 'fiduciary'라는 단어에 기반해 'fiduciary law', 즉 충실의무법은 획기적으로 발전하게 된다. "19세기에 'fiduciary'라는 단어가 '신뢰와 신임 관계'를 설명하는 단어로 'trust'를 대체한 이후 2백년 동안 형평법원 그리고 학자들은 'fiduciary'라는 단어를 마치 이전의 형평법원이 'trust'와 'confidence'를 모든 신뢰와 신임 관계에 사용하듯이 사용하였다. 그 결과 수탁자를 포함해 신뢰와 신임을 받아 본인의 일을 행하는 대리인, 후견인, 변호사 기타 모든 종

---

14) Sealy, "Fiduciary Relationship", *C.L.J.* 69(1962), pp.69-70.

15) 제1편 제3장 II. 2. (1)(이중기, "신탁법에 기초한 충실의무법의 계수", 29면, 34-35면) 참조.

16) Sealy, "Fiduciary Relationship", pp.71-72.

류의 사람들은 fiduciary라는 명칭으로 통합적으로 불리게 되고 수탁자가 부담하는 loyalty는 fiduciary duty라는 이름하에서 이러한 fiduciary들의 일반적 의무로서 적용되게 되었다."[17]

### (2) 신탁충실의무법의 이사에 대한 적용

신탁법의 또 다른 기여로는 회사법 발전의 기초를 제공한 것을 들 수 있다. 영국 회사법의 초기 발전단계에서 회사와 조합에 대한 관할은 보통법법원이 아니라 형평법원이 갖게 되는데, 영국 형평법원은 그 당시 이미 확립되어 있던 신탁법리를 막 생기기 시작한 회사의 회사관계에 대하여 적용한다. 즉 당시 형평법원은 회사관계에서 발생하는 법적 문제를 해결하기 위해 그들이 익숙한 신탁관계로 유추하여 해결하는데, 회사 이사를 회사재산의 수탁자로 간주하였다.[18] 그 결과 이사는 수탁자로서 충실의무를 부담하게 되었고, 이로써 영국 회사법에서 이사에 대해 수탁자의 엄격한 충실의무가 적용되게 된다.[19]

이러한 현상은 미국에서도 동일하게 발생한다. 회사법의 초기 발전단계에서 미국 법원도 소유와 수익이 분리되는 회사관계를 수탁자가 수익자를 위해 신탁재산을 보유하는 신탁관계와 유사하게 보고, 회사의 이사를 신탁의 수탁자와 유사하게 취급하는 경향을 보인다. 그 결과 미국에서도 회사 이사에 대해서 엄격한 수탁자의 의무가 적용되게 된다.[20]

### (3) 회사재산의 독립성 확보수단으로서의 신탁의 활용과 회사제도의 허용

신탁법이 회사법 발전에 기여한 또 다른 측면으로는 신탁이 회사를 금지한 Bubble Act의 회피수단으로 이용되어, 신탁을 통해 회사 형태의 이용이 계속 가능하게 되었다는 점이다. 즉 South Sea Company의 붕괴 후 회사의 문제점이 드러나자, 당황한 영국 정부는 Bubble Act를 제정하여 국왕의 허가(charter)를 얻지 않는 모든 회사를 일체 금지한다. 하지만, 거래계에서는 신탁

17) 제1편 제3장 II. 2. (2)(이중기, "신탁법에 기초한 충실의무법 계수", 35면) 참조.
18) Sin, *The Legal Nature of the Unit Trust*(1997), pp.11-12.
19) Sealy, "The Director as Trustee", *C.L.J.* 83(1967).
20) H. Marsh, "Are Directors Trustees? Conflicts of Interest and Corporate Morality", 22 *Bus. Law.* 35 (1960); Wallsh, "Fiduciary Foundation of Corporate Law", 27 *J. Corp. L.* 333(2002).

을 이용해 이를 회피하는 방법을 고안한다. 다시 말해, 국왕의 허가를 얻을 필요 없이 사원들이 회사재산을 수탁자에 신탁하고 수탁자로 하여금 회사 이사로서 임무를 수행하게 하는 deed of settlement company를 탄생시킨 것이다.[21] 이 회사는 회사법에 의해 일반적 권리주체성을 인정받은 것은 아니지만, 회사재산을 수탁자에 신탁함으로써 회사재산이 독자적인 법인격을 갖는 것과 동일한 효과를 누릴 수 있었다.

deed of settlement는 회사의 정관과 동일한 기능을 수행하였고, 신탁은 회사재산의 도산격리성을 확보하는 도구로 활용되었다. 이러한 점에서 deed of settlement company는 오늘날의 회사와 기능상 크게 다르지 않다. 이러한 끊임없는 거래계의 회사 수요에 대응해 영국은 마침내 1825년 Bubble Act를 폐지하고, 일반적 등기에 의한 회사 설립을 허용하는 Joint Stock Companies Registration and Regulation Act 1844를 제정하였고, Limited Liability Act 1855로서 이러한 등기된 회사에 대해 유한책임을 인정하였다.[22]

### 3. 회사법의 신탁법/충실의무법적 기초와 회사법의 기여: 충실의무법 발전의 또 다른 원천

#### (1) 회사법의 충실의무법적 기초와 충실의무법 발전의 원천

앞서 본 것처럼 영미의 신탁법은 소유와 수익이 분리되는 신탁관계를 해결하기 위해 수탁자의 수익자에 대한 충실의무 개념을 발전시켰다.[23] 또 영미의 회사법은 동일하게 소유와 수익이 분리되는 회사 이사와 주주 간 문제를 해결하기 위해 신탁법이 발전시킨 신탁충실의무법을 이사에 대해 유추적용하면서 발전하였다.[24] 이러한 점에서 영미 회사법은 신탁법적 기초 혹은 충실의무법적 기초를 가진다고 볼 수 있다.[25]

---

21) Sin, pp.13-14.
22) Sin, p.19 이하.
23) V. 1. (3) 참조.
24) V. 2. (2) 참조.
25) 이에 대한 영국 문헌으로 Gower & Davies, *Principles on Modern Company Law*(2012), pp.16-39; Sealy & Worthington, *Cases and Materials in Company Law*(10th ed., 2013), p.309 참조. 미국 문헌으로는 Wallsh, *supra* note 20; Rock & Wachter, "Dangerous Liaisons: Corporate Law, Trust Law, and Interdoctrinal Legal Transplant", 96 *Nw. U. L.*

그런데, 회사제도가 현대 산업사회에서 차지하는 비중을 고려하면, 이제 회사 이사와 관련해 발전하고 있는 충실의무법리는 수탁자와 관련하여 논의되고 있는 충실의무법리보다 훨씬 다양하고 중요성도 커졌다고 볼 수 있다. 회사와 관련된 거래는 새롭고 빠르게 진화하고 있으며 이사는 항상 새로운 유형의 거래방식을 시도함으로써 계속적으로 새로운 이익충돌과 충실의무의 위반 문제를 야기하고 있기 때문이다. 이러한 점에서 이사의 충실의무법은 신탁 충실의무법보다 어쩌면 더 중요한 충실의무법의 새로운 원천이 되었다고 볼 수 있고, 회사법은 거대한 충실의무법 발전의 원동력이 되고 있다.

### (2) 회사법의 독자적 특징과 투자신탁제도에 대한 영향

신탁관계와 달리 회사관계에서 출연자들은 회사이사에 대하여 일정한 위험의 선택(risk-taking)을 요구한다. 이와 같이 회사법은 전통적 신탁관계가 상정하고 있는 것과 다른 맥락을 가진다는 점에서 회사법은 신탁법과 다른 독자성을 보인다.[26] 그 결과 회사 이사에 대해서는 일정한 요건을 갖춘 경우 경영판단을 보호[27]해 준다.

그런데, 회사법의 이러한 독자적 발전은 신탁제도의 운영에도 영향을 미치고 있다. 즉 전통적인 '증여적 신탁'이 아닌 금융자산의 운용을 위한 '운용형 신탁'의 경우, 전통적인 신탁법리 외에 회사법에서 발전된 이사의 의무수준 혹은 회사지배법리들이 투자신탁의 운용자들 혹은 투자신탁의 법적 문제를 해결하기 위해 신탁법리 대신 적용되고 있다. 왜냐하면 "투자신탁과 회사는 deed of settlement company라는 동일한 부모를 갖는 형제이기 때문이다."[28] 투자신탁의 운용자들은 이사들과 마찬가지로 충실의무를 지지만 운용수익을 위해 적절한 위험을 감수해야 하고 이러한 투자판단에 대해서는 면책을 해주어야 한다. 마찬가지로, 투자신탁의 운용과 관련해 발생하는 새로운 문제들은 신탁법리보다 회사법리를 유추적용하는 것이 더 타당한 경우가 있다. 이처럼, 회사법의 발전된 회사지배원리와 이사의 의무 수준에 관한 법리들은 이제는 역

*Rev.* 651(2002) 참조.

26) Sealy & Worthington, *supra* note 25, pp.309-310.

27) 경영판단의 원칙에 대해서는 김건식, 『회사법』(2015), 391면 이하; 송옥렬, 『상법강의(제5판)』(2015), 1005면 이하.

28) Sin, p.45.

으로 신탁 혹은 투자신탁법리의 발전에 영향을 미치고 있다.

## Ⅵ. 정리의 말

민사법적 의미의 조직은 "특정의 목적을 위하여 구성한 단체로서 그 '단체의 이름'으로 '재산'을 취득, 상실, 변경할 수 있는 법적 존재 혹은 주체"여야 한다. 따라서 조직법은 이러한 법적 주체로 하여금 자신의 이름으로 재산권을 취득, 상실, 변경할 수 있게 해 주는 역할을 수행하는 법이어야 한다.

이 글에서는 먼저, 조직법이 출연재산의 분리와 통합을 위한 연결점으로서 독립된 인격을 제공하고 있음을 고찰해 보고, 이러한 독립된 인격을 매개로, 조직법이 (i) 출연재산의 분리와 통합의 기능을 수행하고, (ii) 통합재산에 대한 출연자의 지배와 수익 메커니즘으로서 지분 개념을 고안하고, (iii) 통합재산에 대한 관리 메커니즘으로서 기관 개념을 고안하였음을 살펴보았다. 이러한 조직법의 세 가지 역할을 구체적으로 분석해 보면, 각각 (i) 소유권이전에 관한 물권변동법리, (ii) 공유재산의 공유지분 개념, (iii) 대리관계의 대리인의 개념과 유사성을 갖는다는 점을 고찰해 봄으로써, 각각의 조직법적 기능이 물권법적 기초 및 계약법적 기초를 갖고 있음을 살펴보았다. 하지만, 조직법이 물권법적 기초, 계약법적 기초를 가진다는 사실로부터 조직법적 관계가 물권법, 계약법 원리에 의해 지배되어야 한다는 것은 아니다. 오히려 조직법의 물권법적, 계약법적 특징은 조직법적 목적을 위해 수정될 수 있음을 지적한다. 마지막으로 조직법이 연결점으로서 제공하는 독립된 인격으로 인해 조직에서는 소유와 수익이 분리되는 현상이 발생하는데, 이러한 소유와 수익의 분리로 인해 충실의무법이 발전되었고, 이는 조직법의 고유한 특징이자 조직법의 기여라고 생각된다.

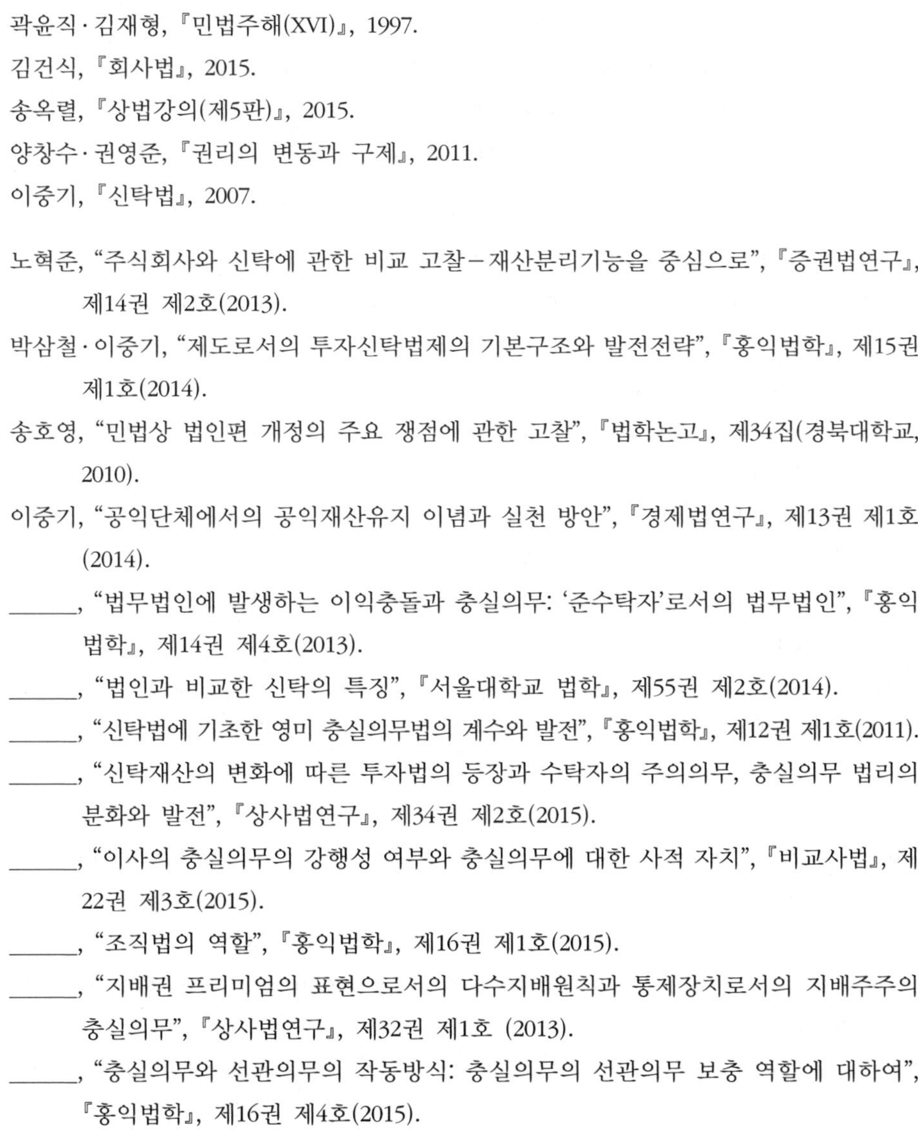

[참고문헌]

곽윤직·김재형, 『민법주해(XVI)』, 1997.

김건식, 『회사법』, 2015.

송옥렬, 『상법강의(제5판)』, 2015.

양창수·권영준, 『권리의 변동과 구제』, 2011.

이중기, 『신탁법』, 2007.

노혁준, “주식회사와 신탁에 관한 비교 고찰－재산분리기능을 중심으로”, 『증권법연구』, 제14권 제2호(2013).

박삼철·이중기, “제도로서의 투자신탁법제의 기본구조와 발전전략”, 『홍익법학』, 제15권 제1호(2014).

송호영, “민법상 법인편 개정의 주요 쟁점에 관한 고찰”, 『법학논고』, 제34집(경북대학교, 2010).

이중기, “공익단체에서의 공익재산유지 이념과 실천 방안”, 『경제법연구』, 제13권 제1호(2014).

______, “법무법인에 발생하는 이익충돌과 충실의무: ‘준수탁자’로서의 법무법인”, 『홍익법학』, 제14권 제4호(2013).

______, “법인과 비교한 신탁의 특징”, 『서울대학교 법학』, 제55권 제2호(2014).

______, “신탁법에 기초한 영미 충실의무법의 계수와 발전”, 『홍익법학』, 제12권 제1호(2011).

______, “신탁재산의 변화에 따른 투자법의 등장과 수탁자의 주의의무, 충실의무 법리의 분화와 발전”, 『상사법연구』, 제34권 제2호(2015).

______, “이사의 충실의무의 강행성 여부와 충실의무에 대한 사적 자치”, 『비교사법』, 제22권 제3호(2015).

______, “조직법의 역할”, 『홍익법학』, 제16권 제1호(2015).

______, “지배권 프리미엄의 표현으로서의 다수지배원칙과 통제장치로서의 지배주주의 충실의무”, 『상사법연구』, 제32권 제1호 (2013).

______, “충실의무와 선관의무의 작동방식: 충실의무의 선관의무 보충 역할에 대하여”, 『홍익법학』, 제16권 제4호(2015).

______, “충실의무자의 이익향유금지”, 『홍익법학』, 제16권 제3호(2015).

Gower & Davies, *Principles on Modern Company Law*(2012).

Easterbrook & Fischel, *The Economic Structure of Corporate Law*(1991).

Kraakman *et al., The Anatomy of Corporate Law*(2nd ed., 2009).

Moffat, *Trust Law*(5th ed., 2009).

Virgo, *The Principles of Equity & Trusts*(2012).

Sealy & Worthington, *Cases and Materials in Company Law*(10th ed., 2013).

Sin, *The Legal Nature of the Unit Trust*(1997).

Williamson, *The Mechanisms of Governance*(1996).

Brudney, “Contract and Fiduciary Duty in Corporate Law”, 38 *B. C. L. Rev.* 595(1997).

Coase, “The Nature of the Firm”, 4 *Economica* 386(1937).

Cooter & Freedman “The Fiduciary Relationship: Its Economic Character and Legal Consequences”, 66 *NYU L R* 1045 (1991).

Hansmann, "The Role of the Nonprofit Enterprise", 89 *Yale L. J.* 835(1980).

Hannsmann & Kraakman, “The Essential Role of Organizational Law”, 110 *Yale L. J.* 387(2000).

Hansmann & Mattei, “Trust Law in the United States: A Basic Study of the Special Contribution”, 46 *Am. J. Comp. L.* 133, 134(1998).

Ho, “A Tale of Two Cities: Business Trust Listings and Capital Markets in Singapore and Hong Kong”, 11 *J. Int'l Bus. & L.* 311(2012).

Jenson & Meckling, “Theory of the Firm: Managerial Behavior, Agency Costs and Ownership Structure”, 3 *J. of Financial Economics* 305(1976).

Jones *et al.*, “The Massachusetts Business Trust and Registered Investment Companies”, 13 *Del. J. Corp. L.* 421(1988).

Johnston, “The Influence of The Nature of the Firm on the Theory of Corporate Law”, 18 *J Corp L* 213(1993).

Langbein, “The Contractarian Basis of the Law of Trust”, 105 *Yale L.J.* 625, 632(1995).

______, “The Secret Life of the Trust: The Trust as an Instrument of Commerce”, 107 *Yale L.J.* 165(1997).

Marsh, “Are Directors Trustees? Conflicts of Interest and Corporate Morality”, 22 *Bus. Law.* 35(1960).

Rock & Wachter, “Dangerous Liaisons: Corporate Law, Trust Law, and Interdoctrinal Legal Transplant”, 96 *NW. U. L. Rev.* 651(2002).

Schwarcz, “Commercial Trusts as Business Organizations: Unraveling the Mystery”, 58 *Bus. Law.* 559(2003).

Sealy, "The Director as Trustee", *C.L.J.* 83(1967).

______, "Fiduciary Relationship", *Cambridge L.J.* 69(1962).

Sitkoff, "Trust as "Uncorporation": A Research Agenda", 2005 *U. Ill. L. Rev.* 31, 32(2005).

Wallsh, "Fiduciary Foundation of Corporate Law", 27 *J. Corp. L.* 333(2002).

# 제 3 편

# 충실의무법의 강행성: 사적자치와 그 한계

# 목 차

제 1 장 수탁자의 충실의무의 강행성과 사적자치
Ⅰ. 머리말
Ⅱ. 영미법에서의 충실의무의 부과 이유와 충실의무에 대한 사적자치
Ⅲ. 우리 법상 충실의무를 부과하는 정책적 이유와 충실의무관계의 다양성
Ⅳ. 충실의무의 해소방법
Ⅴ. 비용상환청구, 보수청구와 충실의무의 적용유예
Ⅵ. 정리의 말
제 2 장 이사의 충실의무의 강행성과 사적자치: 신탁충실의무법의 보충적 적용
Ⅰ. 머리말
Ⅱ. 이사의 충실의무의 개념과 부과 근거
Ⅲ. 이사의 충실의무의 강행성 여부
Ⅳ. 이사의 충실의무에 대한 사적자치
Ⅴ. 정리의 말

# 제 1 장 수탁자의 충실의무의 강행성과 사적자치*

## I. 머리말

우리나라에서도 충실의무에 대한 연구가 이제 본궤도에 진입한 것으로 보인다. 충실의무란 "자신의 이익과 위탁인의 이익이 충돌하는 경우 자신의 이익보다 위탁인의 이익을 우선해야 하는, 혹은 위탁인의 이익을 최대한 도모해야 하는 사무수탁인의 의무"를 의미한다.[1] 즉 영미법상의 duty of loyalty를 의미한다. 우리 대법원도 신탁 수탁자와 관련하여 충실의무와 충실의무 위반행위를 다음과 같이 정의한 바 있다:

> "수탁자의 <u>충실의무</u>는 수탁자가 신탁목적에 따라 신탁재산을 관리하여야 하고 신탁재산의 <u>이익을 최대한 도모하여야 할 의무</u>로서, 신탁법상 이에 관한 명문의 규정이 있는 것은 아니지만 일반적으로 수탁자의 신탁재산에 관한 권리취득[즉 자기거래]을 제한하고 있는 [구]신탁법 제31조[2]를 근거로 인정되고 있다. 이 사건 …

---

* 이 장은 이중기, "충실의무에 대한 사적자치: 충실의무의 부과이유와 그 해소장치를 중심으로", 『비교사법』, 제22권 제2호(2015)에 기초하였음.

1) 대표적 충실의무자인 수탁자의 충실의무에 대한 논의에 대해서는 안성포, "신탁법상 수탁자의 충실의무에 관한 고찰－2009년 법무부 개정안을 중심으로", 『상사판례연구』, 제22권 제4호(2009)(이하 안성포, "충실의무"), 83면, 84면 이하; 이연갑, "수탁자의 보상청구권과 충실의무", 『민사판례연구[XXX]』(2008)(이하 이연갑, "보상청구권과 충실의무"), 271면, 292면 이하; 이연갑, "개정신탁법상 수탁자의 권한과 의무, 책임", 정순섭·노혁준, 『신탁법의 쟁점』, 제1권(2015), 320면, 333면 이하; 이연갑, "위임과 신탁: 수임인과 수탁자의 의무를 중심으로", 『비교사법』, 제22권 제2호(2015)(이하 이연갑, "위임과 신탁"), 23면, 38면 이하; 최나진, "신탁법상의 충실의무에 대한 소고", 『법학연구』, 제16집 제1호(2013)(이하 '최나진'), 53면, 56면 이하 참조.

2) 구 신탁법 제31조(수탁자의 권리취득의 제한) ① 수탁자는 누구의 명의로 하든지 신탁

행위는 신탁재산이나 수익자의 이익과 수탁자의 이익이 상반되는 행위가 아니어서 수탁자로서의 충실의무에 위반된 행위라고 할 수 없다."[3)]

이러한 대법원 판례의 취지는 신탁법 제32조 이하의 조문에서도 그대로 반영되어 있다. 그런데, 영미에서는 충실의무의 성질, 내용, 형태 등의 문제가 형평법원에 의해 사법재량의 적용으로서 판례법 형태로서 발전한 반면, 우리나라에서는 충실의무의 성질, 내용, 형태 등의 문제는 제정법 조문의 해석 문제로서 다루어져 왔다. 물론 우리나라에서도 충실의무가 제정법 조문뿐만 이러한 조문에 근거해 신의칙의 한 형태로서 독자적인 발전을 한다면, 우리나라에서도 충실의무법이 판례를 통해 형성될 수 있을 것이다. 앞서 언급한 대법원 판례는 구 신탁법에 충실의무에 관한 명문의 규정이 없음에도 불구하고 대법원이 충실의무를 적극적으로 정의하였다는 점에서 의의가 깊다.

이 논문에서는 먼저 영미에서 충실의무가 왜 부과되어 왔고, 이러한 충실의무에 대해 사적자치가 허용되는지 여부, 허용된다면 어떠한 경우에 허용되는지에 대해 살펴본다. 그 다음 우리나라에서 충실의무는 어떻게 부과되고 있고, 이러한 충실의무에 대해 사적자치가 허용되는지 여부, 허용된다면 어떻게 허용되는지에 대해 살펴본다. 그 다음, 이러한 충실의무로부터 해방될 수 있는 세 가지 방법, 즉 (ⅰ) 사전계약에 의한 해소, (ⅱ) 공시와 승인에 의한 해소, (ⅲ) '공동의 이익 추구'로 인한 해소 등에 대해서 고찰해 본다. 마지막으로 충실의무의 적용이 유예되는 상황인 수탁자의 비용상환청구 및 보수청구와 관련해 자기거래규제의 적용이 유예되는 이유 및 선관주의규제의 적용 이유 등에 대해 살펴본다.

---

재산을 고유재산으로 하거나 이에 관하여 권리를 취득하지 못한다. 단 수익자에게 이익이 되는 것이 명백하거나 기타 정당한 사유가 있는 경우에는 법원의 허가를 얻어 신탁재산을 고유재산으로 할 수 있다.

3) 대법원 2005.12.22. 선고 2003다55059판결. 앞의 논문 이연갑, "보상청구권과 충실의무"는 이 판례에 대한 평석이다.

## Ⅱ. 영미법에서의 충실의무의 부과 이유와 충실의무에 대한 사적자치

### 1. 충실의무를 부과하는 사법정책적 이유: 이익충돌의 사전적 억지

영미법에서 충실의무(duty of loyalty)는 형평법원에 의해 '사전금지적[4]인 엄격[5]의무'(proscriptive strict duty)로서 발전되어 왔다. 이러한 충실의무의 부과 근거로서 한편으로는 약자보호를 위한 '도덕성'(morality)[6]을 들기도 하고, 다른 한편으로는 도덕성이 아니라 '인간의 이기적 성질(selfish human nature)의 통제 필요성'[7]을 들기도 한다.

#### (1) 충실의무의 사전금지적 성격

영미법상 충실의무는 사전금지적(proscriptive)이다. 이러한 충실의무의 대표적 의무유형으로 (ⅰ) '이익충돌금지의무'(no conflict rule)[8]와 (ⅱ) '이익향유금지의무'(no profit rule)[9]를 들 수 있다.[10][11] 대표적 충실의무자인 수탁자와 관

4) 충실의무의 사전금지적 성격에 대해서는 Virgo, *The Principles of Equity and Trusts*(2012) (이하 'virgo'), p.487 이하.

5) 충실의무의 엄격성(strictness)에 대해서는 Virgo, pp.486-87, p.491 이하, p.575 이하.

6) 예를 들어 T. Frankel은 다음과 같이 말한다: "As compared to breach of contract, a breach of fiduciary duties carries a moral stigma and stricter legal consequences. For example, in bankruptcy proceedings a bankrupt fiduciary will be relieved of paying his contract creditors but will not be relieved of paying the debts to his entrustors (eg. investors, or partners who financed his venture). That is because a breach of fiduciary duties carries with it the stigma accompanying misappropriating of entrusted property and misuse of entrusted power"(T. Frankel, *Fiduciary Law*(2011), p.104).

7) 예를 들어, Lord Herschell은 다음과 같이 말한다: "It does not appear to me that this rule is, as has been said, founded upon principles of morality. I regard it rather as based upon the consideration that, human nature being what it is, there is danger of the person holding a fiduciary position being swayed by interest rather than duty, and thus prejudicing those whom he was bound to protect. It has, therefore, been deemed expedient to lay down this positive rule"(Bray v Ford [1896] AC 44, 51-2); 동일한 취지로 Birks, *An Introduction to Law of Restition*(1985), pp.332-3, pp.338-43.

8) Virgo, p.495 이하.

9) Virgo, p.503 이하.

10) "It is an inflexible rule of a Court of Equity that a person in a fiduciary position, such as the respondent's, is not, unless otherwise expressly provided, entitled to make a profit; he is not allowed to put himself in a position where his interest and duty conflict"(Bray v Ford [1896] AC 44, 51).

11) loyalty와 no-conflict duty, no-profit duty의 관계에 대해서는 Virgo, p.480, p.504.

련해 살펴보자: "수탁자에게 이러한 이익충돌행위, 이익향유행위 혹은 지위의 남용 내지 정보사용행위 등이 허용되면 수탁자로 하여금 의무위반의 동기를 조장하는 것이 되므로, 수탁자에 대하여 모든 이익충돌 상황, 이익향유 상황 등을 '사전적으로 절대적으로 금지'함으로써 수탁자가 이익의 유혹에 빠지지 않도록 억지해야 할 필요가 있고, 또 수탁자가 이익충돌회피의무 등의 사전적 제어에도 불구하고 이익충돌행위 등을 감행한 경우 그로 인해 취득하게 될 잠재적 이익도 '사전적으로 금지'함으로써 수탁자의 신탁위반을 사전억지해야 할 필요가 있기 때문이다."[12] 이와 같이 충실의무는 사전적으로 충실의무자의 이익충돌 혹은 이익향유를 금지하기 위해 선언되었고, 충실의무가 부과되는 상황은 항상 충실의무자의 충돌이익을 전제한다.

(2) 엄격의무

사전금지적 충실의무는 앞서 언급한 것처럼 '엄격의무'(strict duty)[13]가 된다. 예를 들어, 영국 법원은 충실의무 위반으로 인한 손실의 산정에 있어 상당인과관계보다 훨씬 완화된 인과관계를 인정하고 또한 의무위반 당시의 관점이 아니라 재판 당시 사후적 관점에서도 손실을 인정할 수 있다.[14] 충실의무의 엄격성은 충실의무자에 대한 통제의 효율성 관점에서 정당화될 수 있다. 즉 주의의무(duty of care)는 신뢰와 신임을 받은 자의 행태에 대해 '최소한의 수준'(minimum level of performance)만을 통제하기 때문에 이러한 충실의무자에 대해 '최적의 행태'(optimal managerial behavior)를 도출하기 위해서는 엄격한 충실의무 부과가 필요하게 된다.[15] 통제의 효율성을 위한 충실의무의 엄격성은 충실의무 위반시 구제의 범위 및 책임의 인정 측면에서도 반영된다. 특히 Cooter & Freedman은 충실의무 위반에 대해 징벌적 손실배상을 주장한다: 충실의무의 사전금지적 목적을 관철하기 위해서는 충실의무 위반시 발견된 손실의 보상 혹은 이익의 반환만으로는 적절한 억지적 구제수단이 될 수 없으므로, 충실의무 위반에 대한 '최적의 억지력'(optimal deterrence)을 확보하기 위해

12) 제4편 제3장 I.(이중기, "신탁에서의 이익향유금지의 원칙", 195면, 197-198면) 참조.
13) 충실의무의 엄격성(strictness)에 대해서는 Virgo, pp.486-87, p.491 이하, p.575 이하.
14) Hanbury & Martin, *Modern Equity*(19th ed., 2012), p.695; Virgo, pp.486-487 및 p.575 이하.
15) Brudney, "Contract and Fiduciary Duty in Corporate Law", 38 *B. C. L. Rev.* 595, 599-600(1997)의 note 12 참조.

서는 발견된 손실이나 이익보다 더 가중한 손실 혹은 이익을 반환하도록 해야 한다고 본다.16) 이러한 충실의무의 사전금지적 성격 혹은 엄격성 등에 대한 특별한 취급은 앞서 본 것처럼 통제의 효율성 혹은 억지적 관점에서 정당화될 수 있다

(3) 소 결

영미의 법원이 충실의무를 부과한 근거는 '도덕성' 유지 혹은 '이기심'의 통제라고 볼 수 있는데, 그 목표의 실현을 위한 법적 수단은 사전금지적이고 엄격한 성질을 갖는 충실의무의 부과였다. 이러한 수단은 사전적인 도덕성 혹은 이기심 통제라는 목표 실현을 위한 '합리적' 혹은 '경제적'인 근거를 가진다고 볼 수 있다.17)

## 2. 충실의무관계와 충실의무의 다양성

영미법에서 충실의무가 적용되는 관계는 다양하고 구체적 관계에서 인정되는 충실의무의 내용도 다양하다. 가장 큰 이유는 모든 충실의무관계(fiduciary relationship)18)는 '신뢰와 신임 관계'라는 공통성을 가지나 각 관계에서 형평법원이 신뢰와 신임의 보호를 위해 부과해야 할 구체적 충실의무의 내용과 수준은 달라지기 때문이다.19) 따라서 어떤 관계를 충실의무관계라고 인정하는 것은 문제해결의 종착점이 아니고 시작점이 된다.20) 이러한 충실의무 개념의 개방성(openness)과 다양한 충실의무를 부과할 사법재량(judicial discretion)의 필요성은 일부 영미법계 국가의 법원으로 하여금 충실의무에 대한 정의를 의식적

---

16) Cooter & Freedman "The Fiduciary Relationship: Its Economic Character and Legal Consequences", 66 *NYU L. R.* 1045, 1051 *et seq*(1991).

17) 자세히는 Cooter & Freedman, *ibid.*, 경제학적 분석 참조.

18) 이 글에서는 fiduciary relationship에 대한 용어로서 일반적으로 많이 사용되는 '신임(인)관계' 대신에 '충실의무관계'라는 용어를 사용한다. 이러한 용어를 사용한 이유에 대해서는 제1편 제2장 I. 참조.

19) Sealy, "Fiduciary Relationships", *Camb. L. J.* 69(1962); Virgo, pp.489-490.

20) "To say that a man is a fiduciary only begins analysis; it gives direction to further inquiry. To whom is he a fiduciary? What obligations does he owe as a fiduciary? In what respect has he failed to discharge these obligation? And what are the consequences of his deviation from duty?" per Justice Brennan(SEC v Chenery Corp. 318 U.S. 80, 85-86(1942).

으로 회피하게 하는 원인이 되었다.[21)]

## 3. 충실의무에 대한 사적자치

그런데, 이러한 엄격한 사전금지적 충실의무는 강행적(mandatory rules)이어서 절대적으로 당사자들의 협상대상이 될 수 없는 것인가? 그렇지는 않다.

### (1) 영국법의 입장

많은 경우 충실의무관계는 신탁계약, 대리계약, 조합계약과 같은 계약관계로부터 도출되는데, 당사자들은 명시적 계약으로 충실의무를 정의하거나, 수정하거나 나아가 충실의무를 배제할 수 있는가? 영국법은 이를 긍정한다.[22)] 예를 들어, 특정한 충실의무는 신탁계약 혹은 회사의 정관 혹은 대리계약에 의해 결정될 수 있는데, 이러한 기초계약은 당해 충실의무자의 구체적 충실의무의 도출 여부와 범위의 결정에 있어 핵심적 역할을 하고, 특정한 충실의무의 형성에 기여한다.

그런데, '많은' 경우 계약으로 충실의무는 완화 혹은 배제될 수 있지만, 충실의무 가운데 핵심적 의무는 충실의무관계에 '근본적'(fundamental to fiduciary relationship)인 것이기 때문에, '이러한 의무위반에 대해서는 계약으로 위반의 책임을 배제할 수 없지 않는가?' 라는 의문이 제기되었다. Millett L.J.는 수탁자의 의무와 관련해 신탁관계에 '근본적'인 의무여서 계약으로 배제할 수 없는 핵심적 의무가 존재한다는 점을 인정하였다. 그렇다면 어떤 의무가 신탁에 근본적 의무여서 배제할 수 없는가? Millett L.J.는 duties of skill and care, prudence, and diligence는 과실(negligence)에 관련된 의무이므로 근본적 의무가 아니고 배제될 수 있다고 본 반면, 사기(fraud)에 관련된 의무인 duty to perform the trust honestly and in good faith for beneficiaries는 배제될 수 없는 근본적 의

21) 예를 들어, 호주 법원은 다음과 같이 말했다: "Australian courts have consciously refrained from attempting to provide a general test for determining when persons … stand in a fiduciary relationship. It may be … that the term 'fiduciary relationship' defies definition. This is because of the difficulty of stating a comprehensive principle suitable for application to different types of relationships that carry different obligations"(Australian Sec. & Inv. Comm'n v Citigroup Global Mkts. Australia [2007] FCA 963(2007)).

22) Virgo, p.490 및 p.547 이하; Pettit, *Equity and the Law of Trusts*(12th ed., 2012)(이하 'Pettit'), pp.436-7.

무에 포함된다고 보았다.[23)]

(2) 미국법의 설명

미국의 대표적 충실의무법 연구자인 Tarmar Frankel에 의하면, 미국 법원은 충실의무를 강행적(mandatory)이어서 포기할 수 없는 원칙이라고 선언해 왔지만, 강행법규성은 당사자들로 하여금 상황에 더 적합한 조건의 협상(negotiation)을 방해할 수 있다는 점을 고려해 왔다. 따라서 미국 법원은 실제로는 충실의무의 포기(waiver)를 인정하였고, 충실의무에 대한 계약자유를 인정하였다. 그 결과 미국 법원은 '공정성'(fairness)의 개념이 중요한 경우 충실의무를 선언함으로써, 충실의무를 강행법규(mandatory rules)와 임의적 기본규정(default rules)의 중간적 성질[24)]을 가진 것으로 파악한다. 따라서 Frankel에 의하면, '공정성'이 요구되는 상황에서 충실의무는 강행적이고 포기될 수 없다고 본다.[25)] Langbein과 같이 "대부분의 신탁법은 임의 기본규정으로 계약으로서 변경되거나 배제될 수 있다"[26)]고 보는 계약론자도 설정자가 변경할 수 없는 신탁법의 강행규정성을 인정하고 '수익자의 이익을 위해 행위할 의무', 즉 핵심적 충실의무는 강행규정이기 때문에 계약으로 변경할 수 없다고 본다.[27)] 이러한 입장은 Uniform Trust Code(2010) section 105(b)(2)[28)] 에 반영되어 있다. 나아가, 일부 회사법학자들은 이사의 충실의무는 강행규정으로 볼 필요가 없고, 완전한 사적자치가 가능하다고 주장한다.[29)]

---

23) Armitage v Nurse [1998] Ch. 241. Spread Trustee v Hutcheson [2011] UKPC 13, [52]에서 Lord Clarke은 Armitage v Nurse가 영국법의 입장임을 승인하였다.

24) M. Loewenstein, "Fiduciary Duties and Unincorporated Business Entities: In Defense of the "Manifestly Unreasonable Standard", 41 *Tulsa L. Rev.* 411, 415(2006).

25) Frankel, *supra* note 6, p.196.

26) Langbein, "Contractarian Basis of the Law of Trusts", 105 *Yale L.J.* 625, 659(1995).

27) Langbein, "Mandatory Rules in the Law of Trusts", 98 *Nw U. L. Rev.* 1105(2003-04).

28) SECTION 105. DEFAULT AND MANDATORY RULES.

(a) Except as otherwise provided in the terms of the trust, this [Code] governs the duties and powers of a trustee, relations among trustees, and the rights and interests of a beneficiary.

(b) The terms of a trust prevail over any provision of this [Code] except:

(1) the requirements for creating a trust;

(2) the duty of a trustee to act in good faith and in accordance with the terms and purposes of the trust and the interests of the beneficiaries;....

29) Butler & Ribstein, "Opting Out of Fiduciary Duties: A Response to the Anti-Contractarians",

### (3) 제한적 강행법규성과 사적자치 가능성: 근본적 의무, 공정성의 문제가 아닌 경우

충실의무의 핵심의무는 근본적 의무여서 계약으로 배제할 수 없다는 영국법의 입장이나, 혹은 공정성이 요구하는 경우 충실의무법은 강행적이어서 포기될 수 없다고 설명하는 미국법의 입장은 모두 법원의 개입재량을 인정한다는 점에서 동일한 역할을 한다. 한편, 영미의 법원은 근본적 의무 혹은 공정성을 이유로 충실의무부과 재량을 확보하는 동시에, 당사자가 충실의무에 대한 변경이나 배제를 하는 경우 광범위한 사적자치 가능성도 인정한다.

#### (가) 영국법에서의 충실의무로부터의 해방

영국법은 다음 몇 가지 경우 엄격한 충실의무로부터 해방될 수 있음을 인정한다. 하나는 신탁행위 등의 방법으로 명시적으로 수탁자/충실의무자의 충실의무를 변경하는 경우이다.[30] 두 번째 경우는 형평법원이 재량을 행사하는 경우이다. 명시적 조항이 없는 경우에도 영국 형평법원은 '충실의무자가 정직하고 합리적으로 행위한 경우' 충실의무자의 충실의무를 감면할 고유한 재량을 갖는다.[31] 형평법원은 이러한 사법재량과 관련해 공정성을 이유로 재량을 행사한다는 것 외에는 별다른 법원칙을 설시하지 않았지만,[32] 신탁과 관련해 이러한 사법재량은 현재 Trustee Act 1925, section 61에 제정법의 형태로 성문화되어 있다.[33] 충실의무로부터 해방될 수 있는 세 번째 상황은 충실의무 위반과 관련해 수익자의 사후 동의(consent)를 얻는 경우이다.[34] 수익자의 사후 동의가 유효하기 위해서는 충실의무자가 행하는 충실의무 위반에 대한 정보공시는 완전해야 하고 정직하게 행한 것이어야 한다.

가장 엄격한 충실의무가 적용되는 수탁자의 자기거래와 관련해 이상의

---

65 *Wash. L. Rev.* 1(2007); Easterbrook & Fischel, "Contract and Fiduciary Duty", 36 *J. L. & Econ.* 425(1993).

30) Virgo, p.546 이하; Pettit, pp.436-437.

31) Virgo, p.555 이하; Pettit, p.437.

32) Re Turner [1897] 1 Ch 536.

33) 마찬가지로 Charities Act 2011, s.199는 공익신탁 기타 공익단체의 수탁자와 관련해 충실의무의 위반을 감면할 재량을 Charity Commission에 부여한다.

34) Virgo, p.566 이하.

충실의무 해소 원칙을 적용하면 다음과 같다. 즉 영국 신탁법에서 수탁자에 의한 신탁재산의 취득은 원칙적으로 금지되지만, 일정한 경우 예외적으로 허용된다. 하나는 신탁행위로서 명시적으로 수탁자의 신탁재산 취득을 규정한 경우이다.[35] 다른 하나는 법원이 사법재량을 행사하여 신탁재산 취득을 허용하는 경우이다. 즉 법원은 적절한 경우 수탁자에 의한 신탁재산 취득[36] 혹은 신탁재산 경매에서의 응찰[37]을 허용할 수 있다. 또한 모든 수익자가 동의하는 경우에도 수탁자에 의한 신탁재산의 취득은 허용된다.[38]

(나) 미국법에서의 충실의무로부터의 해방

미국법의 태도도 영국법과 대동소이하다. '공정성'의 문제가 야기되지 않는 한 미국 법원은 충실의무에 대한 사적자치를 인정하므로 명시적 계약이 있는 경우 충실의무의 변경에 대한 계약의 자유를 인정한다. 마찬가지로 미국 법원은 실질적인 이익충돌의 부존재를 이유로 충실의무의 완화를 인정할 수 있고, 또한 충실의무에 대한 명시적 사적자치가 사전에 없는 경우에도 본인 혹은 수익자는 충실의무 위반에 대해 사후 동의함으로써 충실의무자를 충실의무로부터 해방시킬 수 있다.[39]

T. Frankel에 의하면, 미국법하에서 충실의무자가 충실의무관계로부터 해방되기 위해서는, 다시 말해 충실의무관계를 통상적 계약관계로 전환시키기 위해서는 다음 네 가지 요건을 충족시켜야 한다:[40]

(ⅰ) 충실의무자는 당사자간의 관계가 특정 상황에 대해 더 이상 충실의무관계가 아님을 통지해야 한다.

(ⅱ) 본인은 독자적인 의사능력과 판단능력을 갖추어야 한다.

(ⅲ) 본인은 충실의무자로부터 제시된 이익충돌에 대한 완전한 정보를 수령해야 한다.

(ⅳ) 본인의 동의는 분명하고 구체적이어야 한다.

35) Sargeant v National Westminster Bank (1991) 61 P & CR 518.
36) Farmer v Dean (1863) 32 Beav 327.
37) Holder v Holder [1968] Ch. 353.
38) Hanbury & Martin, *supra* note 14, p.644의 note 57 참조.
39) T. Frankel, "Fiduciary Duties as Default Rules", 74 *Or. L. Rev.* 1209, 1220(1995).
40) Frankel, *supra* note 6, p.200 이하.

## Ⅲ. 우리 법상의 충실의무를 부과하는 정책적 이유와 충실의무 관계의 다양성

### 1. 충실의무를 부과하는 정책적 이유와 충실의무의 성질에 대한 논쟁

우리 법에서 충실의무를 부과하는 정책적 이유는 앞서 살펴본 영미법[41]과 다르지 않다. 대표적인 충실의무자인 수탁자와 관련해, "수탁자에게 다소 가혹하다고 느껴질 수 있는 책임을 부과하는 것[은] 신탁의 구조를 반영한 것이다. 수탁자는 신탁재산에 관한 완전하고 배타적인 권리자이므로 신탁행위에서 정한 바와 달리 자기의 이익과 수익자의 이익이 상반되는 상황에서 자기의 이익을 더 앞세우려는 유혹에 빠질 염려가 크다. 반면 수탁자의 신탁사무처리에 대한 수익자의 감시나 법원의 감독은 매우 제한적인 견제의 역할밖에 하지 못한다. 이 때문에 수탁자의 의무와 책임을 강화하는 방법에 의해 신탁사무 수행의 적정성을 확보하려는 것이다".[42]

그런데, 우리 법상 충실의무의 부과이유는 영미와 동일하지만, 충실의무의 성질 등과 관련한 논쟁은 영미에서와 다른 양상을 보인다.

#### (1) 논쟁의 양상

충실의무와 관련된 우리나라에서의 주요 논쟁은 크게 회사법상의 충실의무 논쟁과 신탁법상의 충실의무 논쟁으로 대별할 수 있다. 전자는 이사의 충실의무와 관련되어 전개되었는데, 위임상의 선관의무로부터 충실의무가 도출될 수 있는가 여부에 관한 것이었다.[43] 즉 충실의무가 이사의 수임인의 선관의무로부터 도출될 수 있다면, 이사의 충실의무를 선언한 상법 제382조의3은

41) 영미법에서의 충실의무 부과의 정책적 이유에 대해서는 앞의 I. 1. 참조.

42) 이연갑, "위임과 신탁", 43면.

43) 권재열, "상법 제382조의3(이사의 충실의무)의 존재의의", 『상사판례연구』, 제22집 제1권(2009), 3면; 김현경, "상법상 이사의 충실의무에 관한 고찰", 『중앙법학』, 제14집 제1호(2012), 147면; 박기령, "이사의 선관의무와 충실의무의 법사학적 기원에 관한 고찰", 『상사법연구』, 제30권 제2호(2011), 477면; 장근영, "영미법상 신인의무 법리와 이사의 지위", 『비교사법』, 제16권 제1호(2008), 294면; 이철송, "선관주의의무와 충실의무에 관한 이론의 발전과 전망", 『비교사법』, 제22권 제1호(2015), 1면; 송옥렬, 『상법강의(제5판)』(2015), 1000면 이하; 김홍기, 『상법강의』(2015), 585면 이하.

선언적 규정에 불과하게 된다. 반면에 이사의 충실의무가 이사의 수임인의 선관의무로부터 도출될 수 없다면, 제382조의3은 이사의 충실의무를 부과하는 기능을 수행하게 된다. 앞서 본 것처럼, 충실의무의 성질이 사전금지적 의무(proscriptive strict duty)[44]임을 생각하면, 선량한 관리자의 주의의무로부터 금지적 의무를 도출하기는 논리적 어려움이 있다. 하지만, 선관의무는 모든 수임인의 의무의 원천이다. 따라서 법원이 '이익충돌적 지위'에 있는 이사의 선관의무의 범위를 금지적 의무로 확장시키는 해석을 할 수 있고, 이러한 방법으로서 충실의무를 선관의무로부터 도출하는 해석도 불가능한 것은 아니라고 생각된다. 이러한 회사법상 충실의무의 성질 논쟁과는 별도로 신탁법에서는 충실의무의 강행규정성 여부가 논란이 되었다. 이 논문의 주요 주제인 충실의무에 대한 사적자치는 신탁법상의 논쟁과 관련이 깊다.

(2) 구 신탁법에서의 충실의무의 강행규정성 논쟁

구 신탁법하에서 충실의무는 자기거래를 금지하는 구 신탁법 제31조로부터 도출되었고,[45] 그 결과 충실의무 위반의 효과와 관련된 충실의무의 성질 논쟁도 구법 제31조와 연관되어 전개되었다. 하나의 입장은 제31조는 강행규정이므로 이로부터 도출된 충실의무도 강행규정으로 보는 입장이다. 이에 의하면, 충실의무 위반행위의 효력은 강행법규 위반으로서 무효이고 따라서 자기거래 기타 충실의무 위반행위의 효력은 수익자의 승인이 있는 경우에도 인정되지 않는다.[46] 이에 반해, 충실의무 위반행위가 금지되는 것은 수익자의 이익을 보호하기 위한 것이므로 수익자의 이익에 해가 될 우려가 없는 경우까지 일률적으로 충실의무 위반행위를 무효로 할 필요는 없고, 신탁법의 경직된 해석은 오히려 수익자의 이익에 해가 된다는 견해[47]도 있었다. 또 구법 제31조가 규정한 자기거래 중 '직접적' 자기거래는 무효로 보면서도 수탁은행의 자행예치 등 유효로 볼 정책적 필요성이 있으므로 제31조의 적용을 최소화하는

---

44) II. 1. (1) 참조.

45) 앞의 주 2) 및 3) 과 관련된 본문 참조.

46) 안성포, "충실의무", 84면의 설명 참조. 이러한 견해는 구 신탁법과 동일한 조문을 갖는 일본 신탁법의 해석에 근거를 찾는다. 예를 들어 四宮和夫, 『信託法 [新版]』(1989), 233면은 법원의 허가를 요구하고 있다는 점에서 이 조항을 강행규정으로 본다.

47) 최동식, 『신탁법』(2006), 216면; 안성포, "충실의무", 84면, 85면의 각주 3)의 설명 참조.

해석을 하거나 혹은 자본시장법상의 규정을 통해 이를 허용할 것을 주장하는 견해도 있었다[48](구법 제31조의 해석 문제에 대해서는, 충실의무 특칙규정의 해석의 관점에서 뒤에서 다시 논한다[49]).

### (3) 개정신탁법하에서의 충실의무의 강행규정성 논쟁

개정신탁법하에서도 충실의무의 강행규정성 논쟁은 계속되고 있다. 충실의무의 강행규정성을 계속 주장하는 입장은 "개정신탁법은 구 신탁법 제31조의 규정을 보다 구체화하였으나, 별도로 개정신탁법 제34조에 위반한 행위에 대한 효력을 규정하지 아니하였고 … 예외적으로 신탁행위, 법원의 허가 등을 통하여 허용되고 있는 점을 감안하였을 때에 개정신탁법에서 규정한 이익상반행위 금지규정을 위반한 행위의 효력은 무효라고 판단함이 타당하다"는 견해가 그것이다.[50] 하지만, 개정신탁법이 제34조 제2항 제3호에서 법원의 허가를 계속 충실의무 변경 수단으로서 존치시킨 취지는 다른 방법이 없을 때 최후의 수단으로 이용될 수 있도록 한 것뿐이다.[51] 따라서 법원의 허가는 충실의무 변경을 위한 보조적 수단으로서 활용될 뿐이고, 더 이상 구법하에서처럼 강행법규의 근거로서의 지위는 갖지 못한다.

개정신탁법은 제34조 제2항 제1호 및 제2호에서 사전적으로 신탁행위를 통해 또 사후적으로 수익자에 대한 공시와 승인을 통해 충실의무에 대한 자치수단의 자유화를 선언하였다. 또한 제43조에서 충실의무의 위반에 대한 구제수단을 정비하였다. 특히, 제3항에서 이득반환청구권의 신설 등을 통해 충실의무 위반행위를 유효하게 보더라도 그 위반시 구제가 광범위하게 이루어질 수 있게 하였다. 이러한 점 등을 고려해 보면 개정신탁법하에서 충실의무 위반행위의 효과는 더 이상 무효로 보기는 어렵다고 생각된다.[52]

---

48) 이중기, 『신탁법』(2007), 285면, 289면.
49) 아래의 IV. 6. (3) 참조.
50) 광장신탁법연구회, 『주석신탁법』(2013), 182면.
51) 법무부, 신탁법개정 특별분과위원회 회의록 I(2010), 625면의 김태진·이연갑 위원의 발언 참조.
52) 개정신탁법 제34조를 임의규정으로 보는 견해로는 최나진, 71-72면.

## 2. 부과되는 충실의무의 내용과 정도의 다양성

충실의무는 충실의무자의 충돌이익을 전제하는데, 충돌이익의 정도와 내용은 충실의무자가 수행하는 역할과 지위에 따라 달라진다. 따라서 충실의무자에게 부과되는 충실의무의 내용과 정도도 당해 충실의무자가 수행하는 역할과 지위에 따라 달라진다.[53] 이는 영미에서도 동일하다.[54] 충실의무자는 보는 관점에 따라 여러 가지로 분류할 수 있는데, 여기서는 (ⅰ) '지위'에 기한 충실의무자와 '사실관계'에 기한 충실의무자, 및 (ⅱ) 수탁자 및 준수탁자로 분류한 다음, 각 충실의무자에게 부과되는 충실의무의 다양성을 고찰해 본다.

### (1) '지위'에 기한 충실의무자와 '사실관계'에 기한 충실의무자

충실의무자는 개념적으로 '지위'에 기한 충실의무자(status-based fiduciary)와 '사실관계'에 기한 충실의무자(fact-based fiduciary)로 크게 분류할 수 있다.[55] 전자는 사무수탁자가 수행하는 역할 혹은 지위에 근거해 충실의무자로 지정되는 자를 의미하는데, 수탁자·이사·대리인·변호사와 같이 신뢰와 신임을 받는 지위 혹은 재량을 부여받는 역할이나 지위 자체에 기해 충실의무자로 지정되는 자를 의미한다. 후자는 당사자간의 당해 사실관계가 신뢰와 신임의 관계이거나, 위탁자가 사무수탁자에 대해 재량을 부여하거나, 사무수탁자에 대한 관계에서 의존성이나 취약성을 보이는 경우와 같이 구체적 사실관계에 기해 충실의무자로 지정되는 자를 의미한다.

영국에서 수탁자, 이사, 대리인, 변호사 등에 대한 충실의무는 이들이 보유하는 이익충돌적 지위와 그 지위에서 행하는 직무에 기해 부과되어 왔는데, 대법원이 신탁법상 명문의 규정이 없음에도 불구하고 자기거래를 금지하는 규정에 기해 수탁자의 충실의무를 도출한 논리[56]는 영국 형평법원이 이익충돌적 지위에 있는 자에 대해 그 지위 혹은 지위에 따른 직무에 기해 충실의무

---

53) 충실의무관계의 유형화와 충실의무의 변용에 대해서는 제1편 제3장 VI. 2.(이중기, "신탁법에 기초한 충실의무법리의 계수" 55면) 이하 참조.

54) II. 2. 참조.

55) 최나진, 57면; 제5편 제1장 I. 1. 참조; Law Commission CP No. 124, Fiduciary Duties and Regulatory Rules(1992), p.28; Flannigan, "The Fiduciary Obligation", 9 *O.J.L.S.* 285(1989) 참조.

56) 앞의 주 3) 참조.

를 인정한 것과 매우 유사하다. 이러한 대법원의 논리는 우리나라에서 충실의무법리를 발전시킬 수 있는 토대를 제공한 획기적인 것으로 평가된다.[57]

이와 같이 충실의무자는 크게 개념상 '지위'에 기한 충실의무자와 '사실관계'에 기한 충실의무자로 나눌 수 있는데, 전자는 당해 충실의무자가 수행하는 역할 혹은 지위의 성질이나 내용에 따라 유형별로 정도가 다른 다양한 충실의무가 부과될 수 있고, 후자도 구체적 사실관계에 따른 신뢰와 신임 관계에 따라 다른 충실의무가 부과될 수 있다.

### (2) 수탁자와 '준수탁자'의 충실의무

'지위'에 기한 충실의무자는 또 수탁자와 '준수탁자'로 분류할 수 있다. '지위'에 기한 충실의무자 중에서 수탁자는 가장 강한 정도의 충실의무를 부담한다. 충실의무 개념 자체가 '신탁재산'을 수탁받는 신탁관계에서 발전되었다는 점에서 수탁자가 가장 강한 충실의무를 부담한다는 사실은 놀라운 일이 아니다. 수탁자가 가장 강한 충실의무를 진다는 사실은 오히려 충실의무법이 신탁법에 기초해 발전하여야 한다는 당위성을 제공하는 근거가 된다.[58]

그런데, 충실의무자 중에는 수탁자는 아니지만 신탁 외의 방법으로 타인의 재산을 소유하는 경우(예: 위탁매매인, 익명조합의 영업자 등)도 있고, 타인재산을 소유하지는 않지만 타인재산을 지배하거나 타인재산에 대한 처분재량을 갖고 있는 경우(예: 투자신탁의 운용자, 이사, 대리인, 변호사 등)도 있다. 타인재산에 대해 수탁자와 비슷한 영향력을 행사하는 이러한 자들은 수탁자에 준하여 타인재산을 관리하는 자, 즉 '준수탁자'로서 파악할 수 있다.[59] 또 형사사건이나 가사사건 변호사와 같이 재산관리권은 없으나 비재산적 관계에서 처분재량을 수권받거나 영향력을 행사할 수 있는 자들도 존재한다. 이러한 지위에 있는 자들도 모두 상당부분 수탁자에 준하여 충실의무를 부담할 수 있다[60]는 점에서 이들 '지위'에 기한 충실의무자들도 '준수탁자'라고 부를 수 있다.[61]

---

57) 제1편 제5장 II. 3. (1)(이중기, "'준수탁자'로서의 법무법인", 457면, 466면) 이하 참조.
58) 제1편 제3장 VI. 1.(이중기, "신탁법에 기초한 충실의무법리의 계수", 54-55면) 참조.
59) Sealy, "Some Principles of Fiduciary Obligation" *Camb. L. J.* 119(1963); Frankel, "Fiduciary Law", 71 *Cal. L. Rev.* 795(1983); 제1편 제5장 II. 5. (2)(이중기, "준수탁자로서의 법무법인", 471면 이하; 제5편 제1장 II. 이하.
60) Sealy, *ibid.* 참조.

이러한 준수탁자들에 대해서는 보유하는 지위나 수행하는 역할에 따라 필요한 정도와 내용의 충실의무가 부과될 수 있다.

## 3. 충실의무 위반의 판정: 이익충돌의 발생과 판정

### (1) 의무의 확정과 위반의 판정단계

충실의무자가 지는 충실의무는 그 역할과 지위에 따라 다양하게 부과된다. 따라서 충실의무자가 충실의무를 위반했는가 여부의 판정은 먼저 당해 충실의무자에게 어떠한 정도와 내용의 충실의무가 부과되는가를 확정한 다음, 그 충실의무를 위반했는가 여부를 살펴보아야 한다. 다시 말해, 충실의무자 지정단계에서 사무수탁자에게 부과되는 구체적 충실의무의 내용을 일차적으로 확정해야 하고, 충실의무의 위반 여부의 판정은 일차적으로 확정된 해당 충실의무를 기준으로 행해져야 한다.

### (2) 객관적·실질적 판정

어느 충실의무자에게 어떤 정도의 충실의무가 부과되는지 및 당해 충실의무자가 부과된 충실의무를 위반하였는지 여부는 객관적으로 또한 실질적으로 판정되어야 한다. 그런데 의무부과 단계의 문제로서, 수탁자 혹은 이사와 같은 정형적인 '지위'에 기한 충실의무자의 경우 당해 충실의무자를 규제하는 개별 법규에서 그 지위를 반영하는 구체적 충실의무를 규정하는 경우가 많다. 예를 들어, 수탁자의 충실의무와 이사의 충실의무에 대해서는 신탁법 혹은 회사법에서 자기거래의 금지, 이익향수의 금지 등과 같은 구체적 규정을 두는 경우가 많다. 이러한 경우에는 이러한 성문법규의 해석을 통해 수탁자 혹은 이사의 충실의무의 정도와 내용을 확정할 수 있다. 마찬가지로, 충실의무의 위반 여부도 수탁자 혹은 이사와 같이 제정법이 구체적 충실의무규정을 둔 경우에는 제정법이 부과한 이러한 충실의무 위반의 해석 문제로서 충실의무의 위반 여부를 확정할 수 있다.

그런데, 수탁자와 이사와 같은 정형적인 '지위'에 기한 충실의무자를 제외하면 개별 법규에서 충실의무자에 대해 어느 정도의 충실의무가 부과되는지

61) 제1편 제5장 II. 5. (2)(이중기, "준수탁자로서의 법무법인", 471면) 이하; 제5편 제1장 II. 이하.

및 그 충실의무의 위반을 어떻게 판정하는지 등에 대해 규정한 경우는 별로 없다. 그렇다면 이러한 경우 어떻게 충실의무를 확정하고 나아가 충실의무의 위반 여부를 판정하는가? 결국 법원이 충실의무자가 수행하는 역할 혹은 지위와 당사자들의 의사 등을 고려하여 충실의무의 정도와 내용을 확정하고 그에 기해 충실의무의 위반 여부를 확정하게 된다.

특히 충실의무의 위반 여부는 이익충돌의 발생 혹은 실현에 의해 영향을 받는데, "어떤 행위가 이익충돌을 야기하는 행위인지 여부에 대한 판정은 실질적 이익충돌의 초래 가능성의 존재 여부에 의해 객관적으로 결정되어야 하고, 사무수탁자의 의도나 거래의 사후적 결과 여부는 고려되지 않는다."[62] 대법원도 비슷한 입장을 취한다: "민법 제921조의 이해상반행위란 행위의 객관적 성질상 친권자와 그 자 사이 또는 친권에 복종하는 수인의 자 사이에 이해의 대립이 생길 우려가 있는 행위를 가리키는 것으로서, 친권자의 의도나 그 행위의 결과 실제로 이해의 대립이 생겼는가 여부는 묻지 않는다."[63]

## Ⅳ. 충실의무의 해소방법

그렇다면 사무수탁자는 이처럼 엄격한 충실의무로부터 벗어날 수 있는 방법은 없는 것일까? 있다면 어떤 방법으로 엄격한 충실의무로부터 벗어날 수 있는가? 여기서는 충실의무의 해소방안에 관해 살펴보자. 이러한 문제를 고찰한 국내문헌은 별로 없지만, 앞서 살펴본 것처럼 영미 충실의무법[64]에서는 많은 연구가 행해져 있다.

### 1. 충실의무에 대한 사적자치의 정당화와 자치의 정도

#### (1) 충실의무에 대한 사적자치의 정당화: 경제적 이유

충실의무는 이익충돌적 지위에 처한 수탁인 기타 충실의무자로 하여금

62) 제4편 제6장 IV. 4. (1) 1)(이중기, "법인에서의 인식의 귀속과 이익충돌의 인식", 『서울대학교 법학』, 제55권 제4호(2014), 421면, 446면); 제4편 제3장 I.(이중기, "신탁에서의 이익향유금지의 원칙", 199면).

63) 대법원 1996.11.22. 선고 96다 10270판결.

64) 앞의 II. 3. 참조.

수익자의 이익이 아니라 자신의 이익을 우선할 인간의 '이기적 본성'(selfish nature)을 사전 억지[65]하기 위해 부과된 엄격한 의무이다. 하지만, 충실의무는 충실의무자가 우선해야 할 '수익자의 이익'을 보호법익으로 전제하고, 이러한 이익은 절대적인 이익은 아니고 경제적인 이익인 경우가 보통이다. 이러한 점에서 수익자가 이러한 보호법익, 즉 자신의 이익에 대한 보호능력을 갖춘 상태에서 충실의무에 대한 사적자치를 행하는 경우, 영미의 충실의무법은 충실의무로부터의 해방을 허용하고 절대적인 부과를 고집하지 않는다.[66]

개정신탁법은 강행법규성의 논란이 문제된 구 신탁법 제31조 단서를 제34조 제2항과 같이 개정함으로써 충실의무의 사적자치성을 명시적으로 선언하였다. 이러한 개정은 충실의무에 대한 새로운 내용을 선언한 것이 아니라 기존에 이론적으로 주장되던 충실의무에 대한 자치성을 명시적으로 구체화한 것이다.

| 구 신탁법 제31조(수탁자의 권리취득의 제한) ① 수탁자는 누구의 명의로 하든지 신탁재산을 고유재산으로 하거나 이에 관하여 권리를 취득하지 못한다. 단 수익자에게 이익이 되는 것이 명백하거나 기타 정당한 사유가 있는 경우에는 법원의 허가를 얻어 신탁재산을 고유재산으로 할 수 있다. |
|---|
| 신탁법 제34조(이익에 반하는 행위의 금지) ① 수탁자는 누구의 명의로도 다음 각 호의 행위를 하지 못한다.<br>1. 신탁재산을 고유재산으로 하거나 신탁재산에 관한 권리를 고유재산에 귀속시키는 행위<br>2. 고유재산을 신탁재산으로 하거나 고유재산에 관한 권리를 신탁재산에 귀속시키는 행위<br>3. 여러 개의 신탁을 인수한 경우 하나의 신탁재산 또는 그에 관한 권리를 다른 신탁의 신탁재산에 귀속시키는 행위<br>4. 제3자의 신탁재산에 대한 행위에서 제3자를 대리하는 행위<br>5. 그 밖에 수익자의 이익에 반하는 행위<br>② 제1항에도 불구하고 수탁자는 다음 각호의 어느 하나에 해당하는 경우 제1항 각호의 행위를 할 수있다. 다만, 제3호의 경우 수탁자는 법원에 허가를 신청함과 동시에 수익자에게 그 사실을 통지하여야 한다. |

65) 충실의무의 사전 억지기능에 대해서는 앞의 II. 1. 참조.
66) 앞의 II. 3. 참조.

1. 신탁행위로 허용한 경우
2. 수익자에게 그 행위에 관련된 사실을 고지하고 수익자의 승인을 받은 경우
3. 법원의 허가를 받은 경우

### (2) 충실의무에 대한 자치의 정도

충실의무자는 앞서 살펴본 것처럼 자기가 수행하는 지위와 역할에 따라 다양한 충실의무를 부담[67]할 수 있다. 따라서 충실의무자가 이러한 다양한 충실의무로부터 해방되는 데 필요한 해소요건의 강도도 달라질 수 있다.

여기서는 가장 강한 강도의 충실의무를 부담하는 신탁수탁자에 대해서 신탁법이 규정한 자치적 해방방법 두 가지(즉 제34조 제2항 제1호 및 제2호)와 대법원이 인정한 '공동의 이익추구'로 인한 이익충돌의 해소방법에 대해 살펴보자. 즉 충실의무자가 충실의무로부터 해방될 수 있는 방법으로는 크게 다음 세 가지를 들 수 있다.

(i) 사전적 해소장치: '신탁행위' 등을 통한 충실의무의 변경 혹은 면제
(ii) 사후적 해소장치: 이익충돌에 대한 수탁자 등의 '공시'와 수익자의 '승인'
(iii) 거래과정상의 해소장치: '공동의 이익'의 추구로 인한 이익충돌의 해소

## 2. 사전적 해소장치: '신탁행위'를 통한 충실의무의 해소

위탁자가 선임한 수탁자는 '수익자의 이익'을 위해 행위하고(신탁법 제2조), 신탁법은 '수익자의 이익'을 보호하기 위해 수탁자의 이익상반행위를 금지하고(제34조) 신탁의 이익의 향수를 금지한다(제36조). 그런데, 신탁을 설계하는 위탁자는 수익자가 향수할 수익의 내용을 신탁행위를 통해 구체적으로 설계할 수 있고, 수익자의 이익을 위해 행위할 수탁자의 충실의무의 정도와 내용도 구체적으로 설계할 수 있다. 따라서 신탁법이 '수익자의 이익'을 위해 부과하는 '기본규정'(default rule)인 제34조 이하의 충실의무는 신탁의 설계자인 위탁자의 신탁행위에 의해 더 확대되거나 축소될 수 있다.

67) 앞의 III. 2. 참조.

만약 위탁자가 신탁행위를 통해 일정한 충실의무의 완화를 그 내용으로 규정하였다면, 이러한 신탁행위는 신탁의 성립시부터 수탁자에게 당해 충실의무로부터의 해방을 선언하는 것이 된다. 따라서 충실의무는 '사전적'으로 해소되게 된다. 이러한 '사전적'인 충실의무의 해소는 위탁자의 신탁행위의 해석에 의해 결정되는 것이고, 신탁법상의 '기본규정'은 충실의무에 대한 사적자치가 행해지지 않은 범위에서만 적용된다(이러한 자치수단은 구 신탁법하에서도 원칙적으로 인정되었고, 이러한 사적자치가 행해진 한에서, 구 신탁법 제31조 단서는 적용되지 않았다).[68] 즉, 수익자가 누리는 수익권의 내용 혹은 수탁자의 충실의무는 위탁자가 설계하고, 이러한 설계가 위탁자의 의사인 한도에서 수익자는 수익권에 대해 수익 포기의 의사표시는 할 수 있지만, 위탁자가 설계한 신탁관계에 대해 항의할 권리는 없다.

물론 모든 신탁행위가 유효한 것은 아니다. "수탁자는 부정직하게 혹은 사기적으로 행위할 수 있다"라는 신탁행위는 수익자의 이익을 보호해야 할 수탁자의 의무와 본질적으로 충돌하므로 이러한 신탁행위는 효력이 인정되지 않는다(영국법 논리에 의하면, 신탁관계의 '근본적'인 의무에 배치[69]된다고 볼 것이다).

### 3. 사후적 해소장치: '공시와 승인'을 통한 충실의무의 해소

사후적으로 예상한 혹은 예상치 못한 이익충돌이 발생하거나 혹은 충실의무 위반이 발생한 경우, 수탁자는 어떻게 충실의무로부터 해방되는가? 위탁자가 신탁행위를 통해 사전적으로 당해 충실의무의 변경을 규정한 경우에는 별 문제가 없지만, 위탁자가 신탁행위를 통해 충실의무를 변경하지 않은 경우에는 수탁자는 어떻게 충실의무로부터 해방되는가? 이러한 경우에도 수탁자가 사전적으로 예상한 이익충돌 상황 혹은 사후적으로 예상치 않게 발생한

68) 예를 들어, 구법 제31조 제1항 본문은 "신탁재산을 고유재산으로 하는" 행위와 함께 수탁자가 "신탁재산에 관하여 권리를 취득"하는 행위도 금지하고 있었지만, 제1항 단서는 전자의 행위에 대해서만 법원의 허가를 얻어 실행할 수 있다고 규정하고 후자의 행위에 대해서는 명시적 허용방법을 규정하고 있지 않았다. 이 조항의 해석과 관련해, 후자의 행위는 전자의 행위보다 약한 정도의 자기거래이기 때문에 원칙적으로 사적자치가 허용되고, 전자의 경우 특히 '직접적'으로 "신탁재산을 고유재산으로 하는" 경우에만 제1항 단서에 따라 법원의 허가가 필요하다고 해석되었다(이중기, 『신탁법』, 298면).

69) II. 3. (1) 및 (3) 참조.

이익충돌 혹은 충실의무 위반 상황을 수익자에게 '공시'하고 수익자로부터 그 이익충돌에 대한 '승인'을 받은 경우 수탁자는 당해 충실의무로부터 해방될 수 있다.

"이익충돌회피의무 등은 충실의무법이 본인의 기대이익을 보호하기 위해 후견적 차원에서 충실의무자에게 부과하는 것이므로, 보호목적인 본인이 자신의 기대이익을 스스로 결정할 수 있는 경우에는 법원이 후견적으로 관여할 정당성은 낮아진다. 그 결과, 본인이 법인 충실의무자로부터 '구체적' 이익충돌 상황을 통지받아 '충분히 숙지'한 상태에서 그에 대해 '적절한 방식'으로 이익충돌을 승인한 경우,[70] 본인은 충실의무자의 이익추구행위에 대해 충실의무 위반을 주장할 수 없게 된다."[71] 영미법에서도 동일하다.[72]

(1) 수탁자의 이익충돌에 대한 공시와 승인

개정신탁법은 이론적으로 인정되던 '공시와 승인'을 통한 사적자치 방법을 제34조에서 명문으로 인정하였다. 즉 제1항에서 수탁자의 이익상충행위의 금지를 선언한 다음 제2항에서 명문으로 이익상충행위가 허용되는 상황에 대해 규정하는데, 제2항 제2호는 "수익자에게 [이익상충]행위에 관련된 사실을 고지하고 수익자의 승인을 받은 경우" 수탁자는 이익상충행위를 할 수 있음을 선언한다.

(2) 이사의 이익충돌에 대한 공시와 승인

회사법에서도 '공시와 승인'을 통한 사적자치가 인정된다. 이사의 경업거래(상법 제397조)와 자기거래(상법 제398조)에 대한 승인규정이 좋은 예이다. 하지만, 회사법에는 신탁법 제34조 제2항과 같은 <u>일반적</u>인 '공시와 승인'을 통한 이익충돌 해소 규정은 존재하지 않는다. 그럼에도 불구하고 대법원은 이사의 사업기회유용이 충실의무 위반인가가 문제된 사례에서 사업기회에 대한 충실의무를 인정하고, 이러한 충실의무 위반 문제는 이사회의 승인으로 해소될 수

70) 공시의 적절성, 승인의 적절성 등에 대한 논의로는 제5편 제5장 III. 3. (3) 1)(이중기, "충실의무와 이익충돌", 67면, 107면) 이하; 이중기, "증권회사에 발생하는 이익충돌과 Chinese Wall", 135면, 160면 이하 참조.

71) 제4편 제6장 V. 5. (1)(이중기, "법인에서의 인식의 귀속과 이익충돌의 인식", 467면).

72) 앞의 II. 3. (3) 참조.

있음을 선언하였다:

"[회사법에 사업기회에 대한 명문의 규정이 있는 것은 아니지만] 이사는 이익이 될 여지가 있는 사업기회가 있으면 이를 회사에 제공하여 회사로 하여금 이를 이용할 수 있도록 하여야 하고, 회사의 승인 없이 이를 자기 또는 제3자의 이익을 위하여 이용하여서는 아니 된다. 그러나 회사의 이사회가 그에 관하여 충분한 정보를 수집·분석하고 정당한 절차를 거쳐 회사의 이익을 위하여 의사를 결정함으로써 그러한 사업기회를 포기하거나 어느 이사가 그것을 이용할 수 있도록 승인하였다면 그 의사결정과정에 현저한 불합리가 없는 한 그와 같이 결의한 이사들의 경영판단은 존중되어야 할 것이므로, 이 경우에는 어느 이사가 그러한 사업기회를 이용하게 되었더라도 그 이사나 이사회의 승인 결의에 참여한 이사들이 이사로서 선량한 관리자의 주의의무 또는 충실의무를 위반하였다고 할 수 없다."[73]

충실의무는 '수익자의 이익'을 보호하기 위해 부과되는 의무이기 때문에, 보호목적인 수익자가 충실의무 위반에 대해 구체적으로 인식하고 그 위반을 승인한 경우 충실의무에 대한 사적자치가 이루어졌다고 볼 수 있기 때문이다. 대법원은 회사법에 공시와 승인을 통한 이익충돌의 해소에 관한 일반적 규정이 없음에도 불구하고, 이사회 승인을 통한 이익충돌 해소를 인정함으로써 공시와 승인을 통한 이익충돌 해소방식이 일반적으로 적용될 수 있음을 선언하였다.

## 4. '공동의 이익추구'로 인한 이익충돌의 해소

충실의무가 해소되는 세 번째 상황은 충실의무를 유발한 이익충돌관계가 해소되는 경우이다. 신탁법은 이에 대한 명문의 규정을 두고 있지 않지만, 대법원은 일련의 판례를 통해 이익충돌의 해소를 통한 충실의무의 해방 가능성을 인정한다. 영미 법원의 태도도 동일하다. 앞서 본 것처럼, 영국 형평법원은 '충실의무자가 정직하고 합리적으로 행위한 경우' 충실의무자의 충실의무를 감경할 고유한 재량을 갖는데,[74] 특히 구체적 충실의무 위반이 문제된 경우 '실질적 이익충돌 가능성'을 고려하고 '명목상 이익충돌 가능성'은 문제삼지 않

73) 대법원 2013.9.12. 선고 2011다57869판결. 이 판례에 대한 평석으로는 제4편 제5장 및 제5편 제3장(이중기, "이익충돌의 판정기준과 '법인격'의 고려 여부").

74) Virgo, pp.555 이하; Pettit, p.437.

는다.75)

(1) 경업거래에서의 '공동의 이익추구' 관계

대법원에 의하면, 충실의무 위반은 충실의무자의 이익상반행위로 인해 야기된다.76) 따라서 충실의무자가 당사자 사이의 이익충돌상황을 해소하는 경우 충실의무의 위반은 방지될 수 있다. 우리 대법원이 인정한 대표적인 이익충돌 해소방법으로 충실의무자와 수익자의 '공동의 이익추구' 관계를 들 수 있다. 특히 대법원은 이사의 경업거래와 관련해 '공동의 이익추구'로 인해 이익충돌이 해소될 수 있음을 인정한다:

> "어떤 회사가 이사가 속한 회사의 영업부류에 속한 거래를 하고 있다면 그 당시 서로 영업지역을 달리하고 있다고 하여 그것만으로 두 회사가 경업관계에 있지 아니하다고 볼 것은 아니지만, 두 회사의 지분소유 상황과 지배구조, 영업형태, 동일하거나 유사한 상호나 상표의 사용 여부, 시장에서 두 회사가 경쟁자로 인식되는지 여부 등 거래 전반의 사정에 비추어 볼 때 경업 대상 여부가 문제되는 회사가 실질적으로 이사가 속한 회사의 지점 내지 영업부문으로 운영되고 공동의 이익을 추구하는 관계에 있다면 두 회사 사이에는 서로 이익충돌의 여지가 있다고 볼 수 없고, 이사가 위와 같은 다른 회사의 주식을 인수하여 지배주주가 되려는 경우에는 상법 제397조가 정하는 바와 같은 이사회의 승인을 얻을 필요가 있다고 보기 어렵다."77)

(2) 쌍방대리에서의 '공동의 이익추구' 관계

'공동의 이익추구' 관계로 인한 이익충돌의 해소 현상은 법무법인의 쌍방대리에서도 발견할 수 있는데, 특히 법무법인의 소속변호사가 독립적으로 행위하는 경우 현저히 나타난다. 아래의 사례를 살펴보자.

---

75) "The phrase "possibly may conflict" requires consideration. In my view it means that the reasonable man looking at the relevant facts and circumstances of the particular case would think that there was a real sensible possibility of conflict; not that you could imagine some situation arising which might, in some conceivable possibility in events not contemplated as real sensible possibilities by any reasonable person, result in a conflict"(Boardman v Phipps [1967] 2 AC 46, 124 per Lord Upjohn).

76) 앞의 주 3)의 대법원 판례 참조.

77) 대법원 2013.9.12. 선고 2011다57869판결.

[사례 1] 회사 A는 평소 법무법인 X의 변호사 甲으로부터 자문을 구하였고, 회사 B는 동일 법무법인의 변호사 乙로부터 자문을 구하였는데, 회사 A의 빌딩을 회사 B에게 매각함에 있어 회사 A와 회사 B가 각각 변호사 甲과 변호사 乙에게 자문을 구하는 경우

위의 사례에서 법무법인 X는 각각 변호사 甲과 변호사 乙을 통해 회사 A와 회사 B를 모두 자문하게 되므로, 형식상 쌍방자문을 하게 된다. 또한 "법무법인의 사용정보의 범위를 결정함에 있어 각 변호사는 인식의 귀속 법리에 의해 자신이 아는 정보뿐만 아니라 법인이 아는 정보도 사용해야 할 의무를 지므로, 법리상 의무충돌 상황에 빠지게 된다. 하지만, 이 경우 각 변호사가 자신의 고객의 이익을 위해 독립적으로 행위하는 한, (ⅰ) 위임사무의 내용이 간단하고, (ⅱ) 비밀정보의 제공 가능성이 없고, (ⅲ) 비용의 절감이라는 공동의 이익이 존재함을 고려하면, 법무법인의 이익충돌은 완화 혹은 해소될 가능성이 있다."[78]

### (3) 자기거래에서의 '공동의 이익추구' 관계

'공동의 이익추구'로 인한 이익충돌의 해소 현상은 자기거래와 관련해서도 발생한다. 특히 금융기관의 수개의 영업부서가 정보차단장치[79]하에서 독립적으로 행위하면서 각 부서의 독자적 고객을 위해 행위하는 경우에 이러한 현상은 현저해진다.

[사례 2] Y증권회사의 조사연구부에서 자기매매부서가 투자한 증권의 매각을 권유하는 보고서를 낸 상태에서, 신탁부서의 고객 丙은 당해 증권의 발행회사를 M&A하기 위해 신탁부서에 해당 증권의 대량매수를 위탁한 경우

위의 사례에서 Y증권회사가 자기매매부서를 통해 보유증권을 매각하면서 동시에 신탁부서를 통해 당해 증권을 고객 丙을 위해 매수한다면 형식상

78) 박준, 『판례 법조윤리』(2011)(이하 '박준'), 259면 이하; 제4편 제6장 V. 2. (3)(이중기, "법인에서의 인식의 귀속과 이익충돌의 인식", 460면).

79) 정보차단장치의 운용 및 그 효과와 한계에 대해서는 박준, 246면 이하; 이상수, "차단막을 이용한 이익충돌 회피", 『법과 사회』, 제36권(2009), 215면 이하; 이중기, "증권회사에 발생하는 이익충돌과 Chinese wall", 185면 이하; 제5편 III. 2. (3)(이중기, "금융기관의 충실의무와 이익충돌", 94면) 이하.

직접적 자기거래가 성립한다. 하지만, 이러한 자기거래에서 Y증권회사는 자기 매매부서를 통해서는 자신의 이익을 위해 행위하지만, 신탁부서를 통해서는 고객 丙을 위해서 행위한다. 따라서 증권의 매각 및 증권의 매수에 대해 증권회사와 고객은 '공동의 이익'을 갖게 되고, 이러한 자기거래에서는 정보차단장치가 잘 운용되어 비밀정보의 격리가 일어나는 한, 수탁자와 수익자 간의 이익충돌은 해소되고 따라서 자기거래는 충실의무 위반행위가 아니라고 볼 수 있다. 왜냐하면 대법원이 설시한 것처럼, "이러한 행위는 … 수익자의 이익과 수탁자의 이익이 상반되는 행위가 아니어서 수탁자로서의 충실의무에 위반된 행위라고 할 수 없"기 때문이다.[80] 단, 정보차단장치가 잘 운용되고 이익충돌이 실질적으로 해소되었다는 입증책임은 충실의무자인 증권회사가 부담한다.[81]

### 5. 충실의무에 대한 사적자치의 한계와 상사관계에서의 자치 가능성

#### (1) 사적자치의 한계

여기서 제기되는 한 가지 의문은 신탁행위를 통한 '사전적' 충실의무의 변경 혹은 충실의무 위반에 대한 '사후적' 공시와 승인 등을 포함해 '충실의무에 대한 사적자치는 어느 정도까지 허용되는가?' 하는 것이다. 즉 수탁자의 이기적 행위를 억지하기 위해 사전적으로 선언되는 충실의무의 엄격성[82]을 고려하면 충실의무 부과는 강행적인 것이다. 또 충실의무는 형식상 법적 '의무'로 표현되기는 하지만, 사실상 법원이 구체적 사안에서 당사자 사이의 신뢰와 신임의 관계에 기초해 다양한 '의무'를 선언하는 사법재량으로 기능한다.[83] 따라서 당사자 사이의 사적자치가 행해지더라도 법원은 당사자관계의 내재적 성질이 신뢰와 신임의 관계임을 근거로 '사실관계'에 기한 충실의무자 지위[84]를 선언할 수 있고, 이러한 점에서 보면 당사자 사이의 충실의무에 대한 사전적

80) 앞의 주 3)의 대법원 판례 참조.
81) 제4편 제6장 V. 4. (2)(이중기, "법인에서의 인식의 귀속과 이익충돌의 인식", 466면).
82) 충실의무의 엄격성에 대해서는 앞의 II. 1. 및 III. 1. 참조.
83) II. 2. 참조; 제1편 제3장 II. 4. (4)(이중기, "신탁법에 기초한 충실의무법리의 계수", 40면).
84) 앞의 III. 2. (1) 참조.

및 사후적 사적자치는 그 한계를 갖는다.

우리 대법원이 (i) 신탁법에 충실의무에 관한 근거규정이 없음에도 불구하고 자기거래금지 규정에 근거하여 충실의무를 도출한 점,[85] (ii) 기회유용과 관련해 회사법상 근거규정이 없음에도 불구하고 이사의 기회유용행위를 충실의무 위반행위라고 선언한 점[86] 등을 고려하면, 우리 대법원도 구체적인 '사실관계'가 신뢰와 신임의 관계여서 사적자치의 내재적 한계를 갖는 상황이라고 판단하는 경우, 당사자가 충실의무에 대한 사적자치를 한 경우에도 신의칙에 기해 개입할 가능성은 존재한다. 영미의 법원도 동일한 입장을 취한다: 충실의무 중 핵심의무는 '근본적' 의무여서 계약으로 배제할 수 없다는 영국이나 혹은 '공정성'이 요구하는 경우 충실의무법은 강행적이어서 포기될 수 없다고 설명하는 미국도 모두 사적자치의 내재적 한계를 인정한다.[87]

(2) 상사관계에서의 사적자치: '경제적 이익'

그런데, 신뢰와 신임 관계에 기한 법원의 개입 가능성을 인정하는 경우에도, 법원이 실제로 당사자들이 행한 충실의무의 사적자치에 개입해 충실의무 위반을 선언할 가능성은 한정적일 것으로 예상된다. 특히 충실의무의 존재 사실을 알고서 '거래비용의 절감' 등을 이유로 당사자들이 수탁자의 충실의무를 변경시킨 경우, 법원이 '사실관계'에 기한 충실의무자 지위를 인정해 충실의무 위반을 선언할 가능성은 낮다고 생각된다.[88] 영미에서도 마찬가지이다: 이러한 상황은 영미 법원이 이야기하는 '근본적' 의무[89]나 '공정성'이 요구되는 상황[90]과는 관련성이 없기 때문이다.

---

85) 앞의 주 3) 참조.
86) 앞의 주 73)의 대법원 판례 참조.
87) II. 3. (3) 참조.
88) 대법원이 당사자간 자금의 차입 및 상환에 관한 합의가 있었음에도 불구하고 금리의 가산은 구법 제31조 위반으로서 '무효'라고 판단한 적이 있지만(대법원 2006다62461판결 사건), 신탁법 개정을 통해 충실의무에 대한 사적자치 가능성이 승인된 오늘날의 현실을 생각하면 이러한 해석은 과도한 것으로 생각된다. 특히 앞의 주 68)에서 보듯이, 이러한 거래는 "신탁재산을 고유재산으로 하는" 거래가 아니고 "신탁재산에 관하여 권리를 취득"하는 거래이기 때문에 구법하에서도 제31조 단서의 적용대상 거래가 아니고, 따라서 완전한 사적자치의 대상이 될 수 있었다.
89) 앞의 II. 3. (1) 및 (3) (가) 참조.
90) 앞의 II. 3. (2) 참조.

충실의무법이 수탁자의 이기적 행위를 억지함으로써 보호하려는 보호법익은 '수익자의 이익'인데, 만약 자치능력을 갖춘 상인인 수익자가 '경제적 이익'에 대해 충실의무의 내용과 정도에 대해 사적자치를 행한 경우 법원이 상인간의 사적자치에 개입할 가능성은 더 낮아진다. '경제적 이익'에 대해서는 법원이 아니라 당사자인 상인수익자와 상인수탁자가 더 많은 정보와 더 합리적인 판단을 내릴 수 있기 때문이다.

물론 앞서 본 것처럼, "수탁자는 부정직하게 혹은 사기적으로 행위할 수 있다"라는 취지의 사전적 신탁행위 혹은 사후적 동의는 수익자의 이익을 보호해야 할 수탁자의 의무와 본질적으로 충돌하므로 이러한 사적자치는 무효가 될 수 있다.[91]

## 6. 충실의무 위반의 효과

### (1) 위반의 효과에 대한 일반론

이러한 논의와 관련해 충실의무 위반의 효과를 어떻게 파악할 것인가가 문제된다. 충실의무는 앞서 본 것처럼 신뢰와 신임의 관계에서 수탁자 혹은 준수탁자의 이기적 행위를 억지하고자 사법정책적으로 부과된 것이다. 하지만, 다른 한편으로는 충실의무 부과로서 달성하고자 하는 보호법익은 '수익자의 이익', 특히 경제적 이익이 주된 것이다. 이러한 점에서 보면 충실의무 위반의 효력 문제도 보호법익인 '수익자의 이익'을 최대한 달성할 수 있는 관점에서 접근해야 한다.

이러한 관점에서 보면 충실의무 위반은 '신뢰와 신임'에 반하는 사기적 행위 등이 아닌 한 당연무효로 볼 필요는 없고, 수익자로 하여금 충실의무법의 고유한 구제수단을 통해 수익자 이익을 보전 혹은 추구하도록 하는 것이 효과적이다(영미법에서도 동일하다).[92] 충실의무법이 제공하는 자족적이고 고유한 구제수단은 대표적 충실의무법인 개정신탁법에 잘 규정되어 있는데, 원상회복청구권, 손해배상청구권, 그리고 이익반환청구권이 그것이다(개정신탁법 제43조). 이러한 구제수단은 수익자의 이익이 침해/변경된 경우 침해/변경된 이익

91) IV. 2. 및 II. 3. (1) 참조.
92) 앞의 II. 3. (1) 참조.

을 원상회복시키거나 손해배상하도록 한다(제43조 제1항, 제2항). 또 수익자의 이익이 침해/변경되지 않는 경우에도 충실의무 위반으로서 수탁자 혹은 준수탁자나 제3자가 이득을 취득한 경우, 그 편취이득을 수익자에게 반환시키도록 한다(제3항). 특히 후자의 이득반환청구권은 충실의무법에 특유한 억지적 구제수단이다.

#### (2) 충실의무 특칙이 규정된 경우

그런데, 개별 법규에서 충실의무자에 대한 충실의무 특칙을 규정하고 있는 경우 특칙의 효력은 어떻게 해석되는가? 충실의무 특칙이 규정된 경우 특별법 우선의 원칙에 의해 충실의무 특칙규정이 우선 적용된다. 예를 들어, '사업기회'와 관련하여 대법원은 회사법에 '사업기회유용'에 관한 충실의무규정이 없었음에도 불구하고 충실의무 위반으로 판단하였고, 또 이와 관련해 공시와 승인에 관한 일반적 규정이 없었음에도 불구하고, 사업기회의 이용에 대한 이사회 승인을 통해 이익충돌이 해소되었음을 선언하였다.[93] 그런데, 개정상법은 제397조의2에 회사의 기회유용에 관한 특칙을 새로 제정하였는데, 이 특칙은 기회유용에 대한 공시와 승인 요건으로서 이사회의 3분의 2 이상의 찬성을 요구한다. 따라서 개정상법 시행 후에는 기회유용에 대해서는 기존 대법원 판례와 같은 일반적 승인요건이 아니라 가중된 특칙의 요건인 3분의 2 승인요건이 충족되어야만 이익충돌이 해소될 수 있다.[94]

#### (3) '자기거래'에 관한 구 신탁법 제31조 단서의 해석과 신탁법 개정

자기거래와 관련해 구 신탁법 제31조 단서는 "법원의 허가를 얻어 신탁재산을 고유재산으로 할 수 있다"고 규정하고 있었다. 앞서 본 것처럼, 충실의무 특칙이 규정된 경우 특별법 우선의 원칙이 적용되므로, 수탁자의 자기거래에 대해서는 이 특칙규정이 우선 적용되었고, 따라서 수탁자의 자기거래는 '법원의 허가'가 없으면 무효로 해석될 수 있었다.

이러한 규정의 적절성과 효력에 대해 많은 논란[95]이 있었는데, 이러한 종류의 특칙규정들은 우리나라에 충실의무법리에 대한 연구가 축적되기 전에

93) 앞의 3. (2) 참조.
94) 제5편 제3장(이중기, "이익충돌의 판정기준과 법인격의 고려 여부") III. 6. (2) 참조.
95) 자세히는 앞의 III. 1. (2) 참조.

제정된 것이기 때문이다. 현재 우리나라의 충실의무법리의 발전 정도를 생각하면 가능한 한 그 적용을 배제하고, 대신 신설된 충실의무법의 자족적 구제수단의 해석을 통해 사적자치의 문제로서 해결하는 것이 타당하다. 앞서 살펴본 것처럼, 충실의무의 법적 성질 등에 대해서는 계속 연구성과가 축적되고 있고, 또 충실의무에 대한 다양한 사적자치 수단이 신탁법 제34조 제2항에 명문으로 선언되었기 때문에, 수탁자의 충실의무 위반에 대해서는 충실의무법이 자족적 구제수단인 원상회복청구권, 손해배상청구권, 이익반환청구권(제43조), 혹은 수익자취소권 등을 통해 충분히 해결할 수 있기 때문이다.[96]

구 신탁법 제31조 단서와 같은 부적절한 특칙규정이 있는 경우, 그 적용을 최소화하는 한 가지 방법은 그 조항의 적용범위를 문언 그대로 "신탁재산을 고유재산으로 하는" 자기거래의 경우에 한정 적용하는 것이다. 이 경우, 예를 들어 '고유재산을 신탁재산으로 하는' 자기거래는 단서 특칙의 적용범위 밖에 있게 되므로, 이러한 자기거래에 대해서는 충실의무법의 자족적 구제수단인 원상회복청구, 손해배상청구, 이익반환청구의 문제로서 해결될 수 있게 된다. 그러나 근본적인 해결방법은 법원이 구체적 사실관계를 고려해 이익충돌의 존재를 부정한 경우 충실의무의 해소를 인정하는 것이다. 앞서 본 것처럼 자기거래에 '공동의 이익추구' 관계가 존재하는 경우, 대법원이 판시한 것처럼 "이익이 상반되는 행위가 아니어서 수탁자로서의 충실의무에 위반된 행위라고 할 수 없"다[97]고 보는 것이다. 이렇게 해석하는 방법만이 구법 제31조 단서와 같은 부적절한 특칙규정 위반을 둘러싼 소모적 유·무효 논란을 회피할 수 있다.

구 신탁법 제31조 단서와 같은 규정들은 신탁업자의 직업윤리가 상당히 낮고 신탁업자가 수행하는 신탁업무가 단순했던 상황에서 제정되었고, 당시에는 수익자의 입증책임 부담을 면제해 줌으로써 수익자 보호장치로서 효율적으로 작동하였다.[98] 하지만, 신탁업자의 직업윤리가 강화된 오늘날의 상황에

96) 자세히는 앞의 III. 1. (3) 참조.
97) 앞의 4. (3) 참조.
98) 우리 신탁법의 원형이 된 일본 신탁법의 제정 상황과 악덕 신탁업자에 대한 규제 필요성에 대해서는 안성포, "일본에서의 신탁 실무와 신탁법리의 전개", 정순섭·노혁준, 『신탁법의 쟁점』, 제2권(2015), 404면, 407-408면 참조.

서는 자기거래를 단순히 무효로 봄으로써 얻는 이익은 충실의무에 대한 사적자치를 통해 얻는 이익보다 클 수 없다.[99] 신탁업자가 수행하는 업무가 복잡해지고 다양한 거래구조를 취해야 하는 오늘날의 신탁금융의 현실을 생각하면 구 신탁법 제31조 단서와 같은 규정들은 가능한 한 적용배제되어야 하고, 이러한 점에서 충실의무에의 사적자치를 광범위하게 인정하고 자족적인 구제수단들을 정비한 신탁법 개정의 방향은 타당하다.

## V. 비용상환청구, 보수청구와 충실의무의 적용유예

또 일정한 경우 신탁법은 신탁사무의 편의를 위하여 수탁자에 대한 충실의무의 적용을 유예하는 경우도 있다. 대표적인 경우가 신탁사무를 수탁자의 비용으로 처리한 경우에 인정되는 수탁자의 비용상환청구권[100]이다. 보수청구[101]의 경우에도 마찬가지이다. 수탁자의 비용상환청구 혹은 보수청구는 형식상 '자기거래'의 형식을 띠므로, 자기거래의 위반 문제가 제기될 수 있다. 하지만, 전자는 수탁자가 고유재산으로 신탁사무를 집행한 후 신탁채권자 자격에서 비용상환을 청구하는 것이고, 후자도 수탁자가 전문가로서의 고유한 노하우로 신탁사무를 수행한 후 보수채권을 청구를 하는 것이므로, 이 때에는 자기거래임에도 불구하고 충실의무의 적용이 원칙적으로 유예된다.

### 1. 비용상환청구에 대한 충실의무의 적용유예와 선관의무에 의한 규제

#### (1) 충실의무 유예의 이유

일정한 경우 신탁법은 신탁사무의 편의를 위하여 수탁자에 대해 충실의무의 적용을 유예한다. 대표적인 경우가 수탁자의 비용상환청구 상황이다. 비용상환청구는 형식상 '자기거래'의 형식을 띠므로, 자기거래의 위반 문제가 제기될 수 있지만, 수탁자가 고유재산으로 신탁사무를 집행한 후 신탁채권자 자

99) II. 3. (2) 참조.
100) V. 1.과 2. 참조.
101) V. 4. 참조.

격[102]에서 비용상환을 청구하는 것이므로 이때는 충실의무의 적용이 유예된다. 즉 수탁자는 수익자의 사무를 신탁재산으로 처리해야 하지만, 신탁사무의 원활한 집행을 위해 고유재산으로 신탁사무를 처리할 수 있고, 이러한 경우 신탁비용의 보상이 이루어져야 한다.[103] 특히 수탁자는 유한책임약정[104]을 하지 않는 경우 고유재산으로 무한책임을 지므로, "[비용]을 신탁재산으로부터 보상받을 권리가 보장되어야 형평에 맞다."[105] 이것이 신탁법이 자기거래금지의 예외로써 규정한 비용상환청구권이다.

### (2) 선관의무에 의한 규제의 이유

그런데, 수탁자에 의한 비용상환청구가 항상 허용되는 것은 아니다. 신탁비용의 상환이 무조건 허용된다고 한다면, 수탁자는 신탁재산에 '필요한 이상'으로 비용을 유발하고 신탁재산으로부터 상환받는 도덕적 해이(moral hazard)가 생기기 때문이다. 예를 들어, 수탁자가 고유계정에서 신탁계정이 부담해야 할 비용을 지급한 경우, 수탁자가 투입한 비용과 그 이자에 대해 '적성성' 통제(예: 비용과 그 이자 및 금리의 검토 등) 없이 신탁계정에서 상환받을 수 있다면, 수탁자는 최대한 많은 비용을 유발하여 그 비용과 그 이자를 조달금리보다 높게 고유계정으로부터 상환받고자 할 것이고, 이는 신탁의 본지와 어긋나는 결과를 초래하게 된다.[106] 이러한 관점에서 비용상환청구에 대해서 규제가 필요하다.

---

102) "보상청구권은 고유재산의 소유자의 지위에 있는 수탁자가 신탁재산의 소유자의 지위에 있는 수탁자에 대하여 가지는 구상청구권, 즉 채권"이다(이연갑, "보상청구권과 충실의무", 281면).

103) "수탁자는 신탁재산의 소유자이지만 신탁재산이나 신탁사무의 처리로부터 직접 이익을 얻을 수 없으며, 신탁목적을 달성하기 위한 장치에 지나지 않는다. 이러한 채무나 책임은 신탁목적에 구속된 신탁재산이 부담하여야 하는 것이다. 신탁법이 이를 명시하고 있지는 않지만, 신탁재산이 수탁자에게 신탁사무처리에서 발생하는 모든 부담과 비용을 상환하여야 한다는 것은 신탁 내지 수탁자 지위의 본질에 비추어 명백하다"(최수정, "신탁상 발생한 비용의 배분", 『비교사법』, 제19권 제2호(2012), 667면, 675면). 동지: 법무부, 『신탁법 해설』(2012), 376면. 동일한 취지의 판결로는 대법원 2005.12.22. 선고 2003다55059판결.

104) 유한책임약정에 대해서는 오영준, "유한책임신탁", 정순섭·노혁준, 『신탁법의 쟁점』, 제2권(2015), 23면, 28면 이하; 이중기, "신탁채권자에 대한 수탁자의 책임의 범위", 『민사판례연구[XXVIII]』(2006), 502면 이하.

105) 이연갑, "보상청구권과 충실의무", 278면.

106) 임우섭·주준하, "부동산신탁회사의 자금관리에 관한 법률적 쟁점", 『법조』, 제63권 제4호(통권 제691호)(2014), 274면, 315면.

그런데, 그 규제의 방법은 '억지적'인 충실의무법적 방법이 아니라 '합리성'에 기초한 선관의무법적 방법이어야 한다. 다시 말해, 수탁자가 신탁재산을 위해 지출한 비용이 선량한 관리자로서 지출할 수 있었던 비용인가를 따지는 규제, 즉 수임인에 대한 선관의무법적 규제[107]와 같은 수준의 것이어야 한다. "수탁자가 구상할 수 있는 비용 혹은 손해의 범위가 수임인이 구상할 수 있는 비용 혹은 손해의 범위와 다를 이유가 없"기 때문이다.[108] 따라서 고유재산으로 행하는 신탁사무의 집행과 관련해 수탁자가 신탁상 의무를 다했다면, 그 다음 단계에서 행해지는 비용상환청구에 대해서는 충실의무의 문제는 발생하지 않는다.

## 2. 비용상환청구의 범위

### (1) 신탁재산으로부터의 구상

#### (가) 고유계정에서 지출한 경우

수탁자가 신탁사무의 처리에 관하여 필요한 비용을 고유재산에서 지출한 경우 수탁자는 신탁계정으로부터 상환받을 수 있는데, 수탁자가 비용의 상환을 구할 수 있는 범위는 수탁자가 지출한 비용 전부가 아니라 지출 내역이나 경위 등에 비추어 신탁사무처리에 필요하고 또 합리적이라고 판단되는 범위로 한정된다.[109] 수탁자가 고유재산에서 비용을 지출하고 또 이러한 합리성 요건을 충족시킨 경우, 수탁자는 "지출한 비용과 지출한 날 이후의 이자를 신탁재산에서 상환받을 수 있다"(신탁법 제46조 제2항). 필요한 비용인지 여부는 "객관적 표준에 따라 판단할 것이 아니라 수탁인이 선량한 관리자의 주의를 다하여 과실 없이 한 판단을 표준으로" 한다.[110] 이 기준에 따라 필요비로 인정되면, 지출 결과 신탁재산에 이익이 발생하였는지 여부와 상관없이 상환받을 수 있다.[111]

#### (나) 고유계정을 통해 차입한 경우

그런데, 만약 수탁자가 신탁사무처리비용을 고유계정에서 보유하지 못하

107) 이연갑, "보상청구권과 충실의무", 288면.
108) 이중기, 『신탁법』, 394면. 동지: 법무부, 『신탁법해설』, 376면.
109) 이연갑, "보상청구권과 충실의무", 288면.
110) 법무부, 『신탁법해설』, 379면; 광장신탁법연구회, 앞의 주 50)의 책, 225면.
111) 이재홍·곽윤직, 『민법주해(XV)채권(8)』(1997), 579-580면.

여 제3자로부터 조달한 경우에는 어떻게 되는가? 상환받을 수 있는 "비용은 반드시 신탁재산의 계산으로 해두었을 것을 요하지 않는다 … 즉 누구 명의로 계산이 되어 있는가를 묻지 않고, 그것이 신탁을 위한 것이었으면 [수탁자의 비용]보상청구의 대상이 될 수 있다".112) 따라서 수탁자가 고유재산의 계산으로 고유계정을 통해 차입하면서 발생한 비용도 모두 신탁재산에 대한 상환청구의 대상이 된다. 대법원도 "신탁사무의 처리를 위하여 외부 금융기관 등으로부터 차입한 신탁 관련 차입금채무를 피고 [수탁회사]가 부담·변제하거나 그 차입금을 가지고 신탁사무의 처리 등에 사용하였음을 근거로 하여 비용보상청구권을 주장"할 수 있다고 판시하였다.113)

이 경우에도 수탁자는 신탁법 제46조 제2항의 '지출한 비용'과 '그 날 이후의 이자'를 신탁재산에서 상환받을 수 있는데, '지출한 비용'과 '그 날 이후의 이자'는 어떻게 산출하는가가 문제된다. 수탁자가 사무처리비용을 제3자로부터 조달한 경우 '지출한 비용'은 제3자로부터 차입하는데 소요된 비용 전부가 '지출한 비용'으로서 계산된다. 즉, 제3자로부터 차입한 원금과 그 이자가 제46조 제2항의 '지출한 비용'으로 계산된다. 또 '그 날 이후의 이자'는 제3자로부터의 조달에 소요된 '지출비용'(즉 차입한 원금과 이자)으로부터 발생한 이자가 된다. 만약 제3자로부터 조달하는데 실제 '지출한 비용'에 원금과 이자 외에 다른 조달비용이 소요된 경우에는 그 소요비용도 '지출한 비용'에 포함되고, 이러한 '지출한 비용'(즉 차입원금과 이자 및 조달비용)에 대하여 발생한 이자가 '그 날 이후의 이자'로서 계산된다.

'지출한 비용'에 대한 '그날 이후의 이자'를 산정하는데 적용되어야 하는 이자율은 신탁행위로서 정해진다. 신탁행위로서 이자율을 결정하지 않은 경우, 시중금리를 고려하여 동종의 수탁업자가 선량한 관리자의 주의로서 적용할 수 있었던 이자율 혹은 법정이율을 적용하면 된다. 앞서 본 것처럼, 고유재산 혹은 고유계정차입을 통한 신탁사무의 집행 자체가 수탁자에 부과된 신탁상 의무를 다했다면, 비용상환청구는 허용되고, 또한 이자율의 적용에서도 선관주의의무만 문제되고 충실의무의 적용은 배제된다.

112) 임채웅, "신탁법상 수탁자의 자조매각권 및 비용상환청구권에 관한 연구", 『홍익법학』, 제10권 제2호(2009), 375면, 391면.

113) 대법원 2009.1.30. 선고 2006다62461판결.

### (2) 수익자로부터의 구상

수탁자가 지출비용을 신탁재산으로부터 충당하기에 부족한 경우, 수탁자는 수익자에 대하여 그 비용을 청구할 수 있다(신탁법 제46조 제4항). 하지만 신탁법은 수탁자가 수익자로부터 상환청구할 수 있는 범위를 수익자가 받은 이익의 범위에 한정한다(제46조 제4항 제1문). 또 수익자가 특정되어 있지 아니하거나 존재하지 아니하는 경우 또는 수익자가 수익권을 포기한 경우와 같이 구상에 응할 수익자가 없는 경우에는 수익자로부터의 구상 자체가 이루어지지 않는다.

## 3. 보수청구에 대한 충실의무의 유예와 선관의무에 의한 규제

### (1) 충실의무 유예의 이유

신탁법이 신탁사무의 편의를 위하여 수탁자에 대해 충실의무의 적용을 유예하는 또 다른 경우는 수탁자의 보수청구 상황이다. 보수청구도 형식상 '자기거래'의 형식을 띠므로, 자기거래 위반의 문제가 제기될 수 있지만, 수탁자가 전문가로서의 시간과 노력을 투하해 신탁사무를 집행한 후 신탁채권자 자격에서 보수를 청구하는 것이므로 이때에도 충실의무의 적용이 유예된다.

하지만, 보수의 청구에 대해 규제가 없는 것은 아니다. 신탁보수의 청구가 무조건 허용된다고 한다면, 수탁자는 과도한 보수를 청구하고 신탁재산으로부터 상환받는 '도덕적 해이'(moral hazard)가 생기기 때문이다. 이는 신탁의 본지와 어긋나는 결과를 초래하게 된다. 이러한 관점에서 보수청구에 대해서도 규제가 필요한데, 그 규제의 방법은 마찬가지로 '억지적'인 충실의무법적 방법이 아니라 '합리성'에 기초한 선관의무법적 방법이어야 한다.

### (2) 보수청구권의 범위

원칙적으로 수탁자의 보수는 신탁행위로 정함이 있는 경우에만 청구할 수 있다(신탁법 제47조 제1항 본문). 다만 신탁을 영업으로 하는 수탁자의 경우에는 신탁행위에 정함이 없는 경우에도 보수를 받을 수 있다(제1항 단서).

보수의 금액 또는 산정방법을 정하지 아니한 경우 수탁자는 신탁사무의 성질과 내용에 비추어 적당한 금액의 보수를 청구할 수 있다(제47조 제3항). 앞서 본 것처럼, 보수청구에 대해서는 충실의무의 적용이 유예되고, 선관주의의무가 적용되기 때문이다.

### 4. 비용상환청구권, 보수청구권의 행사의 신뢰와 신임적 요소: 선이행 의무

앞서 본 것처럼 수탁자의 비용상환청구 혹은 보수청구는 그 성질상 신탁채권의 성질을 갖는 것이고, 또 수탁자의 과도한 비용이나 보수의 청구를 방지하기 위해 '억지적'인 충실의무법이 아니라 '상당성'을 요구하는 선관의무법이 적용된다. 그러나 수탁자의 충실의무자 지위 때문에 비용상환청구권이나 보수청구권의 행사에 있어서도 신뢰와 신임의 요소가 작동할 수 있다. 대표적인 예로서 신탁법 제49조가 규정한 선이행 의무를 들 수 있다. 즉 수탁자가 신탁재산 등으로부터 비용상환청구 혹은 보수청구를 하는 경우, 수탁자의 의무위반이 있어 수탁자가 원상회복책임, 손해배상책임, 혹은 이득반환책임 등을 부담하게 되는 때에는 수탁자는 이러한 책임을 선이행해야만 비용상환청구 혹은 보수청구를 할 수 있다. 이러한 선이행 의무는 수탁자의 의무위반이 있는 경우에는 비록 비용상환청구권 등 신탁채권을 갖고 있는 경우에도 수탁자의 충실의무자적 지위를 근거로 자신의 의무위반으로 인한 책임의 이행을 우선 요구하는 것이다(제49조). 이렇게 하지 않는다면, 수탁자는 이익충돌상황에서 자신의 비용상환청구 기타 신탁채권은 선행사하면서 손해배상책임 등 신탁에 대한 채무는 이행하지 않을 유인을 느끼게 된다. 이러한 결과는 수익자의 이익을 우선하여야 하는 충실의무법의 정신을 위배하는 결과가 된다.

## Ⅵ. 정리의 말

충실의무는 '수익자의 이익'을 보호법익으로 전제하고, 타인의 재산을 수탁받은 수탁자에게 이익충돌이 발생한 경우 자신의 이익을 우선할 인간의 '이기적 본성'(selfish nature)을 사전적으로 '억지'하기 위해 부과되었다. 이러한 점에서 수익자가 이러한 보호법익, 즉 자신의 이익에 대한 보호능력을 갖춘 상태에서 충실의무에 대한 사적자치를 행하는 경우, 충실의무법은 '신뢰와 신임의 관계에 대한 사적자치의 내재적 한계를 갖는 상황이라고 판단하지 않는 한' 수탁자에 대해 충실의무로부터의 해방을 허용하고 절대적인 부과를 고집하지 않는다.

수탁자가 충실의무로부터 해방, 다르게 표현하면 충실의무를 해소할 수 있는 자치수단에는 크게 보아 다음 세 가지 방법이 존재한다: (ⅰ) 사전적 해소장치: '신탁행위'를 통한 충실의무의 변경 혹은 면제, (ⅱ) 사후적 해소장치: 이익충돌에 대한 수탁자의 '공시'와 수익자의 '승인', (ⅲ) 거래과정상의 해소장치: '공동의 이익의 추구'로 인한 이익충돌의 해소.

또 일정한 경우 신탁법은 신탁사무의 편의를 위하여 수탁자에 대한 충실의무의 적용을 유예하는 경우도 있다. 대표적인 경우가 신탁사무를 수탁자의 비용으로 처리한 경우에 인정되는 수탁자의 비용상환청구권이다. 보수청구의 경우에도 마찬가지이다. 수탁자의 비용상환청구 혹은 보수청구는 형식상 '자기거래'의 형식을 띠므로, 자기거래의 위반 문제가 제기될 수 있다. 하지만, 전자는 수탁자가 고유재산으로 신탁사무를 집행한 후 신탁채권자 자격에서 비용상환을 청구하는 것이고, 후자는 수탁자가 전문가로서의 고유한 노하우로 신탁사무를 수행한 후 보수청구를 하는 것이므로, 이 때에는 충실의무의 적용이 원칙적으로 유예된다.

[참고문헌]

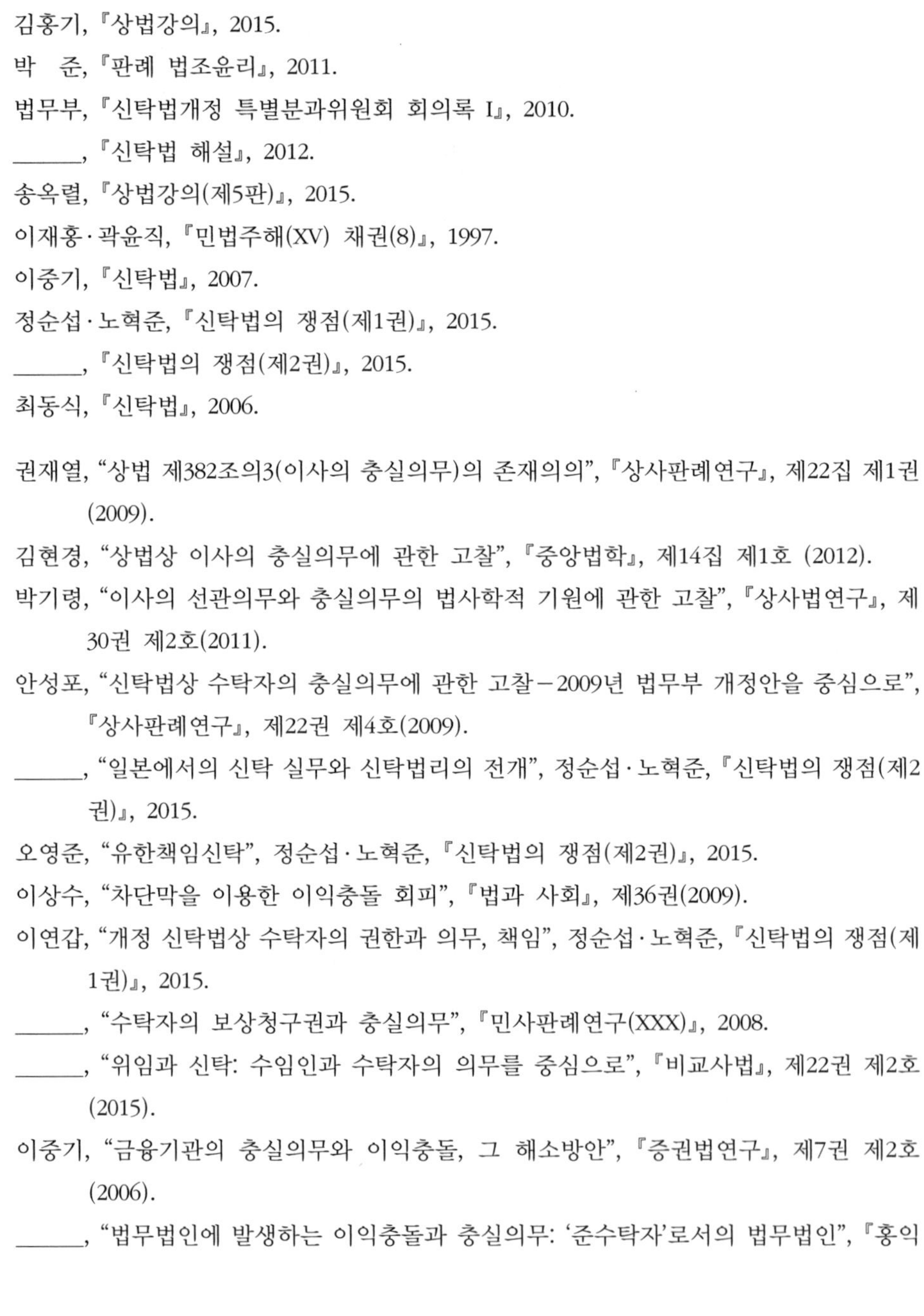

광장신탁법연구회, 『주석신탁법』, 2013.

김홍기, 『상법강의』, 2015.

박 준, 『판례 법조윤리』, 2011.

법무부, 『신탁법개정 특별분과위원회 회의록 I』, 2010.

______, 『신탁법 해설』, 2012.

송옥렬, 『상법강의(제5판)』, 2015.

이재홍·곽윤직, 『민법주해(XV) 채권(8)』, 1997.

이중기, 『신탁법』, 2007.

정순섭·노혁준, 『신탁법의 쟁점(제1권)』, 2015.

______, 『신탁법의 쟁점(제2권)』, 2015.

최동식, 『신탁법』, 2006.

권재열, "상법 제382조의3(이사의 충실의무)의 존재의의", 『상사판례연구』, 제22집 제1권 (2009).

김현경, "상법상 이사의 충실의무에 관한 고찰", 『중앙법학』, 제14집 제1호 (2012).

박기령, "이사의 선관의무와 충실의무의 법사학적 기원에 관한 고찰", 『상사법연구』, 제30권 제2호(2011).

안성포, "신탁법상 수탁자의 충실의무에 관한 고찰−2009년 법무부 개정안을 중심으로", 『상사판례연구』, 제22권 제4호(2009).

______, "일본에서의 신탁 실무와 신탁법리의 전개", 정순섭·노혁준, 『신탁법의 쟁점(제2권)』, 2015.

오영준, "유한책임신탁", 정순섭·노혁준, 『신탁법의 쟁점(제2권)』, 2015.

이상수, "차단막을 이용한 이익충돌 회피", 『법과 사회』, 제36권(2009).

이연갑, "개정 신탁법상 수탁자의 권한과 의무, 책임", 정순섭·노혁준, 『신탁법의 쟁점(제1권)』, 2015.

______, "수탁자의 보상청구권과 충실의무", 『민사판례연구(XXX)』, 2008.

______, "위임과 신탁: 수임인과 수탁자의 의무를 중심으로", 『비교사법』, 제22권 제2호 (2015).

이중기, "금융기관의 충실의무와 이익충돌, 그 해소방안", 『증권법연구』, 제7권 제2호 (2006).

______, "법무법인에 발생하는 이익충돌과 충실의무: '준수탁자'로서의 법무법인", 『홍익

법학』, 제14권 제4호(2013).

______, “법인에서의 인식의 귀속과 이익충돌의 인식”, 『서울대학교 법학』, 제55권 제4호(2014).

______, “신의칙과 위임법리에의 접목을 통한 충실의무법리의 확대와 발전”, 『홍익법학』, 제12권 제2호(2011).

______, “신탁법에 기초한 충실의무법리의 계수와 발전: 회사법, 금융법의 충실의무를 중심으로”, 『홍익법학』, 제12권 제1호(2011).

______, “신탁에서의 이익향유금지의 원칙과 이익반환책임”, 『홍익법학』, 제8권 제2호(2007).

______, “신탁채권자에 대한 수탁자의 책임의 범위”, 『민사판례연구(XXVIII)』, 2006.

______, “이익충돌의 판정기준과 ‘법인격’의 고려여부, 회사기회 유용법리와 회사법상 충실의무법리의 전개”, 『민사판례연구(XXXVII), 2015.

______, “증권회사에 발생하는 이익충돌과 정보유용의 문제: 공시와 승인, 상관습, 면책약관, Chinese Wall의 적용”, 『한림법학 FORUM』, 제6권 (1997).

이철송, “선관주의의무와 충실의무에 관한 이론의 발전과 전망”, 『비교사법』, 제22권 제1호(2015).

임우섭·주준하, “부동산신탁회사의 자금관리에 관한 법률적 쟁점”, 『법조』, 제63권 제4호(통권 제691호)(2014).

임채웅, “신탁법상 수탁자의 자조매각권 및 비용상환청구권에 관한 연구”, 『홍익법학』, 제10권 제2호(2009).

장근영, “영미법상 신인의무 법리와 이사의 지위”, 『비교사법』, 제16권 제1호(2008).

최나진, “신탁법상의 충실의무에 대한 소고”, 『법학연구』, 제16집 제1호(2013).

최수정, “신탁상 발생한 비용의 배분”, 『비교사법』, 제19권 제2호(2012).

四宮和夫, 『信託法(新版)』, 1989.

Birks, *An Introduction to Law of Restition*(1985).

T. Frankel, *Fiduciary Law*(2011).

______, “Fiduciary Duties as Default Rules”, 74 *Or. L. Rev.* 1209, 1220 (1995).

______, “Fiduciary Law", 71 *Cal. L. Rev.* 795(1983).

Hanbury & Martin, *Modern Equity*(19th ed., 2012).

Law Commission CP No.124, Fiduciary Duties and Regulatory Rules(1992).

NCCUSL, Uniform Trust Code(Las Revised or Amended in 2010)(2013).

Pettit, *Equity and the Law of Trusts*(12th ed., 2012).
Virgo, *The Principles of Equity and Trusts*(2012).

Brudney, "Contract and Fiduciary Duty in Corporate Law", 38 *B. C. L. Rev.* 595(1997).
Butler & Ribstein, "Opting Out of Fiduciary Duties: A Response to the Anti-Contractarians", 65 *Wash. L. Rev.* 1(2007).
Cooter & Freedman, "The Fiduciary Relationship: Its Economic Character and Legal Consequences", 66 *NYU L. R.* 1045(1991).
Easterbrook & Fischel, "Contract and Fiduciary Duty", 36 *J. L. & Econ.* 425(1993).
Flannigan, "The Fiduciary Obligation", [1989] 9 *O.J.L.S.* 285.
Langbein, "Contractarian Basis of the Law of Trusts", 105 *Yale L. J.* 625 (1995).
______, "Mandatory Rules in the Law of Trusts", 98 *Nw. U. L. Rev.* 1105 (2003-04).
Loewenstein, "Fiduciary Duties and Unincorporated Business Entities: In Defense of the "Manifestly Unreasonable Standard", 41 *Tulsa L. Rev.* 411, 415(2006).
Sealy, "Some Principles of Fiduciary Obligation", [1963] *Camb. L. J.* 119.
______, "Fiduciary Relationships", [1962] *Camb. L. J.* 69.

# 제 2 장 이사의 충실의무의 강행성과 사적자치: 신탁충실의무법의 보충적 적용*

## Ⅰ. 머리말

충실의무에 관한 논쟁으로 크게 두 가지를 들 수 있는데, 하나는 충실의무의 부과근거에 관한 논쟁이고, 다른 하나는 충실의무의 강행성 여부에 관한 논쟁이다. 전자는 주로 회사법학자에 의하여 이사의 충실의무에 관하여,[1] 후자는 주로 신탁법학자에 의하여 수탁자의 충실의무에 관하여 전개[2]되었다.

그런데, 이사에 부과되는 충실의무와 수탁자에 부과되는 충실의무는 정책적 부과이유가 동일하고, 따라서 정도에 있어서 차이가 있을 수 있으나 성질상 동일하다[3]고 볼 수 있다. 다시 말해 회사의 '회사재산'을 수탁받아 관리

---

* 이 장은 이중기, "이사의 충실의무의 강행성 여부와 충실의무에 대한 사적자치: 신탁 충실의무법의 보충적 적용을 중심으로", 『비교사법』, 제22권 제3호(2015)에 기초하였음.

1) 예를 들어 권재열, "상법 제382조의3(이사의 충실의무)의 존재의의", 『상사판례연구』, 제22집 제1권(2009), 3면; 김현경, "상법상 이사의 충실의무에 관한 고찰", 『중앙법학』, 제14집 제1호(2012), 147면; 박기령, "이사의 선관의무와 충실의무의 법사학적 기원에 관한 고찰", 『상사법연구』, 제30권 제2호 (2011)(이하, '박기령'), 477면; 장근영, "영미법상 신인의무 법리와 이사의 지위", 『비교사법』, 제16권 제1호(2008), 294면; 이철송, "선관주의의무와 충실의무에 관한 이론의 발전과 전망", 『비교사법』, 제22권 제1호(2015), 1면; 송옥렬, 『상법강의(제5판)』(2015)(이하, '송옥렬'), 1000면 이하; 김홍기, 『상법강의』(2015), 585면 이하.

2) 예를 들어 안성포, "신탁법상 수탁자의 충실의무에 관한 고찰－2009년 법무부 개정안을 중심으로", 『상사판례연구』, 제22권 제4호(2009), 83-84면; 최동식, 『신탁법』(2006), 216면; 이중기, 『신탁법』, 285면, 289면; 제1장 III. 1. (2)(이중기, "수탁자의 충실의무에 대한 사적자치", 917면, 930면) 이하.

3) L.S. Sealy, "The Director as Trustee", [1967] *C.L.J.* 83; H. Marsh, "Are Directors Trustees? Conflicts of Interest and Corporate Morality", 22 *Bus. Law.* 35(1960).

하는 이사의 충실의무는 기본적으로 설정자의 '신탁재산'을 수탁[4]받아 관리하는 수탁자의 충실의무와 같은 것이다. 이사의 충실의무가 성질상 수탁자의 충실의무와 동일하다면, 신탁법에서 문제된 충실의무의 강행성 여부에 대한 의문은 이사에 대해서도 동일하게 제기될 수 있다.

이 글에서는 이러한 문제의식을 갖고 (ⅰ) 이사의 충실의무의 부과 근거, (ⅱ) 이사의 충실의무가 강행성을 갖는지 여부, (ⅲ) 강행성이 인정되는 범위와 이사의 충실의무에 대한 사적자치의 가능성, (ⅳ) 이사의 충실의무에 대한 사적자치의 방법 등의 순서로 논의를 진행한다. 논의를 전개함에 있어 회사법 문제, 특히 이사의 충실의무와 관련된 문제는 회사법의 특칙규정에 의해 우선 해결하되, 이러한 충실의무 특칙규정이 존재하지 않는 경우, 신탁법상 충실의무 규정을 유추적용함으로써 해결될 수 있음을 강조한다. 이사의 충실의무와 수탁자의 충실의무는 동일한 성질을 갖기 때문에, 이사의 충실의무는 모든 충실의무자에게 적용 가능한 통일된 충실의무법 원칙하에서 상호 관련성을 갖고 발전해야 하기 때문이다. 특히, 영미에서 회사법은 신탁법의 영향하에 탄생해 발전[5]하였고, 또 우리 상법의 충실의무규정이 영미 충실의무 개념을 계수했다는 점을 생각하면, 충실의무와 관련한 회사법과 신탁법의 상호작용은 불가피한 현상으로 생각된다.

## Ⅱ. 이사의 충실의무의 개념과 부과 근거

### 1. 이사의 충실의무의 개념, 부과 필요성, 및 엄격성

#### (1) 충실의무의 개념

이 글에서 충실의무는 자신의 이익과 본인인 회사의 이익이 충돌하는 경우 자신의 이익보다 본인인 회사의 이익을 우선하거나 혹은 회사의 이익을 최

4) 신탁관계는 수탁자가 자신의 인격을 차용한 신탁재산을 수익자를 위해 관리하는 단체관계로 설명할 수 있다(이중기, 『신탁법』, 5면 이하).

5) Sin, *The Legal Nature of the Unit Trust*(1997), p.12 이하; E. Rock & M. Wachter, "Dangerous Liaisons: Corporate Law, Trust Law, and Interdoctrinal Legal Transplant", 96 *Nw. U. L. Rev.* 651(2002); Gower & Davies, *Principles on Modern Company Law*(2012)(이하 'Gower & Davies'), pp.16-39 이하 참조.

대한 도모하여야 할 의무를 의미한다. 예를 들어, 상법은 이사의 경업금지(제397조), 기회유용금지(제397조의2), 자기거래금지(제398조) 등을 규정하고 있는데, 이러한 구체적 충실의무규정에 해당하지 않는 이사의 이익상충행위가 존재하는 경우(예를 들어, 이사가 회사재산인 호텔, 골프장 같은 유형의 재산을 이용하는 경우), 이러한 이익상충행위도 이사의 추상적 충실의무에 의해 일반적으로 금지되게 된다. 이러한 충실의무 개념은 영미법에서 이야기하는 duty of loyalty와 다른 것이 아니다.[6)]

#### (2) '타인재산'의 운용과 충실의무의 부과 필요성: '준수탁자'에 대한 충실의무

이러한 이사의 충실의무는 타인재산에 대한 사무의 처리자에게 일반적으로 부과할 필요가 있는 의무이다. 다시 말해, '회사재산'의 수탁자인 이사에게 부과되는 충실의무는 타인재산의 사무처리와 관련해 자신과 회사 간 이익충돌이 발생[7)]하기 때문에 요구되는 '사전금지적'(prescriptive) 의무이고, 수탁자를 비롯한 모든 종류의 '타인재산 수탁자'에게도 동일한 이익충돌이 발생하기 때문에 충실의무 부과 필요성은 동일하게 발생한다. 따라서 '회사재산'의 운용자인 이사에게는 다른 '타인재산' 운용자에 대해 부과되는 충실의무와 동일한 성질의 사전금지적 충실의무가 부과된다: 신탁재산의 수탁자인 신탁수탁자, 신탁재산의 운용자인 집합투자업자, 일임재산의 운용자인 투자일임업자, 자문재산의 자문인인 투자자문업자 등에게 부과되는 충실의무(자본시장법 제79조, 제96조, 제102조)는 모두 '타인재산'의 운용과 관련해 자신의 이익과 본인의 이익이 충돌하는 경우, 본인의 이익을 우선할 것을 명령하는 수탁자 혹은 '수탁자에 준하는 자', 즉 '준수탁자'에 대한 사전금지적 의무이기 때문이다.

#### (3) '타인재산' 수탁자에 대한 충실의무의 엄격성: 의무위반의 추정

그런데, 이러한 '타인재산'의 운용과 관련해 타인재산 수탁자에 부과되는 사전금지적 충실의무는 이익충돌 상황의 발생시 수탁자인 충실의무자의 의무

6) 충실의무에 대한 자세한 설명으로 박기령, 487면 이하; 최나진, "신탁법상의 충실의무에 대한 소고", 『법학연구』, 제16집 제1호(2013)(이하 '최나진'), 23면; 이지민, "민법상 대리인과 수임인의 신인의무", 『법학논총』, 제35집 제1호(2015), 51면; G. Virgo, *The Principles of Equity & Trusts*(2011)(이하 'Virgo'), 15.3 이하 참조. no-conflict rule에 대해서는 15.5.1 이하, no-profit rule에 대해서는 15.6 이하 참조.

7) 김건식, 『회사법』(2015), 25면; 송옥렬, 1000-1001면.

위반을 추정한다는 점에서 엄격성을 수반한다.[8] 신탁수탁자의 예를 들어 설명해 보자. 즉 수탁자는 "수익자의 이익을 위하여 신탁사무를 처리하여야" 하는데(신탁법 제33조(충실의무)), 수탁자가 '수익자의 이익에 반하는 행위'를 했다고 가정하자(제34조 제1항 특히 제5호). 이 경우 수익자 등이 수탁자의 행위가 '수익자의 이익에 반한다'는 사실을 입증하면, 수탁자는 당해 이익상반행위가 "신탁행위로 허용"되었다거나(제34조 제2항 제1호), "그 행위에 관련된 사실을 고지하고 수익자의 승인을 받"았다거나(제2호), 혹은 "법원의 허가를 받"았다(제3호)는 사실 등을 입증하지 않는 한, 충실의무 위반으로서 신탁법 제43조에서 규정한 충실의무 위반의 책임(원상회복책임, 손해배상책임, 이득반환책임)을 부담한다.

이러한 수탁자의 이익상반행위에 대한 의무위반의 추정은 타인재산의 수탁자인 '준수탁자'에 대해서도 유추 적용[9]될 수 있다. 따라서 회사재산의 수탁자인 이사에게 이익충돌 상황이 발생하면, 준수탁자로서 이사의 충실의무 위반이 추정된다고 볼 수 있다. 즉 주주 등이 이사에 대해 회사와의 관계에서 일정한 이익충돌 상황에 있다는 사실을 입증하면, 이사는 이러한 이익충돌 상황에 대해 (i) 정관에 의해 허용되었다거나, (ii) 회사의 승인이 있다거나 혹은 (iii) 이익충돌이 해소되었다는 것을 입증할 책임을 지고, 이를 입증하지 못하면 '수탁자에 준하는 자'로서 신탁법 제43조가 규정한 '일반적 충실의무'[10]의 위반 책임을 진다고 볼 수 있다. 물론 뒤에서 보는 것처럼, 회사법은 이사의 경업, 기회유용, 자기거래 등에 대해서는 독자적인 충실의무 특칙을 규정하기 때문에 이 조항들에 의해 커버되는 상황에 대해서는 원칙적으로 특칙이 우선 적용되고, 신탁법의 일반적 충실의무규정은 특칙 규정에 의해 커버되지 않는 경우에 적용[11]될 것이다. 그런데, 이러한 이사의 충실의무의 부과 근거와 관련해 회사법에는 큰 논쟁이 존재한다.

---

8) 제5편 제5장 IV. 1. (3) 및 제1장 II. 1. (2)(이중기, "수탁자의 충실의무에 대한 사적자치", 921면) 이하 참조.
9) 제1편 제5장 II. 5.(이중기, "준수탁자로서의 법무법인", 457면, 470면) 이하 참조.
10) IV. 3. (2) 이하 참조.
11) 아래의 IV. 2. 이하의 논의 참조; 제1편 제5장 II. 6. (3)(이중기, "준수탁자로서의 법무법인", 474면) 이하 참조.

## 2. 이사의 충실의무 부과 근거

이사의 충실의무 근거와 관련한 회사법상 논쟁은 이사의 충실의무가 이사의 선관의무와 동일한 성질을 갖는가의 여부에 관한 것이다. 선관의무 동질성을 주장하는 견해는 선관의무로부터 충실의무를 도출하는 반면, 이질설을 주장하는 견해는 이사의 충실의무를 상법 제382조의3으로부터 도출한다. 한편 영미식 충실의무는 상법 제382조의3으로부터 도출할 수 없다는 견해도 있고, 그 반대로 회사법상 명문의 규정이 없더라도 이익충돌의 존재로부터 충실의무를 도출할 수 있다는 견해도 있다. 차례로 살펴보자.

### (1) 선관의무로부터 도출하는 견해: 동질설

충실의무의 성질과 관련해 동질설을 주장하는 견해는 "이사의 선관주의 의무란 널리 위임자의 이익을 위하여 행동해야 할 의무이므로 당연히 이사가 자신의 이익을 위해서 행동하는 것은 금지된다"[12]고 본다. 특히 "선관의무의 내용은 통일적으로 정형화되는 것이 아니라 … 각 이사의 특별한 직무에 따라 달라지므로, 이사의 권한이 확대되면 선관의무도 그만큼 그 내용도 강화된다"[13]고 본다. 이러한 동질설에 의하면 논리적으로 충실의무는 선관의무로부터 도출되고, 선관의무의 한 유형이 될 뿐이다. 따라서 동질설에 의하면 선관의무 외에 별도의 충실의무 개념을 인정할 실익은 없게 된다.

### (2) 상법 제382조의3으로부터 도출하는 견해: 이질설

이질설을 주장하는 견해는 위임관계의 선관의무는 객관적 주의의무만을 부과하므로, 이사에 대해 선관의무 부과만으로는 이사의 자기이익추구행위를 금지할 수 없다고 보는 입장이다.[14] 이질설에 의하면, 충실의무는 선관의무와 성질상 다른 의무이고 따라서 이사의 자기이익추구행위를 규제하기 위해서는 별도의 충실의무 근거규정을 입법화할 필요가 있게 된다. 이질설에 의하면, 상법 제382조의3은 이러한 충실의무를 입법한 것이라고 한다.

---

12) 송옥렬, 1001면.

13) 최기원, 『신회사법론(제13대정판)』(2009), 653면.

14) 박기령, 499면; 김건식, 『회사법연구 I』(2010)(이하 '김건식'), 53면 이하; 정동윤, 『상법(상)(제6판)』(2012)(이하 '정동윤'), 628면; 제1편 제3장 IV. 1. (3) 1)(이중기, "신탁법에 기초한 충실의무법의 계수", 29면, 46면).

### (3) 이사의 충실의무를 부정하는 견해: 충실의무 부정설

또, 충실의무 이질설을 취하면서 동시에 상법 제382조의3의 표현만으로는 영미법의 충실의무를 수용하였다고 볼 수 없다는 견해도 있다. 즉 "주의의무의 범위를 벗어나는 내용은 우리의 법체계하에서는 성문의 규정이 없이는 인정할 수 없는 규범으로서, "이사는 … 충실하게 수행하여야 한다"는 표현만으로는 영미법의 신인의무를 수용하였다고 볼 수 없다"고 한다.[15] 그러나 충실의무 부정설은 신탁법상 충실의무법의 발전으로 인해 더 이상 수용되기 힘들다고 본다. '충실의무의 기본법'[16]이라고 할 수 있는 신탁법은 제33조 이하에서 추상적 충실의무와 충실의무의 양대원칙으로서 이익충돌금지 원칙과 이익향수금지 원칙 등을 규정하고 있고, 제43조에서 충실의무 위반에 대한 구제수단으로서 손해배상청구, 원상회복청구, 이득반환청구 등을 규정하였다. 이러한 '일반적' 충실의무법규와 위반시 구제수단의 발전상태를 고려하면 충실의무를 "성문의 규정이 없이는 인정할 수 없는 규범"으로 보는 견해는 이제 설득력이 없다고 생각된다. "이론구성은 어떻든 이제 우리 상법상으로도 주식회사 이사가 미국법상의 주의의무와 충실의무에 상응하는 의무를 부담한다는 점을 부정하기는 어렵다."[17]

### (4) 사견: 이익충돌적 지위로부터 도출

"선관의무와 충실의무의 … 본질을 비교해 보면, 어느 한 쪽이 다른 한 쪽을 포섭할 수 있는 개념이 아니다. 선관의무는 경과실 개념을 본질로 하는 반면, 충실의무는 주관적 의도보다는 의무와 이익의 충돌이라는 객관적인 상황에 집중하기 때문이다."[18] 충실의무의 이러한 특징은 이사의 충실의무의 도출근거를 제시해 준다. 즉 이사의 충실의무는 선관의무와 이질적이지만, 그 도출근거를 반드시 명문의 규정에서 찾을 필요는 없다. 이사의 충실의무는 명문의 규정과 상관없이 이사의 '이익충돌적 지위'에서 도출할 수 있기 때문이다. 특히 대법원은 개정전 신탁법이 수탁자의 충실의무를 명문으로 규정하지 않

15) 이철송, 『회사법강의(제22판)』(2014)(이하, '이철송') 721면.
16) IV. 3. (2) 이하 참조.
17) 김건식, 385면.
18) 박기령, 499면.

았지만, 자기거래금지규정에 근거해 수탁자의 충실의무를 도출하였다.

> "수탁자의 충실의무는 수탁자가 신탁목적에 따라 신탁재산을 관리하여야 하고 신탁재산의 이익을 최대한 도모하여야 할 의무로서, 신탁법상 이에 관한 명문의 규정이 있는 것은 아니지만 일반적으로 수탁자의 신탁재산에 관한 권리취득[즉 자기거래]을 제한하고 있는 [구]신탁법 제31조[19]를 근거로 인정되고 있다. 이 사건 … 행위는 신탁재산이나 수익자의 이익과 수탁자의 이익이 상반되는 행위가 아니어서 수탁자로서의 충실의무에 위반된 행위라고 할 수 없다."[20]

수탁자의 이익충돌적 지위에 근거해 충실의무를 도출하는 이러한 논리는 이사에 대해서도 동일하게 적용될 수 있다. 이사에 대해서도 자기거래금지, 기회유용금지, 경업금지 기타 이사의 이익충돌금지를 선언하는 다수의 명문규정들이 존재하고 있기 때문이다. 이 견해에 의하면, 충실의무는 충실의무자의 이익충돌적 지위에 기해 인정되는 것이므로 동질설과 같이 선관의무에 근거할 필요도 없고, 또한 이질설과 같이 상법 제382조의3의 규정에 근거할 필요도 없다. "이러한 논리는 영국 형평법원이 이익충돌적 지위에 있는 자에 대해 그 지위 혹은 지위에 따른 직무에 기해 충실의무를 인정한 것과 매우 유사하다(소위 '지위에 기한 충실의무자'(status-based fiduciary) 개념).[21] 영국에서 충실의무는 수탁자, 이사, 자문업자, 변호사 등에 대해서 이들의 이익충돌적 지위와 그 지위에서 행하는 직무에 기해 부과되어 왔다. 이러한 대법원의 충실의무 도출논리는 우리나라에서 충실의무법리를 발전시킬 수 있는 기본토대를 제공한 획기적인 것으로 평가된다."[22]

---

19) 구 신탁법 제31조(수탁자의 권리취득의 제한) ① 수탁자는 누구의 명의로 하든지 신탁재산을 고유재산으로 하거나 이에 관하여 권리를 취득하지 못한다. 단 수익자에게 이익이 되는 것이 명백하거나 기타 정당한 사유가 있는 경우에는 법원의 허가를 얻어 신탁재산을 고유재산으로 할 수 있다.

20) 대법원 2005.12.22. 선고 2003다55059판결.

21) 최나진, 57면; Law Commission CP No. 124, Fiduciary Duties and Regulatory Rules(1992), p.28; Flannigan, "The Fiduciary Obligation", 9 *O.J.L.S.* 285(1989) 참조; 제5편 제1장 II. 참조.

22) 제5편 제3장 III. 3. 1)(이중기, "이익충돌의 판정기준과 법인격의 고려 여부", 595면, 618면) 참조.

## Ⅲ. 이사의 충실의무의 강행성 여부

그런데, 이렇게 도출된 이사의 충실의무는 성질상 강행성을 갖는가? 즉 이사의 충실의무는 이사의 개인적 이익과 회사의 이익이 충돌할 경우 회사의 이익을 우선해야 할 의무로서, 크게 회사와의 이익충돌금지 원칙(no-conflict rule) 및 회사이익의 향유금지 원칙(no-profit rule)으로서 나타나는데, 이러한 이익충돌금지 원칙 혹은 이익향유금지 원칙은 강행적이어서 당사자들의 사적자치의 대상이 될 수 없는가? 먼저 영국과 미국에서의 충실의무 강행성 논의를 살펴본 다음, 우리 법에서의 해석 가능성을 살펴본다.

### 1. 영국법

영국에서 이사의 의무는 판례법으로 발전되어 왔는데, 대체로 당시에 이미 확립되어 있던 수탁자의 의무를 유추적용함으로써 발전해 왔다.23) 그 결과 이사의 충실의무도 형평법원에 의해 수탁자의 충실의무와 유사하게 판례법으로서 발전되어 왔다. 충실의무를 포함한 이러한 이사의 의무들은 최근에 성문화되었는데, 형평법원이 발전시킨 이사의 의무들은 Companies Act 2006, s.170 이하에 나타난다.24) 특히 성문화된 이사의 의무 중 충실의무에 관한 부분들은 다음과 같다:25)

(ⅰ) Duty to avoid conflicts of interest(s.175)
(ⅱ) Duty not to access benefits from third parties(s.176)
(ⅲ) Duty to declare interest in a proposed or existing transaction or arrangement(s.177 및 s.182)

---

23) Sealy & Worthingtons, *Cases and Materials in Company Law*(10th ed., 2013), p.309; Gower & Davies, pp.16-39 이하 참조.

24) 영국 회사법 개정에 대해서는 심영, “영국회사법 개정의 주요내용과 그 시사점”, 『중앙법학』, 제9집 제2호(2007).

25) 선관의무 등에 해당하는 의무는 다음과 같다:
(ⅰ) Duty to act within powers (s.171)
(ⅱ) Duty to promote the success of the company (s.172)
(ⅲ) Duty to exercise independent judgement (s.173)
(ⅳ) Duty to exercise reasonable care, skill and diligence (s.174)

영국법에서 성문화된 이사의 충실의무규정들은 강행규정으로 해석되는가? 그렇지는 않다. 판례법으로 발전된 이익충돌금지 원칙(no-conflict rule)과 이익향유금지 원칙(no-profit rule)을 단일조문으로 성문화한 s.175는 이사의 이익충돌금지의무 등은 이사회의 승인을 받은 경우 해소될 수 있음을 선언하고 (s.175(4)(b)), 이러한 이사회 승인의 방법과 시기에 대해 명문으로 규정하고 있기 때문이다(s.175(5)).

그렇다면, 영국법에서 충실의무는 강행성을 갖지 않는가? 강행성을 갖지 않는다고 말하기는 어렵다. 왜냐하면 이사와 같이 이익충돌적 지위에 있는 충실의무자의 '정형적 행위'에 대해서는 성문법규가 일정한 절차를 거쳐 충실의무를 해소할 수 있는 장치를 제공하고 있지만, 영국의 형평법원은 '구체적 사실관계'에 기해 당해 관계가 충실의무관계라고 선언하고, 그 관계에 필요한 구체적 충실의무를 부과할 사법재량(judicial discretion)을 갖고 있기 때문이다. 즉 이사는 회사 이사라는 '이익충돌적 지위'에 기한 충실의무자(소위 '지위에 기한 충실의무자'(status-based fiduciary))이고, 이사의 성문법상 충실의무는 회사법이 자치를 허용하는 한에서 해소될 수 있다. 하지만, 형평법원은 '구체적 사실관계'에 기해 그 관계가 충실의무관계라는 것을 선언할 재량을 갖기 때문에, 이러한 재량행사에 의한 '충실의무자 지정'(fiduciary designation)과 이에 따른 충실의무의 부과는 회피할 수 없다. 이렇게 지정된 충실의무자를 '지위에 기한' 충실의무자 혹은 '정형적 충실의무자'와 구별하여 '사실관계에 기한 충실의무자'(fact-based fiduciary)라고 한다.[26]

특히, 영국에서 충실의무의 배제와 관련해 충실의무관계에 '근본적'(fundamental to fiduciary relationship)인 것이기 때문에 계약을 통해서도 배제할 수 없는 충실의무가 존재하는가가 문제되었는데,[27] Millett L.J.는 수탁자의 의무와 관련해 신탁관계에 근본적 의무이어서 계약으로 배제할 수 없는 핵심적 의무가 존재한다는 점을 승인하였다. Millett L.J.는 duties of skill and care, prudence, and

26) 앞의 주 21)의 문헌 참조. Virgo는 이 두 유형의 충실의무자를 '승인된 유형의 충실의무관계'(recognized categories of fiduciary relationship)와 '임시적 충실의무관계'(*ad hoc* fiduciary relationships)로 구분한다(Virgo, p.482 이하).
27) 제1장 II. 3. (1)(이중기, "수탁자의 충실의무에 대한 사적자치", 924면).

diligence는 수탁자의 과실(negligence)에 관련된 의무이므로 근본적 의무가 아니고 따라서 계약으로 배제될 수 있다고 본 반면, 사기(fraud)에 관련된 의무인 duty to perform the trust honestly and in good faith for beneficiaries는 계약으로 배제될 수 없는 근본적 의무에 포함된다고 보았다.28)

## 2. 미국법의 입장

영국 형평법원의 전통을 계승한 미국 법원도 전통적으로 충실의무를 강행적이어서 포기할 수 없는 원칙이라고 선언해 왔다. 하지만, 특히 이사의 충실의무와 관련하여 미국 회사법학자들 사이에서의 큰 논쟁 중 하나는 법원과 같이 충실의무의 강행성을 긍정하는 전통주의자의 입장이고, 다른 하나는 충실의무관계를 계약적으로 설명하려는 계약론자의 입장이다.29)

전통적 충실의무법에 의하면 이사의 이익취득행위는 억지적 관점에서 '사전적으로 엄격히 금지'된다. 이에 의하면 충실의무는 '본인, 즉 주주 전체의 보호'를 위해 부과되는 것이기 때문에, 이러한 금지적 충실의무는 주주보호를 위한 사전통제적 기능을 수행한다.30) 이에 반해 계약론자들은, 억지적인 전통적 충실의무법은 자기거래 등을 '사전적으로 금지'한다는 점에서 타당하지 않다고 본다. 왜냐하면 자기거래 등이 회사의 최대가치를 창출할 수도 있기 때문이다.31) 계약론자들은 전통주의자와 달리 회사법의 최대목적을 '주주의 보호'가 아니라 '회사가치의 최대화'에 둔다. 또한 이사를 단순한 '의무의 수범자'로 보는 것이 아니라 주주의 '공동사업자'(co-ventureres)로 간주한다. 이러한 회사목적 및 이사 지위의 개념 전환에 의하면, 이사의 자기거래 혹은 이사의 부수이익취득은 '기업가치 최대화'의 달성을 위한 공동사업자의 활동유인이 될 수 있다는 점에서 금지대상이 아니라 긍정적 인센티브가 된다. 따라서 계약론자

28) Armitage v Nurse [1998] Ch.241. Spread Trustee v Hutcheson [2011] UKPC 13. [52]에서 Lord Clarke은 Armitage v Nurse가 영국법의 입장임을 승인하였다.

29) 계약론자에 의한 미국 회사법의 충실의무 완화의 시도 과정에 대해서는 D. Branson, "Assault on Another Citadel: Attempts to Curtail the Fiduciary Standard of Loyalty Applicable to Corporate Directors", 57 *Fordham L. Rev.* 375 (1998).

30) Cooter & Freedman, "The Fiduciary Relationship: Its Economic Character and Legal Consequences" 66 *NYU L. R.* 1045(1991).

31) Easterbrook & Fischel, "Corporate Control Transactions", 91 *Yale L. J.* 698, 698(1982).

들에 의하면 이사의 자기거래 혹은 이익향유행위는 전통적 충실의무법과 달리 '사전적으로' 금지되는 것이 아니라 공정성 기준에 의해 허용될 수 있게 된다. 이러한 계약론자들의 논리적 귀결은 충실의무를 '별도의 합의가 없는 경우' 적용되는 background rule로 보고, '공동의 이익' 실현에 필요한 정도[32]의 background rule을 '가정적 계약'으로 간주하는 것이다. 이러한 계약법적 논리에 의하면 충실의무는 '가정적 계약'이므로 '별도의 합의가 없는 한' 적용되지만, 만약 '별도의 합의'가 있으면 그에 따라 배제될 수 있는 임의적 의무가 된다.

이에 대해, Brudney 교수는, 계약론자들이 사전금지적인 충실의무관계를 단순히 계약관계로 파악하고 금지적 충실의무를 단순히 가정적 계약상 의무라고 간주하는 것은 이사의 강행적 충실의무를 무력화시키기 위한 개념적 장치에 불과하다고 비판한다.[33] 즉, 계약론자들은 이사에 대해 부과된 강행적 충실의무를 당사자의 동의를 전제하는 계약구조로 설명함으로써, 충실의무법의 강행성을 무력화시킨다고 비판한다. 전통주의자에 의하면, 이사의 지위를 의무의 수범자가 아닌 주주의 '공동사업자'로 보는 것에 찬성할 수 없으며, 회사법의 목적 중에는 '회사가치의 최대화' 외에 '실현된 가치의 공정한 분배'가 필수적이어야 한다. "왜냐하면, 가치의 '창출'에 있어 기업가치가 최대화되더라도 가치의 '분배'에 있어 이사에 배당되는 가치는 증가하면서 주주에 배당되는 가치는 감소할 수 있기 때문이다. 기업가치의 '최대화'라는 명분은 이사의 재량을 정당화해 줄 뿐 주주의 가치참여에 대한 어떠한 권리도 보장해 주지 않는다"[34] 따라서 회사가치의 공정분배를 위해 이사의 이익향유에 대한 통제장치가 필요하고, 이를 실현하기 위해서는 충실의무의 억지적 성격 혹은 강행성이 필수적이 된다.

미국 충실의무법의 권위자인 Frankel 교수에 의하면, 미국 법원은 충실의무를 강행적이어서 포기할 수 없는 원칙이라고 선언해 왔지만, 실제로는 충

32) 계약론자에 의하면, 충실의무가 과중하면 충실의무로 될 자의 공급을 감소시키거나 충실의무자의 고용비용을 증가시켜 결과적으로 본인보호를 달성하지 못한다고 한다. Easterbrook & Fischel, "Contract and Fiduciary Duty", 36 *J. L. & Econ.* 425, 431-2(1993).

33) Brudney, "Contract and Fiduciary Duty in Corporate Law", 38 *B. C. L. Rev.* 595, 623 (1997).

34) 제1편 제4장 III. 3. (4)(이중기, "신의칙과 위임법리에의 접목을 통한 충실의무법리의 발전", 322면).

실의무의 포기 혹은 충실의무에 대한 계약자치를 인정하였다. 하지만 '공정성'(fairness) 개념이 특히 중요한 경우 미국 법원은 충실의무를 선언함으로써 충실의무를 강행법규(mandatory rules)와 임의적 기본규정(default rules)의 중간적 성질[35]을 가진 것으로 변화시켰다고 한다. 따라서 Frankel에 의하면, '공정성'이 필수적인 상황에서 충실의무는 강행적이고 포기될 수 없다고 본다.[36]

### 3. 한국법

마지막으로 우리 법에서 이사의 충실의무가 강행성을 갖는지 여부, 강행성을 갖기 때문에 이사는 회사와의 사적자치를 통해 충실의무로부터 해방될 수 없는지 여부에 대해 살펴보자. 이사의 충실의무 위반행위 가운데 경업, 기회유용, 자기거래 등에 대해서 상법은 제397조, 제397조의2 및 제398조에서 이사의 금지의무를 선언한 다음, 이사회의 승인을 얻는 경우 경업금지, 기회유용금지 및 자기거래금지로부터 해방될 수 있음을 규정하고 있다. 또, 이러한 금지의무 위반의 효력과 관련해 경업행위, 기회유용행위는 유효[37]하고, 자기거래행위는 상대적 무효[38]라는 설이 일반적 견해이다. 따라서 우리 법상 이사의 '정형적'인 충실의무위반행위는 유효 또는 상대적 무효이지만, 이사회의 승인이라는 사적자치 방법을 상법이 미리 마련해 놓고 있다.

그런데, 이러한 구체적 충실의무규정에 해당하지 않는 이사의 '비정형적' 이익상충행위에 대해서 법원은 이사의 금지적 충실의무 위반을 선언할 수 있는가? 또 법원이 선언한 '비정형적' 충실의무는 강행성을 갖는가? 따라서 이사는 회사와의 계약 등의 방법으로 이러한 충실의무로부터 해방될 수 없는가? 이와 관련된 약간의 대법원 판례를 살펴보자.

---

35) M. Loewenstein, "Fiduciary Duties and Unincorporated Business Entities: In Defense of the "Manifestly Unreasonable" Standard", 41 *Tulsa L. Rev.* 411, 415(2006).

36) T. Frankel, *Fiduciary Law*(2011), p.196; 제1장 II. 3. (2)(이중기, "수탁자의 충실의무에 대한 사적자치", 925면).

37) 김건식, 428면, 437면; 김홍기, 588면; 송옥렬, 1018면, 1035면; 이철송, 729면, 736면; 정동윤, 631면.

38) 김건식, 417면; 김홍기, 594면; 송옥렬, 1029면; 이철송, 747면; 정동윤, 636면.

(1) 회사기회유용에 대한 대법원의 판례

"이사는 회사에 대하여 선량한 관리자의 주의의무를 지므로, 법령과 정관에 따라 회사를 위하여 그 의무를 충실히 수행한 때에야 이사로서의 임무를 다한 것이 된다. 이사는 이익이 될 여지가 있는 사업기회가 있으면 이를 회사에 제공하여 회사로 하여금 이를 이용할 수 있도록 하여야 하고, 회사의 승인 없이 이를 자기 또는 제3자의 이익을 위하여 이용하여서는 아니 된다."[39]

위 판결은 개정전 상법이 '회사기회 유용법리'를 명시적으로 규정하지 않았음에도 불구하고, 이익충돌의 관점 혹은 충실의무의 관점에서 이사의 '기회유용금지'에 대해 논하고 있다. 대법원의 이러한 논리는 회사-이사 관계를 충실의무관계로 규정하고 충실의무관계로 규정된 회사-이사 관계로부터 상법에 규정되지 않은 '비정형적' 충실의무(즉, 이사의 기회유용 금지의무)를 발견해 나가는 시도로 보이고, 이러한 시도의 결과로서 '구체적' 충실의무의 한 유형인 '기회유용금지법리'를 선언한 것이다. 이러한 접근방법은 판례에 의한 충실의무법리의 발전에 매우 적절한 것으로 생각된다. 또 대법원은 다음과 같이 증권회사의 금지적 충실의무에 대해서도 비슷한 논리를 적용한다.

(2) 증권사의 충실의무에 대한 대법원의 판례

"권리의 행사와 의무의 이행은 신의에 좇아 성실히 하여야 한다는 것이 법질서의 기본원리이다(민법 제2조)….증권회사는 유가증권의 발행, 매매 기타의 거래를 함에 있어 투자자의 신뢰를 저버리는 내용 또는 방법으로 권리를 행사하거나 의무를 이행하여 투자자의 보호나 거래의 공정을 저해하여서는 안 되므로 투자자와의 사이에서 이해가 상충하지 않도록 노력하고, 이해상충이 불가피한 경우에는 투자자가 공정한 대우를 받을 수 있도록 적절한 조치를 취함으로써 투자자의 이익을 보호하여야 하며, 정당한 사유 없이 투자자의 이익을 해하면서 자기 또는 제3자의 이익을 추구하여서는 안 된다.

39) 대법원 2013.9.12. 선고 2011다57869판결. 이 판결에 대한 연구로는 권재열, "모회사의 이사에 대한 자회사의 실권주 배정에 관련된 몇 가지 쟁점의 검토", 『선진상사법률연구』, 제65호(2014. 1), 12면; 천경훈, "신세계 대표소송의 몇 가지 쟁점: 경업, 회사기회유용, 자기거래", 『상사법연구』, 제33권 제1호(2014), 135면; 최문희, "실권주에 관한 법적 쟁점의 검토: 최근의 판례를 소재로 하여", 『상사법연구』, 제32권 제3호(2013), 103면; 제4편 제5장, 제5편 제3장(이중기, "이익충돌의 판정기준과 법인격의 고려 여부") 등.

따라서 증권회사가 약정 평가기준일의 기초자산 가격 또는 지수에 연계하여 투자수익이 결정되는 유가증권을 발행하여 투자자에게 판매한 경우에는, 증권회사가 설사 기초자산의 가격변동에 따른 위험을 회피하고 자산운용의 건전성을 확보하기 위하여 위험회피거래를 한다고 하더라도, 약정 평가기준일의 기초자산 가격 또는 지수에 따라 투자자와의 사이에서 이해가 상충하는 때에는 그와 관련된 위험회피거래는 시기, 방법 등에 비추어 합리적으로 하여야 하며, 그 과정에서 기초자산의 공정한 가격형성에 영향을 끼쳐 조건의 성취를 방해함으로써 투자자의 이익과 신뢰를 훼손하는 행위를 하여서는 안된다."[40]

위 판결은 증권법이 증권사의 '충실의무자 지위'를 명시적으로 규정하지 않았음에도 불구하고, 증권사와 '투자자 사이에 이해가 상충'된 경우 증권사의 충실의무가 인정됨을 선언한 판결이다. 다시 말해, 증권사의 주된 업무는 투자중개업(brokerage)과 투자매매업(dealing)으로서 투자중개업자, 투자매매업자는 자문업자와 달리 충실의무를 지는지 여부가 불분명하지만,[41] ELS의 발행과 운용으로 인해 '투자자와의 사이에 이해가 상충'하는 경우 '비정형적' 충실의무를 질 수 있고, 이 경우 대법원은 "투자자의 이익을 해하면서 자기 또는 제3자의 이익을 추구"하는 행위가 금지된다고 보았다. 대법원이 증권사에 선언한 이러한 이익충돌회피의무는 전형적 충실의무의 한 유형이란 점에서, 우리 대법원도 구체적 관계의 성질상 '이익상충'으로부터 투자자의 보호가 필요한 경우, 언제든지 '비정형적' 충실의무를 선언할 수 있음을 명확히 보여준다. 이러한 대법원의 태도는 영미의 법원이 '구체적 사실관계'에 기해 '필요한 충실의무'를 선언한 것과 다르지 않다.

### (3) 소 결

법원이 '신의칙'에 기해 비정형적 충실의무를 선언[42][43]하는 한 법원의 충

40) 대법원 2015.5.14. 선고 2013다2757판결.

41) 미국의 경우도 비슷하다(김건식·송옥렬, 『미국의 증권규제』(2001), 434면); 자본시장법은 이러한 입장을 반영해 집합투자업자, 신탁업자, 투자자문업자, 투자일임업자에 대해서는 충실의무를 선언하는 명시적 규정을 두고 있지만(제79조, 제96조, 제102조), 증권사에 대해서는 충실의무를 선언하는 규정을 명시적으로 두고 있지 않다.

42) 위의 대법원 판결은 증권회사의 충실의무의 근거를 '신의칙'과 증권거래규정에서 찾고 있다: "권리의 행사와 의무의 이행은 신의에 좇아 성실히 하여야 한다는 것이 법질서의 기본원리이다(민법 제2조). 따라서 법률관계의 당사자는 자신의 권리를 행사하거나 의

실의무 인정재량을 이사가 사전적으로 회피할 수 있는 방법은 없고, 이러한 점에서 충실의무는 우리나라에서도 제한적 강행성을 갖는 것으로 보인다.

앞서 본 것처럼, 대법원은 개정전 신탁법이 수탁자의 충실의무를 명문으로 규정하지 않았지만, 자기거래금지 규정에 근거해 수탁자의 충실의무를 선언하였다.[44] 또 대법원은 위에서 보는 것처럼 이사, 증권회사에 대해서도 비슷한 논리로 금지적 충실의무를 도출하고 있다. 이러한 대법원의 태도를 고려하면, 우리나라 법원도 충실의무 인정이 '회사관계' 유지에 필요하다고 판단한 경우, '신의칙에 기한' 다양한 '비정형적' 충실의무를 선언할 수 있다. 예를 들어, 이사가 회사재산인 호텔, 골프장 같은 유형의 재산을 이용하는 경우, 이사가 자기예금에 대해 회사예금과 통합해 더 높은 이자율을 수취하는 경우, 이사가 자신이 제공한 급부의 가치를 상회하는 과다 보수를 수령하는 경우, 혹은 '이사의 지위'로 인해 거래상대방으로부터 선물 기타 이익을 수령하는 경우, 우리나라에서도 법원이 '신의칙에 기해' 다양한 충실의무를 선언하는 것은 가능하고, 특히 구체적 사실관계에서 충실의무의 내용이 '회사관계의 근본적 의무'에 해당하거나 혹은 '회사관계의 공정성' 유지에 필수적인 경우, 법원의 사법재량을 사전적으로 회피할 수 있는 방법은 없다. 이러한 점에서 충실의무

---

무를 이행함에 있어 상대방의 이익도 배려하여야 하고, 형평에 어긋나거나 신뢰를 저버려서는 안 된다. 민법 제150조 제1항이 "조건의 성취로 인하여 불이익을 받을 당사자가 신의성실에 반하여 조건의 성취를 방해한 때에는 상대방은 그 조건이 성취된 것으로 주장할 수 있다."고 규정하고 있는 것도 위와 같은 신의성실의 원칙이 발현된 모습의 하나이다.

한편 구 증권거래법 제52조 제3호는 증권회사 또는 그 임·직원에 대하여 유가증권의 발행 또는 매매 기타 거래와 관련하여 투자자의 보호 또는 거래의 공정을 저해하는 행위를 금지하면서, 구 증권거래법 시행령 제36조의3에서 그 금지하는 행위를 구체적으로 규정하고 있다. 나아가 공법상 업무규제를 위하여 제정된 구 증권업감독규정 제4-4조 제1항은 증권회사로 하여금 고객과의 사이에서 이해가 상충하지 않게 하고 이해상충이 불가피한 경우에는 고객이 공정한 대우를 받을 수 있도록 적절한 조치를 취하도록 규정하고 있다.

위와 같은 *민법과 구 증권거래법 등의 규정 취지에 비추어 보면*, 증권회사는 … 투자자의 이익을 보호하여야 하며, 정당한 사유 없이 투자자의 이익을 해하면서 자기 또는 제3자의 이익을 추구하여서는 안 된다."

43) '신의칙'에 기한 충실의무의 부과를 지지하는 견해로는 제1편 제4장 III. 2. 및 VI. 2.(이중기, "신의칙과 위임법리에의 접목을 통한 충실의무법리의 발전", 319-320면 및 335면) 참조.

44) 앞의 주 20)의 대법원 2005.12.22. 선고 2003다55059판결.

는 제한적 강행성을 갖는다.[45]

## Ⅳ. 이사의 충실의무에 대한 사적자치

### 1. 충실의무의 강행성과 사적자치: 경제적 이익

앞의 대법원 판결에서 살펴본 것처럼, 우리 법원도 영국 법원 혹은 미국 법원과 같이 '회사관계의 근본적 의무'에 해당[46]하거나 혹은 '회사관계의 공정성'[47]에 필수불가결한 경우 '신의칙'에 기해 이사의 '비전형적' 충실의무를 선언할 수 있다. 이러한 점에서 법원이 선언하는 충실의무는 강행성을 갖고, 그에 대한 사전적인 변경이나 배제는 불가능하다. 하지만, '회사관계의 공정성' 혹은 '회사관계의 근본적 의무'와 관련되지 않은 경우 이사의 충실의무는 당사자 사이의 합의로서 변경하거나 배제할 수 있다고 본다. 왜냐하면 이사의 충실의무는 '회사, 즉 주주 전체'의 '이익'을 보호하기 위해서 부과되는데, 주주 전체의 이익은 통상 '경제적 이익'인 경우가 보통이고, '경제적 이익'에 대해서는 이익의 처분에 대한 당사자의 사적자치가 가능하기 때문이다.[48] 따라서 "이사는 회사의 이익에 반해 사기적 혹은 악의적으로 행위할 수 있다"라고 정관에 규정하는 것은 충실의무의 강행성에 반해 허용되지 않지만, 구체적 이익충돌 상황에 대해 이사회 혹은 주주총회의 승인이 있으면 이익충돌을 허용하거나 변경 혹은 배제하는 정관규정은 유효하다.

### 2. 회사법상 사적자치의 방법 I: 회사법상 '충실의무 특칙'이 있는 경우

그렇다면 회사법은 이사의 충실의무에 대해 어떠한 방법으로 사적자치를 허용하는가? 회사법에 '정형적' 충실의무가 충실의무 특칙으로 규정된 경우와 회사법에 규정되지 않은 충실의무를 나누어 살펴보자.

45) 제1장 IV. 5. (1)(이중기, "수탁자의 충실의무에 대한 사적자치", 945면) 참조.
46) III. 1. 참조.
47) III. 2. 참조.
48) 제1장 IV. 5. (2)(이중기, "수탁자의 충실의무에 대한 사적자치", 946면) 참조.

우선, 회사법은 일정한 중요 이익충돌 상황에 대해 일차적으로 금지적 의무를 선언한 다음, 이사가 이러한 '정형적' 이익충돌 상황으로부터 해방될 수 있는 방법을 명시적으로 규정한다. 예를 들어, 상법 제397조, 제397조의2 및 제398조는 이사의 충실의무 가운데 경업, 기회유용, 자기거래 등에 대해서 이사의 금지의무를 선언한 다음, 이사가 이사회의 승인을 얻으면 경업금지, 기회유용금지 및 자기거래금지로부터 해방될 수 있음을 규정하고 있다. 따라서 이사의 이익상충행위, 즉 충실의무 위반행위가 '정형적' 이익충돌 상황인 경업, 기회유용, 자기거래에 해당하는 경우 제397조 등에 의해 사전적으로 금지되지만, 이러한 금지는 제397조 등이 허용한 방법에 따라 이사회의 승인을 얻는 경우 해소되고, 이사는 경업, 기회유용, 자기거래를 할 수 있게 된다.

### 3. 회사법상 사적자치의 방법 II: 회사법상 충실의무 특칙이 없는 경우

#### (1) 이사에 대한 '비정형적' 충실의무의 부과 여부

다음으로 이사에 대해 회사법에 규정되지 않은 '비정형적' 충실의무가 부과되는 경우에 대해 살펴보자. 앞서 본 것처럼, 이사의 충실의무는 (i) 선관의무에서 도출[49]할 수도 있고, (ii) 상법 제382조의3에서 도출[50]할 수도 있지만, (iii) 이사의 충실의무는 명문의 성문법규정과 관계없이 이사의 이익충돌적 지위에서 도출[51]될 수 있다. 특히 개정전 신탁법이 수탁자의 충실의무를 명문으로 규정하지 않았지만, 대법원이 자기거래금지 규정에 근거해 수탁자의 충실의무를 도출한 점,[52] 개정전 상법이 이사의 기회유용금지를 명문으로 규정하지 않았지만, 이사의 회사에 대한 지위 혹은 금지적 의무에서 기회유용금지의무를 도출한 점,[53] 또 원칙적으로 증권사는 충실의무자 지위에 있지 않지만, ELS 운용시 투자자와의 이익상충을 근거로 이익상충금지의무를 선언한 점[54] 등을 고려해 보면, 대법원은 이사의 이익충돌적 지위에 근거하여 상법

49) II. 2. (1) 참조.
50) II. 2. (2) 참조.
51) II. 2. (4) 참조.
52) 앞의 주 20)의 대법원 판결 참조.
53) 앞의 주 39)의 대법원 판결 참조.

제397조, 제397조의2 및 제398조 이외의 '비정형적' 충실의무를 언제든지 선언할 수 있다.

(2) 이사의 '비정형적' 충실의무로부터의 해방방법: 신탁충실의무법의 적용

그런데, 회사법에 규정되지 않은 '비정형적' 충실의무를 법원이 선언하는 경우, 이사는 이러한 '비정형적' 충실의무에 대해 어떠한 방법으로 사적자치를 할 수 있는가? 회사법에 '정형적' 충실의무를 규정하는 경우, 입법자는 그 충실의무로부터 해방되는 절차에 관한 특칙규정도 같이 둘 수 있고, 이러한 '정형적' 충실의무의 해소방법을 둔 경우 그 특칙 규정에 따라 충실의무로부터 해방될 수 있다. 하지만, '비정형적' 충실의무는 회사법이 미리 규정하고 있는 의무가 아니기 때문에 그에 대한 해방방법을 미리 규정하는 것은 불가능하다. 따라서 '비정형적' 충실의무에 대해서는 회사법 특칙규정에 의해 그 해방방법을 미리 알 수는 없고, '충실의무법 일반론'에 의해 그 해방방법을 찾을 수밖에 없다.

'충실의무법 일반론'은 충실의무법의 기본법이라고 볼 수 있는 신탁법에 규정되어 있는데, 이러한 신탁충실의무법의 해석에 의해 '충실의무법 일반론'은 발전된다. 신탁법은 명문으로 제33조에서 수탁자의 일반적 충실의무를 선언한 다음, 제34조에서 수탁자의 이익상반행위를 금지하고(소위 '이익충돌의 금지원칙'), 제36조에서 수탁자의 이익향유행위를 금지함으로써(소위 '이익향유의 금지원칙') '충실의무의 양대원칙'을 선언하고 있다. 또 이러한 충실의무 위반에 대한 일반적 구제수단으로서 제43조에서 수탁자의 원상회복의무, 손해배상의무, 그리고 이득반환의무 등을 규정하고 있다.

(3) 이사에 대한 '신탁충실의무법'의 적용근거: '준수탁자'인 이사

이사에 대한 '신탁충실의무법'의 적용근거가 문제되는데, 앞서 본 것처럼 이사는 '회사재산'의 운용자로서 타인재산의 운용의무를 진다는 점에서 '신탁재산'의 운용자인 수탁자와 유사한 지위를 가진다.55) "민법은 타인의 사무의 처리라는 법률관계가 위임계약에 의하지 않고서 발생하게 되는 경우[준위임

54) 앞의 주 40)의 대법원 판결 참조.
55) II. 1. (2) 및 (3) 참조.

관계]에도, 위임의 규정을 준용하고 있"는데,[56] '회사재산'의 운용자인 이사에게도 '수탁자에 준하는 자'로서 '신탁재산' 운용자에 부과되는 '비정형적' 충실의무가 유추적용될 수 있다.[57] 동일한 논리로, '준수탁자'인 이사에 대해서는 수탁자에 적용되는 충실의무로부터의 해방방법 혹은 충실의무에 대한 사적자치 방법도 준용될 수 있다. 따라서 '준수탁자'인 이사에 대해 '비정형적' 충실의무가 선언되는 경우, 회사법 특칙규정에 의한 해소방법을 찾을 수 없더라도, 충실의무 기본법인 신탁법 규정으로부터 충실의무의 해소방법 혹은 충실의무에 대한 사적자치 방법을 도출할 수 있다. '신탁충실의무법'이 규정한 충실의무로부터의 해소방법 혹은 충실의무에 대한 사적자치 방법은 다음 3가지이다(제34조 제2항 제1·2·3호):

(i) '신탁행위'에 의한 이익상충행위의 승인
(ii) 이익충돌 상황에 대한 수탁자의 '고지'와 수익자의 '승인'
(iii) 법원의 승인

이하에서 충실의무법 일반론에 의한 충실의무 해소방법 혹은 충실의무에 대한 사적자치 방법이 이사의 '비정형적' 충실의무에 대해 어떻게 적용될 수 있는지를 살펴보자.

## 4. 비정형적 충실의무의 해소와 신탁 충실의무법의 보충적 적용

### (1) '비정형적' 충실의무의 해소방법 I: '정관'에 의한 충실의무의 '사전적' 해소

법원은 이사의 이익충돌적 지위에 근거하여 상법 제397조, 제397조의2 및 제398조에 의한 정형적인 충실의무 외에 '비정형적' 충실의무를 언제든 선언할 수 있다. 예를 들어, 대법원은 개정전 상법이 회사기회유용법리를 명시적으로 선언하지 않았지만 이사의 회사에 대한 지위 혹은 금지적 의무로부터 이사의 기회유용금지의무를 도출하였다.[58] 그렇다면 이사는 이러한 비정형적

56) 곽윤직, 『채권각론(제6판)』(2003), 274면. 즉 위임에 관한 규정은 업무집행조합원, 회사의 이사, 부재자의 재산관리인, 자의 재산을 관리하는 친권자, 피후견인의 재산을 관리하는 법정후견인, 상속재산을 관리하는 상속인 또는 후견인 등 타인의 사무를 관리하는 자에게 준용된다.

57) 제1편 제5장 II. 5. (2)(이중기, "준수탁자로서의 법무법인", 471면) 참조.

충실의무로부터 어떻게 벗어날 수 있는가? 한 가지 방법은 정관에 의한 사적자치이다. 신탁법은 수탁자의 '수익자의 이익에 반하는 행위'를 원칙적으로 금지하지만, 신탁행위로서 그 금지를 해소할 수 있음을 선언한다. 동일한 논리로 이사의 '회사 이익에 반하는 행위'는 원칙적으로 금지되지만, 정관으로 그 금지의 해소방법을 규정할 수 있다.

정관은 회사 당사자 사이의 자치계약[59] 혹은 자치법규[60]로서 회사 당사자 사이의 권리·의무 관계를 선제적으로 조정할 수 있는 기능을 수행한다. 따라서 회사 당사자들은 이사가 봉착할 수 있는 일정한 이익충돌 상황을 예상할 수 있는 경우, 그 상황으로부터 벗어날 수 있는 방법을 미리 정관에 규정할 수 있고, 예상되는 이익충돌 상황과 그 해소방법을 정관으로 규정할 수 있는 한에서 정관에 의한 충실의무의 '사전적' 사적자치가 가능하다.

예를 들어, 어떤 회사가 개정전 상법이 회사기회유용 법리를 명시적으로 선언하지 않았지만 이사의 기회유용금지를 정관에 규정하고, 이러한 금지로부터 해소될 수 있는 방법으로서 이사회의 결의를 요구하였다고 하자. 이 경우, 법원이 이사의 '비정형적' 충실의무의 한 형태로서 기회유용금지를 선언하였다 하더라도, 당해 이사는 정관에 규정된 해소방법에 따라 이사회 결의를 얻었다는 것을 입증할 수 있다면, 법원이 부과한 '비정형적' 충실의무로부터 해방될 수 있다.

이와 같이 '비정형적' 충실의무에 대해서는 사전에 예측 가능한 경우 정관에 의한 사전적 사적자치가 행해질 수 있다. 하지만, 이사와 회사 간의 이익충돌가능성을 전부 예상하는 것은 불가능하다. 또 예상할 수 있는 이익충돌이지만 계약으로 배제하는 것이 회사관계의 근본적 의무[61]에 관한 것이어서 계약으로 배제할 수 없는 경우도 있을 것이다.

---

58) 앞의 주 39)의 대법원 판결 참조.

59) 정관을 자치계약으로 보는 견해로는 송호영, 『법인론(제2판)』(2015), 295-296면; 정동윤, 384면; 이중기, "정관자치: 주주의 정관규정 준수강제청구권과 다수주주의 위반행위 추인권", 『한림법학 FORUM』, 제8권(1999), 177면, 181면.

60) 정관을 자치법규로 보는 견해로는 김건식, 101면; 이철송, 97면; 송옥렬, 739면은 이러한 논쟁은 "정관자치의 한계와 관련하여 중요한 의미가 있으나, 실제로 이 논의로 결론이 달라지는 경우는 거의 없다"고 본다.

61) III. 1. 및 2. 참조.

### (2) '비정형적' 충실의무의 해소방법 II: '공시와 승인'에 의한 충실의무의 '사후적' 해소

#### (가) 일반론

법원이 이사의 이익충돌적 지위에 근거하여 '비정형적' 충실의무를 선언하였는데, 이러한 이익충돌 상황에 대한 사전 예측 가능성이 없었기 때문에 정관으로 이익충돌 해소방법을 규정하지 못한 경우는 어떠한가? 이러한 이익충돌은 정관에 규정하지 않았기 때문에 사전적으로 해소방법을 예정할 수 없다. 따라서 사후적인 해소방법 혹은 사후적 사적자치 방법만이 가능하다. 신탁법은 수탁자의 '수익자의 이익에 반하는 행위'를 원칙적으로 금지하지만, 수탁자가 이익충돌 상황을 공시하고 수익자의 승인을 얻으면 이익충돌 상황을 사후적으로 해소할 수 있음을 선언한다. 동일한 논리로 이사의 '회사 이익에 반하는 행위'는 원칙적으로 금지되지만, 이사가 이익충돌 상황을 회사에 공시하고 회사의 승인을 얻으면 이사의 이익충돌 상황이 해소되거나 이익상충행위를 할 수 있다.

여기서 '회사'의 의미, '승인'의 의미가 문제되는데, 특별한 경우가 아닌 한 회사의 의사는 이사회에 의해 결정[62]된다. 또 이사회의 승인은 별다른 규정이 없는 한 과반수로써 결정[63]된다. 따라서 '회사의 승인'은 당해 회사의 이사회가 과반수로써 승인하는 것을 의미한다. 실제로 대법원은 개정전 상법이 회사기회유용법리를 명시적으로 선언하지 않았지만 이사의 기회유용금지라는 '비정형적' 충실의무를 도출하면서, 동시에 이러한 '비정형적' 충실의무의 해소방법으로서 이사회의 과반수 결의라는 사후적 충실의무 해소방법을 승인한 바 있다.

> "이사는 회사에 대하여 선량한 관리자의 주의의무를 지므로, 법령과 정관에 따라 <u>회사를 위하여</u> 그 <u>의무를 충실히 수행</u>한 때에야 이사로서의 임무를 다한 것이 된다. 이사는 <u>이익이 될</u> 여지가 있는 <u>사업기회</u>가 있으면 이를 회사에 제공하여 <u>회사로 하여금 이를 이용</u>할 수 있도록 하여야 하고, 회사의 승인 없이 이를 <u>자기 또는 제3자의 이익을 위하여 이용하여서는 아니 된다</u>. 그러나 회사의 <u>이사회가</u> 그에 관

62) 상법 제393조 제1항 참조.
63) 상법 제291조 제1항 참조.

하여 충분한 정보를 수집·분석하고 정당한 절차를 거쳐 회사의 이익을 위하여 의사를 결정함으로써 그러한 사업기회를 포기하거나 어느 이사가 그것을 이용할 수 있도록 승인하였다면 그 의사결정과정에 현저한 불합리가 없는 한 그와 같이 결의한 이사들의 경영판단은 존중되어야 할 것이므로, 이 경우에는 어느 이사가 그러한 사업기회를 이용하게 되었더라도 그 이사나 이사회의 승인 결의에 참여한 이사들이 이사로서 선량한 관리자의 주의의무 또는 충실의무를 위반하였다고 할 수 없다."64)

그런데, 이 판례는 이사회의 승인절차에 대해서만 언급하고 있고, 승인의 전단계로서 이익충돌 주체인 이사가 이익충돌 상황을 공시하는 절차에 대해서는 언급하고 있지 않다. 회사가 충실의무 위반으로 인한 책임 추궁을 포기하는 것은 별론으로 하고, 회사의 유효한 승인이 있기 위해서는 이사의 공시절차가 선행되어야 한다. 또, 충실의무의 사후적 해소방법인 공시와 승인은 포괄적으로 행해질 수 없고, 사안별로 행해져야 한다. 따라서 사후적 해소를 위한 이사의 이익충돌 상황 공시는 각 이익충돌 사안별로 행해져야 하고, 각 사안별로 이익충돌 상황의 구체적 내용이 공시되어야 한다.

(나) 적절한 규제수준의 달성 방법: 성문화작업, 유추해석의 필요성 등

그런데, 이사의 이익충돌 상황에 대한 규제 필요성을 인식한 경우 그 규제의 강도 혹은 사적자치의 수준이 문제된다. 앞서 언급한 것처럼, 우리 상법은 이사회의 의결방법으로서 과반수를 원칙으로 하고 있기 때문에, 법원이 '비정형적' 충실의무를 구체적 사실관계에 기해 선언하더라도, 이사는 이사회에 공시하고 이사회의 과반수 찬성을 얻으면 그 의무로부터 벗어날 수 있기 때문이다. 실제, 회사를 지배하는 지배적 이사의 경우 이사회의 과반수 찬성은 충분한 억지력이 되지 못한다. 이러한 이유 때문에 법원이 '비정형적' 충실의무를 사실관계에 기해 부과하더라도, 지배적 이사에 대한 적절한 통제가 될 수 있는지는 의문이 생긴다. 이러한 문제를 해결하기 위해서는 강한 규제가 필요한 '특수한 이익충돌 상황'의 경우 그 승인요건을 성문법으로 가중하는 작업이 필요하다. 대표적인 예가 기회유용금지의 성문화 작업이다. 앞서 본 것처럼,

64) 대법원 2013.9.12. 선고 2011다57869판결.

대법원은 이사회의 보통결의로써 '비정형적' 충실의무인 기회유용금지를 해소할 수 있다고 선언하였지만, 개정상법은 이사회의 승인에 대해 이사 3분의 2 이상의 찬성을 요구한다(제397조의2 제1항).

그런데, 이와 같은 성문화 작업은 항상 후속적인 조치이기 때문에 이사의 '비정형적' 이익충돌 상황에 대한 선제적 대응방법은 될 수 없다. 법원이 충실의무자의 '비정형적' 이익충돌 상황에 대해 '비정형적' 충실의무를 선언하는 방법으로 선제적으로 대응하면서, 동시에 효율적인 규제를 하기 위해서는 기존의 성문화된 충실의무규정을 적극적으로 유추적용하는 것이 필요하다. 예를 들어, 개정상법은 회사기회유용이나 자기거래에 대해 이사 과반수 찬성이 아닌 이사 3분의 2 이상의 찬성을 요하는데, 문제된 당해 상황에서 발생한 '비정형적' 이익충돌이 이러한 상황과 유사하다면 가능한 한 이러한 가중된 조항의 확대적용 가능성을 모색하는 것이 필요하다. 대법원은 '직접적' 자기거래뿐만 아니라 '간접적' 자기거래[65]에 대해서도 자기거래의 범위에 포함하였는데, 동일한 논리로 '직접적' 기회유용뿐만 아니라 '간접적' 기회유용에 대해서도 제397조의2를 적용할 수 있을 것이다. 법원은 충실의무에 대한 사적자치의 수준을 결정할 수 있는데, '비정형적'인 이익상충의 강도 때문에 더 강한 규제가 필요한 경우, 가중된 성문법규의 적극적 해석을 통해, 이익충돌 상황에 대한 규제의 강도를 높일 수 있을 것이다.

#### (3) '비정형적 충실의무'의 해소방법 III: '이익충돌의 해소'에 의한 충실의무의 사후적 해소

법원이 이사의 이익충돌적 지위에 근거하여 '비정형적' 충실의무를 선언한 경우, 이사가 이러한 '비정형적' 충실의무로부터 해방될 수 있는 다른 하나의 방법은 이사가 법원에 대하여 문제가 된 이익충돌이 해소되었음을 입증하는 것이다. 실제로 대법원은 상법이 규정한 '정형적' 충실의무인 경업금지의무와 관련하여, 경업과 관련된 '이익충돌이 해소'되었음을 이유로 경업금지규정이 적용되지 않고, 따라서 경업금지규정이 요구한 충실의무 해방방법인 이사회 승인을 따로 얻을 필요가 없다고 선언하였다.

65) 대법원 1974.1.15. 선고 73다955판결; 대법원 1984.12.11. 선고 84다카1591판결 등.

"어떤 회사가 이사가 속한 회사의 영업부류에 속한 거래를 하고 있다면 그 당시 서로 영업지역을 달리하고 있다고 하여 그것만으로 두 회사가 경업관계에 있지 아니하다고 볼 것은 아니지만, 두 회사의 지분소유 상황과 지배구조, 영업형태, 동일하거나 유사한 상호나 상표의 사용 여부, 시장에서 두 회사가 경쟁자로 인식되는지 여부 등 거래 전반의 사정에 비추어 볼 때 경업 대상 여부가 문제되는 회사가 실질적으로 이사가 속한 회사의 지점 내지 영업부문으로 운영되고 공동의 이익을 추구하는 관계에 있다면 두 회사 사이에는 서로 이익충돌의 여지가 있다고 볼 수 없고, 이사가 위와 같은 다른 회사의 주식을 인수하여 지배주주가 되려는 경우에는 상법 제397조가 정하는 바와 같은 이사회의 승인을 얻을 필요가 있다고 보기 어렵다."[66]

동일한 논리로, '비정형적' 충실의무를 법원이 구체적 사실관계에 기하여 선언한 경우에도, 이사가 당해 '비정형적' 이익충돌 상황이 해당 사안에서 해소되었음을 입증한 경우 법원은 이익충돌의 해소를 이유로 이사가 당해 '비정형적' 충실의무로부터 해방될 수 있음을 선언할 수 있다.

## V. 정리의 말

이사에 부과되는 충실의무와 수탁자에게 부과되는 충실의무는 정책적 부과이유가 동일하고, 따라서 정도에 있어서 차이가 있을 수 있으나 성질상 동일하다. 회사의 '회사재산'을 수탁받아 관리하는 이사의 충실의무는 기본적으로 설정자의 '신탁재산'을 수탁받는 수탁자의 충실의무와 같은 것이기 때문이다. 이사의 충실의무가 성질상 수탁자의 충실의무와 동일하다면, 신탁법에서 수탁자와 관련해 문제된 충실의무의 강행성 여부와 충실의무에 대한 사적자치 문제가 동일하게 발생한다.

이 글에서는 이러한 문제의식을 갖고 (i) 이사의 충실의무의 부과 근거, (ii) 이사의 충실의무가 강행성을 갖는지 여부, (iii) 강행성이 인정되는 범위

66) 대법원 2013.9.12. 선고 2011다57869판결. 이사와 회사 사이의 이익충돌의 존재 여부의 판정에 있어 '다른 회사'의 법인격이 개입되었는가 여부는 고려되지 않는다. 자세히는 제4편 제5장(이중기, "이익충돌의 판정기준과 법인격의 고려여부") II. 참조.

와 이사의 충실의무에 대한 사적자치의 가능성, (iv) 이사의 충실의무에 대한 사적자치의 방법 등의 순서로 살펴보았다. 논의를 전개함에 있어 회사법 문제, 특히 이사의 충실의무와 관련된 문제는 회사법의 특칙규정에 의해 우선 해결하되, 이러한 충실의무 특칙규정이 없는 경우, 신탁법상 충실의무규정을 유추적용함으로써 해결될 수 있음을 강조하였다. 이사의 충실의무와 수탁자의 충실의무는 동일한 성질을 갖기 때문에 이사의 충실의무는 통일된 충실의무법원칙하에서 수탁자의 충실의무와의 상호관련성을 고려하면서 발전해야 하기 때문이다. 특히, 영미에서 회사법은 신탁법의 영향하에 탄생하여 발전하였다는 점을 생각하면, 충실의무와 관련된 회사법과 신탁법의 상호작용은 불가피한 현상이다.

## [참고문헌]

곽윤직, 『채권각론(제6판)』, 2003.

김건식, 『회사법』, 2015.

______, 『회사법연구 I』, 2010.

김건식·송옥렬, 『미국의 증권규제』, 2001.

김홍기, 『상법강의』, 2015.

이중기, 『신탁법』, 2007.

송옥렬, 『상법강의(제5판)』, 2015.

송호영, 『법인론(제2판)』, 2015.

이철송, 『회사법강의(제22판)』, 2014.

정동윤, 『상법(상)(제6판)』, 2012.

최기원, 『신회사법론(제13대정판)』, 2009.

최동식, 『신탁법』, 2006.

권재열, "모회사의 이사에 대한 자회사의 실권주 배정에 관련된 몇 가지 쟁점의 검토", 『선진상사법률연구』, 제65호(2014. 1).

______, "상법 제382조의3(이사의 충실의무)의 존재의의", 『상사판례연구』, 제22집 제1권(2009).

김현경, "상법상 이사의 충실의무에 관한 고찰", 『중앙법학』, 제14집 제1호(2012).

박기령, "이사의 선관의무와 충실의무의 법사학적 기원에 관한 고찰", 『상사법연구』, 제30권 제2호(2011).

______, "이사의 충실의무에 관한 법적 연구", 『법학논집』, 제14권 제3호(2010).

심 영, "영국회사법 개정의 주요내용과 그 시사점", 『중앙법학』, 제9집 제2호(2007).

안성포, "신탁법상 수탁자의 충실의무에 관한 고찰-2009년 법무부 개정안을 중심으로", 『상사판례연구』, 제22권 제4호(2009).

이중기, "법무법인에 발생하는 이익충돌과 충실의무: '준수탁자'로서의 법무법인", 『홍익법학』, 제14권 제4호(2013).

______, "신의칙과 위임법리에의 접목을 통한 충실의무법리의 확대와 발전", 『홍익법학』, 제12권 제2호(2011).

______, "신탁법에 기초한 영미 충실의무법리의 계수와 발전", 『홍익법학』, 제12권 제1호(2011).

______, "이익충돌의 판정기준과 '법인격'의 고려여부, 회사기회 유용법리와 회사법상 충

실의무법리의 전개", 『민사판례연구(XXXVII)』(2015).

_____, "정관자치: 주주의 정관규정 준수강제청구권과 다수주주의 위반행위 추인권", 『한림법학 FORUM』, 제8권(1999).

_____, "충실의무에 대한 사적자치: 충실의무의 부과이유와 그 해소장치를 중심으로", 『비교사법』, 제22권 제2호(2015).

이지민, "민법상 대리인과 수임인의 신인의무", 『법학논총』, 제35집 제1호(2015).

장근영, "영미법상 신인의무 법리와 이사의 지위", 『비교사법』, 제16권 제1호(2008).

이철송, "선관주의의무와 충실의무에 관한 이론의 발전과 전망", 『비교사법』, 제22권 제1호(2015).

천경훈, "신세계 대표소송의 몇 가지 쟁점: 경업, 회사기회유용, 자기거래", 『상사법연구』, 제33권 제1호(2014).

최나진, "신탁법상의 충실의무에 대한 소고", 『법학연구』 제16집 제1호(2013).

최문희, "실권주에 관한 법적 쟁점의 검토: 최근의 판례를 소재로 하여", 『상사법연구』, 제32권 제3호(2013).

T. Frankel, *Fiduciary Law*(2011).

Gower & Davies, *Principles on Modern Company Law*(2012).

Law Commission CP No. 124, Fiduciary Duties and Regulatory Rules(1992).

Sealy & Worthingtons, *Cases and Materials in Company Law*(10th ed., 2013).

Sin, *The Legal Nature of the Unit Trust*(1997).

G. Virgo, *The Principles of Equity & Trusts*(2011).

D. Branson, "Assault on Another Citadel: Attempts to Curtail the Fiduciary Standard of Loyalty Applicable to Corporate Directors", 57 *Fordham L. Rev.* 375(1998).

Brudney, "Contract and Fiduciary Duty in Corporate Law", 38 *B. C. L. Rev.* 595(1997).

Cooter & Freedman, "The Fiduciary Relationship: Its Economic Character and Legal Consequences" 66 *NYU L. R.* 1045(1991).

Easterbrook & Fischel, "Contract and Fiduciary Duty", 36 *J. L. & Econ.* 425(1993).

_____, "Corporate Control Transactions", 91 Yale L J 698 (1982)

Flannigan, "The Fiduciary Obligation", [1989] 9 O.J.L.S 285

M. Loewenstein, "Fiduciary Duties and Unincorporated Business Entities: In Defense of the "Manifestly Unreasonable" Standard", 41 *Tulsa L. Rev.* 411(2006).

H. Marsh, "Are Directors Trustees? Conflicts of Interest and Corporate Morality", 22

*Business Law* 35(1960).

E. Rock & M. Wachter, "Dangerous Liaisons: Corporate Law, Trust Law, and Interdoctrinal Legal Transplant", 96 *Nw. U. L. Rev.* 651(2002).

L.S. Sealy, "The Director as Trustee", [1967] *C.L.J.* 83.

S. Worthington, "Fiduciaries: When is Self-Denial Obligatory", [1999] *C.L.J.* 3.

# 제 4 편

# 충실의무: 양대원리, 위반과 판단기준, 구제수단

# 목 차


제 1 장 충실의무의 양대원리: 이익충돌금지 원칙과 이익향유금지 원칙

Ⅰ. 머리말

Ⅱ. 이익향수금지 원칙과 이익충돌금지 원칙의 관계

제 2 장 이익향유금지 원칙: 유형, 위반에 대한 구제수단

Ⅲ. 신탁법의 이익향수금지 원칙

Ⅳ. 회사법의 이익향수금지 원칙

Ⅴ. 정리의 말

제 3 장 이득반환책임의 성질

Ⅰ. 개 념

Ⅱ. 이익반환책임의 근거와 효용

Ⅲ. 수탁자의 이익반환책임의 논리구성

Ⅳ. 이익반환책임의 요건과 위반 유형

Ⅴ. '이익'의 의미: 수탁자 또는 제3자의 이익

Ⅵ. 이익반환청구권의 행사방법과 행사기간

Ⅶ. 구제수단 사이의 경합

Ⅷ. 이익반환책임의 배제

Ⅸ. 이익반환책임의 확장

Ⅹ. 여론: 충실의무법상의 이익반환책임의 전개

제 4 장 이익충돌금지 원칙: 유형, 위반에 대한 구제수단

Ⅰ. 이익충돌금지 원칙의 유형

Ⅱ. 이익충돌금지 원칙 위반에 대한 구제수단

Ⅲ. 이익충돌의 입증과 추정

Ⅳ. 준수탁자에 대한 신탁법상 구제수단의 준용

제 5 장 이익충돌의 판정기준과 '법인격'의 고려 여부

Ⅰ. 머리말

Ⅱ. 이익충돌의 판정기준: '법인격'은 고려요소인가?

제 6 장 법인에서의 이익충돌의 인식: 인식의 귀속과 정보차단장치

Ⅰ. 머리말

Ⅱ. 사실 혹은 정황에 대한 법인의 인식방법

Ⅲ. 기관 등의 불법행위에 대한 법인의 불법행위책임

Ⅳ. 법인의 충실의무 부담과 법인에서의 이익충돌의 인식

Ⅴ. '인식의 귀속법리'에 따른 이익충돌의 인정과 수정 가능성

Ⅵ. 정리의 말: 이익충돌에 대한 '정보차단장치'의 효과

# 제 1 장 충실의무의 양대원리: 이익충돌금지 원칙과 이익향유금지 원칙*

## Ⅰ. 머리말

우리 신탁법은 영미의 형평법원이 발달시킨 충실의무법(fiduciary law)을 계수하고 있다. 제33조에서 수탁자의 '일반적 충실의무'(duty of loyalty)를 명시적으로 선언한 다음, 충실의무법의 양대원리인 이익충돌금지 원칙(no-conflict rule)과 이익향수금지 원칙(no-profit rule)을 각각 제34조 및 제36조에서 구체화하고 있다. 특히 제34조에 규정된 이익충돌금지원칙은 금지되는 이익충돌 유형을 일부 열거한 다음 '개방 개념'을 사용해 수탁자의 모든 이익충돌이 금지됨을 선언한다. 즉 제1항, 제2항에서 고유계정과 신탁계정 사이의 자기거래(self-dealing), 제3항에서 신탁계정 사이의 자기거래, 제4항에서 신탁재산에 대한 쌍방대리(dual agency) 등 금지되는 이익충돌 유형을 열거한 다음, 제5항에서 "그 밖에 수익자의 이익에 반하는 [모든] 행위"가 일체 금지됨을 선언한다.[1] 반면에 제36조에 규정된 이익향수금지 원칙은 상대적으로 간단히 규정되어 있다. 하지만 그 뜻은 명확하다. 즉 제36조는 금지되는 이익향수의 유형을 열거함이 없이 직접적으로 "수탁자는 <u>누구의 명의로</u>도 <u>신탁의 이익</u>을 누리지 못한다"고 명확히 선언하고 있다.[2]

* 이 장은 제2장과 함께 이중기, "충실의무자의 이익향유금지: 수탁자와 이사의 이익향유금지를 중심으로", 『홍익법학』, 제16권 제3호(2015)에 기초하였음.

1) 안성포, "신탁법상 수탁자의 충실의무에 관한 고찰", 『상사판례연구』, 제22권 제4호(2009), 83면(이하 '안성포'), 101면 이하; 최나진, "신탁법상의 충실의무에 대한 소고", 『법학연구』, 제16집 제1호(인하대학교, 2013), 53면(이하 '최나진'), 70면 이하.

2) 안성포, 107면 이하; 최나진, 76면 이하.

이에 비해, 우리 회사법상의 충실의무에 관한 규정은 상대적으로 불완전하게 규정되어 있다. 상법은 제382조의3에서 이사의 '일반적 충실의무'를 선언하였지만, 충실의무의 양대원리인 '이익충돌금지 원칙'과 '이익향수금지 원칙'을 선언하는 절차를 생략한 채, 금지되는 이익충돌의 개별 유형과 금지되는 이익향수의 대표적 유형만을 규정하고 있을 뿐이다. 즉 이익충돌금지의 구체적 적용례로 볼 수 있는 경업금지, 겸직금지, 자기거래금지 등이 개별적으로 규정되어 있고, 최근 개정을 통해 이익향수금지의 구체적 적용례로서 회사기회의 유용금지가 대표적으로 규정되어 있다. 이러한 불완전한 성문화 작업의 결과 이사의 충실의무의 성질과 관련해 선관의무 동질설,[3] 선관의무 이질설[4]이 전개되었고, 나아가 충실의무 부정설[5]까지 주장되었다.

하지만, 신탁법이 명시적으로 영미의 충실의무법 체계[6]를 계수한 이상 우리 민사법 체계에서 충실의무를 부정하는 견해는 더 이상 타당하지 않다고 본다.[7] "이론구성은 어떻든 이제 우리 상법상으로도 주식회사 이사가 미국법상의 주의의무와 충성의무에 상응하는 의무를 부담한다는 점을 부정하기는 어렵다."[8] 이제 남은 과제는 신탁 충실의무법에 기초하여 수탁자, 대리인,[9] 이사, 자문업자 등의 충실의무를 일관되게 설명하는 통일된 충실의무법 체계를 이론적으로 정립하고, 이러한 큰 틀에서 각각의 충실의무자의 구체적 충실의무를 발견해 나가는 일이다. 이러한 작업은 한편으로는 충실의무법 발전의 원천이 된 신탁 충실의무법을 심화 발전시키고, 동시에 이렇게 정립된 수탁자의 '정형적' 충실의무를 이사 기타 각 개별 충실의무자의 상황에 맞게 변용·발전

3) 송옥렬, 『상법강의(제5판)』(2015), 1001면; 최기원, 『신회사법론(제13대정판)』(2009), 653면.
4) 박기령, "이사의 선관의무와 충실의무의 법사학적 기원에 관한 고찰", 『상사법연구』, 제30권 제2호(2011)(이하, '박기령'), 477면, 499면; 김건식, 『회사법연구 I』(2010), 53면 이하; 정동윤, 『상법(상)(제6판)』(2012)(이하, '정동윤'), 628면; 이중기, "신탁법에 기초한 영미 충실의무법리의 발전", 29면, 46면; 이지민, "본인과 대리인 사이의 권리·의무에 관한 검토", 『비교사법』, 제21권 제1호(2014)(이하, '이지민'), 79면, 102면
5) 이철송, 『회사법강의(제22판)』(2014)(이하, '이철송'), 721면.
6) 영미 충실의무법의 태동에 대해서는 제1편 제3장(이중기, "신탁법에 기초한 충실의무법리의 계수"); 제2편 제2장(이중기, "주의의무와 충실의무법리의 분화와 발전", 349면).
7) 제3편 제2장(이중기, "이사의 충실의무의 강행성 여부와 충실의무에 대한 사적자치") II. 2. (3) 참조.
8) 김건식, 『회사법』(2015)(이하 '김건식'), 385면.
9) 대리인의 충실의무에 대한 논의로는 이지민, 88면 이하.

시킴으로써 달성될 수 있다. 예를 들어, 우리 상법은 미국 회사법이 발전시킨 '회사기회유용법리'를 수용하였는데, 이러한 기회유용법리[10]는 신탁 충실의무법의 '이익향수금지 원칙'을 회사법 맥락에서 변용·발전시킨 것으로 볼 수 있다.

이 글은 충실의무법의 양대원리인 이익충돌금지 원칙과 이익향수금지 원칙 간의 관계를 살펴본 다음, '이익향수금지 원칙'이 신탁법 및 회사법에서 어떻게 발전했고 변용되고 있는지에 대해 살펴본다. 먼저 신탁법이 규정한 '이익향수금지 원칙' 일반론에 대해 살펴본 다음, 회사법이 규정한 대표적 이익향수금지원칙인 회사기회유용금지에 대해 살펴본다. 신탁법은 수탁자의 향수가 금지되는 '이익'에 대해 "신탁의 이익"이라는 간단한 표현을 하고 있는데, 이러한 '신탁의 이익'에는 (ⅰ) 신탁재산뿐만 아니라 (ⅱ) 신탁과 관련된 정보나 기회 및 (ⅲ) 신탁사무와 관련해 제공된 뇌물 기타 이득도 포함됨을 살펴본다. 다음으로 수탁자가 이러한 '신탁의 이익'을 향수한 경우 적용되는 구제수단인 원상회복청구권, 손해배상청구권, 이득반환청구권이 어떻게 작동하는지에 대해 살펴본다. 또, 회사법은 이사의 향수가 금지되는 '이익'에 대해 "회사의 기회 및 자산의 유용"이라고 표현함으로써, 향수가 금지되는 '회사의 이익'에 (ⅰ) 회사와 관련된 기회뿐만 아니라 (ⅱ) 회사자산이 포함됨을 전제하고 있다. 마지막으로 이사가 이러한 '회사의 이익'을 향수한 경우 적용되는 구제수단인 손해배상청구권과 이익반환청구권이 어떻게 작동하는지에 대해 살펴본다.

## Ⅱ. 이익향수금지 원칙과 이익충돌금지 원칙의 관계

### 1. 이익향수의 금지원칙

이익향수의 금지원칙(no-profit rule)은 충실의무자로 하여금 '충실의무자 지위'(position as fiduciary)로 인하여 자신 혹은 제3자에 발생하는 이득의 취득을 금지하는 충실의무법의 한 원칙이다.[11] 이 원칙은 영국에서 Keech v.

10) 회사기회의 법리에 대한 상세한 연구로는 천경훈, "회사기회의 법리에 관한 연구", 서울대학교 박사학위논문(2012)(이하, '천경훈').

11) Virgo, *The Principles of Equity & Trusts*(2012), p.503 이하; 안성포, 107면 이하; 최나진,

Sandford 사건[12]에 의해 확립되었다고 한다. 이익향수금지 원칙은 충실의무자로 하여금 본인의 이익과 충돌하는 이익충돌적 상황에 들지 못하게 하는 '이익충돌금지 원칙'과 더불어 충실의무법이 충실의무자로 하여금 '충실의무자 지위'를 본인을 제외한 다른 누구의 이익을 위해서도 사용할 수 없게 하기 위하여 정립되었다. 그런데, 충실의무법의 양대원리인 이익향수금지 원칙과 이익충돌금지 원칙은 어떠한 관계에 있는가?

## 2. 이익향수금지와 이익충돌금지 원칙의 관계: 영국에서의 논의

전통적으로 영국에서 이익향수금지 원칙은 이익충돌금지 원칙과 다른 별개의 독립된 충실의무법 원칙으로 간주되어 왔다. 하지만, 이익향수금지 원칙을 이익충돌금지 원칙이 적용된 한 예로 보는 판결도 있다.[13] 충실의무자가 충실의무 위반으로 <u>이득을 취득</u>하면, 이러한 결과는 불가피하게 이익충돌금지 원칙이 금지한 <u>이익충돌</u>을 야기하기 때문이다. 이러한 견해에 의하면, 이익향수금지 원칙은 '광의'의 이익충돌금지의무의 한 구성부분이 될 뿐이고, 독립된 충실의무법 원칙으로 볼 수 없게 된다.[14] 하지만, 여전히 지배적인 견해는 두 개의 원칙을 별개의 충실의무법 원칙으로 보는 것이다.[15] 왜냐하면, 두 원칙은 별개의 요건을 갖고 있고, 따라서 어느 한 원칙의 위반 없이 다른 원칙의 위반이 있을 수 있기 때문이다. 자세히 살펴보자.

### (1) 이익향수금지의 위반이 없는 이익충돌금지의 위반

예를 들어, A회사의 부동산투자 부서가 부동산경매 '공고'를 보고 그 부동산의 경매에 참여하였는데, A회사의 이사 X도 다른 기회에 그 부동산의 경매공고를 보고 개인적 투자목적으로 경매에 참여해 낙찰을 받은 경우를 상정해 보자. 이 때 X는 '경매공고'를 보고 경매에 참여하였기 때문에 '충실의무자 지위'로 인하여 낙찰을 받은 것이 아니다. 따라서 낙찰로 인해 '이득'을 보았다고

---

76면 이하; 이지민, 91면.

12) (1726) Sel Cas Ch 61. 이 판결에 대해서는 박기령, 491면 이하; Hicks, "The Remedial Principle of Keech v Sandford Reconsidered", [2010] *CLJ* 287 참조.

13) Bray v Ford [1896] AC 44, 51 (Lord Herschell).

14) Boardman v Phipps [1967] 2 AC 46, 123 (Lord Upjohn).

15) Ultraframe (UK) Ltd v Fielding [2005] EWHC 1638 (Ch) [1305] (Lewison J).

하더라도 이익향수금지 원칙을 위반한 것은 아니다.[16] 하지만, X는 회사의 이사이기 때문에 '회사의 영업부류에 속한 거래'를 하는 경우 경업금지 위반으로서 이익충돌금지의무를 위반한 것으로 될 수 있다. 따라서 이 경우, X는 경업을 이유로 이익충돌금지를 위반한 책임은 인정될 수 있지만, 이익향수금지를 위반한 책임은 인정되기 어렵다.

(2) 이익충돌금지 위반이 없는 이익향수금지의 위반

반대로, 이익향수금지를 위반하였지만, 이익충돌금지를 위반하지 않는 경우도 발생할 수 있다. 예를 들어, '회사 이사로서의 자격' 때문에 알 수 있었던 계약의 체결로부터 이득을 취득한 경우 이사는 회사의 계약기회를 유용[17]한 것이 되고 이익향수금지를 위반[18]한 것이 된다. 또 이 경우 회사는 계약체결에 상충하는 이익을 가지므로 이사는 이익충돌금지의무도 위반한 것으로 된다. 하지만, 회사가 그 계약의 체결에 대한 '이익을 포기'한 경우, 이사는 회사와의 관계에서 '이익충돌이 해소'되므로 이익충돌금지를 위반한 것으로 되지 않는다.[19] 그렇지만, 이사는 '이사 자격' 때문에 계약기회를 얻었고 그로 인해 이익을 향수했으므로, 여전히 이익향수금지 위반은 있게 된다. 이 경우 이사의 이익충돌금지 위반은 해소되었지만, 이익향수금지 위반은 해소되지 않은 상태가 된다(이사가 이익향수금지로부터 해방되기 위해서는 이익향수에 대한 공시와 회사의 적극적 '승인'이 있어야 하는데, 이 경우 회사의 승인이 없기 때문이다).

마찬가지로, 이사가 '회사 이사로서의 지위' 때문에 제3자로부터 향응 기타 이익을 제공받는 경우[20] 이사는 이익향유금지를 위반한 것이 된다. 하지만, 제3자가 제공하는 이익, 혹은 향응에 대해 회사가 이익을 갖는지는 불분명하기 때문에 이때 이사가 이익충돌금지를 위반한 것인지는 불분명하다. 이와

16) Koh, "Once a Director, Always a Fiduciary?", [2003] 62 *CLJ* 403, 406.
17) 제2장의 III. 2. (2) 및 IV. 2. (2) 참조.
18) Cook v Deeks [1916] 1 AC 554 (Privy Council); Regal (Hastings) Ltc v Gulliver [1942] 1 All ER 378.
19) 우리나라도 동일하다. "경업 대상 여부가 문제되는 회사가 실질적으로 이사가 속한 회사의 지점 내지 영업부문으로 운영되고 공동의 이익을 추구하는 관계에 있다면 두 회사 사이에는 서로 이익충돌의 여지가 있다고 볼 수 없[다]"(대법원 2013.9.12. 선고 2011다57869판결). 자세히는 제5장(이중기, "이익충돌의 판정기준과 법인격의 고려 여부", 595면), II. 2. 참조.
20) 제2장의 III. 2. (3) 및 IV. 2. (3) 참조.

같이 이익향수금지 원칙은 이익충돌금지 원칙과 별도로 작동한다고 볼 수 있다.

(3) 구제수단에 대한 영향

이와 같이 이익향수금지 원칙과 이익충돌금지 원칙을 별개의 충실의무법 원리로 보는 것이 영국의 지배적인 입장인데, 이러한 입장은 특히 각 충실의무 위반에 대한 적절한 구제수단의 결정에 있어 유용한 근거를 제공할 수 있다. 예를 들어, 충실의무자의 이익취득이 수반되지 않는 충실의무 위반, 다시 말해 이익충돌금지 위반의 경우 일차적인 적절한 구제수단은 손해배상이나 원상회복이 되는 것이 타당하다. 하지만, 이익향수금지를 위반한 충실의무 위반의 경우 일차적인 적절한 구제수단은 이득반환청구가 되어야 한다.[21]

## 3. 우리 법에서의 논의

우리나라에서는 아직 충실의무법의 양대원리인 이익향수금지 원칙과 이익충돌금지 원칙의 상관관계에 대한 논의가 아직 시작되지 않은 것으로 보인다.[22] 하지만, 우리 신탁법하에서도 동일한 논의가 진행될 수 있고, 우리 신탁 충실의무법의 해석에 있어 두 가지 원칙은 영국에서처럼 별개의 원칙으로서 작동한다고 생각된다.

(1) 신탁법상 이익향유금지 원칙과 이익충돌금지 원칙 사이의 관계

우리 신탁법은 제34조와 제36조에서 이익충돌금지 원칙과 이익향유금지 원칙을 별개의 원칙으로 규정하고 있는데, 이 두 가지 원칙의 관계를 설명하는 어떠한 명시적 규정도 존재하지 않는다. 따라서 문언의 해석상 위 두 조항은 모두 충실의무의 별개의 법원칙을 각각 선언한 것으로 해석할 수 있고, 어느 한 원칙을 다른 원칙의 한 적용례로서 파악하기는 힘들다.

또 우리 신탁법은 충실의무 위반시 구제수단을 제43조에서 규정하고 있는데, 제43조는 수탁자가 이익충돌금지 원칙 혹은 이익향유금지 원칙을 위반한 경우, '모두' 위탁자, 수익자 또는 다른 수탁자로 하여금 신탁재산의 원상회복청구, 신탁재산에 대한 손해배상청구, 및 이득반환청구를 가능하게 한다. 이와 같이 각 금지원칙의 위반은 각각 독자적으로 개별적 구제수단의 이용을 가

21) Virgo, p.505.
22) 예외적으로 이들 관계에 대해 설명하는 논문으로는 안성포, 108면 참조.

능하게 한다는 점에서 각 원칙은 우리 신탁법하에서 독자적 원칙으로서 작동한다고 볼 수 있다.

### (2) 회사법상 이익향유금지 원칙과 이익충돌금지 원칙 사이의 관계

상법은 제382조의3에서 이사의 '일반적 충실의무'를 선언하였지만, 충실의무의 양대원리인 '이익충돌금지 원칙'과 '이익향수금지 원칙'을 선언하는 절차를 생략한 채, 금지되는 이익충돌의 개별 유형과 금지되는 이익향수의 대표적 유형만을 규정하고 있다. 즉 이익충돌금지 원칙의 구체적 적용례로 볼 수 있는 경업금지, 겸직금지, 자기거래금지 등이 개별적으로 규정되어 있고, 최근 상법 개정을 통해 이익향수금지 원칙의 한 적용례로 볼 수 있는 회사기회유용금지가 대표적으로 규정되어 있을 뿐이다. 이러한 충실의무법의 불완전한 성문화 작업의 결과 이사의 충실의무에 대한 원론적 논의 및 충실의무의 양대원칙에 대한 논의는 아직 시도되지 않았으며, 개별 성문규정의 해석론만이 전개되었다.[23]

따라서 이사의 충실의무와 관련해서는 먼저 '이익충돌금지원칙' 및 '이익향수금지 원칙'을 도출하는 해석론이 먼저 전개되어야 하고, 이러한 해석론의 전개 후에, 양 금지원칙의 상관관계, 각 원칙에 기한 개별적 충실의무의 구체적 유형 등의 논의가 전개되어야 한다.

#### 1) 이사의 이익충돌금지 원칙과 이익향수금지 원칙의 도출 근거: '준수탁자'

이사에 대한 이익충돌금지 원칙 및 이익향수금지 원칙은 어떻게 도출할 수 있는가? 먼저, 이사의 '이익충돌금지 원칙'은 '정형적' 이익충돌 유형인 경업금지, 겸직금지, 자기거래금지뿐만 아니라 이에 해당하지 않는 '비정형적' 이익충돌도 모두 금지된다는 충실의무의 대원칙이다. 이러한 이사의 이익충돌금지 원칙은 선관의무 동질성[24]에 의하면 선관의무로부터, 이질설[25]에 의하면 상법 제382조의3로부터, 혹은 명문의 규정과 상관없이 이사의 '이익충돌적 지

---

23) 송옥렬, 1002-1003면도 "구체적으로 정하는 의무만, 그것도 규정된 범위에서만 인정하는 것이 현재의 해석이다. …이러한 해석이 바람직한 방향인지는 의문이다. 제382조의3이라는 일반조항을 두고 있는 이상 필요한 경우에는 적극적으로 활용할 수 있어야 할 것이다"라고 한다.

24) 앞의 주 3) 참조.

25) 앞의 주 4) 참조.

위'로부터 도출될 수 있다는 견해[26]에 의하면 이사의 이익충돌적 지위로부터 도출될 수 있다. 마찬가지 논리로, 이사의 '정형적' 이익향수 유형인 기회유용뿐만 아니라 기회유용에 해당하지 않는 '비정형적' 이익향수 행위도 모두 금지된다는 이사의 '이익향수금지 원칙'도 이사의 선관의무, 상법 제382조의3 혹은 이사의 '이익충돌적 지위'로부터 도출될 수 있다.

이사의 이익충돌금지 원칙과 이익향수금지 원칙은 또한 이사의 '준수탁자' 지위에서도 도출될 수 있다. 즉 회사재산을 수탁받아 관리하는 이사는 신탁재산을 수탁받아 관리하는 '수탁자에 준하는 자'로 볼 수 있기 때문에,[27] '준수탁자'인 이사에 대해서는 수탁자에 적용되는 충실의무의 양대원칙인 '이익충돌금지 원칙'과 '이익향수금지 원칙'이 유추적용될 수 있다.

2) 양 원칙 사이의 관계

앞서 본 것처럼, 충실의무의 기본법인 신탁 충실의무법은 수탁자의 충실의무의 양대원칙으로서 '이익충돌금지 원칙'과 '이익향수금지 원칙'을 명시적으로 선언하고 있는데, 문언의 해석상 위 두 조항은 신탁 충실의무법의 별개의 원칙을 각각 선언한 것으로 해석하는 것이 타당하고, 어느 한 원칙을 다른 원칙의 한 적용례로서 파악할 필요는 없다. 따라서 이사에 대해서 신탁 충실의무법을 적용 혹은 유추적용하는 경우 두 원칙은 이사의 충실의무법의 별개의 원칙으로서 해석하는 것이 타당하고, 어느 한 원칙을 다른 원칙의 한 적용례로서 파악할 필요는 없다.

26) 제5편 제3장 III. 3.(이중기, "이익충돌의 판정기준과 법인격의 고려 여부", 618면).
27) '준수탁자'의 개념에 대해서는 제1편 제5장 II. 5. (2)(이중기, "준수탁자로서의 법무법인", 457면) 이하 및 제5편 제1장 II. 참조.

# 제 2 장 이익향유금지 원칙: 유형, 위반에 대한 구제수단*

☞ 제1장과 연결됨.

## Ⅲ. 신탁법의 이익향수금지 원칙

### 1. 수탁자의 이익향수금지 원칙의 내용과 효과

신탁법은 제36조에서 이익향수금지 원칙을 상대적으로 간단하게, 하지만 명확하게, 그 뜻을 선언한다. 즉 제36조는 금지되는 이익향수의 유형을 열거함이 없이 직접적으로 "수탁자는 누구의 명의로도 신탁의 이익을 누리지 못한다"고 명확히 선언하고 있다. 또 제43조는 수탁자가 제36조의 '이익향수금지 원칙'을 위반하여 '자기 또는 제3자의 명의'로 '신탁의 이익'을 누린 경우의 효과에 대해 규정한다.

먼저, 제43조 제1항은 이익향수금지 위반으로 '신탁재산에 손해'가 생긴 경우 위탁자, 수익자 또는 다른 수탁자는 의무위반 수탁자에 대해 원상회복, 손해배상을 청구할 수 있음을 규정한다. '신탁재산이 변경'된 경우에도 마찬가지로 위탁자 등은 수탁자에 대해 원상회복 혹은 손해배상을 청구할 수 있다(제2항). 나아가 수탁자가 '이익향수금지'를 위반한 경우 '신탁재산에 손해가 없는 경우'에도 의무위반 수탁자는 '이익향수금지' 위반으로 인하여 '수탁자나 제3자'가 얻은 이득 전부를 신탁재산에 반환하여야 한다(제3항).

그런데, 제36조 및 제43조의 해석에 있어 몇 가지 문제가 제기된다. 하나

* 이 장은 제1장과 함께 이중기, "충실의무자의 이익향유금지: 수탁자와 이사의 이익향유금지를 중심으로", 『홍익법학』, 제16권 제3호(2015)에 기초하였음.

는 수탁자가 향유해서는 안될 '신탁의 이익'의 의미가 문제된다. 또 수탁자는 '누구의 명의'로도 신탁의 이익을 향수할 수 없고, 의무위반 수탁자는 '수탁자나 제3자가 얻은 이득 전부'를 반환해야 하기 때문에 '이득의 주체'와 '반환청구의 상대방'이 일치하지 않는다. 차례로 살펴보자.

## 2. 향수가 금지되는 '신탁의 이익'의 의미와 유형

수탁자가 향수할 수 없는 '신탁의 이익'은 크게 보아 (i) '신탁재산'의 사용, (ii) '신탁정보 혹은 신탁기회'의 유용, 혹은 (iii) '제3자로부터 이득'의 수령의 세 가지이다.

### (1) '신탁의 이익' 유형 I: '신탁재산'의 사용

수탁자가 '누구의 명의'로도 누릴 수 없는 '신탁의 이익' 가운데 가장 대표적인 것은 '신탁재산'에 관한 혹은 '신탁재산'의 사용으로부터 파생될 수 있는 이익이다.[1] 예를 들어, 신탁재산으로 보유한 부동산, 호텔, 골프장 등과 같은 위락시설이 있고, 또한 신탁투자로서 운용 중인 주식·채권·예금·금전 등이 있다고 하자. 수탁자는 신탁행위로 허용되지 않는 한 자기 혹은 제3자의 이익을 위해 신탁부동산 등을 사용 혹은 수익해서는 안된다. 따라서 수탁자 혹은 수탁자의 아들이 신탁부동산을 이용하거나 신탁재산인 골프장을 이용하는 것은 '신탁의 이익'을 향수하는 것이 되고, 수탁자는 '이익향수금지 원칙'을 위반한 것이 된다.

마찬가지로 수탁자는 신탁행위로서 허용되지 않는 한 신탁재산으로서 운용 중인 주식, 채권, 예금, 금전 등을 사용 혹은 수익해서는 안된다. 따라서 수탁자가 보유 중인 신탁주식의 의결권을 이용해 주식발행회사의 경영권 경쟁에서 자신의 친척을 이사로 선임하는 것은 '신탁의 이익'을 향수하는 것이 된다. 마찬가지로, 수탁자가 보유 중인 신탁예금을 자신의 예금과 합동운용하여 높은 이자율을 향유하는 것[2]도 '신탁의 이익'을 향수하는 것이 되고, 수탁자는 '이익향수금지 원칙'을 위반한 것이 된다.

---

1) 제3장 IV. 3.; Virgo, p.506; 안성포, 108면.
2) Brown v IRC [1965] AC 244 참조.

### (2) '신탁의 이익' 유형 II: '신탁의 정보 혹은 기회'의 유용

수탁자가 '누구의 명의'로도 누릴 수 없는 '신탁의 이익' 가운데 다음으로 현저한 것은 '신탁'에 관한 혹은 '신탁'으로부터 파생될 수 있는 정보나 사업기회 혹은 거래기회[3]이다. 예를 들어, 신탁재산인 부동산, 호텔, 골프장의 운용과 관련해 수탁자는 수익자 등으로부터 부동산, 호텔, 골프장의 개발사업 등과 같은 정보나 사업기회 혹은 거래기회('신탁정보'의 의미에 대해서는, 제3장 IV. 4. (1) 이하 참조)를 접하게 되는데, 수탁자는 '신탁수탁자 자격'에서 이러한 정보나 사업기회를 알 수 있게 되므로, 신탁행위로서 허용되지 않는 한 수탁자가 부동산, 호텔, 골프장의 개발사업 등에 대한 정보나 기회를 이용하는 것은 '신탁의 이익'을 향수하는 것이 되고, 따라서 수탁자는 '이익향수금지 원칙'을 위반한 것이 된다.

마찬가지로, 수탁자는 신탁재산으로서 운용 중인 주식, 채권, 예금, 금전 등과 관련해 '수탁자 자격'에서 금융자산에 대한 정보나 투자기회를 알게 되는데, 신탁행위로서 허용되지 않는 한 수탁자가 이러한 정보나 투자기회를 이용하는 것은 '신탁의 이익'을 향수하는 것이 되고, 따라서 수탁자는 '이익향수금지 원칙'을 위반한 것이 된다.

### (3) '신탁의 이익' 유형 III: '제3자로부터의 이득'의 수령

수탁자가 '누구의 명의'로도 누릴 수 없는 '신탁의 이익'에는 '신탁재산'의 사용 혹은 '신탁기회'의 유용으로 인한 이익뿐만 아니라 '제3자'가 제공하는 이익 혹은 향응도 포함된다.[4] [5] 앞에서 본 '신탁재산'의 사용 혹은 '신탁재산'에 관한 기회의 유용은 모두 직접적으로 신탁재산으로부터 발생하거나 혹은 신탁에 관해 발생한 이익이나 기회를 수익하는 경우이지만, 제3자가 제공하는 이익은 신탁재산으로부터 직접 파생된 이익도 아니고 신탁과 직접 관련된 기회도 아니기 때문에 이로 인해 신탁재산에 직접 손해가 발생하지는 않는다.

3) 제3장 IV. 4.; Virgo, p.508. 그러나 신탁재산에 속하는 정보와 기회를 이용해 취득한 이익을 이익향수금지의 적용대상에서 배제하는 견해도 존재한다(안성포, 108면 각주 33) 참조).

4) Virgo, p.517; 안성포, 108면.

5) 대리인도 대리행위로부터 또는 대리인의 지위를 이용하여 제3자로부터 이득을 취득하는 것은 금지된다(Restatement (Third) of Agency (2006) §8.02); 이지민, 91면, 105면 이하.

하지만, 이러한 이익도 제3자가 장래 신탁재산과의 거래를 염두에 두고 수탁자에게 제공하는 경우 수탁자의 이익향유로 인해 신탁재산의 거래 가능성 기타 신탁이익이 침해될 가능성이 생기므로 이익향수금지 원칙은 제3자가 제공하는 이익이더라도 '수탁자 지위' 때문에 제공된 경우 그 이익의 향수를 금지한다.[6]

## 3. '신탁의 이익'의 향수주체와 금지되는 이익향수의 유형

다음으로 '신탁의 이익'을 향수할 수 있는 주체와 '신탁의 이익'이 향수되는 유형에 대해 살펴보자.

### (1) 이익향수의 주체

'신탁의 이익'을 향수할 수 있는 자는 수익자뿐이다. 따라서 수익자를 제외한 모든 자는 '신탁의 이익'을 향수할 수 없다. 제36조는 "수탁자는 누구의 명의로도 신탁의 이익을 누리지 못한다"고 함으로써 수탁자의 이익향수금지를 선언하고 있다. 또 제43조 제3항은 "수탁자는 [이익향수금지 위반으]로 인하여 수탁자나 제3자가 얻은 이득 전부를 신탁재산에 반환하여야 한다"고 선언함으로써 수익자, 수탁자를 제외한 제3자도 신탁의 이익을 향수할 수 없음을 동일하게 선언하고 있다. 수개의 신탁이 설정된 경우, 어느 신탁의 관점에서 다른 신탁은 제3자에 해당한다(제3장 V. 3. 참조).

### (2) 금지되는 수탁자 및 제3자의 이익향수의 유형: 직접적 향유와 간접적 향유

따라서 수탁자 및 제3자와 관련하여 다음 4가지 유형의 신탁이익향수 행위가 금지된다.

#### 1) 수탁자의 직접적 이익향유와 간접적 이익향유

첫째, 수탁자가 수익자의 승인 없이 '직접' 신탁재산을 사용하거나, 신탁정보 혹은 기회를 유용하는 경우, 수탁자는 이익향수금지 원칙을 위반하게 된다(이익향유 유형 I: 수탁자의 '직접적' 신탁이익 향수). 뿐만 아니라 수탁자가 '수탁자지위'와 관련해 제3 거래상대방으로부터 제공된 이익을 수령하거나 향응을

---

6) 제3장 IV. 3.; Cook v Deeks [1916] 1 AC 554 (Privy Council); Regal (Hastings) Ltc v Gulliver [1942] 1 All ER 378.

받는 경우에도 수탁자는 이익향수금지 원칙을 위반하게 된다(이익향유 유형 II: 수탁자의 '간접적' 신탁이익 향수).

2) 제3자의 직접적 이익향유와 간접적 이익향유

마찬가지로, 수탁자가 제3 수익자로 하여금 신탁재산을 이용하게 하거나, 신탁기회를 유용하게 하는 경우 수탁자의 이익향수금지 위반이 문제된다(이익향유 유형 III: 제3자의 '직접적' 신탁이익 향수). 마지막으로, 수탁자가 '수탁자지위'를 이용해 제3 거래상대방으로 하여금 수탁자의 부인인 제3 이득자에 대해 이익을 제공하게 하는 경우에도 수탁자는 이익향수금지를 위반한 것이 된다(이익향유 유형 IV: 제3자의 '간접적' 신탁이익 향수).

## 4. 이득반환청구권자, 반환청구의 상대방, 반환범위

다음으로 수탁자 혹은 제3자에 의한 금지되는 이익향유행위가 있는 경우 '신탁의 이익'의 반환을 청구할 수 있는 청구권자와 반환청구의 상대방 및 반환범위에 대해 살펴보자.

(1) 이득반환청구권자: 위탁자, 수익자, 다른 수탁자

수탁자가 이익향유금지 원칙을 위반해 스스로 이득하거나 제3자를 이득시킨 위의 4가지 유형의 이익향유행위가 있는 경우 수탁자는 이익향유금지 원칙을 위반하게 된다. 이 경우 의무위반 수탁자에 대해 이득반환청구를 할 수 있는 사람은 누구인가? "위탁자, 수익자 또는 수탁자가 여럿인 경우 다른 수탁자"이다. 즉 제43조 제1항, 제2항은 수탁자의 의무위반으로 신탁재산에 손해 혹은 변경이 생긴 경우 앞서 언급한 위탁자 등이 의무위반 수탁자에 대해 신탁재산의 원상회복 혹은 손해배상을 청구할 수 있다고 규정하고 있다. 또, 제3항은 수탁자의 충실의무 위반으로 인하여 수탁자나 제3자가 이득을 얻은 경우 손해 여부와 무관하게 이득 전부를 신탁재산에 반환할 것을 규정하고 있는데, 제3항은 특히 충실의무 위반의 경우 이득반환청구의 상대방 및 반환범위에 관해 규정한 것이다.

(2) 이득반환청구의 상대방: 수탁자 및 '수탁자로 의제'되는 제3자

앞서 본 것처럼, 제43조 제3항은 수탁자의 충실의무 위반으로 수탁자나

제3자가 이득을 수령한 경우 반환청구의 상대방을 수탁자로 한정시키고 있다. 제3자가 신탁이익을 향수한 경우에도 제3 이득자는 수탁자의 충실의무 위반을 모르고 이득한 선의자일 수 있고, 특히 제3자는 이득반환청구권자인 위탁자, 수익자 및 다른 수탁자와 직접적인 신탁관계에 있는 자가 아니기 때문이다.

하지만, 수탁자의 충실의무 위반을 교사 혹은 방조한 제3자 혹은 수탁자의 의무위반에 대해 악의인 제3 이득자에 대해서도 직접 이득반환청구를 할 수 없는지는 의문이다. 제3자 가운데 (ⅰ) 수탁자의 충실의무 위반을 교사·방조한 자, 혹은 (ⅱ) 수탁자의 충실의무 위반에 대해 악의인 제3 이득자는 선의의 제3자와 구별될 수 있기 때문이다. 전자는 수탁자의 충실의무 위반을 적극적으로 교사·방조함으로써 신탁이익의 유용을 야기한 공동행위자로 볼 수 있고, 또 후자도 수탁자의 충실의무 위반을 알면서 의무위반으로 야기된 신탁이익을 수령 혹은 이득한 종범으로 볼 수 있으므로, 이들 제3자는 '수탁자로 의제'하거나 혹은 '수탁자의 대리인'으로 볼 수 있다. 따라서 이들 귀책사유 있는 공동위반행위자 혹은 '의제수탁자'[7]에 대한 신탁이익의 반환청구는 수탁자에 대한 이득의 반환청구와 동일한 청구로 간주될 수 있다.

### (3) 반환범위: 수탁자와 제3자의 이득 전부

이득의 반환범위와 관련해 수탁자는 자신이 얻은 이득뿐만 아니라 제3자가 얻은 이득 전부를 반환해야 한다(제43조 제3항). 또 제3자 가운데 수탁자의 충실의무 위반을 교사·방조한 제3자 혹은 수탁자의 의무위반을 알고 신탁이익을 향수한 제3자도 자신이 얻은 이득뿐만 아니라 수탁자나 다른 제3자가 얻은 이득 전부에 대해 반환의무를 진다. 교사·방조한 제3자와 악의의 제3 이득자는 '수탁자로 의제되는 자'이기 때문에 '수탁자로서' 반환책임을 지기 때문이다. 또 이들 '의제수탁자'와 수탁자는 공동수탁자로 의제되므로 연대하여 책임을 진다.

---

7) 의제신탁에 대해서는 최준규, "금전의 이동과 물권적 청구권－가치 소유권 및 의제신탁으로부터의 시사", 『법조』, 제58권 제11호(2009), 92면; 임채웅, "묵시신탁과 의제신탁의 연구", 『저스티스』, 제105호 (2008), 277면; 오영걸, "의제신탁의 이해", 『비교사법』, 제18권 제4호(2011), 1263면; 이혜리, "미국법상 의제신탁의 의미", 『성균관법학』, 제27권 제2호(2015).

## 5. 이익향수금지 위반시 구제수단의 종류

수탁자가 이익향수금지를 위반한 경우 수익자 등은 이득반환청구 외에 다른 구제수단도 함께 행사할 수 있다. 여기서는 수탁자의 이익향수금지 위반행위가 있는 경우 사용될 수 있는 구제수단 전체에 대해 살펴보자.

### (1) 신탁재산에 대한 '손해' 발생시: 원상회복청구권 혹은 이득반환청구권

수탁자가 이익향수금지를 위반해 '신탁재산에 손해'가 생긴 경우 위탁자, 수익자 또는 다른 수탁자는 의무위반 수탁자에 대해 신탁재산의 원상회복을 청구할 수 있다(제43조 제1항 본문).[8] 그런데, 수탁자 혹은 제3자가 이익을 향수함으로써 '신탁재산에 적극적 혹은 소극적 손해'[9]가 생기는 경우는 보통 수탁자나 제3자가 향수한 이익에 대해 신탁재산이 상충하는 이해관계를 갖는 때에 발생한다. 따라서 이때 수탁자나 제3자가 향유하는 '신탁이익'의 유형은 유형 I인 '신탁재산'의 이용 혹은 유형 II인 '신탁기회'의 유용인 경우가 많다.

반면에, 수탁자가 이익향수금지를 위반하더라도 '신탁재산에 적극적 혹은 소극적 손해'가 생기지 않는 때도 있는데, 이러한 경우는 통상 수탁자 혹은 제3자가 향수한 이익에 대해 신탁재산이 직접 상충하는 이해관계를 갖지 않는 경우이다. 따라서 이 때 수탁자 혹은 제3자가 향유하는 '신탁이익' 유형은 유형 III인 '제3자로부터의' 이익 수령인 경우가 많다. 하지만, 수탁자가 '신탁재산'인 주식의 의결권을 행사하여 자신 혹은 친구를 주식발행회사의 이사로 선임하였는데, 수익자는 주식발행회사의 이사선임에 무관심한 경우와 같이 수탁자의 이익이 유형 I에 해당하지만 신탁재산에 손해를 야기하지 않는 경우도 있다.[10] 마찬가지로, 수탁자가 수익자로부터 수령한 신탁재산 관련 정보를 사용해 신탁이 발행한 수익증권을 취득하거나 계열사로 하여금 취득하게 하는 행위[11]와 같이 신탁이익 유형이 유형 II인 '신탁정보 혹은 기회'의 사용에 해당

8) 이연갑, "개정 신탁법상 수탁자의 권한과 의무, 책임", 정순섭·노혁준, 『신탁법의 쟁점』, 제2권(2015)(이하 '이연갑'), 320면, 343면.

9) 재산적 손해는 기존 재산의 멸실 또는 감소인 '적극적 손해'와 얻을 수 있었던 이익을 얻지 못한 손해, 즉 '소극적 손해'인 일실이익으로 구분한다. 이 구별의 실익은 전자는 제393조의 통상손해이나 후자는 특별손해로 되는 경우가 많다는 점이다(지원림·곽윤직, 『민법주해(IX)』(1999), 471면).

10) 제3장(이중기, "신탁에서의 이익향유금지의 원칙", 195면) IV. 3. 참조.

11) 제3장(위의 논문, 195면) IV. 4. 참조.

하지만 신탁재산에 손해를 야기하지 않는 경우도 있다(이러한 경우 증권법상의 내부자거래 문제가 제기될 수는 있다).

이와 같이 '신탁재산에 손해'가 생기지 않은 경우, 위탁자 등은 수탁자에 대해 신탁재산의 원상회복을 청구할 수 없다. 하지만, 신탁재산에 손해가 생기지 아니하였더라도 이익향수금지 위반으로 수탁자나 제3자가 수취한 이득이 있는 경우, 수탁자는 이득의 전부를 신탁재산에 반환하여야 한다(신탁법 제43조 제3항).[12]

### (2) 신탁재산에 대한 '변경': 원상회복청구권 혹은 이득반환청구권

수탁자가 이익향수금지를 위반해 '신탁재산에 변경'이 생긴 경우에도 마찬가지이다. 위탁자, 수익자 또는 다른 수탁자는 의무위반 수탁자에 대해 신탁재산의 원상회복을 청구할 수 있다(제43조 제2항에 의한 제1항의 적용). 이 때에도, 수탁자 혹은 제3자가 이익을 향수함으로써 '신탁재산에 변경'이 생기는 경우는 통상 수탁자 등이 향수한 이익에 대해 신탁재산이 상충하는 이해관계를 갖는 때에 발생하고, 수탁자 등이 향유한 '신탁의 이익' 유형은 '신탁재산'의 이용이거나 '신탁기회'의 유용인 경우가 보통이다.

반면에, 수탁자가 이익향수금지를 위반하더라도 '신탁재산의 변경'이 생기지 않는 때도 있는데, 통상 수탁자 혹은 제3자가 향수한 이익에 대해 신탁재산이 직접 상충하는 이해관계를 갖지 않는 경우, 즉 수탁자나 제3자가 향유한 '신탁이익' 유형이 '제3자로부터의 이익' 수령인 경우가 많다. 하지만, '신탁재산'을 이용한 경우에도 신탁재산의 변경이 일어나지 않는 때도 있다. 예를 들어, 신탁이 보유한 종목과 동일종목의 주식을 수탁자가 고유계정으로 보유한 경우, 수탁자가 비싸게 매도하거나 혹은 싸게 매수하기 위해, (i) 고유계정의 매매 전에 신탁재산으로 동일종목을 대량매수하거나 혹은 대량매도하고, (ii) 그로 인해 주가가 높아지거나 낮아지면, 고유계정으로 매도하거나 매수하고, 마지막으로 (iii) 적절한 시점에 신탁재산으로 반대거래를 하면, 신탁재산의 변경은 없으나 수탁자는 시세차익을 누릴 수 있다.[13] 이 경우 '신탁재산에 변경'이 일어나지 않았으므로, 위탁자 등은 신탁재산의 원상회복을 청구할

---

12) 이연갑, 343면; 이연갑, "위임과 신탁", 『비교사법』, 제22권 제1호(2015), 23면, 43면.
13) 제3장(이중기, "신탁에서의 이익향유금지의 원칙", 195면) IV. 3. 참조.

수는 없지만, 신탁재산 이용으로 수탁자나 제3자가 수취한 이득이 있다면, 수탁자는 이득 전부를 신탁재산에 반환하여야 한다(제43조 제3항).

(3) 신탁재산의 '원상회복'이 곤란한 경우: 손해배상청구권 혹은 이득반환청구권

앞서 본 것처럼, 신탁법은 '신탁재산에 손해' 혹은 '신탁재산의 변경'이 생긴 경우 위탁자, 수익자 또는 다른 수탁자로 하여금 의무위반 수탁자에 대해 신탁재산의 '원상회복'을 청구할 수 있도록 한다(제43조 제1항 본문 및 제2항). 그런데, 신탁재산의 원상회복이 항상 가능한 것은 아니다. 따라서 신탁법은 신탁재산의 원상회복이 불가능하거나 현저하게 곤란한 경우, 원상회복에 과다한 비용이 드는 경우, 그 밖에 원상회복이 적절하지 아니한 특별한 사정이 있는 경우에는 원상회복 대신에 손해배상을 청구할 수 있도록 한다(제1항 단서). 이와 같이 신탁법에서 손해배상은 이차적인 것이고, 이는 민법의 원칙과 다른 점이다.[14]

물론, 앞서 본 것처럼, 이익향수금지 위반으로 '신탁재산에 손해' 혹은 '신탁재산의 변경'이 생긴 경우에 수탁자나 제3자가 이득을 수취했다면, 수탁자는 원상회복이나 손해배상 외에 이득 전부를 신탁재산에 반환하여야 한다(제43조 제3항).

## Ⅳ. 회사법의 이익향수금지 원칙

### 1. 이사의 이익향수금지 원칙의 도출 근거와 의미

이사에 대한 이익향수금지 원칙의 적용은, 앞서 본 것처럼 충실의무의 성질과 관련한 선관의무 동질설[15]에 의하면 이사의 선관의무로부터, 이질설[16]

14) 민법은 손해배상을 원칙으로 하고(제390조), "다른 의사표시가 없으면" 손해는 금전으로 배상한다(제394조). 따라서 "다른 의사표시가 있는 때"에만 현물의 반환을 구할 수 있다. 하지만, "원상회복이 가능하고, 채권자의 입장에서 볼 때에는 금전배상이 명백히 불충분한 반면, 채무자의 입장에서는 원상회복에 의하더라도 특별히 가혹하지 않으며 나아가서는 그 집행에 있어서도 금전집행의 경우보다 편리한 경우"에는 원상회복에 의한 손해배상이 인정되어야 한다(윤진수, "손해배상의 방법으로서의 원상회복", 『비교사법』, 제10권 제1호(2003), 111면).

15) 제1장의 각주 3) 참조.

16) 제1장의 각주 4) 참조.

에 의하면 상법 제382조의3으로부터, 이사의 이익충돌적 지위로부터 도출된다는 견해[17]에 의하면 이사의 이익충돌적 지위 자체로부터 도출될 수 있다. 특히, 회사재산을 수탁받아 관리하는 이사는 '수탁자에 준하는 자'로 볼 수 있으므로, '준수탁자'인 이사에 대해서는 충실의무의 기본법인 신탁 충실의무법이 적용되고, 따라서 신탁 충실의무법이 명시적으로 선언한 충실의무의 양대원칙인 '이익충돌금지 원칙'과 '이익향수금지 원칙'이 유추적용될 수 있다.[18] 이사에 대해 이익향수금지 원칙이 적용된다면, 이사는 상법에 규정된 회사이익 향수유형인 회사기회유용뿐만 아니라 이에 해당하지 않는 '회사이익'의 향유행위도 금지되게 된다.

## 2. 향수가 금지되는 '회사의 이익'의 의미와 유형

이사가 향유할 수 없는 '회사의 이익'도 크게 보아 (i) '회사재산'의 사용, (ii) '회사정보 혹은 회사기회'의 유용, 혹은 (iii) '제3자로부터 이득'의 수령의 세 가지이다.

### (1) '회사의 이익' 유형 I: '회사재산'의 사용

수탁자가 '누구의 명의'로도 '신탁의 이익'을 누릴 수 없듯이, 이사도 누구의 명의로도 '회사의 이익'을 누릴 수 없다. 이사가 누릴 수 없는 '회사의 이익' 가운데 가장 대표적인 것은 '회사재산'에 관한 혹은 '회사재산'으로부터 파생될 수 있는 이익이다. 예를 들어, 회사가 부동산, 호텔, 골프장 등과 같은 위락시설을 보유하고 있고, 또한 투자로서 운용 중인 주식, 채권, 예금, 금전 등이 있다고 하자. 이사는 회사의 승인 없이 자기 혹은 제3자의 명의로 회사 부동산 등을 사용 혹은 수익해서는 안된다. 따라서 이사 혹은 이사의 부인이 승인 없이 회사재산인 부동산이나 골프장을 이용하는 것은 '회사의 이익'을 향수하는 것이 되고, 이사는 '이익향수금지 원칙'을 위반한 것이 된다.

마찬가지로 이사는 승인 없이 회사가 보유하는 주식, 채권, 예금, 금전 등을 사용 혹은 수익해서는 안된다. 예를 들어, 이사가 회사재산인 주식의 의결권을 이용해 주식발행회사의 경영권 경쟁에서 자신의 친척을 이사로 선임하

17) 제5편 제3장 III. 3.(이중기, "이익충돌의 판정기준과 법인격의 고려 여부", 618면).
18) 제1장의 II. 3. (2) 1) 참조.

는 것은 '회사의 이익'을 향수하는 것이 된다. 마찬가지로, 이사가 보유 중인 회사예금을 자신의 예금과 합동운용하여 높은 이자율을 향유하는 것도 '회사의 이익'을 향수하는 것이 된다.

### (2) '회사의 이익' 유형 II: '회사정보 혹은 회사기회'의 유용

'회사의 이익' 가운데 다음으로 현저한 것은 '회사'에 관한 혹은 '회사 사업'으로부터 파생될 수 있는 정보나 사업기회 혹은 거래기회이다. 예를 들어, 회사재산인 부동산, 호텔, 골프장의 운용과 관련해 이사는 주주 등으로부터 부동산, 호텔, 골프장의 개발사업 등과 같은 정보나 사업기회 혹은 거래기회를 접하게 되는데, 이사는 '회사이사 자격'에서 이러한 정보 혹은 사업기회를 알게 되므로, 회사가 승인하지 않는 한 이사가 부동산, 호텔, 골프장의 개발사업 등에 대한 정보나 기회를 이용하는 것은 '회사의 이익'을 향수하는 것이 된다. 마찬가지로, 이사는 회사재산으로 운용 중인 주식, 채권, 예금, 금전 등과 관련해 '이사 자격'에서 주주 등으로부터 금융자산에 대한 정보나 투자기회를 알게 되는데, 회사가 승인하지 않는 한 이사가 이러한 투자정보나 투자기회를 이용하는 것은 '회사의 이익'을 향수하는 것이 된다.

그런데, 개정상법은 회사기회의 유용에 대하여 특칙을 성문화하였다. 따라서 회사기회의 유용에 대해서는 회사법상 특칙인 제397조의2가 우선적용되고,[19] 이 조문에 의해 커버되지 않는 회사이익의 향유에 대해서는 이익향유금지에 대한 신탁 충실의무법이 보충적으로 적용될 수 있다.

### (3) '회사의 이익' 유형 III: '제3자로부터의 이득'의 수령

이사가 향유할 수 없는 '회사의 이익'에는 '회사재산'의 사용 혹은 '회사정보나 기회'의 유용으로 인한 이익뿐만 아니라 '제3자'가 제공하는 향응 기타 이익도 포함된다.[20] 앞에서 본 것처럼, 제3자가 제공하는 이익은 회사재산 혹은 회사정보나 기회로부터 직접 파생된 이익이 아니기 때문에 이러한 이익의 향수로 인해 회사에 직접적인 손해는 발생하지 않는다. 하지만, 이사에게 이익을 제공하는 제3자는 '이사의 지위'를 염두에 두고 제공하는 것이기 때문에

19) 자세히는 아래의 5. (1) 참조.

20) Cook v Deeks [1916] 1 AC 554 (Privy Council); Regal (Hastings) Ltc v Gulliver [1942] 1 All ER 378.

회사와의 거래 가능성 기타 장래의 회사이익이 침해될 가능성이 생긴다. 따라서 이익향수금지 원칙은 제3자가 제공하는 이익이더라도 '이사 지위' 때문에 제공된 경우 그 이익의 향수를 금지한다.

### 3. '회사의 이익'의 향수주체와 금지되는 이익향수의 유형

#### (1) 이익향수의 주체

'회사의 이익'을 향수할 수 있는 자는 회사뿐이다. 회사법은 신탁법 제36조와 같이 "수탁자는 누구의 명의로도 신탁의 이익을 누리지 못한다"고 선언하는 일반적 금지규정을 갖고 있지 않지만, 회사는 독립된 법인으로서 독자적인 권리주체성을 가지므로, 회사를 제외한 누구도 '회사의 이익'을 향수할 수 없다. 따라서 이사는 물론 주주도 원칙적으로 직접 회사의 이익을 누리지 못한다. 주주는 회사재산의 출연자이지만, 법정된 이익배당의 절차[21] 등을 통해서만 회사의 이익을 향유할 뿐이다. 따라서 '회사'를 제외한 모든 자, 다시 말해 이사뿐만 아니라 주주 그리고 다른 제3자는 '회사의 이익'을 향수할 수 없다. 상법은 회사기회와 관련해서 "이사는 … 회사의 사업기회를 자기 또는 제3자의 이익을 위하여 이용하여서는 아니된다"고 함으로써 이를 명시적으로 선언한다.

#### (2) 금지되는 이사 및 제3자의 이익향수 유형: 4가지 유형

앞서 본 것처럼, 이사에 대해서는 다음 4가지 유형의 이익향수행위가 금지된다. 먼저, 이사는 회사의 승인 없이 회사재산을 사용하거나, 회사의 정보나 기회를 유용하지 못한다(이익향유 유형 I: 이사의 '직접적' 회사이익 향수). 뿐만 아니라, 이사가 '이사 지위'와 관련해 제3 거래상대방으로부터 제공된 이익을 수령하거나 향응을 받는 경우도 이익향수금지를 위반하게 된다(이익향유 유형 II: 이사의 '간접적' 회사이익 향수). 마찬가지로, 이사가 제3자로 하여금 회사재산을 이용하게 하거나, 회사의 정보 혹은 회사기회를 유용하게 하는 경우에도 이사는 이익향수금지를 위반한 것이 된다(이익향유 유형 III: 제3자의 '직접적' 회사이익 향수). 나아가 이사가 '이사의 지위'를 이용하여 제3 거래상대방으로 하

21) 상법 제462조 이하.

여금 이사의 가족인 제3자에 대해 이익을 제공하게 하는 행위도 이사의 이익향수금지를 위반한 것이 된다(이익향유 유형 IV: 제3자의 '간접적' 회사이익 향수).

## 4. '이득반환청구권자', 반환청구의 상대방, 반환범위

### (1) 신탁충실의무법의 보충적 적용

회사법은 '회사기회유용'에 대해서는 이익반환청구권자와 청구의 상대방에 대한 명문의 규정을 두고 있으나, '회사재산의 이용', '제3자로부터의 이익수령' 그 밖의 이사의 이익향유행위에 대해서는 명시적 규정을 두고 있지 않다. 이 경우 누가 청구권자 혹은 청구의 상대방이 되는가? 이사는 수탁자와 마찬가지로 타인재산인 회사재산을 수탁받아 관리하는 '수탁자에 준하는 자'로 볼 수 있으므로, '준수탁자'인 이사에 대해서 신탁충실의무법의 양대원칙인 '이익충돌금지 원칙'과 '이익향수금지 원칙'이 유추적용될 수 있다.[22] 따라서 이사의 이익향유금지 위반의 경우 문제되는 이득반환청구에 대해서도 신탁충실의무법의 규제가 보충적으로 적용될 수 있다.

이사에 대해 이득반환청구에 대한 신탁충실의무법이 보충적으로 적용된다면, 상법에 규정된 회사기회유용에 대해서는 상법규정에 의해 우선 해결하지만, 그에 의해 커버되지 않는 이익향유행위에 대해서는 신탁충실의무법의 이익향수금지 규제에 따라 이득반환청구권자와 이득반환청구의 상대방이 결정될 수 있다.

### (2) 이득반환청구권자: 회사, 대표소송하는 주주

이사가 이익향유금지 원칙을 위반해 스스로 이득하거나 제3자를 이득시킨 경우 이사는 이익향유금지 원칙을 위반하게 된다. 이 경우 의무위반 이사에 대해 이득반환청구를 할 수 있는 자는 '회사'뿐이다. 신탁에서와 달리 회사에서는 회사 스스로 법인격을 갖고 있기 때문에 주주는 직접 청구권자가 되지 못하고, 회사에 대해 이사에 대한 이득반환청구를 하도록 청구할 수 있을 뿐이다. 물론 이 경우에도 주주대표소송은 가능하다고 본다. 즉 발행주식 총수의 100분의 1 이상을 가진 주주는 이사의 책임을 추궁할 소제기를 회사에 대

22) 제1장의 II. 3. (2) 1) 참조.

해 청구할 수 있고(상법 제403조 제1항), 회사가 이러한 청구를 받은 날로부터 30일 이내에 소를 제기하지 아니한 때에는 주주는 회사를 위한 대표소송을 제기할 수 있다(제2항).

### (3) 이득반환청구의 상대방

이사 혹은 제3자가 '회사의 이익'을 향유하는 경우 회사는 누구에 대해 이득반환을 청구할 수 있는가? 상법 제397조의2에 의해 커버되는 '회사기회'유용의 경우 동 조항이 규정한 이득반환청구의 상대방에 대해 이득반환청구를 할 수 있다. 그런데, 이사 혹은 제3자가 '회사재산을 사용'하거나 '제3자로부터 이득을 수령'한 경우와 같이 회사기회유용에 해당하지 않는 이익향유행위의 경우, 회사는 누구에 대해 반환청구를 할 수 있는가?

#### 1) '회사기회유용'의 경우

이사나 제3자의 '회사기회유용'에 대해서는 상법이 명시적 규정을 두고 있다. 상법 제397조의2가 규정한 회사기회유용 상황에서의 이득반환청구의 상대방에 대해 살펴보자.

##### (가) 이사, 승인한 이사, 업무집행지시자 등

앞서 본 것처럼, 신탁법은 수탁자의 충실의무 위반으로 수탁자나 제3자가 이득을 수취한 경우 반환청구의 상대방을 수탁자로 한정시키고 있다(제43조 제3항). 제3자가 이익의 수령자인 경우 제3자는 수탁자의 충실의무 위반을 모르고 이득한 선의자일 수 있고, 특히 제3자는 이득반환청구권자인 위탁자, 수익자 및 다른 수탁자와 직접적인 신탁관계에 있는 자가 아니기 때문이다. 동일한 취지로, 회사법은 회사기회유용의 경우, 제3자가 수익한 경우에도 손해배상책임의 주체를 이사에 한정시키고 제3 이득자는 제외한다(제397조의2 제2항). 단 이사의 의무위반을 '승인한 이사'에 대해서는 연대책임을 묻고 있다.

'승인한 이사'는 원칙적으로 '이사회의 승인' 과정에서 선관주의의무를 위반한 자를 의미한다.[23] 그런데, 이사의 '업무집행' 과정에서 이사가 감시의무

23) 법무부, 『상법 회사편 해설서』(2012), 223면; 천경훈, 267면(그런데, 이사의 선관주의의무 위반 여부를 판단할 때 이사가 경영판단의 원칙이 요구한 절차를 충족시켰다면, 이사는 경영판단의 보호를 받는다).

를 해태하여 다른 이사의 이익향유행위를 발견 혹은 통제할 수 있었음에도 불구하고 발견하지 못한 경우는 어떠한가? 이사의 이익향유행위에 대한 묵인 혹은 방치가 심각한 경우에는 부작위에 의한 기회유용의 승인책임을 인정할 수 있을 것이다.[24]

또, 업무집행지시자는 '이사'로 간주되므로(제401조의2 제1항), 스스로 수익하지 않는 경우에도 여기의 이사에 포함될 수 있다. 따라서 지배주주 등 제3자가 업무집행지시자로서의 책임요건을 충족시키는 경우 이득반환청구의 상대방이 될 수 있다.[25] 하지만, 단순히 지배주주라는 지위만으로는 반환청구의 상대방이 되지 않는다.[26]

(나) 제3 이득자 등

앞서 본 것처럼 제3 이득자는 이득반환청구의 대상에서 배제되어 있다. 하지만, 제3 이득자 가운데 (i) 이사의 기회유용을 교사하거나, (ii) 방조한 제3자는 선의의 제3자와 구별될 수 있다. 특히 이사의 기회유용행위를 교사한 자는 이사의 의무위반을 적극적으로 지시하면서 회사의 이익을 향수하였다는 측면에서, 업무집행지시자로서 책임을 질 수 있다.[27] 방조자도 이사의 기회유용을 적극적으로 도우면서 회사이익을 수령하였다는 점에서 이득반환의 책임을 물을 수 있다.[28] 이사의 기회유용에 대해 악의인 제3 이득자도 선의의 제3자와 구별될 수 있다. 악의자는 적어도 이사의 의무위반행위를 인식하면서 회사재산을 수령한 종범으로 볼 수 있으므로, 이들 제3자는 '이사의 대리인' 혹은 '이사에 준하는 자'로 볼 수 있다. 이들 귀책사유 있는 제3자들에 대한 반환청구는 의무위반을 '승인한 이사'에 대한 반환청구와 유사한 청구로서 정당화

---

24) 천경훈, 267면; 정찬형, 『상법강의(상)(제18판)』(2015), 984면; 구승모, "상법 회사편 입법과정과 향후과제", 『선진상사법률연구』, 제55호(2011), 126면. 해석론으로는 무리라고 보고 반대하는 견해로는 임재연, 『회사법 II』(2012), 394면.

25) 송옥렬, 1034면.

26) 김건식, 434면. 입법론으로 개정상법 제398조가 자기거래의 규제범위를 이사에서 지배주주로 확대한 것과 같이 회사기회유용 금지의 적용대상도 지배주주 등으로 확대할 필요가 있다는 견해로는 김희철, "개정상법의 회사기회 및 자산유용 금지규정에 관한 소고", 『법조』, 제60권 제9호(2011), 223-224면.

27) 기회유용행위를 지시한 자는 업무집행지시자로서 회사기회유용 책임을 진다고 본다(천경훈, 265면).

28) 천경훈, 266-267면.

될 수 있다.

2) '회사기회유용'이 아닌 이익향유행위

이사 혹은 제3자가 '회사재산을 사용'하거나 '제3자로부터 이득을 수령'한 경우와 같이 회사기회유용에 해당하지 않는 이익향유행위의 경우, 회사는 누구에 대해 반환청구를 할 수 있는가? 회사법에는 이러한 경우를 상정한 명시적 조항이 없으므로, 앞에서 본 것처럼 신탁 충실의무법이 보충적으로 적용될 수 있다. 따라서 회사는 신탁 충실의무법에 근거하여 '회사재산'을 이용하거나 '이사의 지위'를 이용해 제3자로부터 이득을 수령한 의무위반 이사에 대해 이득반환청구를 할 수 있다. 나아가 이사의 의무위반을 교사·방조한 자, 이사의 의무위반을 알고 회사이익을 향수한 자 등에 대해서도 이득반환청구를 할 수 있다고 본다.[29]

(4) 반환범위

이득의 반환범위와 관련해 '회사기회유용'의 경우, 의무위반 이사 및 승인한 이사는 '이사 또는 제3자가 얻은 이익' 전부를 회사에 반환하여야 한다(상법 제397조의2 제2항). 이러한 반환범위는 수탁자의 의무위반의 경우와 동일하다(신탁법 제43조 제3항). 이사의 의무위반으로 '회사재산'의 사용 혹은 '제3자로부터 이득'이 발생한 경우에도 마찬가지로 회사는 신탁 충실의무법에 근거하여 이사 혹은 승인한 이사에 대해 '이사 또는 제3자가 얻은 이익' 전부에 대해 이득반환청구를 할 수 있다.

또 제3자 가운데 이사 또는 승인한 이사의 충실의무 위반을 교사·방조한 제3자 혹은 이사의 의무위반을 알고 회사이익을 향수한 제3자도 반환책임을 지는데, 이러한 '회사이익의 수령자'에 대해 '수탁자의 지위를 의제'[30]할 수 있다면, 이들에 대해서도 자신이 얻은 이득뿐만 아니라 이사나 다른 제3자가 얻은 이득 전부에 대한 반환의무를 부과할 수 있다. 이사의 기회유용을 교사·방조한 제3자 혹은 악의의 제3 이득자에 대해서는 이러한 금지된 행위의 교사·방조 시도를 '사전적으로 억지'하기 위해 '회사이익의 수탁자'로 의제하는 것이 정당화된다고 본다. 충실의무법은 '손해의 사후적 회복'(restoration)이 아니라

29) III. 4. (2) 참조.
30) III. 4. (2) 참조.

충실의무자의 잠재적 '이익상충행위 혹은 이익취득 시도를 사전금지(deterrence)' 시킬 목적으로 작동[31]하기 때문이다.

## 5. 이사의 이익향수금지 위반시 구제수단의 종류

앞서 본 것처럼, 이사 혹은 제3 이득자가 이익향수금지를 위반해 '회사의 이익'을 향유한 경우, 그 위반 유형은 크게 보아 (ⅰ) 회사재산의 사용, (ⅱ) 회사정보 혹은 기회의 유용, 혹은 (ⅲ) 제3자로부터 이득의 수령, 세 가지이다. 이 가운데, (ⅱ)에 대해서는 회사법이 명시적 규정을 두고 규제하고 있지만, (ⅰ)과 (ⅲ) 유형의 이익향유행위에 대해서는 특별한 규정을 두고 있지 않다. 따라서 상법이 규정한 특칙규정인 제397조의2(회사의 기회 및 자산의 유용금지)에 의해 커버되는 경우 제397조의2가 규정한 구제수단을 이용하면 된다. 하지만, 이 조항의 적용범위에 속하지 않는 이사의 이익향유행위도 발생하는데, 이 경우 어떠한 구제수단을 이용할 수 있는지가 문제된다. 차례로 살펴보자.

### (1) '회사기회' 유용의 경우: 상법 제397조의2가 규정한 구제수단

이사는 이사회의 승인 없이 현재 또는 장래에 회사의 이익이 될 수 있는 회사의 사업기회를 자기 또는 제3자의 이익을 위하여 사용해서는 안된다(제397조의2 제1항 본문). 이사가 회사의 사업기회를 이용함으로써 '회사에 손해'를 발생시킨 경우, 당해 이사 및 승인한 이사는 연대하여 손해를 배상하여야 한다(제2항 전문). 이 때 '회사의 손해'에는 이사 또는 제3자가 얻은 이익도 포함된다(제2항 후문). 따라서 '회사의 손해'는 없지만 이사 또는 제3자가 얻은 이익이 있는 경우, 이러한 이득은 손해로 간주되어 손해배상청구의 대상이 된다.

#### 1) 회사에 대한 '손해'가 있는 기회유용: 손해배상청구권

이사가 기회유용금지를 위반하여 '회사에 손해'가 생긴 경우, 회사는 의무위반 이사 및 승인한 이사에 대해 손해배상을 청구할 수 있다(제397조 제2항 전문). 그런데, 이사 혹은 제3자가 기회를 유용함으로써 '회사에 적극적 혹은 소극적 손해'[32]가 생기는 경우는 이사 혹은 제3자가 이용한 기회에 대해 회사가

---

31) 제3장 I.(이중기, "신탁에서의 이익향유금지의 원칙", 197-198면); 제3편 제1장 II. 1. (1) (이중기, "수탁자의 충실의무에 대한 사적 자치", 917면, 921면).
32) 적극적 손해 및 소극적 손해의 의미에 대해서는 앞의 주 9) 참조.

상충하는 이해관계를 갖는 때에 발생한다. 즉 이사 혹은 제3자가 이용한 '기회'가 '현재' 회사가 수행하는 사업과 밀접한 관련이 있거나 혹은 '장래' 수행하려는 사업과 밀접한 관련이 있는 경우(회사의 영업부류에 속하는 사업기회)[33]에 해당한다(제397조의2 제1항 제2호 참조). 마찬가지로, 이사 혹은 제3자가 이용한 '기회'가 '회사의 정보'를 이용한 기회이거나 혹은 '이사의 직무'를 수행하는 과정에서 알게 된 기회인 경우(회사정보를 이용한 거래기회; 제1항 제1호 참조)[34]에도 회사는 유용된 기회에 대해 상충하는 이해관계를 갖는다.

이와 같이 회사에 대한 '손해'가 파악될 수 있는 경우 적절한 구제수단은 의무위반 이사 및 연대책임을 지는 이사에 대한 손해배상청구이다. 나아가, '손해'의 파악은 힘들더라도 이사 또는 제3자의 '이익'은 파악할 수 있는 경우, 이익을 손해로 추정하여 손해배상을 청구할 수 있다(제2항).

2) 회사에 대한 '손해'가 없는 회사기회유용

개념적으로 '회사에 대한 손해'를 야기하지 않는 회사정보 혹은 기회의 유용은 상정할 수 있는가? 다시 말해, 이사 혹은 제3자가 이용한 정보나 기회가 '회사의 사업'과 관련되거나 혹은 '이사의 자격'과 관련되어 알게 된 정보나 기회임에도 불구하고, 이사 혹은 제3자의 기회유용이 회사기회유용 규제를 위반하지 않게 되는 경우는 존재하는가? 이사가 회사 내부정보를 사용해 회사가 발행한 주식을 취득하거나 친구로 하여금 회사 주식을 투자하게 하는 행위에 대해 '회사정보 혹은 기회'의 사용에 해당하지만 회사에 손해를 야기하지 않는다고 주장할 수 있다. 하지만, 이러한 내부자거래는 회사의 평판을 악화시키므로 회사에 손해가 없다고 할 수 없다. 동일한 논리에 의하면, '회사의 사업'과 관련되지 않거나 혹은 '이사의 자격'과 무관하게 알게 된 정보나 기회를 이용하는 경우 회사의 '손해'는 상정하기 어렵다고 본다. 따라서 이사 혹은 제3자가 이러한 정보 혹은 기회를 제3자로부터 수령한 경우, '제3자로부터의 이득수령'의 문제[35]로 처리하여야 하고 제397조의2의 회사기회유용 문제로 해결할 수는 없다.

---

33) 사업관계 기준(김건식, 432면) 혹은 객관적 정황 기준(송옥렬, 1032-1033면)이라고 한다.
34) 지득사유 기준(김건식, 431면) 혹은 주관적 사유 기준(송옥렬, 1032-1033면)이라고 한다.
35) IV. 2. (3) 참조.

물론 앞서 본 것처럼, '회사기회나 정보'에 대한 이익을 회사가 포기하는 경우, 이러한 이익에 대해서는 회사에 손해 없는 이익향유가 가능하다고 생각된다. 예를 들어, 이사가 '회사재산'인 주식의 의결권을 행사하여 자신 혹은 친구를 주식발행회사의 이사로 선임하였는데, 회사는 이 주식발행회사의 이사선임에 관심이 없는 경우와 같이 회사재산에 손해를 야기하지 않는 경우도 있다.[36]

3) 신탁기회의 유용과의 차이점: 원상회복 v. 금전배상

수탁자가 신탁의 정보 혹은 기회를 유용한 경우 원칙적인 구제수단은 신탁재산의 원상회복이다.[37] 이에 비해 이사가 회사의 정보나 기회를 유용한 경우 원칙적인 구제수단은 손해배상의 형태를 취한다. 그런데, '다른 의사표시가 없으면' 손해는 금전으로 배상하는 것(민법 제394조)이 원칙이므로, 회사기회유용의 경우 금전배상이 원칙적인 형태가 된다. 그런데, "회사기회 유용의 사안에서는 분쟁의 일회적 해결 및 합리적인 이익조정을 위해 원상회복으로서 현물배상을 인정하는 것이 타당한 경우가" 많기 때문에[38] 회사기회유용의 경우에도 신탁 충실의무법의 원상회복 원칙의 유추해석 가능성을 논의할 필요가 있다.

(2) '회사재산'의 사용의 경우

다음으로, 이사가 이익향수금지를 위반하여 자기 또는 제3자의 이익을 위하여 '회사재산'을 사용한 경우 회사는 어떠한 구제수단을 동원할 수 있는가? 다음 두 가지 가능성이 존재한다.

1) 방법 I: 신탁충실의무법을 유추적용하는 경우 — 원상회복청구

한 가지 방법은 이사의 지위를 수탁자에 준하는 자로 보아 '준수탁자'인 이사에 대해 신탁충실의무법을 유추적용하는 것이다.[39] 이사에 대해 신탁 충실의무법을 적용하면, 이사가 이익향수금지를 위반해 '회사재산에 손해 혹은 변경'이 생긴 경우, 회사는 의무위반 이사에 대해 손해의 원상회복을 청구할

---

36) 제3장(이중기, "신탁에서의 이익향유금지의 원칙", 195면) IV. 3. 참조.
37) III. 5. 참조.
38) 천경훈, 265면.
39) 제1장의 II. 3. (2) 1) 참조.

수 있다(신탁법 제43조 제1항 본문 참조). 그런데, 회사재산의 원상회복이 항상 가능한 것은 아니기 때문에, 원상회복이 불가능하거나 현저하게 곤란한 경우, 원상회복에 과다한 비용이 드는 경우, 그 밖에 원상회복이 적절하지 아니한 특별한 사정이 있는 경우 회사는 원상회복 대신에 손해배상을 청구할 수 있다(제1항 단서). 따라서 이 경우 회사는 이사에 대해 손해배상을 청구할 수 있다.

물론, 앞서 본 것처럼, '회사재산'의 사용으로 이사나 제3자가 이득을 수취했다면, 이사는 원상회복이나 손해배상 외에 이득 전부를 회사에 반환하여야 한다(제43조 제3항).

2) 방법 II: 회사기회유용 조문을 유추적용하는 경우

회사재산의 유용 문제를 해결하는 다른 한 가지 방법은 회사기회유용에 관한 상법 제397조의2를 유추적용하는 것이다. 이사가 회사의 '재산'을 이용하는 경우는 이사가 회사의 '정보나 기회'를 유용하는 경우와 실질적으로 차이가 없기 때문이다. 전자는 유형의 회사재산을 이용하는 것이고 후자는 무형의 회사재산인 정보나 기회를 이용하는 것이므로, 이사가 회사의 승인 없이 회사 '재산'을 이용하는 경우 회사 '기회'의 유용법리를 그대로 적용할 수 있다고 볼 수 있다. 특히 상법 제397조의2의 법문내용은 회사기회의 유용에 대해 다루고 있지만, 그 제목은 "회사의 기회 및 자산의 유용 금지"로 하고 있다는 점에서 회사재산의 유용에 대해 유추적용될 여지가 있다고 본다.

3) 검토: 회사재산 이용에 대한 승인요건의 차이

회사재산 이용에 대해 신탁 충실의무법을 적용하는 경우와 회사기회유용 조문을 적용하는 경우는 원칙이 원상회복인가 아니면 금전배상인가를 제외하면 구제수단의 차이는 실질적으로 없다. 회사기회유용법리도 이득을 손해로 추정해 이득반환청구를 가능하게 하기 때문이다(제397조의2 제2항). 하지만, 두 가지 방법은 이사의 회사재산 이용을 회사가 승인하는 절차에 있어서 큰 차이를 보인다. 먼저 신탁 충실의무법을 유추적용하는 경우, 법원이 회사재산의 이용에 대해 이익향수금지의무를 선언하더라도 이사는 이사회에 회사재산의 이용사실을 공시하고 이사회의 과반수 찬성을 얻으면 그 금지로부터 쉽게 벗어날 수 있다. 우리 상법은 별다른 규정이 없는 한 회사의 의사는 이사회가 결

정[40] [41]하고 이사회의 의사는 과반수를 요구[42]하기 때문이다. 이에 비해, 회사기회유용 조문을 회사재산의 이용에 대해 유추적용하는 경우, 이사의 회사기회 이용에 대한 승인요건인 3분의 2 이상 찬성요건(제397조의2 제2항)이 충족되어야 한다.

이사가 회사재산을 이용하는 상황은 가벼운 이용에서 부터 심각한 유용에 이르기까지 다양할 것으로 예상된다. 따라서 이사의 회사재산의 이용관계가 경미한 경우에는 법원은 신탁 충실의무법을 유추적용하여 이사의 회사재산 이용행위를 규제할 수 있고, 이 경우 이사는 이사회에 회사재산의 이용사실을 공시하고 이사회의 과반수 찬성을 얻으면 된다. 하지만, 사안이 중대한 경우 법원은 이사의 회사재산 유용행위를 강하게 규제할 필요가 있다. "대법원은 '직접적' 자기거래 뿐만 아니라 '간접적' 자기거래[43]에 대해서도 자기거래의 범위에 포함하였는데, 동일한 논리로 '직접적' [재산]유용뿐만 아니라 '간접적' [재산]유용에 대해서도 제397조의2를 적용할 수 있을 것이다. 법원은 충실의무에 대한 사적자치의 수준을 결정할 수 있는데, '비정형적'인 이익상충의 강도 때문에 더 강한 규제가 필요한 경우, 가중된 성문법규의 적극적 해석을 통해, 이익충돌 상황에 대한 규제의 강도를 높일 수 있을 것이다."[44]

### (3) '제3자로부터 이득'의 수령의 경우: 이득반환청구권

마지막으로, 이사가 '이사의 지위'와 관련해 다른 제3자로부터 이득을 제공받거나(이익향유 유형 II: 이사의 간접적 회사이익 향수) 또는 '이사의 지위'를 이용해 제3 제공자로 하여금 제3이득자를 이득시키는 경우(이익향유 유형 IV: 제3자의 간접적 회사이익 향수),[45] 회사의 구제수단에 대해 살펴보자. 이 경우 이사 혹은 제3 이득자가 이익을 향수하더라도 '회사에 적극적 혹은 소극적 손해'[46]

40) 상법 제393조 참조.
41) 승인의 주체가 '주주'가 되어야 하는지, 아니면 '이사회'가 되어야 하는지 등에 대한 논의로는 천경훈, 210면 이하.
42) 상법 제391조 참조.
43) 대법원 1974.1.15. 선고 73다955판결; 대법원 1984.12.11. 선고 84다카1591판결 등.
44) 제3편 제2장(이중기, "이사의 충실의무의 강행성 여부와 충실의무에 대한 사적자치") IV. 4. (2) (나) 참조.
45) IV. 3. (2) 참조.
46) 적극적 손해 및 소극적 손해의 의미에 대해서는 앞의 주 9) 참조.

는 생기지 않는다. 즉, 이사 혹은 제3 수익자는 제3자가 제공한 이익을 수령하지만 이들이 향수한 이익에 대해 회사는 직접 상충하는 이해관계를 갖지 않기 때문에 회사에 직접적으로 야기되는 손해는 발생하지 않는다.47) 따라서 이 경우 회사는 이사에 대해 원상회복 혹은 손해배상을 청구하기 어렵다.

하지만, 이 경우 이사 혹은 제3이득자는 '이사의 지위'를 이용해 제3자로부터 이익을 수령하였으므로, 이사는 이익향수금지의무를 위반한 것이 된다.48) 따라서 이사 혹은 제3자가 수취한 이득에 대해 신탁 충실의무법이 유추적용될 수 있고, 회사는 '준수탁자'인 이사에 대하여 이득 전부의 반환을 청구할 수 있다(신탁법 제43조 제3항의 유추적용).

## V. 정리의 말

우리 신탁법은 영미의 형평법원이 발달시킨 충실의무법(fiduciary law)을 계수하고 있다. 신탁법은 제33조에서 수탁자의 일반적 충실의무(duty of loyalty)를 명시적으로 선언한 다음, 충실의무법의 양대원리인 이익충돌금지 원칙(no-conflict rule)과 이익향수금지 원칙(no-profit rule)을 각각 제34조 이하 및 제36조에서 구체화하고 있다. 신탁법이 명시적으로 영미의 충실의무법 체계를 계수한 이상 우리 민사법 체계에서 충실의무를 부정하는 견해는 더 이상 타당하지 않다고 본다. 이제 남은 과제는 신탁 충실의무법에 기초하여 수탁자의 충실의무와 이사, 자문업자 등의 충실의무 등을 일관되게 설명하는 통일된 충실의무법 체계를 이론적으로 정립하고, 이러한 큰 틀에서 각각의 충실의무자의 구체적 충실의무를 발견해 나가는 일이다. 이러한 작업은 한편으로는 충실의무법 발전의 원천이 된 신탁 충실의무법을 심화·발전시키고, 동시에 이렇게 정립된 수탁자의 '전형적 충실의무'를 이사 기타 각 개별 충실의무자의 상황에 맞게 변용·발전시킴으로서 달성될 수 있다. 대표적 예로, 우리 상법은 미국 회사법이 발전시킨 '회사기회유용법리'를 수용하였는데, 이러한 기회유용법리는 신탁 충실의무법의 '이익향수금지 원칙'을 회사법 맥락에서 변용·발전

47) IV. 2. (3) 참조.
48) 제1장의 II. 2. (2) 참조.

시킨 것으로 볼 수 있다.

이 글에서는 충실의무법의 양대원리인 이익충돌금지 원칙과 이익향수금지 원칙 간의 관계를 살펴본 다음, '이익향수금지 원칙'이 신탁법 및 회사법에서 어떻게 발전했고 변용되고 있는지에 대해 살펴보았다. 먼저 신탁법이 규정한 '이익향수금지 원칙' 일반론에 대해 살펴본 다음, 회사법이 규정한 대표적 이익향수금지 원칙인 회사기회유용금지에 대해 살펴보았다. 신탁법은 수탁자의 향수가 금지되는 '이익'에 대해 '신탁의 이익'이라는 간단한 표현을 하고 있는데, '신탁의 이익'에는 (ⅰ) 신탁재산뿐만 아니라 (ⅱ) 신탁과 관련된 정보나 기회 및 (ⅲ) 신탁사무와 관련해 제공된 뇌물 기타 이득도 포함된다. 다음으로 수탁자가 '신탁의 이익'을 향수한 경우 적용되는 구제수단인 원상회복청구권, 손해배상청구권, 이득반환청구권이 어떻게 작동하는지에 대해 살펴보았다. 또, 회사법은 이사의 향수가 금지되는 '이익'에 대해 "회사의 기회 및 자산의 유용"이라고 표현함으로써, 향수가 금지되는 '회사의 이익'에 (ⅰ) 회사와 관련된 기회뿐만 아니라 (ⅱ) 회사자산이 포함됨을 전제하고 있다. 마지막으로 이사가 '회사의 이익'을 향수한 경우 적용되는 구제수단인 손해배상청구권과 이익반환청구권이 어떻게 작동하는지에 대해 살펴보았다.

[참고문헌]

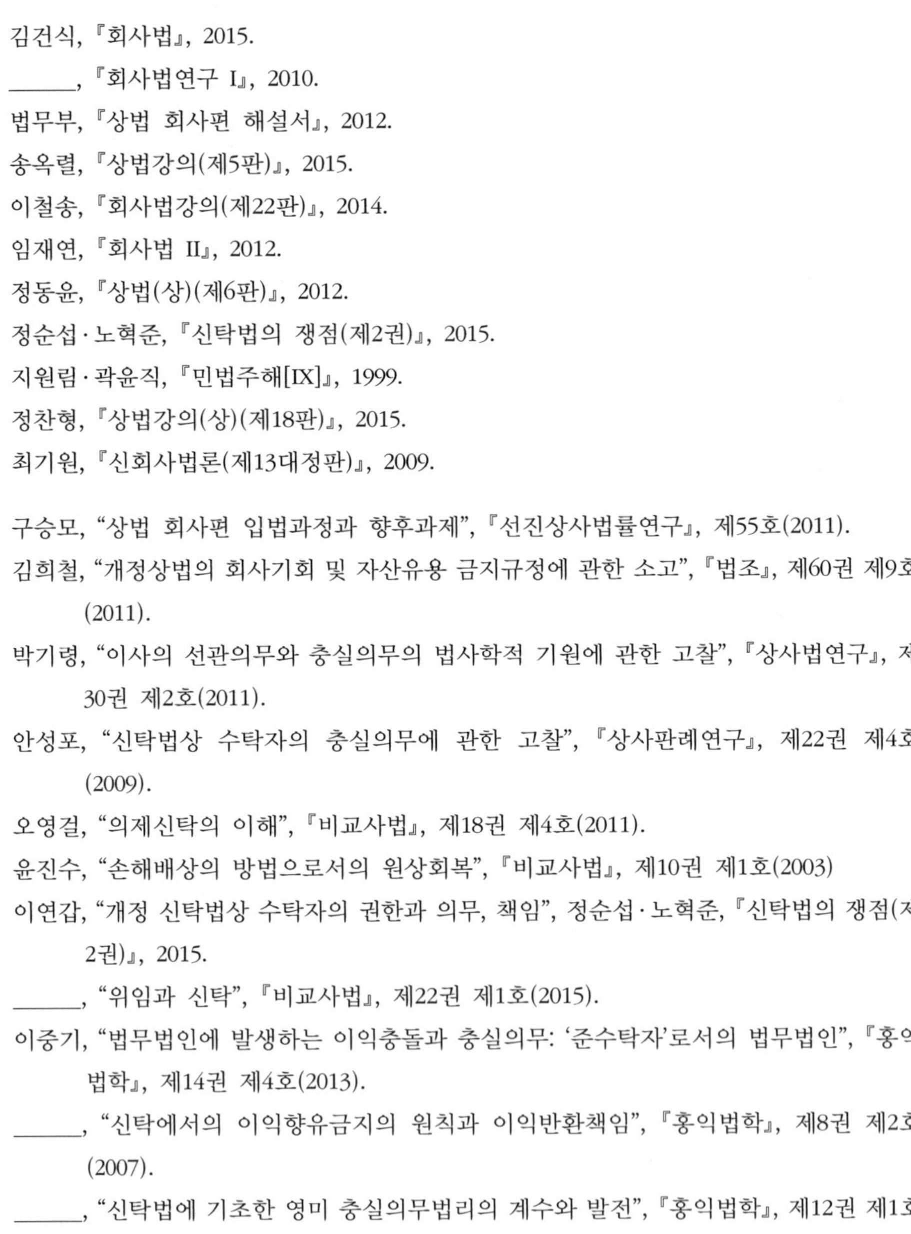


김건식, 『회사법』, 2015.

______, 『회사법연구 I』, 2010.

법무부, 『상법 회사편 해설서』, 2012.

송옥렬, 『상법강의(제5판)』, 2015.

이철송, 『회사법강의(제22판)』, 2014.

임재연, 『회사법 II』, 2012.

정동윤, 『상법(상)(제6판)』, 2012.

정순섭 · 노혁준, 『신탁법의 쟁점(제2권)』, 2015.

지원림 · 곽윤직, 『민법주해[IX]』, 1999.

정찬형, 『상법강의(상)(제18판)』, 2015.

최기원, 『신회사법론(제13대정판)』, 2009.

구승모, "상법 회사편 입법과정과 향후과제", 『선진상사법률연구』, 제55호(2011).

김희철, "개정상법의 회사기회 및 자산유용 금지규정에 관한 소고", 『법조』, 제60권 제9호(2011).

박기령, "이사의 선관의무와 충실의무의 법사학적 기원에 관한 고찰", 『상사법연구』, 제30권 제2호(2011).

안성포, "신탁법상 수탁자의 충실의무에 관한 고찰", 『상사판례연구』, 제22권 제4호(2009).

오영걸, "의제신탁의 이해", 『비교사법』, 제18권 제4호(2011).

윤진수, "손해배상의 방법으로서의 원상회복", 『비교사법』, 제10권 제1호(2003)

이연갑, "개정 신탁법상 수탁자의 권한과 의무, 책임", 정순섭 · 노혁준, 『신탁법의 쟁점(제2권)』, 2015.

______, "위임과 신탁", 『비교사법』, 제22권 제1호(2015).

이중기, "법무법인에 발생하는 이익충돌과 충실의무: '준수탁자'로서의 법무법인", 『홍익법학』, 제14권 제4호(2013).

______, "신탁에서의 이익향유금지의 원칙과 이익반환책임", 『홍익법학』, 제8권 제2호(2007).

______, "신탁법에 기초한 영미 충실의무법리의 계수와 발전", 『홍익법학』, 제12권 제1호(2011).

______, "신탁재산의 변화에 따른 투자법(investment law)의 등장과 수탁자의 주의의무,

충실의무 법리의 분화와 발전", 『상사법연구』, 제34권 제2호(2015).
_____, "이사의 충실의무의 강행성 여부와 충실의무에 대한 사적자치: 신탁 충실의무법의 보충적 적용을 중심으로", 『비교사법』, 제22권 제3호(2015).
_____, "이익충돌의 판정기준과 '법인격'의 고려여부, 회사기회 유용법리와 회사법상 충실의무법리의 전개", 『민사판례연구 (XXXVII)』, 2015.
_____, "충실의무에 대한 사적 자치: 충실의무의 부과이유와 그 해소장치를 중심으로", 『비교사법』, 제22권 제2호(2015).
이지민, "본인과 대리인 사이의 권리의무에 관한 검토", 『비교사법』, 제21권 제1호(2014).
이혜리, "미국법상 의제신탁의 의미", 『성균관법학』, 제27권 제2호(2015)
임채웅, "묵시신탁과 의제신탁의 연구", 『저스티스』, 제105호(2008).
천경훈, "회사기회의 법리에 관한 연구", 서울대학교 대학원 박사학위논문((2012).
최나진, "신탁법상의 충실의무에 대한 소고", 『법학연구』, 제16집 제1호(인하대학교, 2013).
최준규, "금전의 이동과 물권적 청구권－가치 소유권 및 의제신탁으로부터의 시사", 『법조』, 제58권 제11호(2009).

ALI, Restatement (Third) of Agency(2006).
Virgo, *The Principles of Equity & Trusts*(2012).

Hicks, "The Remedial Principle of Keech v Sandford Reconsidered", [2010] CLJ 287.
Koh, "Once a Director, Always a Fiduciary?" [2003] 62 CLJ 403.

# 제 3 장 이득반환책임의 성질*

## I. 개 념

신탁은 독자적인 법인격을 갖지 않고 설정자가 출연한 목적재산은 수탁자의 인격을 차용해 등장한다. 즉 신탁은 "신탁재산이 수탁자의 명의로 나타나고(수탁자의 인격을 차용해 형성되고), 수탁자가 충실의무자로서 수익자의 이익을 위해 신탁재산을 관리·운용할 대표권과 의무를 지는 단체적 관계"라고 정의할 수 있다.[1] 이러한 신탁관계에서 수탁자는 자신의 명의로 된 신탁재산을 사용하거나 신탁정보를 이용해 스스로 이익을 얻거나, 제3자에게 이익을 가져다 줄 수 있는 특수하고 우월한 지위에 있다. 따라서 수탁자에게는 "전적으로[2] 수익자의 이익을 위해서만 행동해야 한다"(duty of undivided loyalty)는 일반적 충실의무의 부과가 정당화된다.[3] 이러한 일반적 충실의무는 구체적 유

---

* 이 장은 이중기, "신탁에서의 이익향유금지의 원칙과 이익반환책임", 『홍익법학』, 제8권 제2호(2007), 195면에 기초하였음.

이 글은 구 신탁법하에서의 이득반환책임에 관한 논의이나 그 논리는 현행 신탁법 제43조 제3항하에서도 계속 유효하므로, 그 내용을 수정하지 않고 그대로 실었음.

1) 자세히는 이중기, "신탁의 정의방법과 신탁성립에 관한 제문제", 『민사판례연구(XXX)』(2008), 807면 참조.

2) '전적으로' 혹은 '최대한'의 의미에 대해서는 Ⅳ. 4. (3) 참조.

3) 대법원도 "수탁자의 충실의무는 수탁자가 신탁목적에 따라 신탁재산을 관리하여야 하고 신탁재산의 이익을 최대한 도모하여야 할 의무로서, 신탁법상 이에 관한 명문의 규정이 있는 것은 아니지만 일반적으로 수탁자의 신탁재산에 관한 권리취득을 제한하고 있는 신탁법 제31조를 근거로 인정되고 있다"고 선언하고 있다. 대법원 2005.12.22. 선고 2003다55059판결[공2006.2.1(243),155].

National Conference of Commissioners, Uniform Trust Code(Amended in 2005)도 다음

형으로서 (ⅰ) 신탁과의 이익충돌회피의무,[4] (ⅱ) 신탁이익의 향유금지의무[신탁법 제29조(이하 법명의 표시가 없는 것은 2011년 개정 전의 구 신탁법을 의미한다) 참조],[5] (ⅲ) 수탁자지위의 남용금지의무 내지 신탁정보의 비밀유지의무(제29조의 해석에서 도출) 등으로 나타난다.[6]

수탁자에게 이러한 이익충돌행위, 이익향유행위 혹은 지위의 남용 내지 정보사용행위 등이 허용되면 수탁자로 하여금 의무위반의 동기를 조장하는 것이 되므로, 수탁자에 대해서 모든 이익충돌 상황, 이익향유 상황 등을 '사전적 절대적으로 금지'함으로써 수탁자가 이익의 유혹에 빠지지 않도록 억지해야 할 필요가 있고, 또 수탁자가 이익충돌회피의무 등의 사전적 제어에도 불구하고 이익충돌행위 등을 감행한 경우 그로 인해 취득하게 될 잠재적 이익도 '사전적으로 금지'함으로써 수탁자의 신탁위반을 사전억지해야 할 필요가 있기 때문이다.

즉 위 (ⅰ), (ⅱ), (ⅲ)과 같은 수탁자에 대한 충실의무의 부과는 신탁위반의 예방(prevention)과 억지(deterrence)에 기초하여 신탁관리를 증진시키는 데 일차적 목적이 있는 것이고, 손해배상제도나 부당이득제도와 같이 개별 사안에서 당사자들의 공평성 혹은 부당이득의 방지 등을 목적으로 하는 원리는 아니다. 그 결과, 수탁자 행위의 '충실의무 위반'에 대한 판정 여부도 자기거래와

---

과 같이 규정한다: Section 802. DUTY OF LOYALTY (a) A trustee shall administer the trust <u>solely in the interests of the beneficiaries</u>.

4) 대법원은 제31조에 기해 일반적 충실의무를 선언한 다음, "수탁자가 자신의 고유재산인 비용상환청구권에 관하여 근질권을 설정한 행위는 신탁재산이나 수익자의 이익과 수탁자의 이익이 상반되는 행위가 아니어서 수탁자로서의 충실의무에 위반된 행위라고 할 수 없다"고 함으로써, 이익상충행위가 충실의무 위반행위이고 따라서 이익충돌회피의무가 구체적 충실의무의 한 유형임을 명시적으로 선언하고 있다.

영국의 충실의무법에서도 동일하다: "It is a rule of universal application, that no one having [fiduciary] duties to discharge, shall be allowed to enter into engagements in which he has, or can have, a personal interest conflicting, or which possibly may conflict, with the interest of those whom he is bound to protect." in Aberdeen Rly Co v Blaikie Bros(1854) 1 Macq 461, 471 per Lord Cranworth.

5) 이익향유금지의무는 수탁자가 수령한 향응 기타 부수적 이익(incidental benefit)에 대해서도 적용된다. Ⅳ. 3. 참조.

6) 충실의무에 관한 일반적 설명으로는 제1편 제1장, 제2장. 좀 더 자세한 내용으로는 Choong-Kee Lee, "Conflicts of Interests"의 Chapter 1. Fiduciary Law 및 Chapter 2. Fiduciary Principles의 내용 참조.

같은 이익충돌 상황의 초래 여부 혹은 이익충돌 우려가 있는 거래의 존재 여부에 의해 객관적으로 결정되어야 하고, 수탁자의 의도 및 해당 상황이나 거래가 신탁재산에 실제로 해를 끼쳤는가 혹은 이익이 되었는가(즉 거래의 효과)는 고려하지 않는다.[7)][8)] 신탁이익의 향유 상황 및 수탁자지위의 남용 내지 신탁정보의 사용행위에 대해서도, 문제된 이익향유행위나 지위남용 내지 정보사용행위의 객관적 성질에 의해 의무위반 여부가 결정되어야 하고, 행위의 의도나 행위의 결과는 고려하지 않아야 한다.

문제는 이와 같은 수탁자의 충실의무 위반 등에 대한 책임의 추궁방법이다. 개정신탁법 제43조와 달리 구 신탁법 제38조는 수탁자에 대해 신탁재산에 야기한 '손해'의 배상책임과 '변경'의 원상회복책임을 규정하고 있었지만, 수탁자 혹은 제3자가 얻은 '이익'의 회수방법에 대해서는 특별한 규정을 두고 있지 않았다. 앞서 본 것처럼, 충실의무제도가 수탁자 혹은 수탁자를 이용한 제3자의 이익을 사전에 예방하고 억지하는 목적을 가진 것이라면, 의무위반으로 취득한 수탁자나 제3자의 이익을 박탈해 전부 신탁에 반환시키도록 하는 것이 억지력의 확보 차원에서 필요하다. 이 글은 이와 같이 수탁자나 제3자 등이 금지된 이익을 얻은 경우, 그 이익을 어떻게 반환시킬 수 있는가에 대해 상법상의 개입권(제17조, 제397조 등)의 유추적용 가능성 등을 살펴보는 것을 주된 목적으로 한다.

---

7) 수탁자의 지위는 자를 위해 행위하는 친권자 혹은 후견인과 유사한데, 친권자와 자 사이의 이익상충행위 혹은 수인의 자 사이의 이익상충행위에 관해 대법원 1996.11.22. 선고 96다10270판결도 "민법 제921조의 이해상반행위란 행위의 객관적 성질상 친권자와 그 자(子) 사이 또는 친권에 복종하는 수인의 자(子) 사이에 이해의 대립이 생길 우려가 있는 행위를 가리키는 것으로서, 친권자의 의도나 그 행위의 결과 실제로 이해의 대립이 생겼는지의 여부는 묻지 않는다"고 한다.

8) 영국의 충실의무법에서도 동일하다. "[fiduciary rule] is an inexorable rule, and must be applied inexorably by this court, which is not entitled, in my judgement, to receive evidence, or suggestion or argument as to whether the principal did or did not suffer any injury in fact by reason of the dealing of the [fiduciary]." Parker v McKenna(1874) LR 10 Ch 96, 124-5 per James L.J.

## Ⅱ. 이익반환책임의 근거와 효용

### 1. 인정근거

수탁자의 이익반환책임은 구 신탁법 제38조가 규정한 손해배상책임이나 원상회복책임과는 그 인정근거를 달리한다. 수탁자의 손해배상책임이나 원상회복책임은 그 책임의 인정근거를 신탁재산에 대한 '손해'의 야기나 신탁재산의 '변경'에서 찾기 때문에, 손해나 변경이 있는 경우에만 이용할 수 있는 구제수단이다.

이에 비해 이익반환책임은 신탁재산에 대한 손해나 변경의 관점에서가 아니라, 수탁자 혹은 제3자가 수탁자의 '신탁위반'을 통해 '이익'을 취득했다는 사실(사전적으로 금지한 신탁의 이익을 신탁위반으로 향유했다는 사실)에서 구제의 근거를 찾는다. 즉 수익자가 신탁재산에 대한 실제 손해(actual injury)를 입증함이 없이[9] 이익반환의 구제수단을 선택할 수 있게 함으로써 손해입증의 불확실한 위험을 제거하고, 이익 전부에 대한 박탈원칙을 선언함으로써 수탁자가 이익의 유혹에 빠지지 않게 하는 것이다.

따라서 이익반환책임은 개별 사안에서 당사자간의 공평성 혹은 부당이익의 방지 등을 목적으로 하는 원리가 아니라 신탁위반의 예방과 억지를 목적으로 한다(구체적 비교에 대해서는 Ⅲ. 2. (1) 및 Ⅶ. 1. 참조). 즉 이익은 신탁위반을 통해 신탁과 관련해 취득한 것이고, 이러한 이익을 허용하면 수탁자의 의무위반을 조장할 수 있으므로, 수탁자의 의무위반을 억지하기 위해 그 이익을 박탈하는 것이다.

### 2. 효용성

수탁자의 신탁위반으로 신탁재산에 '손해'가 발생하지 않은 경우, 손해배상책임의 추궁은 소용이 없다. 왜냐하면 손해배상책임은 신탁재산에 대한 '손해'에 근거하므로, 수탁자 혹은 제3자가 이익을 취득한 경우에도 '신탁재산에 대한 손해'를 입증하지 못하면, 책임추궁의 요건을 충족시키지 못하기 때문이

9) 앞의 주 7)과 8)의 내용 참조.

다(신탁재산에 대한 손해 없이 수탁자가 이익을 취하는 예에 대해서는 뒤의 Ⅳ. 2.와 3. 참조).

마찬가지로, 수탁자의 신탁위반으로 신탁재산에 대한 '변경'이 야기되지 않은 경우, 수탁자가 이익을 취득한 경우에도 원상회복책임의 추궁은 어렵다. 원상회복책임은 신탁재산의 '변경'에 근거하므로, '신탁재산의 변경'을 입증하지 못하면 책임추궁이 가능하지 않기 때문이다. 따라서 이 때에는 새로운 회복적 구제수단이 필요하다. 이러한 구제수단이 이익의 반환책임이다.

앞에서 본 것처럼, 이익반환책임은 신탁이익의 향유금지를 위반한 수탁자 혹은 제3자의 '이익'의 관점에서 접근하기 때문에, (ⅰ) 수탁자의 신탁위반, (ⅱ) 수탁자 혹은 제3자의 이익의 취득 및 (ⅲ) 양자 사이의 인과관계가 존재하기만 하면, 이익반환책임을 추궁할 수 있다.

## Ⅲ. 수탁자의 이익반환책임의 논리구성

구 신탁법 제29조와 개정신탁법 제36조는 수탁자의 신탁이익 향유를 금지하고 있었지만, 수탁자가 금지된 이익을 취득한 경우의 책임추궁 방법, 즉 금지된 이익의 박탈방법에 대해서는 구체적으로 규정하고 있지 않았다. 구 신탁법 제38조가 적용되는 것으로 생각할 수도 있지만 제38조는 직접적으로 수탁자의 이익반환책임을 언급하고 있지 않았기 때문에, 수탁자의 이익반환책임을 논리구성하기 위해서는 독자적인 해석이 필요하였다. 제3자가 수탁자의 신탁위반행위로 이익을 취득한 경우에도 마찬가지이다(제3자의 이익반환책임에 대해서는 뒤의 Ⅴ. 2. 참조).

### 1. 부당이득법리에 의한 이익반환청구

수탁자의 이익반환책임을 민법상 부당이득법리에 의해 논리구성할 수 있는가? 부당이득법리는 (ⅰ) 손실을 요건으로 한다는 점 및 (ⅱ) 반환범위의 한도를 손실을 상한으로 한다는 점에서 신탁의 상황에서는 제대로 작동하기 어렵다.

(1) 손실요건에 관한 문제

향유가 금지된 이익의 반환이 문제되는 신탁 상황은 신탁위반으로 인한 수탁자의 이익억지를 목적으로 하기 때문에, 손실을 요건으로 하는 민법상 부당이득법리가 적용되기에는 부적절한 점이 있다. 즉, 민법상 부당이득반환의 요건으로서, 이익이 '법률상의 원인이 없기만 하면 되는가', 아니면 손실자의 '손실'까지 필요한가가 문제된다. 통설인 공평설에 의하면, 손해를 주는 일이 없는 이상 이득자에 대해 이득의 반환을 명할 이유는 없으므로, 손실자의 손실을 요건으로 한다고 한다. 따라서 부당이득법리에 의해 수탁자의 이익반환책임을 청구하기 위해서는 신탁재산에 손실이 발생해야 하는데(물론 공평설에 의하더라도 이익의 범위가 손실의 범위와 같을 필요는 없다), 이익억지의 관점에서는 신탁재산에 대한 손실을 끼치지 않고 취득한 수탁자의 이익도 박탈해야 한다는 점에서 부당이득법리는 신탁 상황에서는 부적절하다.

물론 손실을 요건으로 하는 견해에 의하더라도, '손실'은 당연히 증가하였을 재산권 또는 재산적 이익의 증가가 없는 경우를 포함하기 때문에,[10] 수탁자가 신탁위반으로 신탁재산 혹은 신탁정보를 사용해 자신이 이득한 경우, '손실'의 입증이 가능한 경우도 있다. 수탁자가 신탁을 위해 재산 혹은 정보를 사용하였더라면 신탁이 얻었을 이익을, 수탁자 혹은 제3자가 얻은 것이 되기 때문에 그만큼의 손실이 신탁재산에 발생한 것으로 볼 수 있기 때문이다. 따라서 소극적 손실이 인정되는 한도에서는 부당이득반환청구에 의해도 무방할 것이다.

(2) 반환범위의 문제

그런데 손실을 요건으로 하는 부당이득법리에 의하는 경우, 신탁의 손실보다 더 큰 이익을 수탁자가 취득한 경우, 부당이득반환청구는 이익 전부에 대해 청구할 수 있는가 아니면 손실의 액에 한정되는가가 문제된다. 민법상 부당이득청구권에서는 다른 제도에 의해 완전하게 규율되어 있는 경우 따로 부당이득반환청구권을 인정하지 않으므로, 반환범위는 이익의 범위 내에서 손실을 최대한으로 한다. 하지만, 신탁에서의 이익반환청구는 손실의 전보나 부

10) 곽윤직, 『채권각론(제6판)』(2003)(이하, 곽윤직, '『채권각론』'), [193] 참조.

당이득의 방지가 아니라, 수탁자의 신탁위반에 따른 수탁자 혹은 제3자의 이익을 억지하는 것 혹은 신탁재산을 보전하기 위한 것이기 때문에, 일단 이익이 발생하면, 그 청구의 범위는 이익 전부에 미친다고 해석할 것이다. 따라서 만약, 부당이득법리를 신탁의 이익반환에 적용하려 한다면, 이 점에 있어서는 부당이득법리를 변경할 필요가 발생한다.[11]

## 2. 이익억지설에 의한 이익반환청구

수탁자의 이익반환책임은 수탁자의 이익을 억지하겠다는 정책적 필요성에 의해서 설명될 수 있다. 이러한 이익억지설[12]에 의하면, 신탁관계에서 수탁자는 '자기명의'로 된 신탁재산을 관리하므로 신탁과 관련해 신탁이익을 향유할 가능성이 매우 높아지므로, 신탁이익을 향유하지 못하게 할 필요성이 생기고(구 신탁법 제29조 및 개정신탁법 제36조), 이러한 신탁이익의 향유금지의무는 신탁재산을 '자기명의'로 관리하는 수탁자의 의무위반을 억지하기 위한 것이므로, 이러한 금지의무를 위반해 향유한 이익은 의무위반 억지력을 확보하기 위해서 무조건 박탈하는 것이 필요하다고 본다.

### (1) 손실요건: 불요

이익억지설에 의하면 논리적으로 신탁재산의 손실요건은 필요하지 않다. 다시 말해, 이익억지설에 의하면 공평설에서처럼 손실자와의 공평을 문제삼는 것이 아니고, 수탁자의 이익을 억지하기 위한 것으로 보므로, 신탁재산의 손실은 이익반환청구의 요건이 아니게 된다. 즉, 수탁자에 대한 이익반환청구의 요건은 단순히 (ⅰ) 신탁위반이 있는가, 그에 기해 (ⅱ) 수탁자가 이득을 하였는가의 문제로 파악한다.

대신, 이익억지설에서는 손실요건을 요구하지 않는 대신에 수탁자의 비난 가능성, 즉 신탁위반을 요구한다. 수탁자에 대한 이익반환 청구를 위해서 수탁자의 '신탁위반'이 이익의 원인이 되어야 하므로, (이득자의 의무위반에 대비

---

11) 아래의 Ⅲ. 4. 일본에서의 이익토출책임에 관한 논의 가운데 부당이득 부분 참조.
12) 영국의 충실의무법에서 충실의무의 엄격성, 절대성은 의무위반에 대한 억지적 기능(deterrent effect)을 수행한다고 한다. 이러한 측면을 우리 법에서는 이익억지설이라고 설명할 수 있을 것이다. 자세히는 Choong－Kee Lee, "Conflicts of Interests"의 Chapter 2. Fiduciary Principles 참조.

되는) 단순히 '법률상 원인 없는' 이득행위보다 훨씬 이익박탈의 필요성 및 수탁자의 비난 가능성이 높아져야 한다. 따라서 수탁자에 대한 비난 가능성의 측면에서, 신탁의 손실요건을 요구하지 않는 것은 정당화될 수 있다.

수탁자가 스스로 이득하는 대신 제3자를 이득시키는 경우에도 신탁의 손실요건은 필요하지 않다. 수탁자가 신탁위반으로 제3자를 이득시키는 것 혹은 제3자가 수탁자의 신탁위반을 이용해 이득하는 것도 억지되어야 하기 때문이다. 하지만, 제3자의 이득의 경우 제3자가 직접 반환책임을 지기 위해서는 (ⅰ) 수탁자의 신탁위반과 (ⅱ) 제3자의 이득요건 외에, (ⅲ) 제3자가 수탁자의 신탁위반에 대해 악의이거나 신탁위반을 모른 데 대해 중대한 과실이 있어야 한다(자세히는 다음의 V. 2. 참조).

### (2) 반환범위

이익억지설에 의하면 수탁자 혹은 제3자가 향유한 이익에 대한 반환청구는 신탁의 손실에 의해 영향을 받지 않고, 따라서 수탁자 혹은 제3자가 향유한 이익 전부에 대해 박탈을 명할 수 있게 된다.[13] 물론, 개별 사안에 대한 '반환책임'의 인정범위에 있어 법원은 경험칙, 논리칙 혹은 공평의 원칙에 기하여 합리적인 범위 내에서 반환책임을 제한할 수 있다.[14] 반대로 수탁자 혹은 제3자가 이득한 이익은 적더라도 당해 이익의 취득행위를 억지할 필요가 큰 경우에는 법원은 경험칙 등에 기하여 실제 이득한 이익보다 더 큰 반환책임을 인

13) 이 경우 손실을 입증하여 손해배상을 한 경우, 손해배상과 이익반환과의 관계에 대해서는 다음 Ⅶ. 1. 참조.

14) 대법원 2007.4.12. 선고 2004다4980판결【손해배상(기)】 [공2007.5.15.(274), 663].
"실제로는 개별 주식거래의 다양성과 주식시장의 변동성 등으로 인하여, 주가지수변동률 등의 통계자료만으로 '정상적인 일임거래가 이루어졌을 경우에 발생하였을 것으로 예상되는 손실이나 거래비용'을 정확히 추산하는 것이 매우 어렵기 때문에, 증권업자가 부담할 최종적인 손해배상액을 정하는 법원으로서는, 위와 같은 방법에 의해 손해를 산정함에 있어서도 당해 거래관계에 특수한 상황이 있을 때에는 이를 참작하여 손해배상책임을 조정할 필요가 있을 뿐만 아니라, 사안에 따라서는 경험칙이나 논리칙 또는 공평의 원칙에 어긋나지 아니하는 한 아예 '과당매매가 시작되는 시점의 계좌 상태'와 '과당매매 종료 시점의 계좌 잔고'와의 차액에 의해 손해를 산정한 다음, 정상적인 일임거래가 이루어졌을 경우에도 그에 상응한 수수료 등 거래비용이 지출되리라는 사정 및 전반적인 주가하락 추세 등의 요소로 인해 과당매매가 없었더라도 어느 정도의 손실을 피할 수 없었으리라는 사정 등을 적절히 참작하여 합리적인 범위 내에서 책임을 감경하는 방법으로 손해배상액을 결정할 수도 있다."

정할 수 있다고 본다. 이러한 법원의 재량은 징벌적 손해배상과 유사한 기능을 수행할 수 있을 것이다.

### 3. 신탁재산회복설에 의한 이익반환청구

수탁자에 대한 이익반환청구는 신탁재산의 보존과 회복의 관점에서도 정당화될 수 있다. 이러한 신탁재산회복설에 의하면, 수탁자는 자신의 특수한 재능 때문에 수탁자로 선임되었고(다음 Ⅳ. 5. 참조), 그 재능을 '전적으로 신탁을 위해 행사하여야 할 의무'(duty of undivided loyalty)를 지므로, 신탁을 위해 그 재능을 사용하였다면, 다시 말해 '신탁재산' 혹은 '신탁정보'를 자신이 아니라 신탁을 위해 사용하였더라면, 수탁자의 이익은 당연히 신탁의 이익이 되었을 것이기 때문에, 수탁자가 신탁위반으로 신탁재산 혹은 신탁정보를 사용해 취득한 이익은 명의를 불문하고 당연히 신탁재산이 된다고 본다. 즉, 구 신탁법 제29조 혹은 개정신탁법 제36조는 "수탁자는 누구의 명의로도 신탁의 이익을 향유하지 못한다"라고 규정하고 있기 때문에, 수탁자가 취득한 이익은 계정의 명의 여하를 막론하고 당연히 신탁재산이 되기 때문이다.[15] 그 결과, 수탁자에 대한 이익의 회복청구는 논리적으로 '신탁재산'에 대한 물권적 회복청구가 된다.

수탁자가 신탁재산 혹은 신탁정보를 이용해 스스로 이득하는 대신 제3자를 이득시키는 경우 신탁재산회복설에 의하면 제3자가 취득한 이익도 신탁재산이므로, 제3자가 선의취득 기타 정당한 사유가 없는 한, 신탁재산으로 회복시킬 수 있게 된다.

#### (1) 근 거

신탁재산회복설에 의하면 '신탁재산' 사용의 경우 신탁재산의 독립성 및 독립된 신탁재산의 물상대위에 의한 계속성[16]에 근거해 인정될 수 있다. 신탁

15) 신탁사무수행과 관련해 수탁자가 취득한 부수적 이익(incidental benefit)의 취급에 대한 영국법에 대해서는 뒤의 주 26) 및 관련 본문 참조.
能見善久, 『現代信託法』(2004)(이하, '能見')은 이익토출책임의 근거에 대한 일본 신탁법학자들의 견해를 설명하고 있는데, 수탁자가 신탁재산이나 신탁정보를 사용해 취득한 이익을 처음부터 당연히 신탁에 속한 것으로 보는 견해는 소개하고 있지 않다. 따라서 일본에서는 아직 이러한 견해가 전개되지 않은 것 같다(아래의 Ⅲ. 4. 참조).

재산은 수탁자의 일반재산 중에 혼합되어 있어도, 그것이 원래의 신탁재산의 대위물이라는 것을 입증할 수 있으면, 수익자는 그것이 신탁재산에 편입된 것임을 주장할 수 있기 때문이다.[17] '신탁정보'의 사용의 경우에도 그 정보는 신탁에 속한 것이므로 수탁자가 신탁정보를 이용해 취득한 이익은 신탁재산에 속한 것으로 볼 수 있다. 비밀정보는 경제적 가치가 있는 재산으로 취급될 수 있기 때문에 신탁에 속한 비밀정보를 이용한 결과는 당연히 신탁에 속해야 하기 때문이다.

신탁재산회복설에 의할 경우, 수익자의 이익반환청구는 신탁이 갖는(즉 신탁재산에 속한) 물권적 청구권을 수익자가 대위행사하는 것으로 된다(회사의 이사에 대한 손해배상청구권을 주주가 대표소송하는 것과 유사하다). 수탁자 변경시에는 신수탁자가 신탁을 대표해 신탁위반수탁자에 대해 직접 청구할 수 있다. 이 점은 이익억지설에 따른 이익반환청구권이 채권적 청구권으로 구성되는 점과 차이가 나는 점이다.

### (2) 도산으로부터의 보호

신탁재산회복설에 따라 수탁자의 이익을 신탁재산으로 보는 경우, 이익반환의 청구가 있기 전에도 이러한 이익은 대내적으로 신탁재산이 되므로, 만약 수탁자가 파산한 경우 수탁자의 파산재단을 구성하는 것이 아니라 신탁재산으로서 보호받게 된다(구법 제22조 혹은 개정신탁법 제24조)[물론 신탁공시가 가능한 재산은 신탁공시를 해야 신탁재산임을 대항할 수 있고(구법 제3조 혹은 개정법 제4조), 신탁공시가 안되는 이익도 신탁재산임을 입증해야 한다].

### (3) 손실요건과 반환범위

신탁재산회복설에 의하면 수탁자가 신탁위반으로 향유한 이익은 당연히 신탁재산의 일부를 구성하므로 자신의 재산에 대한 회복을 청구하는 것이 된다. 따라서 손실요건이 등장할 여지는 없다. 또 원칙적으로 수탁자가 향유한 이익은 전부 신탁재산이므로 이익 전부를 신탁에 반환하여야 한다. 하지만, 수탁자가 향유한 이익이 수탁자에게 전속적인 경우와 같이 신탁에 반환할 수

16) 신탁법 제19조.
17) 能見, 61면.

없는 경우도 있다(다음 V. 1. 참조). 또 반환책임의 제한 필요성이 있는 경우, 신탁재산회복설에 의하면, 이익은 이미 신탁재산에 속하는 것이므로, 이익억지설에서와 같이 법원이 공평의 원리에 기해 직접 반환책임을 제한할 수는 없고 경험칙, 논리칙, 공평의 원칙에 기해 신탁재산을 포기했다고 해석[18]해야 할 것이다.[19]

## 4. 일본에서의 이익토출책임에 관한 논의

일본에서도 수탁자가 취득한 이익의 반환에 대해 '이익토출책임'이라는 이름으로 논의가 된다. 대표적 신탁법학자인 能見이 이익토출책임을 인정하는 근거로서 ① 손해배상, ② 사무관리, ③ 부당이득 등의 이론을 검토한 것에 대해 살펴본다.

우선, '이익토출'형의 손해배상책임을 인정하는 논의가 있는데, 能見은 '손실'을 넘는 손해배상을 인정하는 것은, 입법론으로서는 어떻든 간에, 현행법의 해석으로서는 간단하지 않다고 한다.[20]

두 번째로, 준사무관리의 책임을 신탁의 경우에 적용하면, 수탁자가 자기의 이익을 도모한 신탁위반행위로써 이익을 얻은 경우, 이것을 신탁을 위해서 한 행위로 볼 수 있고, 그렇게 하면 그 이익은 신탁재산에 귀속하는 것으로 된다고 한다. 하지만, 수탁자가 신탁재산에 속하는 재산을 무단사용해 얻은 이익을 토출시키는 경우에 대해서는, 준사무관리가 적절한 법률구성이지만, 단순히 신탁재산에 속한 정보를 이용해 위탁자가 이익을 얻는 데 지나지 않는 경우에는 준사무관리는 사용하기 어렵다고 본다.[21]

세 번째로, 부당이득이론에 의할 경우 '손실'을 요건으로 하면, 손해배상의 한계와 같이 손실이 없는 경우, 부당이득반환을 구하는 것은 어렵지만 최근의 부당이득이론에서는 '수익'이 '법률상의 원인 없는' 부당한 이득이기만 하면 되고, '손실'까지는 필요 없다고 하는 견해도 유력하다고 한다. 이렇게 해석하면 신탁재산정보를 부당히 이용해 얻은 이익은, 이런 의미에서 부당한 이득

18) 사후적 포기에 대해서는 다음 Ⅷ. 2. 참조.
19) 신탁재산회복설에 의할 경우, 손해배상과 이익반환과의 관계에 대해서는 Ⅶ. 1. 참조.
20) 能見, 144면.
21) 能見, 145면.

이기 때문에 수탁자는 이것을 가질 수 없고, 신탁재산에 반환하지 않으면 안 된다고 한다.[22]

## 5. 일본 개정신탁법상의 이익반환청구 방법

일본 개정신탁법은 제40조 제1항에서 "수탁자는 (ⅰ) 신탁재산에 손실이 생긴 경우 당해 손실의 전보, (ⅱ) 신탁재산에 변경이 생긴 경우 원상회복을 청구할 수 있다"고 규정하고 있고, 제3항에서 "제30조(충실의무) 등의 규정에 위반한 행위를 한 경우, 수탁자는, 당해 행위에 의해 수탁자 또는 그 이해관계인이 얻은 이익액과 동액의 손실을 신탁재산에 생기게 한 것으로 추정한다"고 규정하고 있다.

일본 개정신탁법은 일견 손해배상과 별도로 이익반환청구제도를 마련하고 있지 않는 것으로 보이지만, 손해배상청구를 위해 실제 입증하는 것은 신탁재산에 대한 손해액이 아니고 손해액으로 추정되는 수탁자 등의 이익액이므로, 실제로는 수탁자 등이 취득한 이익을 입증해 반환받는 것이 된다. 따라서 일본 개정신탁법은 외형상 이익반환청구제도를 도입한 것은 아니지만, 실질적으로 이익반환책임을 도입한 것이라고 볼 것이다.

특히, 개정신탁법 이전에도 일본에서는 이익에 대한 반환청구(소위 이익토출책임)를 인정하기 위해 부당이득법리에서 손실요건을 완화하는 방안 혹은 준사무관리를 인정하는 방안 등이 논의되었는데,[23] 개정신탁법은 이익을 손실로 추정함으로써 부당이득에서의 손실요건에 대한 논의의 필요성을 제거하였다. 또 이익액 전부를 손실액으로 보상받을 수 있으므로, 손해배상의 방법으로 이익 전부에 대한 반환청구가 가능하게 되었다. 따라서 일본의 이익반환청구제도는 실질적으로 이익억지설에 의한 이익반환청구와 동일하게 작용하는 것으로 보인다.

그런데 이익에 대한 반환의 구제수단으로 이익의 관점이 아니라 손해로 추정하여 반환받는 논리가 바람직한지는 의문이다. 뒤에 보는 것처럼, 의무위반으로 인한 이익취득과 반환책임은 신탁관계에 한정되는 것이 아니라, 회사

22) 能見, 145면.
23) 앞의 Ⅲ. 4.의 내용 참조.

관계나 금융관계 혹은 위임관계 등에도 발생하는 일반적 문제이기 때문에 충실의무법상의 이익반환책임으로서 사법 일반의 원칙으로 발전시켜야 할 원리이고(다음 X. 참조), 따라서 손해배상과는 다른 독자적인 구제수단으로 파악하는 것이 타당하기 때문이다. 또 일본법은 이익을 손해로 간주하는 것이 아니라 "추정"하는 것으로 하고 있기 때문에, 수탁자측에서 신탁재산에 대한 손해를 이익보다 작다고 입증하고, 수탁자가 이익 전부가 아니라 손해액만큼만 반환하면, 이익 전부에 대한 배상청구는 부정되는 것처럼 보인다. 이러한 결과는 수탁자의 이익을 억지하려는 목적에는 미흡한 것으로 생각된다.

## Ⅳ. 이익반환책임의 요건과 위반 유형

### 1. 책임의 요건

여기서는 이익억지설 혹은 신탁재산회복설에 기하여 이익반환의 요건에 대해 살펴보자. 이익반환책임은 수탁자가 (ⅰ) 신탁상 의무를 위반해 (ⅱ) 신탁과 연관된 이익을 얻은 경우에 발생하는 책임이고, 신탁위반으로 인해 신탁재산에 손해가 발생하는지, 신탁재산이 변경되었는지 여부는 문제가 되지 않는다. 따라서 (ⅰ) 수탁자의 신탁위반과 (ⅱ) 수탁자 등의 이익이 있고, (ⅰ)과 (ⅱ) 사이에 인과관계만 있으면, 이익반환책임은 성립한다(이익반환책임과 손해배상책임과의 관계에 대해서는 다음 Ⅶ. 1. 참조).

### 2. '신탁위반' 요건

이익반환책임은 '신탁위반'을 통해 수익을 얻은 경우 그 수익에 대해 반환책임을 진다는 것이기 때문에 신탁위반은 기본적 요건이다. 따라서 사용이 금지된 신탁재산을 사용하거나 사용이 금지된 신탁정보를 이용한 경우, 수탁자는 취득한 이익에 대해 반환책임을 진다. 수탁자가 임의로 상당한 사용대가를 지급한 경우에도 신탁재산 혹은 신탁정보의 사용이 금지된 경우, 신탁에 대해 이익반환책임이 발생한다. 이 책임은 수탁자와 신탁 사이의 공평이 아니라 신탁위반의 억지가 목적이기 때문이다. 하지만, 수탁자의 신탁위반이 없는 경우에는 수탁자의 이익억지가 불필요하므로, 이익반환책임은 발생하지 않는다

(단, 신탁에 대한 손실이 있는 경우 공평설에 의해 부당이득반환책임이 발생할 수는 있다).

그런데 뒤에서 보는 것처럼,[24] 수탁자는 자기가 의도하지 않은 경우에도 신탁의 신탁사무의 수행과 관련하여 부수적인 이익(incidental benefit)을 취득할 수 있다. 그런데 이러한 부수적인 이익도 수탁자는 취득이 금지되기 때문에(구법 제29조 혹은 개정법 제36조)[25] 이러한 이익은 신탁에 귀속되어야 하고,[26] 만약 부수적인 이익을 스스로 취득하는 경우 신탁위반이 된다.

이익반환책임을 야기하는 수탁자의 신탁위반행위 유형은, 손해배상책임이나 원상회복책임에서 살펴보는 것처럼, 신탁재산에 대한 ① 부실관리, ② 신탁위반의 처분, ③ 분별관리의무 위반, ④ 선관주의의무 위반, ⑤ 충실의무 위반 등으로 나누는 것은 적절하지 않다. 이러한 신탁위반 유형은 신탁재산에 대한 손해 혹은 변경을 유발하는 위반 유형의 분류로는 적당하지만, 이익의 취득원인을 이렇게 복잡하게 나눌 필요는 없다. 아래에서 보는 것처럼 이익취득을 유발하는 신탁위반행위 유형으로는, (ⅰ) 신탁재산을 사용한 경우와 (ⅱ) 신탁정보를 이용한 경우로 나누는 것이 간명하다.

'신탁위반'인 신탁재산 혹은 신탁정보의 사용행위는 신탁재산과의 자기거래 혹은 신탁위반의 처분, 기타 다양하게 발생하는데, 수탁자의 신탁위반행위를 통해 취득한 이익에 대해서는 신탁위반행위의 유형을 묻지 않고 반환책임이 발생한다. 또 이익유발행위, 다시 말해 신탁위반으로 행해진 행위나 체결된 거래의 유효나 무효 혹은 취소 여부도 그 행위로 인해 생긴 이익의 반환책임에는 영향을 미치지 아니한다(신탁위반의 처분의 경우, 수익자취소권과 이익반환청구권의 경합에 대해서는 Ⅶ. 2. 참조).[27]

---

24) 특히, 신탁재산에 대한 손해를 가하지 않으면서 수탁자가 이익을 취득한 경우 참조.

25) 수탁자가 신탁과 관련하여 이익을 취득할 수 있는 경우는 (ⅰ) 공동수익자의 일인으로 수익자인 경우이거나(제29조 단서), (ⅱ) 신탁행위 혹은 수익자로부터 승인을 받는 경우(Ⅷ. 참조)뿐이다. 따라서 부수적 이익에 대해서도 승인이 있었음을 입증하지 못한 경우 수탁자는 그 이익을 취득할 수 없다.

26) 영미에서도 또한 같다. 영국법에 대해서는 Hanbury & Martin, *Modern Equity*(17th ed., 2005), p.614 이하 참조. 대표적인 판례로는 Boardman v Phipps [1967] 2 AC 46를 들 수 있다. 미국법에 대해서는 ERISA 29 USCA §1109(a) 참조.

27) 신탁법은 직접적 자기거래에 대해서만 무효를 선언하고 있고(제31조), 기타 이익충돌행위에 대해서는 신탁위반의 경우에도 일단 유효하고 수익자에게 취소권이 생김에 불과

### 3. '이익' 요건 Ⅰ: '신탁재산' 혹은 '수탁자지위'의 사용을 통한 이익

먼저 수탁자가 신탁재산을 사용하여 부당히 이익을 얻는 경우에 대해 살펴보자. 이러한 이익은 (ⅰ) 신탁재산에 대한 손해 혹은 변경을 가하면서 이익을 얻는 경우와 (ⅱ) 신탁재산에 대한 손해 혹은 변경을 가하지 않으면서 이익을 얻는 경우로 나눌 수 있다.

먼저 신탁재산에 대한 '손해 혹은 변경을 가하지 않으면서' 신탁재산을 이용해 이익을 취한 경우를 살펴보자. 예를 들어, 수탁자가 신탁재산인 주식의 의결권을 행사하여 자신 혹은 친구를 주식발행회사의 이사로 선임하는 행위는 신탁에 손해를 가하지 않으면서 이익을 취하는 행위로 볼 수 있다. 또, 신탁이 보유한 종목과 동일종목의 주식을 수탁자가 고유계정으로 비싸게 매도하거나 혹은 싸게 매수하기 위해, (ⅰ) 고유계정의 매매 전에 신탁재산으로 동일종목을 대량매수하거나 혹은 대량매도하고, (ⅱ) 고유계정으로 거래를 하고, 마지막으로 (ⅲ) 고유계정의 거래가 끝난 후 신탁재산으로 반대거래를 하면, 신탁재산에는 손해 혹은 변동이 없으나, 수탁자는 시세차익을 누릴 수 있다.

또, 수탁자가 신탁으로 인해 간접적으로 혹은 '부수적인 이익'(incidental benefit)을 취득하는 경우도 있다. 예를 들어, 수탁자가 신탁의 영업을 영위하는 과정에서 신탁의 거래상대방으로부터 개인적으로 선물 기타 부수적인 이익을 취득하는 경우 혹은 수탁자가 신탁의 거래 대가로 제3자로부터 이익, 뇌물 기타 향응을 향수하는 경우(예: 수탁자가 신탁주식의 매각을 특정 증권회사에 주문하는 대가로, 증권회사로부터 위탁매매 수수료의 할인, 기업분석정보 기타 soft commission을 취득하는 경우) 등을 생각할 수 있다. 이러한 경우, 신탁재산에 손해나 변경이 없으므로, 수탁자에 대해 손해배상청구나 원상회복청구는 할 수 없다. 하지만 수탁자는 신탁사무와 관련해 부수적 이익을 포함한 일체의 이익을 취득할 수 없으므로,[28] 수익자는 이익억지설 혹은 신탁재산회복설에 기해

---

하다고 한다(제52조). 따라서 직접적 자기거래를 제외한 수탁자의 '이익향유 유발행위'는 원칙적으로 유효한 행위가 된다. 제5편 제5장 IV. 2.(이중기, "충실의무와 이익충돌," 115면) 참조.

28) 앞의 주 25) 참조.

수탁자에 대해 이익의 반환을 청구할 수 있게 된다.

다음으로 신탁재산에 대한 '손해 혹은 변경을 가하면서' 신탁재산을 이용해 이익을 취한 경우를 살펴보자. 수탁자가 신탁재산에 '적극적 혹은 소극적' 손해를 가하면서 이익을 취하는 경우에도, 수익자는 이익억지설 혹은 신탁재산회복설에 기해 이익반환청구를 할 수도 있다. 하지만, 이 때에는 신탁재산의 '손해'를 입증할 수 있으므로, 손해배상청구도 가능할 것이다. 예를 들어 수탁자가 '소극적'으로 신탁재산으로 수입을 창출할 의무를 포기하면서, 이익을 취득하는 경우(예: 수탁자가 신탁부동산을 임대해 임대료 수입을 올리지 않고, 무상으로 자신의 주거로 사용하는 경우), 손해배상으로 논리구성하는 것은 어렵지 않다(손해배상과 이익반환청구의 관계에 대해서는 Ⅶ. 1. 참조).

## 4. '이익' 요건 Ⅱ : '신탁정보'의 사용을 통한 이익

이번에는 수탁자가 신탁정보를 사용하여 부당히 이익을 얻는 경우에 대해 살펴보자. 이러한 경우도 (ⅰ) 신탁재산에 대한 손해 혹은 변경을 가하면서 이익을 얻는 경우와 (ⅱ) 신탁재산에 대한 손해 혹은 변경을 가하지 않으면서 이익을 얻는 경우로 나눌 수 있다.

먼저 신탁재산에 대한 '손해 혹은 변경을 가하지 않으면서' 신탁정보를 이용해 이익을 취한 경우를 살펴보자. 예를 들어, 수탁자가 위탁자나 수익자로부터 수령한 신탁재산 관련 정보를 사용해 스스로 혹은 계열사로 하여금 신탁과 거래하거나 신탁이 발행한 수익증권을 취득함으로써 이익을 얻는 행위는 신탁에 대해서는 손해를 야기하지 않는다[예를 들어, 수탁자의 계열사(혹은 수탁회사의 다른 영업부서)가 신탁이 발행한 수익증권을 취득해 이득한 경우 등].[29] 또 신탁사무와 관련해 어떤 회사에 관한 정보를 취득했는데, 당해 신탁은 그 회사가 발행한 주식취득이 신탁목적 범위 외의 행위로서 금지되어 있는 경우, 수탁자가 그 정보를 이용해 그 회사주식에 투자하여 이익을 취득해도 신탁에는 손해가 발생하지 않는다(예를 들어, 수탁자가 신탁사무와 관련해 광물가공업을 하

29) 이러한 이익의 취득유형은 진로로부터 구조조정 컨설팅을 의뢰받아 기업상태를 조사했던 골드만 삭스가 수령한 내부정보를 이용하여 자산관리공사 및 국내 채권금융기관으로부터 진로 채권을 싸게 구입해 막대한 매각차익을 실현했다고 주장하는 상황과 유사한 것이다.

는 회사에 대한 정보를 수령하여 그 회사 주식을 취득해 이득한 경우).

하지만 신탁정보를 사용한 이익의 경우도 이익억지설 혹은 신탁재산회복설에 의하면, 신탁재산에 대한 손해 여부와 관계없이 수탁자는 신탁이 아니라 자신의 이익을 위해 신탁정보를 사용했으므로, 수익자는 수탁자의 이익에 대해 박탈을 청구할 수 있다. 즉, 어느 설에 의하든 (i) 신탁정보의 수령으로 인한 비밀유지의무[30]가 그 정보사용으로 인해 위반되게 되었고, 또 (ii) 신탁을 위해 전념해야 할 시간과 주의를 신탁이 아니라 자신의 이익추구에 사용한 것이 되므로, '전적으로 수익자의 이익을 위해 행위할 의무'(duty of undivided loyalty)[31]를 위반한 것이 되고, 또 (iii) 그로 인해 수탁자가 이익을 취득한 것이 되므로 이익박탈은 정당화될 수 있다.[32]

물론 수탁자가 신탁정보의 사용으로 이득한 경우에도 이익반환의무가 발생하지 않는 경우도 있다. 예를 들어, 수탁자가 신탁사무와 관련해 어떤 회사에 관한 정보를 취득했지만, 그 정보에 대해 수익자에 대해 공시하고 사용승인을 얻은 경우에는 그 회사에 관한 정보에 대해 비밀유지의무가 부과되지 않고, 이 경우 '신탁위반이 생기지 않으므로' 수탁자가 당해 회사주식을 거래해 이익을 취득했더라도 수탁자의 반환책임이 발생하지 않는다.

### (1) 신탁정보의 의미

수탁자의 이익반환책임을 야기하는 '신탁정보'에는 어떠한 것들이 포함되는가? 먼저 수탁자가 (i) 신탁사무의 이행과 관련하여 신탁관련자로부터 수령한 정보(예: 수탁자가 설정자 혹은 수익자로부터 수령한 정보 — 부동산개발 정보, 어떤 회사의 M&A 정보 등)를 들 수 있다. 이러한 정보는 수탁자가 신탁을 인수하지 않았다면 취득할 수 없었을 정보이므로, 당연히 신탁정보로 취급된다. 다음으로, (ii) 신탁재산에 대한 정보 혹은 신탁재산과 관련된 정보도 신탁정보로 분류될 수 있다. 이러한 정보에는 수탁자가 신탁사무이행과 관련하여 수령한 신탁재산정보뿐만 아니라, 공개시장에서 취득한 관련 정보도 포함될 수

30) 구체적 충실의무 중 수탁자지위의 남용금지의무 내지 신탁정보에 대한 비밀유지의무에 대해서는 제5편 제5장 I. 3. (3)(이중기, "충실의무와 이익충돌," 75면) 참조.

31) 앞의 주 3)의 판례와 관련 본문 참조.

32) 하지만, 위의 경우 신탁의 '손실'을 인정하기는 어려우므로, 민법상 부당이득법리에 의한 이익반환청구는 어려워 보인다.

있다. 왜냐하면, 이러한 정보는 수탁자가 신탁의 사무이행과 관련하여 취득한 정보와 같이 분석·가공하면, 새로운 가치 있는 정보로 재생산될 수 있기 때문이다. 따라서 이러한 정보에 대해서도 '신탁을 위해 사용할 의무' 및 비밀유지의무가 부과되고, 이러한 정보를 사용하여 이익을 취한 경우, 이익반환책임이 발생한다.

예를 들어, 수탁자가 신탁부동산 소재지 인근의 개발정보를 신탁사무관리와 무관하게 취득한 경우(수탁자의 자기정보 취득), 수탁자는 신탁부동산의 개발계획의 수립과 관련해 그 정보를 사용해야 한다(수탁자의 자기정보 사용의무).[33] 만약, 수탁자가 이러한 신탁부동산의 개발계획을 염두에 두고 인근에 개인적으로 부동산을 매수하는 경우, 그 부동산이 신탁부동산의 연계 개발로 인해 가치가 상승했다면 그 이익은 신탁정보를 사용해 취득한 이익이라고 볼 수 있다. 따라서 이익반환책임이 발생한다. 마찬가지로, 신탁이 보유한 종목과 다른 종목이지만 신탁이 보유한 종목의 주가와 상관관계가 있는 주식을 매수하고, 신탁이 보유한 종목의 매도 혹은 매수로서 반사적 이익을 얻는 경우에도 신탁의 정보를 이용한 이득행위로 볼 수 있다. 이 경우 수탁자는, 자기의 투자자금을 투입해 이익을 얻었고, 신탁재산에 손실을 야기하지 않았지만, 신탁재산의 정보를 이용해 이익을 얻는 것으로 볼 수 있으므로 이익반환책임이 발생한다. 이익의 취득금지는 수탁자로 하여금 신탁사무에 전념하지 않으면서 신탁과 관련해 이익을 취득하는 행위를 억지하기 위한 혹은 신탁재산을 회복하기 위한 것이므로, 신탁정보를 이용한 일체의 이익을 금지하기 때문이다.

#### (2) 이사의 '회사기회유용행위'와 '경업금지'의 해석: 수탁자의 신탁기회 유용과의 유사성

수탁자의 신탁정보의 유용행위와 비슷한 행위가 이사의 회사정보 혹은 회사기회의 유용행위이다. 상법 제397조는 이사가 경업금지를 위반해 회사의 영업부류에 속하는 거래를 자신의 계산으로 한 경우, 경업거래의 효과를 회사에 귀속시킬 수 있도록 한다. 이것은 상업사용인의 경업거래에 대해 상인이

33) 자기정보의 사용의무는 수탁자의 선관주의의무에서 파생된다고 할 수도 있고, 충실의무에서 파생된다고 할 수도 있다. 제5편 제5장 I. 3. (4)(이중기, "충실의무와 이익충돌," 75-76면) 참조.

거래의 효과를 자신에게 귀속시키도록 한 것과 동일하다. 그런데 상법 제397조와 제17조가 의무위반 유형으로 금지한 '경업거래'는 확대해석될 필요가 있다. 제397조와 제17조가 규제하려고 했던 경업거래는 직접적 경업 외에 간접적 경업 혹은 회사기회의 유용 등 다양한 방법으로 많이 발생하기 때문이다. 특히 회사정보를 유용해 거래하는 행위는 그 정보가 그 회사의 업무와 밀접한 연관성이 있는 경우, 회사의 '영업부류에 속하는 거래'가 될 수 있기 때문에 '경업'으로 볼 여지가 발생한다. 따라서 입법기술상 다양한 유형의 이익충돌행위를 열거하지는 않았지만, 직접적 경업거래 이외의 이익충돌행위, 특히 회사정보를 유용하여 이득하는 행위는 통상 회사의 목적인 거래행위와 관련이 있으므로, '경업거래'에 포함될 수 있다고 생각된다.[34]

만약 제397조가 금지하는 '경업거래'에 '회사기회(corporate opportunity)의 유용행위'가 포함된다고 해석한다면, 법무부 상법 일부개정 법률안(2006. 9) 제382조의5(회사기회의 유용금지)[35]는 필요하지 않을 수 있다. 물론 '회사기회의 이용행위'를 분명히 처벌하겠다는 의미에서 명문화시키는 것도 좋지만(회사기회의 유용금지는 그 뒤 제397조의2로 입법되었다), 더 바람직한 태도는 기존의 조문을 활용하여 확대해석하고, 법원도 그러한 해석에 대해 좀 더 개방된 태도[36]를 취하는 것이다. 이러한 태도는, 충실의무법상의 이익반환법리를 수탁자뿐만 아니라 이사, 상업사용인 같은 다른 충실의무자에게도 통일적으로 적용되는 사법일반의 원칙을 발전시키기 위해 필요하다(다음 X. 참조).

### (3) 법인수탁자의 신탁정보유용 문제

자연인 수탁자가 아니라 수인의 고객을 위해 행위하는 법인수탁자의 경우 어떠한 경우에 (ⅰ) 신탁정보의 수령으로 인한 비밀유지의무가 그 정보사용으로 인해 위반되게 되고, 또 어떠한 경우에 (ⅱ) '전적으로 수익자의 이익을 위해 행위할 의무'를 위반한 것이 되는가가 문제된다. 법인은 아무리 크더

---

34) 자세히는 이중기, "회사기회유용과 경업금지의무 위반", 225면 참조.

35) 제382조의5(회사기회의 유용금지) "이사는 장래 또는 현재에 회사의 이익이 될 수 있는 회사의 사업기회를 이용하여 자기의 이익을 취득하거나 제3자로 하여금 이익을 취득하도록 하여서는 아니된다".

36) 이중대표소송의 허용 문제와 관련해 실정법의 해석상 부정적으로 해석한 대법원의 태도는 이러한 관점에서 실망스러울 수 있다. 자세히는 송옥렬, "현행 상법상 이중대표소송의 허용여부,"『민사판례연구(XXVIII)』(2006), 528면 참조.

라도 하나의 인으로 간주되고 소위 chinese wall에 의해서도 법인 내에 있는 정보에 관해 선의가 인정되지 않으므로,[37] 법인은 특정 고객으로부터 받은 비밀정보와 관련해 의무충돌(즉, 정보제공 수익자에 대한 비밀유지의무와 다른 수익자에 대한 정보사용의무 사이의 충돌)에 빠질 수 있다. 따라서 수인의 고객을 위해 행위하는 법인수탁자가 각 고객에 대한 비밀유지의무를 준수하기 위해서는, 각 고객으로부터 신탁을 수탁할 때 다른 수익자가 제공한 정보는 해당 수익자를 위해 사용하지 않는다는 동의, 즉 정보사용의무로부터의 면제를 받는 것이 필요하다.[38]

또 법인수탁자의 경우에도 '전적으로 수익자의 이익을 위해 행위할 의무' 위반이 문제되는데, 수인의 고객을 염두에 두는 법인수탁자의 경우는 특정 고객을 위해 '전적으로'(undivided) 충실하게 행위할 수는 없고, 모든 고객을 위해 '최대한'(utmost)[39] 충실하게 행위해야 한다. 따라서 모든 고객 사이의 공평의무(duty of fairness)를 확보할 필요가 있고, 수인의 고객을 상대하는 수탁자는 각 고객으로부터 신탁을 수탁할 때 다른 고객과 동등하게 보호된다는 동의를 받는 것도 필요하다.

### 5. 자신의 특수한 재능을 사용한 경우

수탁자가 신탁위반으로 이득한 경우에도 신탁재산의 사용 혹은 신탁정보의 사용에 있어 자신의 특수한 재능을 이용해 이익을 얻었다면 이익 전부에 대한 반환책임이 발생하는가?

수탁자가 일단 신탁위반을 통해 신탁재산을 사용하거나 신탁정보를 사용한 경우, 이러한 행위에는 신탁위반이라는 낙인 및 그 재산은 신탁재산이라는 낙인이 찍히게 되므로, 수탁자의 특수한 재능이 더해져서 다른 사람이 그 재산이나 정보를 사용하였더라면 달성하지 못했을 이익이 발생하였다 하더라도, 그 이익 전부는 신탁에 반환되어야 한다. 왜냐하면, 수탁자는 자신의 특수한 재능 때문에 수탁자로 선임되었고, 그 재능을 신탁을 위해 행사하여야 할 의

37) 제6장 V. 3. 및 제5편 제5장 III. 2.(이중기, "충실의무와 이익충돌," 92면) 이하 참조.
38) Ⅷ. 1. 및 2. 참조.
39) 앞의 주 3)의 판례와 관련 본문 참조.

무를 지므로, 신탁위반 없이 신탁을 위해 그 재능을 사용하였다면, 그 이익은 당연히 신탁의 이익이 되었을 것이기 때문이다. 이 점은 민법상 부당이득과 다른 점이다.[40]

물론, 수탁자가 신탁을 위해 행위했더라면, 자신의 재능을 사용하지 않았을 예외적인 상황(예: 무보수의 수탁자)이라면, 이익의 비율에 따라 분배하는 것이 타당할 수도 있다. 이 경우 이익억지설에 의하면 공평의 원칙에 의해 '반환책임을 제한'하는 것으로 되고, 신탁재산회복설에 의하면 공평의 원칙에 의해 '신탁재산을 일부포기'(III. 3. (3))한 것으로 해석될 것이다.

## V. '이익'의 의미: 수탁자 또는 제3자의 이익

### 1. 수탁자가 이득한 경우

여기서 수탁자가 반환해야 하는 이익은 수탁자의 적극적 재산의 증가뿐만 아니라 재산의 감소를 면한 경우(예: 책임의 면제)도 포함된다. 또 이익은 통상 현재 발생한 이익이겠으나 예외적으로 장래에 발생할 이익도 포함될 수 있고,[41] 변제기한의 연장과 같은 채무조건의 변경도 포함된다. 또 이사로서의 선임[42]과 같은 고용관계의 설정이나 혹은 고객의 증가와 같은 사실관계도 포함된다.

이익억지설에 의할 경우, 뒤에서 살펴보는 것처럼, 수익자 등이 이익의 양도청구 혹은 개입권의 행사 등의 방법[43]으로써 반환받을 수 있는 모든 형태의 이익은 여기의 이익에 포함된다. 그러나 수탁자가 얻은 이익 중에서 금전적으로 환산할 수 없는 이익, 혹은 수탁자에게 전속적인 이익(예: 수탁자가 신탁재산인 주식을 이용해 자신을 이사로 선임한 경우와 같은 특정 지위의 취득. 하지만

---

40) 부당이득법리에 의하면 수익자의 특수한 수완으로 얻은 이익은 반환할 필요가 없다. 곽윤직, 『채권각론』, 370면 참조.

41) 대법원 1975.4.22. 선고 74다1184판결("피고는 원고에게 대하여 위 불법점거에 인하여 그 임대료 상당의 부당이익금을 지급할 의무가 있으며 또 피고는 현재 그 이행기에 있는 부당이익 부분도 원고에게 지급않고 있으므로 그 장래에 이행기가 올 부분도 그 이행기가 장래에 정작 왔다 하여도 그 지급을 기대할 수 없으므로 미리 청구할 필요가 있다").

42) Ⅳ. 3. 참조.

43) Ⅵ. 1. 및 2. 참조.

이사로서 받은 보수는 반환 가능하다), 혹은 고객관계 같은 사실관계 등은 반환청구가 있어도 신탁재산에 회복시킬 수 있는 방법이 없으므로, 반환 가능성은 낮다.

또 신탁재산회복설에 의할 경우, 이러한 반환 가능한 이익 자체뿐만 아니라 그 이익이 물상대위에 의해 다른 재산으로 바뀐 경우, 그 재산이 원래 이익의 대위물임을 입증하는 한 그 다른 재산에 대해서도 신탁재산으로서 반환청구를 할 수 있다. 또 수탁자는 '누구의 명의로도' 신탁의 이익을 향유하지 못하므로(제29조), 제3자 명의로 취득한 이익도 여기의 반환되는 이익에 포함된다.

## 2. 제3자가 이득한 경우

이익반환책임은 수탁자 자신이 이득한 경우뿐만 아니라 제3자가 수탁자의 신탁위반행위를 통해 이득한 경우에도 발생한다. 이익반환책임은 신탁위반을 통해 신탁재산 혹은 신탁정보를 사용해 이익을 취득하는 것을 억지하기 위한 것(이익억지설)이거나 혹은 위반으로 인한 이익(신탁재산)을 보전하거나 회복하기 위한 것(신탁재산회복설)이기 때문이다. 따라서 (i) 수탁자의 신탁위반과 (ii) 그로 인한 이익이 생기기만 하면 성립하고, 그 이익을 자신이 취득했는가 혹은 제3자가 취득했는가는 묻지 않는다.

그런데 제3자가 취득한 이익에 대해서 제3자가 그 이익이 신탁재산 혹은 신탁정보의 사용으로 인한 이익이라는 사실을 모르는 경우, 제3자의 선의를 어느 정도 보호해 줄 것인가 하는 문제가 발생한다. 제3자가 신탁의 이익에 대해 선의이고 중과실이 없는 경우 반환책임은 발생하지 않는 것으로 보아야 할 것이다.[44] '선의의' 수익자이지만 중과실이 있는 경우, 반환책임이 발생하

44) 대법원 2003.6.13. 선고 2003다8862판결[공2003.7.15.(182),1531]은 "부당이익제도는 이익자의 재산상 이익이 법률상 원인을 결여하는 경우에 공평·정의의 이념에 근거하여 이익자에게 그 반환의무를 부담시키는 것인바, 채무자가 피해자로부터 횡령한 금전을 그대로 채권자에 대한 채무변제에 사용하는 경우 피해자의 손실과 채권자의 이익 사이에 인과관계가 있음이 명백하고, 한편 채무자가 횡령한 금전으로 자신의 채권자에 대한 채무를 변제하는 경우 채권자가 그 변제를 수령함에 있어 악의 또는 중대한 과실이 있는 경우에는 채권자의 금전 취득은 피해자에 대한 관계에 있어서 법률상 원인을 결여한 것으로 봄이 상당하나, 채권자가 그 변제를 수령함에 있어 단순히 과실이 있는 경우에는 그 변제는 유효하고 채권자의 금전 취득이 피해자에 대한 관계에 있어서 법률상 원인을 결여한 것이라고 할 수 없다"고 하고 있다.

지만, 현존이익의 한도에서 반환책임을 질 것이다(민법 제748조의 유추적용). 단, 취득한 이익이 금전적 이익인 경우에는 제3자의 소비 여부와 무관하게 금전은 현존하는 것으로 추정되므로[45] 취득한 금액 전부를 반환하여야 할 것이다. 제3자가 악의인 경우에는 이익에 이자를 붙여 반환하여야 한다[이 때 신탁재산의 손실을 입증하면 손해배상도 가능한 것으로 보인다(Ⅶ. 1. 참조)].

* 상업사용인으로부터 이득한 제3자: 상법 제17조 제2항의 개정 문제

상법 제17조 제2항은 상업사용인이 제3자를 위해 경업금지거래를 한 경우에 적용되는데, 이러한 상황은 수탁자가 제3자를 이득시키는 신탁위반거래를 한 경우와 유사하다. 그런데 제17조 제2항은 '상업사용인에 대한' 이익의 양도청구만 인정하고 있으므로, 제3자에 대해서는 중과실이 있거나 악의라도 취득한 이익에 대해 반환청구를 할 수 있는지가 규정상 불분명하다. 이러한 불명확성은 상업사용인과 제3자의 통모한 경업금지거래를 조장할 수 있기 때문에, 경업금지위반에 대해 악의이거나 중과실이 있는 제3자에 대해 이익의 반환청구를 허용하는 것(즉 개입권의 인정)을 분명히 하는 것이 필요하다. 그런 관점에서, 제17조 제2항은 이익반환책임법리와 유사하게 개정될 필요가 있다.

* 이사의 회사기회유용과 제3자의 이득

동일한 문제는 이사가 회사기회를 유용하여 제3자를 이득시킨 경우에도 동일하게 발생한다. 마찬가지로 이사가 제3자와 통모하여 제3자를 이득시키는 경우를 억지하기 위해 이사의 이익반환책임을 규정한 상법 제397조 제2항도 이익반환법리에 따라 개정할 필요가 있다(이사가 회사기회를 유용하여 이득하는 경우에 대해서는 Ⅵ. 2. (1) 참조). 이러한 조치는 특히 충실의무법상의 이익반환법리를 수탁자뿐만 아니라 이사, 상업사용인 같은 다른 충실의무자에게 통일적으로 적용되는 사법일반의 원칙으로 발전시키기 위해서 필요하다(X. 참조).

---

45) 대법원 1996.12.10. 선고 96다32881판결[공1997.2.1.(27),317]("법률상 원인 없이 타인의 재산 또는 노무로 인하여 이익을 얻고 그로 인하여 타인에게 손해를 가한 경우, 그 취득한 것이 금전상의 이익인 때에는 그 금전은 이를 취득한 자가 소비하였는가의 여부를 불문하고 현존하는 것으로 추정된다").

### 3. 다른 신탁이 이득한 경우

수탁자가 여러 신탁을 관리하는 경우 수탁자가 A신탁의 신탁정보를 B·C·D 신탁의 운용에 사용하여 이익을 나게 하였다면 B·C·D 신탁의 이익은 A신탁에 반환되어야 하는가?[46] 신탁의 이익은 수탁자의 이익과 구별되므로 '수탁자'의 이익으로 취급해 반환책임을 물을 수는 없다. 즉 "각 신탁재산과 고유재산은 각각 다른 소유자에게 속하는 것으로 간주"되므로(구 신탁법 제24조 혹은 개정신탁법 제28조) B·C·D 신탁은 A신탁의 입장에서는 '제3자'로 보아 제3자의 이익으로 취급하여야 한다. 그리고 이 때 '제3자'의 악의를 누구의 악의나 중과실을 기준으로 삼을지가 문제되는데, 수탁자의 악의가 아니라 각 신탁의 수익자의 악의를 기준으로 삼아야 한다. 또 어느 신탁의 수익자가 수인인 경우 각자의 악의나 중과실을 기준으로 삼아야 할 것이다.

## Ⅵ. 이익반환청구권의 행사방법과 행사기간

### 1. 채권적 청구권인가 물권적 청구권인가?

수익자 등이 신탁위반으로 이득한 수탁자에 대해 이익반환청구를 할 수 있다고 할 때 이 청구권은 어떻게 행사되어야 하는가? 이익억지설에 따라 수익자 등이 신탁위반 수탁자에 대해 채권적 청구권을 갖는다고 볼 것인가 혹은 신탁재산회복설에 따라 물권적 청구권을 갖는다고 볼 것인가에 따라 행사방법이 달라진다.

먼저 수익자 등이 신탁위반 수탁자에 대해 채권적 청구권을 갖는다고 가정하자. 수탁자가 신탁위반으로 이득을 하는 상황은, 상업사용인이 자신을 고용한 상인에 대한 충실의무 위반(즉, 경업금지 위반)으로 이득을 하는 상황과 유사하다. 따라서 상업사용인의 이익에 대해 상인이 갖는 이익반환청구권 행사방법, 즉 상인이 의무위반한 상업사용인에 대해 갖는 이익의 양도청구 방법(상법 제17조 제2항)이 수익자의 이익반환청구에 유추적용될 수 있다고 생각된

46) 또, 수탁자가 신탁 사이의 공평의무를 위반해 특정 신탁을 유리하게 취급한 경우, 이득한 신탁의 이익을 불리한 신탁에 대해 반환하여야 하는가가 문제되는데, 이에 대해서는 제5편 제5장 IV. 5. (1) 2)(이중기, "충실의무와 이익충돌," 119면) 참조.

다. 다시 말해, 수탁자의 경우 상업사용인보다 더 엄격한 충실의무를 지는 자이므로, 수탁자의 이익취득에 대한 구제방법에 대해서는 상업사용인의 이익취득에 대한 상인의 구제수단이 동일한 정도로 활용될 수 있는 것이다(자세히는 X. 참조).

그런데 이 경우 반환청구의 상대방이 수탁자이고 반환받는 주체도 수탁자에 의해 대표되는 신탁이므로, 수탁자는 반환청구에 대해 형식상 자신의 고유계정에 속한 이익을 신탁계정으로 옮기는 절차를 경료하여야 하고, 신탁계정으로 옮긴 때에 비로소 신탁재산으로 나타나게 된다. 반면에 신탁재산회복설에 따라 수탁자의 이익을 신탁재산이라고 보는 경우, 수탁자의 고유계정으로 된 이익은 수익자의 반환청구와 관계없이 대내적으로 이미 신탁재산으로 간주되므로, 수탁자의 이익을 신탁계정으로 이전하는 절차는 순전히 형식적인 절차일 뿐이다. 즉, 신탁재산회복설에 의하면 수탁자가 신탁계정으로 이익을 회복시키기 전에 수탁자가 도산한 경우에도 신탁재산으로서 보호를 받게 된다(Ⅲ. 3. (2) 참조).

## 2. 거래효과가 '수탁자'에게 귀속된 경우: 개입권의 행사

수탁자가 신탁위반으로 취득한 이익의 유형을 둘로 나누어 청구권의 행사방법을 살펴보자. 첫 번째 유형은 수탁자가 '자신을 위해' 거래한 경우와 같이 거래의 효과가 자신에게 귀속된 경우이다. 이 때 수익자 등이 수탁자에 대해 채권적 이익반환청구권을 갖는다고 보면, 수익자 등은 수탁자에게 귀속된 거래의 효과를 신탁에 회복시킬 것을 청구할 수 있어야 한다. 이 경우, 수탁자의 거래를 신탁에 회복시키기 위해 신탁의 계산으로 한 것으로 청구할 수 있다고 규정한 상법 제17조 제2항이 유추적용될 수 있다. 즉 수익자 등의 개입권의 행사 결과, 수탁자는 신탁정보를 사용해 행한 거래의 효과를 신탁에 귀속시켜 줄 의무를 지게 되고, 그 거래에 투자된 수탁자의 비용을 신탁재산으로부터 보전받게 된다.

그런데 신탁재산회복설에 따르면 수탁자의 이익은 이미 대내적으로 신탁재산으로 간주되므로, 수익자 등은 형식상으로 수탁자의 고유계정으로 잡혀있는 이익을 신탁계정으로 이전해 줄 것을 청구하는 것뿐이다. 물론 수탁자가 신탁재산 혹은 신탁정보를 사용하여 행한 거래로 이익을 취득하지 못한 경우, 수익자 등은 개입권 등을 행사할 필요는 없다. 그 거래로 인해 신탁재산의 변경 혹은 손해가 있는 경우, 손해배상청구 혹은 원상회복책임을 추궁하면 그만이다.

* '겸직금지' 위반으로 인한 이익의 반환청구

수탁자가 겸직금지의무 위반으로 취득한 이익에 대해서도 반환청구가 가능하다. 그런데 상법 제397조와 제17조는 이사 혹은 상업사용인의 겸직금지 위반에 대해 이익의 양도청구를 인정하지 않는 것처럼 보인다(제397조 제2항과 제17조 제2항은 '거래'만 대상으로 하는 것처럼 보이기 때문이다). 하지만, '겸직'으로 인한 보수 등은 이익양도청구의 방법으로 충분히 박탈할 수 있기 때문에 겸직금지 위반에 대해 이익반환청구를 부정할 이유는 없다. 따라서 겸직금지 위반으로 인한 이익에 대해서도 이익반환청구는 유추적용된다고 본다. 입법론으로는 의무위반 유형을 경업금지와 겸직금지로 제한할 것이 아니라, 일반적 이익충돌회피의무로 개방적으로 규정해 법원의 해석에 의해 구체적으로 발전할 수 있도록 하고, 위반행위에 대한 구제수단도 이익반환법리에 따라 모든 위반행위에 대해 통일적으로 적용하는 조치가 필요하다고 본다. 이러한 조치는 특히 충실의무법상의 이익반환법리를 수탁자뿐만 아니라 이사, 상업사용인 같은 다른 충실의무자에게 통일적으로 적용되는 사법 일반의 원칙으로 발전시키기 위해서 필요하다(X. 참조).

### 3. 거래효과가 '제3자'에게 귀속된 경우: 이익의 양도청구

수탁자가 신탁위반의 거래로 이익을 취득하는 두 번째 유형은 수탁자가 '제3자를 위해' 행위하고 그 대가로 중개수수료 등의 이익을 취득하는 경우이다. 수탁자가 신탁위반으로 제3자의 거래를 중개하여 이익을 얻은 경우, 이익억지설에 따라 수익자 등이 수탁자에 대해 채권적 이익반환청구권을 갖는다고 보면, 수익자 등은 거래를 중개해 준 대가, 즉 수탁자가 중개행위로 얻은 이익을 신탁계정에 양도할 것을 청구할 수 있어야 한다. 이 경우, 이익의 양도청구를 규정한 상법 제17조 제2항이 유추적용될 수 있다. 또 신탁재산회복설에 의하면, 수탁자의 이익은 이미 신탁재산으로 간주되므로, 형식상 수탁자 고유계정에 있는 이익을 신탁계정으로 옮기도록 청구하는 것이다.

그런데 중개거래는 통상 신탁재산에 '적극적'인 손해 혹은 변경을 야기하지 않으므로, 통상 이익의 양도만 청구하면 된다. 하지만, 신탁의 거래기회(business opportunity)를 제3자에게 제공하여 이익시킨 경우(앞의 V. 2. 참조)와 같이 신탁재산에 '소극적' 손해를 입증하는 경우에는 추가적으로 수탁자에 대해 손해배상을 청구할 수 있다.47)

또 이 때 3자가 악의인 경우에는 3자에 대해 이익반환청구도 동시에 할 수 있다. 이 경우 이익반환청구의 범위는 손해배상액에 의해 영향을 받지 않는다고 본다. 이 점에 있어서는 상법 제17조 제2항의 해석과 달라지게 된다(손해배상청구와 이익반환청구의 관계에 대해서는 다음 Ⅶ. 1. 참조).

## 4. 행사기간

수탁자의 이익에 대해 채권적 반환청구권을 갖는다고 보는 경우 반환청구권을 행사할 수 있는 기간이 문제된다. 신탁의 존속 중에는 수탁자는 계속해서 이익향유의 금지의무를 부담하므로, 수탁자가 '수탁자의 지위를 계속 갖는 동안'에는 신탁의 권리를 '승인'한 것으로 간주해 시효의 진행이 중단된다고 볼 수 있다(민법 제168조). 따라서 수탁자는 계속 반환의무를 진다고 볼 것이므로 언제든지 이익의 반환청구를 할 수 있다. 하지만, 수탁자가 사임한 후에는 수탁자에 대한 이익반환청구권은 채권의 소멸시효의 적용을 받는다고 볼 수 있다.

신탁재산회복설에 따라 수탁자나 수익자 등이 신탁재산에 속한 물권적 청구권을 행사한다고 의제하는 경우, 신탁재산에 속한 물권의 행사 혹은 대위행사이므로, '신탁이 존속하는 한' 신탁위반 수탁자에 대한 행사기간에는 제한이 없는 것으로 된다. 따라서 수탁자 등은 언제든지 신탁위반 수탁자에 대해 반환을 청구할 수 있다.

---

47) 상인의 지배인에 대한 이익양도청구도 손해배상청구에 영향을 미치지 않는다: 상법 제17조 제3항. 또 민법 제748조 제2항도 같다.

# Ⅶ. 구제수단 사이의 경합

## 1. 이익반환과 손해배상(혹은 원상회복)

수탁자에 대한 이익반환청구권은 '신탁재산'에 생긴 손해나 변경의 관점이 아니라 '수탁자'에게 생긴 이익의 관점에서 인정된 것이다. 즉, 신탁재산에 손해나 변경이 없더라도 수탁자에게 신탁위반으로 '이익'이 생기면 이익을 억지하기 위해 혹은 신탁재산으로 회복시키기 위해 이익반환책임을 인정하는 것이다. 즉, 이익반환청구권은 수탁자의 이익을 막기 위해 정책적으로 인정한 것이므로 손해배상 혹은 원상회복청구와 별도로 행사될 수 있다.

수탁자가 충실의무를 위반해 제3자를 위한 거래를 한 결과 제3자에게 이익을 취득시키고 신탁에 손해를 야기한 경우를 예로 들어 보자. 수탁자에 대해서는 중개수익의 반환청구 및 손해배상청구가 가능하고, 제3자에 대해서는 악의인 경우 이익반환청구를 할 수 있다. 이 경우 수탁자에 대한 손해배상청구와 제3자에 대한 이익반환청구는 상호 영향을 미치는가? 먼저 수익자가 제3자에 대해 이익반환청구를 하여 이익을 반환받은 경우를 생각해 보자. 이 경우, 반환받은 이익으로 신탁재산의 손해가 완전히 전보되지 않은 경우에는 손해배상을 청구할 수 있지만, 손해가 완전히 전보된 경우에는 배상청구할 손해가 없으므로 손해배상은 인정되지 않는 것으로 보인다.

반대로, 수익자가 수탁자에 대해 손해배상청구를 한 다음 제3자에 대해 이익반환청구를 하는 경우를 예로 들어 보자. 신탁이 수탁자의 배상으로도 손해를 회복하지 못한 경우 이익반환청구가 인정됨은 당연하다. 그런데 수탁자의 배상으로 신탁재산의 손해를 완전히 배상받았다면 제3자에 대한 이익반환청구는 할 수 없는가? 제3자로부터 손해 이상의 이익을 반환받는 경우 일견 부당이익이 되는 것처럼 보인다(상법 제17조 제2항은 이렇게 해석한다).[48] 하지만, 앞서 본 것처럼, 제3자의 이익반환제도는 개별 사안에서 손해배상의 목적이 아니라 신탁을 이용한 제3자의 이익취득을 억지하기 위해 정책적으로 인정되는 것이므로, 이러한 반환청구는 허용된다고 본다(특히 신탁재산회복설에 의

48) 정찬형, 『상법강의(상)(제9판)』(2006), 100면.

할 경우, 제3자의 이익은 처음부터 '신탁재산'으로 간주되므로, 수탁자에 대한 손해배상청구 후에 제3자의 이익을 알게 된 수익자가 이익이 신탁재산임을 입증한 경우, 신탁재산의 반환청구는 당연히 허용되어야 한다).

이러한 설명에 의하면, 수익자가 제3자에게 먼저 청구하느냐 혹은 수탁자에게 먼저 청구하느냐에 따라 수탁자의 손해배상이 인정되기도 하고 인정되지 않기도 하지만, '신탁위반'한 수탁자는 이러한 점을 항변할 수는 없다고 볼 것이다. 특히 수탁자가 제3자에게 이익시키는 경우는 수탁자와 제3자가 통모한 경우가 보통이므로, 수탁자와 제3자 모두에 대해 청구할 수 있다고 보아야 수탁자의 신탁위반을 억지하는 힘을 발휘한다.

## 2. 수익자취소권과 이익반환청구권의 관계

수탁자가 신탁의 목적을 위반하여 신탁재산을 제3자에게 처분한 경우, 구법 제52조와 개정법 제75조는 수익자에 대해 처분행위의 취소권을 인정한다. 따라서 이 경우 수익자는 악의의 제3자에 대해 처분행위의 취소에 기한 '신탁재산'의 회복청구와 동시에 제3자가 취한 '이익'의 반환을 청구할 수 있는 것처럼 보인다. 이 두 가지는 중첩적으로 행사 가능한가?

이익반환청구는 수탁자 혹은 제3자에게 신탁위반으로 '이익'이 생기는 것을 억지하기 위해 혹은 신탁재산으로 회복시키기 위해 인정하는 것이므로, 악의의 제3자가 취득한 이익은 처분행위의 취소에 기한 '신탁재산'의 회복과 상관없이 반환되어야 한다. 이익억지설에 의하면 억지되어야 할 제3자의 이익을 반환받는 것이고, 신탁재산회복설에 의하면 제3자에게 생긴 이익은 신탁재산의 처분과 관련해 생긴 '신탁'에 속한 재산이므로 당연히 신탁에 회복되어야 하는 것이다.

그런데 처분행위와 관련해 제3자가 취득한 이익은 신탁에 대한 '소극적' 손해로서 해석될 가능성이 있기 때문에, 제3자에 대한 민법 제750조에 기한 손해배상청구로서도 해결될 수 있을 것이다. 문제는 이익 혹은 손해의 입증에 관한 것이다.

## Ⅷ. 이익반환책임의 배제

### 1. 사전적 배제: 사전공시와 승인

신탁재산 혹은 신탁정보의 사용에 대해 수익자로부터 사전에 승낙을 얻은 경우, 수탁자의 이익반환책임은 처음부터 발생하지 않는다. 예를 들어, 수탁자가 자신의 주거에 사용하고 있는 신탁부동산에 대해 사전에 사용을 허락받은 경우, 혹은 신탁사무를 통해 수령한 신탁정보를 수익자에게 통지하고 자신이 사용해도 되는지에 관한 승낙을 받은 경우, 혹은 다른 고객이 제공한 정보는 해당고객을 위해 사용하지 않는 데 대해 해당 고객의 승인을 받은 경우 등이다.

그런데 수익자의 승낙에는 그 전제로서 (ⅰ) 수탁자가 사용할 신탁재산 혹은 신탁정보에 관한 상세한 내용, (ⅱ) 수탁자가 신탁재산 혹은 정보의 사용으로 이익을 취득할 수 있다는 사실 등에 대한 구체적 설명이 사전에 행해져야 하고, (ⅲ) 수익자가 승낙의 내용으로 "수탁자가 취득한 이익은 수탁자의 고유재산이 된다"는 점을 승인하여야 한다. 따라서 이러한 승낙할 사항에 대한 사전통지 및 설명이 없는 경우, 또는 수익자의 승낙내용이 다른 경우, 수익자의 승낙은 승낙으로서의 효력이 없거나 존재하지 않게 된다(공시와 승인의 적절성에 대해서는 제5편 제5장 III. 3. (3) 1) 이하).

### 2. 사후적 면책 혹은 포기

수탁자의 이익반환책임이 이미 발생한 경우에도 수익자가 동의하면 면책될 수 있다. 이러한 수익자의 면책행위에 있어서도 수탁자가 취득한 이익, 이익반환책임의 내용에 대한 상세 및 수익자의 면책동의가 갖는 법적 효과에 대해서 사전에 상세히 설명한 후에 동의를 얻는 과정이 필요하다. 따라서 이러한 설명과정을 거치지 않고 동의를 얻었다면, 혹은 동의의 내용이 다르다면 수익자가 면책한 경우에도 면책행위로서의 효력이 발생하지 아니한다.

신탁재산회복설에 따라 수익자 등이 신탁재산에 속한 물권적 반환청구권을 대위행사한다고 의제하는 경우, 수익자가 수탁자의 반환책임을 면책하는 논리구성이 아니라, 수익자가 수탁자 수중에 있는 신탁재산의 회복을 포기하는 논리구성이 적절할 것이다.

## Ⅸ. 이익반환책임의 확장

### 1. 공동수탁자가 있는 경우

이익반환책임은 수탁자가 신탁위반으로 신탁재산 혹은 신탁정보를 이용하여 이득을 하는 개인적인 위반행위에 대한 책임이므로, 신탁위반에 참여하지 않은 다른 수탁자에게 연대하여 책임을 물을 수는 없다. 즉, 이익반환책임은 수탁자의 개인적 의무인 충실의무 위반[(ⅰ) 신탁과의 이익충돌회피의무, (ⅱ) 신탁이익의 향유금지의무, (ⅲ) 수탁자지위의 남용금지의무 내지 신탁정보의 비밀유지의무 등]인 경우에 나타나는데, 공동수탁자에게 다른 수탁자의 개인적 이득행위에 대한 책임을 지우기 힘들기 때문이다. 하지만, 공동수탁자가 다른 수탁자의 신탁위반을 제대로 감독하지 못한 부분에 대해서는 책임이 발생할 수 있다(하지만 이 책임은 이익반환책임은 아니다). 물론, 수인의 수탁자가 신탁위반에 공동으로 참여한 경우에는 수탁자들은 이익반환에 대해 연대책임을 진다.

### 2. 신탁사무수임인

수탁자가 신탁사무를 위임한 경우, 신탁사무수임인은 수탁자와 동일한 책임을 지므로 신탁사무수임인이 의무위반으로 신탁재산 혹은 신탁정보를 이용하여 이익을 취한 경우, 수탁자와 마찬가지로 이익반환책임을 진다(구법 제37조 제3항 혹은 개정법 제42조 제3항). 또 수탁자는 원칙적으로 신탁사무수임인의 선임과 감독에 대해서만 책임을 지지만(구법 제37조 제2항 혹은 개정법 제42조 제2항), 손해배상책임에서 살펴본 것처럼, 신탁사무수임인의 신탁위반에 참여한 경우 연대책임이 성립할 수도 있다.

## X. 여론: 충실의무법상의 이익반환책임의 전개

수탁자에 의한 신탁이익의 향유금지 상황은 신탁관계에서만 문제되는 것은 아니다. 회사법에서도 회사 이사에 의한 회사기회(corporate opportunity)의 유용 문제[49]가 논의되고 있고, 금융규제법에서도 고객이 한정된 목적으로 금융기관에 제공한 비밀정보를 금융기관이 유용해 이익하는 문제[50]가 논란이 되고 있다. 그런데 이러한 상황은 회사법이나 금융규제 법규에 일개 조문을 성문화한다고 해서 당장 해결될 문제는 아니다. 회사법이 이사의 충실의무[51]를 오래 전에 법제화하였지만, 이사의 충실의무의 내용에 대해 더 구체적인 발전이 없었던 전례를 생각하면 쉽게 알 수 있다.

이익반환책임을 실정법에 조문으로 성문화하는 것보다 더 중요한 작업은 (ⅰ) '사법 전체'를 관통하는 원리(principle)로서 충실의무법을 발전시켜 충실의무와 충실의무자 개념을 확립하고, 충실의무의 한 가지 유형으로 '이익향유의 금지 원칙'을 확립하는 것,[52] 그리고 (ⅱ) 의무위반으로 향유한 이익의 반환방법에 대한 구제수단(remedy)을 '이익'의 관점에서 구체적으로 확립(앞의 Ⅵ. 참조)해 나가는 것이다.

구 신탁법 제29조는 민법과 달리 억지의 관점에서 명시적으로 수탁자에 의한 신탁이익의 향유금지 원칙을 선언하고 있었다. 하지만 취득한 이익의 반환방법에 관해서는 침묵하고 있었다. 이에 비해, 상법 제17조, 제397조 등은 상업사용인, 이사의 이익향유금지 원칙을 선언하고 있지만, 경업금지 및 겸직금지에 대해서만 제한적으로 선언하고 있다. 하지만, 제17조와 제397조는 취득한 이익의 반환청구 방법에 대해서는 매우 구체적인 조문을 두고 있다. 따라서 구 신탁법 제29조와 상법 제17조, 제397조의 각 조문들을 통합해 연구하면, 이익향유의 금지 원칙을 일반적 충실의무의 하나로서 발전시키고, 수탁자, 상업사용인, 이사에 대한 구제수단을 이익반환법리로서 일반화할 수 있는 좋

49) Ⅳ. 4. (2) 참조.

50) 예를 들어, 진로로부터 구조조정 컨설팅을 의뢰받아 기업상태를 조사했던 골드만삭스가 수령한 내부정보를 이용하여 자산관리공사 및 국내 채권금융기관으로부터 진로 채권을 싸게 구입해 막대한 매각차익을 실현했다는 논란이 한 예가 된다.

51) 상법 제382조의3(이사의 충실의무).

52) 제1편 및 제4편 제2장.

은 토대가 될 수 있을 것이다. 개정신탁법 제43조 제3항의 이득반환책임은 이러한 연구의 결과라고 생각된다. 앞으로 신탁법과 상법의 연구를 통해 이러한 이익반환책임의 법리가 일반적 법리로서 확립된다면, 그 법리는 수탁자나 상업사용인, 이사 이외의 다른 충실의무자(예: 금융기관 수임인, 조합원, 대리인 등)[53]가 타인의 정보나 재산을 이용해 이익하는 경우에도 확대적용될 수 있을 것이다.

* 후 기

일본의 개정신탁법에는 상법상 개입권과 유사한 조문이 존재한다(제32조 제4항[54] 참조). 개정신탁법 제32조 제1항은 수탁자의 경업금지를 규정한 조문인데,[55] 이러한 개입권의 행사효과를 규정한 제4항에 대해 상법상 개입권의 해석과는 달리 수익자의 청구에 물권적 효과를 부여해도 지장이 없다고 한다.[56] 경업거래의 효과의 귀속 상대방이 신탁명의인인 수탁자이기 때문이다. 이러한 해석 가능성은 이익반환청구의 근거로서 이익억지설을 취하고, 반환의 방법으로 개입권 행사를 인정하면서, 개입의 효과를 물권적으로도 설명할 수 있는 근거가 될 수 있을 것이다.

---

53) 충실의무자의 지정에 대해서는 제1편 제3장 VII 및 제5편 제5장 I. 4.(이중기, "충실의무와 이익충돌," 77면) 이하 참조.

54) 일본 신탁법 제32조 ① 수탁자는, 수탁자로서 갖는 권한에 기해 신탁사무의 처리로서 할 수 있는 행위로서 이것을 하지 않는 것이 수익자의 이익에 반하는 것에 대해서는, 이를 고유재산 또는 수탁자의 이해관계인의 계산으로 해서는 안된다.
… ④ 제1항 및 제2항의 규정에 위반해 수탁자가 제1항에 규정한 행위를 한 경우에는, 수익자는, 해당행위가 신탁재산을 위해 한 것으로 볼 수 있다. 단, 제3자의 권리를 해할 수는 없다.

55) 일본신탁법개정요강시안 보족설명, 45면.

56) 위의 주 참조.

## [참고문헌]

이중기, "금융기관의 충실의무와 이익충돌, 그 해소방안," 『증권법연구』, 제7권 제2호 (2006).

______, "신탁을 정의하는 방법과 신탁성립에 관한 제문제", 민사판례연구회 발표자료 (2007. 8. 10).

______, "이사의 회사기회유용과 경업금지의무 위반", 한국증권법학회 발표자료(2007. 6. 23).

정찬형, 『상법강의(상)(제9판)』, 2006.

能見善久, 『現代信託法』, 2004.

Choong-Kee Lee, "Conflicts of Interests in Securities Firms: On Fiduciary law, Confidentiality and Corporate Personality"(1994).

Hanbury & Martin, *Modern Equity*, 17th ed., 2005.

National Conference of Commissioners, Uniform Trust Code(Amended in 2005).

# 제 4 장 이익충돌금지 원칙: 유형, 위반에 대한 구제수단

## Ⅰ. 이익충돌금지 원칙의 유형

이익충돌금지 원칙은 다양한 형태의 구체적 충실의무 유형으로 표현되는데, 대표적인 유형은 다음과 같다:

(ⅰ) 자기거래금지(신탁법 제34조 제1항 제1호, 2호, 상법 제398조 등)

(ⅱ) 쌍방대리금지(신탁법 제34조 제1항 제3호, 제4호)

(ⅱ) 경업금지(상법 제397조)

(ⅳ) 겸직금지(상법 제397조)

## Ⅱ. 이익충돌금지 원칙 위반에 대한 구제수단

### 1. 이익향유 있는 이익충돌 위반시 구제수단

충실의무자가 위 (i) 내지 (iv)의 충실의무를 위반하는 대부분의 경우 이익이 수반되기 때문에 이익충돌금지 원칙의 위반과 이익향유금지 원칙의 위반은 동시에 발생한다. 따라서 이 경우 앞의 제2장에서 본 것처럼, 수익자/본인은 충실의무자에 대해 이득반환청구를 할 수 있게 되고, 거기에 더하여 원상회복청구 혹은 손해배상청구도 할 수 있게 된다.[1)]

1) 제2장 III. 5. 참조.

### 2. 이익향유 없는 이익충돌 위반시 구제수단

하지만 어떤 경우 충실의무자가 위 (i) 내지 (iv)의 이익충돌금지는 위반하지만 이익은 수취하지 않아 이익향유금지는 위반하지 않는 경우가 생긴다. 이 때는 충실의무자가 이득을 향유하지 않았기 때문에 충실의무자에 대한 이득반환청구는 문제되지 않는다. 하지만, 이 때에도 앞의 제2장에서 본 것처럼, 이익충돌금지 위반으로 본인의 재산에 '손해'가 생긴 경우 충실의무자에 대해 원상회복이나 손해배상을 청구할 수 있다.[2] 이익충돌금지 위반으로 본인의 재산에 '변경'이 생긴 경우에도 수익자/본인은 마찬가지로 충실의무자에 대해 원상회복이나 손해배상을 청구할 수 있다.[3]

## Ⅲ. 이익충돌의 입증과 추정

### 1. 이익충돌의 입증과 인과관계의 추정

수익자/본인이 이익충돌금지 위반으로 본인의 재산에 '손해' 혹은 '변경'이 생긴 것을 이유로 충실의무자에 대해 원상회복이나 손해배상을 청구하기 위해서는 (ⅰ) 충실의무자의 이익충돌금지의 위반 사실과 (ⅱ) 재산에 '손해' 혹은 '변경'이 생긴 사실만을 입증하면 된다.

왜냐하면, 충실의무자는 수익자/본인을 위해 이익충돌회피의무를 지므로, 수익자/본인이 충실의무자의 이익충돌사실을 입증하면 이러한 이익충돌로부터 의무위반이 입증되고, 이러한 의무위반에 대해 충실의무자가 본인의 승낙 혹은 법원의 허가를 받았다는 사실을 증명하지 않는 한, 의무위반으로 인해 본인 재산에 손해 혹은 변경이 야기된 것으로 추정하기 때문이다.[4] 따라서 이익충돌 상태에 있는 충실의무자는 본인 재산의 '손해' 혹은 '변경'이 자신의 이익충돌행위에 기인하지 않았다는 점을 반증해야 원상회복이나 손해배상책임으로부터 벗어날 수 있다.

---

2) 제2장 III. 5. (1).
3) 제2장 III. 5. (2).
4) 제3편 제2장 "이사의 충실의무의 강행성과 사적자치", II. 1. (3) 및 제5편 제5장 IV. 1. (3) 참조.

### 2. 이익향유의 입증과의 비교

이익충돌금지 위반으로 본인 재산에 '손해' 혹은 '변경'이 생긴 경우 인과관계가 추정되기는 하지만 의무위반과 손해의 발생 간의 인과관계를 요하는 점은 충실의무자가 이익향유금지를 위반한 경우와 차이가 난다. 이러한 차이는 '본인 재산'에 생긴 손해나 변경은 여러 가지 다른 원인이 있을 수 있지만, '충실의무자의 이득'은 본인의 허가를 받지 않는 한 그 자체로서 이익향유금지의 실현이기 때문이다.

앞의 제2장에서 본 것처럼, 이익향유금지 위반의 경우, 충실의무자는 어떠한 이익의 향수도 금지되므로, 일단 수익자/본인이 충실의무자의 신탁이익[5] 혹은 회사이익[6]의 향유 사실을 입증하면, 충실의무자가 수익자/본인의 승낙을 얻었음을 적극적으로 입증하지 않는 한 이익향유의 원인을 불문하고, 자동적으로 이득반환책임을 지게 된다(신탁법 제36조 및 제43조 제3항의 문구 참조).

## Ⅳ. 준수탁자에 대한 신탁법상 구제수단의 준용

준수탁자에 대해 충실의무 위반에 대한 신탁법상 구제수단을 준용하는 경우, 준수탁자와 관련된 충실의무 특칙규정들과 신탁법상 규정들 사이의 관계를 어떻게 정립할 것인가의 문제가 발생한다. 준수탁자와 관련된 구제수단 특칙규정들이 강행규정인 경우 이들 특칙규정들이 우선적용되어야 하고, 그 한도에서 이들 규정과 저촉되는 신탁법 규정들은 준용이 배제된다. 반면에 준수탁자와 관련된 충실의무 특칙규정들이 임의규정인 경우 이들 특칙규정들은 배타적으로 적용되지 않고 신탁법상 규정들도 병렬적으로 준용될 수 있다.[7]

---

5) '신탁이익'의 의미에 대해서는 제2장 III. 2.
6) '회사이익'의 의미에 대해서는 제2장 IV. 2.
7) 제1편 제5장 II. 6. (3) 및 제5편 제1장 VII. 참조.

# 제 5 장 이익충돌의 판정기준과 '법인격'의 고려 여부*

* 대상판결: 대법원 2013.9.12. 선고 2011다57869판결

<사실관계>

대법원 판결이 인정한 사실관계는 다음과 같다:

(1) 광주신세계는 신세계가 광주광역시에서 백화점 등을 운영하기 위하여 설립한 자회사로서 신세계가 그 주식 전부를 보유하고 있었고, 1995년경부터 신세계의 상표를 사용하여 백화점 등을 운영하였다. 신세계는 광주신세계 설립 당시부터 계약을 통하여 상품구매를 대행하고 경영 일반을 관리하면서 광주신세계를 사실상 광주광역시에 위치한 신세계의 지점처럼 운영하였고, 대외적으로도 그와 같이 인식되었다.

(2) 광주신세계는 1997년 말에 발생한 외환위기 이후 금융비용 증가로 자금조달 및 회사 운영에 어려움을 겪게 되자 이를 해결하기 위하여 신세계와 협의하여 이 사건 유상증자를 하였다. 그러나 신세계 역시 구조조정 등의 필요로 유상증자에 참여할 형편이 되지 아니하여 신주인수를 포기하고, 신세계의 이사이던 피고 1이 1998. 4. 23. 이 사건 신주인수를 통하여 광주신세계의 주식 83.3%를 취득하게 되었다.

(3) 피고 1은 신세계의 지배주주인 소외인의 아들로서 신세계의 특수관계인이어서 구태여 광주신세계를 신세계로부터 분리하여 경영하거나 신세계와 경쟁할 이유가 없었고, 실제로 신세계는 피고 1의 이 사건 신주인수로 인하여

* 이 장은 이중기, "이익충돌의 판정기준과 '법인격'의 고려여부, 회사기회유용법리와 회사법상 충실의무법리의 전개", 『민사판례연구(XXXVII)』(2015)에 기초하였음.

지배주주의 지위를 잃고 2대 주주가 되었음에도 광주신세계는 여전히 신세계와 동일한 기업집단에 소속되어 있었다.

(4) 광주신세계는 피고 1의 이 사건 신주인수 후에도 신세계와 동일한 상표를 사용하고 신세계에 판매물품의 구매대행을 위탁하였으며, 전과 동일하게 신세계의 경영지도를 받으면서 신세계와 협력하였고, 신세계도 이 사건 신주인수 전과 마찬가지로 상표 사용 및 경영지도에 대한 대가로 광주신세계로부터 매년 일정액의 경영수수료를 받았다.

**<원고의 청구>**

신세계의 소액주주들은 신세계의 신수인수권 포기 당시 피고 1을 포함해 신세계의 이사로 재직하고 있던 5명을 상대로 대표소송을 제기하였다. 이 글에서 검토할 청구의 내용은 다음과 같다:

첫째, 신세계의 100% 자회사인 광주신세계로부터 신세계 이사인 피고 1이 신주를 인수한 행위는 사실상 피고 1이 신세계와 직접 거래한 것과 동일하므로 이사의 자기거래에 해당한다. 하지만 피고 1은 이사회의 승인 없이 신주를 인수하는 자기거래를 하여 상법 제398조를 위반하였고 나머지 피고들은 이를 방임하였으므로 피고들은 신세계에 생긴 대해 손해에 대해 배상하여야 한다.

둘째, 신세계의 이사인 피고 1이 광주신세계 지배지분을 취득하여 광주신세계를 경영하는 것은 상법 제397조이 금지하는 경업에 해당한다. 피고 1은 신세계 이사회의 승인없이 경업금지의무를 위반하였으므로, 이로 인해 신세계가 입은 손해를 배상하여야 한다.

셋째, 피고들이 신세계 이사회에서 실권결의를 하고 피고 1이 실권주를 인수하여 광주신세계의 지배주주가 됨으로써, 신세계는 광주지역에서 백화점업을 영위할 사업기회를 상실하게 되었고 피고 1이 신세계의 브랜드를 이용하여 백화점업을 영위하게 되었다. 이는 피고 1이 신세계의 사업기회를 유용하는 것이 되므로 신세계가 광주신세계를 운영하였다면 얻을 수 있었던 이익을 반환하여야 한다.

**<대법원의 판단>**

원고의 청구에 대한 대법원의 판단은 다음과 같다:

첫째, 자회사가 모회사의 이사와 거래를 한 경우에는 설령 모회사가 자회사의 주식 전부를 소유하고 있더라도 모회사와 자회사는 상법상 별개의 법인격을 가진 회사이고, 그 거래로 인한 불이익이 있더라도 그것은 자회사에게 돌아갈 뿐 모회사는 간접적인 영향을 받는 데 지나지 아니하므로, 자회사의 거래를 곧바로 모회사의 거래와 동일하게 볼 수는 없다. 따라서 모회사의 이사와 자회사의 거래는 모회사와의 관계에서 구 상법 제398조가 규율하는 거래에 해당하지 아니하고, 모회사의 이사는 그 거래에 관하여 모회사 이사회의 승인을 받아야 하는 것이 아니다.

따라서 이 사건 신주인수는 신세계와의 관계에서는 이사의 자기거래에 해당하는 것으로 보기 어렵고, 이는 신세계가 광주신세계의 주식 전부를 보유한 모회사였다고 하여 달리 볼 수 없다고 판단한 원심은 타당하다.

둘째, 어떤 회사가 이사가 속한 회사의 영업부류에 속한 거래를 하고 있다면 그 당시 서로 영업지역을 달리하고 있다고 하여 그것만으로 두 회사가 경업관계에 있지 아니하다고 볼 것은 아니지만, 두 회사의 지분소유 상황과 지배구조, 영업형태, 동일하거나 유사한 상호나 상표의 사용 여부, 시장에서 두 회사가 경쟁자로 인식되는지 여부 등 거래 전반의 사정에 비추어 볼 때 경업 대상 여부가 문제되는 회사가 실질적으로 이사가 속한 회사의 지점 내지 영업부문으로 운영되고 공동의 이익을 추구하는 관계에 있다면 두 회사 사이에는 서로 이익충돌의 여지가 있다고 볼 수 없고, 이사가 위와 같은 다른 회사의 주식을 인수하여 지배주주가 되려는 경우에는 상법 제397조가 정하는 바와 같은 이사회의 승인을 얻을 필요가 있다고 보기 어렵다.

이러한 법리에 비추어 보면 광주신세계는 피고 1의 이 사건 신주인수 후에도 그 전과 마찬가지로 사실상 신세계의 지점처럼 운영되었다고 할 것이고, 기록을 살펴보아도 피고 1이 광주신세계를 통하여 신세계와 이익충돌의 염려가 있는 거래를 하였다고 볼 자료가 없으므로, 피고 1이 이 사건 신주인수로 광주신세계의 지배주주가 되었더라도 그에 관하여 상법 제397조의 규정에 따라 신세계 이사회의 승인을 받았어야 한다고 보기 어렵다.

셋째, 이사는 회사에 대하여 선량한 관리자의 주의의무를 지므로, 법령과 정관에 따라 회사를 위하여 그 의무를 충실히 수행한 때에야 이사로서의 임무를 다한 것이 된다. 이사는 이익이 될 여지가 있는 사업기회가 있으면 이를 회사에 제공하여 회사로 하여금 이를 이용할 수 있도록 하여야 하고, 회사의 승인 없이 이를 자기 또는 제3자의 이익을 위하여 이용하여서는 아니 된다. 그러나 회사의 이사회가 그에 관하여 충분한 정보를 수집·분석하고 정당한 절차를 거쳐 회사의 이익을 위하여 의사를 결정함으로써 그러한 사업기회를 포기하거나 어느 이사가 그것을 이용할 수 있도록 승인하였다면 그 의사결정과정에 현저한 불합리가 없는 한 그와 같이 결의한 이사들의 경영판단은 존중되어야 할 것이므로, 이 경우에는 어느 이사가 그러한 사업기회를 이용하게 되었더라도 그 이사나 이사회의 승인 결의에 참여한 이사들이 이사로서 선량한 관리자의 주의의무 또는 충실의무를 위반하였다고 할 수 없다.

이러한 법리에 비추어 살펴보면, 피고 1이 신세계의 사업기회를 유용한 것으로 보기 어렵다는 취지로 판단한 것은 그 이유설시에 부적절한 점이 없지 아니하나 결과적으로 정당하다.

## Ⅰ. 머리말

위 대상판결은 회사와 이사의 이익충돌 상황과 관련해 이사의 자기거래의 성립 여부 및 이사의 경업거래의 성립 여부의 문제를 다루고 있다. 대상판결은 먼저 이사의 자기거래 성립 여부의 판정에 있어 '회사'의 의미와 관련해 형식적 기준을 적용하면서 법인격을 중시한 판단을 내리고 있다. 반면에, 이사의 경업거래의 성립 여부의 판정에 있어서는 '회사'의 의미와 관련해 실질적 기준을 적용하면서 법인격을 중요하게 보지 않고 있다.

이 글에서는 이익충돌의 판정대상인 '회사' 혹은 '회사의 이익'의 의미와 관련해, (ⅰ) 형식적 기준을 적용해 당해 '법인격'에 의해 제한된 형식적인 '회사' 혹은 '회사의 이익'을 의미하는 것으로 보아야 하는지, 아니면 (ⅱ) 실질적 기준을 적용해 '지배력'에 의해 지배되는 실질적인 '회사' 혹은 '회사의 이익'을 의미하는 것으로 보아야 하는지에 대해 충실의무법의 관점에서 접근해 본다.[1)]

1) 이 판결에 대한 다른 연구로는 권재열, "모회사의 이사에 대한 자회사의 실권주 배정에 관련된 몇 가지 쟁점의 검토", 『선진상사법률연구』, 第65호(2014. 1), 12면; 천경훈, "신

또한 대상판결은 회사와 이사의 이익충돌 상황과 관련해, 특히 회사기회 유용과 관련해, 이사의 의무위반을 "선관의무 또는 충실의무 위반"이라고 설시하고 있다. 이 글에서는 이사의 충실의무와 선관의무와의 관계, 이사의 충실의무와 수탁자의 충실의무와의 관계 등에 대해 살펴봄으로써, 회사법·신탁법 등에서 전개되고 있는 충실의무법리의 정립 노력을 검토해 본 다음, 회사법에서의 충실의무법리의 발전방향을 모색해 본다.

## Ⅱ. 이익충돌의 판정기준: '법인격'은 고려요소인가?

### 1. '자기거래'의 판정에 있어 실질과 형식

가. 회사가 하나인 경우

구 상법 제398조(이사와 회사 간의 거래) 이사는 이사회의 승인이 있는 때에 한하여 자기 또는 제3자의 계산으로 회사와 거래를 할 수 있다.

먼저 이 조항의 적용범위에 대해 살펴보자.

그림 1

상대방: **'계산/이득'의 주체와 명의**

이사의 자기거래

회사 <-------X-------> 거래상대방 명의 불문 – 이사의 자기계산

회사 <- ---- X-------> 거래상대방의 명의 불문 – 제3자의 계산

이사가 '자기의 계산으로' 회사와 거래를 하는 경우, 회사의 이익이 아니라 자신의 이익을 위해 행위할 가능성이 있으므로, 회사법은 회사의 거래상대방의 명의가 이사인가 여부와 상관없이 자거거래로서 금지한다. 간접거래도 "형식적으로는 회사와 제3자 사이에 이루어지지만 이사 등에게 실질적인 이익이 귀속됨으로써 이해상충을 가져올 수 있"기 때문이다.[2] 마찬가지로 이사가

세계 대표소송의 몇 가지 쟁점: 경업, 회사기회유용, 자기거래", 『상사법연구』, 제33권 제1호(2014), 135면; 최문희, "실권주에 관한 법적 쟁점의 검토: 최근의 판례를 소재로 하여", 『상사법연구』, 제32권 제3호(2013), 103면.

'제3자의 계산으로' 회사와 거래를 하는 경우에도, 회사의 이익이 아니라 제3자의 이익을 위해 행위할 가능성이 있다. 따라서 회사의 거래상대방의 명의와 상관없이 이사가 직접 혹은 대리, 중개 등의 방법으로 거래에 관여하면 자기거래로서 금지된다.[3] 그 결과, '이사 아닌 자'가 제3자의 계산으로 행위하는 경우에만 이사의 자기거래 규제범위에서 배제되게 된다.

이와 같이 이 규정은 회사의 재산과 경영을 지배하는 이사가 회사에 대한 영향력을 이용하여 '이사의 지위'를 이용하여 '자기 또는 제3자를 위해' 행위할 가능성을 사전에 봉쇄하기 위한 것으로서, 회사의 상대방의 계산의 명의와 계산의 주체를 불문하고 '이사'로 하여금 '이사의 지위'와 상충되는 행위를 하지 말 것을 명령하는 충실의무의 대표적인 규정이다.

그림 2

```
회사 : '손익'의 주체와 명의

   회사
    ∧
본점 영업 -------이사 <-------X-------> 이사 /제3자 계산
   or        대표이사/지배인/대리인으로서
지점 영업 -------다른 이사 <------X-------> 이사의 계산
```

한편, 자기거래는 이사가 '회사의 이익'과 상반되게 '자기 또는 제3자의 계산'으로 거래하는 경우 성립한다. 따라서 이사의 거래가 회사 '본점'의 영업과 관련해 본점에서 행해지든, 혹은 '지점'의 영업과 관련해 지점에서 행해지든 간에 차이가 없다.

또 회사는 당해 이사가 회사의 대표이사로서 행위하든 혹은 점포의 지배인으로서 행위하든 혹은 대표이사의 대리인으로서 행위하든 간에 그 거래가 '회사의 이익'과 상반되는 한 그 형식은 묻지 않는다.

---

2) 송옥렬, 『상법강의(제4판)』(2014), 1018면.
3) 이철송, 『회사법강의(제22판)』(2014), 740면.

마찬가지로, 다른 이사가 회사를 대표/대리해 해당 이사 개인과 거래를 하는 경우에도 '이사 혹은 제3자의 계산'으로 회사와 거래하고 '회사의 이익'과 상반될 수 있으면 자기거래가 성립한다.

### 나. 모자관계를 설정한 경우

그런데, 이 단계에서 회사가 지점의 영업을 현물출자하여 완전자회사로 설립한 경우에 대해 살펴보자.

그림 3

**'손익'의 주체와 명의**
　모회사
　　∧
본점 영업 ------ 이사 <------X------> 이사 / 제3자의 계산
　　∧　　　　대표이사/지배인/대리인으로서
자회사 영업 ---- 다른 이사 <------0------> 이사의 계산

이 경우 앞에서 살펴본 자기거래의 적용범위는 수정되어야 하는가? 더 구체적으로 이사는 '자기 또는 제3자의 계산으로' 모회사의 본점의 영업 혹은 지점의 영업과 거래하면 자기거래가 성립한다. 그런데, 자회사에 대한 자신의 영향력을 행사해 완전자회사와 '자기 또는 제3자의 계산으로' 거래한 경우, 자기거래가 성립하지 않는가?

대상판결은 "자회사가 모회사의 이사와 거래를 한 경우에는 설령 모회사가 자회사의 주식 전부를 소유하고 있더라도 모회사와 자회사는 상법상 별개의 법인격을 가진 회사이고, 그 거래로 인한 불이익이 있더라도 그것은 자회사에게 돌아갈 뿐 모회사는 간접적인 영향을 받는 데 지나지 아니하므로, 자회사의 거래를 곧바로 모회사의 거래와 동일하게 볼 수는 없다"고 한다. 하지만 이러한 해석에는 찬성하기 힘들다.

다. 제398조의 해석

(1) '회사'의 명의와 형식 v. '이사/제3자'의 명의와 형식

판례는 [그림 1]에서와 같이, 이사가 회사와의 자기거래를 통해 '거래상대방'인 자기 혹은 제3자를 이득시키는 경우, 이득의 주체인 '거래상대방'의 명의와 형식에 대해서는 실질적으로 판단한다. 예를 들어, 대법원은 이사 혹은 이사의 대리인과 같이 이사와 일정 관계에 있는 제3자가 직접 회사의 상대방이 되는 '직접거래'뿐만 아니라 회사의 거래로 인해 결과적으로 이득이 이사 혹은 그 대리인에게 귀속되는 '간접거래'의 경우에도 자기거래가 성립함을 인정한다.[4]

하지만, [그림 3]에서와 같이, 이사가 자기거래를 통해 '회사'에게 손실을 야기하는 경우, 손실의 주체인 '회사'의 명의와 형식에 대해서는 형식적으로 판단한다. 대상판결은 "[자기]거래로 인한 불이익이 있더라도 그것은 자회사에게 돌아갈 뿐 모회사는 간접적인 영향을 받는 데 지나지 아니하므로, 자회사의 거래를 곧바로 모회사의 거래와 동일하게 볼 수는 없다"고 한다. 그런데, '회사'의 의미를 법인격으로 제한하는 이러한 형식적 해석이 타당한가에 대해서는 의문이 있다.

여기서 자기거래의 규제대상이 되는 상반되는 이익은 '회사의 이익/손실'과 '자기 또는 제3자의 이익'인데, 이러한 이익/손실은 어떻게 판정해야 하는가?

(2) '회사의 손실'은 자기거래의 요건인가?

제398조의 구조에 대해 좀 더 자세히 살펴보자.

> 구 상법 제398조(이사와 회사 간의 거래) 이사는 이사회의 승인이 있는 때에 한하여 자기 또는 제3자의 계산으로 회사와 거래를 할 수 있다.

먼저, 이사가 회사의 거래상대방인 '자기 또는 제3자의 이익'을 추구하는가를 판정함에 있어 거래의 형식 또는 법인격은 고려요소가 되는가? 앞서

4) 대법원은 회사가 이사 또는 주요주주의 채권자와 이사 또는 주요주주의 채무에 대한 보증 또는 담보설정계약을 체결하거나 그 채무를 인수하는 것을 '간접적' 자기거래로 인정하였다. 예를 들어, 대법원 1974.1.15. 선고 73다955판결; 대법원 1974.10.31. 선고 73다954판결 등.

[그림 1]에서 본 것처럼 제398조는 명의를 불문하고 '자기 또는 제3자의 계산'으로 행한 이사의 자기거래를 모두 금지하므로, 거래의 형식 또는 법인격은 고려요소가 아니다.[5] 대법원도 이사 혹은 이사의 대리인이 직접 회사의 상대방이 되는 '직접거래'뿐만 아니라 회사의 거래로 인해 결과적으로 이득이 이사 혹은 그 대리인에게 귀속되는 '간접거래'의 경우에도 자기거래가 성립함을 인정한다.[6]

그런데, '자기 또는 제3자의 이익'에 대하여 '회사에 손실'이 있어야 하는가? 제398조의 규정형식은 회사의 손실을 요건으로 하지 않는다. 자기거래의 규제 목적이 회사에 생긴 '손실의 보상'이 아니라 이사에 대한 '이사 지위'를 이용한 '이득행위의 억지'라면 회사의 손실은 자기거래의 요건으로 볼 필요가 없다.[7] 신탁법은 이러한 입장을 조문에서 명시적으로 표현한다.

> 신탁법 제43조 … ③ 수탁자가 제33조부터 제37조까지의 규정에서 정한 의무[자기거래 기타 충실의무]를 위반한 경우에는 신탁재산에 <u>손해가 생기지 아니하였더라도</u> 수탁자는 그로 인하여 수탁자나 제3자가 얻은 이득 전부를 신탁재산에 반환하여야 한다.

이러한 입장에 서면, 이 조항은  이사에 대해 '자기 또는 제3자의 이익'을 위해 '이사의 영향력'을 행사하는 거래를 하지 말 것을 금지하는 조항이다. 따라서 '회사에 손실'이 생겼는가 여부에 관계 없이 이사가 회사 이사였음을 기화로 회사의 자회사와 거래함으로써 이득을 취득하는 행위는 억지되어야 하고, 또 이득의 관점에서 징계하는 것이므로 이사가 얻은 이득은 손실과 관계없이 전부 회사에 반환되어야 하는 것이다.

한발 양보해 만약 '회사의 손실'이 요건이라고 본다면 회사의 손실 혹은 이익은 어떻게 판단해야 하는가? '거래상대방'인 '이사 또는 제3자가 편취하는 이익'을 실질적으로 판정해야 한다면, 그 대칭이 되는 '회사의 손실'도 실질적으로 판정해야 할 것이다. 왜냐하면, 한쪽에서 의무위반으로 이득이 발생하는데, 이를 비난하기 위해서는 다른 쪽에서 손실을 보아야 하기 때문이다.

---

5) II. 1. 가.
6) 앞의 주 4).
7) 이중기, "회사기회유용과 경업금지의무 위반", 225면, 248면 이하.

이와 같이, 자기거래의 규제 형식은 원칙적으로 '거래상대방의 이익'의 여부에 의해 자기거래의 성립 여부가 결정되고, '회사의 손실'은 고려되지 않는다. 만약 고려하는 경우라 하더라도 회사의 손실 여부는, '거래상대방의 이익'과 마찬가지로 회사의 실질적 손실을 고려해야 한다. 따라서 '회사의 손실'은 법인격에 의해 제한된 회사에 한정되지 않고 자회사의 손실도 회사의 손실에 포함되게 된다. 이와 같이 '회사'의 의미 혹은 '회사의 이익'의 의미와 관련해서도, '이사/제3자의 이익'과 마찬가지로 거래의 형식 또는 법인격의 매개 등은 고려되지 않는다.[8)]

(3) '회사와의 거래'의 의미

제398조의 해석에 있어 가장 중요한 '자기 또는 제3자의 계산'의 의미를 실질기준에 의해 확정하고 이와 대칭관계에 있는 '회사의 손실'을 실질적으로 판단해야 한다면, 제398조의 해석방향은 설정된다. 즉 제398조(이사와 회사 간의 거래)가 규정한 '회사와의 거래'는 그 제목이 표창하는 것처럼 단순히 '자기거래'를 의미하는 문구가 된다. 이러한 자기거래에 대해서는 '자기 또는 제3자의 이익' 여부가 그 성립에 있어 결정적 역할을 하고, 이러한 기준에 의하면 회사가 자회사를 설정한 경우 그 '자회사'와의 거래도 자기거래에 포함되게 된다. 따라서 이사와 자회사와의 거래로 인해 '이사나 제3자에게 이익'이 발생하면 자기거래가 성립한다. 또 만약 '회사의 손실'을 요건으로 하더라도, 회사에 실질적 불이익이 있으면 '회사의 손실' 요건이 충족된 것으로 판정되어야 하므로, 자회사와의 거래로 인해 회사에 손실이 생겼으면 자기거래가 성립한다.

### 라. 소 결

대상판결은 자기거래 규제가 적용되는 '회사와의 거래'는 이사를 선임한 회사와의 거래를 의미한다고 보고, 자회사와 행한 거래는 자기거래의 규제범위 밖에 있다고 보았다. 하지만, 제398조는 앞서 본 것처럼 '거래상대방의 이익'의 관점에서 완결적으로 해석되는 조문이므로, 대상판결처럼 부당하게 그 의미를 축소해석할 필요는 없다. 이러한 해석은 다양한 자기거래행위를 통한

---

8) '회사가 어떻게 이익 혹은 손실을 인식하는가'에 대해서는 제6장(이중기, "법인에서의 인식의 귀속과 이익충돌의 인식") 참조.

'자신 혹은 제3자의 이득' 실현 시도를 광범위하게 규제하려는 자기거래의 규제 정신을 간과한 해석이다.

이러한 결과는 제398조(이사와 회사 간의 거래)가 단순히 '자기거래'의 의미로 규정한 '회사와의 거래'를 법원이 제한적으로 자구해석한 결과로 추측된다. 회사법의 많은 조문들은 모자관계, 그룹관계의 설정이 활발하게 이용되기 전에 입법되었고, 이러한 조문을 해석함에 있어서는 회사의 의미를 실질적으로 해석할 필요가 있다. 회사 이사의 자기거래를 규제하기 위한 제398조도 마찬가지이다. 제398조는 회사와의 거래로 이득을 보는 '거래상대방의 측면'에서만 규제를 하면 충분하고, 또 이를 위해서는 '자기 또는 제3자의 계산'이라는 규정만 해석하면 충분하다.

이사의 자기거래금지는 이사와 '회사' 간의 이익충돌을 금지하기 위한 조문이다. 이사와 '회사' 간의 이익충돌은 실질적으로 판정되어야 하는데, 충돌하는 '회사'의 이익은 회사의 법인격 내에 있는 이익뿐만 아니라 '회사'가 지배하는 외부의 이익도 포함된다. 따라서 이사가 회사의 지배하에 있는 자회사와의 거래를 통해 회사 밖에 있는 이익을 스스로 취득하거나 제3자에게 취득시키는 경우에도 자기거래가 인정되어야 하기 때문에, 자회사와의 거래도 자기거래의 대상이 된다. 그 결과 자기거래 위반 기타 이익충돌의 판정에 있어 법인격은 방어방법이 되지 못한다.

## 2. '경업거래'의 판정에 있어 실질과 형식

다음으로 대상판결이 이사의 경업거래의 판정기준으로서 '회사' 혹은 '회사의 이익'의 의미와 관련해 어떠한 기준을 적용했는지에 대해 살펴보자.

### 가. 경업거래의 규제이유

제397조(경업금지) ① 이사는 이사회의 승인이 없으면 자기 또는 제3자의 계산으로 회사의 영업부류에 속한 거래를 하거나 동종영업을 목적으로 하는 다른 회사의 무한책임사원이나 이사가 되지 못한다.

이사로 하여금 회사의 영업부류에 속한 거래를 금지하는 규제 목적은 무엇인가? 대상판결에 의하면, 이사의 경업거래 규제는 "이사가 그 지위를 이용하여 자신의 개인적 이익을 추구함으로써 회사의 이익을 침해할 우려가 큰 경업을 금지하여 이사로 하여금 선량한 관리자의 주의로써 회사를 유효적절하게 운영하여 그 직무를 충실하게 수행하여야 할 의무를 다하도록 하려는 데 있다"[9]

즉, 앞서 본 자기거래 규제와 마찬가지로, 경업거래 규제도 이사가 '자기 또는 제3자의 이익'을 위하여 경업하는 것을 규제하기 위한 것이고, 규제대상 행위는 '이사 또는 제3자의 이익'의 매개가 되는 '이사의 경업행위'이다.

### 나. '이사의 경업행위'의 유형: 경업대상회사의 지배주주가 되는 것이 경업에 해당하는가?

이사가 경업대상회사의 지배주주가 되는 것은 규제대상 행위인 경업행위에 해당하는가? 대상판결은 "이사는 경업 대상 회사의 이사, 대표이사가 되는 경우뿐만 아니라 그 회사의 지배주주가 되어 그 회사의 의사결정과 업무집행에 관여할 수 있게 되는 경우에도 자신이 속한 회사 이사회의 승인을 얻어야 하는 것이다"고 함으로써 지배주식의 취득에 따른 업무집행 관여 가능성 획득이 경업행위에 해당함을 선언하였다.

그림 4

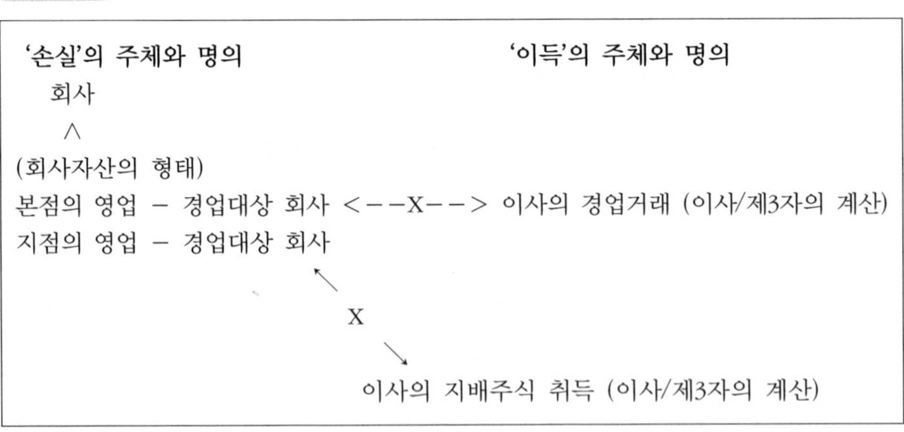


9) 대상판결 및 대법원 1993.4.9. 선고 92다53583판결 참조.

### 다. '경업행위'의 판정기준: '자기 또는 제3자의 계산으로'

이사의 경업행위는 자기거래행위와 마찬가지로 실질적 기준으로 판단해야 하고, 명의를 갖고 판단할 것은 아니다. 즉 이사가 '자기의 계산으로' 회사의 영업부류에 속한 거래를 하거나 경업대상회사의 지배주주가 되는 경우, 회사의 이익이 아니라 자신의 이익을 위해 행위할 가능성이 생기므로, 경업자 혹은 지배주주의 명의와 상관없이 그 거래는 경업거래로서 금지된다. 마찬가지로 이사가 '제3자의 계산으로' 회사의 영업부류에 속한 거래를 하거나 경업대상회사의 지배주주가 되는 경우에도, 회사의 이익이 아니라 제3자의 이익을 위해 행위할 가능성이 생기므로, 명의와 상관없이 그 행위는 경업거래로서 금지된다. 즉, '이사 아닌 자'가 제3자의 계산으로 경업하거나 지배주주가 되는 경우에만 이사의 경업거래 규제범위에서 배제된다.

이와 같이 이 규정도 회사의 재산과 경영을 지배하는 이사가 '회사의 이익'이 아니라 '자기 또는 제3자를 위해' 경업하는 것을 금지하기 위한 것으로서, 경업거래의 계산의 명의를 불문하고 이사로 하여금 '회사의 이익'과 상충되는 경업행위를 하지 말 것을 명령하는 충실의무의 대표적인 규정이다.[10]

### 라. 경업행위의 판정: '회사의 손실'은 요건인가?

먼저, 이사가 경업행위를 통해 '자기 또는 제3자의 이익'을 추구하는가 여부를 판정함에 있어 거래의 형식 또는 법인격은 고려요소가 되는가? 앞서 본 것처럼 고려요소가 아니다.[11] 즉, 제397조는 명의를 불문하고 '자기 또는 제3자의 이익'을 위한 이사의 경업행위 혹은 지배주식취득을 경업거래로서 금지한다.

그런데, '자기 또는 제3자의 이익'에 대응하여 '회사에 손실'이 발생해야 하는가? 제397조 제1항의 규정형식은 회사의 손실을 요건으로 하지 않는다. 경업행위의 규제 목적이 회사에 생긴 '손실의 보상'이 아니라 이사에 대한 '이사 지위'를 이용한 '이득행위의 억지'이기 때문에 회사의 손실을 요건으로 할 필요가 없기 때문이다.[12] 앞서 본 신탁법 제43조 제3항과 마찬가지로 제397조

10) II. 1. 가.
11) II. 1. 가.
12) II. 1. 다. (2)

제2항은 이러한 입장을 조문에서 명시적으로 표시한다.

> 第397조 … ② 이사가 경업금지규정에 위반하여 거래를 한 경우에 회사는 이사회의 결의로 그 이사의 거래가 자기의 계산으로 한 것인 때에는 이를 회사의 계산으로 한 것으로 볼 수 있고 제3자의 계산으로 한 것인 때에는 그 이사에 대하여 이로 인한 이득의 양도를 청구할 수 있다.

즉, 회사에 손실이 생겼는가 여부에 관계없이 이사가 회사의 이사이었음을 기화로 경업거래를 함으로써 이득을 편취하는 행위를 억지하기 위해 이득의 관점에서 징계하는 것이므로, 회사는 개입권을 행사하거나 혹은 이사에 대해 얻은 이득의 반환을 청구할 수 있는 것이다.

이와 같이, 이사의 경업거래의 규제 형식은 원칙적으로 '거래상대방의 이익' 여부에 의해 경업의 성립 여부가 결정되어야 하고, '회사의 손실/이익'은 고려되지 않는다. 만약 회사의 손실을 고려해야 한다고 본다면, '거래상대방의 이익'과 마찬가지로 회사의 실질적 손실/이익을 고려해야 한다. 따라서 이사의 자기거래에서 살펴본 것처럼 거래의 형식 또는 법인격의 매개 등은 경업거래에 대한 방어방법이 되지 못한다.[13]

### 마. 경업행위 규제로부터의 해방방법: 공동의 이익 추구

第397조가 규정한 '자기 또는 제3자의 이익' 기준에 의해 경업관계가 성립하면, 이사는 어떻게 경업금지의무로부터 해방될 수 있는가? 상법이 규정하고 있는 경업금지의무의 해소방법은 '이사회의 승인'이다.

그런데 대상판결은 이 사안에서 第397조가 규정하고 있지 않은 새로운 경업금지의무 해방방법을 제시하고 있다. 대상판결은 먼저 "어떤 회사가 이사가 속한 회사의 영업부류에 속한 거래를 하고 있다면 그 당시 서로 영업지역을 달리하고 있다고 하여 그것만으로 두 회사가 경업관계에 있지 아니하다고 볼 것은 아니다"라고 함으로써 신세계 이사인 피고의 광주신세계의 지배주식 취득행위를 경업행위에 해당한다고 보았다.

"하지만, 두 회사의 지분소유 상황과 지배구조, 영업형태, 동일하거나 유

13) II. 1. 라. 참조.

사한 상호나 상표의 사용 여부, 시장에서 두 회사가 경쟁자로 인식되는지 여부 등 거래 전반의 사정에 비추어 볼 때 경업 대상 여부가 문제되는 회사가 실질적으로 이사가 속한 회사의 지점 내지 영업부문으로 운영되고 공동의 이익을 추구하는 관계에 있다면 두 회사 사이에는 서로 이익충돌의 여지가 있다고 볼 수 없고, 이사가 위와 같은 다른 회사의 주식을 인수하여 지배주주가 되려는 경우에는 상법 제397조가 정하는 바와 같은 이사회의 승인을 얻을 필요가 있다고 보기 어렵다"고 판단하였다.

### 바. '실질적인 지점' 혹은 '공동의 이익 추구': 이익충돌의 판정기준

그런데, 대상판결이 판시한 것처럼 경업대상회사가 이사가 근무하는 "회사의 실질적인 지점 내지 영업부문으로 운용"되고 "공동의 이익을 추구하는 관계"에 있다면 두 회사 사이에 이익충돌의 여지는 해소되고 이사는 경업금지 규제로부터 해방될 수 있는가?

이사의 자기거래에서 살펴본 것처럼, 이익충돌의 존재 여부는 실질적으로 판정되어야 하고, 거래의 형식 혹은 법인격의 매개 등은 결정적인 영향을 미치지 못한다.[14] 이러한 점에서 볼 때 이사의 경업금지의무와 관련해 '회사와 경업대상회사 사이'의 이익충돌 여부를 '회사의 실질적 지점 내지 영업부문'으로 운용되고 '공동의 이익'을 추구하는 관계[15]에 있다는 점을 강조해 이익충돌 가능성을 부정한 대상판결의 태도는 타당하다고 본다.

또, 나아가 회사 사이의 이익충돌 여부를 실질적 기준에서 판단함으로써 경업회사의 지배주식을 취득한 이사와 회사 사이에서의 이익충돌도 부정할 수 있을 것이다. 따라서 이 사안에서 대법원이 이 두 가지 점을 인정해 두 회사 사이의 이익충돌이 해소되고, 이사도 경업금지의무로부터 해방되었다고 판단한 것은 수긍할 수 있다.

---

14) 앞의 II. 1. 라.
15) '공동의 이익 추구'의 경우 이익충돌 해소 가능성에 대해서는 제6장(이중기, "법인에서의 인식의 귀속과 이익충돌의 인식") V. 2. (3) 참조.

## 3. 대상판결 비판: 자기거래와 경업거래에서의 '회사' 혹은 '회사의 이익'의 판단기준의 혼란

### 가. 자기거래와 경업거래에서의 '회사' 혹은 '회사의 이익'의 판단기준

대상판결에서 발견되는 하나의 문제점은 대법원이 이사의 자기거래 인정과 관련해서는 '회사' 혹은 '회사의 이익'을 판단함에 있어 형식적으로 판단해 이사를 선임한 '회사'와의 거래만 자기거래로 보고 '자회사'와의 거래는 자기거래가 아니라고 배척한데 반해, 경업거래와 관련해서는 '회사' 혹은 '경업회사'를 실질적으로 판단해 이사의 '경업회사'에 대한 지배주식취득은 경업행위에 해당하지만 이익충돌은 없다고 판단한 점이다.

이러한 대상판결의 논리는 일관성을 결여하고 있다는 점에서 비판을 면하기 어렵다.

### 나. 형식기준을 관철하는 경우

먼저 '회사' 혹은 '회사의 이익/손실'에 대해 형식적 기준을 관철하는 경우에 대해 살펴보자. 대법원이 자기거래 인정과 관련해 '회사' 혹은 '회사의 손실'을 판단함에 있어 형식적으로 판단해 '자회사의 손실'이 있더라도 '자회사' 혹은 '자회사의 손실'은 자기거래 규제가 대상으로 한 '회사' 혹은 '회사의 손실'이 아니고 '회사와의 자기거래'가 성립하지 않는다고 배척하였다면, 이러한 논리는 경업거래의 인정과 관련해서도 동일하게 적용해야 할 것이다. 즉 경업거래금지 위반 여부를 판정함에 있어서도 '회사' 혹은 '회사의 이익'은 형식적으로 판단되어야 한다. 따라서 '회사'의 '경업대상회사'는 실질적으로 회사의 지점처럼 취급되더라도 지점이 아닌 이상 '경업대상회사'이고, 이사에 의한 '경업회사의 지배주식취득'은 경업행위에 해당하는 것으로 판단해야 한다.

### 다. 실질기준을 관철하는 경우

반대로, 대법원이 경업거래 인정과 관련해 '회사' 혹은 '회사의 이익'을 실질적으로 판단해 '회사'의 '경업회사'이지만 실질적으로 '회사'의 지점처럼 운영되었기 때문에 '회사'의 일부로 볼 수 있고, 경업회사에 대한 지배주식취득은 경업행위에 해당하지만 공동의 이익 추구를 통해 이익충돌이 해소되었다고 판단하였다면, 이러한 논리는 자기거래의 인정과 관련해서도 동일하게 적용되어야 한다. 따라서 이사의 자기거래가 성립하는 '회사'의 의미를 실질적으로 판단해 그 회사뿐만 아니라 회사가 지배하는 '자회사'를 포함하는 것으로 해석해야 하고, '회사의 손실'의 의미도 법인격 내의 손실뿐만 아니라 회사가 지배하는 '자회사의 손실'을 포함하는 '회사의 실질적 손실'을 의미하는 것으로 넓게 해석해야 한다.

## [참고문헌]


김건식, 『회사법연구 I』, 2010.

송옥렬, 『상법강의(제4판)』, 2014.

이철송, 『회사법강의(제22판)』, 2014.

최기원, 『신회사법론(제13대정판)』, 2009.

권재열, “모회사의 이사에 대한 자회사의 실권주 배정에 관련된 몇 가지 쟁점의 검토”, 『선진상사법률연구』, 제65호(2014. 1).

이중기, “법무법인에 발생하는 이익충돌과 충실의무: 준수탁자로서의 법무법인”, 『홍익법학』, 제14권 제2호(2013).

______, “법인에서의 ‘인식의 귀속’과 이익충돌의 인식: 거대 회사에서의 ‘정보차단장치’의 효력을 중심으로”, 『서울대학교 법학』, 제55권 제4호(2014. 12).

______, “신의칙과 위임법리에의 접목을 통한 충실의무법리의 확대와 발전”, 『홍익법학』, 제12권 제2호(2011).

______, “신탁법에 기초한 영미 충실의무법리의 계수와 발전”, 『홍익법학』, 제12권 제1호(2011).

______, “이사, 상업사용인의 회사기회유용과 경업금지의무 위반”, 『홍익법학』, 제8권 제3호(2007).

______, “‘지배권 프리미엄’의 표현으로서 ‘다수지배원칙’과 통제장치로서의 ‘지배주주의 충실의무’”, 『상사법연구』, 제32권 제1호(2013).

천경훈, “신세계 대표소송의 몇 가지 쟁점: 경업, 회사기회유용, 자기거래”, 『상사법연구』, 제33권 제1호(2014).

최문희, “실권주에 관한 법적 쟁점의 검토: 최근의 판례를 소재로 하여”, 『상사법연구』, 제32권 제3호(2013).

Law Commission CP No.124, Fiduciary Duties and Regulatory Rules(1992).

Flannigan, “The Fiduciary Obligation”, [1989] 9 *O.J.L.S.* 285.

# 제 6 장 법인에서의 이익충돌의 인식: 인식의 귀속과 정보차단장치*

## Ⅰ. 머리말

어떤 사람의 행위의 효력이 어느 사정을 알았거나 혹은 과실 때문에 알지 못한 것으로 인하여 영향을 받는 경우가 있다. 사람의 고의 혹은 과실 개념이 문제되는 상황이 대표적인 경우이다. 자연인과 마찬가지로, 법인의 행위의 효력도 법인이 그 사정을 알고 있었는가 혹은 과실로 알지 못했는가 여부에 의해 결정되는 경우가 있는데, 이 경우 법인이 그 사정을 알고 있었는가 혹은 과실로 알지 못했는가는 어떻게 판정하는가? 이 문제는 '법인의 주관적 인식'(knowledge/notice; Wissen/Kennen)의 문제로서 논의되어 왔고, 전통적으로 법인의 기관 혹은 대리인의 '인식'을 법인에 '귀속'(attribution; Zurechnung)시키는 방법으로 해결되어 왔다.1)

법인의 주관적 인식이 논의되어 왔던 주된 맥락은 크게 (ⅰ) 법률효과가 관련 사실이나 정황의 인식 혹은 부지 여부에 의해 영향을 받을 때, 어느 관계자 혹은 기관의 인식을 어떠한 방법으로 법인에 귀속시킬 수 있는가 및 (ⅱ) 기관 혹은 피용자가 불법행위를 저지르는 경우 기관 등의 불법행위에 대한 책

* 이 장은 이중기, "법인에서의 인식의 귀속과 이익충돌의 인식", 『서울대학교 법학』, 제55권 제4호(2014)에 기초하였음.

1) '인식'과 '인식의 귀속'의 개념 및 그 관계에 대해서는 송호영, "이른바 "인식의 귀속"에 관하여", 『비교사법』, 제8권 제1호(상)(2001), 39면(이하 송호영, "인식의 귀속"), 41면 이하; 이병준, "법인에 있어서의 인식의 귀속과 인식의 책임", 『외법논집』, 제35권 제2호(2011), 103면(이하, '이병준'), 105면 이하 참조.

임을 법인에 대해 어떻게 귀속시킬 수 있는가에 관한 것이었다. 그런데 법인에 대한 인식의 귀속 문제는 이익충돌의 인식 여부와 관련해서도 동일하게 발생한다. 즉 법인이 고객에 대해 충실의무를 지는 상황에서 법인이 기관 혹은 대리인을 통해 회사의 이익이나 의무의 존재를 인식하는 하는 경우, 법인이 이익충돌 상황에 직면하게 되는지 여부 혹은 자기이익의 향수로 충실의무를 위반하게 되는지 여부를 판정함에 있어서도 법인의 인식 문제가 대두될 수 있다.

이 글에서는 먼저 (ⅰ) 기관 등의 인식을 통한 법인의 인식방법 및 (ⅱ) 기관 등의 불법행위에 대한 법인의 불법행위책임 부과 근거 등 전통적으로 법인의 주관적 인식 개념이 문제된 상황에 대해 살펴보고 나서, 이 글에서 주로 논의할 이익충돌과 관련된 법인에서의 인식의 귀속 문제에 대해 살펴본다. 후자의 문제를 논의함에 있어 먼저 (ⅲ) 법인이 충실의무를 지는 상황 기타 충실의무 일반론에 대해 살펴본 다음, (ⅳ) 법인이 충실의무를 부담하는 경우 이익충돌의 판정과 관련한 법인의 인식방법에 대해 살펴본다. 마지막으로 (ⅴ) 거대법인의 경우 '인식의 귀속법리'에 따라 야기될 '개념적'인 이익충돌 가능성과 이러한 문제를 해결하는 방안으로 '정보차단장치'의 활용방안, 정보차단장치 이용시 '인식의 귀속법리'를 수정할 수 있는지 여부에 대해 살펴보고, (ⅵ) 이익충돌의 해소장치로서의 공시와 승인에 대해 고찰해 본다.

## Ⅱ. 사실 혹은 정황에 대한 법인의 인식방법

법인의 작위 혹은 부작위의 효력이 어느 사정을 알았거나 혹은 과실 때문에 알지 못한 것으로 인하여 영향을 받을 경우, 법인이 그 사정을 알고 있었는가 혹은 과실 때문에 알지 못했는가, 즉 법인의 고의/과실 문제는 어떻게 결정하는가? 전통적인 방법은 '자연인'의 인식을 '법인'에 귀속시키는 방법이다. 이러한 인식의 귀속은 한편으로는 '기관'의 인식을 법인 '자체'의 인식으로 귀속시키는 '법인법'적 방법으로 행해지고, 다른 한편으로는 '대리인'의 인식을 본인 법인의 인식으로 귀속 간주하는 '대리법'적 방법으로 행해진다.[2)]

2) 법인의 정보 인식과 관련하여, 영국법에서도 우리나라와 비슷하게 '기관인식'의 귀속 방법과 '대리인 인식'의 간주 방법을 동원한다(이중기, "증권회사에 발생하는 이익충돌과

또 인식의 귀속은 법인과 그 기관/대리인 간에 쌍방향으로 진행되는데, 한편으로는 기관 혹은 대리인의 인식을 법인에 귀속시키면서('구심적 귀속'), 다른 한편으로는 의제된 법인의 인식을 다시 기관 혹은 대리인에 귀속시킨다('원심적 귀속', 즉 의제된 법인의 인식을 법인을 위해 행위하는 기관 혹은 대리인이 보유/사용해야 할 인식으로 간주하는 방법). 차례로 살펴보자.

## 1. '기관 인식'의 법인에의 귀속: 구심적 귀속

법인은 일정한 사람의 단체 혹은 물적 단체에 대하여 법률이 법인격을 부여한 '의제적 인격체'(constructive person)이기 때문에 스스로 행동할 수 없고 '사람'의 두뇌에 해당하는 '기관'(organ)을 통해 인식하고 행동해야 한다. 왜냐하면, 법인법은 법인을 사람으로 의제하고 사람과 같이 인식, 의사결정 및 행위를 하는 존재로 보기 때문에, 법인은 '기관'을 선임해야 하고, 기관은 자연인이 행하는 인식, 의사결정 및 업무집행과 대표행위를 하도록 의제되기 때문이다.[3) 4)] 따라서 법인에서도 자연인과 같이 '인식'(knowledge or notice)이 문제가 되고 법인의 인식, 즉 법인이 어느 사정을 알고 있었는가 혹은 과실로 알지 못했는가 여부(법인의 고의·과실)를 판정하는 것이 중요하게 된다.

그런데 "자연인의 경우는 인식 여부가 사실인정의 문제라면, 법인의 경우는 … '인식을 했다 안했다'의 문제라기보다 어떠한 상황에서 법인의 '인식으

---

Chinese wall", 135면, 146면 이하).

독일법에서도 "Savigny의 대리인을 통한 귀속(anrechnen)과 Gierke의 기관을 통한 귀속(zuschreiben; zurechnen)" 방법이 인정된다(송호영, "법인의 활동과 귀속의 문제－법인본질론쟁의 극복을 위한 하나의 시론", 『민사법학』, 제31호(2006), 3면(이하 송호영, "귀속을 통한 법인본질론의 극복"), 43면). Savigny의 의제설과 대리제도를 통한 해결방안 및 Gierke의 실재설과 기관의 행위의 의한 해결방안에 대해서는 송호영, 『법인론』(2013)(이하 송호영, 『법인론』), 18-21면 및 22-25면 참조.

3) 송옥렬, 『상법강의(제3판)』(2013), 872면 이하.

4) 반면에 법인을 자연인과 같은 실체적 존재로 보는 견해도 있다. 그런데 법인의제설 혹은 법인실재설과 같은 법인본질론 논쟁은 단선적인 논리구조에 근거할 가능성이 높기 때문에 개념상 논리의 전개에는 도움이 되는지 몰라도 실제적인 문제해결에는 도움이 되지 못한다. 따라서 "법인의 활동 문제는 스스로 활동을 할 수 있는 존재인지 아니면 그렇지 않은 존재인지로 접근할 것이 아니라, 기관인에 의해서 실제로 이루어진 의욕·인식·작위·부작위 등의 활동요소 및 그에 따른 법률효과를 법인에게 귀속시킬 수 있느냐 혹은 그렇지 않느냐의 문제로 접근하는 것이 타당하다"고 본다(송호영, "귀속을 통한 법인본질론의 극복", 41-42면; 동지: 송호영, 『법인론』, 209면 이하).

로 볼 수 있느냐 없느냐'의 문제 … 다시 말하면 … 인식의 귀속 여부에 관한 문제이다."[5] 따라서 '기관의 인식'의 태양, 즉 기관의 고의·과실 여부를 법인의 인식의 태양으로 귀속시키는 법인의 인식과정에는 필연적으로 규범적 평가가 수반된다.

(1) 법인 형태에 따른 기관의 다양성

그런데 법인은 법인의 설립목적에 따라 설립형태가 다양하기 때문에 각 법인은 근거법률에 따라 다양한 다른 기관을 둘 수 있다. 예를 들어, 출자자가 존재하는 영리법인과 달리 공익법인에서는 출연자의 수익자지위가 부인[6]되기 때문에 출자자총회와 같은 소유기관은 존재하지 않고 경영기관만 존재한다. 따라서 공익법인의 인식이 문제된 경우, 공익법인 출연자의 인식은 출연 후에는 고려될 필요가 없다. 또 영리법인의 형태는 출자자가 소유기관으로서 회사채무에 대해 무한책임을 지고 경영도 담당하는 합명회사[7] 형태에서부터, 출자자는 회사채무에 대해 유한책임을 지고 경영은 전문경영인인 이사가 담당하는 주식회사[8] 형태까지 다양하고, 법인의 종류별로 기관의 형태도 다양하다. 특히 주식회사의 경우 주주총회,[9] 이사회[10]와 같은 '의사결정'기관과 '행위'기관인 대표이사의 기능은 분리되어 있고, 감사[11]와 같은 독립 '감독기관'도 존재한다.

따라서 법인의 고의·과실 여부를 '기관의 인식'의 태양에 기해 도출한다고 할 때, '인식의 귀속법리'에 대한 총론은 동일하다 하더라도 법인의 종류에 따라 기관의 형태가 다양하기 때문에 법인의 인식이 문제되는 구체적 상황에서 가장 먼저 수행해야 할 작업은 문제된 법인의 종류와 그 법인의 기관의 형

5) 송호영, "법인의 대표자가 자신이 대표하는 법인에 대해서 불법행위를 한 경우에 법인의 인식여부", 『저스티스』, 통권 제82호(2004), 92면(이하 송호영, "대표자의 불법행위시 인식의 귀속"), 106면.
6) 이중기, "공익단체에서의 공익재산유지 이념과 실천방안", 『경제법연구』, 제13권 제1호(2014), 151면, 154면 이하; 이중기, 『공익신탁과 공익재단의 특징과 규제』(2014), 301면 이하.
7) 상법 제178조 이하.
8) 상법 제288조 이하.
9) 상법 제361조 이하.
10) 상법 제390조 이하.
11) 상법 제409조 이하.

태를 판단하는 것이다.

(2) 어떤 행위? 어떤 기관?: 의사결정기관, 대표기관 혹은 감독기관

법인의 형태가 어느 종류인가를 판정하였다면, 다음 고려해야 할 문제는 당해 법인의 관계자 혹은 기관 가운데 '어떤 관계자 혹은 기관'을 법인의 '두뇌'로 의제하고 그들의 인식작용을 당해 법인의 인식으로 귀속시킬 것인가를 결정하는 것이다. 예를 들어, 주식회사의 인식이 문제된 경우, 회사의 인식 여부의 판정은 인식이 문제되는 사항이 의사결정사항인지, 업무집행사항인지, 혹은 감독사항인지 여부, 업부집행사항이라면 내부적 업무집행사항인지 혹은 대표행위인지에 따라 주식회사의 두뇌로 의제될 담당기관이 달라지기 때문이다. 또 어떤 사업을 추진하는 담당이사가 교체되어 전이사가 사임하고 신이사가 선임된 경우와 같이 전임이사는 알았으나 이행 당시의 후임이사는 모르는 경우도 존재한다. 따라서 앞서 본 것처럼, 법인의 형태를 판정한 후에는, 그 법인의 '어떤 관계자 혹은 기관'의 인식을 당해 법인의 인식으로 귀속시킬 것인가를 결정해야 한다.

주식회사의 예를 들어 설명해 보자. '주식회사'와 관련해 회사가 어떤 사실을 인식하고 있었는가가 문제된 경우, 이러한 사항에 대해서는 다양한 관계자/기관이 회사의 '두뇌'로 의제될 수 있으므로, 대표기관의 인식[12]뿐만 아니라 대표권이 없는 이사의 인식,[13] 의사결정기관인 이사회의 인식, 지배주식양수인의 인식[14]도 당해 사항과 관련해 회사의 인식으로 귀속될 수 있다. 또, 어느 안건에 대한 이사회 의결과정에서 이사들이 문제된 사실을 인식하였다면, 대표기관인 대표이사가 그 사실을 모르고 집행한 경우에도 주식회사는 그

12) 독일에서도 대표기관의 인식이 법인에게 귀속된다는 데에 이론이 없다(송호영, "인식의 귀속", 50면).

13) "법인에게 중요한 사정의 인식이란 대외적인 업무의 집행과 관련 없이도 일어날 수 있는 것이기 때문이다 … 또한 제3자의 입장에서 보아도 대표권 없는 어느 이사가 어떤 사실을 인식하였다면 그 이사가 다른 이사 및 대표이사에게도 전파할 것이라는 신뢰를 가지는 것이 일반적이"기 때문이다(송호영, "인식의 귀속", 61면).

14) "피고로부터 신안금고의 100% <u>주식과 경영권을 양수한 방○○</u> 및 새로운 경영진도 신안금고의 이익을 정당하게 보전할 권한을 가진 자로서 손해배상청구권을 행사할 수 있는 자의 범위에 포함된다고 할 것이고, 이들이 신안금고의 기존의 <u>부실채권액을 실사를 통하여 확인한 시점</u>에서 <u>신안금고도</u> 손해 및 가해자를 <u>안 것</u>으로 볼 것이다"(대법원 2002.6.14. 선고 2002다11441판결).

사실을 인식했던 것으로 보아야 할 것이다. 감사활동과 관련해 감독기관인 감사가 인식[15]한 경우에도 마찬가지이다. 업무집행지시자와 같이 선임절차를 밟지 않은 사실상의 이사의 인식도 법인에 귀속되는가가 문제되는데, 업무집행지시자도 이사로서의 '의무'와 책임을 모두 진다[16]고 본다면, 업무집행지시자의 인식도 회사에 귀속될 수 있다.[17]

### (3) 인식의 귀속에 대한 규범적 평가와 정책적 고려

'인식의 귀속' 법리는 법인법이 기초한 기본원칙이지만, 구체적 상황에서 적용되는 귀속 범위는 규범적 평가가 수반[18]되기 때문에 정책적인 관점에서 조정될 수 있다. 왜냐하면, 법인은 일정한 사람의 단체 혹은 물적 단체에 대하여 법률이 법인격을 부여한 '의제적 인격체'(constructive person)이고, '법인의 인식', '법인의 기관' 및 '인식의 귀속'이라는 개념 자체도 법인법이 '법률효과의 부여를 목적'으로 자연인의 인식과정을 의제하는 것이기 때문이다.

따라서 법인의 인식과 관련해 법인이 어느 사정을 알고 있었는가 혹은 과실 때문에 알지 못했는가 여부, 즉 법인의 고의·과실 여부는 원칙적으로 '기관의 인식의 귀속' 법리에 기해 도출한다 하더라도 법원이 구체적 상황에서 어느 정도로 법인의 인식으로 귀속시킬 것인가를 결정함에 있어서는 해당 기관의 인식의 태양, 당해 법인에 요구되는 '조직의무'[19]의 정도, 상대방에 대한

---

15) 감사의 인식을 법인의 인식으로 귀속시킬 것을 전제한 판례로는 대법원 2002.10.25. 선고 2002다13614판결이 있다: "소멸시효는 객관적으로 권리가 발생하고 그 권리를 행사할 수 있는 때부터 진행한다고 할 것이므로, 신원보증보험계약에 있어서 보험금청구권의 소멸시효는 그 권리를 행사할 수 있을 때인 보험사고가 발생한 때로부터 진행한다 할 것이고, 피보증인인 법인의 <u>대표자가 법인에 대하여 불법행위를 하는 경우</u>에 법인과 그 대표자의 이익이 상반되어 현실로 신원보증보험계약상의 보험금청구권을 행사하리라고 기대하기 어렵다 할지라도, 그러한 <u>대표자의 불법행위를 감시하여야 하는 감사</u> 제도의 존재이유에 비추어 볼 때, 그 불법행위가 있었을 때에 법인이 보험금청구권을 행사할 수 있는 가능성이 없었다고 할 수는 없는 것이므로, 법인의 이익을 정당하게 보전할 권한을 가진 <u>다른 임원 또는 사원이나 직원 등이</u> 보험금청구권을 행사할 수 있을 정도로 <u>대표자의 불법행위를 안 때</u>에 비로소 소멸시효가 진행한다고 볼 것은 아니며, 그와 같이 보지 아니한다 하여 그것이 형평에 반한다고 볼 것도 아니다."

16) 천경훈, "회사기회의 법리에 관한 연구", 서울대학교 박사학위논문(2012), 223면 이하.

17) 동지: 송호영, "인식의 귀속" 62면.

18) II. 1. 참조.

19) 법인의 조직의무에 대해서는 V. 4. (1) 참조.

'신뢰보호'의 필요성, 보호법익 등을 구체적으로 고려해 정책적 관점에서 조정할 수 있다.[20] 즉 법인에 대해 어느 정도의 효율적인 정보통제체계를 구축하도록 요구할 것인가, 법인과 거래하는 상대방의 신뢰를 어느 정도 보호할 것인가, 문제된 인식이 어떠한 법익의 보호와 관련이 있는가 등이 고려되어야 한다.

### (4) 판례의 태도: 소멸시효 기산과 관련한 기관 인식의 귀속 여부

예를 들어 청구권은 소멸시효기간 내에 행사되어야 하는데, 소멸시효의 진행을 촉발하는 법인의 '인식'과 관련해, 대법원은 이러한 요소들을 고려해 정책적 판단을 내리고 있다. 즉 대법원은 피해자 회사의 '대표'가 불법행위 당사자로서 그 사실을 인식한 비슷한 두 개의 사안에서, 회사의 ( i ) '가해자에 대한 손해배상청구권'의 시효기산점과 관련해서는 대표자의 사실인식을 법인에 귀속시키지 않아 시효진행을 막은 반면, ( ii ) 제3자인 '보험자에 대한 보험금청구권'의 시효기산점과 관련해서는 대표자의 사실인식을 법인에 귀속시켜 시효의 진행을 인정하였다.[21]

먼저 전자('해동신용금고 사건')[22]와 관련해 대법원은 "<u>법인의 대표자가 가해자에 가담하여 법인에 대하여 불법행위</u>가 성립하는 경우에는, 법인과 그 대표자는 이익이 상반하게 되므로 현실로 그로 인한 손해배상청구권을 행사하리라고 기대하기 어려울 뿐만 아니라 일반적으로 <u>대표권도 부인된다</u>고 할 것이므로, 단지 <u>그 대표자가 손해 및 가해자를 아는 것만으로는 부족</u>하고, 적어도 법인의 이익을 정당하게 보전할 권한을 가진 <u>다른 임원 또는 사원이나 직원 등[23]이</u> 손해배상청구권을 행사할 수 있을 정도로 이를 <u>안 때</u>에 비로소 위

---

20) 송호영, "인식의 귀속", 56면, 66면. 법원에 의한 구체적인 조정례는 이익충돌의 판단 단계 등에서 발현될 수 있다. 이익충돌에 대한 객관적 실질적 판정에 대해서는 V. 2. (2).

21) 두 사건의 사안에 대해서는 송호영, "대표자의 불법행위시 인식의 귀속", 97면 이하 참조.

22) 대법원 2002.6.14. 선고 2002다11441판결.

23) 이 사례에서 대법원은 불법행위를 한 대표자의 인식 귀속을 차단하였지만, 그로부터 지배주식을 양수받은 자의 인식은 법인에 귀속시켰다: "피고로부터 신안금고의 100% <u>주식과 경영권을 양수한 방○○</u> 및 새로운 경영진도 신안금고의 이익을 정당하게 보전할 권한을 가진 자로서 손해배상청구권을 행사할 수 있는 자의 범위에 포함된다고 할 것이고, 이들이 신안금고의 기존의 <u>부실채권액을 실사를 통하여 확인한 시점</u>에서 <u>신안금고도</u> 손해 및 가해자를 <u>안 것</u>으로 볼 것이다."

단기시효가 진행한다"고 보았다.

이에 반해 후자('비산신협 사건')와 관련해 대법원은 "피보증인인 법인의 대표자가 법인에 대하여 불법행위를 하는 경우에 법인과 그 대표자의 이익이 상반되어 현실로 신원보증보험계약상의 보험금청구권을 행사하리라고 기대하기 어렵다 할지라도, 그러한 대표자의 불법행위를 감시하여야 하는 감사 제도의 존재이유에 비추어 볼 때, 그 불법행위가 있었을 때에 법인이 보험금청구권을 행사할 수 있는 가능성이 없었다고 할 수 없는 것이므로, 법인의 이익을 정당하게 보전할 권한을 가진 다른 임원 또는 사원이나 직원 등이 보험금청구권을 행사할 수 있을 정도로 대표자의 불법행위를 안 때에 비로소 소멸시효가 진행한다고 볼 것은 아니"라고 보았다.[24]

두 사례 모두 피해자 법인의 대표자가 불법행위에 가담했지만, 피해자 법인의 청구권행사 가능성을 고려함에 있어 '가해자'에 대한 손해배상청구는 불법행위 당사자에 대한 청구이므로 정책적으로 보다 적극적으로 인정해 줄 필요가 있으므로 '대표권의 부인'/'인식 귀속의 부인'을 통해 시효진행을 막을 필요가 있다. 이에 비해, 제3자인 '보험자'에 대한 보험금청구에 대해서는 대표자의 인식 귀속을 부인할 특별한 정책적 필요성이 생기지 않는다.[25] 일반적인 계약당사자에 대한 청구이기 때문이다. 이러한 관점에서 보면, 판례가 사안의

24) 대법원 2002.10.25. 선고 2002다13614판결. 이 판결은 대표자의 인식 귀속을 명시적으로 밝힌 것은 아니지만, "보험금청구권의 소멸시효는 그 권리를 행사할 수 있을 때인 보험사고가 발생한 때로부터 진행한다"고 파악함으로써 대표자에 의한 보험사고발생(즉 불법대출)의 인식과 그 귀속에 따른 법인의 인식을 전제하고 있다.

하지만 보증보험회사에 대한 법인의 통지의무가 문제된 사안에서는 대법원은 명시적으로 불법행위 당시의 대표자의 인식을 법인의 인식으로 귀속시키고 있다: "법인 직원의 업무상 불성실한 사적이 비록 법인 대표자와 공동으로 이루어진 것이라고 하더라도 법인 대표자가 법인 직원에게 업무상 불성실한 사적이 있어 그로 말미암아 신원보증인의 책임을 야기할 염려가 있음을 알았다면 바로 법인이 그러한 사실을 알은 것이다"(대법원 1999.8.24. 선고 99다28340판결; 대법원 2003.5.16. 선고 2003다5344판결(광천신협 사건)).

25) "법인의 대표자가 법인을 상대로 불법행위를 한 경우에 대표권부인을 통하여 그 대표자의 인식이 차단되는 법리는 법인과 대표자 사이의 법인내부적인 법률관계에서만 그러하고 … 법인과 … 외부인 사이의 법률관계가 문제될 경우에는 [대표자의 인식을 차단해] 잘못된 법인 내부의 조직상의 위험을 외부인의 부담[즉, 보험회사의 보험금지급]으로 전가하는 것은 타당하지 않다. 즉 외부인의 시각에서는 비록 불법행위를 한 대표자라도 … 여전히 대표자로 볼 수밖에 없기 때문에, 대표권을 부인하는 논리를 여기에 적용해서는 안 된다"(송호영, "대표자의 불법행위시 인식의 귀속", 112면).

차이에 따라 인식의 귀속 여부를 구별한 것은 정책적으로 타당하다고 본다.

## 2. '대리인 인식'의 본인 인식 간주: 구심적 귀속

### (1) 대리인의 인식에 의한 확장

한편 법인은 기관의 활동만으로는 법인의 필요행위를 전부 소화할 수 없기 때문에, 행위의 외연을 확장하기 위해 상업사용인 기타 대리인을 사용한다. 이때 법인은 대리인을 통해 인식할 수 있는지 여부, 대리인을 통해 인식하는 경우 어느 범위에서 인식할 수 있는지가 문제된다. 대리법은 본인의 "의사표시의 효력이 어느 사정을 알았거나 과실로 알지 못한 것으로 인하여 영향을 받을 경우에 그 사실의 유무는 대리인을 표준하여 결정한다"고 선언한다(민법 제116조 제1항). 따라서 법인이 대리인을 통해 행위할 때 대리인이 인식했거나 인식할 수 있었던 사정은 법인이 인식했거나 인식할 수 있었던 것(attribution to company)으로 간주된다. 대리인이 본인에 대한 불법행위에 가담했거나 '배임적 대리행위'를 한 경우에도 마찬가지이다.[26]

그런데 "법인을 위해 행위하는 대리인은 문제된 사실을 모르지만, 계약상대방과 접촉이 없는 다른 대리인이 사실을 알고 있는 경우" 다른 대리인의 인식은 법인에 귀속되는가? 다시 말해, "법인에 속한 모든 대리인이 접수하게 된 사실들 모두가 법인에게 귀속되어야 하는가?" 법인은 효율적인 정보통제체계를 구축할 '조직의무'[27]를 지고 이러한 조직의무의 이행을 위해 "내부적으로 어떤 정보를 가지게 된 대리인은 법인 내부의 다른 담당대리인에게 그가 지득한 정보를 전파시킬 의무가 있다"고 본다. 따라서 모든 대리인의 인식은 앞서 살펴본 기관의 인식과 마찬가지로 원칙적으로 법인에 귀속된다.[28] 또 외부적으로 법인을 대리할 권한은 없지만 의사표시 수령권한이 있는 직원이 의사표시의 수령과 관련해 인식한 사항도 법인에 귀속될 수 있다.

26) 배임적 대리행위를 한 대리인의 인식을 법인에 귀속시키는 상황에 대해서는 III. 2. (2).
27) 법인의 조직의무에 대해서는 V. 4. (1) 참조.
28) 송호영, "인식의 귀속", 63면.

(2) 대리인 아닌 자의 인식의 귀속

1) 특수목적법인의 인식: '스폰서'의 인식의 귀속

나아가 대법원은 유동화회사와 같이 일정 자산과 부채에 법인격을 부여하기 위한 목적으로 설립된 특수목적법인의 경우 더욱 정책적인 인식의 귀속을 인정한다. 즉 적극적 의사결정이 이루어지지 아니하고 운영도 자체적 지배구조에 따라 이루어지지 않는 유동화회사의 경우 형식적 (i) 대표자나 (ii) 출자자, (iii) 포괄대리인의 인식뿐만 아니라 유동화회사와 직접적인 대리관계가 인정되지 않는 (iv) 유동화 '거래 참여자'의 인식도 유동화회사의 인식으로 인정하였다.[29] 사업 영위를 목적으로 하는 일반법인과 달리 자체적인 조직과 영업을 갖지 않고 법인격부여 목적으로 '거래 참여자'가 설립한 특수목적법인의 경우 "명목상의 회사의 대표자의 인식을 기준으로 하는 것은 적절하지 아니하며, 유동화거래에 관여한 여러 당사자들의 지위와, 해당 인식 여부가 유동화거래 구조 중 어느 시기에 문제된 것인지를 모두 고려하여, 어느 당사자의 인식을 유동화회사의 인식으로 귀속시킬 것인가를 결정하여야 할 것이다."[30]

2) 표현대리인, 중개인의 인식의 귀속

특수목적법인이 아닌 경우 대리인이 아닌 자의 인식은 원칙적으로 법인에 귀속되지 않는다. 하지만 "대리인 아닌 자가 인식한 사실이라도 마치 그가 법인의 정당한 대리인인 것과 같은 외관을 띠고 그 외관형성에 법인이 원인제공을 한 사실이 인정된다면 [표현대리인]의 인식은 법인의 인식으로 귀속될 수 있을 것이다".[31]

---

29) "갑 회사에게서 대여금 및 미지급 공사대금 채권을 변제받을 목적으로 자산유동화거래를 위한 특수목적회사인 을 회사를 설립하여 그 회사로 하여금 [부동산] 양도계약을 체결하도록 한 병 주식회사가, 갑 회사 대표이사 등의 내용증명 통지를 통해 위 양도계약에 관한 갑 회사 이사회결의의 하자를 알고 있는 상태에서, 을 회사의 설립 및 자산유동화계획의 수립을 주도하고 스스로의 인적·물적 기반이 없는 을 회사를 대신하여 위 양도계약의 체결 및 이행 업무를 실제로 처리한 사실에 비추어, 위 양도계약과 관련한 갑 회사 이사회결의의 하자에 관한 병 회사의 인식에 근거하여 양도계약 당사자인 을 회사가 갑 회사 이사회결의의 하자를 알았거나 알 수 있었다"(대법원 2011.4.28. 선고 2009다47791판결).

30) 김연미, "유동화회사의 인식의 귀속문제", 『상사법연구』, 제32권 제4호(2014), 321면, 352면.

31) 송호영, 『법인론』, 247면.

동일한 논리로 중개인의 인식은 본인에 귀속되지 않는다. 중개인은 계약의 체결을 중개하는 사실행위만 하기 때문이다. 하지만 일정한 중개인의 경우 그 인식이 본인에 귀속될 수 있다. 예를 들어, 상법은 특정 보험자를 위하여 계속적으로 보험계약 체결을 중개하는 자(소위 '전속중개인')에 대해 보험료 수령권한, 보험증권 교부권한을 인정[32]하는데, 이러한 일정한 수령권한이나 교부권한이 인정되는 전속중개인에 대해서는 수령이나 교부와 관련해 예외적으로 인식의 귀속이 인정될 수 있다.[33]

## 3. '법인 인식'의 기관/대리인에 대한 귀속: 원심적 귀속

법인의 '인식범위'의 결정이 필요한 반대의 상황에 대해 살펴보자. 법인이 어느 기관 혹은 대리인을 통해 거래상대방에 대한 의무를 이행하거나 기타 책임을 질 경우에도 '법인의 인식'의 범위는 중요한데, 이때 (i) 누구의 인식을 기준으로 하여 (ii) 어떠한 범위에서 '법인이 인식'한 것으로 간주되는가?

### (1) 본인 인식의 원심적 귀속

앞서 본 것처럼, 법인은 기관 혹은 대리인을 통해 인식하기 때문에 일차적으로 법인을 위해 행위하는 담당기관 혹은 대리인의 인식을 기준으로 하여 '법인의 인식' 범위가 결정된다. 하지만 당해 기관 혹은 대리인이 모른 경우에도 법인은 다른 기관 혹은 다른 대리인을 통해서도 인식하기 때문에, 법인이 다른 기관 혹은 대리인을 통해 인식한 내용도 법인이 인식한 것으로 된다. 특히 대리법은 본인이 대리인을 통해 행위한 경우 본인의 인식내용을 대리인이 아는 것(attribution to agent)으로 간주[34]('원심적 귀속')하는 명문의 규정을 두고 있다: "특정한 법률행위를 위임한 경우에 대리인이 본인의 지시에 좇아 그 행위를 한 때에는 본인은 자기가 안 사정 또는 과실로 인하여 알지 못한 사정에 관하여 대리인의 부지를 주장하지 못한다"(민법 제116조 제2항).

---

32) 상법 제646조의2.

33) 보험회사에 대한 인식의 귀속 문제와 별도로, 보험업법 제102조는 보험설계사 등의 모집과 관련해 보험회사의 사용자책임을 인정한다. 고지의무의 맥락에서 보험회사의 정보보유 문제를 잘 다룬 문헌으로는 한기정, 『보험자의 정보보유와 보험계약자의 고지의무』(1999).

34) 영국에서도 동일하다. 이중기, "증권회사에 발생하는 이익충돌과 Chinese wall", 149면.

특히 제116조 제2항은 "특정한 법률행위를 위임한 경우에 대리인이 본인의 지시를 좇아 그 행위를 한 때"라고 하여, 본인 인식을 대리인에 귀속시키는 상황을 '본인이 특정한 지시'를 한 경우로 매우 좁게 한정하고 있으나, 학설은 이 규정을 확대적용 혹은 유추적용함으로써 적용상황을 확대하는 경향을 보인다.[35] 즉 제116조 제2항을 "기본적으로 대리인의 인식은 없으나, 본인이 인식한 [모든] 경우에 원칙적으로 적용되어야 할 [규정]"으로 본다. 왜냐하면 대리인이 인식하지 못한 이유는 바로 법인이 자신의 '조직의무'[36]를 해태하여 "해당 법인에서 필요한 정보[를] 수집, 보관 및 전달될 수 있도록 조직을 제대로 갖추지 못"했기 때문이다.[37]

공동대리나 공동대표의 경우에도 동일한 '원심적' 귀속법리가 적용된다. 즉 어느 한 대표이사가 알게 된 사실은 법인의 인식으로 귀속되므로, 의제된 법인 인식은 다른 공동대표에게도 귀속된다. 그 결과 "어느 사정의 지부지 또는 부지의 과실 유무 등에 관하여는 공동대리인 중의 1인이 어느 사정을 알았거나 과실로 알지 못한 경우, 본인측에서 대리인의 부지를 주장하지 못한다."[38]

(2) 기록 기타 저장정보에 대한 기억

또 법인을 위해 행위하는 담당 기관이나 직원이 기억하지 못하는 때에도 "회사의 장부에 기록이 있는 경우" 법인은 그 기록을 알았거나 혹은 과실로 알지 못한 것으로 볼 수 있기 때문에 '기억상실' 혹은 '부지'를 주장하지 못한다.[39] "법인이 갖고 있는 저장된 … 정보들은 일정한 필요성이 있어서 체계적으로 수집 관리되고 그러한 필요한 경우가 발생하면 [담당]자는 이러한 정보

35) 송호영, "인식의 귀속", 57-58면; 곽윤직·손지열, 『민법주해(iii)』(2010)(이하, '곽윤직·손지열'), 54-55면.
36) 법인의 조직의무에 대해서는 V. 4. (1) 참조.
37) 이병준, 109면; 송호영, "인식의 귀속", 58면.
38) 곽윤직·손지열, 62면.
39) "법인은 일단 한번 인식한 사항에 대해서는 이사의 변동이 있더라도 법인이 존속하는 한 계속 인식한다고 보아야 한다. … 그 결과 시간상 극히 오래된 사실도 법인에게는 계속해서 귀속될 수밖에 없는 문제점이 있다. 그러나 이러한 문제점은 인식과 결합한 법률관계에 대해 소멸시효나 실효의 원칙 등에 의하여 조정되어야 할 부분이지, 법인에게 귀속하는 인식 자체가 사멸된다고 이해할 것은 아니다"(송호영, "인식의 귀속", 59면). 영국에서의 해석도 동일하다. 이중기, "증권회사에 발생하는 이익충돌과 Chinese wall", 151면.

를 살펴보는 경우가 일반적이”기 때문이다.[40] 이러한 저장정보에는 법령상 요구되는 장부뿐만 아니라 고객정보나 시장정보와 같이 법인이 임의적으로 수집한 정보도 모두 포함되고, 기관이나 대리인이 수집한 정보뿐만 아니라 대표/대리권이 없는 직원이 수집한 정보도 포함된다. 정책적인 관점에서도, 법인에 대해 보유정보 전체에 대한 통합관리 동기를 부여하기 위해 원칙적으로 저장정보는 모두 법인의 인식으로 귀속시키는 것이 필요하고, 저장정보에 대한 법인의 ‘기억상실’은 인정하지 않는 것이 바람직하다.[41][42] 예를 들어, 어떤 사업을 추진하는 담당이사가 교체되어 전이사가 사임하고 신이사가 선임된 경우와 같이 전임이사는 알았으나 이행 당시의 후임이사는 모른 경우, 거래상대방의 신뢰를 보호하기 위해서는 전이사가 남긴 기록정보에 기해 법인의 인식을 인정하는 것이 필요하다.

그 결과, 법인이 기관 혹은 대리인을 통해 상대방에 대한 의무를 이행할 때 기준이 되는 ‘법인의 인식’범위는 기본적으로 (ⅰ) 담당 기관/직원이 인식한 사실 외에 (ⅱ) 다른 기관/대리인이 추가로 인식한 사실 및 (ⅲ) 회사 내의 기록 기타 정보저장장치에 의해 저장된 정보로 확장될 수 있다.

## Ⅲ. 기관 등의 불법행위에 대한 법인의 불법행위책임

법인법은 법인의 작위/부작위의 효력이 ‘인식’ 여부에 의해 영향을 받는 경우 직접 ‘기관 혹은 대리인의 인식’을 법인에 귀속시키는 방법으로 그 행위

---

40) 이병준, 110면.

41) V. 4. (1) 및 (2) 참조.

42) 이에 대해, “법인이 갖고 있는 저장된 모든 정보를 알았거나 검색하는 것이 기대가능하지 않기 때문에” 법인의 “해당 정보에 대한 인식이 당연히 있는 것 … 이 아니라, 해당 정보를 검색하여 살펴볼 계기가 있어야만 그 정보를 인식한 것으로 볼 수 있다”는 반대론도 있다(이병준, 114면). 하지만 오늘날 정보저장장치의 발전 상태를 고려하면 정보검색의 계기를 고려할 필요는 없다고 본다. 예를 들어, “통상 금융기관에서 예금이나 보험가입자의 인적사항을 전산으로 조회할 경우에, 그 가입자가 당해 금융기관에 가입한 기존 예금 내지 보험계약의 현황을 확인할 수 있”기 때문에 금융기관은 계약 체결 당시에 그 담당자가 ‘통상적 업무수행’인 전산확인을 통해 충분히 계약자 등의 고지의무위반 기타 관련 정보를 발견할 가능성이 높다. 따라서 담당자가 모른 경우 적어도 법인에 ‘중대한 과실’이 존재한다고 볼 수 있다(이병준, 112면 각주 46) 참조).

의 효력을 인정한다. 하지만 피용인 등의 불법행위에 대한 법인의 책임을 논할 때는 '법인의 인식' 방법을 직접 채용하지 않는다. 법인의 불법행위책임은 '기관 혹은 피용인'이 '수권받지 않고 저지른' 불법행위에 대해 정책적으로 '이차적 책임'(secondary liability)을 지우는 것이기 때문에 법률행위책임과 달리 '법인의 인식'을 직접 전제할 필요가 없다. 즉 기관 혹은 피용자의 '개인적' 불법행위책임은 기관 혹은 피용자의 인식 여부(기관 혹은 피용자의 고의 또는 과실)를 기준으로 결정하지만 그에 대한 법인의 책임은 이차적 정책적 책임이므로, 형식적으로는 법인의 자기책임이 아니고 감독책임이 된다.

이와 같이 법인의 불법행위책임의 구조는 실질적으로 '기관이나 피용자'의 인식, 즉 고의·과실 여부가 중요한 기초가 되지만, 형식적으로는 '법인의 인식'을 직접 전제하지 않기 때문에, 법인을 사람으로 보고 '인식의 귀속'이라는 '의제적' 방법을 취하는 법률행위 효과 부여 방법보다 덜 '의제적'이고 보다 '정책적'인 것이 된다. 물론, 법인법이 법인을 인으로 의제하고 법인의 두뇌에 해당하는 '기관' 개념을 인정하는 한에서는, 외관상 '기관'의 불법행위와 관련된 법인의 불법행위책임은 '직접'적일 수밖에 없는 측면이 있고, 이러한 한도에서는 법인에 불법행위책임을 귀속시키는 방법은 불가피해 보인다(아래의 민법 제35조 제1항에 관한 논의 참조).

## 1. '기관'의 불법행위책임을 법인에 귀속시키는 방법

### (1) 기관의 책임의 귀속

기관의 불법행위책임을 법인에 귀속시키는 방식은 앞서 살펴본 것처럼, 법인의 법률행위와 관련해 기관의 행위의 효력을 법인에 귀속시키는 방식과 비슷하다. 민법 제35조 제1항은 "법인은 이사 기타 대표자가 그 직무에 관하여 타인에게 가한 손해를 배상할 책임이 있다"고 규정하고 있고, 또 상법 제210조도 "회사를 대표하는 사원이 그 업무집행으로 인하여 타인에게 손해를 가한 때에는 회사는 그 사원과 연대하여 배상할 책임이 있다"고 규정한다. 즉 법인의 기관인 대표자가 그 '직무에 관하여' 고의 또는 과실로 타인에게 손해를 가한 경우 민법과 상법은 기관인 대표자의 인식의 태양, 즉 고의 또는 과실에 기하여 손해배상책임을 일차적으로 인정하고, 그 다음 그 책임을 법인에 대해 '귀속'시키는 방법을 택한다. 이와 같이 법인법은 직접 법인의 책임을 근거지우는 것은 아니지만 기관의 불법행위에 대해 책임을 귀속시킨다는 점에서는 인식의 귀속과 같은 '귀속'방법을 채택하고 있다.[43]

그런데 법인의 책임은 귀속 대상인 기관의 손해배상책임을 민법 제35조에 의해 독자적으로 형성하는 것이 아니라 불법행위규범인 민법 제750조가 인정한 책임을 귀속시킨다는 점에서 종속적이다. 또 법인에 대한 책임귀속의 근거로서 '직무관련성'이 요구되기 때문에 '직무관련성'에 대한 규범적 평가과정을 거쳐야만 법인에 책임이 귀속된다[44](하지만 우리 판례는 외형이론에 따라 직무범위를 넓게 인정하기 때문에 이러한 평가과정은 실질적으로 중요하지 않게 되었다).

(2) 대표기관 이외의 기관의 불법행위

그런데 대법원은 민법 제35조 제1항의 '이사 기타 대표자'의 개념과 관련해 "법인의 대표기관을 의미하는 것이고 대표권이 없는 이사는 법인의 기관이기는 하지만 대표기관은 아니기 때문에 그들의 행위로 인하여 법인의 불법행위가 성립하는 것은 아니라고 한다."[45]

법인의 적법행위 중에는, 예를 들어 이사회의 결의, 총회의 결의, 감사의 감시와 같이 대표기관이 아닌 기관이 하는 대내적 행위를 상정할 수 있으므로, 대표기관의 인식만 법인의 인식으로 귀속되는 것은 아니다. 하지만 법인의 불법행위는 법인의 대표기관이 다른 인격체, 즉 타인에 손해를 가하는 상황을 전제하므로 원칙적으로 '법인 대 타인'의 대립구도가 형성되고, 따라서 법인을 대표하는 대표기관의 행위만이 법인의 행위로 문제된다고 본 대법원 판결은 일응 수긍할 수 있다. 하지만 이렇게 논리구성하는 경우, 대표권 없는 이사의 불법행위에 대한 법인의 책임을 추궁할 수 있는 장치가 필요하게 된다.

43) 송호영, 『법인론』, 222면 이하. 법인의 불법행위책임에 대해서는 송호영, "법인의 불법행위책임에 관한 소고－민법 제35조의 해석론을 중심으로", 『법학논총』, 제25권 제4호(한양대학교, 2008), 209면 참조.
44) 송호영, "귀속을 통한 법인본질론의 극복", 37-38면.
45) 대법원 2005.12.23. 선고 2003다30159판결.

## 2. '피용자'의 불법행위책임을 법인에 묻는 방법: 사용자책임

법인이 활동의 외연을 확장하기 위해 대표기관이 아닌 피용자를 사용한 경우, 어떻게 피용자의 불법행위에 대해 법인의 책임을 물을 것인가가 문제된다. 피용자의 불법행위에 대해 법인의 책임을 묻는 방법은 일차적으로 (ⅰ) 법인 피용자의 인식의 태양, 즉 고의 또는 과실에 기해 그들의 행위가 불법행위로 되는가를 판단하고, 이차적으로 (ⅱ) 이들의 불법행위에 대해 '사무집행관련성'을 따져 법인의 사용자책임을 인정하는 방법이다. 이와 같이 불법행위법은 법인이 기관 아닌 다른 '피용자'를 사용한 경우 피용자의 불법행위에 대해 법인의 사용자로서의 불법행위책임을 '이차적'으로 물을 수 있게 함으로써 법인을 사람으로 의제하는 것과는 다른 방법으로 법인에 대한 책임추궁 문제를 해결하고 있다.

### (1) 법인의 사용자책임을 넓게 인정하는 이유

통설과 판례는 "어떠한 행위로 인하여 이익을 얻는 자는 그 행위로 인하여 발생한 위험, 즉 손해도 부담해야 한다는 공평의 원칙", 소위 보상책임설에 기해 사용자의 면책 가능성을 사실상 봉쇄하고 있다.[46] "회사 피용자의 불법행위에 대해 사용자인 회사의 이차적인 책임을 넓게 묻는 정책적인 이유는, 회사가 피용자를 사용한 경우 회사로 하여금 자체적으로 직원들의 행위에 대한 적절한 선임 및 감독을 할 동기를 부여하기 위한 것이다(소위 '자율규제 원칙')."[47] 이와 같이 법인의 사용자책임을 광범위하게 인정할 정책적 필요성은, 뒤에서 살펴보는 것처럼, 법인에 대해 회사 전체 정보를 자율적으로 통합관리할 동기를 부여하기 위해 '인식의 귀속법리'를 강행할 필요성[48]이 있는 것과 일맥상통한다.

### (2) 법인의 사용자책임이 부정되는 경우: '사무집행관련성 부재'에 대한 피해법인의 인식

대법원은 피해자가 "피용자의 불법행위가 법인의 사무집행에 속하지 않

46) 곽윤직·이주흥, 『민법주해[XVIII]』(2005)(이하, '곽윤직·이주흥'), 494－496면.
47) 제5편 제5장 III. 2. (3) 3) (나)(이중기, "금융기관의 충실의무와 이익충돌", 67면, 98면).
48) V. 4. (1) 및 (2) 참조.

음"을 안 경우 법인의 사용자책임을 부정해 왔는데,49) 피해자가 회사인 경우 회사 직원의 인식을 피해법인에 귀속시키는 방법으로 법인의 사무집행관련성50)에 대한 인식을 인정한다. 예를 들어, 가해 증권회사 직원이 피해자 회사 경리이사와 공모하여 환매조건부채권 예금계좌에 입금한 피해자 회사의 자금으로 임의로 주식거래를 한 사안에서, 대법원은 가해 증권회사 직원의 불법행위가 증권회사의 사무집행행위에 속하지 않는다는 것을 피해자 회사 경리이사가 알고 있었으므로 피해자 회사가 이를 알았다고 보아 피해자 회사는 위 증권회사에 대하여 사용자책임을 물을 수 없다고 보았다.51) 피해자 법인의 "대리인이 본인인 법인에 대한 관계에서 이른바 배임적 대리행위를 하는 경우에도 마찬가지"라고 보았다(소위 배임적 대리행위를 한 대리인의 인식을 법인에 귀속시키는 방법). 예를 들어, 학교법인의 직원 X가 무단으로 피해자 은행으로부터 타인 명의로 대출을 받고 또 학교법인 명의의 예금을 인출한 사안에서, 대법원은 피해자 은행의 지점장이 "X가 학교법인으로부터 위임을 받은 바 없이 피고은행으로부터 타인 명의로 대출을 받고 또 학교법인 명의의 예금을 인출한다"는 사실을 알고 있었기 때문에, 피해자 은행은 X의 사용자인 학교법인에 대하여 사용자책임을 물을 수 없다고 보았다.52)

---

49) 대법원 2001.1.19. 선고 2000다20694판결; 대법원 2007.9.20. 선고 2004다43886판결; 대법원 2009.6.25. 선고 2008다13838판결.

50) 김재형, "사용자책임에서의 사무집행관련성(1)", 『법조』, 제44권 제6호(1995); 곽윤직·이주홍, 553면 이하.

51) 대법원 2007.9.20. 선고 2004다43886판결. 동지 판결: 대법원 2009.6.25. 선고 2008다13838판결.

52) 대법원 2005.12.23. 선고 2003다30159판결(평석으로는 이진만, "불법행위의 피해자인 법인의 법률상 대리인이 법인에 대한 관계에서 배임적 대리행위를 하는 경우, 그 법률상 대리인의 인식(악의)을 법인에게 귀속시킬 수 있는지 여부", 『대법원판례해설』, 제57호(2006)). 반면에, 대법원은 피해자 회사의 '대표'가 불법행위 사실을 인식한 경우 회사의 가해자에 대한 손해배상청구권의 시효기산점과 관련해서는 대표자의 인식을 법인에 귀속시키지 않았다(대법원 1998.11.10. 선고 98다34126판결; 대법원 2002.6.14. 선고 2002다11441판결). 이에 반해 피해자 회사의 제3자에 대한 보험금청구권의 시효기산점과 관련해서는 '대표자'의 인식을 법인에 귀속시킨다(대법원 2002.10.25. 선고 2002다13614판결). 이러한 구별의 타당성에 대해서는 앞의 II. 1. (4) 참조.

## Ⅳ. 법인의 충실의무 부담과 법인에서의 이익충돌의 인식

법인이 고객에 대해 충실의무를 지는 상황에서 법인이 기관 혹은 대리인을 통해 회사의 이익이나 의무의 존재를 인식하는 하는 경우, 법인이 이익충돌 상황에 직면하게 되는지 여부, 혹은 이익 향수로 충실의무를 위반하게 되는지 여부가 문제되고, 그 판정에 있어 앞서 살펴본 '법인의 인식'과 관련한 '인식의 귀속' 문제가 대두된다.

특히 법인법은 법인의 규모가 아무리 크고 자산이 많더라도 하나의 인격체로 간주하고, 법인의 기관 혹은 대리인의 인식을 모두 법인의 인식으로 귀속시키기 때문에, 규모가 큰 법인의 경우 기관 혹은 대리인을 통한 회사의 이익이나 의무의 '인식의 범위'는 매우 광범위하게 확장될 수 있다. 따라서 법인이 복수의 기관 혹은 대리인을 통해 (ⅰ) 충실의무자 지위에서, (ⅱ) 복수의 고객을 위하여 행위하거나, 혹은 (ⅱ) 복수의 영업을 수행하는 경우, '인식의 귀속' 법리에 의해 복수 고객에 대한 의무 사이에 '의무충돌'이 일어날 수 있고 또 법인의 이익과 고객의 이익 사이에 '이익충돌'이 발생할 수 있다.

그런데 이러한 법인의 의무충돌 혹은 이익충돌 중에는 실제 심각한 문제를 초래하는 것도 있지만, 단순히 '개념적' 혹은 '이론상'의 충돌이어서 실제로는 문제되지 않는 것들도 있다. 따라서 법인의 이익충돌 문제에 대해서는 '인식의 귀속'이라는 개념적 법리적인 접근뿐만 아니라 이익충돌의 현실적 실현가능성이라는 실질적인 관점에서도 접근할 필요가 있다. 이하에서는 (ⅰ) 법인에 대한 충실의무의 부과과정, (ⅱ) 법인에서의 이익과 의무의 인식방법, (ⅲ) 법인에서의 이익충돌의 발생 상황, (ⅳ) 법인에서의 이익충돌 규제에 대한 정책적 판단 등의 순서로 살펴본다.

### 1. 법인에 대한 충실의무자 지정과 충실의무의 부과

#### (1) 충실의무의 의의

충실의무란 "자신의 이익과 위탁인의 이익이 충돌하는 경우 자신의 이익보다 위탁인의 이익을 우선해야 하는, 혹은 위탁인의 이익을 최대한 도모해야 하는 사무수탁인의 의무"를 의미한다. 즉 영미법상의 'duty of loyalty'를 의미

한다. 우리 대법원도 신탁법상 수탁자와 관련하여 충실의무를 다음과 같이 인정한 바 있다:

> "수탁자의 충실의무는 수탁자가 신탁목적에 따라 신탁재산을 관리하여야 하고 신탁재산의 이익을 최대한 도모하여야 할 의무로서, 신탁법상 이에 관한 명문의 규정이 있는 것은 아니지만 일반적으로 수탁자의 신탁재산에 관한 권리취득[즉 자기거래]을 제한하고 있는 [구]신탁법 제31조[53]를 근거로 인정되고 있다. 이 사건 … 행위는 신탁재산이나 수익자의 이익과 수탁자의 이익이 상반되는 행위가 아니어서 수탁자로서의 충실의무에 위반된 행위라고 할 수 없다."[54]

이러한 충실의무는 영미에서 신탁법상 수탁자의 의무와 관련하여 발전되어 왔기 때문에 우리 법상의 충실의무를 논함에 있어서도 신탁법상 수탁자의 충실의무를 중심으로 발전시키는 것이 타당하다.[55] 특히 우리 신탁법은 충실의무에 관한 선언적 규정뿐만 아니라 보다 구체적인 실천적 충실의무규정을 상세히 규정하고 있고, 나아가 이러한 충실의무의 위반시 적용되는 구제수단에 대해서도 자세한 규정을 두고 있기 때문에, 신탁법은 충실의무법 발전의 탄탄한 토대가 될 수 있다.[56] 더불어 회사법도 이사 등의 충실의무를 상대적으로 자세히 규정하고 있기 때문에 신탁법과 더불어 충실의무법 발전의 중요한 원천이 될 수 있다.

신탁법, 회사법이 규정하고 있는 충실의무의 유형과 위반에 대한 구제수단은 다음 <표 1>, <표 2>와 같다:

---

53) 구 신탁법 제31조(수탁자의 권리취득의 제한) ① 수탁자는 누구의 명의로 하든지 신탁재산을 고유재산으로 하거나 이에 관하여 권리를 취득하지 못한다. 단 수익자에게 이익이 되는 것이 명백하거나 기타 정당한 사유가 있는 경우에는 법원의 허가를 얻어 신탁재산을 고유재산으로 할 수 있다.

54) 대법원 2005.12.22. 선고 2003다55059판결.

55) 제1편 제3장(이중기, "신탁법에 기초한 충실의무법의 계수", 29면).

56) 제4편 제1장~제4장.

표 1 충실의무의 유형과 구체화[57]

| | 일반규정 | 구체화된 충실의무 유형 |
|---|---|---|
| 상법 | 제382조의3(이사의 충실의무) 이사는 법령과 정관의 규정에 따라 회사를 위하여 그 직무를 충실하게 수행하여야 한다. | 제382조의4(이사의 비밀유지의무)<br>제397조(경업금지)<br>제397조의2(회사의 기회 및 자산의 유용)<br>제398조(이사 등과 회사 간의 거래) |
| 신탁법 | 제33조(충실의무)<br>수탁자는 수익자의 이익을 위하여 신탁사무를 처리하여야 한다. | 제34조(이익에 반하는 행위의 금지) ① 수탁자는 누구의 명의로도 다음 각 호의 행위를 하지 못한다.<br>1. 신탁재산을 고유재산으로 하거나 신탁재산에 관한 권리를 고유재산에 귀속시키는 행위<br>2. 고유재산을 신탁재산으로 하거나 고유재산에 관한 권리를 신탁재산에 귀속시키는 행위<br>3. 여러 개의 신탁을 인수한 경우 하나의 신탁재산 또는 그에 관한 권리를 다른 신탁의 신탁재산에 귀속시키는 행위<br>4. 제3자의 신탁재산에 대한 행위에서 제3자를 대리하는 행위<br>5. 그 밖에 수익자의 이익에 반하는 행위<br>제35조(공평의무) 수익자가 여럿인 경우 수탁자는 각 수익자를 위하여 공평하게 신탁사무를 처리하여야 한다. 다만, 신탁행위로 달리 정한 경우에는 그에 따른다.<br>제36조(수탁자의 이익향수금지) 수탁자는 누구의 명의로도 신탁의 이익을 누리지 못한다. 다만, 수탁자가 공동수익자의 1인인 경우에는 그러하지 아니하다.<br>제37조(수탁자의 분별관리의무) ① 수탁자는 신탁재산을 수탁자의 고유재산과 분별하여 관리하고 신탁재산임을 표시하여야 한다. |

57) 제1편 제5장 II. 4. (3)(이중기, "준수탁자로서의 법무법인", 457면, 469면).

**표 2** 충실의무 위반에 대한 구제수단

| | 구제수단 |
|---|---|
| 신탁법 | 제43조(수탁자의 원상회복의무 등) ① 수탁자가 그 의무를 위반하여 신탁재산에 손해가 생긴 경우 위탁자, 수익자 또는 수탁자가 여럿인 경우의 다른 수탁자는 그 수탁자에게 신탁재산의 원상회복을 청구할 수 있다. 다만, 원상회복이 불가능하거나 현저하게 곤란한 경우, 원상회복에 과다한 비용이 드는 경우, 그 밖에 원상회복이 적절하지 아니한 특별한 사정이 있는 경우에는 손해배상을 청구할 수 있다.<br>② 수탁자가 그 의무를 위반하여 신탁재산이 변경된 경우에도 제1항과 같다.<br>③ 수탁자가 제33조부터 제37조까지의 규정에서 정한 의무를 위반한 경우에는 신탁재산에 손해가 생기지 아니하였더라도 수탁자는 그로 인하여 수탁자나 제3자가 얻은 이득 전부를 신탁재산에 반환하여야 한다. |

#### (2) 충실의무자의 지정과 충실의무의 부과

##### 1) 충실의무자 지정 과정

영미법에서 충실의무는 위탁인과 수탁인 사이에 그러한 의무를 의욕하였기 때문에 부과되는 것이 아니라, 위탁인-수탁인 관계의 객관적 성질이 그러한 의무를 필요로 하기 때문에 법원에 의해 보충적으로 부과된다. 즉 위탁인과 수탁인 사이의 관계가 신뢰와 신임 관계이거나 정보의 제공이나 재량의 부여 등으로 인해 위탁인의 수탁인에 대한 관계가 의존적(dependent)이거나 취약성(vulnerable)을 보이는 경우, 수탁인은 위탁인에 대한 충실의무자로 포섭되고 그 관계를 보호하기 위한 충실의무가 부과된다.[58] 동시에 그 지위 혹은 관계는 충실의무자 지위(fiduciary status) 혹은 충실의무관계(fiduciary relationship)로 정의되게 된다. 우리 법에서의 충실의무자 지정과 충실의무 부과 과정도 동일하게 해석될 수 있다.

##### 2) '지위에 기한 충실의무자' 혹은 '준수탁자'에 대한 충실의무의 발생

충실의무자로 지정되는 자 중에는 특히 신탁설정자-수탁자 관계, 의뢰인-변호사 관계, 회사-이사 관계, 고객-자문업자 관계, 환자-의사 관계 등과 같이 위탁인에 대한 '수탁인의 지위' 자체가 관계의 내재적 성질상 신뢰와 신임을

58) 김건식, 『회사법 연구 I』(2010), 59면.

받거나, 정보나 재량을 부여받는 지위여서 지위 자체가 충실의무를 표창하는 경우도 있다. 이러한 유형의 충실의무자는 '지위'와 관련해 충실의무가 부과되므로, '지위에 기한 충실의무자'(status-based fiduciary)라고 부를 수 있다. 반면에, 당사자의 관계가 성질상 대등한 관계여서 당사자 지위 자체는 충실의무를 촉발하지 않지만, 당사자 사이의 구체적 관계가 발전하여 신뢰와 신임의 관계로 되는 경우도 있다. 이때에도 신뢰와 신임을 받은 일방 당사자는 충실의무자로 포섭되고 당해 충실의무 관계에 필요한 충실의무가 부과될 수 있다. 이러한 유형의 충실의무자를 '사실관계에 기한 충실의무자'(fact-based fiduciary)라고 부를 수 있다.59)

그런데 '지위에 기한 충실의무자' 중에는 신탁이 아닌 방법으로 타인의 재산을 '소유'하는 경우도 있고, 또 타인의 재산을 '소유'하는 정도에 이르지는 않지만, 타인의 재산을 '지배'하거나 '처분재량'을 갖는 경우도 있다. 타인의 재산에 대하여 영향력을 갖는 이러한 자들은 수탁자에 준하는 자, 즉 '준수탁자'로서 파악할 수 있다. 또 형사사건이나 가사사건의 변호사와 같이 비재산적 관계에서 처분재량을 수권받거나 영향력을 행사할 수 있는 자들도 존재한다. 이러한 지위에 있는 자들은 모두 수탁자에 준하여 충실의무를 부담할 수 있다는 점에서 이들 '지위에 기한 충실의무자들'은 대강 '준수탁자'라고 부를 수 있게 된다.60)

### (3) 법인에 대한 충실의무자 지정과 충실의무의 부담

#### 1) 법인의 충실의무자 지정

법인에 대해서도 동일한 설명이 가능하다. 법인도 자연인과 마찬가지로 위탁인과 수탁인 사이의 관계가 신뢰와 신임 관계이거나 정보의 제공이나 재량의 부여 등으로 인해 위탁인의 수탁법인에 대한 관계가 의존적(dependent)이거나 취약성(vulnerable)을 보이는 경우 수탁법인은 위탁인에 대한 충실의무자

59) Law Commission Consultation Paper No. 124, *Fiduciary Duties and Regulatory Rules* (1992), p.31; Flannigan, "The Fiduciary Obligation" [1989] 9 *OJLS* 285.

60) 제1편 제5장 II. 5. (2)(이중기, "준수탁자로서의 법무법인", 471면) 이하. 준수탁자로서의 '법무법인'의 충실의무에 대해서는 제5편 제4장 III. 4.(위의 논문, 492면) 이하; 준수탁자로서의 '회사 이사'의 충실의무에 대해서는 제5편 제3장(이중기, "이익충돌의 판정기준과 '법인격'의 고려 여부"), III. 5. 참조. 준수탁자로서의 '공익법인 이사'의 충실의무에 대해서는 이중기, 『공익신탁과 공익재단의 특징과 규제』(2014), 243면 참조.

로 포섭되고, 그 지위 혹은 관계는 충실의무자 지위(fiduciary status) 혹은 충실의무관계(fiduciary relationship)로 정의되게 된다.

즉 자연인이 아니라 법인이 사무의 위탁을 받고, 그 사무수탁으로 법인이 수행해야 하는 법률관계가 위탁재산의 관리, 수권재량의 행사 기타 신뢰와 신임 관계인 경우, 사무수탁 법인은 "자신의 이익과 위탁인의 이익이 충돌하는 경우 자신의 이익보다 위탁인의 이익을 우선해야 하는, 혹은 위탁인의 이익을 최대한 도모해야 하는 충실의무"를 질 수 있다.

특히 법인인 '사무수탁인의 지위'가 관계의 내재적 성질상 신뢰와 신임을 받거나, 정보나 재량을 부여받는 지위여서 수탁법인의 지위 자체가 충실의무를 표창하는 경우, 이러한 유형의 법인 충실의무자는 '지위에 기한 법인 충실의무자'(status-based fiduciary)로 된다. 또 '지위' 자체는 충실의무를 유발하지 않지만 당사자 사이의 관계가 신뢰와 신임의 관계로 발전했기 때문에 법인 충실의무자로 지정될 수도 있다.

#### 2) 법인 충실의무자의 추상적 충실의무와 구체적 충실의무: 자기거래 금지 등

이와 같이 법인이 충실의무자로 지정되면, 법인은 자신의 이익과 본인의 이익이 충돌하지 않도록 할 '이익충돌회피의무'(no-conflict rule: 예: 신탁법 제34조 등)를 부담하게 되고, 또 이러한 이익충돌상황으로부터 스스로 이익을 향수하는 것이 금지되는 '이익향수 금지의무'(no-profit rule: 예: 신탁법 제36조 등)를 지게 된다. 더 구체적으로, 앞의 표에서 언급된 자기거래금지, 쌍방대리의 금지, 경업금지, 겸직금지, 기회와 자산의 유용금지 등 다양한 구체적 충실의무가 법인 충실의무자에 대해 부과될 수 있다.

## 2. '이익/의무'의 인식과 법인 충실의무자의 정보: '기관 인식'의 '구심적 귀속'

법인이 어떤 고객에 대해 충실의무자로 지정되어 충실의무를 지는 경우, 법인은 자신의 이익과 고객의 이익이 충돌하지 않도록 할 '이익충돌회피의무'를 지는데, 이때 법인은 '자신이나 고객의 이익' 혹은 '고객에 대한 의무'를 어떻게 인식하며, 또한 이러한 '이익의 충돌' 혹은 '의무의 충돌'을 어떻게 인식하는가? 마찬가지로 법인은 고객과의 이익충돌상황으로부터 이익의 향수가 금지되는 '이익향수 금지의무'를 질 수 있는데, 이때 법인은 고객과의 이익충돌상황 및 이익의 향수 사실을 어떻게 인식하는가?

기관의 인식 혹은 대리인의 인식에 기초하여 법인의 인식을 인정하는 '인식의 귀속' 법리에 의하면, 법인은 기관 혹은 대리인을 통하여 어느 사실에 대해 인식하게 되므로, 법인이 이익충돌상황에 있다는 인식 혹은 이익을 향수했다는 인식도 법인의 기관 혹은 대리인의 인식을 기초로 하여 판단하게 된다. 여기서는, 이익 혹은 의무의 인식에 대해 살펴보고, 항을 바꾸어서 이익충돌의 인식에 대해 살펴본다.

(1) '기관의 인식' 단계: 인식이 법인에 귀속되기 위한 요건－기관 자격

법인의 기관 혹은 대리인이 '기관 자격' 혹은 '대리인 자격'에서 임무를 수행하면서 알게 된 정보는 기관 혹은 대리인이 기관 자격 혹은 대리인 자격에서 인식한 정보이므로 인식의 귀속 법리에 의해 법인이 알게 된 정보로 간주된다.[61] 반면에 기관 혹은 대리인이 알게 된 정보라고 하더라도 법인을 위한 임무 수행과 관계없이 알게 된 정보는 법인의 기관 자격 혹은 대리인 자격에서 취득한 정보가 아니므로 원칙적으로 인식의 귀속 법리의 적용대상에서 배제되고 법인이 알고 있는 정보로 귀속되지 않는다.[62]

따라서 기관의 인식 단계에서 중요한 기준은 기관 혹은 대리인이 기관 자격 혹은 대리인 자격으로 행위하면서 이익을 인식한 것인지 아니면 자연인 개인 자격 혹은 다른 법인의 기관 자격에서 행위하면서 인식한 것인지 여부를 판단하는 것이다.

물론, 기관이나 대리인이 '업무범위 밖에서 알게 된 사실'도 법인의 인식으로 귀속될 가능성이 완전 배제되는 것은 아니다. 법인에 대해 조직의무[63]의 이행을 강제하기 위해서 혹은 법인과 거래한 상대방의 신뢰를 보호하기 위해서 법인에 대해 그 정보의 인식을 귀속시키는 것이 필요한 경우도 있기 때문이다.[64]

61) 이중기, "증권회사에 발생하는 이익충돌과 Chinese wall", 148면.
62) 위의 논문, 148면의 각주 16) 참조.
63) 법인의 조직의무에 대해서는 V. 4. (1) 참조.
64) 송호영, "인식의 귀속", 56면, 59면.

(2) '귀속' 단계 — 법인의 '인식' 방법: 인식의 귀속 혹은 간주

법인의 기관 혹은 대리인이 기관 혹은 대리인 자격에서 임무를 수행하면서 알게 된 '법인의 이익'에 관한 정보 기타 '법인에 관련된 상황'은 '귀속의 단계'를 통해 법인의 인식으로 의제된다. 먼저, '기관의 인식'은 기관이 '법인 자체'로 의제되므로, 기관이 인식한 '법인관련' 상황은 법인 자체의 인식으로서 법인에 귀속된다. 반면에 '대리인의 인식'은 대리인이 법인과 다른 인격체이기 때문에, 자체의 인식으로 귀속될 수는 없지만, 민법 제116조 제1항에 의해 대리인을 통해 인식했거나 인식할 수 있었던 '법인에 관한 사정'은 법인이 안 것으로 간주되어 귀속된다.

마찬가지로, 법인의 기관 혹은 대리인이 기관 혹은 대리인 자격에서 임무를 수행하면서 알게 된 '고객에 대한 의무'의 존재, 임무수행 과정에서 습득한 고객정보 기타 '고객에 관련된 상황'은 모두 법인의 인식으로 귀속된다. 기관은 '법인 자체'로 의제되므로, 기관의 상황 인식은 법인 자체의 인식으로 간주되고, 민법 제116조 제1항에 의해 대리인을 통해 인식했거나 인식할 수 있었던 '고객사정'도 안 것으로 간주된다.

(3) '법인의 인식'의 범위와 확장: '복수 기관'의 인식의 '구심'적 통합

법인의 기관 혹은 대리인이 기관 자격 혹은 대리인 자격에서 임무를 수행하면서 알게 된 '법인' 및 '고객'에 관련된 상황 인식은 모두 법인의 인식으로 귀속되는데(구심적 귀속), 법인이 '복수의 기관'을 선임하거나 '복수의 대리인'을 사용한 경우 각 기관 혹은 대리인이 인식한 복수의 법인관련 정보 혹은 고객관련 정보는 모두 '중첩적'으로 '법인의 인식'으로 귀속된다.[65] 따라서 법인이 그 활동의 외연을 확장하기 위해 더 많은 수의 기관을 선임하거나 대리인을 사용하면 할수록, 이들 복수의 기관 혹은 대리인의 활동을 통해 법인에 귀속되는 인식의 범위는 확장된다. 그 결과, '법인의 인식'의 범위는 각 기관 혹은 대리인이 인식한 정보의 '구심적 통합 범위'와 일치하게 된다.[66]

65) 복수의 '기관'을 선임한 경우에 대해서는 II. 1. (2) 참조. 복수의 '대리인'을 선임한 경우에 대해서는 II. 2. 참조.

66) 이병준, 112면은 '분화조직에서의 인식의 합산'이라고 부르고, 송호영, "대표자의 불법행위시 인식의 귀속", 94면은 '인식의 결합'이라고 부른다.

### 3. '의무' 이행시 법인 충실의무자의 사용정보: '법인 인식'의 기관에 대한 '원심적 귀속'

법인 충실의무자가 어떤 고객에 대해 의무를 지고 그 의무를 이행해야 하는 경우, 법인은 기관을 통해 직접 행위할 수도 있고 혹은 대리인을 선임해 의무를 이행할 수도 있는데, 이때 법인이 사용해야 하는 정보의 범위를 어느 정도로 인정할 것인가가 문제된다.

앞서 본 것처럼, '법인의 인식의 범위'는 복수의 기관/대리인을 사용해 인식하는 경우 정보의 구심적 통합범위와 일치하게 되므로, 모든 기관/대리인이 인식한 정보는 모두 법인이 인식하는 정보가 된다. 따라서 법인이 특정 기관 혹은 대리인을 통해 고객에 대한 의무를 이행하는 경우 법인이 사용해야 하는 정보, 즉 법인의 상황인식은 '인식의 구심적 귀속' 법리에 따라 통합된 '법인의 전체 통합정보'가 된다.

#### (1) '대리인'을 통해 행위하는 경우 사용해야 하는 법인의 정보

먼저 '대리인'을 통해 법인이 어느 고객에 대한 의무를 이행하는 경우에 대해 살펴보자. 법인이 "법률행위를 위임한 경우에 대리인이 본인[법인]의 지시에 좇아 그 행위를 한 때에는 본인은 자기가 안 사정 또는 과실로 인하여 알지 못한 사정에 관하여 대리인의 부지를 주장하지 못한다"(민법 제116조 제2항). 따라서 대리인이 고객에 대한 의무의 이행에 있어 고려해야 하는 법인의 정보 범위는 대리인 자신이 알고 있는 사정뿐만 아니라 '인식의 구심적 귀속' 법리에 의해 법인이 알고 있거나 알 수 있었던 사정도 포함되어야 한다. 이와 같이 법인이 대리인을 통해 고객에 대한 의무를 이행하는 경우, 민법 제116조 제2항에 의해, '인식의 원심적 귀속' 법리가 작동하고, '법인이 인식'하는 모든 사항은 대리인의 정보로 간주되어 그 사용이 강제된다.

#### (2) '기관'을 통해 행위하는 경우

법인 충실의무자가 어느 '기관'을 통해 고객에 대한 의무를 이행하는 경우에도 동일한 방식으로 법인의 인식 범위가 결정된다. 즉, (법인의 기관은 자연인의 두뇌에 해당하는 것으로 그 기관의 인식 자체가 법인의 인식으로 간주되는 점은 다르지만) 복수의 기관이 선임된 경우, 법인이 어느 기관을 통해 고객에 대한 의무를 이행할 때 인식/사용해야 하는 '법인의 정보'는 '인식의 원심적 귀속 법리' 때문에 그 '기관'이 인식한 정보뿐만 아니라 '법인'이 알고 있다고 간주되는 전체 정보가 그 대상이 된다.

## 4. 법인에서의 이익충돌·의무충돌의 발생과 판정, 그리고 인식

이제 이익충돌의 발생과 판정, 그리고 법인에서의 이익충돌의 발생과 판정 및 인식방법에 대해 살펴보자.

### (1) 자연인에서의 이익충돌의 발생과 판정 방법

#### 1) 객관적 판정

자연인이 처한 어떤 상태가 이익이 존재/충돌하는 상황인지 혹은 자연인의 어떤 행위가 이익충돌을 야기하는 행위인지 여부에 대한 판정은 실질적 이익충돌의 초래 가능성의 존재 여부에 의해 객관적으로 결정되어야 하고, 수임인의 의도나 거래의 사후적 결과 여부는 고려되지 않는다.[67] 대법원도 비슷한 입장을 취한다:

> "민법 제921조의 이해상반행위란 행위의 객관적 성질상 친권자와 그 자 사이 또는 친권에 복종하는 수인의 자 사이에 이해의 대립이 생길 우려가 있는 행위를 가리키는 것으로서, 친권자의 의도나 그 행위의 결과 실제로 이해의 대립이 생겼는가 여부는 묻지 않는다."[68]

#### 2) 인식에 기한 충돌 판정

그런데 이익의 존재/충돌 상황인지 여부 혹은 어떤 행위가 이익충돌을 야기하는지 여부의 판정은 객관적으로 행해지지만, '이익'의 '존재/충돌' 여부를 판정함에 있어 결정적인 역할을 하는 것은 이익의 존재 혹은 충돌에 대한 행위자의 '인식' 가능성이다. 예를 들어, 친권자와 같은 자연인에 있어서 이해상반행위의 판정 여부는 친권자가 자신 혹은 자의 '이익'에 대한 '인식'이 있었거나 혹은 이익을 인식해야 했다면, 친권자의 행위에 대한 이익상반성의 판정은

67) 제4편 제3장 I.(이중기, "신탁에서의 이익향유금지의 원칙", 195면, 199면).
68) 대법원 1996.11.22. 선고 96다10270판결.

보다 쉽게 행해질 수 있기 때문이다.

(2) 법인에서의 이익충돌의 발생과 판정

1) 기관의 인식에 기한 객관적 판정: 인식의 귀속

자연인의 이익충돌 상황과 마찬가지로, 법인이 이익충돌 상황에 처했는지 혹은 법인의 어떤 행위가 이익충돌을 야기하는지 여부에 대한 판단도 동일하게 객관적으로 판단한다. 또, 법인의 이익충돌 상황에 대한 판정에 있어, 법원은 법인이 자신 또는 고객의 이익의 존재 혹은 충돌에 대한 '인식' 가능성에 기하여 보다 쉽게 이익의 충돌 여부에 대한 객관적 판정을 수행할 수 있다.

이와 같이 법인에서의 이익충돌의 발생과 판정에 있어서도 법인의 이익에 대한 '인식' 가능성이 결정적 역할을 하기 때문에 법인의 이익충돌 문제에 있어 '기관의 인식'을 법인에 귀속시키는 '인식의 귀속' 법리가 중요하게 작용하게 된다.

2) 법인에서의 인식의 귀속과 자연인 상인이 지배인을 사용하는 경우

그런데 '인식의 귀속' 법리를 통해 이익 혹은 이익충돌의 존부를 인식하는 것은 법인에 특유한 것으로 볼 수 있는가? 법인을 자연인으로 의제하고 법인의 기관을 자연인의 두뇌에 해당하는 존재로 보아 기관의 인식을 귀속시키는 방법은 법인법에 고유한 '의제'이기 때문에 이러한 인식의 귀속 방법은 원칙적으로 법인에 특유한 것이라고 볼 수 있다.

하지만 자연인의 경우에도 대리인을 사용하는 경우, 대리인 인식에 대해서는 '귀속 간주' 법리가 적용되기 때문에 대리인을 통한 이익의 인식 혹은 이익충돌상황의 인식이 가능하다. 따라서 대리인 아닌 '기관'으로 의제하는 정도의 차이는 있지만, '인식의 귀속' 법리를 통해 이익/의무를 인식하거나 혹은 이익충돌 상황을 인식하는 것은 법인에 고유한 것은 아니다.[69]

---

69) 예를 들어, 자연인 상인 A가 법인을 설립하는 방법 대신에 자기명의로 지배인을 X·Y·Z 3명을 두고 여러 지점을 통해 영업을 영위하는 경우, 자연인 상인 A에 대해서는 각 지배인의 인식에 기초하여 본인의 인식이 형성된다. 즉 각 지배인 X·Y·Z가 인식하는 정보는 모두 대리인에 대한 '인식의 귀속' 법리에 의해 상인 A의 인식으로 간주된다.
마찬가지로, 상인 A의 지배인 X가 고객 甲에 대하여 의무를 부담하는 경우, 지배인 X가 사용해야 하는 상인 A의 정보의 범위는 지배인 X가 알고 있는 정보뿐만 아니라 '인식의 귀속' 법리로 인해 상인 A에게 귀속된 지배인 X·Y·Z의 인식 정보도 사용되어야

하지만 자연인 상인의 경우 통상 지배인의 수가 많지 않기 때문에 본인이 지배인에 대한 정보관리를 철저히 함으로써 지배인 정보를 모두 '인식'할 수 있는 경우가 보통이고, 따라서 이익충돌에 관한 인식의 문제가 특별히 대두되지 않는다. 이에 비해 법인 특히 '거대 기업'의 경우 기관이나 대리인을 통해 수령하는 정보가 엄청나기 때문에 법인의 정보로 '인식'되는 범위가 무제한 확장될 수 있고, 따라서 '인식의 귀속' 법리를 통해 이익충돌을 인정해야 하는 상황에 대해 논란이 야기되고 있다. 아래에서는 이러한 법인에서의 이익충돌의 발생과 인식 문제에 대해 살펴본다.

(3) 법인의 이익충돌에 대한 인식과 귀속

1) 1단계: 이익 정보의 인식 단계

법인은 여러 영업부서를 통해 복수의 영업을 영위할 수 있고, 또한 전국 각지에 지점을 설치해 지역적으로도 여러 곳에서 영업을 영위할 수 있다. 이와 같이 여러 영업부서 및 복수의 지점을 통해 영업을 영위하는 경우, 기관 혹은 대리인의 인식을 법인의 인식으로 보는 '인식의 구심적 귀속' 법리에 의해 법인의 각 영업부서와 각 지점의 이익 정보는 '법인의 정보'로 귀속되게 된다(1단계: 이익 정보의 인식 단계).

2) 2단계: 선관의무 이행시 사용해야 할 '회사정보'의 인식

이러한 상황에서 특정 지점에서 어느 직원이 고객을 위해 어떤 사무를 수임하는 경우, 법인은 '회사의 정보'를 이용하여 고객에 대한 위임사무를 이행해야 한다. 이때 법인이 고객에 대해 선관주의의무를 베풀어야 할 경우 법인이 이용해야 할 '회사의 정보'의 범위가 문제된다. 직원이 이용해야 할 회사의 정보에는 민법 제116조 제2항에 따라 담당직원이 아는 정보뿐만 아니라 '회사'의 모든 정보가 포함되기 때문에, 법인의 구심적 통합정보가 '회사의 정보'로서 이용되어야 한다(2단계: 선관의무의 이행시 이용해야 하는 회사정보의 원심적 귀속 문제).

3) 2단계: 충실의무 부담시 회피해야 할 '회사이익'의 인식과 '이익충돌'의 인식

비슷한 문제는 법인이 충실의무를 부담하는 경우에도 발생한다. 즉, 법인

---

한다(민법 제116조 제2항).

이 수임한 사무가 신뢰와 신임의 관계여서 당해 고객에 대해 충실의무를 부담하게 되는 경우, 법인은 고객과의 관계에서 이익충돌을 회피해야 하고, 이익향수를 회피해야 하는데, 이때 '고객의 이익'과 충돌하는 '회사의 이익'의 범위가 문제된다. 만약 직원이 회피해야 하는 충돌이익의 범위가 민법 제116조 제2항에 의해 담당직원이 인식하는 회사이익뿐만 아니라 본인인 '법인'이 인식하는 모든 이익이 포함된다면, 다른 기관 혹은 대리인이 인식한 '회사의 이익'은 전부 담당 직원이 회피해야 할 '회사의 이익'으로 간주된다(2단계: 충실의무 부담시 이익충돌 판정을 위한 회사이익 정보의 원심적 귀속).

4) 인식 범위에 대한 특약 가능성: '정보차단장치'의 공시와 승인

하지만 뒤에서 보는 것처럼 예외적으로 법인 내에 운용되는 '정보차단장치'에 대해 고객에 대해 공시하고, 고객으로부터 승인을 받는다면, 법인은 '사용정보'의 범위 혹은 인식하는 '이익충돌'의 범위를 정보차단장치에 의해 제한된 영업부서 혹은 지점의 정보나 이익충돌로 제한할 수 있다.[70]

## 5. 법인의 이익충돌, 의무충돌 사례 I: 금융기관

여러 영업부서를 통해 복수의 영업을 영위할 수 있고, 또한 전국 각지에 지점을 설치해 지역적으로도 여러 곳에서 영업을 할 수 있는 대표적 법인으로 금융기관을 들 수 있다. 특히, 금융기관은 고객의 이익을 위해 행위해야 하는 '금융업무 자체의 성질' 때문에 고객에 대해 충실의무를 부담[71]할 수 있고, 이러한 점에서 '지위에 기한 충실의무자'가 된다. 여기서 이러한 금융기관이 영업활동과 관련해 인식의 귀속 법리 때문에 처할 수 있는 이익충돌 혹은 의무충돌 상황에 대해 조금 더 구체적으로 살펴보자.[72]

### (1) 정보수령형 의무충돌[73]

금융기관은 고객으로부터 비밀정보를 수령할 수 있는데, 이 정보에 대해

70) V. 5. (2) 참조.
71) 제5편 제5장 I. 2. (2)(이중기, "금융기관의 충실의무와 이익충돌", 72면).
72) 금융기관에 발생하는 이익충돌에 대한 좀 더 자세한 상황에 대해서는, 이중기, "증권회사에 발생하는 이익충돌과 Chinese wall", 138면 이하; 제5편 제5장 II. 3.(이중기, "금융기관의 충실의무와 이익충돌", 84면) 이하 참조.
73) 제5편 제5장 II. 2. (1)(이중기, "금융기관의 충실의무와 이익충돌", 83-84면).

서는 비밀유지의무 및 사용금지의무를 지게 된다. 따라서 고객의 정보는 금융기관이 그 고객 이외의 자에게 유용한 것일지라도 그 정보의 비밀성을 유지해야 하고, 다른 고객을 위해 사용해서는 안 된다. 예를 들어, 증권회사가 법인 고객 A의 자본조달을 자문하는 경우 증권회사는 당해 법인 A로부터 회사의 재무상황에 관한 비밀정보를 수령하게 되는데, 증권회사는 이러한 정보에 대한 비밀을 유지해야 하고, 자기 또는 제3자를 위해 그 정보를 사용해서는 안 된다.

그런데 이와 같이 고객의 비밀정보를 보유하는 상황에서 금융기관은 다른 자를 고객으로 맞이할 수 있는데, 이때 이 다른 고객에 대해 의무의 이행과 관련해 당해 정보의 사용의무를 질 수 있다. 예를 들어, 펀드를 운용하는 자산운용사 B가 법인 A의 전망을 밝게 보고 투자를 검토하면서, 당해 증권회사에 대해 투자자문을 구한 경우이다. 이때, 증권회사는 자신이 자문하는 운용사 B에 대해 자신이 알고 있는 모든 정보를 사용해 투자자문을 해야 한다. 이때 민법 제116조 제2항의 인식의 귀속법리에 따르면, 증권회사는 투자자문부서의 직원이 알고 있는 인식정보뿐만 아니라 다른 부서의 직원이 인식한 정보 즉 법인 A를 자문하는 회사 금융부서 직원이 인식한 정보까지 사용할 의무를 지게 된다.

이와 같이 금융기관이 회사 금융부서 기타 고객으로부터 비밀정보를 수령하는 경우 '인식의 귀속 법리' 때문에 금융기관이 다른 고객에 대해 정보사용의무를 질 때마다 잠재적으로 비밀유지의무와 정보사용의무가 충돌하는 의무충돌상황에 처할 가능성에 직면하게 된다.

이러한 정보수령형 이익충돌은 정보의 비밀성이 유지되는 한 금융기관과 고객 간의 고객관계가 종료한 후에도 계속될 수 있다는 점에서 아래에서 살펴보는 일반적인 의무충돌형 이익충돌과 차이가 있다.

#### (2) 의무부담형 의무충돌[74]

##### 1) 복수의 고객 자문으로 인한 의무충돌

금융기관은 고객으로부터의 비밀정보 수령이 없는 경우에도 고객에 대해

74) 위의 논문, 84면.

충실의무를 부담할 수 있다. 예를 들어, 증권회사는 회사 금융부서를 통해 오래된 회사고객에 대해 자산매각 혹은 투자에 관해 자문할 수 있고, 또 투자자문부서를 통해 새로운 기관투자자에 대해 투자대상에 대해 자문할 수 있는데, 이때 고객과의 관계가 수행하는 자문업무의 특징 때문에 혹은 자문과 관련한 신뢰와 신임의 부여 등으로 인해 충실의무관계로 발전할 수 있다. 이 경우 금융기관은 복수의 자문고객에 대해 동시에 충실의무를 지게 되는데, 이때 금융기관이 각각의 고객에 대해 부담하는 충실의무는 서로 충돌할 수 있다. 예를 들어, 증권회사의 회사 금융부서가 C회사의 자본조달을 위해 C회사 영업부분의 매각을 자문하고 있는데, D사모펀드를 자문하는 투자자문부서는 투자대상의 하나로 C회사 영업부분의 매수 가능성을 자문할 수 있다. 이 경우 증권회사는 C회사와 D사모펀드에 대해 각각 고객의 이익을 최대한 실현해야 할 충실의무를 지게 되는데, 이때 C에 대한 증권회사의 충실의무는 D에 대한 충실의무와 충돌할 수 있다. 더 나아가 증권회사가 C의 영업매각을 대리하고 동시에 D사모펀드의 영업 매수를 대리/자문하게 되면 쌍방대리 혹은 자문 상황이 초래되게 된다.

2) 의무충돌은 법인에 고유한 것인가?

법인이 어느 자문고객에 대해 충실의무를 부담하면서 동시에 다른 자문고객에 대해 충실의무를 부담하는 경우, 이러한 이익충돌 상황은 '자연인'이 복수의 자문고객을 위해 행위하는 경우에도 동일하게 발생할 수 있는 내재적 이익충돌 상황이기 때문에 특별히 '법인'에 고유한 이익충돌 상황이라고 볼 수는 없다.

하지만 법인의 경우 복수의 영업을 수개의 영업부서별로 영위할 수 있고 또한 지역별로 지점을 두고 영위할 수 있기 때문에 복수의 고객 자문으로 인한 의무충돌 상황은 기관 혹은 직원의 '인식의 귀속법리'를 통해 훨씬 심화되게 된다. 예를 들어, 증권회사가 회사 금융부서, 위탁매매부서, 투자자문부서, 신탁부서 등을 두고 전국적인 영업을 수행하는 경우 증권회사가 각 영업부서 혹은 지역점포를 통해 고객에 부담하게 되는 충실의무는 고객의 수만큼 발생할 수 있다. 이와 같이 증권회사가 각 고객에 대해 충실의무를 부담하게 되는 경우, 증권사가 어느 고객에 대해 부담하는 충실의무와 다른 고객에 대해 부담하는 충실의무가 상충하게 될 가능성은 기하급수적으로 높아진다.

왜냐하면 충실의무자인 증권회사가 회피해야 할 '이익'의 충돌 가능성은 '회사이익'에 대한 인식의 범위가 증가함에 따라 심화되는데, 회피해야 할 '충돌이익'의 범위는 담당 직원이 인식하고 있는 '이익'뿐만 아니라 본인이 인식하고 있는 '회사의 이익'도 그 대상이 되기 때문이다. 예를 들어, 민법 제116조 제2항의 인식의 귀속법리에 의하면, 고객 A를 자문하는 회사 금융부서 직원 X가 고객 A의 이익을 위해 회피해야 하는 '충돌이익'에는 (ⅰ) 금융부서 직원 X가 인식하고 있는 회사의 이익뿐만 아니라, (ⅱ) 투자자문부서, 신탁부서 등의 직원이 알고 있는 회사의 이익도 포함되게 된다. 따라서 회사 금융부서 직원 X가 투자자문부서 등에서 인식하는 충돌이익을 인식하지 못해 이익충돌 상황을 초래한 경우, 증권회사는 고객 A에 대한 충실의무를 위반할 가능성에 직면한다.

(3) 자기이익과 의무의 충돌[75]

고객의 비밀정보 수령으로 인한 정보수령형 의무충돌, 혹은 복수의 고객에 대한 선관의무/충실의무 부담으로 인한 의무부담형 의무충돌은 모두 고객에 대한 '의무'의 충돌을 요소로 한다. 그런데 금융기관은 의무 이행과 관련하여 '자신의 이익'을 보유할 수 있다. 모든 금융기관은 '설립목적'이라는 자신의 존재이유가 있고, 특히 금융기관의 경우 이윤을 추구하는 영리기관이기 때문에 고객에 대한 '의무'와 자신의 '이익'이 충돌하는 상황이 불가피하게 발생하게 된다.

이러한 이익충돌 상황도 법인에 고유한 것이라고 볼 수는 없다. '자연인'이 고객을 위해 행위하는 경우에도 자신의 이익을 추구하는 경우 동일한 내재적 이익충돌이 발생하기 때문이다. 하지만 법인의 경우 복수의 영업을 수개의 영업부서를 통해 영위할 수 있고 또한 지역별로 지점을 두고 영위할 유인이 크기 때문에, 영업의 확대시 고객 증가로 인한 충실의무와 회사이익이 충돌하는 경우는 더 폭발적으로 확대되게 된다.

특히, 의무와 이익의 충돌 상황은 기관 혹은 직원의 '인식의 귀속 법리'를

75) 위의 논문, 84면.

통해 훨씬 심화되게 되는데, 증권회사가 각 고객에 대해 부담하게 되는 이익충돌회피의무의 대상인 회사의 '이익'이 고객 담당 직원이 인식하고 있는 '충돌이익'뿐만 아니라 본인인 금융기관이 인식하고 있는 회사의 '이익'도 그 대상이 되기 때문이다.[76]

## 6. 법인의 이익충돌, 의무충돌 사례 II: 법무법인

다음으로 법무법인이 소속 변호사를 통해 의뢰인에 대한 소송대리나 법률자문을 행함에 있어 인식의 귀속 법리 때문에 처할 수 있는 이익충돌 혹은 의무충돌 상황에 대해 살펴보자.

### (1) 정보수령형 의무충돌[77]

법무법인이 의뢰인으로부터 비밀정보를 수령하는 경우 법무법인에서도 인식의 귀속 법리 때문에 의무충돌이 발생할 수 있다. 예를 들어, 소송대리나 법률자문을 위해 의뢰인 A가 비밀정보를 법무법인에 제공하면, 법무법인은 그 정보에 대해 비밀유지의무를 지기 때문에 그 정보를 당해 의뢰인의 소송대리나 법률자문을 위해 사용해야 하며, 다른 고객의 소송대리나 법률자문을 위해 사용할 수 없다. 그런데 법무법인은 다른 의뢰인 B를 위해 소송대리나 법률자문을 할 수 있는데, 이때 법무법인은 수임사무를 처리함에 있어 자신이 보유한 모든 정보를 사용해야 한다.

문제는, 인식의 귀속 법리에 의하면, 소속 변호사가 수령한 의뢰인 A의 비밀정보는 법무법인의 정보로 되므로, 법무법인은 의뢰인 B를 위한 소송대리나 법률자문을 위해서도 A의 제공정보를 사용해야 할 의무를 지게 된다는 점이다. 이와 같이 법무법인에서도 비밀정보의 수령이 있는 경우, 금융기관에서와 마찬가지로 정보제공자에 대한 비밀유지의무와 다른 고객에 대한 정보사용의무 사이의 의무충돌이 야기된다.

---

76) 앞의 4. (3) 3) 참조.

77) 김제완, "이익의 충돌에 의한 수임제한과 변호사의 윤리", 『인권과 정의』, 제330호(2004. 2) (이하 '김제완'), 117면, III. 3. 참조; 제5편 제4장 III. 2. (3)(이중기, "준수탁자로서의 법무법인", 483면) 이하.

(2) 의무와 의무의 충돌

법무법인의 변호사가 현재 수임 중이거나 혹은 수임을 승낙한 '분쟁사건'과 관련하여 다른 변호사가 의뢰인의 상대방을 소송대리하거나 자문하게 되는 경우, 법무법인의 의뢰인에 대한 의무는 그 상대방에 대한 의무와 상호 충돌하게 된다.[78] '비분쟁사무'의 경우에도 유사한 의무충돌이 발생할 수 있다. 예를 들어, 사모펀드 X가 보유 중인 A 회사 지배주식 30%를 매각하기 위해 법무법인에 매각 자문을 의뢰하고 있는데, 이 주식을 매수하려는 Y주식회사가 이 법무법인의 오랜 고객이어서 동일 법무법인에 인수 자문을 구하는 경우, 법부법인의 X에 대한 의무와 Y에 대한 의무는 서로 충돌할 수 있다.[79] 이와 같이 법무법인이 이익충돌을 회피하지 못하는 경우 법무법인은 쌍방고객 모두에 대해 충실의무를 위반하게 된다.

이러한 의무와 의무의 충돌은 쌍방대리하는 자연인에게도 발생할 수 있으므로 법무법인에 특유한 것이라고 볼 수는 없지만, 특히 여러 부서를 두고 변호사를 많이 고용하는 법무법인에서는 '인식의 귀속 법리' 때문에 의무충돌이 더 심화될 수 있다. 가령 법무법인의 M&A 부서의 변호사 A가 사모펀드 X를 위해 사용해야 하는 '정보의 범위'는 변호사 A가 알고 있는 정보뿐만 아니라 인식의 귀속 법리에 의해 법무법인이 다른 변호사나 직원을 통해 인식하고 있는 정보도 포함되게 되고, 마찬가지로 고객자문부서의 변호사 B가 Y주식회사를 위해 사용해야 하는 정보의 범위도 변호사 B가 알고 있는 정보뿐만 아니라 인식의 귀속 법리에 의해 법무법인이 다른 변호사나 직원을 통해 인식하고 있는 정보도 포함되기 때문이다.

(3) 자기 이익과 의무의 충돌[80]

법무법인도 '의뢰인에 대한 의무' 이행과 관련해 '자신의 이익'을 보유할 수 있다. 예를 들어, 법무법인이 의뢰인의 사건과 관련해 이해관계를 가지고

78) 자세히는 이태영, "변호사의 이익충돌회피의무－현재 외뢰인 사이의 이익충돌을 중심으로", 『법조』, 제61권 제9호(2012), 5면 참조; 김제완, III. 2. 참조; 제5편 제4장 III. 2. (1)(이중기, "준수탁자로서의 법무법인", 478면).

79) 제5편 제4장 III. 2. (2)(이중기, "준수탁자로서의 법무법인", 480면).

80) 김제완, III. 1. 참조; 제5편 제4장 III. 2. (4)(이중기, "준수탁자로서의 법무법인", 485면).

있는 상황에서 사건을 수임하면 자신의 이익은 의뢰인에 대한 의무와 충돌할 수 있다. 반대로, 법무법인이 수임으로 인해 의무를 지는 상황에서 수임 사건과 관련해 이해관계를 갖게 되면 의뢰인과의 관계에서 부담하는 의무는 법무법인의 이익과 충돌할 수 있다.

이러한 이익과 의무의 충돌도 법무법인에 특유한 것이라고 볼 수는 없다. 하지만 법무법인의 경우 지점 혹은 복수의 영업부서를 두고 변호사를 많이 고용하면 할수록 '인식의 귀속' 법리 때문에 회피해야 할 이익은 더 확대되고 따라서 이로 인한 이익충돌은 더 심화된다. 가령 법무법인의 변호사 A가 의뢰인을 위해 소송대리하거나 법률자문을 하면서 회피해야 하는 충돌이익의 범위는 변호사 A가 인식하는 법무법인의 이익뿐만 아니라 다른 변호사와 직원이 인식하고 있는 법무법인의 이해관계도 회피해야 할 이익의 범위에 포함되기 때문이다.

## V. '인식의 귀속 법리'에 따른 이익충돌의 인정과 수정 가능성

### 1. 법인의 이익충돌을 야기하는 두 가지 동기와 두 가지 법리적 기초

금융기관이나 법무법인과 같은 법인은 앞서 살펴본 것처럼 수많은 이익충돌 혹은 의무충돌에 직면하게 되는데, 법인이 이와 같은 이익충돌에 직면하는 이유는 무엇일까? 크게 보아 다음 두 가지 동기가 두 가지 법리적 기초 위에서 발현된 결과로 생각된다.

#### (1) '설립목적'의 달성 유인과 '규모의 경제' 추구 유인

우선 법인은 다음 두 가지 유인을 갖는다. 하나는 '자신의 설립목적'의 달성 유인이다. 영리법인이든 공익법인이든 법인은 모두 정관에 정한 설립목적을 달성하기 위해 설립되고 운영되기 때문에 본질적으로 자신의 설립목적 달성을 위해 '자기이익'을 추구할 유인을 갖는다. 또 다른 유인은 법인이 운영의 효율성 달성을 위해 '규모의 경제'를 추구할 유인이다. 법인은 자연인이 보유할 수 없는 효율성을 달성하기 위해 설립되는데, 이러한 '규모의 경제'를 실현할 유인 때문에 '복수의 영업'을 수행하거나 '복수의 기관 혹은 대리인'을 사용해 영업을 확장하게 된다.

(2) 법인의 '권리능력'과 '인식의 귀속 법리'

이와 같이 법인은 자신의 설립목적 달성을 위한 '이기적 동기'를 갖고 '규모의 경제'를 달성하기 위해 복수의 영업을 수행하거나 복수의 기관을 사용하는데, 사법체계는 이러한 법인의 활동에 대해 어떻게 대응해 왔는가? 이 같은 상황에 대해 법인법은 ( i ) 설립등기를 한 법인을 '일인의 자연인'과 같은 권리능력자로 의제하고 법인의 '기관' 개념을 인정했으며, ( ii ) '기관 혹은 대리인의 인식'을 법인의 인식으로 귀속시키는 '인식의 귀속 법리'를 인정함으로써 법인의 활동에 대해 법률효과를 부여해 왔다. 그 결과 법인은 아무리 크고 많은 활동을 수행하더라도 하나의 인격체로 간주되고, 법인의 기관인 자연인의 인식 혹은 대리인의 인식은 모두 법인의 인식으로 간주된다.

이와 같이 ( i ) 법인을 하나의 인격체로 간주하고, ( ii ) 기관의 인식 혹은 대리인의 인식을 법인의 인식으로 귀속시키는 법인법리는 법인이 자신의 설립목적을 위해 이기적으로 행위하는 경우 본질적으로 고객에 대한 '의무와 자신의 이익' 사이의 충돌'을 야기한다. 이러한 법인법리는 법인이 규모의 경제를 달성하기 위해 영업을 확장하고, 더 많은 지점을 설치하고, 더 많은 직원을 사용하면 할수록 더 많은 '이익과 의무의 충돌' 및 '의무와 의무의 충돌'을 야기한다: 기관과 직원의 활동이 확대되면 법인의 이익이 확대되는데, 그것과 비례해 법인의 충돌이익이 증가하고, 인식의 귀속 법리는 그 기관 혹은 대리인이 인식한 충돌이익을 법인의 충돌이익으로 귀속시키기 때문에 고객에 대해 더 많은 이익충돌이 야기되고, 또한 고객에 대한 더 많은 의무가 서로 충돌하는 의무충돌 상황이 야기된다.

(3) 법인의 거대화에 따른 이익충돌 상황의 폭발적 증가 가능성

여기서 대두되는 하나의 문제는 규모면에서 이전과 비교할 수 없을 정도로 거대해진 법인이 속속 등장하고 있는 현상이다. 특히 '고객에 대한 자문 혹은 대리'를 주된 업무로 하는 금융기관 혹은 로펌의 대형화도 급격히 이루어지고 있다. 그런데 금융기관과 로펌의 거대화는 법인을 하나의 인격체로 간주

하고 기관 혹은 대리인의 인식을 법인의 인식으로 귀속시키는 법리 때문에 거대 금융기관 혹은 로펌에 대해 '이익과 의무의 충돌' 혹은 '의무와 의무의 충돌' 가능성을 폭발적으로 증가시킬 가능성을 야기한다.

## 2. 거대 법인에 대한 '인식의 귀속' 법리의 적용은 과도한 이익충돌을 야기하는가?

그렇다면 과연 '인식의 귀속' 법리는 거대 금융기관 혹은 로펌에 대해 '이익과 의무의 충돌' 혹은 '의무와 의무의 충돌' 가능성을 급격히 증가시키고 있는가? 특히 실질적으로는 문제되지 않는 이익충돌이지만, 법률상 이익충돌로 볼 수 있는 경우가 증가했는가?

결론적으로 인식의 귀속 법리 때문에 거대 법인의 이익충돌이 '폭발적'으로 증가되는 것은 아니라고 생각된다. 왜냐하면, '법인의 인식'의 범위를 확정하는 '인식의 귀속' 법리는 다음과 같은 3가지 단계를 거쳐서 적용되는데, 각 단계별로 이익충돌의 논의 가치가 없는 '인식' 혹은 명목적 '이익충돌'은 제거되기 때문이다. 따라서 실질적으로 이익충돌이 문제되지 않은 상황에서 인식의 귀속 법리 때문에 개념적·이론적 이익충돌이 법률상 이익충돌로 인정될 가능성은 많이 낮아진다.

### (1) '인식'단계 및 '인식의 귀속' 단계: '기관 자격'에서의 인식 요건

먼저 귀속의 전제 단계로서 법인의 기관 혹은 대리인이 문제되는 이익 및 이익충돌 상황에 대해 '인식'했는가 여부가 문제된다. 인식단계에서 기관 혹은 대리인의 상황 '인식' 여부는 '사실문제'로서 다루어지고, 기관 등의 인식이 입증된다면, 다음 단계, 즉 '법인의 인식'을 형성하는 단계인 '기관 인식'의 법인 '귀속' 문제가 등장한다.

'법인의 인식'의 형성과정, 즉 '기관 인식'의 태양인 기관의 고의·과실 여부를 법인의 인식의 태양으로 귀속시킬 것인가 여부에는 규범적 평가가 수반되고,[81] 법인의 기관 혹은 대리인이 인식하는 정보 가운데 원칙적으로 '기관 자격' 혹은 '대리인 자격'에서 알게 된 정보만 귀속된다. 따라서 법인의 기관

---

81) II. 1. 참조.

혹은 대리인이 알게 된 정보라고 하더라도 법인을 위한 임무 수행과 관계없이 알게 된 정보는 (특별히 조직의무[82]상 요구되거나 혹은 상대방의 신뢰보호를 위해 인식을 귀속시킬 필요가 발생하지 않는 한) 기관 자격 혹은 대리인 자격에서 취득한 정보가 아니므로 인식의 귀속의 적용대상에서 배제되고 법인의 인식정보로 간주되지 않는다.[83]

이와 같이 (ⅰ) 기관의 '인식' 단계에서 '인식'했는지 여부 및 (ⅱ) '인식의 귀속' 단계에서 기관 혹은 대리인이 '기관 자격 혹은 대리인 자격'에서 인식한 것인지 여부를 판정함으로써 기관 혹은 대리인의 인식정보 중 법인에 귀속되는 인식정보의 범위는 크게 감소될 수 있다.

(2) '이익충돌에 대한 판정' 단계: '객관적'·'실질적' 판정

이상의 두 단계를 거쳐 기관 혹은 대리인의 인식정보가 법인에 귀속되면 이러한 귀속정보는 '법인의 인식'으로 인정되고 법인의 정보로서 활용될 수 있다. 그런데 '이익충돌에 대한 판정' 단계에서 법인이 이익충돌상황에 있는지 여부, 법인이 상충하는 의무를 지는지 여부 혹은 법인이 고객의 이익을 향유하는지 여부는 '개념적'으로 판정되는 것이 아니라 '실질적'이고 '객관적'으로 판정되어야 한다.[84] 따라서 법인이 기관 혹은 대리인의 인식을 통해 알게 된 정보가 '사소한 정보'이거나 법인의 '정보사용의무가 제한적'인 경우 개념적으로는 이익충돌 혹은 의무충돌 상황이 초래될 것으로 예상할 수 있지만, 객관적으로는 이익충돌이 발생하지 않는 것으로 볼 수 있는 경우가 많다. 다음의 경우를 살펴보자.

> [사례 1] 증권회사의 회사 금융부서가 회사 A의 신규사업 진출을 위한 자금조달을 자문하고 있는 중에, 증권회사의 고객인 기관투자자 B가 회사 A의 주식을 '오늘 중' 매각 혹은 매도해 줄 것을 위탁한 경우

이 경우 개념적으로는 증권회사가 이익충돌 상황에 빠지는 것처럼 보이지만, 증권회사는 실질적으로 기관투자자 B에 대해 '제한된 의무'만 지기 때문

82) 법인의 조직의무에 대해서는 V. 4. (1) 참조.
83) IV. 2. (1) 참조.
84) IV. 4. (1) 및 (2) 참조.

에 이익충돌의 가능성은 명목적인 것이 된다. 즉 증권회사는 기관투자자 B에 대해 '오늘 중'의 매각 혹은 매도를 실행해 줄 의무만 부담하기 때문에, 그 매도 시기만 적절히 판단하면 될 뿐이고, 회사 A의 신규사업 진출에 관한 정보를 사용할 의무는 지지 않는다. 따라서 이 경우 증권회사는 회사 A에 부담하는 비밀유지의무와 기관투자자 B에 부담하는 정보사용의무가 '개념상' 충돌할 수 있지만, B에 대한 정보사용의 범위가 제한적이므로 '실질적'으로는 의무충돌이 발생하지 않는다(하지만 만약 다른 기관투자자 C가 증권회사에 대해 회사 A의 주식의 '매입'과 관련해 회사 A의 성장잠재력에 대해 자문을 구했다면, 상황은 달라질 수 있다. 만약 증권회사가 신규사업 진출과 관련된 정보를 알고 있었다면, 이러한 정보를 사용할 의무를 질 수 있기 때문에 증권회사는 의무충돌 상황에 빠질 수 있다).

다음의 상황도 개념적으로는 이익충돌 혹은 의무충돌을 야기하지만 객관적으로 볼 때 이익충돌 혹은 의무충돌이 실질적으로 발생하지 않는 경우이다.

> [사례 2] 법무법인의 오랜 고객인 금융기관 A가 채무자인 회사 X를 상대로 하는 소송을 법무법인에 위임한 상태에서, 법무법인의 다른 고객인 회사 B가 동일한 채무자 X를 상대로 담보권의 실행을 위임한 경우[85]

통상 수인의 채권자는 동일한 채무자에 대해 책임재산의 조사 및 한정된 책임재산으로부터의 채권의 회수 등에 있어 서로 충돌하는 이익을 갖기 때문에, 법무법인이 어느 채권자를 소송대리하면서 동시에 다른 채권자의 사건을 수임하면 의무충돌 상황이 초래될 수 있다. 하지만 이 경우 채무자 X의 변제자력이 충분하고, 금융기관 A가 '무담보'채권의 이행에 대해 다투고 있다면, 법무법인은 다른 고객 B의 '담보권' 실행을 위한 소송대리를 수임하더라도 실질적으로는 의무충돌을 야기하지 않는다고 볼 수 있다. 고객 A의 채권 확인 혹은 실현은 고객 B의 담보권실행에 실질적인 영향을 미치지 않기 때문이다.

### (3) '공동의 이익'의 존재: 이익충돌의 완화 혹은 조각

법인과 고객의 관계에서 이익충돌이 명확한 경우에도 양 당사자 사이에 '공동의 목표' 혹은 '공동의 이익'이 존재하는 경우에는 이익충돌이 완화 혹은

---

85) 박준, 『판례 법조윤리』(2011)(이하, '박준'), 226면 참조.

조각될 수 있다.[86] 고객이 '공동의 이익' 추구를 위해 이익충돌을 감수하는 현상은 법인에만 발생하는 특유한 현상은 아니지만 본인이 법인인 경우 이론적·개념적 이익충돌 현상이 존재하기 때문에 실질적 '공동의 이익'의 발견을 통한 개념적 이익충돌의 완화 현상은 더 현저해질 수 있다. 다음의 두 가지 예를 살펴보자.

[사례 3] 부동산 매매의 매도인 A와 매수인 B 양자가 변호사 甲에게 부동산 소유권이전등기신청 업무를 위임한 경우

소유권이전등기는 물권의 취득 여부를 결정하는 매우 중요한 행위이고 매도인과 매수인은 상호 대립하는 관계에 있으므로 이를 대리하는 변호사가 쌍방을 대리하는 경우 이익충돌이 발생한다. 하지만 (ⅰ) '위임사무의 내용'과 관련해, 소유권이전등기 사무의 내용이 특별한 정보사용을 필요로 하는 사무가 아니고, 또한 (ⅱ) 매도인 혹은 매수인에 의한 '비밀정보의 제공' 가능성이 낮으므로 비밀정보 수령으로 인한 보호 필요성이 없고, (ⅲ) 양 당사자는 동일 변호사에게 등기신청사무를 위임함으로써 비용을 절감할 수 있는 '공동의 이익'이 있으므로 이러한 쌍방위임은 많이 행해진다. 이와 같은 '공동의 이익'으로 인한 이익충돌의 완화 현상은 법무법인의 경우 더욱 현저할 수 있다.[87] 다음의 사례를 보자.

[사례 4] 회사 A는 평소 법무법인 X의 변호사 甲으로부터 자문을 구하였고, 회사 B는 동일 법무법인의 변호사 乙로부터 자문을 구하였는데, 회사 A의 빌딩을 회사

86) "두 회사가 경쟁자로 인식되는지 여부 등 거래 전반의 사정에 비추어 볼 때 경업 대상 여부가 문제되는 회사가 실질적으로 이사가 속한 회사의 지점 내지 영업부문으로 운영되고 공동의 이익을 추구하는 관계에 있다면 두 회사 사이에는 서로 이익충돌의 여지가 있다고 볼 수 없고, 이사가 위와 같은 다른 회사의 주식을 인수하여 지배주주가 되려는 경우에는 상법 제397조가 정하는 바와 같은 이사회의 승인을 얻을 필요가 있다고 보기 어렵다"(대법원 2013.9.12. 선고 2011다57869판결). 이 판례에 대한 평석으로는 천경훈, "신세계 대표소송의 몇 가지 쟁점: 경업, 회사기회유용, 자기거래", 『상사법연구』, 제33권 제1호(2014), 135면; 최문희, "실권주에 관한 법적 쟁점의 검토: 최근의 판례를 소재로 하여", 『상사법연구』, 제32권 제3호(2013), 103면; 권재열, "모회사의 이사에 대한 자회사의 실권주 배정에 관련된 몇 가지 쟁점의 검토", 『선진상사법률연구』, 제65호(2014. 1), 12면; 제5장(이중기, "이익충돌의 판정기준과 법인격의 고려 여부") 참조.
87) 박준, 257면 이하.

B에게 매각함에 있어 회사 A와 회사 B가 각각 변호사 甲과 乙에게 자문을 구한 경우

이 경우 법무법인은 각각 변호사 甲과 변호사 乙을 통해 회사 A와 회사 B를 모두 자문하므로, 형식상 쌍방자문을 하게 된다. 또한 법무법인의 사용 정보의 범위를 결정함에 있어 각 변호사는 인식의 귀속 법리에 의해 자신이 아는 정보뿐만 아니라 법인이 아는 정보도 사용해야 할 의무를 지므로, 법리상 의무충돌 상황에 빠지게 된다. 하지만 이 경우 각 변호사가 자신의 고객의 이익을 위해 독립적으로 행위하는 한, (i) 위임사무의 내용이 간단하고, (ii) 비밀정보의 제공 가능성이 없고, (iii) 비용의 절감이라는 공동의 이익이 존재함을 고려하면, 법무법인의 이익충돌은 완화될 가능성이 있다.[88]

### 3. 법인의 인식 법리의 수정 가능성: '정보차단장치'의 유효성 여부

앞서 본 것처럼, 법인에 대해 인식의 귀속 법리 적용으로 인해 외견상 '거대' 법인에 대한 이익충돌이 폭발적으로 증가할 것으로 예측되지만, 실제로 인식의 귀속 법리는 (i) 기관의 인식 및 귀속 단계에서 '기관 자격'에서의 인식을 요건으로 하고, (ii) 이익충돌에 대한 판정 단계에서 객관적 판정을 요하고, 또한 (iii) '공동의 이익'이 존재하는 경우 이익충돌이 완화 혹은 조각되기 때문에 실질적으로 이익충돌을 야기하지 않은 상황에서 인식의 귀속 법리 때문에 명목적 이익충돌이 법률적 이익충돌로 인정될 가능성은 높지 않다. 하지만 거대 법인이 복수의 영업을 영위하는 경우 여전히 인식의 귀속 법리 때문에 이익충돌이 인정될 가능성은 상존한다. 이와 관련해, 거대 법인이 법인 내에서의 정보의 흐름을 실제로 차단하고 이를 입증하는 경우 인식의 귀속 법리를 수정할 수 있는가가 문제된다.

#### (1) '정보차단장치'의 개념과 운용

앞서 본 [사례 4]에서 동일 법무법인의 변호사 甲과 변호사 乙이 독립적으로 행위하는 경우, 법무법인의 이익충돌이 완화될 수 있음을 살펴보았다.

88) 박준, 259면 이하.

그런데 이 법무법인이 적극적으로 각 업무부서 간에 정보의 흐름과 인력의 교류를 차단하는 장치(소위 Chinese wall, 이하 '정보차단장치')[89]를 설정하고 각 부서를 마치 다른 법인인 것처럼 운영하는 경우, 법인법은 이러한 법인에 대해 다른 취급을 하거나 혹은 인식의 귀속 법리의 적용에 있어 수정을 가할 수 있는가? 다시 말해 법인이 부서간에 '정보차단장치'를 설정하고 운용하는 경우, 신탁법이 신탁재산을 수탁한 법인에 대해 법인의 고유계정에서의 자격 외에 수탁계정에서의 자격을 인정하고 신탁재산에 대해 독립성을 인정하듯이, 하나의 법인에 대해서 마치 수개의 자격을 갖는 법인인 것처럼 취급할 수 있는가? 혹은 정보의 인식에 대한 법리를 수정하여 어느 영업부서를 담당하는 기관 혹은 대리인의 인식을 다른 영업부서의 인식의 목적상 법인의 인식으로 귀속시키지 않을 수 있는가?

### (2) 법인에 대한 '수개의 자격'의 인정 여부

신탁법이 신탁을 인수한 법인에 대해 고유계정을 위한 자격 외에 신탁재산을 위한 수탁자 자격을 인정하고 신탁재산의 독립성을 인정하는 것은 이러한 효과를 의도한 신탁법상의 근거 조문들이 존재하기 때문이다. 수탁자 자격에 대한 근거를 이와 같이 제정법의 해석에 기해 도출한다면, '정보차단장치'를 운용하는 법인에 대해 복수 자격을 부여하고 책임재산을 분리하기 위한 근거도 제정법에 기해 도출해야 할 것이다. 따라서 '정보차단장치'를 운용하는 법인의 영업부서를 별도의 법인처럼 취급하기 위해서는 이러한 효과를 의도하는 조문이 법인의 설립근거법 등에 입법되어야 하고, 이러한 제정법적 근거 없이는 법인을 하나의 인격체로 보는 것과 다른 해석은 현행법상 인정되기 어렵다고 본다.

### (3) 기관 등의 '인식의 귀속'에 대한 차단 여부

법인에 대해 수개의 자격을 인정하고 각각의 책임재산을 인정하는 것은 법인의 설립근거법 등에 근거규정을 두어야 가능하겠지만, 기관 혹은 대리인

89) 정보차단장치의 운용 및 그 효과와 한계에 대해서는 이중기, "증권회사에 발생하는 이익충돌과 Chinese wall", 185면 이하; 제5편 제5장 III. 2. (3)(이중기, "금융기관의 충실의무와 이익충돌", 94면) 이하; 박준 246면 이하; 이상수, "차단막을 이용한 이익충돌 회피", 『법과 사회』, 제36권(2009), 215면 이하.

의 인식을 법인에 귀속시키는 것을 제한 혹은 차단하는 것은 현행법의 해석으로도 인정될 수 있다.

1) '기관'의 인식의 귀속에 대한 차단

법인법은 법인을 사람으로 의제하면서, 자연인의 두뇌에 해당하는 존재를 기관으로 상정하고, 기관의 인식을 법인의 인식으로 의제한다. 이처럼 기관 인식의 법인에의 귀속(attribution to company) 법리는 처음부터 의제적인 것이므로 '의제의 범위'를 어떻게 설정하는가에 따라 귀속되는 정보의 범위 및 귀속의 방법이 정책적으로 설정될 수 있다. 따라서 '원칙적'으로 기관의 인식은 법인의 인식으로 의제되어 귀속되지만, '예외적'으로 기관의 인식 가운데 법인의 인식으로 귀속되지 않는 정보를 설정할 수도 있다. 즉 이때 정책적으로 인식의 귀속이 필요한 범위만큼 혹은 인식의 귀속이 불필요한 범위만큼 귀속 혹은 불귀속되는 인식의 범위'를 의제적으로 정하면 된다(소위 '구심적 귀속'의 차단).[90]

마찬가지로, 법인이 다른 기관을 통해 인식한 법인의 인식을 기관의 인식으로 귀속(attribution to agent)시키는 경우에도 어느 범위에서 법인의 인식을 당해 기관의 인식으로 귀속시키는가 하는 문제가 발생한다.[91] 이 단계에서도 동일한 논리가 적용될 수 있다. 즉 법인이 기관을 통해 행위할 때 법인이 인식해야 하는 정보의 범위도 기관을 법인의 두뇌로 의제하여 정책적으로 결정하는 것이므로, 정책적으로 필요한 인식의 귀속 범위만큼 '의제의 범위'를 설정하면 된다. 즉 원칙적으로 기관은 기관 자신이 아는 정보뿐만 아니라 법인이 아는 정보 전체를 사용할 의무를 지지만, 앞서 본 것처럼 예외적으로 정책상 필요가 있다면, 법인이 어느 기관을 통해 행위할 때, 필요한 범위만큼 인식의 귀속 범위를 배제/차단할 수 있다(소위 '원심적 귀속'의 차단).

2) '대리인'의 인식의 귀속에 대한 차단

기관의 인식은 법인 '자체'의 인식으로서 논리상 법인에 '당연히' 귀속된다. 이에 비해 대리인의 인식은 법인의 인식이 아니므로 논리상 귀속되지 않

90) II. 1. 및 2. 참조.
91) II. 3. 참조.

지만, 대리법이 상대방 보호의 필요성 때문에 '정책적'으로 본인 인식으로 간주하는 방법으로 귀속된다.

이와 같이 대리법리가 대리인의 인식을 본인에 귀속시키는 것(민법 제116조 제1항) 혹은 본인의 인식을 대리인에게 귀속시키는 것(제2항)은 법인법리에 따라 '기관'의 인식을 '법인'의 인식 자체로 의제하는 것보다 더 정책적인 것이기 때문에, 대리인 인식의 귀속 법리에 대한 제한은 민법 제116조의 축소해석을 통해 가능하다고 생각된다. 즉, 예외적인 경우, 법인에 대한 조직의무[92]의 강제 필요성이 실질적으로 사라지거나 혹은 법인의 거래상대방의 보호 필요성이 실질적으로 부인되는 경우, 대리인 인식의 법인에 대한 귀속 필요성 혹은 법인 인식의 대리인에 대한 귀속 필요성은 정책적으로 그 정도가 조정될 수 있다고 본다.

3) 귀속의 차단의 예는?

하지만 아래에서 살펴보는 것처럼, 이론적 가능성에도 불구하고 지금까지 법원이 정책적 필요성에 기해 인식의 귀속 법리를 수정하여 기관 혹은 대리인의 인식의 귀속을 차단한 경우는 발견하기 어렵다(예외적으로 앞의 주 22)의 해동신용금고 사건 참조).

## 4. '정보차단장치'에 대한 법적 승인의 어려움

앞서 본 것처럼, '기관' 혹은 '대리인'에 의한 인식의 귀속 법리는 모두 정책적 필요성에 의해 고안한 의제적 혹은 간주적 귀속 방법이기 때문에 인식의 귀속을 법리적으로 차단할 정책적 필요성이 생긴다면 이들 법리는 모두 수정될 수 있다. 그렇다면 다음 단계에서 제기되는 문제는 "인식의 귀속을 제한할 정책적 필요성은 언제, 어떠한 상황에서 인정되는가?"이다. 구체적으로, 거대 금융기관 혹은 대규모 법무법인에는 인식의 귀속 법리 때문에 개념적 이익충돌이 발생할 가능성이 있고 이로 인한 잠재적 피해 가능성이 있는데, 이를 해결하기 위해 금융기관 등이 법인 내에 '정보차단장치'를 적극적으로 운용하는 경우 법원은 이러한 '정보차단장치'에 대해 인식의 귀속 법리를 수정하는 효과

---

92) 아래의 4. (1) 참조.

를 부여할 수 있는가?

### (1) 법인의 '조직의무': 내부 정보차단장치에 대한 승인의 문제점

앞서 본 것처럼, 법인은 일정한 '설립목적의 달성'을 위하여 설립되고, 통상 수인의 기관을 두거나 대리인을 통해 활동함으로써 사업에 대한 '규모의 경제'를 달성하려고 한다.93) 이러한 유인을 갖는 법인의 설립과 사업 영위에 대해 국가는 이러한 활동이 적법하고 타당한 경우 이러한 활동을 보호·지원해야 하지만, 이러한 활동이 불법·부당한 경우 이를 규제할 수 있는 적절한 규제수단을 보유해야 한다.

법인법이 법인을 규제하는 주된 방법은 법인을 '하나의 인격체'로 보아 전체 사업 활동에 대해 자율적 내부통제구조를 갖추도록 하고 이러한 '조직의무'를 위반한 경우 법인의 책임을 추궁하는 방법이다. 예를 들어, 법인이 사업의 규모를 확장해 대규모로 여러 활동을 하더라도 법인법은 당해 법인을 하나의 인격체로 보아 전체 활동의 통제를 위한 내부통제구조를 '조직'해야 할 의무와 그 위반에 대한 책임을 묻는다. 또 법인에 대해 이러한 '조직의무'와 책임을 실현하기 위해, 법인법은 법인의 각 기관 혹은 지점이 인식한 정보를 법인의 정보로 귀속시키고, 역으로 통합된 법인의 정보도 각 기관의 인식으로 귀속시킨다.94)

이러한 단일인격체에 대한 자율적 '조직의무'의 개념 및 '정보의 귀속' 법리는 법인이 사업을 거대규모로 확장하는 경우에도 그대로 적용하는 것이 바람직하다. 왜냐하면 '규모의 경제'를 달성하기 위해 법인이 사업을 확장하면 할수록 '규모의 경제'에 상응하는 책임의 주체도 존재해야 하기 때문이다. "즉 법인으로서는 자신의 부지(혹은 선의)를 주장하는 것이 상대방과의 거래에서

---

93) V. 1. (1) 참조.

94) 독일의 판례이론도 "분업화된 조직을 통하여 이익을 누리고 있는 단체는 분업화로 인하여 필연적으로 일어나는 인식의 분할을 정보로서 저장하고 이러한 정보가 단체 내에서 제대로 전달될 수 있도록 할 주의의무를 부담한다"고 한다. "즉 단체가 어떠한 법적 형태를 취하고 있든 간에 분업화된 조직을 갖고 있으면 정보를 제대로 관리하고 정보가 제대로 전달될 수 있는 조직을 갖출 일반적인 의무가 있"고, "이러한 주의의무를 다하지 않으면 해당 부서 내지 담당기관이 이를 모른다고 하더라도 전체 조직적 차원에서 해당 단체가 필요한 정보를 제대로 관리하지 못하였다는 이유로 인식한 것으로 볼 수 있다"고 한다(이병준, 112면).

유리한 경우가 많기 때문에, 가능한 한 '기억상실'[95]을 유도하는 구조를 취할 유인을 갖는데, [법인법이] 이에 대해 Chinese wall을 통한 기억상실을 법리적으로 승인하게 되면, 법인의 활동에 대한 규제는 사실상 불가능하게" 되기 때문이다.[96] 결론적으로, 기관 인식의 귀속 법리에 의해 내부정보 전체에 대한 법인의 인식/악의가 간주되어야만 법인은 법인 내의 모든 정보를 효율적으로 통제·관리할 유인을 갖게 된다. 만약 기관 인식의 귀속 법리가 정보차단장치의 운용에 의해 수정될 수 있다면, 법인은 정보차단장치의 운용을 통해 그때그때 필요한 법인의 부지 혹은 선의를 작출할 큰 유인을 갖게 되고, 이에 따라 법인 정보 전체의 효율적 정보관리체계를 구축하고 유지할 유인은 사라지게 된다.[97]

이러한 관점에서 보면, 거대 금융기관 혹은 대규모 법무법인에서 인식의 귀속 법리 때문에 개념적 이익충돌이 발생할 가능성이 있고 이로 인한 잠재적 피해 가능성이 있다고 하더라도, 이를 해결하기 위해 인식의 귀속 법리를 '수정'할 필요는 없다. 이러한 잠재적 피해 가능성을 해결하기 위해 필요한 조치는 인식의 귀속 법리를 '수정'하는 것이 아니라 인식의 귀속을 '실질적', '객관적'으로 판정하는 것이다. 기관 혹은 대리인을 사용해 사업을 확대하는 법인이 문제된 이익충돌이 단순히 개념적인 것이라고 주장하는 경우, 법원은 피고 법인으로 하여금 실질적 이익충돌이 존재하지 않는다는 것을 입증할 수 있는 기회를 주어야 하고, (i) 기관의 인식 단계, (ii) 인식의 귀속 단계 및 (ii) 이익충돌의 판정 단계에서 문제의 이익충돌이 개념적인 것인지 혹은 법률적인 것인지를 '공동의 이익' 등을 살펴봄으로써 객관적으로 판정해야 한다.[98]

### (2) 자본시장법에 의한 '정보차단장치'의 운용과 그 효과: 방어방법?

자본시장법은 금융투자업자에 대하여 '정보차단장치'의 운용을 강제한다.[99] 이와 같이 규제법규가 법인에 대해 '정보차단장치'의 운용을 강제하는

95) 법인의 기억상실 혹은 부지에 대해서는 이중기, "증권회사에 발생하는 이익충돌과 Chinese wall", 150-151면.
96) 제5편 제5장 III. 2. (3) 3) (가)(이중기, "금융기관의 충실의무와 이익충돌", 98면).
97) 위의 논문, 98면.
98) 앞의 V. 2. 참조.
99) 동법 제45조(정보교류의 차단) ① 금융투자업자는 그 영위하는 금융투자업(고유재산

경우 '정보차단장치'의 효과를 다르게 볼 가능성이 생기는가? 즉 규제법규 때문에 법인 내에 정보차단장치가 운용되는 경우, 이러한 강제적 운용에 대해 법인법은 인식의 귀속 법리를 수정 적용할 수 있는가? 법인 내에 '정보차단장치'가 계획대로 운영되는 경우 정보차단장치는 정보의 흐름과 인력의 교류를 실질적으로 차단하는 효과를 갖는다. 따라서 정보차단장치가 실질적으로 정보의 교류를 차단하는 한도에서 직원의 인식을 실제 차단하기 때문에 실질적 이익충돌을 방지하는 효과가 있다.

하지만 이러한 효과가 생기는 것만으로 '정보차단장치'의 운용에 대해 인식의 귀속 법리의 차단 효과를 부여할 필요는 없다. 자본시장법이 금융투자업자에 대해 '정보차단장치'의 설정을 의무화하는 이유는 충돌하는 금융투자업무부서 사이에 실질적인 정보의 교류를 사전금지함으로써 정보유용을 사전에 회피하기 위한 것이지 금융투자업자에 대해 '기억상실'을 통한 면책을 주기 위한 것은 아니기 때문이다. 특히 정보차단장치는 '실무부서 차원'에서의 정보교류를 차단할 뿐이고, 정보차단장치를 관리·감독하는 준법감시인이나 고위급 임원들은 '차단장치 위'에서 회사의 정보 전부에 대해 접근할 수 있다[100]는 점을 고려하면 인식의 귀속 법리를 수정할 이유는 없다.

---

운용업무를 포함한다. 이하 이 조에서 같다) 간에 이해상충이 발생할 가능성이 큰 경우로서 대통령령으로 정하는 경우에는 다음 각 호의 어느 하나에 해당하는 행위를 하여서는 아니 된다.

1. 금융투자상품의 매매에 관한 정보, 그 밖에 대통령령으로 정하는 정보를 제공하는 행위
2. 임원(대표이사, 감사 및 사외이사가 아닌 감사위원회의 위원을 제외한다) 및 직원을 겸직하게 하는 행위
3. 사무공간 또는 전산설비를 대통령령으로 정하는 방법으로 공동으로 이용하는 행위
4. 그 밖에 이해상충이 발생할 가능성이 있는 행위로서 대통령령으로 정하는 행위

② 금융투자업자는 금융투자업의 영위와 관련하여 계열회사, 그 밖에 대통령령으로 정하는 회사와 이해상충이 발생할 가능성이 큰 경우로서 대통령령으로 정하는 경우에는 다음 각 호의 어느 하나에 해당하는 행위를 하여서는 아니 된다.

1. 금융투자상품의 매매에 관한 정보, 그 밖에 대통령령으로 정하는 정보를 제공하는 행위
2. 임원(비상근감사를 제외한다) 및 직원을 겸직하게 하거나 파견하여 근무하게 하는 행위
3. 사무공간 또는 전산설비를 대통령령으로 정하는 방법으로 공동으로 이용하는 행위
4. 그 밖에 이해상충이 발생할 가능성이 있는 행위로서 대통령령으로 정하는 행위

100) 이중기, "증권회사에 발생하는 이익충돌과 Chinese wall", 190-191면 참조.

결론적으로, 자본시장법과 같이 규제법규가 '정보차단장치'의 운용을 강제하는 경우에도 법인의 인식을 귀속 법리에 의해 확정할 필요성은 변함이 없고 '정보차단장치'의 운용에 대해 인식의 귀속 법리를 수정하는 효과를 줄 필요는 없다. 즉 법인이 기관 혹은 대리인을 사용해 사업의 효율성을 확대하는 경우, 규모의 경제에 따른 이익이 존재하고 그에 따른 인식의 확장 기타 책임도 부담해야 한다. 만약 이익충돌이 단순히 개념적인 것이라면 법인이 그것이 개념적인 이익충돌에 불과하다는 것을 입증해야 한다. 물론, 정보차단장치는 실질적으로 교류를 차단하는 효과가 있고 그 한도에서 직원의 인식을 실제 차단하기 때문에, 이익충돌의 객관적 판정단계에서 '정보의 실질적 차단'을 입증하는 수단으로 활용될 수는 있다.[101] 즉, 원고가 문제의 이익충돌이 실질적 이익충돌이 아니라 단순히 이론적·개념적 이익충돌이라는 것을 주장하는 데 도움은 될 수 있다.

## 5. 법인에서의 이익충돌의 해소 방법: 공시와 승인

### (1) '이익충돌'의 공시와 승인

그런데 법인이 이익충돌이 단순히 개념적이라거나 실질적 이익충돌이 없다는 것을 주장하는 방법은 인식의 귀속 법리를 통해 이익충돌에 빠진 법인이 '사후적'으로 충실의무 위반 책임으로부터 벗어나기 위한 조치이고, 처음부터 이익충돌의 발생을 방지하는 방법은 아니다. 그렇다면 법인에 대해서는 인식의 귀속으로 인한 이익충돌 가능성으로부터 '사전적'으로 벗어날 수 있는 방법은 없는 것인가? 그렇지는 않다. 법인은 이익충돌의 가능성을 사전에 고객에 대해 공시하고 이익충돌 사실에 대한 승인을 받으면 이익충돌로 인한 의무와 책임으로부터 벗어날 수 있다. 이익충돌에 관해 가장 상세한 규정을 두고 있는 신탁법은 명시적으로 이익충돌행위에 대한 공시와 승인의 방법을 인정한다.[102]

---

101) 앞의 V. 2. (2) 참조.

102) 동법 제34조(이익에 반하는 행위의 금지) ① 수탁자는 누구의 명의(名義)로도 다음 각 호의 행위를 하지 못한다.

1. 신탁재산을 고유재산으로 하거나 신탁재산에 관한 권리를 고유재산에 귀속시키는 행위

이익충돌회피의무 등은 충실의무법이 본인의 기대이익을 보호하기 위해 후견적 차원에서 충실의무자에게 부과하는 것이므로, 보호 목적인 본인이 자신의 기대이익을 스스로 결정할 수 있는 경우에는 법원이 후견적으로 관여할 정당성은 낮아진다. 그 결과, 본인이 법인 충실의무자로부터 '구체적' 이익충돌 상황을 통지받아 '충분히 숙지'한 상태에서 그에 대해 '적절한 방식'으로 이익충돌을 승인한 경우, 본인은 법인 충실의무자의 이익추구행위에 대해 충실의무 위반을 주장할 수 없게 된다.[103]

(2) '정보차단장치'의 공시와 승인

법인이 충돌하는 이익에 대해 고객에게 공시하고 이익충돌상황에 대해 승인을 받을 수 있는 것처럼, 법인이 법인 내에 운용하는 '정보차단장치'에 대해 공시하고, 인식의 귀속 범위를 정보차단장치에 의해 제한하기로 합의하는 것도 가능하다. 이 경우 '정보차단장치'는 당사자의 '합의'에 따라 인식의 귀속 범위를 제한하는 효력을 갖게 된다. 물론, '정보차단장치'가 부실하게 운용된 경우에는 차단장치 자체의 효력이 부인되므로 인식의 귀속 범위를 차단하는 효력은 부정된다. 예를 들어, 정보차단장치를 설정하더라도 차단벽이 무너져 부서간에 정보가 유통된 경우 정보차단장치의 효력은 부정된다. 마찬가지로 회사내 모든 정보에 대해 접근 가능한 대표이사나 고위임원 및 정보차단장치 관리·감독자인 준법감시인에 대해서는 인식의 귀속 법리가 적용되고 정보차

---

2. 고유재산을 신탁재산으로 하거나 고유재산에 관한 권리를 신탁재산에 귀속시키는 행위
3. 여러 개의 신탁을 인수한 경우 하나의 신탁재산 또는 그에 관한 권리를 다른 신탁의 신탁재산에 귀속시키는 행위
4. 제3자의 신탁재산에 대한 행위에서 제3자를 대리하는 행위
5. 그 밖에 수익자의 이익에 반하는 행위

② 제1항에도 불구하고 수탁자는 다음 각 호의 어느 하나에 해당하는 경우 제1항 각 호의 행위를 할 수 있다. 다만, 제3호의 경우 수탁자는 법원에 허가를 신청함과 동시에 수익자에게 그 사실을 통지하여야 한다.
1. 신탁행위로 허용한 경우
2. 수익자에게 그 행위에 관련된 사실을 고지하고 수익자의 승인을 받은 경우
3. 법원의 허가를 받은 경우

103) 공시의 적절성, 승인의 적절성 등에 대한 논의로는 제5편 제5장 III. 3. (3) 1)(이중기, "금융기관의 충실의무와 이익충돌", 107면) 이하; 이중기, "증권회사에 발생하는 이익충돌과 Chinese wall", 160면 이하 참조.

단장치의 효력은 인정되지 않는다.

## Ⅵ. 정리의 말: 이익충돌에 대한 '정보차단장치'의 효과

자연인이 처한 어떤 상태가 이익이 충돌한 상황인지 혹은 자연인의 어떤 행위가 이익충돌을 야기하는 행위인지 여부에 대한 판정은 실질적 이익충돌의 초래 가능성의 존재 여부에 의해 객관적으로 결정되어야 하고, 수임인의 의도나 거래의 사후적 결과 여부는 고려되지 않는다.

동일한 원칙은 자연인뿐만 아니라 법인에 대해서도 동일하게 적용되고, 법인이 이익충돌 상황에 처했는지는 객관적으로 판정된다. 그런데 법인 가운데 거대 금융기관 혹은 대규모 법무법인의 경우, 인식의 귀속 법리 때문에 개념적인 이익충돌이 발생할 가능성이 있고 이로 인한 잠재적 피해 가능성이 생기기 때문에 이를 해결하기 위해 인식의 귀속 법리를 '수정'할 필요성이 생기는가 여부가 문제된다. 만약 '정보차단장치'에 대해 인식의 귀속에 대한 방어방법으로서의 효력을 부여해 기관 인식의 귀속 법리를 정보차단장치의 운용에 의해 수정할 수 있다면, 법인은 정보차단장치의 운용을 통해 그때 그때 필요한 법인의 부지 혹은 선의를 작출할 큰 유인을 갖게 되고, 이에 따라 법인 정보 전체에 대한 효율적 관리체계를 구축할 유인은 사라지게 된다.

결론적으로, 기관 혹은 대리인을 사용하여 사업의 효율성을 확대하는 법인은 그에 따른 인식의 확장에 따른 책임을 부담해야 하고, 만약 인식의 귀속 법리에 따른 이익충돌이 단순히 개념적인 것이라면 법인이 그것이 개념적인 이익충돌에 불과하다는 것을 입증해야 한다.

## [참고문헌]

곽윤직 · 손지열, 『민법주해(iii)』, 2010.

곽윤직 · 이주흥, 『민법주해(XVIII)』, 2005.

권재열, "모회사의 이사에 대한 자회사의 실권주 배정에 관련된 몇 가지 쟁점의 검토", 『선진상사법률연구』, 제65호(2014. 1).

김건식, 『회사법연구 I』, 2010.

김연미, "유동화회사의 인식의 귀속문제", 『상사법연구』, 제32권 제4호(2014).

김재형, "사용자책임에서의 사무집행관련성(1)", 『법조』, 제44권 제6호(1995).

김제완, "이익의 충돌에 의한 수임제한과 변호사의 윤리", 『인권과 정의』, 제330호(2004. 2).

박 준, 『판례 법조윤리』, 2011.

송옥렬, 『상법강의(제3판)』, 2013.

송호영, 『법인론』, 2013.

______, "법인의 대표자가 자신이 대표하는 법인에 대해서 불법행위를 한 경우에 법인의 인식여부", 『저스티스』, 통권 제82호(2004).

______, "법인의 불법행위책임에 관한 소고－민법 제35조의 해석론을 중심으로", 『한양대 법학논총』, 제25권 제4호(2008).

______, "법인의 활동과 귀속의 문제 － 법인본질론쟁의 극복을 위한 하나의 시론", 『민사법학』, 제31호(2006).

______, "이른바 "인식의 귀속"에 관하여", 『비교사법』, 제8권 제1호(상)(2001).

이병준, "법인에 있어서의 인식의 귀속과 인식의 책임", 『외법논집』, 제35권 제2호(2011).

이상수, "차단막을 이용한 이익충돌 회피", 『법과 사회』, 제36권(2009).

이중기, 『공익신탁과 공익재단의 특징과 규제』, 2014.

______, "금융기관의 충실의무와 이익충돌, 그 해소방안", 『증권법연구』, 제7권 제2호(2006).

______, "법무법인에 발생하는 이익충돌과 충실의무: '준수탁자'로서의 법무법인", 『홍익법학』, 제14권 제4호(2013).

______, "신의칙과 위임법리에의 접목을 통한 충실의무법리의 확대와 발전", 『홍익법학』, 제12권 제2호(2011).

______, "신탁법에 기초한 영미 충실의무법리의 계수와 발전", 『홍익법학』, 제12권 제1호(2011).

______, "신탁에서의 이익향유금지의 원칙과 이익반환책임", 『홍익법학』, 제8권 제2호

(2007).

______, “이익충돌의 판정기준과 ‘법인격’의 고려여부, 회사기회 유용법리와 회사법상 충실의무법리의 전개”, 『민사판례연구(XXXVII)』, 2015.

______, “증권회사에 발생하는 이익충돌과 정보유용의 문제: 공시와 승인, 상관습, 면책약관, Chinese Wall의 적용”, 『한림법학 Forum』, 제6권(1997).

이진만, “불법행위의 피해자인 법인의 법률상 대리인이 법인에 대한 관계에서 배임적 대리행위를 하는 경우, 그 법률상 대리인의 인식(악의)을 법인에게 귀속시킬 수 있는지 여부”, 『대법원판례해설』, 제57호(2006).

이태영, “변호사의 이익충돌회피의무 – 현재 외뢰인 사이의 이익충돌을 중심으로”, 『법조』, 제61권 제9호(2012).

천경훈, “회사기회의 법리에 관한 연구”, 서울대학교 박사학위논문(2012).

______, “신세계 대표소송의 몇 가지 쟁점: 경업, 회사기회유용, 자기거래”, 『상사법연구』, 제33권 제1호(2014).

최문희, “실권주에 관한 법적 쟁점의 검토 : 최근의 판례를 소재로 하여”, 『상사법연구』, 제32권 제3호(2013).

한기정, 『보험자의 정보보유와 보험계약자의 고지의무』, 1999.

Law Commission Consultation Paper No. 124, *Fiduciary Duties and Regulatory Rules*(1992).

Flannigan, “The Fiduciary Obligation” [1989] 9 *OJLS* 285.

# 제 5 편

# 충실의무자: 분류와 유형

# 목 차

제 1 장 충실의무자의 분류방법과 준수탁자 유형
Ⅰ. 충실의무자의 분류방법
Ⅱ. '지위'에 기한 충실의무자의 분류방법: 수탁자와 준수탁자
Ⅲ. 준수탁자 유형 Ⅰ: '신탁 외의 방법'으로 재산명의를 이전받은 자
Ⅳ. 준수탁자 유형 Ⅱ: 명의를 이전받지 않지만 '법정'처분권한을 갖는 자
Ⅴ. 준수탁자 유형 Ⅲ: 타인재산의 처분재량을 수권받거나 영향력을 행사하는 자
Ⅵ. 준수탁자 유형 Ⅳ: 비재산적 관계에서 재량을 수권받거나 영향력을 행사하는 자
Ⅶ. 준수탁자가 부담하는 구체적 충실의무의 내용과 그 위반에 대한 구제수단
제 2 장 충실의무자의 기본유형: 수탁자
Ⅰ. 수탁자가 존재하는 법률관계: '신탁관계'와 '신탁을 채용한 조직관계'
Ⅱ. 투자신탁 수탁자의 이익충돌적 지위와 충실의무
Ⅲ. 퇴직연금신탁 수탁자의 이익충돌적 지위와 충실의무
제 3 장 준수탁자 Ⅰ: 주식회사 이사
Ⅱ. 회사법에서의 충실의무법리 도입의 정당화
Ⅲ. 회사법상 충실의무법리의 전개
Ⅳ. 정리의 말
제 4 장 준수탁자 Ⅱ: 변호사, 법무법인
Ⅲ. 법무법인에 발생하는 이익충돌과 충실의무
Ⅳ. 법무법인의 충실의무 위반에 대한 효과, 구제수단: 준수탁자로서의 법무법인
Ⅴ. 정리의 말
제 5 장 준수탁자 Ⅲ: 금융기관
Ⅰ. 금융기관의 충실의무자적 지위
Ⅱ. 금융기관에서의 이익충돌
Ⅲ. 금융기관에 발생하는 이익충돌의 해소방안
Ⅳ. 금융기관의 충실의무 위반에 대한 구제수단
제 6 장 준수탁자 Ⅳ: 투자신탁운용사
Ⅳ. 시사점 및 제도 발전전략
제 7 장 준수탁자 Ⅴ: 지배주주
Ⅰ. 머리말: 지배권 프리미엄의 적정성과 통제방법
Ⅴ. 과도한 지배권 프리미엄에 대한 사후적 통제장치
Ⅵ. '이사회 결의의 공정성 심사'와 '지배주주의 충실의무'
Ⅶ. 지배권 프리미엄의 할인: 상호보유, 순환출자의 경우
Ⅷ. 정리의 말
제 8 장 준수탁자 Ⅵ: 국민연금공단
Ⅲ. 국민연금기금의 성질과 연금수급권의 성질

# 제 1 장 충실의무자의 분류방법과 준수탁자 유형

## Ⅰ. 충실의무자의 분류방법

### 1. 지위에 기한 충실의무자 v. 사실관계에 기한 충실의무자[1)]

영국에서 충실의무자는 크게 '지위에 기한 충실의무자'(status-based fiduciaries)와 '사실관계에 기한 충실의무자'(fact-based fiduciaries)로 구분되는데, 전자는 수탁자·이사·변호사·의사·자문인 등과 같이 '본인의 이익을 최대한 도모할 것'이라는 신뢰가 그 지위나 직무에 대해 발생하는 충실의무자를 의미하고, 후자는 본인의 이익을 도모할 것이라는 신뢰가 구체적 사실관계에 기하여 발생한 충실의무자를 의미한다.[2)] 우리 충실의무법에서도 이러한 분류가 적용될 수 있다. 이와 같이 모든 충실의무자는 아니지만, 지위나 직무에 대한 신뢰에 기해 충실의무자로 지정되는 '지위'에 기한 충실의무자 유형을 발견할 수 있고, 이 때 신뢰를 받는 '지위나 직무'는 충실의무의 도출을 촉진하는 적극적 역할을 한다.

### 2. '지위'나 '직무'에 대한 신뢰로부터 충실의무가 기대되는 경우

신탁법 제2조에 규정된 수탁자에 대한 특별한 '신임'은 수탁자 개인에 대

1) 이 부분은 제1편 제4장 III. 1. (3) 및 (2) (『홍익법학』, 제12권 제2호(2011), 316-317면)을 수정·인용한 것이다.
2) 제5장 I. 4. (1)의 예 참조; Law Commission CP No. 124, *Fiduciary Duties and Regulatory Rules*(1992), p.28; Flannigan, "The Fiduciary Obligation", [1989] 9 *O.J.L.S.* 285 참조.

한 신임이 아니라 수탁자지위에 대한 직무의 신임으로 볼 수 있다.[3] 수탁자지위에 대한 신임으로부터 수탁자의 충실의무가 인정될 수 있다면, 다른 지위나 직무에 대한 신임, 예를 들어 수임인 지위나 직무에 대한 신임으로부터도 충실의무가 도출될 수 있다. 위임인은 '수임인의 직무능력'에 대한 신뢰와 신임으로부터 수임인이 '본인의 이익을 최대한 도모할 것'이라는데 대한 기대를 갖게 되고, 이러한 기대는 항상 그런 것은 아니지만 많은 경우 정당화될 수 있다: 수임인이 자신의 능력을 발휘해 위임인에게 이익이 되도록 사무를 처리해야 하는 것이 자신의 선관주의를 다하는 것이 되기 때문이다. 또 프랑스 민법 제496조 제2항은 "후견인은 대리행위에 있어서 오로지 피후견인의 이익만을 위하여 신중하며 정성스럽고 사려깊은 주의를 하여야 한다"고 규정하고 있는데, 충실의무와 유사한 이 의무도 후견인이라는 직무에 기해 도출된다고 볼 수 있다. 이와 같이 모든 위임관계는 아니지만, 적어도 '위임인의 이익을 최대한 도모할 것'이라는데 대한 기대가 정당한 상황(예를 들어, 영업적 위임관계, 대리권이 수여된 위임관계, 혹은 계속적 위임관계 등)[4]이라면, 이러한 위임관계에 대해서는 직무에 대한 신뢰로부터 선관의무뿐만 아니라 '위임인의 이익을 우선'할 충실의무가 부과될 수 있고, 따라서 충실의무법리가 작동할 수 있다고 본다.

### 3. '사실관계'에 기한 신뢰로부터 충실의무가 기대되는 경우[5]

마찬가지로, 구체적 사실관계에 기한 신뢰로부터 충실의무자가 본인의 이익을 도모할 것이라는 기대가 정당화되는 경우도 있다. 예를 들어, 몸이 불편한 노인이 지나가는 이웃의 청년에게 현금을 주면서 가게에서 물건을 사달라고 심부름을 시켰다고 하자. 충실의무법은 노인의 이웃 청년에 대한 신뢰를 바탕으로 노인과 청년의 관계를 충실의무관계로 볼 수 있고, 노인의 청년에 대한 신뢰를 보호하기 위해 청년에게 본연의 의무인 심부름을 이행할 의무 외에 현금을 자기를 위해 이용하지 않을 금지적 충실의무(이익향유금지의무)를 부

3) 이중기, 『신탁법』, 128면.
4) 제1편 제4장 V. 2. (1) 2)와 3) 참조.
5) 이 부분은 제2편 제1장 II. 4. (2) 1) (『홍익법학』, 제16권 제4호(2015), 344면)을 수정·인용한 것이다.

과할 수 있다.[6)]

## Ⅱ. '지위'에 기한 충실의무자의 분류방법: 수탁자와 준수탁자

'지위'에 기한 충실의무자는 수탁자와 준수탁자로 분류할 수 있다. '지위'에 대한 신뢰로부터 충실의무가 기대되는 가장 대표적인 충실의무자는 신탁관계의 수탁자인데, 수탁자는 타인의 재산을 자기명의로 이전받고 그 재산에 대해 완전한 처분권을 보유하지만, 그 신탁재산은 자신을 위해 보유하는 것이 아니라 수익자를 위해 보유한다. 따라서 수익자는 수탁자에 대해 수익자의 이익을 우선할 충실의무를 기대하고, 이러한 기대는 정당화된다. 또한 이러한 기대로부터 충실의무의 위반에 대한 원상회복청구, 손해배상청구 및 이득반환청구는 정당화된다.

그런데, 수탁자지위 외에도 신뢰와 신임에 기해 재산의 처분권이 부여되고 재량의 수권이 이루어지는 다른 유사한 '지위'도 존재한다. 따라서 이러한 '지위'에 대해서도 그 지위 또는 직무에 대한 신뢰관계가 형성될 수 있고, 이들에 대해서는 수탁자에 준하는 충실의무자 지위를 인정할 수 있다. 이러한 자들을 '수탁자에 준하는 자', 즉 준수탁자라고 하고, 이러한 '준수탁자'에 대해서는 수탁자에 준하는 충실의무를 부과할 수 있다. 준수탁자의 유형은 다음과

6) "Fiduciary relations are of many different types; they extend from the relation of myself to an errand boy who is bound to bring me back my change up to the most intimate and confidential relations which can possibly exist between one party and another where the one is wholly in the hands of the other because of his infinite trust in him. All these are cases of fiduciary relations, and the Courts have again and again, in cases where there has been a fiduciary relation, interfered and set aside acts which, between persons in a wholly independent position, would have been perfectly valid. Thereupon in some minds there arises the idea that if there is any fiduciary relation whatever any of these types of interference is warranted by it. They conclude that every kind of fiduciary relation justifies every kind of interference. Of course that is absurd. The nature of the fiduciary relation must be such that it justifies the interference. There is no class of case in which one ought more carefully to bear in mind the facts of the case, when on reads the judgment of the Court on those facts, than cases which relate to fiduciary and confidential relations and the action of the Court with regard to them." per Fletcher−Moulton LJ in Re Coomber [1911] 1 Ch. 723, 728-9.

같이 분류할 수 있다.[7)]

(ⅰ) '신탁 외의 방법'으로 재산을 이전받은 자
(ⅱ) 수탁/이전받은 것은 아니지만 재산에 대해 '법정'처분권한을 갖는 자
(ⅲ) 타인재산의 처분재량을 수권받거나 영향력을 행사하는 자
(ⅳ) 비재산적 관계에서 재량을 수권받거나 영향력을 행사하는 자

## Ⅲ. 준수탁자 유형 Ⅰ: '신탁 외의 방법'으로 재산명의를 이전받은 자

준수탁자의 첫 번째 유형은 '신탁 외의 방법'으로 타인재산의 명의를 이전받는 자이다. 이러한 지위에 있는 자는 신탁의 방법은 아니지만 신뢰와 신임에 기해 재산의 처분권을 보유하게 되고 재량을 수권받기 때문에, 이러한 '지위'에 대해서는 수탁자에 준한 충실의무자 지위를 인정할 수 있고, 따라서 수탁자에 준하는 충실의무를 부과할 수 있다.[8)]

### 1. 위탁매매인의 충실의무자 지위

위탁매매인은 위탁인으로부터 매수의 위탁을 받으면서 금전을 수령하거나 혹은 매도의 위탁을 받으면서 물건을 수령한다. 그런데, 위탁매매의 원활한 진행을 위해 위탁된 금전이나 물건은 상대방 보호를 위해 '대외적 관계'에서 위탁매매인의 물건으로 간주된다. 그 결과, 위탁매매인은 "매매로 인하여 상대방에 대하여 직접 권리를 취득하거나 의무를 부담"하게 된다(상법 제102조).

그런데, 대외적 관계에서 '상대방 보호' 필요성 때문에 위탁 금전 혹은 물건을 위탁매매인의 것으로 간주하는 조치를 취한 결과, 대내적인 '위탁인과의 관계'에서 위탁자 보호 필요성이 증대된다. 따라서 충실의무법은 위탁된 금전 혹은 물건의 매매와 관련해 대내적 관계에서 신뢰와 신임의 지위에 있게 된 위탁매매인에 대해 위탁자 보호를 위한 충실의무를 부과한다.

7) 준수탁자 개념에 대해서는 제1편 제5장(『홍익법학』, 제14권 제4호(2013)) 참조.
8) 제1편 제5장 II. 5 (2) 1) (『홍익법학』, 제14권 제4호(2013), 471면) 참조.

위탁매매의 차액을 위탁인의 이익으로 간주하는 상법 제106조로부터 위탁매매인은 위탁재산 혹은 위탁거래로부터 어떠한 이익을 얻는 것도 금지된다고 유추해석할 수 있는데, 이러한 규정들의 기초에는 충실의무법적 사고가 전제되어 있다(제5장 I. 3. (2)).

## 2. 익명조합 영업자의 충실의무자 지위

익명조합관계에서도 영업자가 익명조합원으로부터 출자를 받을 때, 상대방 보호를 위하여 대외적 관계에서 익명조합원의 출자재산은 영업자의 재산으로 간주된다. 즉 익명조합원이 영업을 위하여 영업자에 출자한 금전 기타의 재산은 대외적인 관계에서 영업자의 재산으로 보기 때문에(상법 제79조), 익명조합원은 영업자의 대외적인 행위에 관하여 제3자에 대해 권리나 의무가 없다(제80조).

이 때에도, 대외적 관계에서 상대방 보호 필요성 때문에 출자재산을 영업자재산으로 간주하는 조치를 취한 결과, 대내적 관계에서 익명조합원의 보호 필요성이 증대된다. 따라서 출자재산의 운영과 관련해 신뢰와 신임의 지위에 있게 된 영업자에 대해 충실의무법은 익명조합원의 보호를 위해 충실의무를 부과한다.

## 3. 명의신탁 수탁자의 충실의무자 지위

명의신탁의 수탁자에 대해서도 동일한 설명이 가능하다. 즉 명의신탁의 수탁자는 신탁의 수탁자와 마찬가지로 대외적 관계에서 제3자의 보호를 위해 자기재산과 동일한 권한을 갖는다. 그런데, 명의신탁 수탁자에 대해 상대방보호 필요성 때문에 신탁재산 소유자를 명의수탁자인 것으로 간주한 결과, 대내적인 관계에서 명의신탁자의 보호 필요성이 증대한다. 따라서 대내적 관계에서 신뢰와 신임의 지위에 있게 된 명의신탁 수탁자에 대해서 위탁자 보호를 위한 충실의무 부과가 정당화된다

## Ⅳ. 준수탁자 유형 Ⅱ: 명의를 이전받지 않지만 '법정'처분권한을 갖는 자

타인의 재산에 대한 명의를 넘겨받지 않으나, 타인의 재산에 대한 소송당사자가 되는 등 독자적으로 타인재산에 대한 법정처분권한을 보유하는 자들도 이러한 재산의 관리·처분 등과 관련해 이익충돌적 지위에 있게 된다. 따라서 이들에 대해서도 수탁자에 준하는 충실의무자 지위를 인정할 필요성이 동일하게 발생한다. 이와 같이 명의를 이전받지 않지만, 법률의 규정에 의해 법정처분권한을 갖는 자도 준수탁자의 한 유형으로 볼 수 있다.[9] 이러한 준수탁자에는 (ⅰ) 법인, 조합, 투자신탁 등과 같은 조직의 기관, (ⅱ) 영업점포의 지배인 기타 상업사용인, (ⅱ) 법률에 의해 목적재산의 처분권한을 수권받은 법정재산관리인 등도 포함된다.

### 1. 법인 이사의 충실의무자 지위

#### (1) 이사의 충실의무자 지위

민법상 비영리법인의 이사, 상법상 회사의 이사, 공익법인법상 공익법인의 이사는 직접 법인, 회사 혹은 공익법인의 재산에 대한 명의를 넘겨받지는 않는다. 하지만, 이러한 이사들은 민법, 회사법 혹은 공익법인법의 규정에 따라 법인, 회사 혹은 공익법인의 재산에 대하여 법정된 관리권 및 처분권한을 보유한다. 따라서 이러한 이사들도 법인 혹은 회사 재산의 관리·처분과 관련하여 법인 혹은 회사에 대해 수탁자에 준하는 자로서 충실의무를 부담한다.

#### (2) 이사에 대한 신탁충실의무법의 병렬적·보충적 적용

어떤 충실의무자와 관련해 충실의무 특칙이 존재하는 경우 그 특칙이 강행규정이면 이들 규정이 신탁충실의무법보다 우선적용되어야 하고, 이 특칙이 적용되는 한도에서 이들 규정과 저촉되는 신탁충실의무법의 적용은 배제된다.[10] 반면에 해당 충실의무법령이 규정한 특칙이 임의규정으로 해석될 수 있는 경우 이러한 특칙들은 배타적으로 적용될 필요는 없고 신탁충실의무법이

9) 제1편 제5장 II. 5. (2) 2) (『홍익법학』, 제14권 제4호(2013), 472면) 참조.
10) 제1편 제5장 II. 6. (3) 1) (『홍익법학』, 제14권 제4호(2013), 476면) 참조.

병열적으로 적용될 수 있다.[11)]

주식회사 이사와 관련해 규정된 충실의무 특칙에 대해서도 이러한 해석 원칙이 적용될 수 있다. 따라서 회사법상 충실의무 특칙이 강행규정으로 해석되지 않는 한에서 신탁충실의무법이 보충적으로 적용될 수 있다. 예를 들어, 이사와 관련해 규정된 충실의무 특칙인 경업금지에 대해서도 이러한 해석이 가능하다. 경업금지는 강행규정으로 볼 수 없으므로, 그 위반에 대해서는 제397조 외에 신탁충실의무법이 보충적으로 적용될 수 있다.

마찬가지로, 충실의무의 해소와 관련된 사적자치에 대해서도 동일한 설명이 가능하다. 회사법에 이사의 충실의무 해소에 대한 특칙규정이 규정되지 않은 한에서 수탁자의 충실의무 해소방법을 규정한 신탁충실의무법상의 공시와 승인방법 등이 회사 이사의 충실의무 해소에 대해서 적용될 수 있다.[12)]

### (3) 주식회사 이사

☞ 제3장 준수탁자 Ⅰ: 주식회사 이사

## 2. 조합원의 충실의무자 지위

동업을 하는 조합관계의 조합원도 조합재산에 대한 명의를 넘겨받지 않지만 조합법에 따라 조합재산에 대한 관리·처분권한을 가진다. 즉 조합원은 조합이라는 '조직'의 기관[13)]으로 볼 수 있고, 이들 조합원에 대해서도 조합 및 다른 조합원에 대한 충실의무자 지위를 인정할 필요가 있다. 이 경우 이들 조합원은 수탁자에 준하는 자로서 조합 및 다른 조합원에 대해 충실의무를 부담한다.

---

11) 제1편 제5장 II. 6. (3) 2) (『홍익법학』, 제14권 제4호(2013), 476면) 참조.

12) 제3편 제2장 IV. 4. (2) (이중기, "이사의 충실의무에 대한 사적자치", 1318면 이하) 참조.

13) "조합에서도 재산의 분리와 통합이 일어나고 지분과 기관의 개념이 통합재산으로부터 도출될 수 있으므로, 조합의 재산분리와 통합 기능은 법인의 재산분리와 통합 기능과 본질적인 차이는 없다"(이중기, "조직법의 역할", 『홍익법학』, 제16권 제1호(2015), 611면). 단, 조합에서는 재산의 분리와 통합의 연결점(nexus for asset partitioning and pooling)인 인격이 별도로 존재하지 않기 때문에, 조합재산은 출자자의 합유로 되지만 조합원으로부터 완전히 분리되는 것이 아니고, 또 조합원의 재산이 조합의 채권자로부터 완전히 방어되는 것은 아니다(이중기, "조직법의 물권법적, 계약법적 기초, 고유한 특징과 기여", 『홍익법학』, 제17권 제1호(2016), 539면).

## 3. 투자신탁 운용자의 충실의무자 지위

☞ 제6장 준수탁자 Ⅳ: 투자신탁운용자

## 4. 영업점포 지배인과 상업사용인의 충실의무자 지위

### (1) 지배인의 충실의무자 지위

영업점포의 지배인으로 선임된 자도 영업점포의 재산에 대한 명의를 넘겨받지는 않으나, 그 점포에서 행하는 영업에 관한 재판상 또는 재판외의 모든 행위를 행할 포괄적 대리권을 가진다(상법 제11조). 따라서 지배인도 준수탁자의 한 유형으로 볼 수 있고, 점포에서 영위하는 영업과 관련해 이익충돌적 지위에 있으므로, 영업점포의 지배인에 대해서도 본인에 대해 수탁자에 준하는 충실의무를 인정할 필요가 있다. 부분적 포괄대리권을 갖는 상업사용인에 대해서도 포괄대리권의 범위 내에서는 동일한 설명이 가능하므로, 부분적 포괄대리권을 갖는 상업사용인에 대해서도 그 한도에서 충실의무자 지위를 인정할 수 있다.

### (2) 지배인에 대한 신탁충실의무법의 병렬적·보충적 적용

어떤 충실의무자와 관련해 충실의무 특칙이 존재하는 경우 그 특칙이 강행규정이면 이들 규정이 신탁충실의무법보다 우선적용되어야 하고, 이 특칙이 적용되는 한도에서 이들 규정과 저촉되는 신탁충실의무법의 적용은 배제된다.[14] 반면에 해당 충실의무법령이 규정한 특칙이 임의규정으로 해석될 수 있는 경우 이러한 특칙들은 배타적으로 적용될 필요는 없고 신탁충실의무법이 병렬적으로 적용될 수 있다.[15] 따라서 지배인과 관련해 규정된 충실의무 특칙인 경업금지에 대해서도 이러한 해석이 가능하다. 즉, 상법 제17조는 강행규정으로 볼 수 없으므로, 그 위반에 대해서는 신탁충실의무법이 보충적으로 적용될 수 있다.

## 5. 법정재산관리인의 이익충돌적 지위와 충실의무: 파산관재인 등

신탁법에 의해 선임되는 신탁재산관리인은 신탁재산에 대하여(제17조 이

14) 제1편 제5장 II. 6. (3) 1) (『홍익법학』, 제14권 제4호(2013), 476면) 참조.
15) 제1편 제5장 II. 6. (3) 2) (『홍익법학』, 제14권 제4호(2013), 476면) 참조.

하), 파산법에 의해 선임되는 파산관재인은 파산재단에 대하여(제7조, 제147조 이하), 민법에 의해 선임되는 후견인 혹은 상속재산관리인은 피후견인의 재산(민법 제949조 등) 혹은 상속재산에 대하여(민법 제1053조 등), 법정된 관리·처분권한 혹은 대리권한을 갖는다.

이와 같이 재산의 명의를 이전받지 않지만, 법률에 의해 타인의 재산에 대한 법정처분권한을 갖는 자도 타인재산의 관리 등과 관련해 이익충돌적 지위에 있으므로 준수탁자의 한 유형으로 볼 수 있고, 이러한 타인재산에 대한 법정처분권한을 보유하는 자들에 대해서도 수탁자에 준하는 충실의무자 지위를 인정할 필요성이 발생한다.

### 6. 국민연금공단의 충실의무자 지위

☞ 제8장 준수탁자 Ⅵ: 국민연금공단

### 7. 지배주주의 지배권과 충실의무

☞ 제7장 준수탁자 Ⅴ: 지배주주

## Ⅴ. 준수탁자 유형 Ⅲ: 타인재산의 처분재량을 수권받거나 영향력을 행사하는 자

재산의 명의가 이전되지 않고, 재산에 대한 법정관리권을 갖지 않는 경우에도, 본인이 재산에 대한 처분권 기타 재량을 수권하는 경우가 있다. 이와 같이 타인재산에 대한 처분재량을 수권받거나 재산에 대한 영향력을 행사할 수 있는 '지위'에 있는 자에 대해서는 본인의 신뢰를 보호하기 위해 수탁자에 준하는 충실의무자 지위가 인정될 수 있다. 이러한 사무수탁자들은 재산명의를 이전받지 않았다는 점 혹은 법정관리권을 갖지 않는다는 점에서만 차이가 날 뿐, 고객재산의 운명을 좌지우지할 수 있는 처분재량 혹은 영향력을 갖고 있다는 점에서 충실의무 부과 필요성은 수탁자와 동일하다.[16]

---

16) 제1편 제5장 II. 5 (2) 3) (『홍익법학』, 제14권 제4호(2013), 472면) 참조.

## 1. 자문업자, 일임업자의 이익충돌적 지위와 충실의무

자문업자란 고객이 자신의 재산 혹은 거래에 대해 경제적 판단이나 효과에 대해 의견을 구하는 경우 그 고객을 자문해 주는 자를 말한다. 일임업자란 고객으로부터 고객의 재산 혹은 거래에 대한 경제적 판단을 일임받아 대신 판단해 주는 자를 말한다. 고객이 자문업자 혹은 일임업자에 대해 자문을 구하거나 판단을 일임하는 경우, 자문업자 혹은 일임업자는 고객의 재산 혹은 거래에 대해 처분재량 혹은 영향력을 갖게 되는데, 이 때 고객의 신뢰를 보호하기 위해 충실의무를 부과할 필요성이 생긴다(제5장 I. 4. (2) 2)의 예 참조). 자본시장과 금융투자업에 관한 법률은 특히 '금융투자상품'을 투자자문하는 투자자문업자와 '금융투자상품'에 대한 투자일임을 받은 투자일임업자에 대해 명문으로 이들의 충실의무를 인정한다(제96조).

## 2. 대리상의 이익충돌적 지위와 충실의무

### (1) 대리상의 충실의무자 지위

대리상은 일정한 상인을 위하여 상시 그 영업부류에 속하는 거래를 대리 또는 중개하는 것을 영업으로 하는 자이다(상법 제87조). 이처럼, 대리상은 상인의 영업부류에 속하는 거래에 대해 대리권 혹은 중개권한을 가지므로, 이 권한의 행사에 있어 본인의 신뢰를 보호하기 위해 충실의무를 부과할 필요가 생긴다.

### (2) 대리상에 대한 신탁충실의무법의 병렬적·보충적 적용

어떤 충실의무자와 관련해 충실의무 특칙이 존재하는 경우 해당 충실의무법령이 규정한 특칙이 임의규정으로 해석되면, 이러한 특칙들은 배타적으로 적용될 필요는 없고 신탁충실의무법이 병열적으로 적용될 수 있다.[17] 따라서 대리상과 관련해 규정된 충실의무 특칙인 경업금지에 대해서도 이러한 해석이 가능하다. 즉, 상법 제89조는 강행규정으로 볼 수 없으므로, 그 위반에 대해서는 신탁충실의무법이 보충적으로 적용될 수 있다.

---

17) 제1편 제5장 II. 6 (3) 2) (『홍익법학』, 제14권 제4호(2013), 476면) 참조.

## Ⅵ. 준수탁자 유형 Ⅳ: 비재산적 관계에서 재량을 수권받거나 영향력을 행사하는 자

충실의무의 부과 필요성은 '타인재산'의 명의를 넘겨받거나 기타 '타인재산'에 관한 처분권이 수권되는 지위에 한정되는 것은 아니다. '비재산적 관계'에서 재량을 수권받거나 영향력을 행사하는 지위에 있는 자'에 대해서도 수탁자에 준하는 신뢰와 신임의 관계가 형성될 수 있다. 따라서 이러한 신뢰와 신임적 '지위'에 대해서도 충실의무의 부과 필요성은 발생하며, '비재산적 관계'에서도 본인의 신뢰보호가 필요한 경우, 수탁자에 준하는 충실의무자 지위를 인정할 수 있다.[18]

그런데, 이러한 '비재산적' 관계에서는 타인재산의 관리·처분권이 부여되는 것은 아니므로, 재산의 관리·처분이나 이용 관계는 문제되지 않고, 주로 본인이 제공한 개인정보의 유용 문제 혹은 제3자가 제공한 이익의 향유 문제가 주로 거론된다.

### 1. 의사의 충실의무자 지위

환자는 질병의 상담과 치료에 있어 의사에게 의존하고, 의사를 신뢰하기 때문에 의사는 환자와의 관계에서 환자의 신뢰와 신임을 받는 충실의무자가 된다. 특히 의사는 진료를 위해 환자의 의료정보를 수령하게 되는데, 의사는 개인 의료정보를 누설하지 않을 비밀유지의무를 질 뿐만 아니라, 그 의료정보를 자신이나 병원의 이익을 위해 혹은 제3자의 이익을 위해 사용 혹은 활용하지 않을 의무도 부담한다. 예를 들어, 의사는 환자의 동의를 받지 않는 한 개인의 의료정보를 병원의 연구목적을 위해 사용할 수 없고, 마찬가지로 제3자의 연구목적을 위해서도 제공하지 않을 충실의무를 부담한다.

### 2. 종교인의 충실의무자 지위

신도는 신앙생활을 영위함에 있어 종교인에게 의존하고 종교인을 신뢰하기 때문에 신도와 종교인의 관계도 신뢰와 신임의 관계인 충실의무관계가 된

18) 제1편 제5장 II. 5 (3) 4) (『홍익법학』, 제14권 제4호(2013), 473면) 참조.

다. 특히, 종교인은 신도와의 관계에서 고해성사 등 신앙생활과 연관되어 교인의 개인정보를 수령하게 되는데, 종교인은 교인과의 관계에서 개인정보를 누설하지 않을 비밀유지의무를 진다. 또한 종교인은 교인의 개인정보를 다른 종교단체 혹은 포교목적을 위해 사용하지 않을 의무도 부담한다.

## 3. 정치인·공무원·군인의 충실의무자 지위

### (1) 정치인·공무원: 지역구민, 민원인에 대한 충실의무

지역구민 혹은 민원인은 국회의원과 같은 정치인, 혹은 공무원을 신뢰하여 현안문제를 논의할 수 있는데, 이 때 정치인과 공무원의 지역구민 혹은 민원인과의 관계는 충실의무관계가 될 수 있다. 특히 지역구민 혹은 민원인이 지역의 숙원사업을 성취시키기 위해 관련 비밀정보를 제공하는 경우, 정치인이나 공무원은 당해 비밀정보를 누설하지 않을 비밀유지의무를 지며, 특히 그 정보를 자기 자신을 위해 사용하거나 제3자를 위해 사용하지 않을 충실의무를 부담한다. 따라서 정치인 혹은 공무원이 지역구민 혹은 민원인이 제공한 비밀정보를 사용하여 타인을 이익시키거나 스스로 이익을 향수하는 경우, 준수탁자로서 신탁법상의 이득반환책임을 질 수 있다.[19]

### (2) 정치인·공무원·군인: '국가'에 대한 충실의무

나아가 정치인과 공무원, 군인은 '공무상 지위'로 인해 국가로부터 비밀정보를 수령하고 공무상 업무와 관련해 제3자에 대해 영향력을 행사할 수 있는 지위에 있는 자이다. 따라서 정치인, 공무원, 군인은 국가정보의 이용 혹은 공무상 지위와 관련해 국가에 대해 충실의무를 부담하며, 정보 혹은 지위를 자신 혹은 제3자를 위해 사용하여 '국가'에 대한 충실의무를 위반할 경우, 준수탁자로서 이득반환책임을 질 수 있다. 특히 정치인이나 공무원, 군인이 공무상 수령한 비밀정보와 관련해 혹은 공무상 지위를 이용해 제3자로부터 뇌물 기타 향응을 수수할 경우, 이익향유금지의무를 위반하게 된다.[20]

19) 제4편 제2장 III. 2. 이하(홍익법학 제16권 제3호(2015), 539면 이하) 참조.
20) 제4편 제2장 III. 2. (3) 및 IV. 2. (3) (『홍익법학』, 제16권 제3호(2015), 540면, 547-8면) 참조.

## Ⅶ. 준수탁자가 부담하는 구체적 충실의무의 내용과 그 위반에 대한 구제수단

타인으로부터 재산이나 정보를 수령하거나 혹은 그 처분권이나 재량 등을 부여받는 준수탁자의 유형은 매우 다양하기 때문에 이들 준수탁자의 구체적 충실의무를 일률적으로 확정할 수는 없다. 준수탁자에 대해 구체적으로 부과되는 충실의무의 내용은 본인/위탁자와 준수탁자 사이의 구체적 사실관계에 기해 확정될 것이다. 하지만, 앞서 본 것처럼, 수탁받은 재산이나 정보, 혹은 재량의 행사와 관련해 이익충돌이 발생하거나 혹은 그 관계가 신뢰관계로 발전하는 경우, 재산이나 정보의 사용이나 재량의 행사 등과 관련해 충실의무가 부과될 수 있다.

### 1. '타인재산'을 지배하는 준수탁자의 충실의무와 위반시 구제수단

신탁재산의 수탁자와 같이 '재산'의 수탁이 있는 준수탁자에 대해서는 이러한 '재산'의 보유·사용과 관련하여 신탁수탁자가 부담하는 충실의무가 전반적으로 준용될 수 있다. 따라서 앞서 살펴본 위탁매매인에 대해서는 신탁수탁자의 '재산'에 관한 충실의무(예를 들어, 재산의 사용금지의무 등)가 부과될 수 있다. 마찬가지로, 이러한 준수탁자가 부과된 충실의무를 위반한 경우, 신탁수탁자에게 적용되는 구제수단[21]도 전반적으로 준용될 수 있다.[22] 예를 들어, 위탁매매인이 위탁된 '재산'을 부정사용한 경우, 위탁된 재산의 회복에 필요한 반환청구권의 행사가 가능함은 물론, 위탁매매인이 '재산'의 부정사용으로 취득한 이익이 있는 경우, 신탁법상의 이득반환청구권[23]도 행사할 수 있다.

---

21) 제4편 제1장, 제2장 및 제4장 참조.

22) 구체적 충실의무관계에서 필요한 구제수단의 변용에 대해서는 제1편 제1장 VI. 3. (2) 참조.

23) 제4편 제2장 III. 2. (1) 참조.

## 2. '타인정보'를 지배하는 준수탁자의 충실의무와 위반시 구제 수단

'정보'의 수령이 있는 준수탁자에 대해서는 이러한 '정보'의 보유·사용과 관련하여 신탁수탁자가 부담하는 충실의무가 전반적으로 준용될 수 있다. 따라서 앞서 살펴본 자문업자에 대해서는 신탁수탁자의 '정보'에 관한 충실의무(예를 들어, 정보의 비밀유지의무와 사용금지의무 등)가 부과될 수 있다. 마찬가지로, 이러한 준수탁자가 부과된 충실의무를 위반한 경우, 신탁 수탁자에게 적용되는 구제수단도 전반적으로 준용될 수 있다. 예를 들어, 자문업자가 제공된 '정보'를 부정사용한 경우, 재산을 지배하는 특징이 없으므로 재산회복에 필요한 반환청구권 행사는 준용되지 않더라도, '정보'의 부정사용으로 취득한 이득이 있는 경우, 신탁법상 이득반환청구권[24]은 행사할 수 있다.

형사사건 변호사, 의사, 종교인, 공무원, 정치인, 군인 등과 같이 타인의 재산을 수령하지 않더라도 타인 혹은 국가의 비밀정보를 수령할 수 있는 자는 이러한 유형의 준수탁자로서 수탁자에 준하여 정보의 보유·사용과 관련된 충실의무를 부담하고, 그 위반에 대해 수탁자에 준하여 이득반환책임 등을 진다.

## 3. 소 결

타인재산의 지배가 일어나는 준수탁자 유형 I.에서 III.뿐만 아니라, 비재산적 관계인 유형 IV.에 해당하는 준수탁자의 경우에도 비밀정보의 위탁이 수반되는 경우가 일반적이므로, '재산 혹은 정보'의 수령과 관련해 이익충돌의 발생 혹은 신뢰관계의 형성으로 인한 충실의무관계가 형성될 수 있다. 이와 같이 대부분의 '재산 혹은 정보'의 수령은 그로 인해 준수탁자로 간주될 가능성이 높기 때문에, 이러한 광범위한 준수탁자에 대해 신탁법상의 충실의무 위반에 대한 구제수단이 준용될 가능성이 높아진다.

24) 제4편 제2장 III. 2. (2) 참조.

# 제 2 장 충실의무자의 기본유형: 수탁자

## Ⅰ. 수탁자가 존재하는 법률관계: '신탁관계'와 '신탁을 채용한 조직관계'

앞서 본 것처럼 신탁수탁자는 가장 전형적인 충실의무자이다. 그런데, 이러한 신탁수탁자는 신탁법에 의해 설정된 단순한 형태의 신탁관계에서뿐만 아니라 '신탁을 채용한 다른 조직관계'에서도 발견된다. 신탁을 채용한 대표적인 조직관계로는 (ⅰ) 투자기구(investment vehicle)로 설립되는 투자신탁제도[1] 뿐만 아니라 (ⅱ) 연금자산의 운용을 위해 조직된 연금신탁관계[2]를 들 수 있는데, 이러한 조직관계에서 수탁자는 조직의 기관으로서 결정적인 역할을 한다. 또 신탁은 공익목적으로 설정될 수 있는데, 공익신탁법에 의해 설정된 공익신탁에서도 수탁자는 공익신탁의 기관으로서 결정적인 역할을 한다.

신탁법에 의해 설립된 기본형태의 신탁관계이든 혹은 '신탁을 채용한 조직관계'이든 간에 이러한 신탁관계에서 수탁자는 이익충돌적 지위에 있으므로, 수익자 등에 대해 충실의무관계에 있게 된다. 따라서 수탁자는 수익자 등에 대해 핵심적 충실의무인 이익충돌금지의무와 이익향유금지의무를 부담하게 된다.

---

1) 투자신탁관계의 특징과 법적 성질에 대해서는 이중기, "투자신탁제도의 신탁적 요소와 조직계약적 요소", 59면; 박삼철·이중기, "제도로서의 투자신탁법제의 기본구조와 발전전략", 『홍익법학』, 제15권 제1호(2014).

2) 기업연금의 지배구조에 관해서는 임영재·이중기, "기업연금의 지배구조 설계에 관한 소고"(2003) 참조.

## Ⅱ. 투자신탁 수탁자의 이익충돌적 지위와 충실의무

### 1. 신탁설정시의 소유와 수익의 분리[3)]

전통적인 신탁설정은 수익자에 대한 직접적 증여 대신 형식적 소유자인 수탁자를 통한 실질적 증여의 기능을 수행한다. 이러한 과정에서 '신탁재산'을 이전받은 수탁자는 신탁재산에 대한 소유권을 보유하게 되지만, 이 소유권은 '수익권자를 위해 보유'하는 것(holding property for another)이므로, 수탁자는 신탁재산을 자신을 위해 사용할 수는 없고 수익자를 위해서만 사용해야 한다.[4)] 이것이 '수탁자지위'의 핵심이다.

신탁재산에 대한 소유와 수익의 분리 현상은 산업화의 영향으로 등장한 '운용형 신탁'에서도 계속되고 있다. 즉 투자신탁의 경우 전통적 신탁에서 수탁자가 보유했던 신탁재산의 운용권과 명목상 소유권이 다시 분화되어 각각 운용자와 수탁자에게 귀속되지만, 수익권은 계속투자자인 출연자가 보유하게 된다. 그런데, 운용권을 갖는 운용사[5)]와 형식상 소유권을 갖는 수탁자는 신탁재산을 자신을 위해 운용 혹은 보유하는 것이 아니라 투자자인 '수익권자를 위해' 보유하고 운용하여야 한다. 이와 같이 '운용형 신탁'의 신탁설정에서도 수탁자와 수익권자의 분리 현상은 계속되고 있다.

### 2. 수탁자지위의 정립[6)]

(1) 초기의 투자신탁은 수탁자(trustee)가 신탁재산의 소유·보관은 물론이고 운용기능도 수행하는 전통적인 신탁의 한 유형이었다.[7)] 그러나 영미에서

---

3) 이 부분은 제2편 제3장 V. 1. (1) (『홍익법학』, 제17권 제1호(2016), 560면)을 인용한 것이다.

4) Virgo, *The Principles of Equity and Trusts*(2012), pp.381-382.

5) 운용사의 충실의무에 대해서는 제5편 제6장 참조.

6) 이 부분은 박삼철·이중기, 앞의 주 1)의 논문, Ⅳ. 2.를 인용한 것이다.

7) 전통적인 민사신탁은 '재산을 타인에게 증여 또는 양도할 목적으로' 신탁(donative trust)을 이용하는데 비해, 투자신탁에서는 '자신의 재산증식을 목적으로' 신탁을 이용한다는 점에서 근본적인 차이가 있다. 상사신탁 중에서 금전신탁은 자신의 재산증식을 목적으로 한다는 점에서 투자신탁과 유사하나, 상사금전신탁의 경우 원칙적으로 투자자별로 형성된 신탁재산이 독립적으로 운용되는 개별적인 투자수단임에 비해 투자신탁은 다수 투자자의 자금이 하나의 신탁재산이 되어 운용되는 집단적인 투자수단이라는 점에서

투자신탁산업의 성장과정에서 수탁자(운용자)가 펀드재산의 소유·보관·운용기능을 모두 수행하는데 따른 폐해(횡령, 자기거래 등)가 드러나면서 자연스럽게 수탁자기능이 분화되었다. 즉, 투자신탁재산의 운용기능은 수탁자가 아닌 별도의 독립된 전문가(운용자; manager)가 수행하고 수탁자는 투자자를 위해 그 운용자를 감시하는 기능을 수행하게 되었다. 영국에서는 법령에서 투자신탁재산 운용기능을 운용자에게 귀속시킨 반면, 미국에서는 '형식적'으로 투자신탁재산 운용기능이 수탁자에게 유보되나 '실질적'으로 외부위탁을 통해 운용자에 귀속시킨 점이 차이가 있을 뿐이다. 한편, 앞에서 살펴본 바와 같이 영미의 투자신탁에서는 신탁의 본질적인 요소, 즉 신탁재산의 소유, 수익자명부의 작성·관리와 같은 권한은 여전히 수탁자에게 귀속된다.

(2) 우리나라에서도 운용기능의 운용자 귀속과 수탁자에 의한 운용자 감시구조는 자본시장법에 반영되어 있다. 문제는, 운용자로 하여금 "신탁재산의 보관·관리를 신탁업자에게 위탁하라"는 규정(자본시장법 제184조 제3항) 등으로 인해 투자신탁에서의 수탁자가 누구인지에 대해 불필요한 논란이 야기되고 있는 점이다. 또한, 자본시장법은 수익자명부 작성·관리권한 등을 운용자에게 귀속시키고 있는데, 이러한 기능은 신탁재산과 직접 관련된 것이므로 신탁재산의 소유명의자, 즉 수탁자에게 귀속되는 것이 법리에 맞다. 물론 영국의 경우도 실제 수익자명부 작성·관리업무는 수탁자가 운용자에 위탁하는 것이 일반적이지만, 신탁법리상 적어도 형식적 권한은 수탁자에게 귀속되어 있다.[8]

## Ⅲ. 퇴직연금신탁 수탁자의 이익충돌적 지위와 충실의무

퇴직연금신탁의 설정은 설정주체가 차이가 나는 점을 제외하면 투자신탁의 설정과 비슷한 구조를 갖는다. 즉 투자신탁은 '운용사'가 펀드를 설정해 운

---

차이가 있다. 민사신탁이나 상사금전신탁에서는 수탁자가 신탁재산의 소유권을 가질 뿐 아니라 신탁재산 운용권한도 가지고 있으나, 투자신탁에서는 신탁재산 운용기능은 신탁의 수탁자가 아닌 전문적인 운용자가 맡는다는 점에서 차이가 있다.

8) COLL 6.4.4 R은 수익자명부의 작성·관리자를 수탁자로 할지 혹은 운용자로 할지에 대해 신탁증서로서 정하도록 하고 있다.

용할 목적으로 신탁회사와 신탁계약을 체결함으로써 투자신탁을 설정하는데 반해, 퇴직연금신탁은 '사용자'가 퇴직연금을 설정할 목적으로 근로자대표의 동의를 얻어 신탁회사와 연금재산관리를 위한 신탁계약을 체결함으로써 설정한다.9)

그 결과 설정된 퇴직연금신탁의 구조는 투자신탁의 구조와 많은 유사성을 갖는다. 즉 수탁자가 연금재산을 신탁재산으로서 보유한다는 점은 동일하고, 단지 '운용사'의 역할이 축소되는 점이 다르다. 다시 말해, 투자신탁에서는 운용사가 펀드의 운용뿐만 아니라 설정의 주체로서 행위하였지만, 퇴직연금제도에서 설정의 주체는 '사용자'가 되고 '운용사'는 사용자로부터 연금자산의 운용을 위탁받는 운용주체로서 그 역할이 축소된다는 점이 다르다.

이와 같이 퇴직연금신탁은 '연금재산'의 보관의 측면에서 보면, 투자신탁과 동일한 구조를 갖기 때문에 퇴직연금자산의 수탁자는 투자신탁의 수탁자와 마찬가지로 신탁상 수탁자로서 책임을 진다. 따라서 퇴직연금신탁의 수탁자도 앞서 살펴본 투자신탁의 수탁자와 마찬가지로 신탁상 수탁자로서 충실의무를 부담한다.

9) 기업연금의 지배구조에 관해서는 임영재·이중기, 앞의 주 2)의 글 참조.

# 제 3 장 준수탁자 I: 주식회사 이사*

( … )

## Ⅱ. 회사법에서의 충실의무법리 도입의 정당화1)

### 1. 이사에 대한 재량부여의 필요성 증가

회사법상 이사는 이사회에 참여하여 중요한 회사의사를 결정하고, 내부적인 업무집행과 때로는 대외적인 회사대표권을 행사한다. 따라서 이사의 기회주의적 행위로부터 회사를 보호하기 위해 이사의 권한행사를 합리적으로 통제할 필요성이 발생하고, 회사법은 이러한 이사의 권한행사에 관하여 상세한 규정을 두고 있다. 그런데, 회사법이 이사의 권한행사에 대하여 상대적으로 더 자세한 규정을 두는 경우, 이사는 상대적으로 작은 재량을 갖게 되고 이사의 재량행사에 대한 통제 필요성은 낮아지게 된다. 반면에 회사법이 이사의 권한행사에 대하여 상세한 규정을 두지 않는 경우, 이사는 상대적으로 큰 재량을 갖게 되고 이사의 재량행사에 대한 통제 필요성은 높아지게 된다.

현재까지 우리 회사법은 영국과 미국의 회사법에 비하여 상대적으로 이사의 권한행사에 관하여 강한 규제를 하였다. 따라서 우리는 상대적으로 이사의 재량행사 폭이 좁고 따라서 재량행사에 대한 통제 필요성이 덜하였다. 그런데 회사법의 규제가 과도하므로 규제를 완화하여야 한다는 논의가 시작되면, 예를 들어 자본의 조달 혹은 M&A와 관련하여 좀더 많은 재량을 허용하는

* 이 장은 이중기, "이익충돌의 판정기준과 '법인격'의 고려여부, 회사기회 유용법리와 회사법상 충실의무법리의 전개", 『민사판례연구(XXXVII)』(2015)에 기초하였음.

1) 이 부분은 제1편 제3장 IV. 2(『홍익법학』, 제12권 제1호(2011), 48-49면)을 인용한 것이다.

것이 한국회사의 국제경쟁력을 높이는 것이라면 우리 회사법은 이사의 권한행사에 대한 규제를 완화하고 이사의 재량을 더 많이 인정하는 개정입법을 할 것이다.

### 2. 이사의 재량 증가에 따른 통제방법: 법원의 충실의무 부과 재량

문제는 이와 같이 이사의 재량을 허용하는 회사법 개정을 하는 경우, 이사의 재량행사에 대한 통제를 어떻게 할 것인가가 문제된다. 이사에게 회사의 경쟁력을 높이기 위해 더 많은 재량을 허용하면서, 동시에 이사의 재량을 통제할 수 있는 방법은 법원에 이사의 재량을 통제할 수 있는 사법재량을 부여하는 방법밖에 없다: 이사에게 재량을 부여하면서, 입법부가 이사의 재량행사를 통제하기 위한 상세한 규정을 두는 방법은 또 다른 규제를 부과하는 것일 뿐이다. 그리고 법원에 이사의 재량행사를 통제할 수 있는 사법재량을 줄 수 있는 가장 효율적인 방법은 충실의무법리를 발전시켜 법원의 법보충적 재량을 인정하는 길이다. 이와 같이 이사에게 더 많은 재량을 부여하는 것이 회사의 국제경쟁력 강화를 위해 필요하다면, 더 많은 재량을 주고, 그 통제장치로서 법관의 법보충적 역할 혹은 재량통제장치로서의 충실의무법리의 도입은 필수적이 되고 이러한 재량통제장치를 도입하는 것이 사회 전체적 규제비용을 줄일 수 있다.

## Ⅲ. 회사법상 충실의무법리의 전개[2)]

### 1. 문제제기: 이사의 선관의무와 충실의무의 관계

사업기회와 관련해 대상판결[3)]은 "이사는 회사에 대하여 <u>선량한 관리자의 주의의무</u>를 지므로, 법령과 정관에 따라 <u>회사를 위하여</u> 그 <u>의무를 충실히 수행</u>한 때에야 이사로서의 임무를 다한 것이 된다"고 하고, "<u>이사회가</u> [사업기회]에 관하여 충분한 정보를 수집·분석하고 정당한 절차를 거쳐 회사의 이익

2) 이 부분 이하는 이중기, "이익충돌의 판정기준과 법인격의 고려 여부", 595면, 614면 이하를 인용한 것이다.

3) 제4편 제5장에서 다루는 대법원 2013.9.12. 선고 2011다57869판결을 의미한다.

을 위하여 의사를 결정…하였다면… 이사들이 이사로서 선량한 관리자의 주의의무 또는 충실의무를 위반하였다고 할 수 없다"고 한다. 자기거래 및 경업거래와 관련해서도 대상판결은 비슷한 표현을 사용하고 있다.

이사의 충실의무의 성질과 관련해 학설상 선관의무 동질성 및 이질설이 전개되었는데, 대상판결과 같이 '주의의무 또는 충실의무'라고 표현하는 것으로부터 판례가 동질설을 채택한 것으로 볼 수 있는가? 한편 대법원은 수탁자의 충실의무와 관련해서는 아래에서 보는 것처럼 대상판결과 달리 충실의무에 대한 구체적인 내용을 설시한다.[4] 여기서 생기는 의문은 "왜 대법원은 이사의 충실의무에 대해서는 구체적인 내용을 설시하지 않았는가?", "그렇다면 이사의 충실의무는 수탁자의 충실의무는 다른 것인가?" 하는 것이다.

## 2. 회사법상 이사의 충실의무에 관한 논쟁: 동질설 v. 이질설[5]

회사법상 이사의 충실의무에 대한 논쟁은 이사의 선관의무의 범위가 전통적인 객관적 주의의무만 부과하는가 아니면 나아가 '충실의무'까지 부과하는가, 즉 선관의무가 이익충돌시 이사의 자기이익 추구행위까지 금지하는가 여부와 관련되어 전개되어 왔다. 만약 선관의무로서 이사의 이익추구행위까지 금지할 수 있다고 본다면, 별도의 충실의무를 부과하기 위한 새로운 입법이 필요 없을 것이고, 상법 제382조의3은 선관의무의 예시규정으로 볼 수 있다. 하지만, 선관의무가 이사의 이익추구행위까지 금지하지 않는다고 본다면 이사의 이익추구행위를 금지하는 새로운 입법이 필요하게 되고, 상법 제382조의3은 이러한 이익추구행위를 금지하기 위한 새로운 입법이라고 볼 수 있게 된다.

### (1) 충실의무 동질설

수임인으로서의 이사에 부과되는 선관의무가 전통적인 객관적 주의의무를 부과할 뿐만 아니라 자신의 이익추구행위까지도 금지한다고 보는 입장이다. "이사의 선관주의의무란 널리 위임자의 이익을 위하여 행동해야 할 의무이므로 당연히 이사가 자신의 이익을 위해서 행동하는 것은 금지된다."[6] 특히

4) 아래의 III. 3. 참조.
5) 이 부분은 이중기, "준수탁자로서의 법무법인", 457면 II. 2. 부분에 기초하였음.
6) 송옥렬, 『상법강의(3판)』(2013), 995면.

"선관의무의 내용은 통일적으로 정형화되는 것이 아니라 … 각 [수임인]의 특별한 직무에 따라 달라지므로, [수임인]의 권한이 확대되면 선관의무도 그만큼 그 내용도 강화된다".7) 이러한 동질설에 의하면 논리적으로 충실의무는 선관의무의 한 유형이 될 뿐이다. 따라서 동질설에 의하면 선관의무 외에 별도의 충실의무 개념을 인정할 실익은 없게 된다.

(2) 충실의무 이질설

반면에 위임관계의 선관의무는 객관적 주의의무만을 부과하므로, 이사에 대해 선관의무 부과만으로는 이사의 자기이익추구행위를 금지할 수 없다고 보는 입장이 충실의무 이질설이다.8) 이질설에 의하면, 충실의무는 선관의무와 성질상 다른 의무이고, 따라서 이사의 자기이익추구행위를 규제하기 위해서는 별도의 충실의무 근거규정을 입법화할 필요가 있게 된다. 이질설에 의하면, 상법 제382조의3은 이러한 충실의무를 입법한 것이라고 한다(물론, 이질설을 취하면서도 제382조의3의 표현만으로는 영미법의 충실의무를 수용하였다고 볼 수 없다는 견해도 있다).9)

(3) 논쟁의 평가

논리적으로 어느 설에 의하던 우리 법상 이사의 자기이익추구는 금지되게 된다. 동질설에 의하면 이사에 부과되는 선관주의의무(혹은 선관의무의 구체화로서의 충실의무)에 의해 이사의 자기이익추구행위가 금지되고, 이질설에 의하면 이사의 선관의무에 의해 금지되지 않지만 별도로 부과된 제382조의3(충실의무)에 의해 금지되기 때문이다. 따라서 어느 설에 의하건, 이제는 이사의 자기이익추구행위는 제382조의4(이사의 비밀유지의무), 제397조(경업금지), 제397조의2(회사의 기회 및 자산의 유용), 제398조(이사 등과 회사 간의 거래)에 구체적으로 해당하지 않는 경우에도 추상적 선관주의의무 혹은 제382조의3의 추상적 충실의무규정에 의해 금지되게 된다.

이 경우 남는 문제는 법원이 앞서 열거한 구체적 이익충돌 유형에 해당하

7) 최기원, 『신회사법론(제13대정판)』(2009), 653면.
8) 김건식, 『회사법연구 I』(2010), 53면 이하; 제1편 제3장 IV. 1. (3) 1)(이중기, "신탁법에 기초한 영미 충실의무법리의 발전", 29면, 46면).
9) 이철송, 『회사법강의(제20판)』(2012년), 718면.

지 않는 충실의무 위반의 경우 추상적 선관의무 혹은 추상적 충실의무 규정을 활용해 적극적으로 개입할 의지(willingness) 및 능력(capability)을 보이는가 여부이다.[10] 대상판결은, 뒤에서 보는 것처럼, 사업기회와 관련해 개정전 회사법에 '회사기회'의 유용금지에 대한 명문의 규정이 없었음에도 불구하고 '회사기회'에 대한 이사의 충실의무를 인정했다는 점에서 큰 의미가 있다.[11]

### 3. 구 신탁법상 수탁자의 충실의무에 관한 대법원 판례[12]

이사의 충실의무에 관한 회사법상 논쟁 외에 주목할 만한 충실의무법리에 관한 발전이 있었는데, 바로 충실의무에 대한 명시적 규정과 상관없이 이익상충 금지 조문에 기해 충실의무를 인정한 대법원 판례이다.

> "수탁자의 <u>충실의무</u>는 수탁자가 신탁목적에 따라 신탁재산을 관리하여야 하고 신탁재산의 <u>이익을 최대한 도모하여야 할 의무로서,</u> 신탁법상 이에 관한 <u>명문의 규정이 있는 것은 아니지만</u> 일반적으로 수탁자의 신탁재산에 관한 권리취득[즉 자기거래]을 제한하고 있는 [구]신탁법 제31조[13]를 근거로 인정되고 있다. 이 사건 … 행위는 신탁재산이나 수익자의 이익과 수탁자의 <u>이익이 상반되는 행위</u>가 아니어서 수탁자로서의 <u>충실의무에 위반된 행위</u>라고 할 수 없다."[14]

#### (1) 대법원 판례에 대한 평가

이러한 대법원의 충실의무 도출 논리는 회사법상 충실의무 논쟁과는 확실히 다른 양상을 보인다. 왜냐하면 대법원은 충실의무의 도출 근거를 선관주의의무에서 찾지 않고 바로 자기거래를 제한하는 이익충돌금지규정에서 직접 찾고 있고, 또한 '이익이 상반되는 행위'가 바로 '충실의무 위반행위'라는 것을 명시적으로 승인하기 때문이다. 개정신탁법 제34조는 대법원 판례의 취지를

---

10) 물론 이질설을 취하면서 제382조의3만으로는 충실의무가 수용되지 않는다는 입장에 의하면, 충실의무는 부과되지 않게 된다.

11) 아래의 5. (1) 1) 및 6. (1) 참조.

12) 이 부분은 이중기, "준수탁자로서의 법무법인", II. 3. 부분에 기초하였음.

13) 구 신탁법 제31조(수탁자의 권리취득의 제한) ① 수탁자는 누구의 명의로 하든지 신탁재산을 고유재산으로 하거나 이에 관하여 권리를 취득하지 못한다. 단 <u>수익자에게 이익</u>이 되는 것이 명백하거나 기타 정당한 사유가 있는 경우에는 법원의 허가를 얻어 신탁재산을 고유재산으로 할 수 있다.

14) 대법원 2005.12.22. 선고 2003다55059판결.

더 자세히 명문화하여 이익상반행위, 즉 충실의무 위반행위를 더욱 구체화하고 있다.

이익충돌금지규정에서 충실의무를 도출하고 이익상반행위를 충실의무 위반행위라고 파악하는 대법원의 논리는 확실히 획기적인 것이다. 이에 의하면, 충실의무를 동질설과 같이 선관의무를 확장시킴으로써 도출할 필요가 없게 된다. 또 이질설이 전제하는 것처럼 명시적인 충실의무규정을 두고 그 규정에 기해 충실의무를 부과할 필요도 없게 된다. 단지, 문제의 수임인의 '지위'(status)가 이익충돌적 지위여서 그 지위보유자에 대해 이익충돌을 금지하는 법규정이 있으면 그 이익충돌금지규정에서 충실의무를 도출할 수 있기 때문이다. 이러한 논리는 영국 형평법원이 이익충돌적 지위에 있는 자에 대해 그 지위 혹은 지위에 따른 직무에 기해 충실의무를 인정한 것과 매우 유사하다(소위 '지위에 기한 충실의무자'(status-based fiduciary) 개념).[15] 영국에서 충실의무는 수탁자, 이사, 자문업자, 변호사 등에 대해서 이들의 이익충돌적 지위와 그 지위에서 행하는 직무에 기해 부과되어 왔다. 이러한 대법원의 충실의무 도출 논리는 우리나라에서 충실의무법리를 발전시킬 수 있는 기본토대를 제공한 획기적인 것으로 평가된다.

### (2) 위임관계에 대한 대법원 논리의 적용: 이사의 충실의무 도출 근거

위임관계에서의 충실의무 부과 필요성과 부과방법에 대해 대법원의 논리를 적용해 보자. 먼저 위임관계는 '일방이 상대방에 대하여 사무의 처리를 위탁하고 상대방이 이를 승낙'한 관계이고 성질상 본질적으로 수임인에 대한 신뢰와 신임이 내재할 수 있는 관계이기 때문에, 수임인의 기회주의적 행위로부터 위임인을 보호할 필요성이 생긴다. 그런데, 이 경우 어떻게 충실의무를 부과하는가? 동질설에 의하면 선관의무의 확장해석에 의해 충실의무를 부과할 수 있고, 이질설에 의하면 독자적인 충실의무부과규정 혹은 다른 논리가 있어야 한다. 그런데 대법원의 논리에 의하면, 특정한 수임인의 경우 이익충돌적 지위 때문에, 특히 대리권이 수여된 위임인의 경우, 일정한 이익충돌금지규정이 존재하는데, 이러한 규정에 기해 충실의무를 부과할 수 있게 된다. 예를 들

15) 제1장 I. 참조. Law Commission CP No. 124, Fiduciary Duties and Regulatory Rules(1992), p.28; Flannigan, "The Fiduciary Obligation", [1989] 9 *O.J.L.S.* 285 참조.

어, 대리인에 대해서는 민법 제124조의 자기계약, 쌍방대리의 금지 규정에 기해 충실의무가 인정될 수 있고, 법정대리인에 대해서도 민법 제124조에 기해 충실의무가 인정될 수 있고, 마찬가지로 민법 제921조가 규정한 친권자의 이익상반행위 금지조항으로부터도 법원은 친권자의 충실의무를 인정할 수 있게 된다.[16] 이러한 논리는 회사 이사에 대해서도 똑같이 적용될 수 있다.

## 4. 충실의무법의 발전방향: 이사의 충실의무와 수탁자의 충실의무는 달리 발전되어야 하는가?

이사의 충실의무와 수탁자의 충실의무는 모두 이사 혹은 수탁자의 자기이익추구행위를 방지하기 위한 동일한 충실의무이다. 따라서 두 충실의무는 동일한 것이고 동일한 법리하에 설명되어야 한다. 그렇다면, '이사의 충실의무'에 대해 분석을 회피한 대상판결의 태도와 '수탁자의 충실의무'에 대해 본격적 분석을 실시한 대법원 판결의 태도는 어떻게 조화시킬 수 있는가?

한 가지 해석방법은 대법원은 '수탁자의 충실의무'에 대해서는 본격적인 분석을 시도하였지만, '이사의 충실의무'에 대해서는 본격적인 분석을 미룬 채 충실의무의 구체적 유형인 제397조와 제389조의 해석만을 시도하였다고 보는 것이다. 지금까지 제382조의3(이사의 충실의무)에 대한 언급이 전혀 없다는 사실은 이를 반영한다. 하지만, 이제부터는 '이사의 충실의무'를 규정한 제382조의3하에서 '수탁자의 충실의무'에 대한 논리를 이사에 대해서도 일관되게 적용할 때가 되었다고 생각된다.

대상판결이 '회사기회의 법리'를 규정하지 않은 구 상법의 해석 문제로서 '기회유용' 문제를 이사의 충실의무 관점에서 논한 것은 바로 이러한 노력의 하나로 파악된다.

### (1) '신탁법에 기초한 충실의무법리의 발전'과 '위임법리에의 접목을 통한 충실의무관계의 확장'[17]

충실의무법의 발전과 관련해, 앞서 본 것처럼, (ⅰ) 자기이익추구행위에

16) 제1편 제4장 V. 1. (1)(이중기, "신의칙과 위임법리에의 접목을 통한 충실의무법리의 발전", 329면).

17) 이 부분은 이중기, "준수탁자로서의 법무법인", II. 5. (1) 부분에 기초하였음.

대한 충실의무 부과 논리가 대법원에 의해 개발되었고, 또한 신탁법 개정, 회사법의 기회유용금지규정 신설 등을 통해 (ⅱ) 충실의무 위반시 이용될 수 있는 이득반환책임 기타 충실의무 구제수단이 구체적으로 제시되고 있고, 또 (ⅲ) 추상적 충실의무의 구체적 표현으로서의 충실의무 유형화 작업 등이 입법적 조치를 통해 이루어지고 있다.

이제 남은 과제는 (ⅰ) 신탁법, 회사법, 자본시장법 등 개별적 영역에서 발전된 충실의무법리를 일관되게 설명할 수 있는 '통일적' 충실의무법리를 도출하는 것과 동시에, (ⅱ) 이러한 충실의무법리를 이익상충의 발생 가능성이 높은 모든 유형의 위임관계 등에 대해 '확대'적용하는 것이다. 전자의 과제는 신탁법에 기초한 충실의무법리의 심화와 발전을 통해서 이루어질 수 있다.[18] 후자의 과제는 대법원이 개발한 논리에 기초해 이익충돌 가능성이 있는 위임관계를 충실의무관계로 규정하고, 당해 위임관계에 필요한 구체적 충실의무를 신의칙에 기하여 발견해 나감으로써 이루어질 수 있다. 이러한 가능성과 관련하여 '준수탁자'로서의 충실의무자 개념이 제시되었다.

### (2) '준수탁자'로서의 충실의무자 개념[19]

#### 1) '신탁 외의 방법'으로 '재산을 수탁'받은 자

수탁자는 신탁재산을 수탁받으면서 수익자의 이익을 위해 행위할 충실의무를 지는 자이다. 그런데, 위탁인의 이익을 위해 행위할 충실의무는 반드시 재산의 이전이 '신탁의 방법'으로 행해지는 경우에만 필요한 것은 아니다. 재산의 이전이 '신탁이 아닌 다른 방법'으로 행해진 경우에도 위탁인의 이익보호가 필요한 경우 이익편취를 금지하는 충실의무 부과 필요성은 동일하게 발생한다. 예를 들어, 명의신탁을 통해 재산이 위탁되거나 혹은 위탁매매를 위해 재산이 위탁되는 경우에도 명의신탁관계의 명의수탁자나 위탁매매인에 대해 충실의무를 부과할 필요성은 똑 같이 발생한다.

이러한 자들은 재산을 신탁외의 방법으로 수탁받는 점에서 차이가 날 뿐 수탁받은 재산의 처리시 부담하는 충실의무 부과 필요성은 위탁인의 이익의

18) 이에 관한 자세한 논의는 제1편 제3장(이중기, "신탁법에 기초한 충실의무법리의 발전") 참조.
19) 이 부분은 이중기, "준수탁자로서의 법무법인", II. 5. (2) 부분에 기초하였음.

관점에서 차이가 없다. 따라서 이러한 자들은 '수탁자에 준하는 자'라고 부를 수 있고, 이러한 준수탁자에 대해서는 (ⅰ) 수탁재산의 관리와 관련된 신탁법 규정 및 (ⅱ) 충실의무의 부과와 적용에 관한 신탁법 규정들이 상황이 허용하는 한 준용될 수 있게 된다.

2) 재산명의를 이전받지 않지만 법정처분권한을 갖는 자

나아가 위탁인의 이익을 위해 행위할 충실의무는 반드시 재산의 명의가 이전되는 경우에만 한정되는 것은 아니다. 타인재산에 대한 명의를 넘겨받지 않더라도, 타인재산에 대한 소송당사자가 되는 등 독자적으로 타인의 재산에 대한 법정처분권한을 보유하는 자들에 대해서는 수탁자에 준하는 충실의무를 부과할 필요성이 똑 같이 발생한다. 신탁재산관리인, 파산관재인, 후견인, 상속재산관리인 등은 이와 같은 수탁자에 준하는 자들로 볼 수 있다. 투자신탁의 운용자도 신탁재산에 대한 법정운용권을 가지므로 이러한 준수탁자에 해당한다.

3) 재산명의의 이전이 수반되지 않지만 처분재량을 수권받은 자

또 재산의 명의가 사무수탁인에게 이전되지 않고 법정처분권한을 갖지 않더라도 수탁인이 타인명의 재산에 대해 처분재량이나 영향력을 보유할 수 있는 경우가 있다(예를 들어, 고객이 고객명의 재산에 관해 자문업자에게 투자자문을 구하거나 일임업자에게 투자를 일임하는 경우, 혹은 고객이 재산의 처분방법 혹은 재산분쟁에 관해 변호사에게 법률자문을 구하는 경우 등). 이러한 사무수탁자들은 재산의 명의를 수탁받지 않은 점에서 차이가 날 뿐 고객명의 재산의 운명을 좌우할 수 있는 처분재량 혹은 영향력을 갖고 있다는 점에서 충실의무 부과 필요성은 신탁 수탁자와 동일하다. 따라서 이러한 경우에도 처분재량을 수권한 위임인의 이익을 보호하기 위해 재량의 수임인에 대해 위탁자의 이익을 위해 행위할 충실의무의 부과는 필요하다. 이와 같이 타인명의 재산에 대한 처분재량이나 영향력을 갖는 지위에서 직무를 수행하는 자도 준수탁자라고 부를 수 있다.

따라서 수탁재산의 관리와 관련된 신탁법 규정은 당연히 적용되지는 않지만, 사무수탁자의 고객재산에 대한 처분재량이나 영향력의 정도가 수탁자에

준하는 정도라면 명의의 보유 여부와 관계없이 준용될 수 있다.

4) 비재산적 법률관계에서 처분재량을 수권받은 자

또한 반드시 재산에 대한 처분재량이나 영향력을 갖고 있는 경우에만 충실의무 부과 필요성이 발생하는 것은 아니다. 위임인의 신뢰하에서 재산 아닌 다른 법률관계에서 정보나 재량을 부여받거나 혹은 신체에 대한 정보나 재량을 부여받은 경우에도 동일한 문제가 제기될 수 있다. 예를 들어, 민사소송이 아니라 가사소송/형사소송을 맡은 변호사에 대해서도 충실의무 부과 필요성이 생기는데, 이 경우는 재산에 대한 처분재량/영향력 때문에 충실의무자 지위를 인정하는 것이 아니다. 또 질병치료를 위해 신체정보를 수령한 의사에 대해서도 환자의 보호 관점에서 충실의무를 부과할 필요성이 생긴다. 즉 "재산의 수탁이 없어도 위탁인과 수탁인 사이의 관계가 신뢰와 신임 관계이거나 정보의 제공이나 재량의 부여 등으로 인해 위탁인의 수탁인에 대한 관계가 의존적(dependent)이거나 혹은 취약성(vulnerable)을 보이는 경우, 수탁인은 위탁인에 대한 충실의무자로 포섭되고 그 지위 혹은 관계는 수탁자에 준하는 지위 혹은 준수탁자관계로 정의되게 되고, 그에 대해서는 신탁법상 충실의무가 적용되어야 한다. 예컨대 의사, 형사사건 변호사 같은 경우 그러한 신분 혹은 지위에 따른 충실의무가 발생하므로, 준수탁자 지위에 있다고 볼 수 있고 따라서 충실의무가 준용될 수 있다.

(3) '준수탁자'로서의 이사

이사는 회사재산을 자기명의로 수탁받지는 않지만, 회사재산에 대한 지배력을 갖고 대표이사 혹은 포괄대리인으로서 처분권한을 갖게 된다. 따라서 이사는 신탁재산관리인, 파산관재인, 후견인, 상속재산관리인 등과 마찬가지로 수탁자에 준하는 자로 볼 수 있게 된다. 이러한 한도에서 (i) 수탁재산의 관리와 관련된 신탁법 규정 및 (ii) 충실의무의 부과와 적용에 관한 신탁법 규정들은 상황이 허용하는 한 준용될 수 있게 된다.

## 5. '준수탁자'로서의 이사에 대한 수탁자의 충실의무 및 구제 수단의 준용

### (1) '준수탁자'로서의 이사에 대한 '수탁자의 충실의무'의 준용방법

#### 1) 대법원의 논리

앞서 본 것처럼, 이사는 회사재산을 자기명의로 수탁받지 않지만 회사재산에 대한 지배력을 갖고 대표이사 혹은 포괄대리인으로서 처분권한을 가지므로 수탁자의 충실의무가 준용될 수 있다. 대법원의 논리에 의하면, 이사의 충실의무를 선언한 상법 제382조의3이 없더라도 회사와 이사 간 위임관계를 규제하는 이익충돌금지규정이 있으면, 동 규정에 기해 회사-이사관계를 충실의무관계로 규정할 수 있다. 그리고 다음 단계로서, 충실의무관계로 규정된 회사-이사관계에 대해 필요한 '구체적' 충실의무를 신의칙에 기해 하나씩 발견해 나가면 된다.[20]

대상판결은 개정전 상법이 '회사기회의 유용법리'를 명시적으로 규정하지 않았음에도 불구하고, 아래에서 보는 것처럼 이익의 관점 혹은 충실의무의 관점에서 이사의 '기회유용금지'에 대해 논하고 있다. 이러한 논의는 회사-이사관계를 충실의무관계로 규정하고 충실의무관계로 규정된 회사-이사관계에 대해 '구체적' 충실의무(즉, 이사의 기회유용금지)를 발견해 나가는 시도로 보이고, 대상판결의 '구체적' 충실의무의 탐구방식은 매우 적절한 것으로 생각된다.

> "이사는 이익이 될 여지가 있는 사업기회가 있으면 이를 회사에 제공하여 회사로 하여금 이를 이용할 수 있도록 하여야 하고, 회사의 승인 없이 이를 자기 또는 제3자의 이익을 위하여 이용하여서는 아니 된다. 그러나 회사의 이사회가 그에 관하여 충분한 정보를 수집·분석하고 정당한 절차를 거쳐 회사의 이익을 위하여 의사를 결정함으로써 그러한 사업기회를 포기하거나 어느 이사가 그것을 이용할 수 있도록 승인하였다면 그 의사결정과정에 현저한 불합리가 없는 한 그와 같이 결의한 이사들의 경영판단은 존중되어야 할 것이므로, 이 경우에는 어느 이사가 그러한 사업기회를 이용하게 되었더라도 그 이사나 이사회의 승인 결의에 참여한 이사들이 이사로서 선량한 관리자의 주의의무 또는 충실의무를 위반하였다고 할 수 없다."

20) 제1편 제5장 II. 6. (1) 및 제1편 제1장 III. 신의칙의 의무법적 발현 참조.

2) 수탁자 충실의무의 준용 범위

구체적으로 이사에 대해 수탁자의 충실의무를 준용하는 경우 '어느 한도'까지 준용할 수 있는가가 문제된다. 먼저 신탁법 제34조 제1항 제1·2·3호에서 '구체적' 충실의무 유형으로서 예시한 이익상반행위의 금지, 즉 자기거래, 쌍방대리 금지 등이 준용될 수 있다. 또한 제4호에서 '개방적' 충실의무 개념 혹은 '일반적' 금지조항으로 규정한 "그 밖의 수익자의 이익에 반하는 행위"의 해석으로 인정되는 전형적 충실의무, 예를 들어 경업금지, 겸직금지, 정보의 비밀유지, 기회의 유용금지 등이 구체적 관계 혹은 상황에 따라 신의칙에 기해 부과될 수 있다.[21]

그런데, 회사법은 이사의 자기거래, 경업거래 등과 관련해 이미 충실의무 특칙들을 규정하고 있는데, 준수탁자로서의 이사에 대해 수탁자의 충실의무가 준용되는 경우 이들 회사법상 특칙규정들과 신탁법상 규정들과의 관계를 어떻게 설정할 것인가가 문제된다. 이사를 규제하고 있는 회사법에서 이사의 이익충돌을 해결하기 위해 충실의무 특칙들을 두고 있는 경우, 이들 특칙규정들이 강행규정이면 이들 특칙규정들은 신탁법 규정보다 먼저 적용되어야 하고, 이들 규정이 적용되는 한도에서 이들 규정과 저촉되는 신탁법상의 충실의무 규정들은 적용이 배제된다(소위 '특별법우선의 원칙'). 하지만, 이들 규정이 임의규정인 경우 신탁충실의무법은 병렬적으로 적용될 수 있다. 또 회사법이 특별히 규정하지 않은 사항에 대해서는 신탁충실의무법이 준용될 수 있으므로, 신탁법 제34조 제1항, 특히 제4호의 '개방적' 충실의무 혹은 '일반적' 금지조항인 '그 밖의 수익자의 이익에 반하는 행위'의 해석으로 인정되는 충실의무가 구체적 회사관계 혹은 상황에 따라 이사에 대해 부과될 수 있다.

(2) '준수탁자'로서의 이사에 대한 '신탁법상 구제수단'의 준용방법: '이익반환 책임'의 준용

준수탁자인 이사가 이익충돌 상황에서 자기이익을 우선하는 행위를 한 경우 이러한 행위는 충실의무 위반으로 될 수 있다. 이와 같이 준수탁자인 이사가 자기이익을 우선하는 행위를 하려는 경우 사전적으로 유지할 필요성이

21) 위의 각주 참조.

생기고, 이사에 대한 유지청구권을 규정한 상법 제402조가 없었더라도 신탁법 제77조의 유지청구권을 준용할 수 있을 것이다.

또 만약 준수탁자인 이사가 자기이익을 우선해 이득을 편취한 경우, 사후적으로 이러한 이득을 박탈할 필요가 생긴다. 준수탁자는 앞서 본 것처럼, 의무의 부담과 책임에 있어 수탁자에 준하는 자로 볼 수 있기 때문에 이러한 준수탁자가 취득한 이득에 대해서는 신탁법상의 이득반환책임을 준용할 수 있을 것이다. 이 때 신탁법상 이득반환책임을 구체적으로 준수탁자인 이사에 대해 어떻게 준용할 것인가가 문제된다.

이득반환책임을 준수탁자에게 준용하는데 있어서는, 준수탁자인 이사의 지위/업무의 내용에 따라 그 내용이 달라져야 한다. 다시 말해, 신탁법적 구제수단을 준용함에 있어 상황에 따른 변용(adaptation)이 필요하다.[22] 준수탁자에게는 그의 지위/업무의 내용에 비추어 수탁자에게 요구되는 여러 가지 '충실의무' 중에서 적합한 것들만 요구해야 합리적이고 또 그러한 의무의 위반을 억지하는데 필요한 한도에서 신탁법상 '구제수단'이 준용될 수 있다. 따라서 준수탁자인 이사에 대해서는 이사의 업무집행과 관련해 자기이익추구행위를 억지하는데 필요한 한도에서 수탁자의 충실의무가 준용되고, 이러한 충실의무를 위반한 경우 이득박탈이 필요한 한도에서 신탁법상 구제수단인 이득반환청구권 등을 준용할 수 있게 된다.[23]

### (3) 개별 법령에 의한 '구제수단 특칙'과 신탁법상 구제수단의 관계[24]

그런데, 준수탁자의 경우, 각각의 준수탁자를 규제하는 법령에서 준수탁자의 이익충돌 상황을 해결하기 위해 특별한 해결방안 혹은 구제수단을 두고 있는 경우가 많다. 따라서 준수탁자에 대해 신탁법상 충실의무 위반에 대한 구제수단을 준용하는 경우, 이들 개별 법령의 충실의무 구제수단들과 신탁법상 구제수단들 사이의 충돌이 발생하고 이들 관계를 어떻게 정립해야 하는가라는 문제가 발생한다. 이사의 충실의무 위반에 대한 구제수단에 대해서도 동일한 문제가 발생한다.

---

22) 제1편 제3장 VI. 3. (2)(이중기, "신탁법에 기초한 충실의무법리의 발전", 61-62면).
23) 제1편 제5장 II. 6. (2)(이중기, "준수탁자로서의 법무법인", 474면).
24) 제1편 제5장 II. 6. (3)(위의 논문, 475 이하).

1) 구제수단 특칙이 '강행규정'인 경우

준수탁자를 규제하고 있는 개별 법령에서 준수탁자의 이익충돌 상황을 해결하기 위해 특별한 해결방안 혹은 구제수단을 규정하고 있는 경우, 이들 특별규정들은 강행법규인 경우도 있고, 임의규정인 경우도 있다. 만약 특별규정들이 강행법규로 해석될 수 있는 경우에는 이들 규정들이 먼저 적용되어야 하고, 이들 규정이 적용되는 한도에서 이들 규정과 저촉되는 신탁법상의 구제수단들은 적용이 배제된다. 따라서 다음의 <표 1>에 나타난 이사의 자기거래와 관련된 특칙, 친권자, 후견인의 이익충돌시 특칙은 강행규정으로 해석되므로,[25] 이들 구제수단 특칙들은 우선적용되어야 하고, 이들 준수탁자 특칙규정이 적용되는 한도에서 이들 규정과 저촉되는 신탁법상 구제수단들은 준용이 배제된다.

따라서 이러한 준수탁자에 특유한 해결방안 혹은 구제수단 특칙에 따르지 않은 이사, 지배주주, 친권자, 후견자의 이익상반행위는 무효로 해석되고, 신탁법상 구제원칙, 예를 들어 이익충돌 상황에 대한 신탁법의 '일반적' 해결방법인 공시와 승인으로 해결될 수 있는 가능성(제34조 제2항 제2호)[26]은 배제된다.

---

25) "각 특별대리인이 각 미성년자인 자를 대리하여 상속재산분할의 협의를 하여야 하고, 만약 친권자가 수인의 미성년자의 법정대리인으로서 상속재산 분할협의를 한 것이라면 이는 민법 제921조에 위반된 것으로서 이러한 대리행위에 의하여 성립된 상속재산 분할협의는 적법한 추인이 없는 한 무효이다"(대법원 2001.6.29. 선고 2001다28299판결).

26) 신탁법 제34조(이익에 반하는 행위의 금지) … ② 제1항의 [이익상반행위의 금지]에도 불구하고 수탁자는 다음 각 호의 어느 하나에 해당하는 경우 [이익상반]행위를 할 수 있다.
… 2. 수익자에게 그 행위에 관련된 사실을 고지하고 수익자의 승인을 받은 경우

표 1 요건 혹은 구제수단 특칙

| | |
|---|---|
| 상업사용인 | 제17조(상업사용인의 의무) … ② 상업사용인이 [경업금지, 겸직금지] 규정에 위반하여 거래를 한 경우에 그 거래가 자기의 계산으로 한 것인 때에는 영업주는 이를 영업주의 계산으로 한 것으로 볼 수 있고 제3자의 계산으로 한 것인 때에는 영업주는 사용인에 대하여 이로 인한 이득의 양도를 청구할 수 있다. |
| 이사, 주요주주,27) 특수관계인 | 제397(경업금지) … ② 이사가 제1항의 규정에 위반하여 거래를 한 경우 회사는 이사회의 결의로 그 이사의 거래가 자기의 계산으로 한 것인 때에는 이를 회사의 계산으로 한 것으로 볼 수 있고 제3자의 계산으로 한 것인 때에는 그 이사에 대하여 이로 인한 이득의 양도를 청구할 수 있다.<br>제397조의2(회사의 기회 및 자산의 유용) … ② 제1항을 위반하여 회사에 손해를 발생시킨 이사 및 승인한 이사는 연대하여 손해를 배상할 책임이 있으며 이로 인하여 이사 또는 제3자가 얻은 이익은 손해로 추정한다.<br>제398(이사 등과 회사 간의 거래) [이사, 주요주주, 특수관계인이] 자기 또는 제3자의 계산으로 회사와 거래를 하기 위해서는 미리 이사회에서 해당 거래에 관한 중요사실을 밝히고 이사회의 승인을 받아야 한다. 이 경우 이사회의 승인은 이사 3분의 2 이상의 수로써 하여야 하고, 그 거래의 내용과 절차는 공정하여야 한다.<br>제542조의9(주요주주 등 이해관계자와의 거래) |
| 친권자, 후견인 | 제921조(친권자와 그 자간 혹은 수인의 자간의 이해상반행위) ① 법정대리인인 친권자와 그 자 사이에 이해상반되는 행위를 함에는 친권자는 법원에 그 자의 특별대리인의 선임을 청구하여야 한다. ② 법정대리인인 친권자가 그 친권에 따르는 수인의 자 사이에 이해상반되는 행위를 함에는 법원에 그 자 일방의 특별대리인의 선임을 청구하여야 한다.<br>제949조의3(이해상반행위) 후견인에 대하여는 제921조를 준용한다. |

27) 지배주주의 소수주주에 대한 충실의무에 대해서는 제7장(이중기, "'지배권 프리미엄'의 표현으로서 '다수지배원칙'과 통제장치로서의 '지배주주의 충실의무'", 『상사법연구』, 제32권 제1호(2013)) 참조.

2) 구제수단 특칙이 '임의규정'인 경우

반면에 준수탁자를 규제하고 있는 개별 법령이 구제수단 특칙의 규정형식을 "어떤 상황에서" ×××을 "할 수 있다"로 표시한 경우와 같이 당해 개별 법령의 구제수단 특칙이 임의법규로 해석될 수 있는 경우도 있다. 이러한 경우에는 이들 특칙규정들은 배타적으로 적용될 필요가 없고, 신탁법상 구제수단들이 병렬적으로 이용될 수 있다. 따라서 위의 <표 1>에 나타난 것처럼, 이사나 상업사용인의 경업거래 혹은 겸직의 경우 구제수단 특칙이 "할 수 있다"라고 표현하고 있기 때문에, 이 상황에서 이들 구제수단 특칙의 적용은 배타적이지 않다. 즉 '특정된 상황에서' 성질상 신탁법상 구제수단들이 활용될 수 있는 경우, 신탁법상 구제수단들은 이들 특칙규정들과 병렬적으로 준수탁자에 준용될 수 있다. 따라서 만약 신탁법상 구제수단이 유리하다면, 신탁법상 구제수단을 이용할 수 있다고 본다. 예를 들어, 이사 혹은 상업사용인의 경업거래의 경우, 상법 제17조 혹은 제397조가 규정한 개입권을 행사할 수도 있고, 혹은 준수탁자인 이사 혹은 상업사용인에 대해 신탁법 제43조에 기한 이득반환청구도 가능하다고 본다.

## 6. 소결: 대상판결의 의미

### (1) '회사기회'에 대한 제382조의3(추상적 충실의무) 조항의 적용례

"이사는 회사에 대하여 선량한 관리자의 주의의무를 지므로, 법령과 정관에 따라 회사를 위하여 그 의무를 충실히 수행한 때에야 이사로서의 임무를 다한 것이 된다. 이사는 이익이 될 여지가 있는 사업기회가 있으면 이를 회사에 제공하여 회사로 하여금 이를 이용할 수 있도록 하여야 하고, 회사의 승인 없이 이를 자기 또는 제3자의 이익을 위하여 이용하여서는 아니 된다."

대상판결은 사업기회와 관련해 개정전 회사법에 '회사기회'의 유용금지에 대한 명문의 규정이 없었음에도 불구하고 '회사기회'에 대한 이사의 충실의무를 인정한 것으로 볼 수 있다. 이러한 대상판결은 대법원이 제398조 자기거래, 제397조 경업금지 등 상법이 구체적 충실의무 유형으로 예시한 의무와 다른 유형의 충실의무를 인정할 수 있음을 보여 주었다는 점에서 큰 의미가 있다.

앞으로도 대법원이 다양한 유형의 구체적 충실의무를 상법 제382조의3이 규정한 이사의 '추상적' 충실의무 조항[28]에 기하여, 또는 '준수탁자'에 대한 신탁법 제34조 제1항 제4호의 '개방적' 충실의무 개념 혹은 '일반적' 금지조항으로부터 도출할 수 있기를 기대해 본다.

### (2) '준수탁자'로서의 이사에 대한 신탁법상 '고지와 승인' 규정의 준용례

"회사의 이사회가 [사업기회]에 관하여 충분한 정보를 수집·분석하고 정당한 절차를 거쳐 회사의 이익을 위하여 의사를 결정함으로써 그러한 사업기회를 포기하거나 어느 이사가 그것을 이용할 수 있도록 승인하였다면 그 의사결정과정에 현저한 불합리가 없는 한 그와 같이 결의한 이사들의 경영판단은 존중되어야 한다."

대상판결은 '이익충돌의 해소방법'과 관련해 상법에 명시적 규정이 없음에도 불구하고 신탁충실의무법의 '일반적' 해소방법인 '공시와 승인' 방법[29]을 인정한다. 이러한 대상판결은 '준수탁자'로서의 이사에 대해 (ⅰ) '충실의무 부과' 측면에서 상법상 '추상적 충실의무' 조항 또는 신탁법의 '개방적 충실의무' 개념으로부터 구체적 충실의무가 도출될 수 있음을 보여 줄 뿐만 아니라, (ⅱ) '충실의무의 배제' 측면에서도 신탁충실의무법이 규정한 '일반적' 이익충돌 해소방법', 즉 고지와 승인방법을 이용해 이익충돌을 해소할 수 있음을 보여 주는 좋은 사례가 된다.

물론, 개정상법은 이사의 기회유용행위에 대해 이사회 승인요건을 3분의 2로 가중하는 충실의무 '특칙규정'을 신설하였기 때문에, 앞으로는 이사회 승인결의는 이러한 상법상 특칙에 따라 특별결의요건을 충족시켜야 하고, 대상판결과 같이 단순히 신탁충실의무법의 '일반적' 공시와 승인 규정을 준용할 것은 아니다.

### (3) 대법원은 충실의무 동질성을 수용한 것인가?

"[회사기회를 이용한] 이사나 이사회의 승인 결의에 참여한 이사들이 이사로서 선량한 관리자의 주의의무 또는 충실의무를 위반하였다고 할 수 없다."

---

28) 第382조의3(이사의 충실의무) 이사는 법령과 정관의 규정에 따라 회사를 위하여 그 직무를 충실하게 수행하여야 한다.

29) 앞의 주 26) 참조.

위의 대상판결로부터 우리는 대법원이 이사의 충실의무에 대해 선관의무 동질설을 채택한 것으로 볼 수 있는가? 앞서 본 것처럼, 대법원은 '수탁자'의 충실의무에 대해 이익충돌금지규정으로부터 충실의무를 도출하고 이익상반행위가 충실의무 위반행위라고 설시했지만,30) '이사'의 충실의무에 대해서는 그 근거와 내용에 대해 분명한 설시를 하고 있지 않다. 따라서 대상판결로부터 대법원이 충실의무 동질설을 채택했다고 보기는 어렵다고 생각된다.

그런데, 이사의 충실의무에 대해 선관의무 동질설 채택은 문제가 되는가? 대법원이 동질설과 같이 이사의 충실의무를 선관의무의 확장된 형태로 파악하더라도, 충실의무의 도출 근거를 전통적인 객관적 '주의의무'가 아니라 '이익충돌'의 억지로부터 도출하는 한, 큰 문제는 없다고 생각된다. 대법원이 수탁자의 충실의무에 대해 설시한 것처럼 이사의 충실의무의 부과 논리를 '이익충돌'로부터 도출하는 한, 협의의 충실의무를 선관의무와 별개로 보든 선관의무의 한 유형으로 보든 충실의무의 기능에는 큰 영향을 미치지 않기 때문이다. 따라서 이사의 충실의무에 대한 논쟁에 대해서는 개념적으로 객관적 주의의무와 구별하는 이질설이 논리적으로 간명해 보이나, 위임상 '의무의 원천'으로서의 선관의무를 확장해 충실의무를 포섭하는 논리도 가능하다고 생각된다.

## Ⅳ. 정리의 말

대상판결은 회사와 이사의 이익충돌 상황과 관련해 이사의 자기거래의 성립 여부 및 이사의 경업거래의 성립 여부의 문제를 다루고 있다. 대상판결은 먼저 이사의 자기거래 성립 여부의 판정에 있어 '회사'의 의미와 관련해 형식적 기준을 적용하면서 법인격을 중시한 판단을 내리고 있다. 반면에, 이사의 경업거래의 성립 여부의 판정에 있어서는 '회사'의 의미와 관련해 실질적 기준을 적용하면서 법인격을 중요하게 보지 않고 있다.

이 글에서는 이익충돌의 판정대상인 '회사' 혹은 '회사의 이익'의 의미와 관련해, (ⅰ) 형식적 기준을 적용해 당해 '법인격'에 의해 제한된 형식적인 '회

30) 앞의 주 14)의 판결.

사' 혹은 '회사의 이익'을 의미하는 것으로 보아야 하는지, 아니면 (ii) 실질적 기준을 적용해 '지배력'에 의해 지배되는 실질적인 '회사' 혹은 '회사의 이익'을 의미하는 것으로 보아야 하는지에 대해 충실의무법의 관점에서 검토해 보았다.

또한 대상판결은 회사와 이사의 이익충돌 상황과 관련해, 특히 회사기회 유용과 관련해, 이사의 의무위반을 '선관의무 또는 충실의무 위반'이라고 설시하고 있다. 이 글에서는 이사의 충실의무와 선관의무의 관계, 이사의 충실의무와 수탁자의 충실의무의 관계 등에 대해 살펴봄으로써, 회사법·신탁법 등에서 전개되고 있는 충실의무법리의 정립 노력을 검토해 본 다음, 회사법에서의 충실의무법리의 발전방향을 모색해 보았다.

회사의 이사는 회사로부터 회사의 재산에 관한 경영을 위탁받은 수탁자로 볼 수 있고, 따라서 회사의 이사는 회사재산의 수탁자 혹은 처분재량의 수탁자로서 신탁상 수탁자에 준하는 충실의무를 부담할 수 있다. 따라서 회사 이사가 이익충돌 상황에서 자기이익을 추구하는 행위에 대해서는 '회사법'이 적용되는 외에 '신탁법'의 충실의무법이 준용될 수 있다.

## [참고문헌]

김건식, 『회사법연구 I』, 2010.

송옥렬, 『상법강의(제4판)』, 2014.

이철송, 『회사법강의(제22판)』, 2014.

최기원, 『신회사법론(제13대정판)』, 2009.

권재열, “모회사의 이사에 대한 자회사의 실권주 배정에 관련된 몇 가지 쟁점의 검토”, 『선진상사법률연구』, 제65호(2014. 1).

이중기, "법무법인에 발생하는 이익충돌과 충실의무: 준수탁자로서의 법무법인", 『홍익법학』, 제14권 제2호(2013).

______, “법인에서의 ‘인식의 귀속’과 이익충돌의 인식: 거대 회사에서의 ‘정보차단장치’의 효력을 중심으로”, 『서울대학교 법학』, 제55권 제4호(2014. 12).

______, “신의칙과 위임법리에의 접목을 통한 충실의무법리의 확대와 발전”, 『홍익법학』, 제12권 제2호(2011).

______, “신탁법에 기초한 영미 충실의무법리의 계수와 발전”, 『홍익법학』, 제12권 제1호(2011).

______, “‘지배권 프리미엄’의 표현으로서 ‘다수지배원칙’과 통제장치로서의 ‘지배주주의 충실의무’”, 『상사법연구』, 제32권 제1호(2013).

______, “이사, 상업사용인의 회사기회유용과 경업금지의무 위반”, 『홍익법학』, 제8권 제3호(2007).

천경훈, “신세계 대표소송의 몇 가지 쟁점 : 경업, 회사기회유용, 자기거래”, 『상사법연구』, 제33권 제1호(2014).

최문희, “실권주에 관한 법적 쟁점의 검토: 최근의 판례를 소재로 하여”, 『상사법연구』, 제32권 제3호(2013).

Law Commission CP No.124, Fiduciary Duties and Regulatory Rules(1992).

Flannigan, “The Fiduciary Obligation”, [1989] 9 *O.J.L.S.* 285.

# 제 4 장 준수탁자 II: 변호사, 법무법인*

( … )

## Ⅲ. 법무법인에 발생하는 이익충돌과 충실의무

여기서는 법무법인에 발생하는 이익충돌에 대해 준수탁자 법리의 적용 가능성을 검토해 본다. 그런데, 변호사의 이익충돌/수임제한에 관한 매우 세부적인 사항은 각각 깊이 있는 연구/검토가 필요한 독자적 영역이다. 예컨대, 변호사법 이외에도 윤리강령 등을 통하여 변호사의 의뢰인에 대한 의무의 구체적인 내용이 더 상세히 규정되어 있다. 따라서 변호사의 여러 행위유형을 단순히 쌍방대리라는 용어만으로 포섭할 수는 없다. 이와 같이 변호사의 수임제한에 관한 세부적인 사항을 다루려면 각 관련 조항에 대한 더 깊은 연구가 필요할 것이기 때문에, 아래의 논의는 이러한 모든 측면을 커버하는 것이 아니라 법무법인의 이익충돌 상황을 충실의무법적 관점에서 다루는 측면만을 살펴보는 것이다.

### 1. 법무법인의 직무와 업무집행 방법

법무법인은 다음과 같이 변호사의 직무에 속하는 업무를 수행하고 그 직무수행에 따른 소송대리인의 지위 혹은 법률자문인의 지위를 가진다:

제3조(변호사의 직무) 변호사는 당사자와 그 밖의 관계인의 위임이나 국가·지방자치단체와 그 밖의 공공기관(이하 "공공기관"이라 한다)의 위촉 등에 의하여

* 이 장은 이중기, "법무법인에 발생하는 이익충돌과 충실의무: '준수탁자'로서의 법무법인", 『홍익법학』, 제14권 제4호(2013)에 기초하였음.

소송에 관한 행위 및 행정처분의 청구에 관한 대리행위와 일반 법률 사무를 하는 것을 그 직무로 한다.

…

제49조(업무) ① 법무법인은 이 법과 다른 법률에 따른 변호사의 직무에 속하는 업무를 수행한다. ② 법무법인은 다른 법률에서 변호사에게 그 법률에 정한 자격을 인정하는 경우 그 구성원이나 구성원 아닌 소속 변호사가 그 자격에 의한 직무를 수행할 수 있을 때에는 그 직무를 법인의 업무로 할 수 있다.

이 때 법무법인은 법인명의로 업무를 수행하는데, 그 업무를 수행할 담당변호사를 지정하여야 한다. 담당변호사를 지정하지 않으면 구성원 모두를 담당변호사로 지정한 것으로 본다. 만약 담당변호사가 수인인 경우 각 담당변호사가 법무법인을 대표한다.[1)]

## 2. 법무법인에 발생하는 이익충돌의 유형[2)]

앞서 본 것처럼, 법무법인은 그 직무수행에 따라 소송대리인의 지위 혹은 법률자문인의 지위 등의 지위를 가지는데, 직무수행에 따른 대리인으로서의

1) 제50조(업무 집행 방법) ① 법무법인은 법인 명의로 업무를 수행하며 그 업무를 담당할 변호사를 지정하여야 한다. 다만, 구성원 아닌 소속 변호사에 대하여는 구성원과 공동으로 지정하여야 한다.
② 법무법인이 제49조제2항에 따른 업무를 할 때에는 그 직무를 수행할 수 있는 변호사 중에서 업무를 담당할 자를 지정하여야 한다.
③ 법무법인이 제1항에 따라 업무를 담당할 변호사(이하 "담당변호사"라 한다)를 지정하지 아니한 경우에는 구성원 모두를 담당변호사로 지정한 것으로 본다.
④ 법무법인은 담당변호사가 업무를 담당하지 못하게 된 경우에는 지체 없이 제1항에 따라 다시 담당변호사를 지정하여야 한다. 다시 담당변호사를 지정하지 아니한 경우에는 구성원 모두를 담당변호사로 지정한 것으로 본다.
⑤ 법무법인은 제1항부터 제4항까지의 규정에 따라 담당변호사를 지정한 경우에는 지체 없이 이를 수임사건의 위임인에게 서면으로 통지하여야 한다. 담당변호사를 변경한 경우에도 또한 같다.
⑥ 담당변호사는 지정된 업무를 수행할 때에 각자가 그 법무법인을 대표한다.
⑦ 법무법인이 그 업무에 관하여 작성하는 문서에는 법인명의를 표시하고 담당변호사가 기명날인하거나 서명하여야 한다. <개정 2009.2.6>

2) 변호사의 이익충돌에 대한 미국법상 논의에 대해서는 박준·이상원·이효원·박준석·윤지현, 『판례로 본 미국의 변호사윤리』(2012) (이하, '박준·이상원'), 제4장 이익충돌 참조; 손창완, "변호사와 의뢰인간의 이익충돌과 변호사의 의무", 『法學論叢』, 제33집 제1호(2013), 427면.

지위 혹은 자문인으로서의 지위와 관련하여 쌍방을 수임하거나, 고객정보의 수령 혹은 자신의 이익 때문에 고객에 대한 의무가 서로 충돌하는 상황, 혹은 고객에 대한 의무와 자신의 이익이 충돌하는 상황에 직면할 수 있다.

(1) '분쟁사건'의 의무와 의무의 충돌: 쌍방 고객에 대한 대리 혹은 자문

법무법인이 현재 수임 중이거나 혹은 수임을 승낙한 '분쟁사건'과 관련해서 그 상대방을 대리하거나 자문하는 경우, 일방의 고객에 대한 의무가 다른 고객에 대한 의무와 충돌하는 상황이 발생한다.

1) '직접적' 쌍방대리 혹은 자문: '동일사건'의 '대립당사자'의 이익의 직접충돌

다음 상황은 법무법인이 고객을 직접 쌍방대리 혹은 쌍방자문을 하게 되는 상황이다. 이 때 법무법인은 고객에 대한 의무가 서로 충돌하는 상황에 직면하게 되고, 고객의 이익도 직접적으로 충돌하게 된다.

먼저, 법무법인이 어느 일방의 고객을 소송대리하면서 동시에 그 고객의 상대방을 소송대리하는 경우, 동일 법무법인이 쌍방의 소송을 대리하는 의무충돌 상황이 된다.

둘째, 법무법인이 어느 일방 고객에 대해 법률자문을 하면서 동시에 그 고객의 상대방에 대해 법률자문을 하는 경우에도 동일한 의무충돌 현상이 발생할 수 있다. 예를 들어, M사가 F법무법인으로부터 여성브랜드 사업부분에 대해 계속적 자문을 구하고 있는데, G를 중심으로 한 기업인수컨소시엄은 M사를 '적대적' 인수하겠다는 의사를 밝히고, F법무법인에 M사의 적대적 인수에 대한 법률자문을 구하는 경우를 상정해 보자. 만약, 여성브랜드 사업이 M사의 중요한 사업부분이고 F법무법인이 그에 대해 자문을 제공한 관계라면 "F법무법인이 기업인수컨소시엄을 대리하는 것은 위 여성의류브랜드 계약관계 자문과 관련하여 M사의 이익을 극대화하여야 하는 의무에 정면으로 충돌"할 수 있다.[3]

셋째, 법무법인이 어느 일방 고객에 대해 소송대리를 하면서 동시에 그 고객의 상대방에 대해 법률자문을 하는 경우에도 의무충돌 현상이 발생한다.

3) 김연미, "기업에 대한 법률자문에 있어 이익충돌의 문제", 『홍익법학』, 제8권 제3호(2007)(이하, '김연미'), 87면, 95면.

2) '간접적' 쌍방대리 혹은 자문: '다른 사건'의 의뢰인의 이익의 간접충돌

다음의 상황은 분쟁사건에서 법무법인이 고객을 간접적으로 쌍방대리 혹은 쌍방자문을 하게 되는 상황이다. 이 때에도 법무법인은 의무충돌에 직면하게 되고, 고객의 이익은 간접적으로 충돌하게 된다:[4)]

A와 B 간의 대여금청구소송에서 甲법무법인이 A의 사건을 수임한 상황에서, 다음과 같은 사건의 위임이 있다고 가정해 보자.

**[사례 1]** B가 A를 상대로 다른 사건(예: 부동산매매계약 사건)에서 甲법무법인에게 위임하고자 하는 경우

**[사례 2]** B가 C(A와 무관함)를 상대로 하는 사건(예: 부동산매매계약 사건)을 甲법무법인에게 위임하고자 하는 경우

**[사례 3]** D가 A를 상대로 하는 사건(A와 B 간의 소송과 무관함)을 甲법무법인에게 위임하고자 하는 경우

[사례 1]의 경우 법무법인은 'A와 B가 상대방'인 별개의 사건에서 각각 다른 당사자인 A 및 B를 대리하게 된다. 이 때 B가 위임한 부동산매매계약 사건에서의 이익이 A가 위임한 대여금청구 사건에서의 이익보다 훨씬 크다면, 법무법인은 이익이 큰 B의 위임 사건을 더 중시해 B의 이익을 최우선할 가능성에 직면하게 된다. 또 이 때 A로부터 수임한 사건에서도 B의 이익을 고려할 가능성이 생길 수 있다.[5)] [사례 2]의 경우 'A, B가 상대방'인 대여금사건 및 별개 사건인 'B, C가 상대방'인 매매사건에서 각각 A를 대리하고 B를 대리하게 되므로, 일응 의무충돌이 발생하지 않는 것처럼 보인다. 하지만, 이 경우에도 B가 위임한 부동산매매 사건의 이익이 훨씬 크다면, 법무법인은 더 큰 이익을 가져다 주는 B의 입장을 더 중시하게 된다. 또 이때도, 간접적으로 A가 위임한 사건에서도 B의 이익을 고려할 가능성이 생길 수 있다.

[사례 3]의 경우도 마찬가지이다. A가 위임한 사건의 이익이 더 크다면, A의 이익을 우선 고려하게 되고, 간접적으로 D가 위임한 사건에서 A의 이익을 고려할 가능성이 생기게 된다. 즉, "[사례 3]의 경우 시간 순서를 바꾸어 만약 D가 A를 상대로 하는 사건을 甲법무법인이 먼저 수임한 후 A가 B를 상대

4) 아래의 사례는 박준, 『판례 법조윤리』(2011) (이하, '박준'), 225면에서 인용한 것임.
5) 하지만 실제 이러한 이중수임이 발생하는 경우는 거의 없을 것이다.

로 하는 사건을 甲법무법인에게 위임하고자 하였다면 [사례 2]와 같은 유형이 될 것이다". 이와 같이, '의뢰인의 상대방으로부터 수임' 및 '의뢰인을 상대방으로 하는 수임'은 항상 법무법인에 대해서 간접적 의무충돌을 야기한다.

(2) '비분쟁사무'의 의무와 의무의 충돌

분쟁사건이 아닌 경우에도 법무법인의 의뢰인에 대한 의무는 충돌할 수 있다. 특히 법무법인 입장에서는 분쟁사건은 1회적이고 이익충돌이 명백하여 수임을 하지 않는 의사결정이 쉬운 반면, 비분쟁사무는 계속적이고 이익충돌도 상대적으로 덜 분명한데다가 의뢰인들이 중복대리를 용인하는 경우도 있어 수임을 하지 않기로 하는 의사결정이 더 어렵다.

1) 쌍방자문 상황

**[사례 1]** 사모펀드 X가 보유 중인 A주식회사의 지배주식 30%를 매각하기 위해 주간증권사를 통해 甲법무법인에 매각자문을 의뢰하고 있는데, 이 주식을 매수하려는 Y주식회사가 甲법무법인의 오랜 고객이어서 甲법무법인에 인수자문을 구하는 경우.

비공개협상 방식으로 진행되는 M&A 상황에서 매도인과 매수인 양측이 모두 동일 법무법인에 자문을 의뢰하는 경우, 법무법인의 매도인에 대한 의무와 매수인에 대한 의무는 서로 충돌할 수 있다. 높은 매도가격을 받기 위하여 행위해야 하는 매도인에 대한 의무는 낮은 매수가격을 위하여 행위해야 하는 매수인에 대한 의무와 충돌하기 때문이다.

2) 제3자에 대한 동종사무의 '겸직' 상황

(가) 제3자의 재산에 대해 '경쟁적 이익'을 갖는 수인의 의뢰인

법무법인이 제3자의 재산에 대해 경쟁적 이익을 갖는 수인의 의뢰인을 대리하거나 법률자문하는 경우에도 각각의 의뢰인에 대한 의무는 서로 충돌할 수 있다.

**[사례 2]** 위의 [사례 1] 의 상황에서 甲법무법인의 또 다른 오랜 고객인 Z주식회사도 사모펀드 X가 매각하려는 A회사의 지배주식을 인수하기 위해 甲법무법인에 인수자문을 구하는 경우

예를 들어, 비공개협상 방식으로 진행되는 M&A 상황에서 X가 Y와 Z를 협상대상자로 하여 비공개협상을 진행하는 경우, 혹은 공개입찰로 진행되는 M&A 상황에서 복수의 응찰예정자 Y와 Z가 응찰을 고려하고 있는 경우, 복수의 협상대상자 혹은 응찰예정자 Y와 Z에 대한 법무법인의 의무는 서로 충돌할 수 있다. 예를 들어, 법무법인은 Y를 위해 행위하면서 알게 된 정보에 대해 비밀유지의무를 지게 되는데, Z를 위해 행위하는 경우 이 정보를 Z를 위해 사용해야 될 의무를 질 수 있기 때문이다.

또 다음과 같이 '책임재산의 조사'와 관련해서도 법무법인이 복수의 고객에 대해 지는 의무는 서로 충돌할 수 있다:[6]

**[사례 3]** 甲법무법인이 A의 위임에 따라 채무자 B의 재산에 대한 가압류신청을 하여 결정을 받은 후 B와 채권회수를 위한 협상의 진행 중에, B의 다른 채권자 C가 B의 재산을 조사하여 가압류신청하여 줄 것을 甲법무법인에게 위임하는 경우.

이러한 경우 채권자 A와 C는 채무자 B의 책임재산의 조사 및 한정된 책임재산으로부터 채권의 회수 등에 있어 서로 상충하는 이해관계를 갖는다. 따라서 이러한 이익상충 상황에서 법무법인이 채권자 A뿐만 아니라 C를 위해 동일한 직무를 겸직하는 것은 직접적인 의무충돌을 야기할 수 있다. 위 사례에서 중요한 부분은 C가 법무법인에게 B의 재산을 '조사'하여 달라고 하는 점이다. B의 재산을 쉽게 찾을 수 없는 경우라면 A의 위임에 따라 가압류 업무를 수행하면서 알게 된 정보를 C에게 제공하는 문제가 발생한다.

그러나 만약 C가 스스로 B의 재산을 찾아서 가압류신청을 요청한 경우라면, 채무자가 동일하다고 하여 반드시 법무법인이 수임을 거절할 이익충돌 사유에 해당한다고 보기는 어렵다. 동일한 채무자를 상대로 하는 소송을 여러 채권자로부터 수임하는 행위가 변호사가 수임을 거절할 이익충돌사유에 해당하는가도 동일한 문제이다. 이와 같이, 제3자에 대한 경쟁적 고객을 대리하는 것이 항상 의무충돌을 야기하는 것은 아니다. 예를 들어, 공적인 회생절차가 개시된 경우 채권의 회수절차는 법원의 감독하에 엄격하고 형식적으로 진행

6) 아래의 사례는 박준, 226면에서 인용한 것임.

된다. 이러한 절차에서는 집단적이고 신속한 절차의 진행이 중요한 목표가 되고 이러한 '공동목표'의 추구[7]에 도움이 되는 한도에서 다수 채권자를 대리하는 것은 질서 있게 법률관계를 형성하는데 도움이 될 수도 있다. 이와 같이 법무법인이 채권자들의 위임사무를 겸직하는 것이 필요한 경우도 있다. 특히 회생절차에서 채권의 신고업무와 같은 기계적인 사무의 위탁에 대해서는 이익충돌의 여지는 크지 않다:

**[사례 4]** 중견건설업체 A 회사가 도산하여 회생절차가 개시된 후, A회사가 하도급, 물품공급, 분양 등과 관련해 거래하는 100여개의 거래처가 A회사에 대한 상거래채권을 가지고 있고, 그 가운데 (서로 아무 관련이 없는) B와 C가 甲법무법인에게 채권신고업무를 위임하고, 또 평소 甲법무법인에게 법률자문을 구하던 D은행과 E은행도 A회사에 대한 대출원리금 회수를 위한 채권신고업무를 위임하는 경우.

(나) 제3자의 처분에 대해 '상충적 이익'을 갖는 수인의 의뢰인

제3자의 처분에 대해 상충하는 이익을 갖는 수인의 의뢰인을 대리하거나 법률자문하는 경우에도 법무법인의 각각의 의뢰인에 대한 의무는 충돌할 수 있다. '수인의 딜레마'(prisoner's dilemma)가 작용하는 상황의 경우 특히 그러하다. 법무법인 태평양의 공정거래팀은 16개 생명보험사의 개인보험상품 이자율 담합 사건과 관련하여 담합사실을 자백한 대한생명과 담합사실을 부인한 신한생명과 동양생명을 모두 자문하였는데, 전자는 조사에 성실히 임한 공로로 과징금을 감면받았지만, 후자는 부인한 결과 상대적으로 큰 과징금을 물게 되었다.[8] 두 의뢰인은 공정위에 대해 동일한 입장에 처해 있지만, 자백 여부(leniency 신청 여부)에 따라 이해관계가 달라진다. 따라서 담합사건에서 복수의 공동행위자가 동일 법무법인에 의뢰를 하는 경우, (태평양의 경우처럼) 이들 중 어느 하나의 당사자가 leniency 신청을 한다면 법무법인의 다른 당사자의 대

---

7) 분쟁사건의 소송대리와 달리 비분쟁사무의 경우, 양 당사자에게는 공동의 목표 혹은 공동의 이익이 존재하기 때문에 '사건성'이 약화되고, 이익충돌의 정도도 완화된다(박준, 256-260면). 다른 예로는 아래의 III. 5. (4) 1) (나) 참조.

8) [단독] "'무슨 사연 있길래?' … 엇갈린 담합사건 맡은 대형 로펌", 노컷뉴스(기사입력 2011. 12. 12. 05:02).

리는 배제되어야 한다(conflict out). 문제는 모든 당사자가 leniency 신청을 하지 않고 끝까지 다투는 경우인데, 이런 경우는 법무법인의 같은 변호사가 공동으로 자문하면 '공동의 이익'이 존재하므로 이익충돌은 완화될 수 있다(그런데, 이 경우 이익충돌의 관점이 아니라 공정위의 규제 관점에서 보면 담합의 피의자들이 또 다른 모의를 하는 것처럼 파악될 수 있는 문제가 생길 수 있다).

(3) '정보제공'과 의무와 의무의 충돌: 정보사용의무 v. 비밀유지의무

법무법인의 어느 고객에 대한 의무가 다른 고객에 대한 의무와 충돌하는 상황은 의뢰인으로부터 비밀정보를 수령하는 경우에도 발생한다.

1) 정보제공 고객에 대한 비밀유지의무

먼저 법무법인이 정보제공 고객에 대해 부담하는 의무에 대해 살펴보자. 소송대리나 법률자문을 위해 어느 고객이 비밀정보를 법무법인에 제공하면, 법무법인은 그 정보를 소송대리나 법률자문을 위해 사용해야 하며 다른 목적으로 사용할 수 없다.[9] 이러한 고객정보에 대한 비밀유지의무는 소송대리나 자문이 계속되는 동안에는 물론 수임관계의 종결 후에도 계속되게 된다.[10]

2) 정보사용의무

다음으로 법무법인의 정보사용의무에 대해 살펴보자. 법무법인은 수임한 사무를 처리함에 있어 자신이 보유한 모든 정보를 사용하여 소송대리 혹은 법률자문을 행하여야 한다. 이 때 "법인 소속 임직원이 지득한 정보를 법인이 지득한 정보로 보는 정보귀속의 법리"[11]에 의하면, 소속 변호사가 수령한 고객의 비밀정보는 모두 법무법인의 정보가 되므로, 법무법인은 이러한 고객의 비밀정보도 사용해야 된다는 결론이 도출될 수 있다. 하지만, 정보사용의무를 야기하는 정보귀속의 법리를 법인에 대해 적용함에 있어서는 좀 더 세심한 주의가 요구된다. 예컨대, 아래와 같은 두 가지 상황을 생각해 보자.

9) 제26조(비밀유지의무 등) 변호사 또는 변호사이었던 자는 그 직무상 알게 된 비밀을 누설하여서는 아니 된다. 다만, 법률에 특별한 규정이 있는 경우에는 그러하지 아니하다. 자세히는 정인진, "변호사의 비밀유지의무", 『저스티스』, 제104호(2008. 6), 136면; 이상돈, "변호사와 의뢰인의 관계에 관한 연구－비밀유지의무를 중심으로", 『중앙법학』, 제9집 제2호(2007. 8), 971면.

10) 아래의 4. (5) 2) 참조.

11) 아래의 3. (5) 1) 참조.

**[사례 1 – 자산운용사의 펀드매니저가 지득한 정보]**

– A자산운용회사가 각 펀드매니저의 책임하에 여러 펀드를 운용한다고 하자.

– X회사에 발생한 악재에 대한 정보를 P펀드를 운용하는 펀드매니저(직원 甲)는 지득하였으나 P펀드는 X회사에 투자하지 않았기 때문에 아무런 조치를 취하지 않았다.

– X회사 주식에 투자한 Q펀드를 운용하는 펀드매니저(직원 乙)는 이 정보를 알지 못하여 미리 조치를 취하지 못하고 공시된 이후에 알게 되었다.

위의 사례에서 직원 甲이 알게 된 정보는 A자산운용사가 알게 된 정보라고 보아 A운용사는 Q펀드 운용을 부실하게 했다고 보아야 하는가? 아닐 것이다. 그렇다면 어떻게 A자산운용사의 Q펀드에 대한 정보사용의무를 부정할 수 있는가? 하나의 논리는 A운용사에 대한 정보귀속의 효과를 부정하는 것이다. 즉 직원 甲이 지득한 X회사에 관한 정보는 甲의 본연의 업무인 P펀드의 운용에 직접 관련된 것이 아니므로 정보귀속의 범위에서 벗어난다고 보는 것이다. 다른 하나의 논리는 직원 甲의 업무와 간접적으로 관련된 것이므로 A운용사에 대한 정보귀속의 범위에는 포함되지만, 그 정보는 Q펀드를 위해 사용할 A운용사 정보의 범위에는 포함되지 않는다고 보는 것이다. 즉 아래에서 보는 것처럼, A자산운용사는 각각의 펀드를 운용함에 있어 각 펀드의 운용과 관련하여 지득한 정보에 대해 비밀유지의무를 지기 때문에 각각의 펀드에 대해 부담하는 사용정보의 범위는 다른 펀드의 운용과 관련해 지득한 비밀 정보는 포함되지 않는다고 볼 수 있다. 이와 같이 본다면, X회사에 관한 甲의 정보는 정보귀속의 법리에 의해 A자산운용사에 귀속되지만, Q펀드가 이용할 수 있는 정보는 아니게 된다.

**[사례 2 – 은행의 다른 지점에서 지득한 정보]**

– B은행이 여러 지점에서 여수신업무를 수행하고 있고, Y회사는 B은행을 주거래은행으로 거래하고 있다고 하자.

– Y회사의 공장소재지에 있는 B은행 R지점의 지점장 丙은 공장에서 발

생한 사고에 대한 정보를 지득하였으나, 전산망의 오류로 그 사실을 제때 본사로 알리지 못했다.
- 서울에 있는 B은행의 본점의 사채관리업무 부서장 丁은 이러한 정보를 알지 못한 채 국민연금에 대해 Y회사 회사채에 대한 투자를 권유하고 사채관리회사로 선임되었다.

위의 사례에서 지점장 丙이 알게 된 정보는 B은행이 알게 된 정보라고 보아 B은행의 국민연금에 대한 투자권유에는 과실이 인정되는가? 인정된다고 볼 수 있다. 은행의 여신업무는 은행의 핵심업무이고, 자신을 주거래은행으로 하는 Y회사의 신용도에 영향을 미치는 정보는 여신업무와 관련된 본질적인 정보이므로 언제나 은행에 대한 정보귀속의 범위에 포함된다고 볼 수 있기 때문이다.

3) 비밀유지의무와 정보사용의무의 충돌

법무법인이 소송대리 혹은 법률자문과 관련해 고객으로부터 정보를 수령하였는데, 이 정보가 법무법인의 다른 소송대리 혹은 법률자문에 유용한 정보인 경우, 법무법인은 이러한 정보를 사용할 의무를 지게 된다. 이 경우, 법무법인의 입장에서는 비밀정보를 제공한 고객에 대해 부담하는 비밀유지의무와 정보사용이 필요한 고객에 대해 부담하는 정보사유의무가 충돌하게 된다.

물론, 수임시에 법무법인의 가용정보의 한도를 담당변호사가 갖고 있는 정보로 제한하는 경우[12] 정보사용의무는 법무법인의 전체 정보가 아니라 담당변호사의 정보로 제한될 수 있다. 이렇게 가용정보가 제한된 경우에는 정보사용의무와 비밀유지의무는 충돌하지 않을 수 있다.

(4) 의무와 이익의 충돌: 사적 이익과 의무 사이의 충돌

의무의 의무의 충돌상황과 구별되는 상황은 의무와 이익이 충돌하는 상황이다. 법무법인의 의무와 이익이 충돌하는 상황은 두 가지로 나눌 수 있다. 하나는 법무법인이 이미 이익을 갖고 있는 상태에서 수임으로 인해 의무를 지는 상황이다. 즉 법무법인이 수임하는 사건과 관련하여 특별한 이해관계를 가지고 있는 경우에 법무법인이 의뢰한 사건을 수임하면, 자신의 이익이 의뢰인

12) 아래의 5. (2) 참조.

에 대한 의무와 충돌할 수 있는 상황으로 발전한다.[13] 또 다른 상황은 법무법인이 수임으로 인해 의무를 지는 상황에서 법무법인이 사후적으로 이해관계를 갖게 되는 경우이다. 예를 들어, 법무법인이 의뢰인으로부터 사건을 수임하고 있는 중 의뢰인으로부터 계쟁권리를 양수하는 경우 의뢰인과의 관계에서 부담하는 의무와 법무법인의 이익이 충돌할 수 있다(법 제32조, <표 5> 참조).

#### (5) 의무와 공적 지위의 충돌

법무법인의 의뢰인에 대한 의무가 충돌하는 다른 상황은 소속변호사가 다른 지위에서 행위했거나 행위하는 경우에 발생할 수 있다. 예를 들어, 소속변호사가 판사 재직시 허가한 정리회사의 계약에 관한 사건을 법무법인이 수임하는 경우[14] 소속변호사가 중재인인 중재사건의 일방당사자가 사건을 법무법인에 위임하는 경우[15] 법무법인의 수임인으로서의 의무는 소속변호사의 공적 지위와 충돌할 수 있다. 즉 법무법인에 소속된 변호사가 공무원, 조정위원, 혹은 중재인 등 공적 지위를 수행한 상황이 법무법인이 수임으로 부담하는 수임인으로서 의무와 충돌하는 상황으로 볼 수 있다(법 제31조 제1항 제3호, <표 5> 참조). 또 제31조 제1항 제3호에 열거되지 않은 지위를 수행하는 경우에도 비슷한 이익충돌이 발생한다. 예를 들어, 법무법인의 변호사가 공익재단의 이사로 근무하는 경우 소속재단 등의 비밀에 접근할 수 있는데, 이 때에도 의뢰인이 재단에 대해 소송을 의뢰하는 경우 비슷한 이익충돌 문제가 발생한다.[16]

#### (6) 이익충돌의 존부에 대한 판단기준

앞서 본 것처럼, 법무법인의 이익충돌은 의무와 의무의 충돌, 의무와 이익의 충돌, 기타 다양한 상황에서 예측하지 못한 경로를 통해 발생할 수 있다. 특히, 법무법인의 대형화, 자문을 요하는 기업법무의 증가 및 법률자문을 요구하는 상황의 다양화로 인해 법무법인의 예측하지 못한 이익충돌의 발생 가

13) 박준, 209면.
14) 대법원 2010.12.23. 선고 2008두20857판결(박준, 229면).
15) 대법원 2004.3.12. 선고 2003다21995판결(박준, 235면)
16) 김제완, “이익의 충돌에 의한 수임제한과 변호사의 윤리”, 『인권과 정의』, 제330호(2004. 2), 117면 각주 24)와 관련된 본문 참조.

능성은 더욱 높아질 것으로 예상된다.[17] 따라서 법무법인이 이익충돌에 직면하였는가 여부는 경제적 실질의 관점에서 또한 객관적 관점에서 판단하는 것이 필요하다.

1) 실질 v. 명의

이익충돌의 존재 여부는 관념적으로 판단할 것이 아니라 실체적인 경제적 혜택/부담의 존재 여부로 판단할 필요가 있다. 즉, 각 당사자의 '이익'이 존재하고 그 이익이 실체적으로 충돌하는 경우에만 이익충돌이 존재한다고 볼 수 있기 때문에, 이익충돌을 판단함에 있어 '이익'의 실질적 귀속 여부가 중요하고 반드시 이익귀속주체의 형식적 명의를 고려할 필요는 없다. 상법은 상업사용인, 이사 등의 경업금지와 관련하여 '자기의 계산'으로 한 것과 '제3자의 계산'으로 한 것만 구별하는데, 여기서 '계산'은 자기명의, 타인명의를 따지지 않고 실질적 '경제적 혜택/부담' 여부만 판단한다. 즉, '계산'은 '이익'과 동의어로 사용된다. 이사, 주요주주 등의 자기거래에 대해서도 상법 제398조는 누구의 명의로 거래하느냐는 묻지 않고 '자기 또는 제3자의 계산'으로 회사와 거래하는 행위를 자기거래로 규제한다(<표 2>, <표 4>의 경업금지 참조).

특히, 중간에 독립된 법인격의 개입 여부는 이익충돌의 판단 여부에 있어 중요하지 않다. 판례도 자기거래규정과 관련하여 실질적 자기거래의 효과가 생기는 한 직접적 자기거래와 간접적 자기거래를 모두 자기거래로 포섭함으로써 중간에 독립된 법인격의 개입 여부에 큰 의미를 두지 않는다.[18]

2) 객관적·사전적 판단 v. 주관적·결과적 판단

특히 어떤 행위가 이익충돌을 야기하는지 여부에 대한 판정 여부는 "자기거래와 같은 이익충돌 상황의 초래 여부 혹은 이익충돌 우려가 있는 거래의 존재 여부에 의해 객관적으로 결정되어야 하고, 수[임인]의 의도 및 해당 상황이나 거래가 [위임인의] 재산에 실제로 해를 끼쳤는가 혹은 이익이 되었는가

17) 김연미, 93면.

18) 회사가 이사 또는 주요주주와 직접 거래하는 경우뿐만 아니라 회사의 채권자와 이사, 주요주주의 채무에 대해 보증을 하거나 채무를 인수하는 경우에도 자기거래가 된다(대법원 1974.1.15. 선고 73다955판결; 대법원 1974.10.31. 선고 73다954판결). 또 A, B 회사의 대표이사를 겸하는 甲이 A회사를 대표하여 B회사의 채무를 보증한 경우에도 A회사와 甲 사이에는 자기거래가 성립한다(대법원 1984.12.11. 선고 84다카1591판결).

(즉 거래의 효과)는 고려되지 않는다".[19)]

## 3. 이익충돌의 발생원인과 법리적 기초: '단일법인격'에 기한 '복수고객'에 대한 '복수업무의 수행'

법무법인이 소송대리나 법률자문과 관련하여 이익충돌 상황에 빠지게 되는 것은 아래에서 보는 것처럼 (i) 하나의 법무법인이 (ii) 복수의 고객에 대해 (iii) 소송대리나 법률자문 등과 같은 복수의 법률서비스를 제공하기 때문에 발생하게 된다. 특히 이러한 이익충돌 상황은 (i) 법무법인이 합병하거나, (ii) 변호사가 법무법인에 가입하거나, (iii) 대규모 법무법인의 경우 어느 부서에서 어느 고객을 대리·자문하고 있는데, 다른 부서에서 그 고객의 상대방을 대리·자문하는 경우에 현실화된다.

### (1) 발생원인 I: 법무법인의 합병

동일한 법무법인이 쌍방의 고객에 대하여 소송대리를 하거나 법률자문을 하게 되는 상황은 두 개의 법무법인이 합병하는 경우에 발생할 수 있다. 예를 들어, 합병전 법무법인 A가 분쟁당사자 X를 소송대리하거나 법률자문하고 있고, 합병전 법무법인 B는 분쟁당사자 Y를 소송대리 혹은 법률자문하고 있는 상황에서, 법무법인 A와 B가 합병을 하는 경우, 합병후 법무법인 C(흡수합병하는 경우 잔존 법무법인 A 혹은 B)는 분쟁당사자 X와 Y를 쌍방대리하거나 자문하게 되므로 이익충돌 상황에 직면하게 된다. 또, 이익이 상반되는 당사자를 각각 다른 소송에서 대리하는 두 법무법인이 합병하는 경우에도 간접적 쌍방대리의 이익충돌 상황이 발생한다.[20)]

### (2) 발생원인 II: 담당변호사의 영입

법무법인이 쌍방의 고객에 대하여 소송대리를 하거나 법률자문을 하게 되는 상황은 법무법인이 새로운 변호사를 영입하는 경우에도 발생한다. 법무

---

19) 제4편 제3장 I.(이중기, "신탁에서의 이익향유금지의 원칙", 199면). 동일한 취지의 판례로는 대법원 1996.11.22. 선고 96다 10270판결("민법 제921조의 이해상반행위란 <u>행위의 객관적 성질</u>상 친권자와 그 자 사이 또는 친권에 복종하는 수인의 자 사이에 <u>이해의 대립이 생길 우려가 있는 행위</u>를 가리키는 것으로서, 친권자의 <u>의도</u>나 그 <u>행위의 결과 실제로 이해의 대립이 생겼는가 여부</u>는 묻지 않는다").

20) 박준·이상원, 288-291면.

법인 A가 분쟁당사자 X를 소송대리하거나 법률자문하고 있고, 변호사 B가 분쟁당사자 Y를 소송대리 혹은 법률자문하고 있는 상황에서, 법무법인 A가 변호사 B를 영입하는 경우, 변호사 B를 영입한 법무법인 A는 변호사 B가 계속 Y를 위한 사건을 수임하는 경우 분쟁당사자 X와 Y를 쌍방대리하거나 자문하게 되는 상황이 된다.

그런데, 이 경우 변호사 B는 Y에 대한 대리 혹은 자문을 중단할 수 있는데, Y가 자신의 변호를 위해 제공한 비밀정보가 변호사 B를 통해 법무법인 A에 유포될 수 있다. 따라서 법무법인이 상대방을 대리하는 담당변호사를 영입하게 되면, 영입변호사가 상대방에 대한 대리 혹은 자문을 중단하는 경우에도 고객정보의 사용 가능성 때문에 여전히 법무법인의 이익충돌 상황이 초래될 수 있다.

#### (3) 발생원인 Ⅲ: 다른 부서, 혹은 사무소의 이중수임

법무법인의 이익충돌 발생원인은 여러 가지가 있겠지만, 복수의 고객으로부터 다른 부서/다른 담당변호사가 수임하는 경우가 가장 많은 것 같다. 그리고 이 중에는 '모르고 이중수임'하는 경우도 있겠지만, 제대로 된 법무법인이라면 당연히 이익충돌방지(conflict check)를 위한 내부절차를 운용하므로 '알고서 이중수임 여부를 고민하는 경우'가 많을 것이다. 예를 들어, 법무법인이 사모펀드인 매도인의 매각자문사(financial adviser)로부터 의뢰를 받아 매각자문을 진행 중인데, 매수희망자 혹은 입찰예정자인 수개 회사가 인수자문을 의뢰를 해 올 경우 이것을 어디까지 도와 줄 것인가가 문제된다.[21] 왜냐하면, 법무법인으로서는 이러한 자문에 응하지 않으면 그 의뢰인이 실망하여 기존 자문관계를 종료하거나 다음에 자문을 의뢰하지 않을 수 있기 때문이다. 이런 경우 당사자들이 모두 동의하면[22] 중복대리를 할 수 있지만, 한 당사자라도 반대하면 중복대리를 할 수 없다. 또 당사자의 동의하에 중복대리를 하더라도 각 당사자를 대리하는 법무법인 내의 담당팀은 정보차단장치[23]하에서 개별적으로 각 고객을 자문해야 한다.

---

21) 앞의 III. 2. (2) 2)의 [사례 2]의 상황 참조.
22) 아래의 5. (3) 참조.
23) 아래의 5. (1) 참조.

물론 법무법인의 규모가 큰 경우 각 부분별로 사건을 수임하기 때문에 일부 부서에서 담당하는 업무를 다른 부서에서는 모르는 경우도 있다. 이러한 경우 이중수임으로 인해 법무법인은 이익충돌 상황에 직면하게 된다. 예를 들어, 웅진그룹 사건의 경우 법무법인 태평양은 웅진코웨이 매각 자문의뢰는 금융팀으로부터 받았고, 웅진계열사들의 법정관리 자문의뢰는 파산팀으로부터 동시에 받았는데,[24] 법무법인이 알고서 수임하는 경우도 있지만, 법무법인의 규모가 매우 큰 경우 각 팀이 모르고 상충하는 사건을 수임하는 경우도 생길 수 있다.

또 법무법인이 여러 지역에 사무소를 둔 경우에도 동일한 문제가 발생한다. 법무법인의 X사무소는 의뢰인 A를 위해 소송대리를 해왔고, Y사무소는 B를 위해 소송대리를 해 왔는데, A가 법무법인 X사무소를 통해 B를 제소한 경우, 법무법인이 Y사무소를 통해 B를 소송대리하면 의무충돌이 발생한다.[25]

### (4) 발생원인 Ⅳ: 고객의 정보 제공, 공적 지위의 수행

법무법인이 이익충돌에 빠지는 주된 원인은 고객으로부터 수령하는 비밀정보의 존재로부터 발생한다. 만약 법무법인이 제공하는 서비스가 자체 생산한 정보에 기해서만 제공되는 경우라면, 법무법인은 당해 고객에 대해 서비스를 제공하는 동안 그 상대방에 대한 이중수임만 회피하면 그 고객에 대한 충실의무를 다하게 된다.

하지만, 법무법인이 어떤 고객에 대해 서비스를 제공하면서 고객으로부터 유용한 비밀정보를 수령하고 그 정보가 고객에 대한 소송대리나 자문 후에도 계속 비밀성을 갖는 경우, 법무법인은 그 고객의 정보에 대해 비밀유지의무를 지고 그 정보를 사용할 수 없게 된다. 이러한 유형의 충실의무는 당해 고객관계가 종료된 후에도 계속 지속하게 된다.[26]

법무법인의 변호사가 공무원, 조정위원, 혹은 중재인 등 공적 지위를 수행한 경우에도 마찬가지이다. 법무법인의 해당 변호사는 공적 지위를 수행한

---

24) [더벨] "태평양의 두 얼굴 … 권단, 이중플레이 맹비난 — 코웨이 매각, 법정관리 동시자문…채권은행 일부 수임거절로 실력행사", 머니투데이 박준식 기자(2012. 10. 29 11:02).
25) 박준·이상원, 291-94면.
26) 아래의 4. (5) 2) 참조.

사건에 대해서는 계속해서 충돌하는 이익을 가지게 되고 그 사건의 소송대리인 혹은 자문변호사가 될 수 없다. 법무법인의 다른 변호사는 그 사건의 소송대리나 자문을 할 수 있는가? 일응 가능한 것처럼 보이지만, 다른 변호사가 공적 지위를 수행한 변호사와 같은 부서에서 한 팀으로 일하는 경우와 같이 관련 정보의 유포로 인해 이익충돌이 현실화될 수 있는 상황이라면 다른 변호사의 수임도 제한된다고 본다.27)

(5) 이익충돌의 법리적 기초: '단일법인격'에 기한 '복수고객'에 대한 '복수서비스의 제공'

법무법인에 이러한 이익충돌이 발생하는 법리적 원인으로 하나의 법인격을 들 수 있다: "법무법인은 법인 명의로 업무를 수행하며 그 업무를 담당할 변호사를 지정하여야 한다"(제50조 제1항). 이 때 "담당변호사는 지정된 업무를 수행할 때에 각자가 그 법무법인을 대표"(제50조 제6항)하게 되는데, 고객별 혹은 업무별로 담당변호사가 다르더라도 법무법인 명의로 업무를 수행해야 한다. 따라서 소송대리 혹은 법률자문을 하는 고객의 상대방이 동일 법무법인의 다른 담당변호사로부터 법률서비스를 제공받고 있는 경우 쌍방대리, 쌍방자문, 혹은 쌍방 대리 혹은 자문의 상황이 발생한다.

1) 법인에서의 정보귀속의 법리

법무법인에 쌍방 대리 혹은 자문이 발생하는 하나의 원인은 복수의 변호사로 구성된 법무법인을 하나의 법인으로 의제하고, '법인 소속 임직원이 지득한 정보를 법인이 지득한 정보로 보는 정보귀속의 법리' 때문에 발생한다. 즉 "[법인]이 직원을 통해 법률행위를 하는 경우, 어느 사정을 알았거나 혹은 과실로 알지 못한 경우에 그 사실의 유무는 직원을 기준으로 하여 결정한다(민법 제116조 제1항). 하지만 [법인]이 고객을 위한 특정한 법률행위를 직원에게 위임(예를 들어, [어느] 부서의 지배인에게 업무 전반을 위임)한 경우, 직원 등이 [법인]의 지시에 좇아 법률행위를 한 때에는 [법인]은 자신이 안 사정(대표이사 등에게 보고된 정보 및 정보수령권이 있는 직원에게 도달된 정보 등) 혹은 과실로 인하여 알지 못한 정보에 관하여 직원의 부지를 주장하지 못한다(민법 제116조 제

27) 아래의 5. (2) 참조.

2항)".[28] 이 경우 앞서 본 것처럼, 정보수령권이 있는 직원이 위임받은 업무와 관련해 지득한 정보를 어느 정도까지 법인에 귀속시킬 것인가에 대해서 어려운 문제가 발생한다.[29]

만약 법인에 대한 정보귀속의 법리를 수정할 수 있다면 법무법인에서의 이익충돌 상황을 완화할 수 있게 된다. 이러한 관점에서 쌍방수임으로 인한 이익충돌로부터 해방될 수 있는 수단으로서 법인 내부에 정보차단장치를 설정하는 방안이 제시되었는데, 이러한 이익충돌해소장치의 유효성에 대해서는 뒤에서 논의한다.[30]

2) 복수고객

법무법인에 쌍방 대리 혹은 자문의 이익충돌이 발생하는 다른 한 가지 원인은 법무법인이 복수의 고객을 위해 소송을 대리하거나 법률을 자문하기 때문이다. 그런데, 법무법인은 원래 복수의 고객을 대리하거나 자문하는 것을 목적으로 설립되므로, 이러한 복수고객을 대리나 자문하는 행위를 제한할 경제적 타당성은 없다. 따라서 이러한 이익충돌의 원인은 주어진 조건으로 보아야 한다.

3) 복수의 서비스 제공

법무법인이 소송대리뿐만 아니라 법률자문과 같은 다양한 법률서비스를 제공하는 것도 법무법인의 이익충돌을 증가시키는 한 원인이 된다. 특히 기업들의 활동이 다양해지면서 분쟁예방적 법률사무 및 법률자문을 필요로 하는 상황들이 증가하고 있다. 이에 따라 법무법인의 자문을 받는 자문대상기업들이 늘어나고 있다. 하지만, 이러한 상황에서 법무법인은 대형화되고 있고, 수

---

28) 제5편 제5장 III. 2. (1)(이중기, "충실의무와 이익충돌", 67면, 93면) 이하.
법인의 정보귀속의 법리에 대한 자세한 논의로는 송호영, "법인의 활동과 귀속의 문제: 법인본질 논쟁의 극복을 위한 하나의 시론", 『민사법학』, 제31호(2006), 3면 이하; 송호영, "이른바 "인식의 귀속"에 관하여－법인의 경우를 중심으로", 『비교사법』, 제8권 제1호(2001), 39면 이하; 이병준, "법인에 있어서의 인식의 귀속과 인식의 책임－대표권남용시 인식귀속 부정 여부와 저장된 정보에 대한 인식책임을 중심으로", 『외법논집』, 제35권 제2호(2011), 103면; 영국법에서의 논의로는 이중기, "증권회사에 발생하는 이익충돌과 Chinese Wall", 135면, 146-151면.

29) III. 2. (3) 2)의 [사례 1]과 [사례 2] 참조.

30) 아래의 5. (1) 참조.

개의 대형 법무법인에 대해 기업자문이 집중되고 있다. 따라서 자문을 구하는 기업들의 잠재적 상대방이 동일한 법무법인에 소송을 의뢰하거나 자문을 구할 가능성이 높아지게 되었고, 이에 따라 대형 법무법인의 쌍방자문의 가능성도 증가하고 있다.

## 4. 법무법인에 대한 충실의무의 부과 근거와 구체적 충실의무

그렇다면, 소송대리와 법률자문의 직무를 수행하고 이러한 직무수행으로 인해 이익충돌 상황에 처하는 법무법인에 대해서 고객의 이익을 우선하거나 혹은 고객이익을 최대화해야 하는 충실의무가 부과되는가? 된다면 그 근거는 무엇인가가 문제된다.

### (1) 충실의무 동질설과 이질설에 따른 충실의무 부과 근거

동질설에 의하면 충실의무는 수임인에 대해 부과되는 선관의무에 기해 부과할 수 있다.[31] 법무법인이 고객을 위해 소송대리를 수행하거나 법률자문을 하는 경우 고객에 대해 위임관계가 성립하고 그에 따라 수임인의 선관의무가 부과되는데, 동질설에 의하면 법무법인에 대해서도 이러한 선관의무의 확장해석으로서 법무법인의 이익상반행위를 금지하는 충실의무가 부과될 수 있다. 물론 법원이 일반적 선관의무규정에 기해 구체적인 충실의무를 어느 정도로 적극적으로 부과할 것인가의 문제는 남아 있다.

하지만, 이질설에 의하면 충실의무는 선관의무와 성질이 다르므로, 위임관계에 기한 선관의무의 부과만으로는 법무법인의 이익상반행위를 금지하지 못한다. 따라서 법무법인에 대해 충실의무를 부과하기 위해서는 선관의무의 부과 외에 변호사법 등에 충실의무를 부과하는 새로운 명시적 근거가 확보되어야 한다.[32] 그런데, 변호사법에는 변호사 혹은 법무법인에 대한 명시적 충실의무 부과 근거가 규정되어 있지 않으므로 이질설에 의하면 법무법인에 대해 추상적 충실의무를 부과하기가 힘들게 된다.

31) 제1편 제5장 II. 2. (1).
32) 제1편 제5장 II. 2. (2).

### (2) 대법원의 논리에 의한 충실의무 부과

대법원의 논리에 의하면, 특정한 수임인의 경우, 특히 대리권이 수여된 위임인의 경우, '이익충돌적 지위'(conflicting status) 때문에 일정한 이익충돌금지 조항이 적용되고, 이러한 이익충돌금지 조항에 기하여 '이익충돌적 지위'의 수임자에 대해 충실의무를 부과할 수 있게 된다. 법무법인에 대해서도 동일한 논리의 적용이 가능하다: 법무법인에 대해서는 법무법인의 '이익충돌적 지위' 때문에 변호사법 제31조에 쌍방수임을 규제하는 '수임제한' 규정, 제32조에 독직행위의 금지규정 및 제26조에 비밀유지의무 등을 규정하고 있는데, 이러한 이익충돌금지규정에 기하여 '이익충돌적 지위'에 있는 법무법인에 추상적 충실의무를 부과할 수 있게 된다.

**표 5** 변호사법상의 이익충돌금지규정

| |
|---|
| 제31조(수임제한) ① 변호사는 다음 각 호의 어느 하나에 해당하는 사건에 관하여는 그 직무를 수행할 수 없다. 다만, 제2호 사건의 경우 수임하고 있는 사건의 위임인이 동의한 경우에는 그러하지 아니하다.<br>1. 당사자 한쪽으로부터 상의를 받아 그 수임을 승낙한 사건의 상대방이 위임하는 사건<br>2. 수임하고 있는 사건의 상대방이 위임하는 다른 사건<br>3. 공무원·조정위원 또는 중재인으로서 직무상 취급하거나 취급하게 된 사건<br>② 제1항 제1호 및 제2호를 적용할 때 법무법인·법무법인(유한)·법무조합이 아니면서도 변호사 2명 이상이 사건의 수임·처리나 그 밖의 변호사 업무 수행 시 통일된 형태를 갖추고 수익을 분배하거나 비용을 분담하는 형태로 운영되는 법률사무소는 하나의 변호사로 본다. |
| 제32조(계쟁권리의 양수 금지) 변호사는 계쟁권리(계쟁권리)를 양수하여서는 아니 된다. |
| 제33조(독직행위의 금지) 변호사는 수임하고 있는 사건에 관하여 상대방으로부터 이익을 받거나 이를 요구 또는 약속하여서는 아니 된다. |
| 제26조(비밀유지의무 등) 변호사 또는 변호사이었던 자는 그 직무상 알게 된 비밀을 누설하여서는 아니 된다. 다만, 법률에 특별한 규정이 있는 경우에는 그러하지 아니하다. |
| 제57조(준용규정) 법무법인에 관하여는 제22조, 제27조, 제28조, 제28조의2, 제29조, 제29조의2, 제30조, 제31조제1항, 제32조부터 제37조까지, 제39조 및 제10장을 준용한다. |

대법원의 논리에 따라 대법원 2005.12.22. 선고 2003다55059판결 내용을 법무법인에 대해 재구성해 보면 다음과 같다:

> “[법무법인]의 충실의무는 [법무법인]이 [위임인]의 이익을 최대한 도모하여야 할 의무로서, [변호사]법상 이에 관한 명문의 규정이 있는 것은 아니지만 일반적으로 [법무법인]의 [수임]을 제한하고 있는 [변호사]법 제31조를 근거로 인정되고 있다. 이 사건 … 행위는 [위임인]의 이익과 [법무법인]의 이익이 상반되는 행위가 아니어서 [법무법인]로서의 충실의무에 위반된 행위라고 할 수 없다.”[33]

#### (3) 구체적 충실의무 Ⅰ: 이익충돌하는 수임의 금지

변호사법상의 이익충돌금지규정에 기하여 ‘이익충돌적 지위’에 있는 법무법인에 대해 고객의 이익을 우선하거나 최대한 도모하여야 할 추상적 충실의무가 부과된다고 한다면, 변호사법에 구체적으로 열거한 이익충돌금지규정들은 모두 이러한 추상적 충실의무를 법무법인 맥락에서 구체화시킨 전형적 충실의무로 파악할 수 있게 된다. 가장 대표적인 구체적 충실의무는 제31조의 수임제한규정[34]이다.

##### 1) 의무의 내용

제31조는 앞서 살펴본 것처럼, (ⅰ) 의뢰인의 상대방에 대한 직·간접적인 소송대리 혹은 법률자문의 금지,[35] (ⅱ) 의뢰인이 제3자에 대해 이익을 갖는 경우, 경쟁적 이익을 갖는 다른 자를 위한 ‘겸직수임’의 금지,[36] (ⅲ) 공적 지위에서 수행했거나 수행하는 사건에 대한 수임의 금지[37] 등 수임으로 인한 이익충돌 상황을 규제하기 위한 구체적 충실의무로 볼 수 있다.

##### 2) 의무의 존속시기

만약 법무법인이 제공하는 서비스가 법무법인이 생산한 정보에 기해서만 제공되는 경우 법무법인은 당해 고객에 대해 서비스를 제공하는 기간 동안 그

---

33) 제1편 제5장 II. 3.의 대법원 2005.12.22. 선고 2003다55059판결 참조.
34) 수임제한규정의 취지에 대해서는 이상돈, “한국에서의 법조윤리와 변호사의 책임”, 『중앙법학』, 제8집 제1호(2006. 4), 21면; 김제완, II. 참조.
35) 앞의 2. (1) 및 2. (2) 1) 참조.
36) 앞의 2. (2) 2) 참조.
37) 앞의 2. (5) 참조.

상대방에 대한 이중수임을 받지 않기만 하면 그 고객에 대한 충실의무를 다하게 된다. 하지만, 의뢰인으로부터 비밀정보를 수령하고 그 정보의 사용이 필요한 경우, 그 정보로 인한 이익충돌 상황은 위임관계가 종료한 후에도 계속될 가능성이 있다.[38)]

마찬가지로, 법무법인에 참여한 변호사가 공무원, 조정위원, 혹은 중재인 등 공적 지위를 수행했거나 수행하는 경우에도 공적 지위에 기해 수행했거나 수행하는 당해 사건이 계속되는 한 법무법인에 대해서 수임금지의 제한은 계속 적용될 수 있다.[39)]

### (4) 구체적 충실의무 II: 독직행위(이득)의 금지, 계쟁권리의 양수의 금지,

법무법인은 수임하고 있는 사건에 관해서 상대방으로부터 수임을 받을 수 없을 뿐만 아니라(제31조 제1항) "상대방으로부터 이익을 받거나 이를 요구 또는 약속하여서[도] 아니 된다"(제33조). 즉 수임받은 사건에 대해서는 의뢰인의 상대방으로부터 수임금지뿐만 아니라 상대방으로부터 여하간의 이익수령도 금지된다. 나아가 의뢰인의 상대방을 위한 이익제공인 한, 상대방뿐만 아니라 제3자로부터의 이익수령도 금지된다.

또 법무법인은 계쟁권리를 양수하지 못한다(제32조). 법무법인이 의뢰인으로부터 계쟁권리를 양수하는 경우 의뢰인과의 관계에서 부담하는 의무와 법무법인의 이익이 충돌할 수 있고, 나아가 '상대방과의 관계에서 직접 분쟁의 이해당사자로 발전'할 가능성이 있기 때문이다.[40)]

### (5) 구체적 충실의무 III: 고객정보의 비밀유지 및 사용금지

#### 1) 의무의 내용

법무법인은 "그 직무상 알게 된 비밀을 누설하여서는 아니 된다"(제26조). <표 5>에서 보는 것처럼, 제57조는 제26조(변호사의 비밀유지의무)를 직접 법무법인에 대해 준용하고 있지는 않으나, 앞서 살펴본 법인에서의 정보귀속의 법리[41)]에 의해 법무법인은 의뢰인에 대해 비밀유지의무를 지게 된다.

---

38) 아래의 4. (5) 2) 참조
39) 대법원 2010.12.23. 선고 2008두20857판결(박준, 229면).
40) 대법원 2008.2.28. 선고 2007두25886판결(박준, 243면).
41) 앞의 3. (5) 1) 참조.

2) 의무의 존속시기

고객정보의 사용 혹은 누설 문제는 법무법인이 현재고객을 위해 수임을 하고 있는 경우에도 발생하지만, 고객관계가 종료한 과거고객이 과거에 제공한 정보에 대해서도 발생할 수 있다. 즉 과거고객으로부터 수령한 정보가 현재고객의 사건과 관련성이 있고 정보귀속의 법리에 의해 과거고객의 비밀정보를 사용해야 하는 경우, 과거고객에 대한 비밀유지의무의 준수 문제가 발생한다. 즉, 법무법인이 어떤 고객에 대해 서비스를 제공하면서 고객으로부터 유용한 비밀정보를 수령하고 그 정보가 고객에 대한 소송대리나 자문 후에도 계속 비밀성을 갖는 경우, 법무법인은 고객의 정보에 대해 비밀유지의무를 지고 대리나 자문 후에도 그 정보를 사용할 수 없게 된다.

## 5. 법무법인의 이익충돌 해소장치와 충실의무의 준수 여부

(1) 정보차단장치(Chinese Wall)의 운용

1) 물리적 효과와 한계

정보차단장치의 운용은 물리적으로 정보의 흐름을 차단하는 효과가 있다. 그 결과, 정보차단장치를 효율적으로 운용하는 법무법인에서는 개별 부서가 별도의 법인처럼 취급되므로, 비밀정보의 수령으로 인한 비밀유지의무의 준수는 용이하게 되고, 정보제공 고객의 이익을 반영할 수 있게 된다.

그런데, 법무법인의 정보차단장치, 소위 Chinese wall 혹은 fire wall이 효율적이기 위해서는 정보차단장치는 '두껍고 높게' 쌓아져야 한다. 따라서 너무 많이 쌓을 수 없으므로, 법무법인의 주요 부서별로 쌓게 된다. 즉, 동일부서 내부에서는 정보차단장치를 운용하기 힘들다. 법무법인 태평양의 공정거래팀이 수개의 담합사건을 수임한 것이 문제된 사례[42]에서 공정거래팀 내에서 '효율적'인 정보차단장치가 작동하였다고는 볼 수 없을 것이다. 비슷한 이유에서 규모가 작은 법무법인에서는 차단장치를 설정하는 것이 사실상 무의미하고, 쌓더라도 그 실효성이 문제되게 된다.[43]

---

42) 앞의 2. (2) 2) (나) 참조.

43) 정보차단장치의 개념과 논란에 대해서는 이상수, "차단막을 이용한 이익충돌 회피", 『법과 사회』, 제36권(2009), 215면; 이중기, "증권회사에 발생하는 이익충돌과 Chinese

2) 법적 효과의 한계

나아가 정보차단장치가 효율적으로 작동한다고 하더라도 정보차단장치의 운용 자체가 법인에서의 '정보귀속의 법리'[44]를 수정하는 것은 아니다. 법무법인은 '하나의 변호사'로 간주되기 때문이다(제57조에 의한 제31조 제1항의 준용: <표 5> 참조). 특히 수임금지규제의 목적상, 법인인 아닌 합동법률사무소도 하나의 법인처럼 취급된다.[45] 앞서 본 것처럼, 이익충돌의 존부는 실질적으로 판단해야 하고 이익귀속주체의 명의나 법인격의 개입 여부에 의해 영향을 받지 않기 때문에, 수인의 변호사가 통일된 형태를 갖추고 공동업무를 수행하는 한 법인격의 유무는 이익충돌에 대한 방어방법이 될 수 없다.[46]

하지만, 아래에서 보는 것처럼 법무법인은 계약적 방법으로 사전에 정보귀속법리를 수정하거나 혹은 이익충돌에 대한 사후적 공시와 동의를 얻을 수 있는데, 효율적인 정보차단장치의 존재는 이러한 계약적 이익충돌 해소를 위한 필수조건이 된다.

(2) 사전적 조치: 법인정보에 대한 범위의 제한 약정

법무법인에 있어서의 정보귀속법리를 수정하기 위해서는 법무법인은 효율적인 정보차단장치에 의해 정보의 흐름 및 유용이 없다는 사실을 입증하고, 또한 의뢰인과 수임계약을 체결할 때 법인이 사용할 정보에 대해서 법인의 모든 정보가 아니라 담당부서 혹은 담당변호사가 알고 있는 정보를 고객의 이익을 위해 사용할 것이라는 취지의 사전약정을 하는 것이 필요하다. 위의 법무법인 태평양 사례에서, 태평양의 금융팀이 웅진그룹[의 채권자]로부터 웅진코웨이 매각 자문을 의뢰받았을 때 법무법인의 가용정보의 한도를 금융팀이 보유한 정보로 제한하는 약정을 체결하고, 또 파산팀이 웅진[의 경영진]으로부터 계열사들의 법정관리 자문을 의뢰받았을 때 법무법인의 가용정보의 한도

Wall", 185-193면; 제5편 제5장 III. 2. (3)(이중기, "충실의무와 이익충돌", 94-99면) 이하.

44) 법인에서의 정보귀속의 법리에 대해서는 앞의 3. (5) 1) 참조.

45) 제31조(수임제한) … ② 제1항제1호 및 제2호를 적용할 때 법무법인·법무법인(유한)·법무조합이 아니면서도 변호사 2명 이상이 사건의 수임·처리나 그 밖의 변호사 업무 수행 시 통일된 형태를 갖추고 수익을 분배하거나 비용을 분담하는 형태로 운영되는 법률사무소는 하나의 변호사로 본다.

46) III. 2. (6).

를 파산팀이 보유한 정보로 제한하는 사전약정[47]을 모두 체결하였다면, 법무법인은 정보보유로 인한 의무충돌로부터 벗어날 수 있을 것이다. 물론 이러한 사전약정을 체결한 경우에도 전제조건으로서 정보차단장치의 효율성의 입증은 필요하고 그 입증책임은 법무법인에 있다.[48]

### (3) 사후적 조치: 공시와 동의, 그 한계

#### 1) 공시와 동의

만약 법무법인이 모르고 사건을 이중으로 수임하여 쌍방 대리 혹은 자문 기타 이익충돌 상황에 처하게 된 경우에는 사후적 공시와 동의의 방법으로 이익충돌을 해소할 수도 있다.[49] 즉 법무법인은 각 상대방에 대해 (i) 발생한 쌍방 대리 혹은 자문 기타 이익충돌 상황을 공시하고 (ii) 효율적인 정보차단장치의 작동 때문에, 부당한 대리나 자문이 방지될 수 있다는 점을 설명해, 이익충돌에 대한 동의를 받는 경우 의무충돌 혹은 이익충돌로부터 해소될 수도 있다. 물론 이와 같이 동의를 받아 M&A의 매도인/매수인을 대리하거나 복수의 매수희망자 혹은 응찰자들을 대리하는 경우[50]에도, 팀간에 엄격한 정보차단장치를 실행해야 할 것은 물론 팀간의 담당인력의 중복은 허용되지 않는다. 예를 들어, 이런 경우 시스템상 법무법인 내의 다른 팀의 전산파일에 대한 접근을 차단해야 한다.

또, 이 경우 특히 사후적으로 발생한 이익충돌 상황이므로 가능한 한 자세한 이익충돌 사실을 공시해야 하고, 상대방이 이익충돌 상황을 이해한 경우에만, 그 동의의 효력이 있을 것이다(소위 informed consent).[51] 특히 쌍방 대리 혹은 자문 상황이라면 공시와 동의 절차는 쌍방 당사자 모두에 대해 행해져야 한다.

---

47) 충실의무를 배제하는 면책약관의 유효성에 대해서는 이중기, "증권회사에 발생하는 이익충돌과 Chinese Wall", 172-178면.

48) 이상수, 239면.

49) 이중기, "증권회사에 발생하는 이익충돌과 Chinese Wall", 159-165면; 제5편 제5장 III. 3. (3) 1)(이중기, "충실의무와 이익충돌", 106-108면) 이하.

50) III. 2. (2)의 1) 및 2) 의 사례 참조.

51) 김제완, 각주 33)과 관련된 본문 참조.

2) 공시와 동의의 한계

문제는, 과연 어디까지 당사자들의 동의로서 이익충돌의 문제가 치유되느냐 하는 것이다. 언급한 여러 경우 모두, 제대로 된 법무법인이라면 의뢰인에게 상황을 설명하여 동의를 구한 뒤 수임을 할 것이고(물론 송무의 쌍방대리 같은 것은 동의를 받아도 불가하지만), 만약 동의를 해주지 않는데도 수임을 강행하지는 않을 것이다. 즉 문제는 관련 의뢰인들이 동의해 줄 경우에는 언제나 이중수임을 해도 좋은가 하는 것이다. 다시 말해, 의뢰인이 informed decision에 의하여 동의하면 이중수임이 가능한가, 아니면 동의를 받더라도 충실의무 때문에 이중수임을 자발적으로 자제해야 하는 경우가 있는가라는 것이다. 이는 곧바로 충실의무가 동의로써 면제/감축될 수 있는 성질의 의무인가, 나아가 충실의무의 부과 근거가 계약인 것인가[52]라는 이론적인 문제와도 연결될 수 있다.

많은 법무법인들은 동의로써 이중수임이 가능하다는 전제하에 업무를 수행하고 있는 것이 현실이다. 또 효율적 정보차단장치가 갖추어져 있고 준수되고 있다는 것이 입증된다면, 당사자들의 동의를 받아 이중수임이 가능할 것이라고 보아도 무방할 것이다. 하지만, 의뢰인의 보호라는 '변호사업무의 본질적 성질' 때문에, 어떤 예상하지 못한 경우에는 당사자들의 동의가 있더라도 이중수임을 허용하지 않는 것이 타당한 경우도 있을 것이다. 어떠한 경우가 그 선을 넘는 것인지에 관해서는 충실의무법리뿐만 아니라 법조윤리적 측면으로부터 그 판단지침을 도출해야 할 것이다.

(4) 이익충돌의 조정 혹은 충실의무의 준수 여부의 판단: 실체적 기준

앞서 본 것처럼, 이익충돌의 존재 여부를 판정함에 있어 실질적인 이익충돌의 존재 여부를 판단해야 하고 이익의 명의나 법인격의 개입 여부에 따라 판단해서는 안된다.[53] 동일한 논리로, 이익충돌이 조정 혹은 해소되었는가 혹

---

52) "당사자간의 [기본]관계는 서로 자발적으로 참여하는 [계약]관계이지만, 충실의무는 [당사]자의 의사에 기하여 발생한 것이라기보다는 법원이 구체적으로 타당한 결과를 얻기 위하여 인정한 것"이다. 즉 충실의무의 부과근거는 사법재량이다(제1편 제3장 VII. 2. (2)(이중기, "신탁법에 기초한 충실의무법의 계수," 65면)).

53) III. 2. (6).

은 이익충돌로 인해 발생한 충실의무가 준수 혹은 위반되었는가 여부도 이익 귀속의 실체를 판단해 결정해야 한다.

따라서 단순히 사전 혹은 사후의 서면동의를 받았는가 여부 혹은 단순히 계산의 명의를 달리하거나 중간에 법인격을 개입시키고 있는가 등만을 확인하는 것이 아니라, 정보차단장치가 효율적으로 작동하는가 및 의뢰인이 실질적으로 이익충돌을 이해하고 동의하였는가 여부를 조사해 이익충돌의 조정, 충실의무의 준수 혹은 위반 여부를 판단해야 할 것이다.

1) '동일한 사건'의 판단기준

의뢰인의 상대방으로부터의 수임을 금지하는 '동일한 사건' 기준은 사건의 동일성의 관점에서뿐만 아니라 수임사무의 '사건성'의 관점에서 접근해야 한다.

(가) 동일성: 이익의 개별적 판단

법무법인이 관여한 분쟁사건이 동일한 경우 의뢰인의 상대방으로부터의 수임이 금지되는데, "사건이 동일한지 여부는 그 기초가 된 <u>분쟁의 실체가 동일한지 여부</u>에 의하여 결정되어야 하는 것이므로 <u>상방되는 이익의 범위에 따라 개별적으로 판단</u>되어야 하는 것이고, 소송물이 동일한지 여부나 민사사건과 형사사건 사이와 같이 그 절차가 같은 성질의 것인지 여부는 관계가 없다."[54] 특히 법무법인이 소송을 대리하는 경우가 아니라 법률자문을 제공하는 경우, 동일성의 판단은 더 어려워진다. 따라서 법무법인에 대해 자문사건의 동일성을 인정해 의뢰인의 상대방에 대한 자문을 금지할 때는 충돌하는 이익의 범위와 관련성에 대한 검토를 상대적으로 더 치밀하게 해야 할 것이다.[55]

(나) '사건성': 비분쟁적 사무의 경우

또 동일한 '사건'으로서 실질적인 이익충돌이 인정되기 위해서는 당사자 사이에 '분쟁'이 있어야 한다. 따라서 관념적으로는 이익충돌이 존재하지만 충돌하는 이익보다 당사자 사이의 '공동의 이익' 혹은 공동의 목표가 더 큰 경우 분쟁성은 완화되기 때문에 관념적인 이익충돌은 실제 조정되었다고 볼 수 있

54) 대법원 2003.11.28. 선고 2003다41791판결(박준, 213-214면).
55) 김연미, 104면.

다. 예를 들어, 임대차계약의 두 당사자인 임대인과 임차인이 합의하여 임대차계약서 작성 업무를 동일한 법무법인에게 위임하는 경우 관념상 임대인의 이익과 임차인의 이익은 충돌하지만 소송의 경우와 달리 임대차관계의 설정이라는 '공동의 이익' 혹은 목표가 존재[56]하므로 '사건성'은 크게 약화된다. 따라서 이러한 경우에는 이익충돌의 정도가 크게 해소된다고 볼 여지가 생긴다.

2) 정보차단장치 혹은 업무의 지역적 격리의 효과

특히, 미국의 경우 법무법인의 사무소가 여러 도시에 존재하고, 하나의 사무소의 경우에도 그 규모가 큰 점을 고려하여 정보차단장치의 효율성이 입증된 경우 이익충돌이 해소되는 것으로 보는 경향이 있다.[57] 하지만, 우리나라처럼 법무법인의 사무소가 한 지역 특히 서울에 집중되어 있고 그 사무소 규모도 미국과 비교할 때 작다는 점을 고려하면, 미국과 같이 정보차단장치의 효율성만에 기해 이익충돌이 해소된다고 보는 것은 타당하지 않다.[58]

3) 법률자문의 다양성과 집중성

또 한국에서는 기업의 다양한 법률자문 수요는 폭증하고 있지만, 대형사건의 경우 법률자문이 소수의 대형 법무법인에 집중되는 현상도 나타난다. 따라서 대형 법무법인을 찾는 의뢰인에 대해 대형 법무법인은 다양한 법률자문으로 인한 잠재적 이익충돌의 가능성을 사전에 공지할 필요성도 더 증가한다.

## Ⅳ. 법무법인의 충실의무 위반에 대한 효과, 구제수단: 준수탁자로서의 법무법인

### 1. 충실의무 특칙에 의해 커버되는 상황

변호사법에 법무법인의 충실의무에 관한 특칙이 존재하는 경우, 앞서 언급한 것처럼, 이러한 충실의무 특칙이 우선 적용된다.[59] 법무법인이 변호사법에 존재하는 충실의무 특칙을 위반한 경우 그 효력에 대해 살펴보자.

---

56) 박준, 256-260면. 공동의 이익에 대한 다른 예로는 앞의 III. 2. (2) 2) (나) 참조.
57) 박준·이상원, 296-300면.
58) 이상수, 239면.
59) 제1편 제5장 II. 6. (3) 1) 참조.

(1) 효력규정 위반인 경우: 수임제한규정, 독직행위금지규정 등

1) 수임제한규정을 위반한 경우

(가) 쌍방수임제한 규정

대법원은 변호사법 제31조 제1항 제1호의 수임제한 "규정에 위반한 변호사의 소송행위에 대해서는 상대방 당사자가 법원에 대하여 이의를 제기하는 경우 그 소송행위는 무효이고 그러한 이의를 받은 법원으로서는 그러한 변호사의 소송관여를 더 이상 허용하여서는 아니될 것이지만, 다만 상대방 당사자가 그와 같은 사실을 알았거나 알 수 있었음에도 불구하고 사실심 변론종결시까지 아무런 이의를 제기하지 아니하였다면 그 소송행위는 소송법상 완전한 효력이 생긴다"고 보고 있다.60)

제31조 제1항 제2호의 수임제한규정도 제1호와 마찬가지로 상대방 당사자가 이의를 제기하는 경우 무효이고, 이의를 제기하지 않으면 소송법상 유효한 것으로 해석될 수 있다. 또, 간접적 쌍방대리인 경우, 무효로서 선의인 의뢰인(혹은 그 상대방)에게 대항할 수 없는 경우도 발생한다. 예를 들어, III. 2. (1) 2)의 [사례 3]의 경우와 같이 A와 B 간의 대여금청구소송에서 甲법무법인이 A의 사건을 수임한 상황에서, D가 A를 상대로 하는 사건(A와 B 간의 소송과 무관함)을 甲법무법인에게 위임한 경우, D는 법무법인이 A의 사건을 수임했다는 사실을 모를 수 있기 때문에, A는 선의의 D에 대해 수임의 무효를 주장할 수 없다(상대적 무효).

또 제31조 단서는 "수임하고 있는 사건의 위임인이 동의한 경우"에는 "수임하고 있는 사건의 상대방이 위임하는 다른 사건"을 수임할 수 있다고 규정하므로, 이 때에는 수임이 허용된다. 이 경우 동의는 앞서 본 것처럼, 사전적 동의61) 및 사후적 동의62)가 모두 가능하다. 그리고 동의의 전제로서 법무법인의 정보차단장치의 효율성이 전제된다.

(나) 공적 지위에 기한 사건의 수임금지

법무법인에 참여한 변호사가 공무원, 조정위원, 혹은 중재인 등 공적

60) 대법원 2003.5.30. 선고 2003다15556판결(박준, 221면).
61) III. 5. (2).
62) III. 5. (3).

지위를 수행한 경우 공적 지위에 기해 수행한 당해 사건이 계속되는 한 해당 변호사의 그 사건에 대한 수임은 계속 제한된다.[63] 제31조 제1항 제3호의 수임제한규정은 "공익적인 강행규정으로서 이에 위반되는 행위는 그 효력이 없다."[64] 또, 법무법인의 정보귀속에 대한 법리를 고려하면 법무법인에 속한 다른 변호사가 그 사건을 대리하거나 자문하는 경우에도 원칙적으로 수임금지가 적용된다고 볼 것이다. 다만, 이 경우에도 소송의뢰인이 공적 지위를 담당한 변호사가 법무법인 소속이었다는 것을 모르고 다른 변호사에게 의뢰한 경우 선의의 의뢰인에 대한 무효주장은 제한될 수 있을 것이다(상대적 무효).

(다) 수임제한에 대한 정보차단장치 등의 효력

그런데, 법무법인이 효율적인 정보차단장치를 운영하는 경우, 이러한 장치의 운영을 쌍방 수임제한규정 위반에 대한 방어방법으로써 활용할 수 있는가? 앞서 본 것처럼, 이익충돌의 존재 여부의 판단[65] 및 충돌하는 이익의 해소 여부 및 충실의무의 준수 여부의 판단[66]은 실질적으로 행해져야 한다. 따라서 법무법인이 정보차단장치의 실효성에 대해 충분한 입증을 하고, 수임시 사전적으로 가용정보를 제한하는 약정을 체결하거나 사후적으로 이익충돌 상황의 공시와 동의를 받았다면 유효한 방어방법으로 활용할 수 있을 것이다.

공적 지위에 기한 사건에 대해서도 마찬가지이다. "공무원 등의 지위에서 사건을 취급하다가 변호사가 된 사람과 사건을 담당하는 사람 사이에 비밀누설의 우려가 없도록 하고, 수임한 사건의 처리시 충실의무 해태의 우려가 없도록 하는 장치(정보차단장치)를 두는 방법으로 비밀누설 및 이익충돌의 문제를 해소할 수 있"는가가 문제되는데,[67] 법무법인이 정보차단장치의 실효성을 입증하고 사후적인 공시와 동의를 받는다면 법무법인의 다른 변호사는 사건을 수임할 수 있을 것이다. 특히 "공적 정보의 유통은 사적 정보의 유통에 비해서 덜 치명적이며, 유능한 변호사의 공공적 활용이라는 공공적 목적을 위해

63) 대법원 2010.12.23. 선고 2008두20857판결(박준, 229면).
64) 대법원 1971.5.24. 선고 71다556판결(박준, 235면).
65) III. 2. (6).
66) III. 5. (4).
67) 박준, 234면.

서도 [정보차단장치의 효력]을 허용하는 것은 불가피"한 측면이 있다.[68)]

2) 독직행위(이익)금지 규정을 위반한 경우

수임사건과 관련해 위임인의 상대방으로부터 이익취득을 금지하는 변호사법 제33조의 독직행위 금지규정(제57조의 준용)도 강행규정으로 해석될 수 있다. 따라서 이러한 충실의무 특칙에 위반하여 법무법인이 수임사건과 관련해 상대방으로부터 이익을 받는 행위, 이익을 요구하는 행위, 또는 이익을 약속하는 행위는 모두 무효로 해석될 수 있다(<표5> 참조).

3) 공익적인 강행법규의 확대해석 문제와 규정방식

제31조 제1항 제2호를 문언 그대로 해석하는 경우, III. 2. (1) 2)의 [사례 3]의 쌍방수임은 제2호에 해당하지 않게 된다. 따라서 확대해석의 필요성이 있게 된다. 하지만 "수임제한 위반은 변호사의 소송대리권의 문제와 변호사의 징계 등의 중대한 법적 효과를 가져 온다는 점에서 현행 법조항을 해석으로 확대하는 것도 역시 문제가 [되므로] 입법적으로 개선이 되어야 [한다]".[69)] 이와 관련하여 신탁법 제34조 제1항의 이익상반행위 규정방식을 참고할 필요가 있다: 제34조 제1항은 구체적 이익상충 상황을 예시하고 제5호에서 '일반규정'으로 기타의 이익상충행위를 금지하는 규정방식[70)]을 채택하고 있다.

이에 반해 수임사건과 관련한 이익취득을 금지하는 제33조는 이익충돌을 야기하는 '수임상황'을 묘사하는 것이 아니라, 수임과 관련하여 취득하는 '이익'을 금지하는 규정이므로, 이러한 조항에 대해서는 확대해석 문제가 생기지 않는다. 이와 관련해서도 신탁법 제36조의 이익향수금지의 단서규정 방식을 참고할 필요가 있다. 예외적으로 변호사가 상대방 회사의 주주로서 이익배당을 받는 경우와 같이 정당한 이익이 존재하는 경우도 있는데, 이러한 이익향수를 대비하여 제36조 단서와 같은 조항을 명시적으로 규정할 필요가 있다. 물론 금지되는 이익의 판단에는 '수임사건과의 관련성'이 요구되므로, 정당한 이익은 대부분의 경우 문제가 없겠지만, '사건관련성'이 불명확한 경우도 있으므로 적극적으로 향수이익을 명시하는 규정방식도 필요하다고 본다.

68) 이상수, 230면.
69) 박준, 226면.
70) 제1편 제5장 II. 4. (3) 참조.

(2) 단속규정 위반인 경우: 계쟁권리의 양수금지 규정

계쟁권리의 양수를 금지하는 제32조의 규정은 단속규정으로 해석한다. 대법원은 "변호사가 당사자로부터 계쟁권리를 양수함으로 인하여 당사자와 변호인 사이의 신임관계에 균열을 초래하며 또는 당사자와 이해상반하는 결과를 가져오는 등 변호사의 일반적 품위를 손상시킬 염려가 있으므로 이와 같은 행위를 단속하기 위하여 금지규정을 둔 것에 불과하여 그 양수행위의 사법적 효력에는 아무 [영향이 없다]"고 하였다.[71]

(3) 비밀유지의무 위반의 경우

법무법인에 대해서는 변호사법 제57조가 제26조의 비밀유지의무 규정을 준용하지 않지만, 법인의 정보귀속의 법리에 의해 법무법인은 모든 의뢰인에 대해 비밀유지의무를 진다고 해석된다. 효율적 정보차단장치가 작동하는 경우, 정보차단장치는 비밀유지의무의 준수방법으로써 이용될 수 있다는 점은 앞서 본바 있다.

1) 비밀공표권이 인정되는 경우 등

그런데, 법무법인의 의뢰인에 대한 비밀유지의무는 진실의무와 긴장관계에 있다. 따라서 비밀유지의무에 기해 법무법인의 비밀유지권이 인정되는 경우와 공익상 중대한 필요가 있어서 법무법인의 비밀유지권이 인정되지 않는 경우를 구별할 수 있다. 예를 들어, 법무법인이 기업자문을 하면서 기업내 위법행위를 안 경우 위법행위를 감독기관에 보고할 의무를 질 수도 있다. 물론 법무법인은 의뢰인의 승낙이 있는 경우에도 비밀유지의무로부터 해방되어 정보를 공표할 수 있다.

2) 위반의 경우: 불법행위책임, 이득반환책임

법무법인의 비밀유지의무도 단속규정으로 생각된다. 비밀유지의무를 위반해 정보를 누설한 경우 불법행위가 성립하고, 특히 법무법인이 비밀정보의 누설이 아니라 비밀정보를 사용해 이익을 취득하는 경우에는 뒤에서 보는 것처럼, 이득반환청구의 문제가 발생한다고 본다.

71) 대법원 1985.4.9. 선고 83다카1775판결(박준, 241면).

## 2. 충실의무 특칙에 의해 커버되지 않는 상황: 준수탁자에 대한 신탁법의 준용

법무법인과 관련된 대부분의 이익충돌적 상황은 변호사법이 규정한 충실의무 특칙에 의해 해결될 것으로 보인다. 그런데, '이익충돌적 지위'에 있는 법무법인에 대해서는 의뢰인의 재산, 사무 등에 대한 영향력을 근거로 준수탁자로 파악[72]할 수 있고, 또한 대법원 논리에 의하면, 법무법인에 대해서는 이익충돌금지 규정에 기해 충실의무를 부과[73]할 수 있다. 따라서 충실의무를 지는 준수탁자인 법무법인에 대해서는 변호사법이 충실의무 특칙을 규정하지 않는 사항에 대해서 성질상 허용되는 경우 신탁법상 충실의무규정들이 준용될 수 있다.

### (1) 충실의무 위반에 대한 예방적 구제수단: 수임에 대한 유지청구

수익자는 수탁자의 신탁위반행위에 대해 유지청구를 할 수 있다. 마찬가지로, 법무법인의 의뢰인은 준수탁자인 법무법인의 충실의무 위반행위에 대해 신탁법상 유지청구를 준용할 수 있다. 예를 들어, 법무법인이 어느 의뢰인의 소송대리를 수임받은 상태에서 소송의 쌍방대리를 금지하는 제31조를 위반하여 상대방이 위임하는 사건을 대리하려는 경우, 의뢰인은 법무법인에 대해 수임의 유지청구를 할 수 있을 것이다. 마찬가지로 동일한 사건의 경우 법무법인이 어느 의뢰인에 대해 법률자문을 하는 상황에서 법무법인이 그 사건의 상대방에 대해서도 법률자문을 하려는 경우 의뢰인은 법무법인에 대해 자문에 대한 유지청구를 할 수 있을 것이다. 예를 들어, M사가 F법무법인으로부터 여성브랜드 사업부분의 계약관계에 대해 계속적 자문을 구하고 있는데, G를 중심으로 한 기업인수컨소시엄이 M사의 적대적 인수의사를 밝히고, F법무법인에 M사의 적대적 인수에 대한 법률자문을 구하는 경우, M사는 F법무법인의 G 법률자문에 대해 유지청구를 할 수 있다.[74]

마찬가지로, 비밀정보를 제공한 의뢰인은 정보의 수탁자인 법무법인이

---

72) 제1편 제5장 II. 5. (2) 참조.
73) III. 4. (2) 참조.
74) 제1편 제5장 주 23)과 관련된 본문 및 각주 3)의 김연미, 93면 이하 참조.

자신에 대한 비밀유지의무를 위반해 정보를 누설하려는 경우, 누설행위에 대해 유지청구를 할 수 있을 것이다. 또한 정보의 수탁자인 법무법인이 자기 또는 제3자의 이익을 위해 자신의 정보를 사용하려는 경우, 그러한 정보사용행위에 대해서도 유지청구를 할 수 있을 것이다.

(2) 충실의무 위반에 대한 회복적 구제수단: 이익반환책임

법무법인이 준수탁자로 파악되는 경우, 법무법인의 의뢰인은 준수탁자인 법무법인의 충실의무 위반행위에 대해 성질상 허용되는 한 신탁법상 구제수단을 행사할 수 있다. 따라서 III. 2. (1) 2)의 [사례 2]와 같이 A와 B 간의 대여금청구소송에서 법무법인이 A의 사건을 수임한 상황에서, 법무법인이 A의 동의 없이 B의 다른 제3자에 대한 소송을 대리하거나 자문하여 수임료를 B로부터 취득한 경우, A는 법무법인이 수임금지를 위반해 B로부터 취득한 수임료 상당의 이익의 반환을 청구할 수 있다.[75] 또, 앞서 본 [사례 3]과 같이 A와 B 간의 대여금청구소송에서 법무법인이 A의 사건을 수임한 상황에서, A사건 수임을 통지하지 않고 D로부터 A를 상대로 하는 사건을 수임한 경우, D는 법무법인에 대해 충실의무 위반을 이유로 법무법인이 A로부터 취득한 수임료 상당 이득의 반환책임을 추궁할 수 있다.

## V. 정리의 말

법무법인은 복수의 의뢰인에 대한 소송대리와 법률자문을 수행함으로써 쌍방대리나 쌍방자문과 같은 이익충돌 상황에 처할 수 있다. 이 경우 법무법인이 의뢰인에 대해 충실의무를 지는가가 문제된다. 충실의무란 자신의 이익과 의뢰인의 이익이 충돌할 때 의뢰인의 이익을 우선해야 하는 의무인데, 위임관계에 부과되는 선관의무의 확장해석을 통해 부과될 수 있다. 하지만, 대법원은 수탁자의 충실의무와 관련해 이익충돌적 지위에 있는 수탁자의 자기거래를 금지한 신탁법 제31조로부터 충실의무를 도출하였다. 이러한 논리를 관철하면 법무법인에 대해서도 쌍방수임을 금지하는 변호사법 제31조 등으로

75) <표 2>의 신탁법 제43조 제3항 참조.

부터 법무법인의 추상적 충실의무를 도출할 수 있다.

한편, 수탁자의 충실의무는 '신탁 외의 방법'으로 재산을 이전받는 수임인 혹은 재산의 이전이 없으나 타인명의 재산에 대한 처분재량이나 영향력을 가진 수임인(예: 대리인, 투자일임업자, 투자자문업자 등)에게도 적용될 필요가 있다. 따라서 이러한 수임인을 준수탁자로 파악할 수 있고, 준수탁자에 대해서는 성질상 허용되는 한 수탁자의 충실의무규정이 준용될 수 있다. 준수탁자인 수임인에 대해 신탁법의 충실의무규정이 준용되는 경우, 당해 수임인의 이익충돌 문제를 해결하기 위해 해당 위임관계에서 부과한 충실의무 특칙규정(예: 변호사법 제31조가 부과한 수임제한규정 등)과 신탁법상의 충실의무규정 간의 관계가 문제된다. 해당 수임인의 충실의무 특칙규정이 공익적인 강행규정으로 해석되는 경우, 당해 규정이 우선적용되고 그 한도에서 신탁법의 충실의무규정들은 적용이 배제된다. 하지만 해당 충실의무 특칙이 단속규정이나 임의규정인 경우에는 신탁법상 충실의무규정들은 성질상 적용이 허용되는 한 병렬적으로 적용될 수 있다.

법무법인은 타인의 소송을 대리하거나 타인의 재산에 대한 법률자문을 함에 있어 타인의 재산에 대한 결정적인 영향력을 행사하기 때문에 수탁자에 준하는 자로 파악할 수 있고, 따라서 법무법인에 대해서는 수탁자의 충실의무규정이 준용될 수 있다. 이 때 변호사법에 규정된 충실의무 특칙규정이 공익적인 강행규정인 경우에는 당해 규정이 우선적용되고 그 한도에서 신탁법의 충실의무규정들은 적용이 배제된다. 하지만, 변호사법의 충실의무 특칙규정들이 단속규정이나 임의규정인 경우에는 신탁법상 충실의무규정들은 병렬적으로 적용될 수 있다. 예를 들어, 법무법인이 의뢰인의 상대방이 의뢰한 사건을 수임하려고 하는 경우, 의뢰인은 신탁법상 유지청구권에 기해 수임에 대한 유지청구를 할 수 있고, 법무법인이 의뢰인의 상대방이 의뢰한 사건을 자문한 경우 의뢰인은 상대방의 수임으로 인한 이득에 대해 충실의무 위반으로 인한 이득으로 보아 이득반환청구를 할 수 있다.

[참고문헌]


최기원, 『신회사법론(제13대정판)』, 2009.
송옥렬, 『상법강의(제3판)』, 2013.
이철송, 『회사법강의(제20판)』, 2012.
『민법주해[XV]』, 1997.
박 준, 『판례 법조윤리』, 2011.
박준·이상원·이효원·박준석·윤지현, 『판례로 본 미국의 변호사윤리』, 2012.
김건식, 『회사법연구 I』, 2010.

김연미, "기업에 대한 법률자문에 있어 이익충돌의 문제", 『홍익법학』, 제8권 제3호 (2007).
김제완, "이익의 충돌에 의한 수임제한과 변호사의 윤리", 『인권과 정의』, 제330호(2004. 2).
손창완, "변호사와 의뢰인간의 이익충돌과 변호사의 의무", 『法學論叢』, 제33집 제1호 (2013).
송호영, "법인의 활동과 귀속의 문제 :법인본질논쟁의 극복을 위한 하나의 시론", 『민사법학』, 제31호, 2006.
______, "이른바 "인식의 귀속"에 관하여－법인의 경우를 중심으로", 『비교사법』, 제8권 제1호, 2001.
이병준, "법인에 있어서의 인식의 귀속과 인식의 책임－ 대표권남용시 인식귀속 부정여부와 저장된 정보에 대한 인식책임을 중심으로", 『외법논집』, 제35권 제2호(2011).
이상돈, "한국에서의 법조윤리와 변호사의 책임", 『중앙법학』, 제8집 제1호(2006. 4).
______, "변호사와 의뢰인의 관계에 관한 연구－비밀유지의무를 중심으로", 『중앙법학』, 제9집 제2호(2007. 8).
이상수, "차단막을 이용한 이익충돌 회피", 『법과 사회』, 제36권(2009).
이중기, "증권회사에 발생하는 이익충돌과 정보유용의 문제: 공시와 승인, 상관습, 면책약관, Chinese Wall의 적용", 『한림법학 FORUM』, 제6권(1997).
______, "신의칙과 위임법리에의 접목을 통한 충실의무법리의 확대와 발전", 『홍익법학』, 제12권 제2호 (2011).
______, "신탁법에 기초한 영미 충실의무법리의 계수와 발전", 『홍익법학』, 제12권 제1호 (2011).
______, "신탁에서의 이익향유금지의 원칙과 이익반환책임", 『홍익법학』, 제8권 제2호 (2007).

______, “이사, 상업사용인의 회사기회유용과 경업금지의무 위반”, 『홍익법학』, 제8권 제3호(2007).

______, “금융기관의 충실의무와 이익충돌, 그 해소방안 : 정보차단장치 및 공시와 승인의 법적효력을 중심으로”, 『증권법연구』, 제7권 제2호(2006).

정인진, “변호사의 비밀유지의무”, 『저스티스』, 제104호(2008. 6).

Law Commission CP No.124, Fiduciary Duties and Regulatory Rules(1992).

Flannigan, “The Fiduciary Obligation”, [1989] 9 *O.J.L.S.* 285.

# 제 5 장 준수탁자 III: 금융기관*

## I. 금융기관의 충실의무자적 지위

### 1. 충실의무의 의미

금융기관이 부담하는 가장 중요한 의무의 하나로서 충실의무가 크게 부각되고 있다. 충실의무란, '전적으로 고객 혹은 투자자의 이익을 위해서 행위해야 한다'는 의무이다. 충실의무의 작동방식과 그 내용에 대해서는 이견이 있지만 선관의무를 보충하는 방식으로 작동하고 '명령적 의무'가 아닌 이익충돌의 금지, 이익향수의 금지와 같은 '금지적 규범형식'을 취한다고 한다.[1)]

영미의 충실의무법(fiduciary law), 신탁법(trust law) 등에서는 fiduciary duties 혹은 duty of loyalty 등으로 부른다.[2)] 현재까지 금융기관의 충실의무에 대한 정립된 견해는 없으나, 아래에서 서술하는 이유 때문에, 금융기관에 대해서는 '전적으로 고객 혹은 투자자의 이익을 위해서 행위해야 한다'라는 충실의무가 부과될 수 있고, 그 결과 금융기관은 충실의무자적 지위에 있을 수 있다고 생각한다.

* 이 장은 이중기, "금융기관의 충실의무와 이익충돌, 그 해소방안", 『증권법연구』, 제7권 제2호(2006)에 기초하였음.

1) 충실의무의 작동방식에 대해서는 제2편 제1장 II. 참조. 四宮和夫, 『信託法(新版)』(1989)(이하, '四宮'), 231면 이하; 能見善久, 『現代信託法』(2004)(이하, '能見'), 75면 이하.

2) 제1편 제2장 참조.

## 2. 금융기관에 대한 충실의무의 부과 근거

### (1) 부과근거 Ⅰ: 실정법적 근거

#### 1) 은행의 충실의무

"은행은 여수신업무를 취급함에 있어서 은행 이용자의 권익을 보호하여야 한다"라고 규정하고 있다(은행법 제52조). 하지만, 이 규정으로부터 당연히 은행의 충실의무가 도출되지는 않는다. 수신관계(예금관계)는 소비임치관계로서, 예금자가 은행에 대해 이자의 지급과 예금채권의 상환 외에 예금자를 위해 다른 행위를 해줄 것을 특별히 기대하지 않기 때문이다(물론 은행이 금전의 보관기능 외에 자동이체 기타 여러 가지 서비스를 제공하는 경우 그 업무로 인해 다른 의무를 부담할 가능성은 발생한다. 하지만, 그러한 업무로 인해 충실의무가 발생하는가는 충실의무의 발견절차(I. 4. 참조)에 따라 다시 따져보아야 한다). 여신관계도 소비대차관계로서, 대출채무자가 은행에 대해 자금의 제공 외에 특별한 행위를 기대하지 않는다.[3] 하지만, 은행은 자금을 대출할 때 여신심사를 위해 고객의 여신정보를 보유하게 되는데, 이 정보에 대해서는 비밀유지의무를 지게 된다(비밀유지의무를 충실의무의 한 유형으로 본다면,[4] 비밀유지의무자인 은행도 충실의무자로 볼 수 있을 것이다).

이에 비해, 신탁법은 수탁자에 대해 수탁자와 신탁재산 사이의 거래를 금지(이익충돌금지)하고 있고, 또 신탁재산으로부터의 신탁이익의 향유를 금지(이익향유금지)하고 있다. 수탁자와 신탁재산 사이의 거래를 금지하는 신탁법 제34조 및 신탁재산으로부터의 이익향유를 금지하는 제36조의 기초에는 충실의무적 사고가 전제되어 있다고 볼 수 있으므로, 신탁업을 영위하는 은행에 대해서는 충실의무를 인정할 수 있을 것이다.[5] 또, 상법은 대리상의 경업·겸직금지의무(제89조)와 비밀유지의무(제92조의2)를 규정하고 있다. 은행이 대리상이 되는 때(예: 보험계약의 대리상)에는 이러한 의무가 적용될 수 있는데, 이러한 규정들에도 충실의무적 사고가 전제되어 있다고 볼 수 있으므로, 은행을

3) 여수신거래에 관한 자세한 설명은 윤진수, "금융기관의 수신거래와 여신거래(ⅰ)", 『BFL』, 제10호(2005. 3), 57면 및 "금융기관의 수신거래와 여신거래(ⅱ)", 『BFL』, 제11호(2005. 5), 64면 참조.
4) 아래의 I. 3. (3) 참조.
5) 四宮, 232면; 能見 76면.

충실의무자로 볼 수 있다.

2) 증권회사의 충실의무

자본시장과 금융투자업에 관한 법률(이하 '자본시장법')은 투자매매업자 또는 투자중개업자가 금융투자상품의 매매에 관한 청약 또는 주문을 받은 경우 사전에 그 고객에 대하여 당해 매매에 있어 자기가 투자매매업자인지 혹은 투자중개업자인지를 명시하도록 하고 있다(제66조). 또, 금융투자상품에 관한 매매에 있어서 '증권시장 또는 파생상품시장에서의 매매'를 제외하고는,[6] 투자매매업자 혹은 투자중개업자는 자신이 본인이 됨과 동시에 상대방의 투자중개업자가 되지 못하도록 하고 있다(제67조). 위탁매매인에 관한 상법 제107조도 비슷한 취지의 조문이다. 또, 상법은 위탁매매인이 위탁매매거래와 관련하여 고가로 매도하거나 염가로 매수한 경우 그 차액은 고객의 이익으로 한다는 규정(상법 제106조 제2항: 이익향유의 금지)을 두고 있다. 그런데, 이러한 규정들의 기초에도 충실의무적 사고가 전제되어 있는 것으로 볼 수 있다. 따라서 이러한 조문에 기초하여, 위탁매매업 등을 영위하는 증권회사에 대해 충실의무를 인정할 수 있으며, 또 증권회사가 신탁업을 영위하거나 보험대리상이 되는 경우에도 앞에서 본 것처럼, 신탁법 조문 혹은 대리상 조문에 근거하여 일반적인 충실의무를 인정할 수 있을 것이다.

(2) 부과 근거 Ⅱ: 금융기관 서비스의 배려적 특성에 기한 충실의무 부과

'전적으로 고객 혹은 투자자의 이익을 위해서만 행동해야 한다'라는 금융기관의 충실의무는 금융기관이 수행하는 '업무 자체의 성질'에서부터 도출될 수도 있다. 즉, '고객 혹은 투자자의 이익을 위해 행위한다'라는 금융기관 서비스의 배려적 특성 때문에 자신의 이익과 충돌하는 경우, 고객의 이익을 우선시켜야 한다는 충실의무가 부과될 수 있다. 예를 들어, 증권회사의 업무인 인수업무, 기업금융업무, 인수합병업무, 투자자문업무, 위탁매매업무,[7] 등은 모두 고객의 이익을 배려하는 업무인데, 이러한 서비스관계가 설정되면, 증권회

6) 이 경우 시장에서 독자적인 가격형성이 이루어지기 때문이다. 따라서 이 때에는 결과적으로 자기계약이 되더라도 자기계약의 금지규정을 적용하지 아니한다.

7) 단, 증권회사가 주문의 체결만 하는 경우(execution only agent)에는 충실의무가 제한적이다.

사는 고객에 대해 선량한 관리자의 주의의무를 다하여 업무를 수행해야 할 뿐만 아니라, 더불어 자신의 이익보다는 고객의 이익을 우선하면서 업무를 수행해야 하게 되는 것이다.

(3) 부과근거 Ⅲ: 고객의 기대와 금융기관의 승인

또 금융기관의 충실의무는 고객의 기대와 금융기관의 승인으로부터 도출된다고 볼 수 있다. 즉, 고객이 금융기관을 신뢰하여 자신의 투자사무를 맡길 때에는 전적으로 고객의 이익을 위해 행위할 것을 당연히 기대하고, 고객의 신뢰에 기해 타인의 투자사무를 위탁받은 자라면 당연히 그러한 기대를 감수해야 한다. 이렇게 본다면, 금융기관의 충실의무는 고객이 명시적으로 요구하지 않더라도, 금융기관에 대한 업무의 위탁행위로부터 묵시적으로 도출될 수 있고,[8] 금융기관은 자신의 이익과 고객의 이익이 충돌하는 상황에 직면하는 경우 고객의 기대에 부응해 고객의 이익을 우선시켜야 하는 것이다.

## 3. 금융기관의 충실의무의 구체적 유형

'전적으로 고객의 이익을 위해 행위해야 한다'라는 충실의무는 금융업무의 성질과 종류에 따라 다른 형태와 정도로 나타난다. 하지만, '고객의 이익을 위해 전적으로 행위할' 충실의무는 크게 보아 다음 5가지 유형으로 구체적으로 표현될 수 있다: (ⅰ) 고객과의 이익충돌회피의무, (ⅱ) 고객이익 향유의 금지의무, (ⅲ) 고객정보의 비밀유지의무, (ⅳ) 금융기관정보의 사용의무, (ⅴ) 고객 사이의 공평의무 등을 들 수 있다.

이하에서는 각각의 구체적인 충실의무의 내용에 대해 살펴본다.

(1) 고객과의 이익충돌회피의무

충실의무자 발견절차(I. 4. 참조)에 따라 '금융기관이 고객에 대한 충실의무자'로 파악되면, '전적으로 고객의 이익을 위해 행위'할 충실의무가 부과되는데, 구체적인 충실의무의 한 유형으로서 고객과의 이익충돌회피의무를 들 수 있다. 고객과의 이익충돌회피의무는 특별한 신뢰관계가 없는 예금관계나 대출관계에서는 발생하지 않는 의무이다.[9] 이익충돌회피의무는 제정법에 규

---

8) 能見, 76면.

정된 경우도 있는데, 신탁법 제34조는 수탁자인 은행에 대해, 상법 제107조는 위탁매매인에 대해, 자본시장법 제66조·제67조 등은 투자매매업자 또는 투자중개업자에 대해, 앞서 본 것처럼 고객과의 자기거래를 금지하고 있고, 상법 제89조는 대리상에 대해 경업·겸직금지의무를 부과하고 있다. 그런데, 자기거래 혹은 경업·겸직을 금지하는 이러한 법률 조문은 금융기관과 고객 사이의 '직접적인' 자기거래나 경업·겸직뿐만 아니라, 고객과의 이익충돌을 일으키는 '간접적인' 자기거래나 경업·겸직 나아가 다른 유형의 이익상반행위 혹은 상황에 대해서도 유추적용된다고 해석되고 있다.[10] 따라서 금융기관의 자기거래 혹은 경업·겸직 금지의무는 자신 혹은 제3자의 이익이 고객의 이익과 충돌하지 않도록 해야 한다는 일반적인 '고객과의 이익충돌 회피의무'로 확대해석 되게 된다(간접적인 이익충돌도 금지되는 결과, 이익충돌은 실질적인 이익충돌의 존재 유무로서 판단해야 하는 것이 되고, 중간에 제3자의 법인격이 개재된 간접거래라는 이유만으로 이익충돌이 자동적으로 해소되지는 않는다. 이는 독립된 법인격이 이익충돌의 판정에 있어 방어방법이 될 수 없다(제4편 제5장 II. 참조)는 점에서 매우 중요한 의미를 갖는다). 최근 대법원은 ELS를 발행·운용하는 증권사에 대해 투자자의 이익과 상충되는 자기 또는 제3자의 이익추구행위를 금지한바 있다(제3편 제2장 III. 3. (2) 참조).

### (2) 고객이익의 향유 금지의무

충실의무를 지는 금융기관은 고객과의 이익충돌을 회피해야 할 뿐만 아니라, 고객의 재산 혹은 고객을 위해 행위한 거래로부터 이익을 향유하는 것도 금지된다. 예를 들어, 신탁법 제36조는 수탁자로 하여금 "누구의 명의로도

---

9) '독립된 당사자 지위'에서 행위하는 자들에게 허용되는 많은 행위유형은 충실의무자로 된 자에게는 허용되지 않는다. 수탁자는 일반상인들에게 요구되는 기준보다 더 엄격한 기준에 따라 행위해야 한다. 정직해야 할 뿐만 아니라, 자신의 이익을 희생시켜야 하는 것이 그 행위기준이다.

10) 판례도 형식적으로는 민법 제124조(자기계약, 쌍방대리)의 금지에 저촉하지 않더라도, 이해의 충돌이 생기는 경우에는 제124조를 확장 적용하고 있다(곽윤직, 『민법총칙(신정수정판)』(박영사, 2000), 377면). 마찬가지로, 직접적으로 상법 제398조(이사와 회사 간의 거래)의 금지에 저촉하지 않더라도, 이해의 충돌이 생기는 경우에는 제389조를 확대적용하고 있다(대법원 1974.1.15. 선고 73다955판결; 대법원 1984.12.11. 선고 84다카1591판결 등 참조).

신탁의 이익(신탁이익의 유형에 대해서는 제4편 제2장 III. 2. 및 제4편 제3장 IV. 3. 이하)을 향유"하는 것을 금지하기 때문에, (ⅰ) 신탁으로부터 직접적으로 이익을 얻는 경우뿐만 아니라, (ⅱ) 간접적으로 이익을 얻는 경우도 금지한다. 또 수탁자 스스로 신탁의 이익을 향유하는 경우뿐만 아니라, 제3자로 하여금 신탁의 이익을 향유하게 하는 것도 금지한다. 제3자로 하여금 신탁의 이익을 향유하게 하는 것과 스스로 신탁의 이익을 향유하는 것을 구별할 필요는 없기 때문이다. 단, 제3자의 이익에 대해서 수탁자 외에 제3자도 이득반환책임을 지는가가 문제되는데, (ⅰ) 이익의 취득에 대해 귀책사유가 있거나 혹은 (ⅱ) 수탁자의 신탁위반에 대해 악의인 경우에는, 반환책임을 추궁할 수 있지만, '선의의' 수익자에 대해서는, 현존이익의 한도에서만 이득반환책임이 발생한다(민법 제748조).

또 상법도 위탁자가 지정한 가액보다 고가로 매도하거나 염가로 매수한 경우 그 차액은 위탁자의 이익으로 한다고 규정하고 있는데(상법 제106조 제2항), 이 조항에 기해 위탁매매인은 위탁인의 재산 혹은 위탁인을 위해 행한 거래로부터 어떠한 이익을 얻는 것도 금지된다고 유추해석할 수 있다. 또 이 조항도 직접적인 이익취득의 경우뿐만 아니라 간접적으로 이익을 얻는 것에 대해서도 유추적용될 수 있다. 마찬가지로 위탁매매인이 스스로 이익을 취득하는 경우뿐만 아니라, 제3자로 하여금 위탁매매의 이익을 취득하게 하는 것도 금지된다.

물론, 이러한 명시적인 규정이 없더라도, 고객은 금융기관이 자신을 위한 거래로부터 이익을 향유하지 않을 것을 기대하고, 금융기관은 명시적으로 배제하지 않는 한 그러한 기대를 감수한 것으로 볼 수 있기 때문에, 금융기관의 고객이익의 향유 금지의무는 묵시적으로 부과된다고 생각할 수 있다.

#### (3) 고객정보의 비밀유지의무

충실의무자로 파악된 금융기관은 고객과의 이익충돌을 회피하여야 하고, 고객의 재산 혹은 거래로부터 이익을 향유하지 않아야 할 뿐만 아니라, 고객의 투자사무의 처리와 관련하여 얻게 된 정보를 타인에게 누설하지 않아야 하고, 또 그 정보를 자신을 위해서 사용하지 않아야 한다. 신탁관계에서 설정자는 수탁자에 대한 전적인 신뢰에 기하여 신탁사무를 위탁하고, 또 수탁자는 신탁재산을 자신의 명의하에 지배하기 때문에, 수탁자가 신탁과 관련하여 알게 된 정보에 대해서는 수익자를 위해서만 사용해야 할 의무가 발생하는 것은 당연하다. 또, 신탁이익의 향유 금지 규정(신탁법 제36조)으로부터도 신탁정보의 개인적 사용 금지 및 비밀유지의무가 도출될 수 있다.

마찬가지로, 위탁매매의 경우에도 증권회사는 위탁자가 제공한 정보를 고객을 위해서만 이용하고 비밀을 유지할 의무를 지게 된다. 또, 상법은 대리상의 비밀유지의무(제92조의2)를 규정하고 있는데, 금융기관이 대리상이 되는 경우에는 이러한 의무가 적용될 수 있을 것이다. 즉, 고객은 금융기관이 자신이 제공한 정보를 자신을 위한 거래를 위해서만 사용하고, 그 비밀을 유지할 것을 기대하고, 고객의 신뢰에 기해 수임한 금융기관은 그러한 비밀유지의무를 감수해야 하기 때문에 금융기관의 비밀유지의무가 발생하게 된다.

#### (4) 금융기관 정보의 사용의무/정보의 제공의무

충실의무의 작동방식과 관련해 '금지적' 의무뿐만 아니라 '명령적' 의무도 부과할 수 있다는 견해에 의하면(제2편 제1장 II. 2.) 금융기관의 정보사용의무, 정보제공의무는 충실의무로 포섭된다. 충실의무자로 지정된 금융기관은 고객으로부터 얻은 정보에 대해 그 비밀성을 유지하면서 수익자를 위해 사용할 의무를 짐과 동시에, 자신의 정보를 고객이 위탁한 사무의 처리를 위해 사용할 의무를 진다. 금융기관이 고객으로부터 얻은 정보에 대해 비밀유지의무를 지는 것을 소극적 의미에서의 충실의무(금지적 의무)라고 한다면, 금융기관이 자신의 고유정보를 고객을 위해 사용해야 하는 정보사용의무는 적극적인 의미에서의 충실의무(작위적 의무)이다.

이러한 정보사용의무는 금융기관의 선량한 관리자의 주의의무에서 도출될 수도 있고, 또 금융기관은 전적으로 고객의 이익을 위해 행위해야 한다는 충실의무로부터도 도출될 수 있다. 즉, 금융기관은 고객의 사무를 처리함에 있어, '자신 또는 타인의 일'에 대해 베풀어야 할 주의를 사용해야 할 선관주의의무를 부담하므로(제2편 제2장 IV. 1.), 자신 또는 타인의 일에 사용하였을 자신의 모든 정보를 사용해 고객의 사무를 처리하여야 한다. 또 고객은 금융기관이 자신이 알고 있는 모든 정보를 사용해 고객의 사무를 처리할 것이라고 기대하기 때문에, 그러한 신뢰를 명시적으로 배제하지 않는 한 감수한 것으로 간주되기 때문이다.

그런데, 금융기관의 적극적 정보사용의무는 거래의 결정을 고객이 하는 경우(소위 '자기책임의 원칙'이 적용되는 영역의 경우) 조금 소극적 혹은 보조적인 설명의무 내지 정보제공의무로 변경되어 나타나게 된다(자본시장법 제47조 참조).

(5) 고객 사이의 공평의무

충실의무자로 지정된 금융기관이 수인의 고객을 위해 행위할 경우, 금융기관은 모든 고객을 공평하게 취급해야 할 의무를 부담한다. 신탁의 경우, 하나의 신탁에 복수의 수익자가 있는 경우, 수탁자는 이러한 수익자를 공평하게 취급하여야 한다. 예를 들어, 신탁에 복수의 수익자 A 및 B가 있는 경우에, 수탁자는 수익자를 공평하게 취급하여야 하고, 일방의 수익자 A에게 불리하고 타방의 수익자 B에게 유리한 행위를 하여서는 안된다. 또, 공평의무는 수탁자가 하나 이상의 신탁을 인수하고 있는 경우에도 발생한다. 즉, 수탁자는 수개의 신탁을 인수하는 것이 금지되지만, 각각의 신탁이 승인하면 수개의 신탁을 인수할 수 있는데, 이 경우 수탁자는 특정 신탁에 불리하고 다른 신탁에 유리하게 신탁사무를 처리해서는 안된다.

수탁자의 수익자들에 대한 공평의무는, 신탁설정자가 신탁사무를 수탁자에게 위탁하면서 통상 기대하는 의무이다. 또, 각각의 신탁이 승인하면 수탁자는 수개의 신탁을 인수할 수 있는데, 이 때에도 각각의 신탁설정자는 수탁자에게 신탁사무를 위탁하면서 자신의 신탁사무가 공정히 처리될 것을 기대한다. 따라서 공평의무에 관해 신탁법 제35조가 명문의 규정을 하지 않았더라도, 수익자를 공평히 취급해야 한다는 것 및 신탁과 다른 신탁을 공평히 취급하여야 한다는 것은, 설정자가 별단의 정함을 하지 않는 한, 묵시적으로 추정된다고 볼 수 있다. 즉, 이러한 공평의무는 '수익자 사이의 이익충돌' 혹은 '신탁 사이의 이익충돌'을 해결하기 위해 묵시적으로 추정되는 일반적인 충실의무의 한 형태라고 생각할 수 있다.

또, 고객이 증권회사에 매매거래를 위탁한 경우에도, 고객은 자신의 거래를 공정히 처리해 줄 것을 기대한다. 이러한 고객의 기대는, 증권회사가 어떤 영업부서에서 수인의 고객을 위해 행위하는 경우뿐만 아니라 다른 영업부서에서 수인의 고객을 위해 행위하는 경우에도 발생한다. 따라서 증권회사는 특정 영업부서의 고객들 사이에서 형평을 기해야 할 뿐만 아니라, 다른 영업부서에 속한 고객들 사이에서도 공평하게 행위해야 할 충실의무를 부담한다. 예를 들어, 증권회사는 위탁매매부서의 고객과 기업금융부서의 고객을 공평하게 대해야 하는 것이다.

#### (6) 자기집행의무/위임금지

충실의무자로 지정된 금융기관은 자기집행의무를 진다. 즉, 위탁받은 사무를 스스로 집행하여야 하고 타인에게 사무를 위탁하여서는 안된다. 특히 수탁자인 금융기관의 자기집행의무는 아주 엄격하여, '정당한 사유가 있는 때'에 한하여 외부위탁이 인정되고 이때 '수익자의 동의'를 얻어야 외부위탁이 가능하다(신탁법 제42조). 또, 위임관계에 있는 금융기관도 '위임인의 승낙이나 부득이한 사유 없이는' 타인으로 하여금 위임사무를 처리하게 하지 못한다(민법 제682조). 대리권을 수권받은 금융기관도 마찬가지이다(민법 제120조). 이와 같은 위임금지 혹은 자기집행의무는 고객이 충실의무자인 금융기관에 대해 기대할 수 있는 것이고 금융기관이 그것을 명시적으로 배제하지 않는 한 추정된다고 할 것이다(위임금지 혹은 자기집행의무의 충실의무성에 대해서는 제2편 제1장 III. 1. (4)).

### 4. 금융기관에 대한 충실의무와 그 발견절차

#### (1) 충실의무자의 발견절차 v. 충실의무의 발견절차

충실의무를 '전적으로 본인의 이익을 위해서 행위해야 하는' 의무라고 정의하였다. 그런데, 언제 어떤 자가 '독립된 당사자'의 지위에 있다가 '충실의무자'로서의 지위에 처하게 되는가? 어떤 자(A)와 다른 자(B) 사이에 신뢰관계 혹은 B에 대한 배려 기타 여러 사실관계 등이 발견되면 A는 'B에 대한 충실의무자'가 될 수 있다. 일단 A가 B에 대한 충실의무자로 파악되면, A에게는 '전적으로 B의 이익을 위해 행위'할 충실의무가 부과된다. 그런데, 충실의무자가

'전적으로 본인의 이익을 위해 행위해야' 하는데 필요한 구체적인 충실의무의 내용은 개별 상황에 따라 달라진다. '지위'에 기한 충실의무자와 '상황'에 기한 충실의무자(제1장 I. 1.)의 예를 들어 보자.

**예 1) '상황'에 기한 충실의무자**: 거동이 불편한 노인이 길을 가는 대학생에게 가까운 가게에서 샌드위치를 사줄 것을 부탁하였는데, 그 대학생이 빨리 도서관에 가서 시험공부를 하여야 함에도 불구하고 부탁을 수락하고 샌드위치 값을 수령한 경우.

이 경우, 젊은이는 의무가 없음에도 불구하고 노인의 요청을 수락함으로써 신뢰에 기한 충실의무자가 되었고, '전적으로 노인의 이익을 위해 행위하여야 할' 충실의무를 지게 된다. 그런데, 이 경우 젊은이가 지는 충실의무의 구체적인 내용은 (ⅰ) 이익충돌회피의무, 즉 도서관에서 공부할 시간을 희생하여 가게에 가서 샌드위치를 사다 줄 의무 및 (ⅱ) 이익향유의 금지의무, 즉 받은 샌드위치 대금보다 싸게 샌드위치를 구매한 경우, 차액을 취득하지 않을 의무 등을 진다. 하지만, 노인으로부터 비밀정보를 받은 것은 아니므로 (ⅲ) 정보의 비밀유지의무는 지지 않고, 마찬가지로 샌드위치의 구매에 특별한 정보나 지식을 사용할 필요는 없으므로 (ⅳ) 자신의 정보를 사용할 의무도 발생하지 않는다(그런데, 젊은이가 부담하는 이러한 충실의무는 노인의 요청을 수락하는 상황에 기하여 발생하였으므로 젊은이는 '상황에 기한 충실의무자'라고 할 수 있다).

**예 2) '지위'에 기한 충실의무자**: 어느 지역의 지질을 분석한 자원공학과 교수가 친구가 경영하는 광업회사에 지질분석정보를 제공하면서 긴급하게 금광의 탐사를 의뢰하고, 그 광업회사가 수락한 경우.

이 경우, 광업회사는 교수의 신뢰하에 비밀분석정보를 수령함으로써 충실의무자가 되고, '전적으로 교수의 이익을 위해 행위하여야 할' 충실의무를 진다. 그런데 이 경우, 광업회사가 지는 충실의무의 구체적인 내용은 (ⅰ) 이익충돌회피의무, 즉 다른 자가 그 지역에 금광탐사를 의뢰하더라도 수락하지 않을 의무 및 (ⅱ) 이익향유의 금지의무, 즉 금광의 탐사작업으로부터 생긴 정보, 이익 혹은 이득을 취하지 않을 의무, 뿐만 아니라 (ⅲ) 교수가 제공한 정보에 대해서 비밀을 유지하고 탐사목적으로만 사용할 의무 및 (ⅳ) 광업회사가 갖는 전문지식이나 장비를 이용하여 탐사를 할 정보사용의무를 모두 부담하게 된다(그런데, 이러한 충실의무는 광업회사가 영위하는 회사의 역할 내지 지위에 수반되는 것이므로 이러한 충실의무자를 '지위에 기한 충실의무자'라고 볼 수 있다).

### (2) 금융기관의 충실의무 발견절차

금융기관이 충실의무자로 되는가, 또 충실의무자로 된 경우 어떠한 내용의 충실의무를 지는가도, 이상에서 살펴본 것과 같은 절차를 통해 이루어진다. 즉, 금융기관에 대해 '전적으로 고객의 이익을 위해 행위하여야 할' 충실의무를 부과하는 것이 정당화되는 상황인가가 먼저 고려되어야 하고, 만약 이러한 충실의무의 부과가 정당화되는 상황이라면, 구체적으로 어떠한 유형의 충실의무가 부과될 필요가 있는가를 결정해야 한다.

따라서 다음의 사항이 명확해진다. 즉 (ⅰ) 금융기관은 당연히 충실의무자는 아니고 충실의무의 부과가 정당화되는 상황에서만 충실의무자가 된다. 또 (ⅱ) 충실의무자라고 하는 경우에도 구체적으로 부담하는 충실의무의 유형은 달라질 수 있다. 이러한 것을 결정함에 있어 아래의 사항 등을 고려해야 한다.

(요소 Ⅰ) 고객이 금융기관에 위임한 사무의 성질
(요소 Ⅱ) 고객이 금융기관에 부여한 재량의 정도
(요소 Ⅲ) 고객의 금융기관에 대한 의존성, 취약성의 정도
(요소 Ⅳ) 고객이 금융기관에 제공한 정보의 종류와 정도
(요소 Ⅴ) 고객의 금융상품에 대한 전문지식의 정도

#### 1) 예 Ⅰ: 예금관계, 여신관계

여신관계는 소비대차관계이다. 은행의 소비대차관계에서는 요소 Ⅳ를 제외하고는 은행을 충실의무자로 지정할 다른 특별한 요소는 발견되지 않는다. 따라서 은행을 '전적으로 대출자의 이익을 위해서 행위하여야 할' 충실의무자라고 부르는 것은 적절하지 않다. 만약, 은행을 충실의무자라고 부르는 경우에도 은행의 구체적인 충실의무는 비밀유지의무에 한정된다. 또 요소 Ⅲ이 여신관계에서 문제된다고 볼 수 있지만, 이러한 취약성은 채권·채무의 일반적 관계에서 발생하는 것이지 특별히 은행이 대출자여서 발생하는 것은 아니다.

예금관계는 소비임치관계인데, 은행의 예금관계에서는 충실의무자 지정을 정당화하는 어떠한 요소도 발견되지 않는다. 따라서 은행을 '전적으로 예금자의 이익을 위해서 행위하여야 할' 충실의무자라고 부르는 것은 적절하지 않다.

#### 2) 예 II: 투자일임관계

이와 달리, 투자일임관계는 신뢰에 기한 위임관계로서 충실의무자의 지정을 정당화하는 모든 요소가 존재한다. 고객이 투자일임업자에게 투자판단의 재량을 일임하면서, 자신이 갖고 있는 금융자산에 대한 정보와 자신의 직업 등에 대한 정보를 제공하면서, 일임업자의 투자판단에 의존하는 경우, 투자일임업자를 '전적으로 투자자의 이익을 위해서 행위하여야 할' 충실의무자라고 부르는 것은 정당화된다.

그리고 이 경우 구체적으로 어떠한 유형의 충실의무가 부과되어야 하는지가 결정되어야 하는데, 투자일임관계에 나타나는 위의 5가지 요소들을 고려할 때 (i) 고객과의 이익충돌회피의무, (ii) 고객이익의 향유 금지의무, (iii) 고객정보의 비밀유지의무, (iv) 자기정보의 사용의무 및 (V) 고객 사이의 공평의무 등이 모두 부과될 수 있다.

#### 3) 금융기관에 대한 충실의무의 추정

그런데, 금융기관 특히 증권회사가 영위하는 업무의 고객 배려적 특성을 고려하면, 업무의 수행과 관련하여 충실의무 부과가 정당화되는 경우가 많을 것이다. 또 이러한 상황이 일반적이라고 한다면 금융기관 특히 증권회사를 '지위에 기한 충실의무자'(제1장 I. 1.)로서 인식하게 되고, 그 결과 여러 유형의 구체적인 충실의무가 사실상 추정될 가능성이 높다.

### (3) 충실의무의 사법상 지위

채무법상의 의무는 보통 기본채무와 신의칙상 부수의무로 나뉜다. 즉 전형적인 채권·채무관계에는 다른 채권·채무관계와 구별되는 기본적인 채권·채무가 있고(예: 매매에 있어서 물건의 소유권이전의무와 대금지급의무), 기본적 채권·채무를 실현하는 과정에서 필요한 다른 여러 부수적인 권리와 의무가 따르게 된다(예: 매매당사자들의 해제권, 담보의무 등). 그렇다면, '전적으로 고객 혹은 투자자의 이익을 위해서 행위해야 한다'라는 '충실의무'는 채무법상 기본적 채무 혹은 신의칙상 부수의무와 관련해 어떠한 지위를 갖는가가 문제될 수 있다.

1) 전형적인 채권·채무관계

민법 채권편 계약의 장에 규정된 전형적인 채권·채무관계에서는 기본적인 채권·채무가 법정되어 있으므로 충실의무가 기본적 채무로서 인정될 가능성은 낮다. 하지만 앞서 본 것처럼, '상황에 기한 충실의무자' 지정이 가능하므로, 기본적 채무로서는 충실의무가 부과되지 않더라도, 인적인 신뢰관계의 형성에 따라 부수적으로 부과될 수는 있다. 예를 들어, 은행은 예금자에 대해 기본적 채무만 이행하면 되지만, 어느 지점에서 수십년 거래한 연로한 고객에 대해서는 방문해 업무를 처리해 주는 등 통상적인 서비스 이상의 서비스를 제공해 줄 수도 있다. 이와 같이 특별한 사정이 있는 경우에는 은행은 고객에 대한 충실의무자가 될 수 있고, 따라서 신의칙에 기해 이익충돌금지와 같은 충실의무를 부담할 수 있다. 특히 은행이 정보사용을 약속하는 경우, 정보사용의무를 부담하게 되는 경우도 발생한다. 결국 개별적으로 판단할 일이다. 이 경우 정보사용의무는 충실의무로 포섭되는 것이 아니라 별개의 약속에 기한 적극적 작위의무로 파악해야 한다(충실의무의 '보충적' 작동방식과 '사전금지적' 성질에 대해서는 제2편 제1장 II. 참조).

2) 위임의 경우

그런데 위임관계에서는 충실의무가 기본적 채무로서 부과될 가능성이 존재한다. 위임은 본질상 당사자 사이의 신뢰관계를 기초로 하기 때문이다. 즉 수임인은 기본채무로서 '위임의 본지에 따라 선량한 관리자의 주의로써' 위임사무를 처리할 의무가 있는데, 사무의 위탁에 있어 위탁자와의 신뢰관계 혹은 위탁자에 대한 배려 기타 사실관계가 존재하는 경우 '전적으로 위탁자의 이익을 위해서만 행위해야' 하는 충실의무가 동시에 부과될 수 있기 때문이다.

이처럼 수임인이 충실의무를 부담하게 되는 경우, 충실의무의 지위를 어떻게 구성할 것인가? 이 때에도 기본채무보다는 기본채무의 이행과 관련해 발생하는 신의칙상 부수의무로 구성해야 할 것이다.[11] 충실의무는 선관주의의

11) 충실의무의 작동방식과 선관의무 보충 역할에 대해서는 제2편 제1장(『홍익법학』, 제16

무와 다른 보충적 성질을 갖고 있고, 주의의무에서는 발견하기 힘든 자기희생성을 도출할 수 있기 때문이다. '위임의 본지에 따른 선량한 관리자의 주의'는 '객관적'인 수준의 주의의무이고, 그 판단은 수임인의 사무처리에 있어 그러한 사무를 처리하는 평균인이 그 기준이 된다. 이에 비해 충실의무는 주관적인 개인적 의무이고, 당해 수임인이 위임인과 충돌하는 이익이 있는가? 당해 수임인이 사무처리로 이익을 취했는가? 당해 수임인이 비밀정보를 수령했는가? 당해 수임인이 불공평하게 행위하는가? 등의 요소가 있어야 비로소 문제된다. 정보사용의무와 같이 선관주의의무로 파악할 수 있는 충실의무의 구체적인 형태도 있으나(I. 3. (4) 참조), 대부분의 충실의무는 본인과의 이익충돌을 전제하는 주관적·개인적 의무인 것이다. 따라서 위임의 경우에도 충실의무는 기본채무로 구성하는 것보다는 신의칙상 부수의무로 구성하는 것이 타당하다. 즉, 위임관계에서 충실의무는 통상 발생하지만 당연히 발생하지는 않고, 또 발생하는 경우에도 구체적인 충실의무의 유형은 개별적인 상황에 따라 달리 인정된다.

## Ⅱ. 금융기관에서의 이익충돌

### 1. 금융기관에서 이익충돌이 발생하는 이유

(1) 이 유

금융기관에서의 이익충돌은 금융업 자체가 고객 혹은 투자자를 위해 금융상품에 대한 서비스를 제공하는 영업이기 때문에 발생한다. 즉, 금융기관은 (ⅰ) 영리법인으로서 자기이익을 갖고 있음과 동시에 (ⅱ) 영업으로서 고객의 이익을 위해 행위하기 때문에, 본질적으로 자신의 이익과 고객의 이익이 충돌하는 상황에 직면하는 것이다. 나아가 금융기관이 하나 이상의 고객을 위해 행위하게 되면, (iii) 한 고객의 이익과 다른 고객의 이익이 충돌하는 현상이 발생한다.

예를 들어, 증권회사는 (ⅰ) '자기'의 이익을 위해 증권의 자기매매나 인

권 제4호(2015), 331면) 참조.

수, 증권발행회사에 대한 분석을 행하면서, 동시에 (ii) '법인고객'을 위해 기업의 인수·합병의 중개·주선, 혹은 사채모집의 수탁업무 등을 영위하고, 또한 (iii) '개인고객'을 위해 증권의 위탁매매 혹은 투자자문 업무를 행하는데, 이들 업무 사이에 이익이 충돌하는 현상이 발생할 수 있다. 즉, 증권회사는 동일한 사항(예: 증권의 매매 등)에 관해 자신의 이익과 고객의 이익이 충돌하는 경우, 혹은 법인고객에 대한 의무와 개인고객에 대한 의무가 충돌하는 경우에 직면할 수 있다.

나아가 증권회사가 자산운용 업무까지 수행하게 되는 경우, 자기이익을 위해 행위할 경우 및 '직접적 고객'인 증권업 고객을 위해 행위해야 할 경우뿐만 아니라 '간접적 고객'인 펀드투자자를 위해 행위해야 할 경우에 직면하게 되므로, 충돌하는 이익의 종류와 형태가 기하급수적으로 증가하고 복잡하게 된다. 이 때 증권회사는 (i) 자신의 이익, (ii) 법인고객의 이익, (iii) 개인고객의 이익 및 (iv) 간접고객인 펀드투자자의 이익 등이 상호 충돌하는 문제를 해결해야 한다.

(2) 자기의 이익을 우선시킬 유인

금융업무를 영위하면서 (i) 자기이익과 고객의 이익이 충돌할 때, 금융기관은 본능적으로 자기의 이익을 추구할 유인을 갖는다. 또, 금융기관은 (ii) 법인고객의 이익과 개인고객의 이익이 충돌할 경우, 수수료 수입이 높은 법인고객의 이익을 우선할 유인을 갖는다.

또 금융기관이 본업 외에 자산운용 업무를 영위할 경우, (iii) 금융기관의 자기이익과 펀드투자자들의 이익이 충돌할 때, 자신의 이익을 펀드투자자들의 이익보다 우선할 가능성이 높다. 또, (iv) 직접적인 증권고객에 대한 이익과 간접적인 펀드투자자들의 이익이 충돌할 때에도, 금융기관은 증권고객에 대한 이익을 우선시키고, 펀드투자자들의 이익을 포기할 강한 유인을 갖는다. 왜냐하면, 펀드투자자들은 자신이 설정한 펀드를 통한 '간접'투자자이고 그들의 이익은 종국적으로 '불특정 다수인인 투자자들'의 분산된 이익이기 때문에, 펀드투자자에 대한 의무를 포기하더라도 간접투자자 개별적으로는 그 손해가 크게 부각되지 않기 때문이다. 따라서 예를 들어, 증권회사가 증권고객에 대한 의무와 펀드투자자들에 대한 의무가 충돌할 경우에도, '직접적이고 특정된' 증권고객(주로 '법인고객'임)에 대한 의무를 '불특정 다수인'인 펀드투자자에 대한 의무보다 우선시킬 유인이 발생한다.

## 2. 금융기관에 발생하는 이익충돌의 유형

금융기관에 발생하는 이익충돌을 유형별로 살펴보면, (ⅰ) 금융기관의 정보보유로 인한 이익충돌, (ⅱ) 금융기관의 현재고객에 대한 의무와 의무가 충돌하는 경우, 그리고 (ⅲ) 금융기관 자신의 이익과 현재 혹은 과거고객에 대한 의무가 충돌하는 경우로 나눌 수 있다. (ⅱ)는 주로 현재 고객관계로 인한 충실의무 혹은 비밀유지의무의 충돌 때문에 발생하는 것이고, (ⅰ) 및 (ⅲ)은 현재의 고객관계뿐만 아니라 과거의 고객관계로 인한 정보보유로부터도 발생할 수 있는 것이 특징이다.

### (1) 정보보유형 이익충돌

금융기관은 법인고객으로부터 비밀정보를 수령할 수 있는데, 이 비밀정보에 대해서는 비밀유지의무 및 사용금지의무를 지게 된다. 따라서 법인고객의 정보는 그 고객 이외의 다른 고객에게 유용한 것일지라도 그것을 사용해서는 안된다. 이러한 상황에서 금융기관이 당해 법인고객 이외의 자에 대해 그 정보의 사용의무를 지게 되는 경우(예: 법인고객이 발행한 주식에 대해 투자를 자문하면서 정보사용의무를 지는 경우), 정보사용의무와 비밀유지의무 사이에 충돌이 발생할 수 있다. 정보보유형 이익충돌은 금융기관과 고객 간의 고객관계가 종료한 후에도 계속되는 점에서 뒤에서 살펴보는 의무충돌형 이익충돌과 차이가 난다.

### (2) 의무충돌형 이익충돌

금융기관이 여러 부서에서 다수의 고객을 위해 행위하는 경우, 고객과의 관계가 제정법적 규정, 수행하는 업무의 특성, 혹은 고객의 기대와 금융기관의 승인 등에 기하여 충실의무관계로 되면, 다수의 고객에 대해 동시에 충실의무를 부담할 수 있다. 그런데 수인의 고객에 대한 충실의무는 서로 충돌할 수 있는데(예: 쌍방대리 상황 등), 이것을 의무충돌형 이익충돌이라고 한다. 이러한 의무충돌형 이익충돌은 현재의 고객에 대해 가장 현저히 발생하지만, 현재의 고객에 대한 의무와 과거고객에 대한 비밀유지의무 때문에 발생할 수도 있다.

(3) 자기이익과 의무의 충돌

금융기관이 고객에게 부담하는 의무와 의무가 충돌하는 의무충돌형 이익충돌, 혹은 고객의 정보보유로 인한 정보보유형 이익충돌은 모두 고객에 대한 의무 부담을 요소로 한다. 그런데 이렇게 의무를 부담하고 있는 상황에서, 금융기관 자신이 의무의 이행과 관련해 이익을 갖고 있는 경우가 생기는데, 이 때 증권회사의 자기이익과 고객에 대한 의무가 충돌할 수 있다. 이러한 자기이익과 의무의 충돌은 통상 현재고객과 관련하여 많이 발생하지만, 과거고객의 비밀정보 때문에 발생하는 경우도 있다.

## 3. 은행에서 발생하는 이익충돌의 실례

은행은 기본적으로 여수신업무를 영위하는 금융기관이고, 여수신업무는 앞에서 본 것처럼 고객과의 이익충돌회피의무와 같은 충실의무를 초래하지는 않는다. 하지만 대출채무자에게 신용공여 여부를 심사하면서 필요한 정보를 요구하게 되는데, 이 때 수령한 여신정보에 대해서는 비밀유지의무를 지게 된다. 이러한 비밀정보는 앞에서 본 정보보유형 이익충돌 혹은 자기이익과 비밀유지의무 사이의 충돌을 유발하게 된다.

그 밖에 은행은 사채발행의 수탁업무 등을 영위하는데, 이러한 업무의 영위는 충실의무를 야기하기 때문에 다음과 같은 이익충돌을 초래할 수 있다.

(1) 사채발행의 수탁업무와 관련한 이익충돌

① 은행이 사채발행회사에 대한 여신채권을 갖고 있는 경우, 수탁회사는 사채권자의 보호보다 자기채권의 변제에 더 많은 관심을 가질 수 있다.

(ⅰ) 여신정보의 사용과 관련하여: 은행은 채무자인 발행회사에 대한 내부정보에 대해 많은 정보를 수집할 수 있는데, 은행은 이 정보가 사채권자의 보호에 필요한 것이라도 사용하지 않을 유인을 갖는다. 또 정보를 사용하지 않는 것이 발행회사에 대한 비밀유지의무의 준수

라는 형태로 정당화될 수도 있다.

(ii) 사채의 상환과 관련하여: 은행이 수탁업무의 계속에 이익을 갖거나, 사채의 상환이 자신의 여신채권 변제에 불리한 경우(예: 후순위), 사채의 조기상환이 사채권자에게 유리하더라도 은행은 사채상환을 연기시킬 유인을 갖는다.12)

② 은행이 사채발행회사에 대해 여신채권을 갖고 있으면서 동시에 예금채무를 지고 있는 경우, 수탁회사는 사채권자보다 자신의 이익을 우선하기 위해 먼저 상계할 유인을 갖는다.13)

③ 은행이 사채발행에 대해 보증을 선 경우, 사채권자에 대한 수탁인으로서의 의무와 발행회사에 대한 보증채무자로서의 이익이 충돌하고, 보증채무자로서의 이익을 우선시킬 유인을 갖는다.

④ 은행이 자회사의 사채발행의 수탁회사가 되면, 사채권자의 보호라는 수탁자의 의무와 모회사의 출자이익 내지 계열사의 이익을 보호해야 할 그룹의 이익이 충돌한다. 이것은 그룹 내에서의 이익충돌의 문제이다(앞에서 살펴본 것처럼, 이익충돌은 실질적인 충돌의 존재 유무로서 판단해야 하는 것이고, 중간에 제3자의 법인격이 개재된 간접거래라는 이유로 이익충돌이 자동적으로 해소되지는 않는다).14)

⑤ 사채발행회사가 동일자산을 담보로 사채를 여러 차례 발행한 경우, 각 사채권자들은 발행회사의 동일한 담보자산에 대하여 경합한다. 이때 수탁회사는 동종, 동순위의 사채를 수탁한 경우, 공평히 행위할 의무를 부담한다. 그런데 사채의 담보나 순위가 다른 이종의 사채권자를 위해 수탁자가 된 때에는 서로 다른 사채권자에 대해 충돌하는 의무를 지게 된다.

⑥ 은행이 사채발행회사에 대해 투자자문을 하는 경우, 은행은 투자자문을 함에 있어 사채권자의 이익에 반하는 자문을 할 수도 있다. 이 경우 투자자

---

12) 은행은 사채발행회사에 대해 추가여신을 지원해 주거나 혹은 사채권자의 조기상환청구를 지연시키거나, 혹은 사채권자에 대한 이행지체 사실 통지를 지연시킴으로써 사채상환을 연기시킬 수 있다. 하지만 이러한 행위는 사채권자에 대한 충실의무의 위반이 된다(이중기, "증권회사에 발생하는 이익충돌과 Chinese Wall", 135면, 142면 각주 7) 참조).

13) 도산상계에 관해서는 윤진수, "금융기관의 수신거래와 여신거래(ii)", 『BFL』, 제11호(2005. 5), 64면, 76면 참조.

14) 제4편 제5장 II. 및 앞의 주 10)과 관련된 본문 참조.

문부서의 의무와 수탁부서의 의무는 충돌한다.

(2) 자산운용 업무와 관련된 이익충돌

① 은행이 자산운용사와의 경쟁에서 유리한 고지를 점하기 위해 펀드고객에게 여신업무와 관련하여 특혜를 제공할 수 있는데(예: 부실운용된 펀드의 수익증권 고객에게 높은 이율의 예금으로 전환할 수 있게 해준 경우),[15] 이러한 특혜는 여신부서로서는 손실로서 작용한다.

② 펀드의 운용자로서 수익자를 위해 행위해야 할 은행의 의무는 펀드재산인 사채에 대해 은행이 사채발행의 수탁회사가 된 경우, 사채권자에 대한 의무와 충돌할 수 있다.

## 4. 증권회사에서 발생하는 이익충돌의 실례

증권회사는 영위하는 업무 자체가 모두 충실의무를 야기할 수 있는 업무이기 때문에, 은행의 경우보다 심각한 다음과 같은 이익충돌에 빠질 수 있다.

(1) 증권의 위탁매매와 관련된 이익충돌

① 증권회사의 위탁매매부서가 위탁매매 고객 쌍방을 대리하는 경우

② 증권회사의 위탁매매부서 혹은 투자자문부서가 고유재산운용부서와의 거래를 고객에게 주선한 경우(단, '증권시장에서의 매매'를 위탁한 경우에는 이익충돌이 없는 것으로 된다)

(2) 증권발행과 관련된 이익충돌

① 기업금융부서가 법인고객의 증권발행과 관련된 거래를 체결하는데, 증권회사가 그 회사의 사채를 인수하고 있고, 또 자문고객에 대해 그 회사 주식의 가치에 대해 자문하는 경우, 법인고객에 대한 의무, 자문고객에 대한 의무 및 사채권자로서의 이익이 충돌한다.

② 증권회사가 시장조성 업무를 행하는 증권(혹은 자기계좌로 거래하는 증권)에 대하여, 다른 부서가 그 증권발행과 관련된 계약을 고객과 체결하는 경

15) 이러한 측면은 펀드고객에게는 유리하게 작용하기 때문에, 다른 회사와의 경쟁의 측면에서는 운용업시장에서의 공정한 경쟁을 저해하는 요소로 작용한다. 즉, 내부적으로는 이익충돌 문제를 발생시킴과 동시에 대외적으로는 불공정행위 문제를 야기한다.

우(혹은 그 증권을 기초로한 선물이나 옵션계약을 체결한 경우), 자신의 이익과 고객의 이익이 충돌한다.

③ 기업금융부서가 인수한 증권에 대하여 투자자문부서나 위탁매매부서(혹은 고유재산운용부서)가 투자가치가 없다고 투자를 포기하는 경우, 각 부서의 이익은 충돌한다. 기업금융부서는 주가의 유지를 위해 매수주문을 유발해야 하지만, 투자자문부서 등은 투자가치가 없는 것에 투자하지 않아야 하기 때문이다.

(3) 기업의 인수·합병과 관련된 이익충돌

① 증권회사의 어느 부서가 법인고객의 증권발행과 관련된 거래를 체결하는데, 다른 부서가 그 회사의 M&A 상황에 대해(혹은 그 회사에 대한 적대적 공개매수자에 대해) 자문하고 있는 경우, 그 회사에 대한 의무와 투자자에 대한 의무(혹은 그 회사에 대한 의무와 적대적 공개매수자에 대한 의무)가 충돌할 수 있다.

② 경쟁적 공개매수 상황에서 기업금융부서가 공격자를 자문하고 있는 동안에, 다른 부서가 대상회사의 경영진의 방어에 필요한 재정지원을 하고 있는 경우

③ 기업금융부서가 대상회사에 대한 M&A의 방법으로 공격회사의 주식교환을 통한 매수를 권고하고 있는데, 투자자문부서 혹은 고유재산운용부서는 고객에게 공격회사의 주식가치를 낮게 평가하는 경우

(4) 정보보유와 관련된 이익충돌: 정보판매이익, 정보사용의무와 비밀유지의무

1) 현재고객관계

(가) 기업금융부서와 투자자문부서의 의무충돌

기업금융부서가 신주를 발행하려는 법인고객을 위해 일하는 동안, 투자자문부서에서 법인고객이 발행한 증권에 대해 자문하는 경우, 기업금융부서는 수령한 내부정보에 대해 비밀유지의무를 지지만, 투자자문부서는 정보사용의무를 진다.[16]

법인고객이 도산위기에 처해 기업금융부서에 사채발행을 통한 긴급자본

16) 자세히는 III. 2. (1) 대리인의 적법행위 참조.

조달을 의뢰하고 있는데, 투자자문부서는 고객에게 그 법인이 발행한 주식의 매입을 권고하고 있는 경우(혹은 자기거래부서에서 그 주식을 매입하는 경우), 정보사용과 관련해 기업금융부서의 고객에 대한 의무와 투자자문부서의 고객에 대한 의무(혹은 자기이익)는 서로 충돌한다.

(나) 기업분석부서와 투자자문부서

기업분석부서에서 분석한 중요정보는 증권회사의 자기이익을 위해 사용하거나 혹은 고객에게 판매해야 할 필요성이 생김과 동시에, 투자자문부서 등에서는 고객을 위해 사용하여야 할 의무가 발생한다.

2) 과거고객관계

증권회사의 기업금융부서가 법인고객에 대해 공개매수 방어전략을 자문하고 있는데, 마침 공격자가 증권회사의 이전 고객인 경우, 증권회사는 공격자에 대해서는 비밀유지의무를 지는 반면, 방어자에 대해서는 그 정보를 사용해야 할 의무를 지게 된다.

(5) 자산운용과 관련된 이익충돌

1) 고유재산운용부서와의 이익충돌

(가) 단순한 매도 혹은 매수유인

고유재산으로 갖고 있는 증권의 가치가 하락할 것으로 예상되면 증권회사는 이 증권을 매도할 것을 강구하게 되는데, 매각이 어려운 경우, 자신이 운용하는 펀드에서 매수해 줄 것을 강하게 요청할 수 있다. 반대로 자신이 운용하는 펀드자산에 속한 증권의 가치가 상승할 경우, 증권회사는 펀드자산인 증권을 고유계정으로 이전하고 싶은 강한 유인을 갖게 된다.

(나) 고유계정 자산의 매수 혹은 매도 가격 조절 유인

고유계정에서 특정 증권을 매도하는 경우, 매도가격의 하락을 방지하기 위해 자신이 운용하는 펀드자산으로 동종의 증권을 일정기간 동안 매수했다가 다시 매도하도록 요구할 유인을 갖게 된다. 반대로 고유계정에서 특정 증권을 매수하는 경우 매수가격의 상승을 방지하기 위해 자신이 운용하는 펀드자산으로 일정기간 동안 동종의 증권을 매도했다가 매수하도록 요구할 유인

을 가진다.

2) 시장조성(market-making)부서와의 이익충돌

특정 증권에 대해 유동성공급 업무를 담당하는 증권회사의 경우, market-making을 하는 증권에 대해서는, market-making부서와 자산운용부서 간의 이익충돌 상황이 고유재산운용부서에서와 동일하게 발생할 수 있다.

3) 인수업무부서/기업금융부서와의 이익충돌

(가) 발행증권에 대한 투자권유 유인

인수업무부서는 (ⅰ) 인수물량을 줄이기 위해 혹은 (ⅱ) 발행증권이 부적격인 경우 인수위험을 회피하기 위해 혹은 (ⅲ) 주간사로서 성공적인 증권발행이란 외관형성을 위해, 펀드에서 발행증권을 많이 떠 않을 것을 강력히 권할 유인이 있다.

(나) 주가 지지의 요청 유인

특히 발행증권이 주식인 경우, 기업금융부서는 주식발행기업의 주가 지지를 위하여 자산운용부서에 대해 펀드자산으로 유통시장에서 당해 주식을 매수하도록 강한 압력을 넣을 유인이 존재한다.

(다) 인수한 증권의 매도 유인

인수업무부서로서는 인수 수수료를 많이 얻기 위해 대규모로 또 자주 인수할 유인이 생기는데, 인수부서가 인수한 증권을 매도할 필요성이 생긴 경우, 증권회사는 펀드자산으로 매수할 것을 강력히 요청할 유인이 있다.

4) 위탁매매부서와의 의무충돌

(가) 과다주문의 유인

위탁매매부서로서는 주문수수료를 많이 받기 위해 펀드운용부서에 대해 가능한 한 많은 주문을 내줄 것을 요청할 유인이 있다.

(나) 과다수수료 징수 유인

증권사는 자기가 운용하는 펀드에 대해서는 다른 증권사를 통한 주문보다 주문 수수료를 더 많이 징수할 유인이 있다. 수수료 경쟁이 없기 때문이다.

(다) 펀드증권에의 의존 유인

위탁매매부서는 펀드가 보유한 증권에 대해서는 펀드의 보유자산에 의존해 위탁매매의 권유를 과도히 혹은 과감히 할 유인이 발생한다.

5) 의결권의 행사와 관련한 이익충돌

증권회사가 자산운용업을 겸영하는 경우, 증권회사가 펀드자산에 속하는 주식의 의결권을 행사하여야 한다. 이 경우 증권회사의 의결권행사는 증권회사가 당해 주식의 발행회사를 위해 행위하고 있는 경우 이익충돌 상황을 야기하게 된다.

*** 기업금융부서와 자산운용부서 간의 의무충돌**: 증권회사가 기업금융부서의 고객인 기업에 대해 자문서비스를 제공하는 도중에 펀드자산에 속하는 그 회사 주식의 의결권을 행사하게 된 경우, 당해 기업은 기업금융부서에 대해 펀드에 속하는 자산의 의결권을 펀드투자자의 이익이 아니라, 기업 경영진의 이익을 위해 행위하도록 요청할 유인이 생긴다. 예를 들어, 당해 기업이 증권회사에 대해 증권발행, M&A 등에 대해 자문을 구하고 있는 중에 당해 기업에 주주총회가 열리는 경우에 이런 일이 발생할 수 있다.

6) 겸영으로 인한 불공정거래의 유인

위에서는 증권회사가 자신의 이익을 위해 혹은 증권고객의 이익을 위해 펀드투자자들의 이익을 희생시킬 가능성에 대해 살펴보았다. 반대로 자산운용부서가 증권회사의 다른 부서를 이용할 유인도 발생한다. 이러한 유인은 공정한 경쟁을 통한 서비스 향상이 아니라, 다른 유인에 의한 우위를 야기하는 요인으로서 경쟁법의 원리상 바람직하지 못하다.

(가) 판매부서와 자산운용부서 간의 이익충돌: 수익증권의 불공정판매 유인

증권회사가 자산운용업을 겸영하는 경우, 자신이 운용하는 펀드와 함께 다른 운용사가 운용하는 펀드를 같이 판매하게 된다. 이 경우의 자신이 운용하는 펀드의 수탁고를 높이기 위해 자신이 운용하는 펀드를 유리하게 홍보해 판매할 유인이 강하게 발생한다. 이 경우 판매부서의 고객에 대한 의무를 위반하게 된다.

(나) 기업분석부서와 자산운용부서 간의 이익충돌: 펀드자산의 발행사를 호평할 유인

자산운용부서는 펀드가 보유한 자산의 가치가 높아져야 높은 수수료를 받을 수 있다. 따라서 자산운용부서는 기업분석부서에 대해 펀드에 속하는 증권의 발행회사에 대해 좋은 평가를 해줄 것을 강하게 요청할 유인이 있다.

## Ⅲ. 금융기관에 발생하는 이익충돌의 해소방안

금융기관에서의 이익충돌은 법리적 측면에서 살펴보면 (i) 금융기관의 법인론과 (ii) 금융기관의 충실의무론에 의해 유발되고, 또 영업환경적 측면에서 살펴보면 (iii) 금융기관이 복수의 고객을 위해 복수의 영업을 영위하기 때문에 더욱 더 심화된다. 따라서 금융기관의 이익충돌을 완화 혹은 해소하기 위해서는 (i) 금융기관에 적용되는 법인이론에 대한 수정, (ii) 금융기관의 충실의무자적 지위의 완화 및 (iii) 금융기관이 수행하는 업무의 축소 등의 방안이 제시될 수 있다. 이하에서는 각각의 방안의 가능성 및 타당성에 대해서 살펴본다.

### 1. 금융기관의 이익충돌을 유발하는 법리: 법인론과 충실의무론

금융기관에서에서의 이익충돌을 법리적 측면에서 살펴보면, 다음과 같은 두 가지 법원리 때문에 회피할 수 없는 것이 된다.

(i) 법인론: 금융기관은 아무리 커더라도 또 아무리 많은 업무를 수행하더라도 하나의 법인이다.

(ii) 충실의무론: 금융기관은 고객에 대해서 충실의무를 부담한다.

#### (1) 금융기관은 하나의 법인이다: 법인이론

금융업무를 고객을 위해 수행하는 금융기관은 법률상으로는 '하나의 법인'이다. 따라서 아무리 큰 회사이더라도 또 아무리 다양한 기능을 수행하더라도 그 업무영위로 인하여 '각 부서들이 부담하게 되는 의무'는 금융기관 자신의 의무로서 발생한다. 예를 들어, 증권회사의 어떤 부서에서 지는 의무(예: 기

업금융부서가 법인고객에게 지는 비밀유지의무)와 다른 부서에서 지는 의무(예: 위탁매매부서/투자자문부서가 개인고객에서 지는 정보사용의무)는 충돌하게 되는데, 두 의무 모두 증권회사 자신의 의무이기 때문이다.

### (2) 증권회사는 충실의무자/선관의무자이다: 충실의무론

금융기관의 숙명인 이익충돌은, 앞에서 본 것처럼, 금융기관이 고객에 대해 충실의무를 지기 때문에 발생한다. 예를 들어, 증권회사가 수행하는 증권업무인 인수업무, 기업금융업무, 인수·합병업무, 투자자문업무, 위탁매매업무,[17] 등은 모두 고객에 대해 서비스를 제공해 주는 업무이다. 이러한 서비스관계가 설정되면, 고객에 대해 선량한 관리자의 주의의무를 다하여 서비스를 제공해야 하며, 더불어 자신의 이익보다는 고객의 이익을 우선하면서 서비스를 제공해 주어야 하는 충실의무를 지게 된다. 만약, 증권회사가 고객에 대해 충실의무를 지지 않는 상황이라면, 자신의 이익을 우선시켜도 무방하기 때문에 이익충돌은 일어나지 않는다. 하지만, 어떤 부서가 서비스 제공과 관련하여 고객에 대해 충실의무를 지면서, 동시에 다른 부서가 그 부서의 고객에 대해서도 충실의무를 지는 경우, 이 두 고객에 대한 충실의무는 모두 고객의 이익의 관점에서 접근하므로 서로 충돌하게 된다.

### (3) 이익충돌이 배가되는 상황

금융기관의 이익충돌은 금융기관의 영업환경적 측면에서 살펴보면, 다음 두 가지 상황에 따라 그 정도가 크게 달라진다.

(ⅰ) 금융기관이 단일의 고객 혹은 단일의 업무만을 영위하는 경우

(ⅱ) 금융기관이 복수의 고객을 위해 행위하고, 복수의 업무를 영위하는 경우

그런데 금융업의 규모의 경제 및 통합화 현상에서 바라보면, 가능한 한 많은 업무의 영위를 통해 경쟁력을 제고하는 것이 현재의 추세이다. 따라서 (ⅰ)과 같은 업무영위 방법은 현실적이지 않고, (ⅱ)와 같은 업무영위 방법이 사실상 강제되고 있다. 이 같은 현실을 전제하면, 금융기관의 이익충돌은 회피할 수 없는 것이 된다.

---

17) 단, 주문만 체결하는 경우에는 앞의 주 7) 참조.

## 2. 금융기관에 적용되는 법인론과 그 수정 가능성

법인론에서 이야기하는 다음의 사항에 대해 먼저 살펴보고 나서, 이러한 법리의 수정 가능성에 대해서 살펴보자.

(i) 원칙: 금융기관은 아무리 커더라도 또 아무리 많은 업무를 수행하더라도 하나의 법인이다. 또, "법인은 하나의 인(人)이므로 법인 내의 모든 정보는 모두 법인이 알고 있는 것으로 간주된다."

(ii) 대리인의 적법행위에 대한 법인의 책임: '정보귀속의 법리'에 의한 책임
"법인이 알고 있는 정보에 대해서는 대리인의 부지를 주장하지 못한다"(민법 제116조 제2항).

(iii) 대리인의 불법행위에 대한 법인의 책임: '사용자 책임'에 의한 책임
"타인을 사용하여 사무에 종사하게 한 자는 피용자가 사무집행에 관하여 제3자에게 가한 손해를 배상할 책임이 있다"(민법 제756조).

### (1) 대리인의 적법행위: 금융기관의 악의 – 정보귀속의 법리

금융기관이 직원을 통해 법률행위를 하는 경우, 어느 사정을 알았거나 혹은 과실로 알지 못한 경우에 그 사실의 유무는 직원을 기준으로 하여 결정한다(민법 제116조 제1항). 하지만, 금융기관이 고객을 위한 특정한 법률행위를 직원에게 위임(예를 들어, 위탁매매부서의 지배인에게 위탁매매업무 전반을 위임)한 경우, 직원(위탁매매부서의 지배인 혹은 부분적 포괄적 대리권을 가진 사용인) 등이 금융기관의 지시에 좇아 법률행위를 한 때에는 금융기관은 자신이 안 사정(대표이사 등에게 보고된 정보 및 정보수령권이 있는 직원에게 도달된 정보[18] 등) 혹은 과실로 인하여 알지 못한 정보에 관하여 직원의 부지를 주장하지 못한다(민법 제116조 제2항). 따라서 금융기관이 앞에서 본 것처럼, 고객에 대한 충실의무 혹은 선관주의의무에 의해 자신의 정보를 사용할 의무를 지는 경우, 고객을 담당하는 직원이 그 정보를 몰랐다는 사실로서 금융기관의 선의를 주장하지 못한다. 예를 들어, 기업금융부서가 법인고객의 정보를 안 경우, 위탁매매부서

18) 금융기관에 팩스를 통해 전달되는 정보 혹은 배달증명 우편의 경우, 금융기관에 도달되면 금융기관이 안 것으로 된다.

가 그 정보를 모른 경우에도 금융기관은 안 것으로 간주되기 때문에 법인고객의 비밀정보를 사용할 의무가 발생한다. 나아가 이러한 정보사용의무는 법인고객정보의 비밀유지의무와 서로 충돌하게 된다.

금융기관의 대표이사가 직접 법률행위를 하는 경우, 금융기관이 어느 사정을 알았거나 혹은 과실로 인해 알지 못한 경우, 그 사실의 유무는 원칙적으로 그 대표이사를 기준으로 하여 결정한다. 하지만, 금융기관에 다른 대표이사가 있고 그 대표이사가 그 사정을 알았거나 과실로 인하여 알지 못한 경우에는 금융기관은 그 대표이사를 통하여 그 사정을 알았거나 알지 못한 것으로 된다. 금융기관은 각각의 대표이사에 의해 대표되고, 각각의 대표이사가 안 것은 모두 금융기관이 안 것으로 되기 때문이다. 따라서 대표이사 A가 법인고객 X를 위해 경영권방어를 자문하고 있는데, 이 사실을 모르고 다른 대표이사 B가 X회사의 경영권을 노리는 법인고객 Y를 자문하는 경우, 금융기관은 그 사실을 알고 쌍방을 자문하는 것이 되고, 쌍방대리와 유사한 이익충돌 상황에 빠지게 된다.

(2) 대리인의 불법행위: 금융기관의 사용자책임

금융기관이 직원을 사용하여 고객을 위해 행위하게 하였는데, 직원이 그 사무집행과 관련하여 고객에게 손해를 가한 경우, 직원의 행위에 대한 금융기관의 책임은 직접 발생하지 않는다. 불법행위는 대리될 수 없기 때문이다. 하지만 금융기관의 사용자책임이 발생한다(민법 제756조). 금융기관은 직원의 선임 및 그 사무감독에 상당한 주의를 한 때에 면책될 수 있지만(제756조 제1항 단서), 판례는 사실상 무과실책임을 인정하는 것과 같은 형태로 운용되고 있기 때문에, 사용자의 면책주장이 인정될 여지는 거의 없다. 금융기관과 같은 대기업에서는 대표이사의 직원에 대한 개별적인 지휘·감독이 곤란하기 때문에, 금융기관의 면책을 인정하지 않는 것은 정책적으로 타당한 것이다.[19] 따라서 금융기관의 어느 부서 혹은 직원이 고객에 대한 주의의무(예: 정보사용의무)를 고의로 혹은 과실로 위반하여(예: 피용자는 법인이 알고 있는 모든 정보를 사용해야 하는데, 그것을 몰라서 사용하지 않은 경우 과실이 인정될 것이다) 고객에게 손해

19) 곽윤직, 『채권각론(제6판)』(2003), 420면 [225] V. (2) (b) 참조.

를 가하게 되는 경우, 금융기관이 사용자책임에서 벗어날 가능성은 거의 없다.

금융기관의 대표이사가 직접 고객을 위해 행위하면서 그 사무집행과 관련하여 고객에게 손해를 가한 경우에는 금융기관의 불법행위가 직접 성립한다. 대표이사에게는 불법행위능력도 인정되기 때문이다.

(3) 법인론의 수정방안-chinese wall의 설치와 효과

1) chinese wall의 개념과 문제의 제기

chinese wall이란 금융기관이 다양한 금융업무를 수행할 때 발생하는 이익충돌을 관리하기 위해 채용하는 기법의 하나이다. 간단히 말하면, 금융기관 내의 다른 부서 사이에 직원의 교류 혹은 정보의 흐름을 물리적으로 제한하는 정보차단장치를 의미한다. 실제로 다른 부서 사이에 물리적인 담을 쌓는 것은 아니고, 금융기관이 내부의 규칙이나 절차를 정해 어떤 부서의 정보 혹은 직원이 다른 부서로 전달되거나 이동되는 것을 방지하는 시스템을 은유적으로 표현한 말이다.

금융기관이 chinese wall 정책을 채택하는 경우 제기되는 문제는 기본적으로 다음 두 가지이다. 첫째, chinese wall 정책의 채용이 실제로 정보의 흐름을 차단할 수 있는가에 관한 것이다. 즉, chinese wall이 '고객이 제공한 정보'를 다른 부서에 전달되지 않게 함으로써 직원에 의한 고객정보의 남용 가능성을 줄일 수 있는지 혹은 금융기관의 기업분석부서에서 연구분석한 '내부 비밀정보'를 다른 부서에 이전되는 것을 차단함으로써 정보의 배타적 사용을 확보할 수 있는지 등에 관한 것이다. 둘째, 만약 chinese wall 정책의 시행이 정보의 부서간 흐름을 유효하게 차단할 수 있다고 한다면, 이러한 chinese wall 정책의 채용에 대해서 법인론 및 대리인의 정보귀속에 관한 법리의 수정을 허용할 것인가, 혹은 법인의 사용자책임을 완화할 것인가가 문제된다. 즉, chinese wall이 설치된 한도에서 법인의 악의에 대한 의제를 완화하거나, 법인의 사용자책임을 완화할 수 있는지에 관한 것이다.

2) chinese wall 채용의 실제적 효과와 운용상의 어려움

chinese wall 정책이 실행될 경우, 실질적으로 정보와 직원의 사내 이동이 상당 정도 차단되기 때문에, 고객정보의 유용 가능성 혹은 연구개발정보의 이

동 가능성이 줄어든다는 데에 대해서는 이론이 없다. 하지만 chinese wall 장치는 개념적으로는 간단한 것이지만, 실제 운용에 있어서는 많은 어려움을 내포한다. 즉, 실제적인 문제로서 고객정보의 유용 혹은 연구개발정보의 이동을 막기 위해서 어느 높이까지 또 어느 정도의 두께로 wall을 쌓아야 이러한 효과가 생기는가에 대해서는 명확한 기준이 없다.

(가) 증권회사의 구조와 관련된 문제

증권회사의 운영구조 자체가 chinese wall의 효율성을 반감시킬 수 있다. 예를 들어, 거대한 conglomerate의 경우 회사 내의 중요정보에 관한 정보원(sources of information)은 매우 다양한데, 각 정보원에서 파생되는 각 정보를 다른 부서 내지 직원으로부터 차단하려면 매우 많은 wall이 세워져야 한다. 이 경우 많은 wall을 세우고 운영하는데 드는 비용이 적지 않을 것이다. 반대로 소규모 증권회사에서는 wall의 채용이 사실상 불가능하다. 예를 들어, 규모는 작지만 여러 업무를 수행하는 증권회사의 경우 업무상의 이익충돌을 방지하기 위해 영업부서 사이에 wall을 세우고 wall의 운영을 위해 일정 수의 임원을 영업부서에서 배제해 wall 관리부서로 옮겨야 한다면 소규모 회사의 입장에서 보면 매우 큰 인력낭비가 된다.[20]

(나) wall 통과기준에 관한 문제: Crossing the wall 상황[21]

운용상 또 하나의 어려운 문제는, 때때로 wall을 통과해야 할 경우(준법감시인 혹은 애널리스트의 경우)가 생기는데, 어떠한 경우에 어떠한 기준에 의해 그러한 예외를 인정할 것인가에 관한 것이다. wall을 너무 견고하게 쌓아 엄격한 기준을 실시한다면 시너지(synergy) 효과를 위해 conglomerate을 설립한 목적 자체를 상실하게 될 것이고, 또 너무 엉성하게 쌓아 wall 통과가 자유롭다면, 정보유통이 많아지므로 정보차단의 수단으로서 활용될 수 없게 된다. 그런데 적절한 기준의 설정은 매우 어려운 문제이고, 법원이 이러한 기준을 승인할지 여부도 문제된다.

---

20) Poser, "Conflicts of Interest Within Securities Firms", 16 *Brook J Int'l Law*(1990)(이하, 'Poser'), pp.110, 115.

21) Law Commission Consultation Paper No. 124, Fiduciary Duties and Regulatory Rules(1992)(이하, 'Law Commission Consultation Paper No. 124'), p.155 이하.

(다) wall 위에 있는 자에 관한 문제: Overlooking the wall 상황[22)]

회사의 경영을 위해서는 하나 이상의 영업부서에 대해 책임을 지는 사람이 필요하다. 이러한 직위에 있는 사람은 wall 위에서 여러 영업부서의 정보를 수령할 수밖에 없게 된다. 따라서 어느 직위에 있는 사람에게까지 wall을 쌓아야 적절한 높이의 wall을 쌓는 것이 되는지는 중요한 경영판단의 문제이면서 동시에 법원에 의해 wall의 유효성 인정 여부가 판단되는 기준이기도 하다. wall이 너무 낮으면 wall의 유효성이 부정될 것이고 너무 높으면 회사 전체를 경영할 이사가 부족하게 될 것이다.

(라) 사고 혹은 과실에 의한 wall의 붕괴 가능성

chinese wall은 '예측 가능'한 정보공개의 위험에 대비한 장치이다. 따라서 chinese wall의 내재적인 어려움은 예측 가능한 정보공개 혹은 고의적인 정보공개에 대해서는 잘 대처할 가능성이 있지만, 예측하지 못한, 우연한 혹은 과실에 의한 정보공개에 대해서는 대체능력이 떨어질 수 있다는 점이다.[23)]

(마) 자제심의 한계

chinese wall의 성공 여부는 직원들과 임원들이 정보흐름을 차단하려는 자제심을 발휘하는가 여부에 달려 있다. 그런데, 이러한 임직원들의 자제심은 회사의 존재목적인 이익추구와 상반될 경우, 쉽게 포기될 수 있는 미약한 성질의 것이다. 예를 들어, 준법감시부서에 속한 사람들이 chinese wall의 운용을 위해 전력을 기울이고 있더라도 이사급 임원들의 생각이 정보유용의 방지보다 회사의 이윤추구 쪽으로 마음을 돌리면 wall은 쉽게 무너질 수 있다. 마찬가지로 wall을 사이에 두고 있는 직원들의 개인적인 친분관계가 두터운 경우에도 wall은 쉽게 무너질 수 있다.

(바) 이익충돌 사실의 부지 가능성

wall은 정보흐름을 차단하는 효력이 있으므로, wall이 세워지면 이익충돌 상황이 발생했더라도 그것을 모르고 지나가거나 혹은 인식하는데 시간이 지

---

22) Law Commission Consultation Paper No. 124, p.158 이하.
23) 뒤에서 살펴볼 Bolkiah v. KPMG [1999] 2 AC 222 참조.

체될 수 있기 때문에, 비난 가능성이 높은 의무위반을 야기할 수 있다. 예를 들어, 급박한 공개매수 상황의 경우, 같은 증권사의 A부서가 공격하는 자를 자문하는데 B부서는 대상회사의 방어방법을 강구하고 있을 수 있다. 나중에 이러한 사실을 알게 된 경우, 증권회사는 wall 때문에 의무충돌을 몰랐다고 변명할 수는 없다. 따라서 wall이 세워지면 동시에 상위 level에서 부서간 정보를 수시로 교환할 수 있는 장치가 효율적으로 작동할 필요가 생긴다. 그런데 이것은 다시 Crossing the wall 혹은 Overlooking the wall 상황에서의 문제를 야기한다.

3) chinese wall 채용에 대한 법적 승인 여부와 개념상의 어려움

금융기관에 의한 chinese wall 정책의 채용이 정보의 흐름을 차단하는 실제적인 효과가 있고, 또한 운용상의 어려움이 해결될 수 있다면, 그 다음으로 극복해야 하는 문제는 chinese wall의 채용에 대해 어떠한 법적인 효과를 부여할 것인가에 관한 것이다. 다시 말해, 금융기관이 이익충돌에 대한 방어수단으로 wall 정책의 채용을 주장할 수 있는가에 관한 것이다. 만약 wall의 채용을 승인하게 되면, 금융기관의 정보가 업무부서에 따라 분리되는 것을 허용하는 결과가 되므로, 금융기관은 원칙적으로 하나의 법인이지만, wall이 세워진 경우, 특정 부서의 업무와 관련해서는 그 법인의 정보는 wall에 의해 차단된 정보만이 당해 부서의 정보로 되는 것이 된다. 예를 들어, 증권회사가 법인고객의 주식발행을 자문하면서 비밀정보를 수령한 경우, 법인고객에 대해서는 그 정보에 대한 비밀유지의무를 지지만, 투자자문부서의 고객에 대해서는 그 정보를 사용할 의무를 지게 되는데, wall의 채용이 승인되면, wall의 건너편 정보인 법인고객의 정보는 투자자문부서의 정보가 아니게 되므로, 투자자문부서는 그 정보에 대해서는 모르는 것으로 간주되는 것이다. 마찬가지로 금융기관의 기업분석부서가 분석한 정보에 대해서도 다른 부서는 그 부서의 고객에 대한 관계에서 기업분석정보를 모르는 것으로 된다. 하지만 chinese wall을 법적으로 승인하기에는 다음과 같은 개념적인 어려움이 존재한다.

(가) 법인의 정보귀속 원리와의 충돌: 적법행위

만약 wall의 채용을 승인하게 되면, 금융기관은 하나의 법인이지만, 특정

부서의 업무와 관련해서 그 법인의 정보는 wall에 의해 차단된 정보로 한정되게 된다. chinese wall의 이러한 효력은 "본인이 안 정보에 관해서 대리인의 부지를 주장하지 못한다"라는 법인에서의 정보귀속이론(attribution of knowledge)을 근본적으로 수정하는 것이 된다.

그런데, 법인의 악의를 판단함에 있어서 "법인 내의 모든 정보는 모두 법인이 알고 있는 것으로 간주되고, 자신이 안 정보에 관해서는 대리인의 부지를 주장하지 못한다"라는 정보의 귀속이론은 법인의 사용자책임과 더불어 법인에 대한 근본 규제수단으로서 쉽게 타협할 수 있는 성질의 법리가 아니다. 즉, 법인으로서는 자신의 부지(혹은 선의)를 주장하는 것이 상대방과의 거래에서 유리한 경우가 많기 때문에, 가능한 한 '기억상실'을 유도하는 구조를 취할 유인을 갖는데, 이에 대해 wall을 통한 기억상실을 법리적으로 승인하게 되면, 법인에 대한 규제는 사실상 불가능하게 된다: 즉, 정보귀속법리에 의해 내부정보에 대한 악의가 간주되므로, 법인으로서는 법인 내의 모든 정보를 통합관리할 효율적 시스템을 갖출 유인을 갖게 된다. 하지만 이러한 악의의 간주가 chinese wall에 의해 수정될 수 있다면, 법인으로서는 wall의 운영을 통해 선의를 작출할 큰 유인을 갖게 되고, 법인 전체의 정보관리체계를 구축할 이유는 없어지게 된다. 이와 같이 chinese wall에 대한 승인은, 법인의 정보귀속법리에 비추어 보면 법적 인정이 쉽지 않다.

(나) 사용자책임법리와의 충돌: 불법행위

또, chinese wall은 회사 내부의 자율규제를 담보하기 위한 기본원칙인 사용자책임의 법리와도 정면으로 충돌한다. 즉, 회사 피용자의 불법행위에 대해 사용자인 회사의 2차적인 책임을 묻는 정책적인 이유는, 회사가 피용자를 사용한 경우 회사로 하여금 자체적으로 직원들의 행위에 대한 적절한 선임 및 감독을 할 동기를 부여하기 위한 것이다(자율규제원칙). 그런데 만약, chinese wall을 승인하게 되면 회사는 wall이 세워져 있음을 이유로 상당한 주의를 할 수 없었다 혹은 wall이 세워진 부서 내에서는 상당한 주의를 다했다는 식의 방어를 함으로써 사용자책임을 회피할 구실을 주게 된다. 이와 같이, chinese wall이 유효하게 되면 거대한 법인을 규제하기 위한 주요 수단인 사용자책임

법리의 효용은 반감되게 된다.[24)]

물론, 우리나라에서와 같이 사용자책임이 무과실책임의 형태로 운용되는 현실에서는 chinese wall이 채용되었다고 하여 법원이 wall의 효력을 인정하고 금융기관의 사용자책임을 부인할 가능성은 낮지만, 이론적으로 보면 chinese wall의 승인은 곧바로 법인의 정보귀속원리의 수정임과 동시에 사용자책임의 면책 가능성을 의미한다.

(4) 소 결

위에서 살펴본 것처럼, chinese wall 정책은 정보의 흐름을 실질적으로 차단하기 때문에 내부자정보의 남용을 막는 좋은 수단이 될 수 있다. 하지만 운용상의 어려움이 존재하고, 또 chinese wall에 대한 법적인 승인은 정보의 귀속법리 혹은 사용자책임법리와 같은 근본적 법리의 수정을 의미하기 때문에 그 효력을 쉽게 승인하기는 어렵다. 따라서 아직은 금융기관이 chinese wall에 대해 지나친 기대를 하는 것은 시기상조라고 생각된다. 다만 장래에 wall의 운용상의 기법이 발달하고, 정보의 귀속법리 혹은 사용자책임법리와 조화를 이룰 수 있는 창조적인 법인론 해석방법이 고안되는 경우 chinese wall 정책의 채용에 대해서 일정한 법적인 효력을 승인할 수 있을 지도 모른다. 하지만, 그 시기가 언제인지는 현재로서는 알 수 없다. 참고로 영국 법원이 오랫동안 chinese wall의 효력에 대해 고심하다가 내린 Bolkiah 판결을 소개한다.

(5) chinese wall의 유효성에 대한 영국법원의 판단: Bolkiah v KPMG 판결[25)]

영국에서도 이익충돌을 해결하기 위해 chinese wall을 일반적으로 채용하는 것이 관행이고, chinese wall의 효력이 문제가 되었다. 영국 대법원은 Bolkiah 사건에서 chinese wall의 효력에 대해 최초의 판결을 내렸는데, 영국 대법원이 어떠한 효력을 인정했는가는 우리 법의 해석에 있어서도 참고가 될 것이다.

영국에서는 chinese wall의 효력에 관해, Financial Services Act 1986은 (ⅰ) 영업행위기준(Conduct of Business Rules)의 준수 목적상(즉, 행정법규 목적상)[26)] 또 (ⅱ) 시세조작행위의 판단 목적상(즉, 형사범죄의 성립목적상)[27)] chinese

24) Poser, p.207.
25) [1999] 2 AC 222.
26) FSA 1986의 s.48(2) 및 FSA가 제정한 The Core Conduct of Business Rules의 36. Chinese

wall이 유효한 방어방법이 될 수 있음을 규정하고 있었고, 이 법의 후속법률인 Financial Services and Markets Act 2000도 동일한 규정을 하고 있다.[28] 그런데, 이 두 가지 목적 이외의 목적으로 chinese wall의 유효성을 주장할 수 있는가, 특히 이익충돌 상황에 대한 유효한 방어방법으로서(즉, 민사법의 목적상) 효력을 주장할 수 있는가가 문제되었다. Bolkiah v. KPMG 판결은 이러한 이익충돌 상황에 대한 chinese wall의 사법상 효력을 정면으로 언급한 영국 최고법원의 판결로서 매우 중요한 의미를 가진다.

Bolkiah 법원은 이익충돌 상황을 '현재고객관계로 인한 이익충돌 상황'(existing client conflicts)과 '과거고객관계로 인한 이익충돌 상황'(former client conflicts)으로 구분하고, 후자에 대해서는 엄격한 조건하에 그 효력을 인정하였지만, 전자에 대해서는 chinese wall이 효력이 없음을 선언하였다.

1) 과거고객관계로 인한 이익충돌

증권회사와 과거고객이었던 자 사이에는 이미 고객관계가 종료되었기 때문에 원칙적으로 고객관계로부터 발생하는 충실의무는 생기지 않는다. 따라서 원칙적으로 '의무충돌형 이익충돌'은 생기지 않는다. 하지만, 증권회사가 과거고객으로부터 비밀정보를 수령한 경우 '정보보유형' 이익충돌은 생길 수 있다. 즉, 증권회사가 과거고객으로부터 업무수행을 위해 비밀정보를 제공받은 경우, 증권회사는 고객관계의 종료 후에도 정보의 비밀성을 유지해야 할 의무를 계속 부담하게 된다.

그런데 증권회사가 과거고객으로부터 수령한 정보가 현재의 어떤 고객에게 유용한 경우, 증권회사는 현재고객에 대해서 정보귀속의 법리 때문에 이 정보를 사용해야 할 의무를 질 수 있고, 이 경우 비밀유지의무는 충실의무와 충돌할 수 있다. 또 과거고객으로부터 수령한 정보가 증권회사의 업무수행에 도움이 되는 경우도 생기는데, 이 때 증권회사가 자신을 위해 사용할 경우 의무위반이 되게 된다.

---

Walls을 참조.

27) FSA 1986의 s.47, s.48(6) 및 FSA가 제정한 The Core Conduct of Business Rules의 36. Chinese Walls을 참조.

28) FSMA 2000의 s.118, s.147 및 FSA Handbook, COB(Conduct of Business), COB 2.4.4R Control of Information을 참조.

(가) 비밀정보에 대한 chinese wall의 효과

과거고객관계로 인한 이익충돌의 경우 발생하는 주된 위험은 과거고객이 증권회사에 제공한 정보를 증권회사가 '현재고객에게 제공할 위험' 혹은 '현재고객 또는 자신을 위해 사용할 위험'(risk of the disclosure or misuse of confidential information)이다. 따라서 Bolkiah 법원은, 증권회사가 과거고객이 제공한 정보에 대해 chinese wall의 설정을 통해 이러한 위험을 통제할 수 있으면, 증권회사는 적어도 과거고객에 대한 비밀유지의무는 준수하고 있는 것으로 판단할 수 있다고 한다(물론 현재의 고객에 대한 충실의무(정보사용의무)로부터 해방되는가의 문제는 여전히 남는다).

(나) 위험의 정도에 대한 Bolkiah 법원의 판단

그런데, 영국 최고법원은 문제된 chinese wall이 '비밀정보의 제공 혹은 남용위험'을 '유효하게' 통제하고 있는가 여부에 대해서 매우 엄격하게 해석한다. 즉, 정보의 제공 혹은 남용의 '현실적 위험'(real risk)이 존재하기만 하면, 비밀유지의무 위반이 있다고 판단한다. 제공 혹은 남용위험은 상당(substantial)할 필요도 없고, 무의식중(unwittingly or inadvertently)에 제공 혹은 남용될 수 있으면 위험은 존재하는 것이다. 그 결과 chinese wall은 정보제공 혹은 남용의 '위험을 완전히 제거한 경우'(no risk of disclosure)에만 유효하게 된다.[29] 따라서 영국 법원은 과거고객이 제공한 정보가 현재고객에게 제공되거나 혹은 남용될 '위험이 없도록' 하기 위한 '유효한 조치'(effective measures)를 취했다는 것을 확실하게 입증한 경우에만 현재고객을 위해 행위할 수 있다는 점을 분명히 하였다.[30] chinese wall이 '유효한'(effective) 것으로 인정되기 위한 이러한 기준은

29) "the court should intervene unless it is satisfied that there is no risk of disclosure. It goes without saying that the risk must be a real one, and not merely fanciful or theoretical. But it need not be substantial"

"I am not satisfied on the evidence that K.P.M.G. have discharged the heavy burden of showing that there is no risk that information in their possession which is confidential to Prince Jefri and which they obtained in the course of a former client relationship may unwittingly or inadvertently come to the notice of those working on Project Gemma.", Bolkiah v KPMG [1999] 2 AC 222.

30) "the court should restrain the firm from acting for the second client unless satisfied on the basis of clear and convincing evidence that [effective rather than reasonable]

달성 불가능한 것은 아니지만 매우 엄격한 기준임에 틀림이 없다.

(다) 입증책임의 분배

영국 최고법원은 chinese wall의 유효성에 대한 입증책임을 다음과 같이 분배한다. 먼저 과거고객은 다음을 입증할 책임을 진다: (ⅰ) 증권회사가 자신이 제공한 비밀정보를 보유하고 있다는 사실 및 (ⅱ) 증권회사가 당해 비밀정보가 관련이 있는 사안에 대해 반대이익을 가진 다른 당사자를 위해 행위하려고 한다는 사실.

그러면 증권회사는 (ⅰ)과 (ⅱ)의 경우가 사실이지만, 증권회사가 다른 당사자를 위해 일해도 과거고객의 정보가 제공될 위험이 없다(no risk)는 사실을 입증해야 한다.[31] 과거고객이 지는 입증책임은 무거운 것은 아니다. 왜냐하면, 증권회사의 정보보유 사실은 과거고객관계의 입증으로 쉽게 추론될 수 있고, 또 증권회사가 다른 당사자를 위해 행위한다는 사실도 종종 명백하기 때문이다. 하지만, 증권회사가 지는 입증책임은 앞에서 본 것처럼 no risk를 입증해야 하는 것이기 때문에 매우 무거운 것이 된다.

2) 현재고객관계로 인한 이익충돌

현재고객에 대해서는 증권회사가 현재고객과 고객관계를 설정하고 있기 때문에, 고객관계로부터의 충실의무관계가 인정되면 증권회사의 충실의무는 확정되게 된다. 따라서 비밀정보의 수령이 없는 경우에도 증권회사가 다른 부서를 통해 서로 충돌하는 충실의무를 다른 고객에 대해 지는 경우, '의무충돌형 이익충돌'이 발생할 수 있다. 또 증권회사가 현재고객으로부터 비밀정보를 수령한 경우에는, 비밀유지의무와 다른 고객에 대해 부담하는 충실의무(정보사용의무)가 충돌하는 '정보보유형' 이익충돌도 생길 수 있다.

(가) chinese wall의 효과

이러한 현재고객관계로 인한 이익충돌에 대해서는 chinese wall도 효력이 없다는 것이 현재의 영국 판례법이다. 즉, 과거고객관계에서 문제되는 것은

---

measures have been taken to ensure that no disclosure will occur", Bolkiah v KPMG [1999] 2 AC 222.

31) Bolkiah v KPMG [1999] 2 AC 222.

과거에 제공한 비밀정보의 제공위험이므로, 이러한 위험을 제거하면 이익충돌의 문제는 해결될 수 있다. 하지만, 현재고객관계에서 문제되는 것은 단순한 '정보유출의 위험'이 아니라 '현재고객관계에 내재한 회피 불능인 충실의무의 충돌'이기 때문이다.32)

현재 영국법에 의하면 이러한 상황에서는 어느 일방을 위한 행위를 중지하는 것(disqualification)이 가장 확실한 해결책이다. 그러나 만약, 증권회사가 대립하는 이해를 가진 양당사자를 위해 행위하고자 하는 경우에는 (ⅰ) 유효한 chinese wall을 운용함과 동시에, (ⅱ) 이러한 chinese wall의 운용에 대해 충분한 설명을 하고, 그에 대한 명시적 승인을 양 당사자로부터 취득하는 것이 필요하다.33)

(나) 공시와 동의의 한계

하지만 이러한 명시적 승인을 얻은 경우에도, 일방 고객에 대한 충실의무의 이행은 타방 고객의 존재 혹은 증권회사의 이익으로 인하여 그 이행이 충분하지 못한 경우가 발생한다. 예를 들어, 나이든 고객이 비전문가이고 증권회사에 모든 재량을 위임하여 증권회사의 판단에 전적으로 의존하고 있는데, 증권회사의 다른 부서가 회사의 이익을 위해 혹은 반대이익을 가진 다른 고객을 위해 행위한 경우, 나이든 고객이 손해를 보았다면, chinese wall의 운용에 대한 명시적 동의를 얻었다고 해서 영국 법원이 증권회사가 충실의무를 다했다고 판결할 가능성은 매우 낮다.

이와 같이 의존적인 고객에 대한 충실의무의 이행 여부는 회사가 그 고객에게 "회사의 반대이익의 존재 혹은 반대이익을 갖는 타방 고객을 위해 행위하고 있다는 사실을 공시하고 그에 대한 동의"를 얻는 것만으로는 부족하므

32) "It is otherwise where the court's intervention is sought by an existing client, for a fiduciary cannot act at the same time both for and against the same client, and his firm is in no better position. A man cannot without the consent of both clients act for one client while his partner is acting for another in the opposite interest. His disqualification has nothing do with the confidentiality of client information. It is based on the inescapable conflict of interest which is inherent in the situation", Bolkiah v KPMG [1999] 2 AC 222.

33) Bolkiah v KPMG [1999] 2 AC 222.

로,[34] 회사가 자신의 이익을 포기하든가 아니면 고객에 대한 행위 자체를 중지해야 하는 것이다.

그런데, 타방 고객의 이익을 공시한 경우 타방 고객은 자신의 정보가 상대에 대해 제공되는 것이 되므로, 증권회사는 타방 고객에 대해 충실의무를 위반한 것이 될 수도 있다. 이와 같이 증권회사가 쌍방을 위해 행위할 경우 쌍방의 명시적 동의를 얻은 경우에도, 어느 일방 고객에 대한 위반이 없이는 충실의무의 이행이 불가능한 경우가 생길 수 있다는 것이 현재의 영국의 판례법이라고 볼 수 있다.[35]

## 3. 금융기관의 충실의무자적 지위의 변경 가능성

다시 한국법에 대해서 살펴보자. 금융기관의 이익충돌을 해결하는 다른 한 가지 방법은 금융기관의 충실의무자적 지위를 수정하는 것이다. 앞에서 본 것처럼, 금융기관에 대한 충실의무의 부과 근거로는 (ⅰ) 제정법상의 조문, (ⅱ) 금융업무의 서비스 제공적 특성 및 (ⅲ) 금융기관에 대한 고객의 기대와 금융기관의 승인 등을 들 수 있다. 금융기관의 충실의무가 변경될 수 있는가 여부는 이러한 충실의무의 부과 근거가 당사자의 합의로써 변경 가능한 것인가 여부에 달려 있다.

### (1) 충실의무의 근거가 법정된 경우

#### 1) 이익충돌회피의무의 수정

"전적으로 고객 혹은 투자자의 이익을 위해 행동해야 한다"라는 금융기관의 충실의무가 제정법에 근거를 가진 경우, 당사자의 합의로 제정법상의 충실의무를 배제할 수 있는가 여부는 근거가 된 제정법 조문이 강행법규인가 아닌가에 따라 결정된다.[36] 구 신탁법 제31조가 금지하고 있었던 직접적 자기거래의 금지규정은 아래에서 보는 것처럼 강행법규라고 생각된다.[37] 따라서 수탁자는 당사자의 합의만으로는 신탁과 자기거래를 할 수 없었고, 법원의 허가까

34) III. 3. (3) 2) (가) 승인의 적절성 참조.
35) Hollander & Salzedo, *Conflicts of Interest & Chinese Walls*(2000), pp.98, 117-118.
36) '수탁자의 충실의무의 강행성과 사적 자치'에 대해서는 제3편 제1장 및 제2장 참조.
37) IV. 1. (1) 직접적 자기거래의 경우 참조.

지 얻어야만 자기거래가 가능하였다.

신탁법 이외에 자기계약 등을 금지한 자본시장법상의 조문(제67조)도 강행법규인가의 여부가 문제되는데 '사회질서'가 아니라 '고객의 이익'을 보호하기 위한 법규이므로, 강행법규는 아니라고 볼 여지는 있다. 따라서 이 때에는 이러한 이익충돌 상황에 대한 충분한 공시가 있고, 고객의 승인이 있으면 자기계약 등은 유효하게 된다(이 때 필요한 이익충돌에 대한 공시의 정도 및 고객 승인의 내용에 대해서는 뒤에서 설명한다).[38]

직접적 자기거래 외에 간접적 자기거래 혹은 기타 이익상반행위도 이러한 제정법을 유추적용해 거래는 금지된다고 해석하더라도, 그 위반행위를 당연히 무효라고 보기는 힘들 것이다. 간접적인 자기거래 혹은 기타 이익상반행위는 선의의 제3자가 매개된 거래일 가능성이 높기 때문이다. 특히 대리상의 경업·겸직 금지규정은 명시적으로 위반행위가 유효임을 전제로 개입권을 인정한다(상법 제89조). 따라서 이 때에도 이익충돌 상황에 대한 충분한 공시가 있고, 또 그에 대한 고객의 동의가 있으면, 간접적 자기거래 등의 경우 이익충돌회피의무는 수정될 수 있다.

2) 이익향유금지의무의 수정

금융기관이 고객이익의 향유 금지의무를 위반해 이익(이익의 종류에 대해서는 제4편 제2장 III. 2. 및 제4편 제3장 IV. 3. 이하)을 취득한 경우, 이익의 향유는 금지되지만, 이익의 향유를 초래한 금융기관의 행위 자체도 당연히 무효로 되는가는 분명하지 않다. 예를 들어, 수탁자가 신탁재산인 주식의 의결권을 행사하여 주식발행회사의 임원으로 선임된 경우, 수탁자는 신탁이익의 향유금지(신탁법 제36조)를 위반하여 신탁으로부터 이익을 향수한 경우에 해당한다. 하지만 이 경우, 이익향유를 가져다 준 수탁자의 의결권행사 자체를 무효로 보기에는 어려움이 있다(나아가, 이 경우 수탁자가 받은 이익에 대한 부당이득반환청구의 방법도 문제가 된다).[39]

마찬가지로 위탁매매인이 고객의 위탁거래 실행과 관련하여 이득을 취득한 경우(상법 제106조 제2항)에도, 이득의 향유를 가져온 거래행위 자체를 무효

38) III. 3. (3) 참조.
39) 신탁에 대한 '손실'이 존재하는가도 또 다른 문제이다. 각주 49) 참조.

로 보기는 힘들고, 위탁매매인이 받은 부당이득에 대한 반환청구의 성립 여부만 문제된다고 볼 수 있다.

이와 같이 이익향유의 금지의무를 위반한 행위는 당연히 무효는 아니기 때문에, 금융기관이 고객을 위한 거래로부터 이익을 향유할 상황에 대한 충분한 공시가 있고, 또 그에 대한 고객의 승인이 있으면 고객을 위한 거래로부터의 이익향유는 유효하게 될 수 있다(즉, 상법 제106조 제2항의 "다른 약정"이 있는 경우이다. 이 때 필요한 이익충돌에 대한 공시의 정도와 승인의 내용에 대해서도 뒤에서 설명한다).[40]

그런데, 이익향유의 금지의무는 수탁자 및 위탁매매인이 고객의 거래로부터 직접적으로 취득하는 경우뿐만 아니라 간접적으로 취득하는 경우에도 적용되고, 또 자신이 직접 취득하는 경우뿐만 아니라 제3자로 하여금 이익을 취득하게 하는 경우에도 적용되므로, 간접적인 이익취득 혹은 제3자에 의한 이익취득이 발생하는 경우에도 이익충돌에 대한 공시와 고객의 승인이 필요하게 된다.

3) 자기집행의무의 수정

충실의무자인 금융기관은 위탁받은 사무를 스스로 집행하여야 하고 타인에게 사무를 위탁하여서는 안되지만, 법정된 요건을 충족하면 위탁할 수 있다. 수탁자인 금융기관은 '정당한 사유가 있는 때'에 한하여 '수익자의 동의'를 얻어 신탁사무를 위탁할 수 있다(신탁법 제42조). 또, 위임사무를 위탁받거나 대리권을 수권받은 금융기관도 '본인의 승낙'이 있거나 '부득이한 사유'가 있으면 3자로 하여금 처리하게 하거나 복대리인을 선임할 수 있다(민법 제120조, 제682조).

'정당한 사유'의 의미가 문제되는데, 동일한 사무를 처리하는 '사려깊은 수탁자'라면 위탁하지 않았을 업무 혹은 위탁이 부적절한 업무의 경우 일응 위탁에 정당한 사유가 결여된 것으로 추정될 것이다. 또 '부득이한 사유'는 수임인, 대리인이 질병으로 인하여 사무의 처리가 곤란한 경우 등을 들 수 있다(이 때 승인에 필요한 공시의 정도 및 고객 승인의 내용에 대해서는 뒤에서 설명한다).[41]

40) III. 3. (3) 참조.
41) III. 3. (3) 참조.

4) 비밀유지의무, 정보사용의무의 수정

신탁법이나 자본시장법 등은 수탁자나 증권회사의 고객정보의 비밀유지의무 혹은 자기정보의 사용의무에 대하여 직접적으로 규정하고 있지 않다(예외적으로, '자기책임의 원칙'이 적용되는 영역의 경우, 자본시장법 제47조는 설명의무를 부과하고 있다). 따라서 이 두 가지 유형의 충실의무는 위에서 살펴본 것처럼, '금융업무의 고객 배려적 특성' 혹은 '고객의 기대와 금융기관의 승인' 등에 기하여 인정된다고 볼 수 있다. 따라서 이러한 충실의무의 부과 근거가 수정될 수 있는지 여부도 독자적으로 논의되어야 한다.

(2) 금융업무의 특성에 기초하여 충실의무를 인정한 경우

"전적으로 고객 혹은 투자자의 이익을 위해서 행동해야 한다"라는 충실의무의 근거를 금융기관업무의 고객 배려적 특성에서 도출하는 경우, 금융기관의 충실의무의 수정은 가능한가가 문제된다. 즉, 금융기관의 충실의무가 '고객 혹은 투자자를 위해 금융서비스를 제공'하는 금융업무의 배려적 특성 때문에, 자신의 이익보다 고객의 이익을 우선하면서 서비스를 제공해야 하는 충실의무가 부과된다고 한다면, 금융업무의 영위방식 자체의 변경을 통하지 않고는 충실의무의 변경은 불가능하다는 결론이 도출될 수 있기 때문이다.

따라서 금융업무의 특성에 기하여 충실의무를 인정하는 경우에는 충실의무의 배제는 금융업무의 영위방식이 획기적으로 바뀌지 않는 한, 달성되기 어려운 것으로 보인다. 하지만, 금융기관의 충실의무는 '고객의 이익'을 보호하기 위하여 인정되는 의무이기 때문에 고객이 개별적으로 동의하면 수정될 수 있다. 따라서 충실의무의 근거를 금융업무의 특성에서 찾는 경우에도 개별의 이익충돌 상황에 대한 충분한 공시가 있고, 그에 대한 고객의 승인이 있으면 충실의무의 수정은 가능하다고 생각된다(이 때 필요한 이익충돌에 대한 공시의 정도 및 승인의 내용에 대해서는 뒤에서 설명한다).[42]

(3) 고객의 기대에 기초하여 충실의무가 인정된 경우

금융기관의 충실의무를 (ⅰ) 고객이 금융기관을 신뢰하여 사무처리를 맡길 때 고객의 이익을 위해 행위할 것을 당연히 기대하고, (ⅱ) 고객의 신뢰에

42) III. 3. (3) 참조.

기해 타인사무의 처리를 위탁받은 자(금융기관)라면 당연히 그러한 기대를 감수해야 한다는 사실에서부터 도출한다면, 금융기관의 충실의무는 금융기관에 대한 업무의 위탁행위로부터 묵시적으로 도출된 것으로 볼 수 있다(앞의 I. 2. (3) 참조). 따라서 (ⅰ) 고객이 금융기관에 대해 충실의무를 기대하지 않는 상황이거나, 혹은 충실의무를 기대하더라도 (ⅱ) 금융기관이 고객에 대해 충실의무를 지지 않는다는 사실을 명시적으로 공시 설명하고 고객으로부터 충실의무의 수정을 승인받은 경우에는, 고객의 위탁행위로부터 묵시적으로 도출되는 충실의무는 수정될 수 있게 된다. 문제는 고객이 업무의 위탁행위시 기대하고 금융기관이 묵시적으로 승인하고 있는 충실의무가 어떠한 경우에 수정 혹은 배제되었다고 볼 수 있느냐 하는 것이다. 공시를 요하는 상황, 공시의 적절성 및 고객 승인의 적절성 등이 특히 문제된다.

1) 금융기관의 공시

금융기관의 충실의무의 변경 가능성은 시기적으로 두 가지로 나누어 살펴볼 수 있다: (ⅰ) 고객과의 관계 설정시에(법정된 혹은 묵시적으로 인정되는) 충실의무를 설정자의 신탁행위 혹은 고객의 위탁행위로써 변경하는 경우와 (ⅱ) 수익자 혹은 고객이 수탁자 혹은 금융기관의 충실의무 위반 가능성이 발생할 때마다 수시로 승인해 주는 경우.

미리 예측 가능한 구체적인 이익충돌에 대해서는 전자의 방법으로 해결할 수 있지만, 예측할 수 없는 이익충돌은 후자의 방법에 의해서만 변경될 수 있다. 또 구체적인 상황의 적시 없이 포괄적으로 전자의 방법으로 충실의무를 변경하는 것도 허용되지 않는다. 아래에서는 후자의 방법에 의한 충실의무의 변경방법에 대해서 좀 더 자세히 살펴본다.

(가) 공시를 요하는 상황

충실의무를 지는 금융기관은 어떠한 이익충돌 상황에 대해 공시를 하고 고객의 승인을 얻어야, (법정된 혹은 묵시적으로 인정된) 충실의무의 수정을 통해 충실의무의 금지로부터 해방될 수 있는가? 만약 공시를 요하는 이익충돌의 정도를 '예상할 수는 있으나 실제 발생할 가능성이 없는' 이익충돌 상황까지 확대한다면, 이익공시와 승인의 방법은 적절한 충실의무의 수정방안이 될 수 없을 것이다. 따라서 여기서 공시를 요하는 이익충돌은 이와 같은 관념적인 이익충돌이 아니라, 실제 발생할 가능성이 있는 이익충돌 상황(real sensible possibility of conflict)을 의미한다고 보아야 할 것이다.[43] 하지만, 실제 발생할 가능성이 있는 이익충돌 상황이라면, 그 이익충돌의 발생 가능성이 높을 필요는 없고 발생 가능성이 작더라도 공시가 요구된다 할 것이다.[44]

(나) 공시의 정도와 내용: 공시의 적절성

어느 정도의 공시가 있어야 충실의무로부터 해방될 수 있는가? 충실의무는 '고객의 보호'를 위해 인정되는 것이므로, 고객이 공시와 설명을 통해 금융기관이 갖는 이익이 무엇이고, 자신의 승인에 의해 어떠한 법적 효력이 생기는지를 이해할 수 있을 정도의 공시가 필요하다. 참고로, 영국법은 상당히 엄격한 정도의 공시를 요구한다. 즉, 원칙적으로 충돌되는 이익 전부의 완전한 공시(disclosure of the full nature and extent of the fiduciary's interest)가 필요하며 일반적인 공시(general disclosure), 예를 들어 자기가 충돌하는 이익을 가진다고 말하거나 혹은 고객으로 하여금 그러한 충돌이익을 의심하도록 하는 발언만으로는 충분한 공시가 되지 못한다고 한다. 물론 부분적 공시(partial disclosure)도 부적절한 것이다.

나아가 일정한 경우에는 완전한 공시로도 충분하지 않는 경우가 있다. 예를 들어, 고령의 자위능력 없는 투자자(예: 홀로 남겨진 미망인)와 같이 고객의 지식과 경험이 부족하여 제공되는 정보의 내용을 이해할 수 없는 경우에는, 완전한 공시가 있더라도 충실의무를 다한 것으로 볼 수 없게 된다. 이러한 고객에 대해서는 위험성이 높은 금융업무의 영위 자체가 금지된다.

(다) 구체적이고 사전적인 공시

금융기관은 어떤 고객에 대해 충실의무자적 지위에 있게 되면, 그 때부터는 그 고객과 이익이 충돌하는 상황에 들지 않아야 하고, 만약 이익충돌 상황이 발생할 가능성이 생기면, 그때 그때 구체적인 자신의 이익을 사전에 공시

43) 영국법의 태도이나 우리 법에서도 동일하게 해석할 수 있다. IDC v Cooley [1972] 2 All ER 162, 172 per Roskill J.

44) 영국법의 태도이나 우리 법에서도 동일하게 해석할 수 있다. Bolkiah 판결의 위험의 정도에 대한 부분인 (5) 1) (나) 참조.

하여 고객의 승인을 구하여야 한다.

2) 고객의 이익충돌의 승인

(가) 승인의 적절성

충실의무자인 금융기관의 공시가 있더라도 충실의무가 유효하게 변경되기 위해서는 공시에 대한 고객의 승인이 있어야 한다. 또 고객의 승인이 유효하게 효력을 발휘하기 위해서는 고객이 '알고하는 승인'(informed consent)일 것이 요구된다. 따라서 고객이 증권회사가 설명한 내용을 모르고 승인한 경우에는 유효한 승인이 될 수 없다.45) 앞에서 본 고령의 부적격 투자자가 한 승인이 그 예이다.

(나) 사후승인의 원칙

고객의 승인은 이익충돌이 발생할 각각의 경우에 대해 구체적으로 행해져야 한다. 따라서 이익충돌이 발생하기 전에 미리 포괄적으로 승인을 한 경우, 금융기관을 충실의무로부터 해방시켜 주는 효과는 인정되지 않는다. 예를 들어, 이익충돌이 발생하기 전에 대강의 예상 가능한 이익충돌에 대해 고객으로부터 서면으로 포괄적인 승인을 받는 경우 그 효력은 제한적이다.

(4) 공평의무의 변경

증권회사는 특정 영업부서가 상대하는 고객들 간에 형평을 기해야 할 뿐만 아니라, 다른 부서에 속한 고객들 간에도 공평하게 행위해야 할 충실의무를 부담한다. 예를 들어, 위탁매매부서의 고객과 기업금융부서의 고객을 공평하게 대해야 한다. 그런데, 증권회사가 이러한 고객에 대한 공평의무를 변경하는 것은 매우 어려운 일이다. 왜냐하면, 어느 특정 고객을 우선시키고자 하는 경우, 그 고객을 제외한 모든 고객에 대해 그러한 사실을 공시하고, 그 고객을 우선시키는데 대한 승인을 받아야 하는데, 모든 고객으로부터 이러한 승인을 받는 것은 사실상 불가능하기 때문이다. 따라서 실제로 이익이 충돌할 가능성이 높은 고객들에게만 공시하고 그들의 승인을 받는 것이 현실적인 방안일 것이다.

---

45) 영국법의 태도이나 우리 법에서도 동일하게 해석할 수 있다. Boulting v ACTT [1963] 1 All ER 761, 729.

현재 및 장래의 불특정 다수의 고객에 대해 공평의무를 부담하는 증권회사의 고객관계와는 달리, 수탁자의 신탁관계에서는 신탁이라는 단체적 법률관계가 매개가 되고, 또 신탁 내에서도 수익자들의 지위에 차이가 날 수 있으므로, 신탁설정자는 어떤 신탁을 설정함에 있어 신탁 사이의 공평의무 혹은 수익자 사이의 공평의무를 수탁자와 합의해 변경을 가할 여지를 갖는다. 아래에서는 신탁관계에서의 공평의무의 변경 가능성에 대해서 살펴본다.

신탁관계에서도 금융기관의 충실의무의 변경은 (ⅰ) 설정자가 신탁관계 설정시에 신탁행위로써 충실의무를 변경하는 경우와 (ⅱ) 수익자가 수탁자의 충실의무 위반 가능성이 발생할 때마다 수시로 승인해 주는 경우로 나눌 수 있다. 후자의 경우는, 위에서 설명한 이익충돌의 공시와 승인의 방법에 의한 충실의무 변경요건이 그대로 적용될 수 있다. 그런데 전자의 경우 신탁설정의 특수성이 있으므로, 조금 자세히 살펴볼 필요가 있다.

1) 수익자 사이의 공평의무의 변경

공평의무는 '수익자의 이익'을 보호하는 것이므로, 일부의 수익자를 우대하려는 신탁설정자의 의사가 명확하면, 수탁자는 그 기본방침에 따르는 한 공평의무 위반은 문제되지 않는다. 예를 들어, 하나의 신탁 중에 종류가 다른 수익권을 설계해, 수익자간에 취급의 차이를 설계하는 것은 특히 불합리한 차이가 아닌 한 금지되지 않는다. 실제로 신탁형 자산유동화 등에 있어서 다른 종류의 수익권을 규정한 신탁이 있을 수 있다.[46]

(가) 특정된 수익방법을 설정자가 지시한 경우

설정자가 복수의 수익자 중 일부를 다른 수익자보다 유리하게 취급할 것을 신탁행위로서 명시한 경우 수탁자의 공평의무는 수정된다. 예를 들어, 위탁자가 배우자를 생존 중의 수입수익권자로 하고, 아들을 배우자 사망후 원본이 귀속하는 원본수익권자로 한 신탁에서, 동시에 신탁행위로써 일정한 경우 원본을 깨어 수입수익권자에 급부해야 한다고 정하면, 수입수익권자를 우대하는 위탁자의 의사가 명확하기 때문에, 수탁자는 그 지시에 따라 원본을 수입수익권자를 위해 사용할 수 있다.

46) 자산유동화에 관한 법률 제4조는 자산유동화계획에 유동화증권의 종류·총액·발행조건 등에 관한 사항 등을 규정하도록 하고 있다(제5호 참조).

(나) 수탁자에게 재량권을 부여한 경우

공평의무는 수탁자에게 재량권이 부여된 경우에도 변경된다. 즉 재량권이 부여되면, 수탁자는 재량권 범위 내에서는 자유로이 행위하는 것이 가능하게 되므로, 재량남용의 경우를 제외하고는 그 행위에 대해 법원이 간섭하지 않는다. 따라서 설정자가 어느 수익자를 우대하는 지침을 신탁행위로 명시하지 않는 경우에도, 수탁자에게 전반적인 혹은 사항별로 재량권이 부여된 경우에는, 수탁자는 자신의 재량으로 어느 일방 혹은 다른 타방의 수익자를 우대하는 것이 가능하게 된다. 그 결과 공평의무는 사실상 배제된다. 단, 재량권은 신탁행위로서 명시적으로 부여되어야 한다.

(다) 의무변경의 한계

하지만, 설정자가 신탁을 설계할 때 일부 수익권자를 유리하게 설계한 경우에도 공평의무 위반 문제로부터 완전히 자유로운 것은 아니다. 즉 수익권자 사이의 차이를 고려하더라도, 수탁자가 공평하게 행위하지 않았다고 볼 수 있는 경우가 있기 때문이다. 이 때, 어느 수익자는 다른 수익자의 희생하에서 받아야 할 이익보다 더 많이 받은 것으로 되고, 그 수익자를 우대한 수탁자는 공평의무에 반하는 것으로 될 수 있다.

수탁자에게 재량권이 부여된 경우에도, 재량권 남용으로 선관주의의무 위반이 문제로 될 수 있는 것과 같이, 공평의무가 수정된 경우에도 정당한 한계의 일탈로서 공평의무 위반의 책임이 문제될 가능성이 있다.

2) 신탁 사이의 공평의무의 변경

수개의 신탁을 인수하는 수탁자에게 공평의무를 부과하는 이유는 각각의 신탁의 이익을 보호하기 위한 것이다. 따라서 어떤 신탁의 설정자가 신탁을 설정하면서 다른 신탁보다 유리 혹은 불리한 처분을 하겠다는 신탁설정자의 의사가 명확하면, 수탁자가 그 지시에 따라 유리 혹은 불리한 행위를 하더라도 공평의무 위반은 문제되지 않는다.

이러한 신탁은 통상 동일한 설정자가 수개의 신탁을 설정하면서, 신탁 사이의 우선순위를 정한 경우에 발생할 수 있다. 설정자가 복수의 신탁을 설정해, 그 사이의 거래를 예정하는 신탁의 예로서는 (ⅰ) 금전신탁을 자산유동화를 위한 신탁과 동시에 설정하고, 장래에 그 자산을 금전신탁에 팔아버리는 경우 혹은 (ii) 금전신탁을 부동산신탁과 동시에 설정하고 금전신탁에서 부동산신탁의 사업자금을 제공하는 경우 등을 들 수 있다. 이렇게 당초부터 상호거래를 예정해 설정된 복수의 신탁 사이의 관계는, 설정자가 신탁행위로서 의도할 경우 공평의무가 변경될 수 있다.

하지만, 설정자가 다른 경우에는 신탁 사이의 공평의무를 변경하고자 하는 의사는 추정되지 않는다고 보아야 한다. 또 설정자가 동일하더라도, 신탁재산 사이의 거래를 예정하지 않았던 복수의 신탁 사이에서도 설정자의 공평의무 변경의사는 추정되지 않는다.

### 4. 은행과 증권회사에 있어서의 이익충돌 해소방안의 차이

금융기관의 이익충돌은 그 금융기관이 야기하는 이익충돌의 정도와 유형에 따라 그 해소방안이 달라질 수 있다. 예를 들어, 은행은 여신업무의 수행으로 인한 여신기업정보와 관련해 이익충돌에 빠질 수 있지만, 여신관계는 비밀유지의무 이외의 충실의무는 발생시키지 않는다. 따라서 은행으로서는 주로 정보보유로 인한 이익충돌(혹은 사채발행의 수탁회사가 되는 경우, 사채권자에 대한 충실의무)만 해결하면 된다. 이에 비해 증권회사는 기업의 인수·합병 자문, 기업금융 자문 등의 업무를 수행하기 때문에 자문기업의 정보보호의무뿐만 아니라 정보사용의무, 이익향유의 금지의무 등과 같은 다른 유형의 충실의무를 동시에 부담하게 되므로, 정보보유로 인한 이익충돌뿐만 아니라 의무충돌로 인한 이익충돌도 함께 관리해야 한다. 따라서 증권회사의 경우 영위하는 증권업의 특성상 은행의 경우보다 이익충돌의 정도가 심각하게 되고, 따라서 이익충돌을 관리하기 위한 chinese wall의 실행 정도 및 충실의무의 수정을 위한 고객에 대한 설명의무 및 내부 준법감시 활동 등도 더욱 정치하게 이루어져야 한다.

뿐만 아니라, 여신정보의 사용으로 인한 이익충돌(혹은 사채발행의 수탁회사가 되는 경우, 사채권자에 대한 충실의무)만 관리하면 되는 은행이 자산운용업을 겸영하는 경우, 간접고객인 펀드고객에 대한 충실의무와 여신기업에 대한 비밀유지의무(및 사채권자에 대한 충실의무) 사이의 충돌만 관리하면 되므로, 예를 들어 펀드의 고객을 여신고객에 한정해 운영하면, 이익충돌의 관리가 전혀 불가능한 것은 아니게 된다. 하지만 증권회사가 자산운용업을 겸영하게 되는 경우, 펀드고객에 대한 각종 유형의 충실의무는 증권고객(M&A 고객 혹은 기업금융고객 등)에 대한 각종의 충실의무와 충돌하게 되므로, 이익충돌의 실효적인 관리는 거의 불가능하게 된다. 따라서 이익충돌 관리의 가능성 측면 및 관리비용의 측면에서 보면, 증권회사의 자산운용업 겸영으로 인한 이익충돌은 chinese wall의 실행 및 충실의무의 수정을 위한 고객에 대한 설명의무 및 준법감시인의 활동 등으로도 커버하기 어려운 작업이 될 가능성이 매우 높다.47)

## Ⅳ. 금융기관의 충실의무 위반에 대한 구제수단

충실의무를 지는 금융기관은 고객에 대한 공시와 고객의 승인을 얻음으로써 충실의무의 수정을 시도하거나 혹은 chinese wall을 실행하는 등의 방법으로 이익충돌을 해소하기 위해 노력하여야 한다. 하지만 구체적인 상황에 따라 달라지겠지만, 이러한 이익충돌의 해소 노력은 현재의 법인론과 충실의무법 체제하에서는 성공할 가능성이 낮아 보인다. 따라서 충실의무를 지는 금융기관이 이익충돌 상황에 빠지는 경우, 충실의무 위반으로 책임을 추궁당할 가능성은 매우 높아 보인다. 여기서는 마지막으로, 금융기관의 충실의무 수정의 시도가 실패하거나 혹은 chinese wall이 이익충돌에 대한 방어방법으로서 승인되지 않는 경우, 금융기관이 충실의무 위반으로 어떠한 책임을 부담하게 되는가에 대해 살펴본다.

금융기관이 부담하는 충실의무의 유형은 당해 금융기관이 영위하는 금융업의 유형에 따라 달라지고, 또 충실의무의 위반에 대한 구제수단도 충실의무의 유형에 따라 달라지므로, 다양한 충실의무의 유형에 대응하여 그 구제수단을 별도로 살펴볼 필요가 있다.

아래에서는 (ⅰ) 고객과의 이익충돌회피의무, (ⅱ) 고객이익의 향유의 금

47) 실제로 FSA Register를 조사해 본 결과, 영국의 경우 증권회사가 공모펀드운용업 허가를 받은 경우는 한 건도 없었다(이중기, “자본시장통합법에 대한 정책제언－영국의 경험을 중심으로”, 『금융투자업및자본시장에관한법률 제정관련 이해상충행위문제 및 자율규제기관의 재정립에 관한 연구』(자산운용협회 연구보고서, 2006) 참조).

지의무, (ⅲ) 고객정보의 비밀유지의무, (ⅳ) 금융기관정보의 사용의무, (ⅴ) 고객 사이의 공평의무 등으로 나누어 그 구제수단을 살펴본다.

## 1. 이익충돌회피의무 위반의 효과와 구제수단

### (1) 직접적 자기거래의 경우

수탁자인 은행이 직접적 자기거래를 하는 경우 유효하다는 견해와 무효라는 견해가 대립한다. 구 신탁법 제31조 제1항 단서처럼 '법원의 허가'를 요구하고 있는 경우 그 거래는 강행법규로 보아 무효라고 해석하는 것이 타당하다. 당사자 사이의 합의로서 조문상 요구되는 법원의 허가를 회피할 수 있다고 하는 것은 합리적이지 않기 때문이다. 하지만, 수탁자의 직접적 자기거래를 무효로 하더라도 신탁의 '대내적 거래'이기 때문에 거래의 안전에 주는 영향은 없다. 또 신탁재산이 수탁자에 의해 취득된 후 제3자에게 전매되고, 제3자가 취득한 경우에는 제3자의 선의취득을 인정하기 때문에 자기거래행위를 무효로 해도 문제는 없다. 이 때 수익자는 수탁자에 대해 신탁재산에 손해 혹은 변경이 있으면, 손해배상책임 혹은 원상회복청구(구 신탁법 제38조; 신탁법 제43조)를, 만약 이득이 있으면 이득의 반환청구를 할 수 있다.

충실의무를 지는 증권회사가 직접적 자기거래금지 규정(제67조)을 위반해 직접적으로 자기계약을 한 경우도 법정된 예외[48]에 해당하지 않는 한 무효라고 볼 가능성이 존재한다(앞에서 본 것처럼, 직접적 자기거래의 경우, 무효로 하더라도 직접 거래의 안전에 끼치는 영향이 적고, 금융기관이 그에 기해 제3자와 다시 거래를 하더라도, 선의취득으로서 보호하면 되기 때문이다). 이 때 고객은 이로 인해 손해를 보았으면 손해배상을 청구할 수 있고, 증권회사 혹은 제3자가 이득을 취득했으면 이득의 반환을 청구할 수 있다.

### (2) 그 밖의 경우

직접적 자기거래 이외의 경우 이익충돌회피의무 위반행위의 효과는 어떠한가? 수탁자인 은행의 간접적 자기거래 행위 등은 그것이 금지된다는 점에 있어서는 직접적 자기거래와 동일하지만, 그 위반행위는 무효로 되는 것은 아

48) 증권시장 또는 파생상품시장을 통한 매매(제67조 제1호)

니고, 단지 수탁자의 의무 위반행위로 될 뿐이다. 따라서 수탁자의 대외적인 행위로서는 유효한 것이 되지만, 상대방과의 간접적 자기거래가 이익충돌회피의무 위반으로 신탁위반인 것을 상대방 혹은 전득자가 안 때에는 수익자에게 취소권이 인정된다(신탁법 제75조). 또 수탁자의 간접적 자기거래, 기타 이익충돌회피의무 등으로 인해 신탁재산에 손해가 생기거나 변경이 생긴 경우, 수익자는 수탁자에게 손해배상청구 혹은 원상회복청구를 할 수 있고, 위반행위로 인해 수탁자 혹은 제3자가 이득을 취한 경우, 신탁의 손실과는 관계없이,[49] 이득반환청구를 할 수 있다(신탁법 제43조). 대리상인 은행의 경업·겸직금지 위반의 거래에 대해서는 개입권 등이 인정된다(상법 제89조).

충실의무를 지는 증권회사의 간접적인 자기거래 기타 이익상반행위에 대해서도 그것이 금지되기는 하지만, 그 위반행위가 무효로 되는 것은 아니고, 단지 증권회사의 의무위반행위로 될 뿐이다. 따라서 증권회사의 대외적인 행위로서는 유효하나, 그로 인해 고객에 대해 손해가 생긴 경우 금융기관에 대해 손해배상청구를 할 수 있고, 또 금융기관 혹은 제3자에게 이득이 생긴 경우 이득의 반환청구를 할 수 있을 것이다. 대리상인 증권회사에 대해서도 개입권 등이 인정된다.

### (3) 입증책임

구체적 구제수단에 따라 달라지겠지만, 다음과 같이 입증책임이 분배된다: 우선 고객은 앞에서 본 5가지 요소(Ⅰ. 4. (2) 참조) 등을 입증함으로써 금융기관이 자신에 대한 충실의무자이고 이익충돌회피의무를 진다는 사실을 입증할 필요가 있다.

고객이 금융기관의 이익충돌회피의무의 존재를 입증하면, 혹은 금융기관의 충실의무자적 지위가 추정되면(Ⅰ. 4. (3) 참조), 금융기관이 어떤 지위를 취하거나 거래를 하는 경우 그 지위 혹은 거래는 이익충돌적 지위 혹은 거래임이 추정되므로, 금융기관측에서 그 지위 혹은 거래가 고객의 이익과 충돌하지

49) 신탁관계에서는 수익자가 부당이득의 반환을 청구함에 있어 신탁의 '손실요건'은 필요하지 않다고 생각된다. 여기서는 수탁자의 '신탁위반'이 전제되므로, 비난 가능성이 발생한 상태이고, 따라서 신탁의 손해가 없는 경우에도 수탁자 혹은 제3자가 얻은 이익은 반환되어야 하는 것이다.

않는다는 것을 반증해야 한다. 따라서 고객측에서 금융기관이 어떤 지위의 취득 혹은 거래의 사실 및 자신의 손해 혹은 금융기관의 이득의 존재를 입증하면, 금융기관은 그 손해 혹은 이득이 다른 원인으로 발생하였음을 반증해야 한다(제3편 제2장 "이사의 충실의무의 강행성과 사적자치", II. 1. (3); 제4편 제4장 III. 1. 참조).

## 2. 이익향유금지 위반의 효과와 구제수단

앞에서 본 것처럼, 수탁자인 은행이 신탁을 통해 이익을 취득하는 직접적 향유의 경우에도 취득할 수 있는 이익의 종류는 다양하고, 또 취득하는 과정도 다양하다(예: 수탁자가 신탁재산인 주식의 의결권행사로 자기 친구를 이사로 선임 등. 자세히는 제4편 제2장 III. 2. 및 제3장 IV. 3. 이하 참조). 따라서 신탁이익의 향유 자체를 금지하더라도, 이익향유를 초래한 거래행위를 무효로 하는 것은 권리관계를 복잡하게 할 수 있다. 또, 금지되는 이익은 수탁자가 선의로 신탁을 위해 행위한 결과 부수적으로 생긴 것일 수도 있다. 이와 같은 점을 고려하면, 이익향유 유발행위에 대해서는 직접적 이익의 향유를 가져오더라도 원칙적으로 유효로 하는 것이 도움이 된다. 신탁법에서도 이익향유에 대해서는 직접적 자기거래와는 달리 관련 거래를 무효로 규정하는 명시적 조항이 발견되지 않는다.

따라서 이익향유의 유발행위는 수탁자의 대외적인 행위로서는 유효한 것이 되므로, 의무위반 거래를 통해 수탁자 혹은 귀책사유 있는 제3자가 신탁재산으로부터 혹은 다른 제3자로부터 이익을 향유하게 되는 경우, 수익자는 수탁자 혹은 제3자에 대해 부당히 향유한 이익의 반환을 구할 수 있고, 추가적으로 그로 인해 신탁재산에 손해나 변경이 있는 경우, 손해배상청구 혹은 원상회복청구(신탁법 제43조)를 할 수 있게 된다. 만약, 수탁자나 제3자에게 이익을 유발한 거래의 직접 상대방 혹은 전득자가 신탁위반에 대해 악의인 경우, 당해 거래의 취소권이 수익자에게 인정될 수도 있다(신탁법 제75조). 또, 수익자는 제3자가 신탁위반에 대해 악의로 방조한 경우에는 신탁위반에 대한 공동불법행위자로 보아 제3자에 대해서도 손해배상청구를 할 수 있다.

충실의무를 지는 증권회사가 이익향유금지 규정(상법 제106조 제2항)을 위반해 고객의 거래로부터 직·간접적으로 이익을 향유한 경우에도 이익의 향유는 금지되나, 그것을 유발한 위탁매매 등의 거래는 무효로 되지 않는다. 따라서 증권회사의 대외적인 행위로서는 유효하므로 이러한 의무위반 거래를 통해 증권회사 혹은 제3자가 직·간접적으로 이익을 향유하게 되는 경우, 고객은 증권회사 혹은 귀책사유 있는 제3자에 대해 이득의 반환청구를 할 수 있게 된다. 또, 증권회사나 제3자의 이익을 유발한 거래로 인해 고객에게 손해가 있는 경우, 손해배상청구도 할 수 있게 된다.

금융기관의 이익향유금지의무 위반의 입증책임에 대해서는 이익충돌회피의무 위반의 입증책임에서 살펴본 설명(앞의 1. (3) 참조)이 적용될 수 있다.

### 3. 고객정보의 비밀유지의무 위반의 효과와 구제수단

신탁법이 직접적 자기거래의 금지와 같은 명문의 규정을 두고 있지 않기 때문에, 수탁자인 금융기관이 신탁정보의 비밀유지의무를 위반하여 신탁정보(혹은 정보가 화체된 물건)을 제3자에게 양도한 경우, 신탁위반의 문제로 볼 것이고 정보의 거래 자체를 무효로 보기는 힘들다. 그런데 이 경우, 정보의 양도행위 자체의 문제와 더불어 양도된 비밀정보에 대한 보전조치가 필요하게 된다. 제3자에 대한 비밀보전 조치가 가능한가 여부는 정보의 수령자가 선의인가 여부에 따라 달라진다. 정보수령자가 신탁위반 사실에 대해 선의인 경우, 신탁정보(혹은 정보가 화체된 물건)를 매수한 상대방은 그 정보(혹은 화체된 물건)을 선의취득할 수 있고, 이 때 신탁수익자는 수탁자에 대한 손해배상청구, 원상회복청구 및 이득반환청구(신탁법 제43조)를 할 수밖에 없다.

이에 비해, 상대방이 신탁위반인 사실을 안 경우, 수익자는 추가적으로 정보(혹은 화체된 물건)의 매매거래를 취소할 수도 있다(신탁법 제75조). 그런데 매매거래의 취소는 가능하더라도 정보 자체는 회수할 수 없는 경우가 많기 때문에, 정보를 수령한 제3자에 대해 비밀유지의무를 부과하는 조치(비밀유지 및 사용금지가처분 등)가 추가로 필요하다. 만약, 정보수령자가 신탁위반에 대해 악의로 방조한 경우에는 수익자는 신탁위반에 대한 공동불법행위자로 보아 정보수령자에 대해서도 손해배상청구, 원상회복청구 및 이득반환청구(신탁법 제43조)를 할 가능성이 생긴다.

수탁자인 금융기관이 신탁정보를 제3자에게 양도한 것이 아니라, 자신의 이익 혹은 제3자의 이익을 위해 사용한 경우, 신탁정보의 회수 문제는 발생하지 않는다. 하지만 수탁자가 자신을 위해 사용한 경우, 그로 인해 신탁재산에 손해 혹은 변경이 발생했으면 손해배상 혹은 원상회복 청구를, 또 수탁자가 이득을 취득했으면 이득반환청구(신탁법 제43조)를 할 수 있다. 또 수탁자의 신탁정보 사용으로 제3자가 이득을 한 경우에도 취득한 이득의 반환을 청구할 수 있고, 나아가 제3자가 수탁자의 신탁위반을 교사·방조한 경우에는 제3자에 대해 공동불법행위책임의 가능성이 발생한다.

충실의무를 지는 증권회사가 매매를 위탁한 고객의 정보(혹은 정보를 화체한 물건)를 타인에게 양도하거나, 자신의 이익 혹은 제3자의 이익을 위하여 사용한 경우에도, 수탁자인 금융기관이 신탁정보(혹은 정보를 화체한 물건)를 타인에게 양도하거나 자신 혹은 제3자의 이익을 위해 사용한 경우와 비슷한 상황이므로 준수탁자로서의 손해배상청구, 이득반환청구 등이 유추적용될 수 있다(제5편 제1장 VII. 2).

금융기관의 비밀유지의무 위반의 입증책임에 대해서도 이익충돌회피의무 위반의 입증책임에서 살펴본 설명(앞의 1. (3) 참조)이 적용될 수 있다. 특히 과거고객관계로 인한 비밀유지의무에 대해서는, Bolkiah 판결의 입증책임 부분(Ⅲ. 2. (5) 1) (다))이 참고가 될 것이다.

## 4. 자기정보의 사용의무 위반의 효과와 구제수단

금융기관이 고객의 사무를 처리함에 있어 정보사용의무(자세히는 I. 3. (4) 참조)를 짐에도 불구하고, (ⅰ) 위탁한 사무와 관련하여 자신이 보유한 정보에 대한 검토를 하지 않거나, (ⅱ) 정보에 대한 검토를 하였음에도 불구하고 당해 정보를 위탁한 사무에 관해 사용하지 않거나, (ⅲ) 그러한 정보를 사용함에 있어 부주의하게 이용한 경우, 금융기관은 정보사용의무를 위반하게 된다.

'명령적 의무'도 충실의무로 포섭된다는 견해(제2편 제1장 II. 2. 참조)에 의하면, 이 경우 정보사용의무를 위반한 금융기관의 사무처리행위는, 대내적인 사무처리의 경우 고객에 대한 충실의무 위반에 그치거나, 대외적인 사무처리의 경우에도 선관주의의무 위반에 그치고 금융기관의 권한범위를 넘는 행위로서 대외적인 무효 혹은 취소의 문제를 야기하지는 않는다. 따라서 은행이 수탁자인 경우, 수탁자의 정보사용의무 위반에 대해서는, 정보의 불사용 혹은 부실사용으로 인해 신탁재산에 손해나 변경이 있으면, 손해배상 혹은 원상회복청구를, 그로 인해 수탁자가 이득을 한 경우에는 이득반환청구(신탁법 제43조)를 할 수 있을 뿐이고, 위반한 거래행위에 대한 신탁위반을 이유로 한 취소권의 행사(신탁법 제75조)는 별도로 검토되어야 한다.

충실의무를 지는 증권회사가 정보사용의무를 위반한 경우에 대해서도 수탁자의 정보사용의무 위반에 관한 설명이 유추적용될 수 있을 것이다. 따라서 증권회사가 정보의 불사용 혹은 부실사용으로 인해 고객에게 손해가 있으면, 손해배상청구를, 그로 인해 증권회사가 이득을 한 경우에는 이득반환청구를 할 수 있다. '자기책임의 원칙'이 적용되는 영역인 경우, 정보제공의무(Ⅰ. 3. (4) 참조)의 위반이 문제되고, 손해배상책임 등을 추궁할 수 있다.

금융기관의 정보사용의무 위반의 입증책임에 대해서도 이익충돌회피의무 위반의 입증책임에서 살펴본 설명(앞의 1. (3) 참조)이 적용될 수 있다.

## 5. 공평의무 위반의 효과와 구제수단

### (1) 신탁에서의 공평의무 위반

#### 1) 수익자 사이의 공평의무 위반

수탁자가 공평의무를 위반하여 특정 수익자를 유리하게 취급한 경우 그러한 행위의 효과는 어떠한가? 일방의 수익자를 유리하게 하고 타방의 수익자를 불리하게 하는 수탁자의 행위는 신탁의 대내적 효력만을 갖는데 그치기 때문에 무효로 보아도 별 문제는 없다. 그런데 이 경우 무효로 보더라도, 수익을 한 수익자가 손실을 본 수익자에게 반환할 의무를 지는 것은 아니고, 수탁자가 수익을 한 수익자로부터 이익을 회수하여, 손실을 본 수익자에게 이전할 의무를 부담하게 되기 때문에, 무효라고 하더라도 한계가 발생하게 된다. 다시 말해, 불리한 취급을 받은 수익자는 수탁자에게 불공평의 시정을 청구할 수 있는 권리를 갖게 되고, 수탁자에 대해 유리한 취급을 받은 수익자에게 할당된 이익을 자신에게 이전할 것을 청구할 수 있게 되지만, 선의의 수익자가 그 수익을 이미 사용한 경우에는 완전한 원상회복이 될 수 없다. 즉, 신탁이익이 우대받은 수익자에게 잔존하는 경우에는 현존이익의 반환을 청구할 수 있지만, 선의의 수익자가 이익을 사용해 버린 경우에는(민법 제748조) 수익자로부터의 완전한 반환청구는 불가능하게 된다.

따라서 불리한 취급을 받은 수익자에게 손해가 있으면, 수익자는 수탁자에 대해 원상회복적 손해배상(신탁법 제43조)을 청구할 수 있게 된다. 이와 같이 수익을 한 수익자로부터의 원상회복이 되지 않는 경우에 보충적으로 수탁자의 손해배상의무가 생기고, 수탁자가 그 고유재산으로부터 배상해야 한다.

2) 수개의 신탁 사이의 공평의무 위반

일방의 신탁을 유리하게 하고 다른 신탁을 불리하게 하는 수탁자의 행위는 (ⅰ) 신탁 사이의 직접거래 혹은 (ⅱ) 신탁들이 합동하여 제3자와 거래하는 경우 모두 발생한다. (ⅰ)의 경우나 (ⅱ)의 경우 모두 신탁이 대외적 효력을 갖는 상황이므로, 당연무효로 하는 것이 타당한지에 대해서는 자세한 검토가 필요하다.

수탁자가 '신탁 사이의 직접거래'에서 일방신탁을 유리하게 한 경우, 쌍방대리와 유사한 것으로 보아 무효로 볼 소지도 있다. 하지만, 신탁설정자가 복수의 신탁을 인수하는 수탁자에게 신탁사무를 위탁할 때에는 당해 수탁자에게 신탁 사이의 거래를 승인하였다고 봄이 상당하므로, 수탁자가 거래조건을 일방에 유리하고, 타방에 불리하게 거래하였다고 하여 그 거래를 당연히 무효로 볼 것은 아니다.[50] 단지, 공평의무를 위반하였으므로, 불리한 거래를 한 신탁의 수익자에게는 수탁자에게 불공평의 시정을 청구할 수 있는 권리를 인정하면 족하다고 본다. 따라서 손해를 본 신탁의 수익자의 선택에 따라, 수탁자에 대해 유리한 취급을 받은 신탁에 할당된 이익을 손해를 본 신탁에게 이전할 것을 청구할 수 있게 된다. 이 때에도 수익을 받은 신탁에 남아 있는 현존이익이 불충분한 경우(예: 수익자에게 이미 분배되어 사용된 경우)에는 수탁자에 대한 손해배상청구권(신탁법 제43조)이 생기게 된다.

'제3자와의 거래의 효과를 신탁 사이에 불공평하게 분배'한 경우, 거래 자체는 제3자와 행해진 신탁의 수권범위 내의 행위이므로 무효로 볼 수는 없

50) 거래상대방이 있는 것이 아니므로 제75조의 수익자의 취소권 문제는 발생하지 않는다.

다.[51] 단지, 제3자와의 거래의 효과를 신탁 사이에 공평하게 분배하여야 할 의무를 위반하였으므로, 불리한 거래를 한 신탁의 수익자에게는 수탁자에게 불공평의 시정을 청구할 수 있는 권리가 인정될 뿐이다. 따라서 수익자는 수탁자에 대해 유리한 취급을 받은 신탁에 할당된 이익을 손해를 본 신탁에게 이전할 것을 청구할 수 있게 된다. 이 때에도 신탁에 남아 있는 현존이익이 불충분한 경우 수탁자에 대해 손해배상청구(신탁법 제43조)를 할 수 있게 된다.

### (2) 증권회사의 고객에 대한 공평의무 위반

증권회사는 특정 영업부서에서 상대하는 고객들 사이에서 형평을 기해야 할 뿐만 아니라, 다른 부서에 속한 고객들 사이에서도 공평하게 행위해야 할 충실의무를 부담한다. 예를 들어, 위탁매매부서의 고객과 기업금융부서의 고객을 공평하게 대해야 하는 것이다. 이러한 고객에 대한 공평의무를 위반하여 특정 고객에게 이익이 생기도록 하고, 다른 고객에게 손해가 생기도록 한 경우, 신탁수익자 사이의 공평의무가 위반된 경우에 준하여 처리하면 될 것이다. 즉, 손해를 본 고객은 증권회사에 대해 이득을 본 고객으로부터 이득을 회수하여 이전해 줄 것을 청구할 수 있게 되고, 이득을 본 고객이 선의이고 그 이득을 사용한 경우에는 증권회사에 대해 손해배상청구를 할 수 있게 된다. 통상 이득을 본 고객은 선의일 것이므로, 증권회사에 대한 손해배상청구로 귀착될 것이다. 그런데, 어떤 경우에 증권회사의 고객이 공평의무 위반으로 자신은 손해를 보고 다른 고객이 이득을 보았다고 주장할 수 있는가, 또 어떻게 상대고객의 이득을 입증할 수 있는가가 문제된다.

#### 1) 쌍방대리 상황

충실의무를 지는 증권회사가 고객간의 거래를 직접쌍방대리 혹은 쌍방위탁매매한 경우, 고객간의 공평의무가 문제될 수 있다. 그런데, 쌍방대리 등은 고객의 동의가 없는 한 이익충돌회피의무 위반으로 무효가 되므로 공평의무는 문제되지 않는다(앞의 이익충돌회피의무 참조). 또, '증권시장에서의 매매거래'에 대해서는 쌍방대리 등이 되어도 공평의무가 문제되지 않는다. 따라서 공평의무가 문제가 되는 경우는 직접적인 쌍방대리 등에 대해 고객이 승인을 한

51) 수권범위 내의 행위이므로 제75조의 수익자의 취소권 문제는 발생하지 않는다.

경우에 한정된다. 즉, 증권회사는 쌍방대리에 대한 승인을 얻었지만 고객간의 공평을 기해야 할 의무를 지는데, 공평을 기하지 않은 경우 손해를 본 고객은 증권회사에 대해 공평의무 위반을 주장할 수 있다.

2) 특정 고객을 위해 특정 부서의 고객이 희생된 경우

증권회사의 공평의무가 문제될 수 있는 다른 상황은 증권회사가 특정 법인고객의 이익을 위하여 특정 부서의 고객 전부의 이익을 희생시키는 경우이다. 예를 들어, 기업금융부서가 인수한 증권이 투자가치가 없음에도 불구하고, 투자자문부서나 위탁매매부서의 고객들에게 투자를 권유하는 경우이다. 이 때에는 투자자문부서나 위탁매매부서의 고객들은 증권회사가 투자가치가 없음을 알았음에도 불구하고 투자를 권유했다는 것을 입증하면, 공평의무 위반을 이유로 손해배상을 청구할 수 있을 것이다. 또 만약, 증권을 발행한 법인고객이 특정 부서의 고객의 투자로부터 이득을 얻었다는 것을 인식하고 있었다면 법인고객에 대해서도 받은 이득의 반환을 청구할 수 있을 것이다. 이 경우 신탁의 경우와는 달리 직접 법인고객에 대한 이득반환청구도 가능할 것이다.

# 제 6 장 준수탁자 Ⅳ: 투자신탁운용사*

( … )

## 3. 투자신탁관계에 대한 학설

### (1) 총 설

종래 우리나라에는 투자신탁의 법률관계를 신탁법리로만 파악하려는 법적 신탁관계설과 실질적 신탁관계설이 있는데 법적 신탁관계설이 다수설이라고 할 수 있다. 법적 신탁관계설과 실질적 신탁관계설은 신탁관계로만 투자신탁관계를 파악한다는 점에서는 동일하지만 다음과 같은 점에서 차이가 있다. 법적 신탁관계설은 투자자와 운용사 간의 신탁관계를 투자신탁의 기본관계로 보고 운용사와 수탁회사의 신탁관계는 신탁재산의 보관을 위한 부차적인 신탁관계로 본다. 반면에, 실질적 신탁관계설은 투자신탁 법률관계의 기본관계를 운용사와 수탁회사 간의 신탁계약(신탁관계)으로 보고 수익자는 수익증권매수를 통해 수익자로서의 법적 효과를 받으며 신탁계약 내용을 추인하는 형식으로 투자신탁관계에 가담하는 것으로 본다. 따라서 투자자와 위탁회사 간에는 신탁관계는 아니지만 '신탁적인 관계' 혹은 '신탁유사관계'가 존재하는 것으로 본다.

최근에는 투자신탁관계의 실질에 맞게 투자신탁관계를 신탁을 포함하는 조직계약관계로 파악하는 소위 조직계약설이 주장된 바 있다.

---

* 이 장은 박삼철·이중기, "제도로서의 투자신탁법제의 기본구조와 발전전략", 『홍익법학』, 제15권 제1호(2014)에 기초하였음.

### (2) 법적 신탁관계설

법적 신탁관계설(혹은 이중신탁관계설)은 투자신탁의 구조를 투자자로부터 투자금관리를 신탁받은 위탁회사가 수탁받은 업무의 일부인 신탁재산의 보관·관리업무만을 수탁회사에게 다시 신탁하는 것으로 본다. 법적 신탁관계설은 투자자와 운용사 간에 신탁관계가 있을 뿐 아니라 운용사와 수탁회사 간에도 신탁관계가 있는 것으로 보므로 이중신탁설이라고도 한다. 이 견해에 의하면, 투자자는 위탁회사와의 관계에서는 위탁자이자 수익자(자익신탁)이고, 수탁회사와의 관계에서는 위탁자가 아니라 단순한 수익자에 불과하다고 본다(타익신탁). 또 위탁회사와 수탁회사 간의 신탁은 '소극신탁'으로 본다.[1]

법적 신탁관계설에 대해서는 다음과 같은 비판이 제기된다: (ⅰ) 투자신탁의 실질을 살펴보면 투자자와 운용사 간에 신탁설정행위가 있는 것으로 인정하기 곤란하다.[2] '매출식' 투자신탁의 경우 수익자는 신탁재산을 형성하는 새로운 재산적 처분 없이 투신사(판매사)의 출연행위로 인해 이미 설정되어 있는 신탁의 수익지분을 판매회사로부터 이전받는 것에 불과하므로, 수익자와 운용사 간에 수익지분의 매각 외에 청약금의 신탁행위가 성립되는 실질을 발견할 수 없다.[3] '모집식' 투자신탁의 경우도 투자자는 운용사와 수탁회사가 체결한 신탁계약의 수익지분(수익증권)을 매수하여 수동적으로 수익자가 될 뿐이므로, 투자자가 운용사에 대해 위탁자지위를 갖는 것으로 논리구성하는 것은 타당성이 부족하다.[4] 다만, 투자자로부터 투자금을 집합하는 단계에서 일시적으로 투자자와 운용사 간에 신탁이 설정된다고 볼 여지가 있으나, 이러한 신탁은 위탁자가 투자신탁 설정을 위한 과정에서 설정되는 일반적인 신탁으로

1) 예를 들어, 김건식·정순섭, 『자본시장법』(2009), 586면 이하.
2) 同旨: 김용재·강태양, "신탁형 집합투자기구에서 집합투자업자의 지위 및 신탁형 집합투자기구의 합병과 관련한 법적 쟁점 소고", 『금융법연구』, 제8권 제1호(2011)(이하, '김용재·강태양'), 329면; 이중기, "투자신탁의 법적 성질과 당사자들의 지위", 183면, 187면; 강희철·조상욱·차태진, "증권투자신탁의 몇 가지 법적 쟁점", 『증권법연구』, 제4권 제2호(2003).
3) 1995년 증권산업선진화방안 시행 이전에는 투자신탁회사 자금에 의한 매출식으로 투자신탁이 설정되었으나, 동 방안에 따라 투자신탁의 운용과 판매가 분리되면서부터는 판매사 자금에 의한 매출식으로 투자신탁이 설정되어 왔다. 그러나 간접투자법 시행 이후부터는 모집식으로만 설정되고 있다.
4) 동지: 김용재·강태양; 이중기, "투자신탁의 법적 성질과 당사자들의 지위", 187면.

서 위탁회사와 수탁회사 간 증권투자신탁이 성립된 후 그 목적을 달성하면 종료된다고 보아야 한다.[5] 그리고 펀드업무의 실제를 보면 운용사가 투자자로부터 직접 자금을 수입하는 것이 시스템적으로 차단되어 있기 때문에 수익증권 판매대금이 수탁회사에 납입되기 이전 단계에서 투자자와 운용사의 관계를 신탁관계로 보아야 할 합리적인 이유도 찾기 어렵다. 특히 앞서 본 것처럼, 운용사는 투자금을 직접 수탁자의 신탁계좌로 송금하고 자신의 계좌로 수령하지 않는다. 투자자는 위탁회사와 수탁회사가 체결한 신탁계약의 수익증권을 매수하여 수동적으로 수익자가 될 뿐이므로, 투자자가 운용사에 대해 위탁자 지위를 갖는 것으로 논리구성하는 것은 타당성이 부족하다. (ii) 대법원 판례에 의하면 투자신탁 신탁재산의 소유명의자는 수탁회사인데,[6] 신탁재산을 소유하지 않는 운용사를 신탁의 수탁자로 볼 수 있는지 의문이다. 신탁재산은 신탁을 채무와 구별하는 역할을 하는 핵심적 요소이므로 신탁재산의 보유 없는 수탁자는 상정하기 어렵기 때문이다.[7] 나아가 수동신탁의 유효성 자체에 대해서 논란이 있다는 점도 간과하기 어렵다.[8] (iii) 수탁회사가 부담하는 위탁회사에 대한 감시기능도 신탁법리로는 설명하기 어렵다. 소극신탁에서 수탁자는 신탁재산을 수익자에게 양도하는 것 외에는 아무런 의무를 부담하지 않는 단순한 신탁재산 명의인에 불과하다고 보는데, 자본시장법은 수탁회사로 하여금 위탁회사의 신탁재산운용을 적극적으로 감시할 의무를 부여하고 있기 때문이다.

법적 신탁설에 대한 이러한 비판을 고려하여 위탁회사와 수탁회사 사이에 체결되는 신탁계약은 명칭이 신탁계약이라고 되어 있지만 신탁법상의 신탁계약으로 볼 수 없고 단순히 신탁법 제42조에 의한 신탁사무위임계약으로 보아야 하며, 위탁회사와 수탁회사 관계를 위임관계로 보는 학설도 있다.[9] 하지만, 이러한 견해는 투자신탁관계의 조직계약적 측면만 보고 투자신탁의 기본적 관계인 신탁관계를 도외시한 것이다. 특히 이 견해는 수탁회사를 신탁재산

---

5) 이중기, "투자신탁제도의 신탁적 요소와 조직계약적 요소", 59면, 65면의 각주 7) 참조.
6) 대법원 2002.11.22. 선고 2001다49241판결.
7) 이중기, 『신탁법』, 95면; 이중기, "투자신탁제도의 신탁적 요소와 조직계약적 요소", 94면; 이중기, "투자신탁의 법적 성질과 당사자들의 지위", 187-88면.
8) 법무부, 『신탁법개정안 해설』, 15-16면.
9) 백태승, "증권투자신탁의 본질과 수익증권의 환매제도", 『인권과 정의』, 제302호(이하 '백태승'), 2면.

을 소유하는 '수탁자'로 보는 대법원 판결과 이에 따른 실무관행과도 배치된다.

(3) 조직계약설

조직계약설은 투자신탁관계를 조직법적으로 정의한다. 즉 "투자신탁은 구성자산의 보유도구로서 신탁이라는 방법을 채택한 운용자/수탁자 간의 투자신탁계획에 수익지분보유자가 참여한 집단적 조직계약관계"[10]로 본다. 투자신탁제도는 신탁으로는 설명할 수 없는 cash fund principle, 환매제도, 수탁자의 운용자 감시제도 등을 수반한 제도이기 때문에 원칙적으로 조직계약 혹은 조직법적 관계라고 보는 것이다. 하지만, 조직계약설도 투자자-운용사 간의 투자자금관계 및 운용사-수탁자 간의 '투자자금관계'는 신탁관계로 본다. 단지 투자자-운용사 간의 자금관계는 모집식의 경우 신탁관계로 보지만, 이는 '일차적 신탁'이고 이중신탁설처럼 '주된 신탁'으로 보지 않는다는 점에서, 또한 운용사-수탁자의 자금관계를 투자신탁의 '주된 신탁'으로 보고 '소극신탁'이 아니라고 보는 점에서 법적 신탁관계설과 차이가 난다. 따라서 조직계약설은 '매출식'의 경우, 투자자와 운용자 간의 관계가 단순한 수익증권의 매매이고 신탁행위의 요소가 발견되지 않는 점을 계약적 관점에서 설명할 수 있다. '모집식'의 경우도 운용사가 자금을 수령하는 경우[11] 투자자의 운용사에 대한 자금위탁을 신탁으로 보지만, 운용사가 그 자금으로 수탁자에 대해 투자신탁을 설정하면 그 신탁은 종료하는 것으로 보기 때문에 투자신탁 설정 후의 투자자와 운용자 사이의 관계를 계약적으로 무난히 설명할 수 있다. 또한, 조직계약설은 운용자-수탁자 사이의 신탁을 단순한 신탁이 아니라 cash fund 원칙과 환매제도의 제한을 받는 신탁으로 파악한다는 점에서 실질적 신탁관계설과도 차이가 있다. 따라서 조직계약설은 투자신탁에서 신탁재산이 전통적 신탁과는 달리 운용기간 동안 신탁계약으로 설정한 cash fund의 운용원칙에 따라 운용되고 환매될 수 있다는 점을 쉽게 설명할 수 있다.

그러나 조직계약설도 현행 자본시장법상의 투자신탁 기본구조와 관련한 조문에는 딱 들어맞지 않는다는 문제점이 있다. 이에 대해서는 뒤에서 자세히

10) 이중기, "투자신탁제도의 신탁적 요소와 조직계약적 요소", 65면; 이중기, "투자신탁의 법적 성질과 당사자들의 지위", 190면.

11) 앞서 본 것처럼 모집식에서 운용사는 투자금을 직접 수탁자의 신탁계좌로 송금하고 자신의 계좌로 수령하지 않는다.

살펴보기로 한다.

(4) 투자신탁관계에 대한 다수설인 법적 신탁관계설은 앞에서 본 바와 같이 여러 가지 문제점이 있다. 이는 입법연혁적 이유와 함께 투자신탁제도의 발전을 법규가 쫓아가지 못한 것이 함께 작용한 것으로 보인다. 먼저, 1969년에 증권투자신탁업법을 제정할 때 모범이 된 것은 일본의 투자신탁법이었으므로 투자신탁 법률관계에 대한 학설도 대체로 일본의 학설을 따르고 있었던 것으로 보인다. 일본에서는 투자신탁을 신탁법상의 신탁의 한 종류로 보고 신탁법의 특별법으로 증권투자신탁법(현재의 '투자신탁 및 투자법인에 관한 법률')을 제정하였다. 따라서 신탁법을 일반법으로 하고, 대부신탁법·증권투자신탁법·담보부사채신탁법을 개별 신탁법으로 하는 신탁법체계를 가지고 있으며, 신탁실무에서도 증권투자신탁을 신탁의 한 종류로서 금전신탁과 나란히 자리매김하고 있다.[12] 이에 따라 투자신탁 수탁자의 사무처리에 대해서도 신탁법이 적용되므로, 투자신탁법에서는 투자신탁계약의 체결과 해약, 투자신탁위탁업자의 인가·업무·행위준칙 등 필요최소한의 사항만 규정하고 있고, 신탁법리에 맞지 않는 위탁자의 신탁재산운용에 대한 수탁자의 감시의무와 같은 조문은 없다. 또한, 환매 등에 관한 사항도 법이 아니라 투자신탁약관에서 정하도록 하고 있다. 요약하면 일본은 아직도 여전히 투자신탁을 신탁의 일종으로 보고 투자신탁관계를 신탁관계로만 파악하고 있다. 그러나 우리나라는 증권투자신탁업법에서도 환매 관련 규정이나 수탁회사의 운용사 감시의무규정 등을 두고 있어 일본 투자신탁법과는 다른 모습을 가지고 있었다. 간접투자법을 거쳐 현재의 자본시장법에 이르러서는 오히려 영국의 Unit Trust에 가까운 모습을 하고 있다. 일본처럼 신탁관계로만 투자신탁을 설명하기 곤란한 상태에 이른 것이다. 그런데 문제는 1998년 증권투자신탁업법 전면개정을 거치면서 투자신탁제도가 매출식에서 모집식으로 본질적인 발전이 이루어졌음에도 불구하고 투자신탁구조 관련 법조문은 이에 맞춘 개정이 이루어지지 못했다는 점이다.[13] 그 결과 투자신탁의 실질과 법규정이 조화를 이루지 못하고 있어 현재의 법규정으로는 이론적으로 일관성 있는 설명이 사실상 불가능한 상태라고

12) 三稜信託銀行信託研究會, 『信託の法務と實務』(1992), 334면.
13) IV. 4. 참조.

할 수 있다. 이에 대해서 영국과 미국의 투자신탁제도의 발전과정과 현행 영·미의 투자신탁 기본구조를 살펴봄으로써 확인하고자 한다.

( … )

## Ⅳ. 시사점 및 제도 발전전략

( … )

### 3. 투자신탁계획 개념의 창설

(1) 영국 FSMA는 별도로 '투자신탁계획'(unit trust scheme)이라는 개념을 창설하여 이를 '참여자들을 위하여 수탁자가 재산을 '신탁'으로 보유하는 집합투자계획'으로 정의한다. 투자신탁계획이라는 개념에서 '신탁'은 투자계획의 한 부분적 요소에 불과하다는 것을 법률에서 명확히 하고 있다. 이는 투자신탁관계에는 투자재산을 신탁재산으로 보관하는 신탁관계 외에도 투자신탁 당사자간에 많은 계약적 요소가 존재하며, 이러한 계약적 요소들은 전통적인 신탁법리만으로 규율하기는 사실상 불가능하다는 인식에 따른 것으로 볼 수 있다. 영국의 Sin 교수는 unit trust scheme의 법적 성격을 "운용자와 수탁자가 재산보유도구로 신탁이라는 수단을 채택하여 미리 마련한 투자계획에 투자자가 참여하는 조직계약"으로 파악한다.[14] 이에 따르면 투자신탁 당사자는 상호 계약관계에 있게 되며, 다만 수탁자는 계약상 의무 외에 신탁재산의 수탁자로서 수익자에 대해 신탁상의 의무도 부담하게 된다. 조직계약설에 따르면 투자신탁의 신탁재산이 전통적 신탁과는 달리 운용기간 동안 신탁계약으로 설정한 cash fund[15] 운용원칙에 따라 운용되고 환매될 수 있다는 점을 쉽게 설명할 수 있다. 이처럼 영국에서는 신탁형 투자신탁에 대해 '투자신탁계획'이라는 개념을 창설함으로써 신탁법리와 모순되지 않게 신탁 외의 관계(수익증권 환매 등)를 법령에서 매우 구체적으로 규정하고 있다. 영국 CIS규정집(COLL)은 투자재산의 신탁적 보유에 관한 사항을 제외한 나머지 투자신탁관계, 특히 당사자

14) 이에 대한 자세한 내용은 Kam Fan Sin, *The Legal Nature of the Unit Trust*(1997) pp.101-104. 참조.
15) cash fund에 대해서는 제6장이 기초한 원래의 논문의 III. 1. (2) 3) 참조.

들의 권리·의무·권한 및 책임 등에 대해 매우 구체적으로 규정하고 있다. 이는 일본의 투자신탁법이 투자신탁을 '신탁'이라고 명시하고 수익증권의 환매 등 비신탁적 요소에 관한 사항을 투자신탁약관에서 정하고 있는 것과 대조되는 점이다.

미국은 영국과 달리 business trust scheme이라는 개념을 별도로 만들지 않았다. 그 대신 투자회사법(ICA)에서 어떠한 business trust가 investment company(투자회사)의 정의에 해당하면 법적 형태를 불문하고 투자회사로 간주하여 ICA의 적용을 받도록 함으로써, 신탁관계 외에 투자자보호를 위해 필요한 사항을 효과적으로 규율하고 있다. 즉 법기능적 측면에서 보면 미국의 investment company는 영국의 unit trust scheme에 상응하는 개념이라고 할 수 있다.

결론적으로, 영국과 미국의 투자신탁에서는 unit trust scheme과 investment company라는 '조직법제'[16]를 통해 신탁법리만으로는 커버할 수 없는 투자펀드의 법률관계를 효율적으로 규율하고 있는 것으로 보인다.

(2) 우리 자본시장법은 투자신탁을 '신탁형태의 집합투자기구'로 정의하여 투자신탁에서의 신탁(신탁법상의 신탁)과 그 신탁을 포함한 집합투자계획으로서의 투자신탁을 일응 구분하는 것처럼 보인다. 그러나 자본시장법에서의 '투자신탁'이라는 용어는 '신탁법상의 신탁'과 '신탁형태의 집합투자기구' 양자 모두를 지칭하고 있어, 양자는 개념적으로 명확히 구분되지 않는다. 예컨대, 자본시장법은 투자신탁의 설정·해지(제188조 제4항, 제189조 제1항, 제192조 제5항)와 투자신탁의 등록(제182조)이라는 표현을 하고 있는데, 전자의 투자신탁은 신탁법상의 신탁을 의미하고 후자의 투자신탁은 집합투자계획을 의미한다. 즉, 전자의 투자신탁설정은 신탁법상 신탁설정, 즉 신탁재산 납입을 의미하고, 제182조에서 "투자신탁이 설정된 경우 금융위에 등록해야 한다"고 할 때의 '설정'은 수익증권 공모 전에 투자신탁계획을 감독당국에 등록하라는 것을 의미한다. 조직계약의 체결을 통해 투자신탁계획이 만들어지면 이를 감독당국에

16) '조직법'의 특징과 역할에 대해서는 이중기, "조직법의 역할: 재산통합과 지분, 기관, 유한책임의 실현", 『홍익법학』, 제16권 제1호(2015), 591면; 이중기, "조직법의 물권법적 계약법적 기초, 조직법의 고유한 특징과 기여", 『홍익법학』, 제17권 제1호(2016), 533면. H. Hansmann & R. Kraakman, "The Essential Role of Organizational Law", 110 *Yale L. J.* 387, 431(2000).

등록한 후(당해 투자신탁계획이 법령에 반하는지 여부를 확인받은 후) 수익증권을 공모하라는 취지이다. 그리고 제188조 제1항에서의 '신탁계약 체결'이라고 할 때의 신탁계약도 신탁법상 신탁계약이 아니라 그것을 포함한 투자신탁계획을 의미하는 것으로 보아야 한다. 투자신탁계획에서 '신탁법상 신탁'의 '설정'은 제188조 제4항에 따라 수익증권 발행가액(신탁원본)을 수탁회사에 납입하는 때에 비로소 있게 된다.[17]

앞에서 본 바와 같이 영국과 미국에서 투자펀드법이 규제대상으로 하고 있는 것은 신탁법상의 신탁 그 자체가 아니라 투자신탁계획, 즉 영국의 unit trust scheme과 미국의 investment company이다. 투자신탁관계는 펀드재산이 '신탁'으로 보유되기는 하지만 신탁을 포함하는 집합투자를 위한 조직계약관계로서 신탁법리만으로 규율하기 어려운 많은 계약적요소를 포함하고 있기 때문이다. 우리 자본시장법상 '제도'(institution)로서의 투자신탁계획의 기본구조의 정립방향과 관련하여 시사하는 바가 적지 않다. 투자신탁관계를 '신탁을 포함하는 조직계약관계'로 이해하고, 그에 맞추어 자본시장법을 정비하는 것이 필요한 이유가 여기에 있다.[18]

( … )

## 5. 운용사지위 및 충실의무 정립

조직계약설에 입각하여 투자신탁을 이해하게 되면 운용사는 신탁법상의 수탁자는 아니게 된다. 하지만, 투자신탁계획에서 운용사는 (ⅰ) 투자신탁계획을 설정하는 자이며, (ⅱ) 투자신탁계획에서 수탁자의 운용기능을 대신 수행하는 자로서, (ⅲ) 투자신탁계획의 투자재산에 대한 관리·처분권한을 보유하는 자가 된다. 따라서 투자신탁계획의 운용사에 대해서는 신탁상 수탁자에 준하여, 수탁자의 충실의무(fiduciary duty)를 부과하고 수탁자의 책임을 추궁하는 것이 필요하게 된다(여기서 충실의무란 "자기의 이익과 수익자의 이익이 충돌하였을 때 수익자의 이익을 우선하여야 한다"는 의미에서의 영미식 충실의무를 의미한다).

17) 신탁의 성립시기와 신탁재산의 필요성 여부에 대해서는 이중기, 『신탁법』, 94면 이하 참조.
18) 동지: 이중기, "투자신탁제도의 신탁적 요소와 조직계약적 요소", 65면.

또, 현행 자본시장법에서도 운용사에 대해 추상적인 선관의무·충실의무를 규정하고 있으나, 운용사는 펀드투자자들의 자금을 운용하는 자로서 그 맥락에 맞게 충실의무를 보다 더 구체적으로 규정할 필요가 있다. 투자자문업자 및 신탁업자에 대해서도 마찬가지이다: 자본시장법은 제79조(운용사), 제96조(투자자문업자) 및 제102조(신탁업자)에서 선관주의의무와 충실의무를 추상적으로 규정하고 있는데, 이것을 구체화하여 고객이익우선의무, 최선이행의무 등을 명시적으로 규정할 필요가 있다.

예를 들어, 미국에서 운용자는 1940년 투자자문업자법 제206(3)조에 의해 충실의무를 부담하는데, 구체적으로는 최선이행(best execution)의무, 고객수요에 적합(suitability)하게 운용할 의무, 고객이익우선(exclusive loyalty to the clients)의무 등을 부담한다. 또, 퇴직연금 운용과 관련해서는 근로자퇴직급여보장법(ERISA) 제404(a)(1)(A)상의 충실의무를 부담하는데, 구체적으로 고객이익우선원칙(exclusive benefit rule), 신중한 투자자원칙(prudent investor rule) 등이 적용된다. 영국에서도 운용자는 일반적인 충실의무법에 의해 충실의무를 부담하는데, 특히 유럽연합도 영국과 미국의 충실의무를 참조하여 2004년도의 금융상품시장지침(Markets in Financial Instruments Directive)에서 종래의 추상적인 충실의무를 구체화하는 업무행위규제 형태로 고객이익우선의무(제19조 제1항) 및 최선이행의무(제21조)를 명시적으로 규정하고 있다.

#### (1) 충실의무에 대한 기존 논의와 운용사의 충실의무

##### 1) 충실의무의 부과 논리 Ⅰ: 선관의무에 대한 동질설과 이질설

운용사에 대한 충실의무의 부과 근거로는 다음 두 가지를 들 수 있다. 하나는 선관의무에 기해 부과하는 것이고 다른 하나는 자본시장법 제79조 제2항에 기해 부과하는 것이다. 회사법상 이사의 충실의무와 관련하여 우리나라에서는 선관의무와 동일한 것이라는 동질설 및 선관의무와 다른 것이라는 이질설이 발전되어 왔는데, 이러한 논리는 운용사의 충실의무에 대해서도 똑같이 적용될 수 있다. 즉 선관의무 동질설에 의하면, "[운용]사의 선관주의의무란 널리 위임자의 이익을 위하여 행동해야 할 의무이므로 당연히 [운용]사가 자신의 이익을 위해서 행동하는 것은 금지된다"[19]고 본다. 특히 "선관의무의 내

19) 송옥렬, 『상법강의(제3판)』(2013), 995면.

용은 통일적으로 정형화되는 것이 아니라 … 각 [수임인]의 특별한 직무에 따라 달라지므로, [수임인]의 권한이 확대되면 선관의무도 그만큼 그 내용도 강화된다."[20] 즉 동질설에 의하면, 운용사에 대한 충실의무는 선관의무에 기해서 부과될 수 있게 된다.

선관의무 이질설은 위임관계의 선관의무는 객관적 주의의무만을 부과하므로, 운용사에 대해 선관의무만을 부과하는 것으로는 운용사의 자기이익추구행위를 금지할 수 없다고 보는 입장이다. 이질설에 의하면, 선관의무로서는 충실의무를 부과하지 못하므로, 자본시장법 제79조 제2항과 같이 충실의무를 부과하기 위한 특별한 근거가 필요하고, 제79조 제2항은 이러한 목적에서 규정되었다고 본다.

결론적으로 어느 설에 의하건, "[운용]사의 자기이익추구는 금지되게 된다. 동질설에 의하면 [운용]사에 부과되는 선관주의의무(혹은 선관의무의 구체화로서의 충실의무)에 의해 [운용]사의 자기이익추구행위가 금지되고, 이질설에 의하면 [운용]사의 선관의무에 의해 금지되지 않지만 별도로 부과된 [제79조 제2항](충실의무)에 의해 금지되기 때문이다"[21]

#### 2) 충실의무의 부과 논리 II: 대법원 판례의 논리

대법원은 신탁상 수탁자의 충실의무와 관련해 다음과 같이 설시한 바 있다:

> "수탁자의 충실의무는 수탁자가 신탁목적에 따라 신탁재산을 관리하여야 하고 신탁재산의 이익을 최대한 도모하여야 할 의무로서, 신탁법상 이에 관한 명문의 규정이 있는 것은 아니지만 일반적으로 수탁자의 신탁재산에 관한 권리취득을 제한하고 있는 신탁법 제31조[자기거래금지]를 근거로 인정되고 있다. 이 사건 … 행위는 신탁재산이나 수익자의 이익과 수탁자의 이익이 상반되는 행위가 아니어서 수탁자로서의 충실의무에 위반된 행위라고 할 수 없다."[22]

대법원은 충실의무의 도출 근거를 선관주의의무에서 찾지 않고 바로 자기거래를 제한하는 이익충돌금지규정에서 직접 찾고 있고, 또한 '이익이 상반되는 행위'가 바로 '충실의무 위반행위'라는 것을 명시적으로 승인[23]한다. 이

---

20) 최기원, 『신회사법론(제13대정판)』(2009), 653면.
21) 제1편 제5장 II. 2. (3)(이중기, "준수탁자로서의 법무법인", 457면, 464면).
22) 대법원 2005.12.22. 선고 2003다55059판결.
23) 제1편 제5장 II. 3. (1)(이중기, "준수탁자로서의 법무법인", 466면).

러한 대법원의 논리는 확실히 획기적인 것이다. 이에 의하면, 충실의무 부과를 위해 동질설과 같이 선관의무를 확장시키거나 혹은 이질설처럼 명시적인 충실의무규정을 둘 필요가 없게 된다. 단지, "문제의 수임인의 '지위'(status)가 이익충돌적 지위여서 그 지위보유자에 대해 이익충돌을 금지하는 법규정이 있으면 그 이익충돌금지규정에서 충실의무를 도출할 수 있기 때문이다".[24)]

운용사에 대해 대법원의 논리를 적용해 보자. 운용사에 대해서는 운용사의 이익충돌적 지위 때문에 자본시장법 제82조에서 자기집합투자증권의 취득제한, 제83조에서 신탁재산에 의한 금전차입의 제한, 제84조에서 이해관계인과의 거래제한 등을 규정하고 있기 때문에, 이러한 이익충돌금지규정에 기하여 운용사의 일반적 충실의무를 도출할 수 있다. 즉 "운용사의 충실의무는 운용사가 스킴 목적에 따라 신탁재산을 관리하여야 하고 신탁재산의 이익을 최대한 도모하여야 할 의무"인 것이다. 따라서 "신탁재산이나 수익자의 이익과 운용사의 이익이 상반되는 행위"는 "운용사로서의 충실의무에 위반된 행위라고 할 수 있"게 된다.

3) 기존 논의의 한계: 구제수단의 정비와 신탁법 개정

충실의무의 부과와 관련된 기존 논의는 충실의무의 부과 근거와 방법에 대해서 상당한 기여를 하였다. 하지만 기존 논의에서 다루어지지 않은 부분이 있는데, 그것은 충실의무 위반에 대한 구제수단에 관한 것이다. "충실의무는 이익이 충돌하는 상황에서 자신의 이익을 추구하는 것을 금지하는 것이므로, 충실의무 위반은 이해상충하는 사적 이익을 추구 혹은 취득하는 형태로 나타난다. 따라서 충실의무 위반에 대한 구제수단은 위탁인에 가해진 '손해'의 관점이 아니라 충실의무자가 편취할 '이익'의 관점에서 접근해야 하고, 구체적 구제수단도 '손해의 배상'이 아니라 '이익의 억지' 혹은 '이익의 원상회복'의 관점이 강조되어야 한다".[25)] 이러한 문제는 신탁법 개정과정에서 본격적으로 제기되었고, 개정신탁법은 제43조에서 "[충실의무]를 위반한 경우에는 신탁재산에 손해가 생기지 아니하였더라도 수탁자는 그로 인하여 수탁자나 제3자가 얻은 이득 전부를 신탁재산에 반환하여야 한다"라는 이득반환책임을 규정

24) 위의 주.
25) 제1편 제5장 II. 4. (1)(위의 논문, 467면).

하게 되었다.

(2) 충실의무의 발전방향과 '준수탁자'로서의 운용사의 충실의무와 책임

1) 충실의무의 발전방향

앞서 간단히 살펴본 것처럼, 신탁법·회사법·자본시장법 등 개별적 영역에서 충실의무법리가 발전하고 있는데, 이러한 충실의무법리는 일관성을 갖고 통일적으로 발전되어야 한다. 그리고 이러한 통일적인 충실의무법리의 심화와 발전은 충실의무법리가 탄생된 신탁법에 기초하여야 할 것이다.[26] 또, 동시에 충실의무법리는 신탁관계, 회사관계, 투자관계뿐만 아니라 이익충돌의 가능성이 있는 모든 유형의 위임관계 등에 대해서도 확대적용되어야 하는데, 이러한 충실의무법리의 확대적용을 위해서는 대법원의 논리에 기초해 이익충돌 가능성이 있는 위임관계를 충실의무관계로 규정하고, 당해 위임관계에 필요한 구체적 충실의무를 신의칙에 기하여 발견해 나가야 한다.[27] 이와 관련하여 수탁자에 준하는 자, 즉 '준수탁자'의 개념이 제시되었다.

2) '준수탁자'로서의 운용사의 충실의무와 책임

"위탁인의 이익을 위해 행위할 충실의무는 반드시 재산의 이전이 '신탁의 방법'으로 행해지는 경우에만 필요한 것은 아니다. 재산의 위탁이 '신탁이 아닌 다른 방법'으로 행해진 경우에도 위탁인의 이익보호가 필요한 경우 이익편취를 금지하는 충실의무의 부과 필요성은 동일하다."[28] 따라서, (ⅰ) 위탁매매인과 같이 신탁외의 다른 방법으로 재산명의를 수탁받은 자, (ⅱ) 파산관재인과 같이 재산명의를 수탁받지 않지만 재산에 대한 법정처분권한을 갖는 자, 및 (ⅲ) 재산명의를 이전받지 않지만 처분재량을 수권받은 자에 대해서도 성질상 허용되는 한 신탁수탁자에 준하는 충실의무를 부과하고 신탁수탁자에 준하는 책임을 묻는 것이 필요하다. 이와 같이, (ⅰ)에서 (ⅲ)에 이르는 자들은 수탁자에 준하는 자로 볼 수 있기 때문에 '준수탁자'라고 부를 수 있고, '준수탁자'에 대해서는 수탁자에 준하는 충실의무와 수탁자에 준하는 책임을 추궁

26) 자세히는 제1편 제3장(이중기, "신탁법에 기초한 영미 충실의무법리의 계수와 발전", 29면).

27) 자세히는 제1편 제4장(이중기, "신의칙과 위임법리에의 접목을 통한 충실의무법리의 발전", 307면).

28) 제1편 제5장 II. 5. (2)(이중기, "준수탁자로서의 법무법인", 471면).

할 수 있다.29)

투자신탁계획의 운용사는 (ⅰ) 투자신탁계획을 설정하는 자이며, (ⅱ) 투자신탁계획에서 신탁수탁자의 운용기능을 대신 수행하는 자로서, (ⅲ) 투자신탁계획의 투자재산에 대한 관리·처분권한을 보유하는 자이므로, 신탁재산의 수탁자에 준하는 자로 볼 수 있다.30) 따라서 투자신탁계획의 운용사에 대해서는 수탁자의 충실의무규정이 준용될 수 있고, 그 위반에 대해서는 성질상 허용되는 한 신탁법상의 이득반환책임 등이 준용될 수 있다.

3) 준수탁자로서의 충실의무와 충실의무 특칙의 관계

이와 같이 운용사에 대해 준수탁자로서의 일반적 충실의무와 신탁법상 책임을 인정하는 경우, 신탁법의 규정들과 자본시장법 등이 규정한 충실의무 특칙의 관계가 문제된다. 예를 들어, 자본시장법은 제82조에서 자기집합투자증권의 취득제한, 제83조에서 신탁재산에 의한 금전차입의 제한, 제84조에서 이해관계인과의 거래제한 등을 규정하고 있는데, 이러한 규정들과 신탁충실의무 규정의 관계는 어떻게 설정되어야 하는가?

개별 법령에 규정된 충실의무 특칙규정들이 효력규정으로 해석될 수 있는 경우에는 이들 규정들이 배타적으로 적용되어야 하고, 이들 규정들이 적용되는 한도에서는 이들 규정과 저촉되는 신탁법상 충실의무 혹은 구제수단 규정들의 적용은 배제된다.31) 하지만 개별 법령에서 규정한 충실의무 특칙규정들이 임의규정으로 해석될 수 있는 경우에는 이들 규정들은 배타적으로 적용될 필요가 없다. 따라서 이러한 경우에는, 신탁법상 충실의무 및 구제수단들은 병렬적으로 적용될 수 있을 것이다.32)

29) 제5편 제1장 VII.

30) 김용재 교수도 영미법상의 fiduciary duty를 자금수탁자의무로 부르면서, 금융투자업 부문에서 '타인을 위하여 자금을 관리하거나 금융자산을 운용하는 지위에 있는 자'를 자금수탁자로 정의하고 이러한 자에게 자금수탁자의무를 도입하자는 의견을 제시한다.

31) 제1편 제5장 II. 6. (3) 1)(이중기, "준수탁자로서의 법무법인", 476면).

32) 위의 주.

# 제 7 장 준수탁자 V: 지배주주*

## Ⅰ. 머리말: 지배권 프리미엄의 적정성과 통제방법

(…) 소수주주 입장에서 지배주주가 항상 긍정적 역할을 하는 것은 아니다. 소수주주는 지배주주의 경영진감시로부터 취득하는 이익이 있지만, 지배주주는 경영진을 지배할 수 있기 때문에 소수주주의 이익과 지배주주의 이익이 달라지는 순간 지배주주의 대리인 문제가 경영진의 대리인 문제와 동일하게 발생한다. 이 경우 지배주주에 대한 감시역할이 필요하지만 소수주주는 감시유인이 작으므로 감시활동을 수행하지 않게 된다. 따라서 결국 소수주주만 있는 (iii)의 경우와 마찬가지로 collective action problem으로 인해 '지배주주의 지배'가 일어나게 된다.

이 글은 '지배주주와 소수주주'가 존재하는 회사에서 지배주주의 지배권 '보유'시[1] 발생하는 다음 세 가지 주제를 다룬다. 첫째, 지배주주의 기대이익

---

* 이 장은 이중기, "지배권 프리미엄의 표현으로서 다수지배원칙과 통제장치로서의 지배주주의 충실의무", 『상사법연구』, 제32권 제1호(2013)에 기초하였음.

1) 지배권 '보유'시 프리미엄은 '지배주주와 소수주주' 간의 편익분배 문제인데 반해, 지배권 '이전'시 문제되는 프리미엄은 (기존 프리미엄+지배권거래로 발생한 이익)에 대한 '양도주주와 양수주주' 간의 분배 문제이다. 전자는 이 글에서 주장하는 바와 같이 다수지배 원칙과 통제장치로서의 지배주주 충실의무 문제로 나타나고, 후자는 '지배주식' 양도에 규제가 없는 우리나라에서는 지배주식 양도인과 양수인 사이의 가격협상 문제(즉 양수인이 지급할 프리미엄의 크기 문제)로 나타난다. 즉 양자는 '소수주주'의 관여 가능성 측면에서 차이가 난다. 지배주주가 지배권을 '보유'하는 동안에도 소수주주를 축출하거나 혹은 반대 소수주주에게 주식매수청구권을 인정하는 경우, 지배주주와 소수주주 간의 편익분배를 가격으로 산정해야 한다. 이 때 소수주주에게 지급해야 하는 가격의

과 소수주주의 기대이익을 비교형량함으로써, 지배주주가 주장할 수 있고 또 소수주주가 용인해야 하는 '지배권 프리미엄'의 크기를 효용과 비용의 측면에서 설명해 본다.

둘째, 지배권취득 위험에 대한 보상, 즉 소수주주가 용인해야 하는 지배권 프리미엄은 효용과 비용 관점에서 그때 그때 계산할 수 있지만, 주관적 요소를 포함하고 있으므로,[2] 객관적 법원칙으로 확정하기 쉽지 않다. 따라서 회사법은 지배권 프리미엄을 객관적 법원칙으로 설명하는 대신 실천원리로서 표현한다. 즉 적극적으로는 '다수자지배' 혹은 '다수결원칙'이라는 회사지배의 원칙으로 표현하고, 소극적으로는 지배주주를 위한 이사회의 경영판단에 대해 사법심사유보라는 원칙으로서 용인 혹은 보호한다.[3]

다만, 예외적으로 지배주주의 회사이익 편취 가능성이 극대화되는 일부 거래에 대해서 지배권 프리미엄의 작동을 정지시키고, 사전적으로 절차적 및 실체적 통제를 가한다. 자기거래 금지가 대표적이다.[4] 이 글은 지배권 프리미엄의 회사법적 표현 혹은 실천원리로서의 다수지배원칙이 주주총회 의결 상황에서 어떻게 발현되고 작동하는지, 그리고 경영판단이 어떻게 용인되는지를

---

공정성과 관련해 프리미엄을 공유해야 하는가 여부가 문제된다. 지배권 '양도'시 양수인이 시장가보다 높은 프리미엄을 지급하는 이유는 여러 가지로 설명한다. 전통적인 견해(이익공유설)는 지배권거래로 발생한 양수인의 시너지 기타 이익을 양도인과 공유하기 위해 양수인이 프리미엄을 지불한다고 한다(V. Brudney & M. Chirelstein, "Fair Shares in Corporate Mergers and Takeovers", 88 *Harv. L. Rev.* 297 (1974); Reinier Kraakman, "Taking Discounts Seriously: The Implications of "Discounted" Share Prices as an Acquisition Motive", 88 *Colum. L. Rev.* 891, 893-95(1988)). 다른 견해(사업확장설)는 양수인은 강한 사업확장유인을 갖고 낙관적이기 때문에 시가보다 높은 프리미엄을 지급한다고 한다(Bernard S. Black, "Bidder Overpayment in Takeovers", 41 *Stan. L. Rev.* 597, 627(1989)). 또 양수인의 수요는 가격에 민감하게 반응하지 않기 때문에 높은 프리미엄을 지급한다는 견해(수요비탄력설)도 있다(Lynn A. Stout, "Are Takeover Premiums Really Premiums? Market Price, Fair Value, and Corporate Law", 99 *Yale L. J.* 1235, 1244-52(1990)). 이러한 관점에서 지배권 '양도'시 프리미엄의 문제는 '양수인'의 관점에서 논의해야 한다고 한다(김화진, "경영권 이전과 주식가액 프리미엄", 『인권과 정의』, 제427권(2012. 8), 81면, 86면).

2) 제7장이 기초한 원래 논문의 II. 2.1.과 2.2. 참조.
3) 제7장이 기초한 원래 논문의 II. 2.3. 참조.
4) 분산된 소유구조하에서 '경영진'에 의한 회사이익의 사적 편취가 극대화되는 경우에도 '경영권' 프리미엄의 작동을 정지시키고 사전적으로 절차적 및 실체적 통제를 가할 필요가 있다.

지배주주와 소수주주의 기대이익의 관점에서 설명해 본다.

마지막으로, 지배주주가 누리는 프리미엄은 지배권취득 위험에 대한 보상으로서 정당화되지만, 사후적으로 볼 때 과도한 경우가 있다. 이러한 예외적인 경우 지배권 프리미엄의 작동을 정지시키고 그 불공정성을 시정할 필요성이 생기는데, 이러한 불공정성을 사후적으로 시정할 법적 장치를 어떻게 설정하는 것이 가장 효율적인가가 문제된다. 이 글에서는 지배주주의 과도한 프리미엄을 억지하고 지배주주와 소수주주의 자발적 재협상을 유도하기 위한 장치로서 '소수주주에게 법원에 대한 불공정성 심사청구권'을 주거나, 아니면 '지배주주의 소수주주에 대한 충실의무'를 인정하는 법제도의 필요성을 제안해 본다.

( … )

## V. 과도한 지배권 프리미엄에 대한 사후적 통제장치

사전적으로 예상하지 못했으나 사후적으로 지배주주의 사적 이익의 편취가 예외적으로 과도한 경우가 생기는데, 이러한 편취행위를 사후적으로 통제하기 위한 법적 장치는 어떻게 설정되어야 하는가?

### 1. 사후적 시정방법: '당사자'의 재협상 v. '법원'에 의한 프리미엄 조정

불공정한 지배권 프리미엄 향유 상황이 예견하지 못한 상황인 경우, 법제도가 사적 편취 가능성을 예상해 사전심사 가능성을 설정할 수도 없고 또 당사자도 사전협상을 통해 프리미엄을 조정할 수 없다. 즉 이러한 상황의 발생은 당사자들이 협상한 기존의 '의무 혹은 프리미엄'의 기초에 변경이 생긴 경우가 된다. 따라서 변경된 상황에 근거해 당사자가 지배주주의 '의무'를 새로이 인정하거나 혹은 '프리미엄'을 조정하는 것이 필요하게 된다. 이 때 불공정한 상황을 시정하기 위해 지배주주의 의무를 새로이 부과하거나 프리미엄을 조정하는 방법으로는 두 가지가 있다. 하나는 '당사자' 스스로 사후에 발생한 사건에 기초해 사후적 관점(ex post)에서 다시 재협상을 하는 것이고, 다른 하나는 '법원'으로 하여금 사후적으로 드러난 사정을 고려해 발생사건을 알았다면 부담했을 내용으로 지배주주의 의무를 보충하거나 프리미엄을 조정하도록 하는 방법이다.

그런데, 지배주주의 새로운 의무의 형성 혹은 프리미엄 조정은 당사자인 지배주주 및 소수주주가 협상을 통해 가장 잘 실현할 수 있다. 각 당사자는 자신이 처한 상황에서 동원 가능한 모든 정보와 협상력을 활용하여 자신에게 유리하게 협상을 진행하기 때문에 '최적의 결과'를 도출할 수 있기 때문이다. 이러한 당사자와 비교할 때 제3자인 법원은 지배주주의 의무의 보충 혹은 조정에 있어 제한된 정보를 갖고 있고, 또한 후견적 지위에서 기능하기 때문에 자신을 위해 '최적의 결과'를 추구할 동기(incentive)가 결여되어 있다. 이러한 점에서 법원보다 당사자에 의한 재협상을 활성화시키는 것이 더 타당한 방법이다.[5]

## 2. 재협상의 어려움: 재협상유인을 증대[6]시키는 법제도의 필요성

문제는 당사자에 의한 재협상이 어려운 경우가 많다는 점이다. 의기투합했던 사업의 공동경영자가 서로를 적대시하는 "극단적 상황이라면 이익편차가 심각하여 이해관계의 대립이 첨예할 가능성이 크[고] 이러한 경우에는 당사자간의 의견 차이를 좁혀서 새로운 합의에 이르는 것이 쉽지 않"기 때문이다.[7] 하지만, 당사자 쌍방이 합리적이고 전문지식을 가진 상인이라면 의무보충 혹은 프리미엄 조정을 위한 재협상유인을 강하게 해주는 경우, 재협상에 나설 가능성이 생긴다.[8] 따라서, 지배권 프리미엄을 정지시킬 정도로 불공정

5) 이중기, "사정변경과 재협상", 407면, III. 3. (2).

6) 반대로, '예견 가능'한 이익분배에 대해서는 당사자의 재협상 요구는 계약준수의 회피수단으로 이용될 수 있으므로 이 때에는 부당한 재협상 요구를 규제할 필요성이 발생한다. J. Johnston, "Default Rules/Mandatory Principles: A Game Theoretic Analysis of Good Faith and the Contract Modification Problem", 3 *S. Cal. Interdisc. L. J.* 335(1993).

7) 권영준, "위험분배의 관점에서 본 사정변경의 원칙", 『민사법학』, 제51호(2010. 12), 203면, 242면.

8) 이중기, "사정변경과 재협상", III. 3. (3); B. Hermalin & M. Katz, "Judicial Modification of Contracts Between Sophisticated Parties: A More Complete View of Incomplete Contracts and Their Breach", 91 *J. L. Econ. & Org.* 230(1993).

한 상황이 발생한 경우, 지배주주와 소수주주의 재협상에 의한 최적의 결과를 도출하기 위해서는 당사자의 재협상유인을 강하게 해주는 법원의 역할 혹은 법제도를 설정[9]해 주는 것이 필요하게 된다.

### 3. 재협상 유도방법: 법원의 공정성 심사의무

#### (1) 프리미엄의 '인정 또는 부인'에 의한 위험배분의 역기능: 재협상 억지효과

법원이 불공정한 상황을 해결하는 방법으로 지배권 프리미엄, 즉 '다수지배 원칙'을 전면 '인정'하거나 혹은 완전히 '부인'하는 태도는 적절하지 않다. 만약 법원이 소극적으로 단순히 다수결 요건을 충족했으므로 '완전히 유효' 혹은 프리미엄이 과도하므로 '무효'라는 이분법으로 사건발생의 위험을 일률적으로 배분하면, 다수지배 원칙의 인정 혹은 부인으로 수혜를 보는 지배주주 혹은 소수주주가 생기고, 이익을 받는 어느 일방은 재협상을 통한 프리미엄의 '조정'에 나설 유인이 사라지기 때문이다.[10] 이와 같이 당사자가 재협상에 임하지 않으면 자율적 재협상이 일어날 수 없고, 따라서 당사자 자율에 의한 프리미엄 조정은 활성화될 수 없다. 따라서 정책적으로 당사자에 의한 재협상을 촉진하기 위해 법원은 기존 프리미엄을 단순히 인정하거나 부인하는 극단적 이분법을 지양해야 하고, 새로운 상황을 반영한 프리미엄 '조정'을 목표로 하여야 한다.

#### (2) 법원의 '사후적 심사 가능성' 선언을 통한 당사자의 재협상유인

불공정한 상황이 발생한 경우 당사자의 재협상유인, 특히 지배주주의 프리미엄 조정 유인은 법원이 새로운 상황을 반영해 프리미엄을 '조정'할 수 있다는 사실 자체에서 발생할 수 있다. 먼저 법원의 사후적 심사 가능성이 법적으로 선언되지 않는 경우에 대해 살펴보자. 이 때, 지배주주는 법원의 사후심

9) 예를 들어, 법원의 관여가 재협상비용을 낮추는지 여부는 '손해배상액의 예정액'과 관련하여 살펴볼 수 있는데, 법원의 '타당성 심사' 메커니즘이 당사자의 재협상비용을 낮춘다는 점에서 바람직하다고 보는 견해는 E. Talley, "Contract Renegotiation, Mechanism Design, and The Liquidated Damages Rule", 46 *Stan. L. R.* 1195(1994).

10) 이중기, "사정변경과 재협상", III. 4. (2); R. Reeder III, "Court−Imposed Modifications: Supplementing the All-Or-Nothing Approach to Discharge Cases", 44 *Ohio St. L. J.* 1079, 1084-85(1983).

사 가능성을 알지 못하므로 소수주주 의견을 전혀 반영하지 않는 이기적 결정을 하게 된다. 반면에 법원의 프리미엄 조정 가능성이 사전적으로 선언되면, 합리적인 지배주주는 법원의 사후심사 가능성을 반영해 행동하므로, 법원이 적절하다고 생각하는 선을 넘지 않은 선에서 자신의 프리미엄을 결정할 것이다. 왜냐하면 소수주주의 의견을 반영하지 않은 과도한 프리미엄의 경우, 소수주주의 제소로 인해 추가적 소송비용이 발생하고 또 법원은 과도한 프리미엄을 감액할 것이므로, 합리적인 지배주주라면 추가적 소송비용을 절약하기 위해[11] 사전적으로 소수주주의 의견을 반영하는 선에서 프리미엄을 결정하기 때문이다. 이와 같이 지배주주가 스스로 프리미엄을 조정할 유인은 법원의 사후심사 가능성을 선언하는 법제도의 존재 자체로부터 파생될 수 있다.

또 당사자의 재협상유인은, 협상은 '최적'의 결과를 도출할 수 있는데 반해, 법원에 의한 의무보충 혹은 프리미엄 조정은 '예측 불가'라는 점에서도 발생한다. 예견하지 못한 사건의 발생으로 어떤 사안에 대해 기존 프리미엄이 불공정하게 된 경우, 각 당사자는 예측 불가한 법원의 보충위험과 예측 가능한 자신들의 재협상효용을 따지게 되는데, 법원의 의무보충 혹은 프리미엄 조정은 국외자의 기준에 의한 것이므로 불확실성이 증폭된다. 따라서 당사자 자율에 의한 협상유인은 강해진다. 특히 법원이 지배주주의 의무보충 혹은 프리미엄 조정에 대해 더 적극적인 태도를 취하면 취할수록, 법원에 의한 '예측 불가능'한 보충 혹은 조정의 가능성이 더 커지므로 당사자, 특히 지배주주는 이를 회피하기 위해 좀 더 적극적으로 재협상에 나설 유인이 발생한다. 따라서 당사자의 재협상유인을 증대시키기 위해 법원의 적극적인 개입 가능성을 법제도로써 선언할 필요가 있다.

### (3) 재협상 유도를 위한 모델: 법원의 공정성 심사

앞서 본 것처럼, 지배주주와 소수주주가 스스로 재협상할 유인은 (i) 법원이 더 적극적으로 프리미엄 조정을 위한 사후심사를 하면 할수록 높아지고, 반대로 (ii) 기존 프리미엄의 인정 혹은 부인에 따라 위험을 일률적으로 배분하면 할수록 더 낮아진다(다수지배 원칙의 '인정 혹은 부인'이라는 이분법으로 사건

11) 원래 논문의 각주 63) 참조.

발생위험을 일률적으로 배분하는 제도를 여기서 default rule이라고 하자). 이 때 당사자의 재협상유인을 수식으로 표현하면 다음과 같다:

재협상유인＝법원의 불확실한 조정위험－default rule에 의한 일률적 배분위험

A＝법원의 불확실한 조정위험(＝법원의 의무보충의 적극성)
B＝default rule에 의한 일률적 분배위험

이 경우 기존 프리미엄의 조정을 위한 당사자의 재협상유인은 A를 높이거나 아니면 B를 낮추는 경우 높아진다. 따라서 법제도는 A를 높이거나 혹은 B를 낮추는 쪽으로 설정되어야 한다.[12] 하나의 방법은 영국과 같이 '소수주주에게 이사회 결의 등에 대한 불공정성 심사청구권'을 주는 것[13]이다. 이 경우 재판을 해야 할 의무를 지는 법원은 소수주주가 지배권 프리미엄을 과도히 인정하는 이사회 결의 등에 대해 불공정성 심사를 청구했기 때문에 반드시 재판에 임해야 한다. 따라서 확실히 A가 높아지게 되고, 법원이 프리미엄 조정을 위한 객관적인 기준을 확보했느냐에 따라 A의 크기가 결정되게 된다. 만약, 법원이 객관적인 기준 없이 소위 경험칙에 따라 결정을 하는 경우 A의 크기는 극대화된다. 마찬가지로 법원은 당해 사건에 대해 불공정성의 정도를 심사해야 하기 때문에 확실히 B도 낮아지게 된다.

A를 높이거나 B를 낮추는 다른 하나의 방법은 미국처럼 '지배주주의 소수주주에 대한 충실의무'[14]를 인정하는 것[15]이다. 이 경우 지배주주에 의해

12) 이중기, "사정변경과 재협상", III. 4. (3).
13) Companies Act 2006, Section 994 Petition by company member
(1) A member of a company may apply to the court by petition for an order under this Part on the ground－
(a) that the company's affairs are being or have been conducted in a manner that is unfairly prejudicial to the interests of members generally or of some part of its members (including at least himself), or
(b) that an actual or proposed act or omission of the company(including an act or omission on its behalf) is or would be so prejudicial.
14) 충실의무법리에 대해서는 김건식, 『회사법연구 I』(2010), 53면 이하 제2편 제1장 회사법상 충실의무법리의 재검토; 제1편 제1장~제4장.
15) 미국의 경우 지배주주는 소수주주와 회사에 대하여 충실의무를 진다(Perlman v. Feldman,

불공정한 취급을 받은 소수주주는 법원에 지배주주의 충실의무 위반을 주장하게 되는데, 소수주주에게 불공정성 심사청구권을 인정한 경우와 마찬가지로, 법원은 반드시 재판에 임해야 한다. 따라서 확실히 A가 높아지게 되고, 또 법원은 지배주주의 소수주주에 대한 충실의무의 위반 여부와 정도를 심사해야 하기 때문에 확실히 B도 낮아진다.

이와 같이, 지배주주의 과도한 프리미엄을 억지하고 지배주주와 소수주주의 자발적 재협상을 유도하기 위해서는 당사자의 재협상유인을 높이는 것이 필요한데, 이를 위해 '소수주주에게 불공정성 심사청구권'을 주거나 아니면 '지배주주의 소수주주에 대한 충실의무'를 인정하는 조치가 필요하게 된다.

## 4. 재협상으로서의 정관변경의 어려움과 법원개입의 필요성

Bebchuck이 파악한 것처럼 지배주주는 쉽게 정관을 변경함으로써 회사이익을 편취할 수 있기 때문에[16] 정관변경에 제한을 가하는 것은 정당화된다. 또 그 한도에서 회사법 규정들은 강행규정이 되어야 하고, 강행적 회사법 원칙에 기해 법원이 지배주주의 불공정한 재협상(즉 정관변경)을 규제할 수 있어야 한다. 하지만, 지배주주의 이익편취는 이 글에서 살펴보는 것처럼 정관에 규정하지 못했거나 혹은 기존의 정관규정 때문에 발생하는 경우도 있다. 이 때에는 불공정성을 재협상(즉 정관의 보충이나 변경)을 통해 시정해야 하지만, 정관변경은 어렵기 때문에 정관변경의 규제가 오히려 소수주주에게 불리하게 작동할 수 있다.

이 경우 해결책은 쉽게 정관변경을 할 수 있는 지배주주에게 강한 재협상유인을 주는 것이다. 즉 정관변경은 일대 일 협상인 계약협상과 달리 다대 다 관계의 협상이고, 효력발생을 위해 특별결의를 거쳐야 한다[17]는 점에서 소수

---

219 F.2d 173, 175(2d Cir.). 모·자회사 관계에서 모회사가 자회사와 자거거래를 할 때에도 모회사는 자회사 및 자회사 소수주주에 대하여 충실의무를 진다(Sinclair Oil Corp. v. Levien, 280 A.2d 717, 720(Del. 1971)).

16) Bebchuk, "Limiting Contractual Freedom in Corporate Law: The Desirable Constraints on Charter Amendments", 102 *Harv. L. Rev.* 1820, 1846-47(1989)

17) 따라서 정관변경을 단순히 계약 메커니즘으로 파악해서는 안된다. Bebchuk, 1827 et seq. 정관자치에 대해서는 이중기, "정관자치: 주주의 정관규정 준수강제청구권과 다수주주의 위반행위 추인권", 『한림법학 FORUM』, 제8권(1999), 177면.

주주에게는 어려운 협상과정이지만, 지배주주는 총회에 영향력을 가지므로 정관변경을 쉽게 할 수 있다. 따라서 법제도는 지배주주의 자발적 정관변경을 유도하기 위해 사전적으로 법원의 개입 가능성을 확실히 선언해야 하고, 법원은 적극적인 개입을 해야 한다.

특히 지배권 프리미엄은 '모든 주주에게 동등하게 허용된 권리'를 제외한 나머지 '잔여권'[18]으로 정의되기 때문에, 법령이나 정관을 통해 소수주주의 이익으로 명시되지 않는 한 지배주주의 프리미엄으로 추정될 수 있다. 따라서 명시적으로 조정되지 않는 회사의 이익에 대해 지배주주의 프리미엄이 작동하고, 법령이나 정관으로 구체적으로 다루지 않은 사항에 대해 지배주주에게 유리한 해석이 행해질 수 있다. 이 같은 환경은 정관의 '보충 혹은 변경'을 위한 지배주주의 재협상유인을 매우 약하게 하기 때문에, 프리미엄 '조정'을 위한 지배주주의 자발적 정관변경을 유도하기 위해서는 법원이 '계약'의 재협상 결렬에 대해 개입했던 것처럼 — 로또복권 운영위탁 사건에서의 계약보충[19] — '정관'의 재협상 결렬에 대해서도 강하게 개입하는 것이 필요하게 된다.[20]

## Ⅵ. '이사회 결의의 공정성 심사'와 '지배주주의 충실의무'

### 1. 이사회 결의의 공정성 심사방법

#### (1) 작동방식

영국과 같이 '소수주주에게 이사회 결의 등에 대한 불공정성 심사청구권'을 주는 경우 법원의 관여는 어떻게 작동하는가? 과도하지 않은 프리미엄을 부여하는 경영판단 등에 대해서는 법원이 사법심사를 회피하고, 과도한 프리미엄을 부여하는 경영판단 등에 대해서는 적극적인 공정성 심사를 수행하는

18) 원래 논문의 각주 8)과 관련된 본문 참조

19) 당사자 사이의 '계약' 재협상이 이루어지지 않은 경우, 법원이 보충적 해석을 통해 직접 재협상조건을 제시한 사례로는 대법원 2011.6.24. 선고 2008다44368판결. 이에 대한 평석으로는 권영준, "계속적 계약에 있어서의 재교섭조항의 해석", 『민사판례연구』(2014).

20) '주주간계약'에 규정하지 않은 사항에 대해 불공정한 사태가 발생한 경우에도 지배주주는 프리미엄을 누리므로, 주주간계약의 보충에 대해서도 정관변경과 마찬가지로 법원의 적극적인 개입이 필요하다.

방식으로 작동한다.

먼저, 지배주주의 영향력이 작용하는 이사회가 이사회 결의를 함에 있어 소수주주가 용인할 수 있는 정도의 프리미엄을 지배주주에게 부여한 경우에 대해 살펴보자. 이 경우, 소수주주는 이러한 이사회 결의에 대해 법원의 불공정성 심사를 청구하지 않는다. 왜냐하면, 이사회는 회사, 즉 주주 전체의 이익을 위해 행위해야 하고, 주주 사이의 이익이 다른 경우 다수주주의 이익을 위해 행위할 수 있으므로, 이사회가 다수주주의 이익을 위한 경영 혹은 전략적 판단(business or strategic judgments)을 한 경우 법원은 경영판단에 대해 사법심사를 회피할 것이기 때문이다.[21] 이와 같이 다수주주의 이익을 위한 경영판단은 소수주주가 용인해야 하는 지배주주의 적정한 프리미엄 범위 내에 있다고 볼 수 있다.

하지만, 이사회가 소수주주가 용인할 수 없는 정도의 과도한 프리미엄을 지배주주에게 부여한 경우 사정은 달라진다. 이 경우 이사회는 다수주주가 누릴 수 있는 프리미엄보다 과도한 프리미엄을 부여함으로써 소수주주의 정당한 이익을 침해했기 때문에, 소수주주는 법원에 대해 이사회 결의의 공정성(fairness) 심사를 청구할 수 있다. 이 경우 재판을 해야 할 의무를 지는 법원은 이사회가 지배주주에게 부여한 프리미엄이 과도하다고 인정하면, 이사회가 부여한 프리미엄을 조정할 수 있게 된다.

(2) 입법적 조치

소수주주에게 '이사회 결의 등에 대한 불공정성 심사청구권'을 주기 위해서는 소수주주의 권리를 승인하는 명문의 규정이 있어야 하는가? 이사는 이사회 결의에 있어 회사, 즉 주주 전체의 이익을 고려해야 할 의무를 진다. 따라서 법원은 이사회 결의에 있어 이사들이 이러한 의무를 다하였는가를 심사할 재량이 있다. 하지만, 이사의 의무대상은 '회사'이므로 '개별 주주'들이 이러한 권리를 행사하기 위해서는 명문의 규정이 필요하다.

회사법은 제402조에서 "이사가 법령 또는 정관에 위반한 행위를 하여 이로 인하여 회사에 회복할 수 없는 손해가 생길 염려가 있는 경우에는 … 발행주식의 총수의 100분의 1 이상에 해당하는 주식을 가진 주주는 회사를 위하여

21) 원래 논문의 III. 2.2. 참조.

이사에 대하여 그 행위를 유지할 것을 청구할 수 있다"고 규정한다. 과도한 프리미엄을 부여하는 행위는 '법령 또는 정관에 위반한 행위'에 해당할 수 있으므로, 100분의 1 이상 소수주주라면 회복할 수 없는 손해의 가능성을 입증하면 이러한 이사회 결의를 유지청구할 수 있다.

만약, 과도한 프리미엄을 부여하는 행위(예: 주주총회에서 승인한 보수총액 가운데 지배주주인 이사에게 지급하는 보수비율이 과도한 경우)가 이사회 결의를 통하여 이미 승인된 경우에는 어떠한가? 이사회 결의에 하자가 있는 경우로 볼 수 있다면, 이러한 결의는 무효가 된다. 이사회 결의의 무효는 주장방법에 제한이 없으므로, 모든 소수주주는 결의의 무효확인의 소를 제기할 수 있다.[22] 하지만, 앞서 본 것처럼, 과도한 프리미엄을 인정하는 결의에 대해 법원이 단순히 다수결 요건을 충족했으므로 '완전히 유효' 혹은 프리미엄이 과도하므로 '무효'라고 일률적으로 판단하는 행위는 지배주주 혹은 소수주주에게 일방적으로 유리하게 작동하므로, 유리한 당사자는 재협상에 나설 유인을 상실하게 한다.[23] 따라서 당사자의 적극적인 재협상을 유도하기 위해서는 법원의 적극적인 프리미엄 '조정' 역할이 필요하고, 이를 위해서는 영국에서와 같이 소수주주가 법원의 시정조치를 청구할 수 있는 제소방법을 회사법에 따로 규정할 필요가 있다. 제402조는 '법령 또는 정관위반'을 대상으로 하고 1/100 지분을 요구하기 때문에 소수주주의 일반적 '불공정성' 심사수단으로 작동하기에는 무리가 있다.

## 2. '지배주주의 충실의무' 부과 방법

### (1) 작동방식

지배주주의 과도한 프리미엄을 억지하고 자발적 재협상을 유도하기 위한 또 다른 방법은 미국과 같이 '회사 또는 소수주주에 대한 지배주주의 충실의무'를 인정하는 것이다. 이 경우 법원의 관여는 어떻게 작동하는가? 지배주주는 공동재산인 회사재산에 대해 실질적 영향력을 행사하는데, 지배주주가 영향력 행사를 통해 과도하지 않은 프리미엄을 수취한 경우에는 법원이 사법심

22) 이철송, 『회사법(제20판)』(2012), 674면.
23) V. 3. (1) 참조.

사를 자제하지만, 과도한 프리미엄을 편취하는 경우 지배주주의 영향력 행사에 대해 공정성 심사를 수행하는 방식으로 작동한다.

즉, 지배주주가 회사재산에 대한 영향력 행사를 통해 공동재산으로부터 수취하는 사적 편익이 소수주주가 용인할 수 있는 수준인 경우에는 법원은 지배주주의 편익수취행위를 정당한 영향력 행사로 보아 그 수취행위에 대해 사법심사를 회피한다. 하지만, 영향력을 행사하여 공동재산으로부터 수취하는 사적 편익이 소수주주가 용인할 수 없는 수준인 경우, 법원은 지배주주의 주주 전체에 대한 충실의무 위반 여부를 검토하기 위해 공정성 심사를 하게 된다.

(2) 입법적 조치 여부

전통적으로 주주는 신주인수대금의 납입의무 외에 다른 의무는 지지 않는 것으로 보았다. 지배주주도 마찬가지이다. 따라서 지배주주의 회사 혹은 소수주주에 대한 충실의무를 인정하기 위해서는 지배주주의 충실의무를 인정하는 근거규정을 회사법에 명시적으로 규정할 필요가 있다. 물론 충실의무는 신뢰와 신임 관계에 기해 법원이 인정할 수 있다[24]고 보는 견해에 의하면, 해석에 의해서도 인정될 수 있다. 그 근거는 다음과 같다. 먼저 지배주주의 이익과 소수주주의 이익의 상관관계를 살펴보자.

주주의 공동재산＝지배주주의 출연재산(A)＋소수주주의 출연재산(B)
주주의 공동이익＝지배주주의 이익＋소수주주의 이익
＝(A로부터의 이익＋프리미엄)＋(B로부터의 이익－프리미엄)

지배주주의 이익＝(A로부터의 이익＋A에 수반되는 프리미엄)
소수주주의 이익＝(B로부터의 이익－A에 수반되는 프리미엄)

지배주주는 공동재산인 회사재산 전체에 대한 실질적 영향력(즉 지배권 프리미엄)을 갖고 있으므로, 그 영향력은 자기이익 부분에 대해서뿐만 아니라 소수주주의 이익 부분에 대해서도 미친다. 충실의무가 인정되는 상황은 여러 가지가 있지만, 충실의무자가 위임자의 재산에 대해 처분재량을 부여받고 충실의무자가 그 재량을 위임인의 이익을 위해 행사할 것이라는 기대가 정당한 경

24) 제1편 제3장 VI. 2. (4) 및 VII. 2. (2); 제1편 제1장 III.

우에 부과될 수 있다.[25] 소수주주는 지배주주가 회사법에 의해 부여받은 지배권 프리미엄을 자신의 이익뿐만 아니라 소수주주의 이익을 위해서 행사할 것이라는데 대한 정당한 기대를 할 수 있기 때문에, 지배권 프리미엄을 부여받은 지배주주는 그 프리미엄을 공동의 이익을 위해 행사할 충실의무를 진다고 볼 수 있다. 따라서 지배주주가 자신의 지분적 이익 및 지배주식에 수반되는 편익을 위해서 영향력을 행사한 경우 문제될 것이 없지만, 소수주주의 이익(즉 지분적 이익－프리미엄)을 위해 영향력을 행사함에 있어서는 신뢰와 신임관계에 기한 충실의무를 지고, 자신의 이익과 소수주주의 이익이 충돌하는 경우, 자신의 이익보다 소수주주의 이익을 우선해야 한다. 따라서 이사인 지배주주와 같이 이익배당 외의 방법으로 회사의 이익을 수령할 수 있는 지배주주가 수년간 이익배당을 반대함으로써 소수주주의 이익수령기회를 박탈한 행위는 충실의무 위반이 될 수 있다.

### 3. 공정성 심사의 '사전적'(ex ante) 경고 기능과 재판부담: 후행적 보충성

당사자의 재협상이 실패한 경우 '소수주주에게 불공정성 심사청구권'을 주거나 아니면 '지배주주의 충실의무'를 인정하는 방법은 법원에 '심사곤란'한 문제에 대한 심사의무를 부과함으로써 과도한 후견적 부담을 지우는 것은 아닌가 하는 문제가 생긴다. 앞서 본 것처럼, 회사 상황은 당사자인 지배주주와 소수주주가 가장 잘 알고 있기 때문에, 국외자인 법원은 새로운 상황에 대한 법보충의 역할수행자로서 적절하지 않기 때문이다.[26] 하지만 법원의 사후적 심사의무를 법적으로 선언하더라도 이는 당사자에 대한 재협상 촉구기능을 수행할 뿐이고 법원이 실제 법보충기능을 수행할 가능성을 더 높이지는 않는다. 왜냐하면 법원의 법보충의무를 사전적으로(ex ante) 선언하면, 당사자는 '달라진' 게임의 룰에 의한 합리적 행동을 다르게 시작하기 때문이다. 즉 다수지배 원칙의 인정 또는 부인의 이분법에 따라 일률적으로 위험을 분배한 경우 유리하게 된 지배주주 혹은 소수주주는 재협상유인을 전혀 느끼지 않지

25) 김건식, 60면; 제1편 제3장 VI. 2. (4)(이중기, "신탁법과 충실의무법리", 59면).
26) V. 1. 참조.

만,[27] 법원의 사후적 심사의무가 사전적으로 선언되면 각 당사자 모두 법원이 어떻게 보충할 것인가에 대한 불확실한 위험을 부담하게 되므로 프리미엄 '조정'에 대한 재협상유인을 갖게 된다. 따라서 각 당사자는 '예측 불가한 법원의 보충위험'과 '예측 가능한 재협상효용'을 비교하여 재협상효용이 더 크다고 생각하면, 예측 불가한 법원의 보충위험을 회피하기 위해 재협상에 돌입하게 된다.

특히 지배주주와 소수주주 모두 법원의 불확실한 보충위험 외에 재협상 불발시 발생하는 추가적 위험, 즉 소송비용[28]과 사태해결의 지연이라는 위험도 사전적으로 인식하므로 당사자의 재협상유인은 더 높아진다. 이와 같이 법원의 사후적 심사 가능성이 법적으로 선언되면 당사자의 재협상이 선행될 가능성이 더 커지므로, 법원의 부담이 반드시 가중되는 것은 아니다.[29]

### 4. 법원의 적극적 법형성(충실의무 부과)의 외연과 내재적 한계: 프리미엄 수정권

당사자의 재협상이 실패한 경우 "법원의 [정관변경]은 당사자가 자율적으로 체결한 [정관]의 내용 중 법질서에 반하는 영역만 제거하는 소극적인 개입이어야 하는가, 아니면 당사자의 계약내용에 얽매이지 않고 법질서에 비추어 가장 바람직한 상태를 만드는 적극적인 개입이어야 하는가?"[30] 예견하지 못한 불공정한 상황이 발생한 경우이므로 사후적으로 볼 때 가장 바람직한 상태를 만드는 적극적인 지배권 프리미엄의 수정[31]도 가능하다고 본다. 특히 이 경우, 불공정한 상황은 충실의무를 지는 지배주주가 일방적으로 야기한 상황이므로 소수주주의 보호를 위해 법원은 적극적인 충실의무 부과 역할[32]을 담당

27) V. 3. (1) 참조.
28) 높은 소송비용이 재협상유인을 높인다는 분석으로는 T. Miceli, "Contract Modification When Litigating For Damages is Costly", 15 *Int'l Rev. L. & Econ.* 87 (1995).
29) 이중기, "사정변경과 재협상", III. 4. (4).
30) 권영준, "계약법의 사상적 기초와 그 시사점—자율과 후견의 관점에서", 『저스티스』, 제124호(2011. 6), 169면, 181면 각주 49) 참조.
31) 사정변경시 법원의 계약수정권을 긍정하는 견해로는 곽윤직 편, 『민법주해(ⅰ)』(1992), 양창수 집필부분, 104면.
32) 제1편 제3장 VII. 2. (2)(이중기, "신탁법과 충실의무법리", 65면) 이하.

해야 한다고 본다. 무엇보다, 예견하지 못한 사건이 발생한 경우, '소송시점'에서 법원이 가진 정보는 '정관작성 혹은 주주간계약 당시' 당사자인 지배주주와 소수주주가 가진 정보보다 훨씬 우월할 수 있기 때문에 새로운 상황을 반영하는 법원의 적극적 충실의무 부과는 정당화될 수 있다.[33]

하지만, 이러한 법원의 법형성 혹은 충실의무 부과 역할에 한계가 없는 것은 아니다. 법원의 정관보충 혹은 지배권 프리미엄의 수정은 당사자의 자율적 재협상을 유도하기 위한 정책적 목적에서 행해지는 것이기 때문이다.[34]

## Ⅶ. 지배권 프리미엄의 할인: 상호보유, 순환출자의 경우

지배권취득에 필요한 자금은 앞서 본 것처럼 주가 및 주식분포도에 따라 다르게 결정된다. 현재 주가가 8,000원이고, 주요주주의 분포상 지배권형성에 1천만주가 필요하고, 지배주식에 주당 2,000의 프리미엄이 붙어 있다고 가정하자. 이때 지배권취득에 필요한 자금은 1천억원(=(8,000+2,000)×1천만주)이 되는데, 이 중 지배권 프리미엄에 상당하는 비용은 (주당 2,000×1천만주)가 되므로, 지배주주는 그에 상응하는 편익을 누리면 된다. 하지만, 이러한 필요주식수는 계열사를 설립해 주식의 상호보유나 순환출자의 방법을 이용하면 더욱 절감될 수 있다. 따라서 지배주주가 주식의 상호보유나, 순환출자를 활용해 필요주식수를 800만주로 낮춘 경우 비용은 감소하는데(즉 주당 2,000×800만주), 지배주주가 정당하게 누릴 수 있는 지배권 프리미엄의 가치도 절감된 주식수를 반영해 할인해야 하는지가 문제된다. 필요주식수의 감소가 '출연재산의 공동화'를 야기하지 않는 방법으로 이루어진 것이라면, 지배권 프리미엄의 가치에 영향을 미치지 않아야 할 것이다. 하지만, 상호보유나 순환출자와 같이 출연재산의 공동화를 야기하는 방법으로 이루어진 경우에는 누릴 수 있는 프리미엄의 가치는 공동화를 야기한 주식수를 반영해 할인할 필요가 있다. 프리미엄의 할인 필요성이 있는 지배권의 예로는 재벌그룹에서 '지배소수주주'가 계열사간 순환출자를 통해 형성한 지배권[35]을 들 수 있다. 지배권 프리

33) 권영준, 앞의 주 7)의 논문, 250면.
34) 이중기, "사정변경과 재협상", III. 4. (5).

미엄의 할인은 공동화된 재산을 표창하는 주식의 의결권 혹은 현금흐름에 관련된 권리를 정지시키는 방법으로 나타날 수 있다.

## Ⅷ. 정리의 말

지배주주의 존재는 지배주주의 이익과 소수주주의 이익이 일치하는 한에서 경영진감시라는 긍정적 작용을 하고, 감시비용을 지출하지 않는 소수주주는 지배권 프리미엄을 용인해야 할 필요가 있다. 하지만 지배주주의 지배권 프리미엄이 경영진감시라는 편익보다 더 큰 경우에는 이를 용인할 수 없다.

그런데, 소수주주가 용인할 수 있는 지배권 프리미엄은 비용편익의 관점에서 그때 그때 계산할 수 있지만, 비용은 항상 가변적이고 주관적 요소를 포함하므로, 그에 상응하는 지배권 프리미엄을 그때 그때 확정하는 것은 매우 불편하다. 따라서 회사법은 지배주주의 지배권 프리미엄을 객관적 기준으로 표현하는 대신, 적극적으로는 '다수결원칙' 혹은 '다수자지배'라는 실천적 원칙으로 표현하고, 소극적으로는 지배주주를 위한 이사회의 경영판단에 대해 경영판단의 존중이라는 사법심사원칙으로서 인정한다. 다만 예외적으로 지배주주의 이익편취 가능성이 극대화되는 일부 유형의 거래에 대해서는 지배권 프리미엄의 작동을 일단 정지시키고, 사전적으로 절차적 및 실제적 통제를 가한다. 자기거래의 금지가 대표적이다.

이와 같이, 지배주주가 누리는 다수결 프리미엄은 주식회사에서 지배주주의 협상비용을 절감하기 위한 제도로서 정당화된다. 하지만, 사후적으로 볼 때 지배주주의 이익편취가 정당한 수준을 넘는 과도한 경우가 있다. 이러한 예외적인 경우 지배권 프리미엄의 작동을 정지시키고 그 불공정성을 시정할 필요성이 생기는데, 불공정성을 사후적으로 시정할 법적 장치를 어떻게 설정하는 것이 가장 효율적인가가 문제된다. 불공정성을 시정하기 위한 장치로는 당사자의 재협상 방법과 법원에 의한 시정 방법이 있는데, 전자가 보다 더 효율적이다. 따라서 법제도는 지배주주와 소수주주의 자발적 재협상을 유도하기 위해 설정되어야 하는데, 법원이 소극적으로 default rule을 적용해 어느 일방

35) 원래 논문의 각주 3) 참조.

을 유리하게 취급하면 당사자는 재협상에 나서지 아니한다. 따라서 법원은 프리미엄의 인정 혹은 부인의 이분법을 적용할 것이 아니라 프리미엄을 '조정'하는 역할이 필요하다. 법원의 사후적 프리미엄 '조정' 가능성을 법적으로 선언할 수 있는 장치로는 '소수주주에게 법원에 대한 불공정성 심사청구권'을 주거나 아니면 '지배주주의 소수주주에 대한 충실의무'를 인정하는 방법이 있다. 따라서 이러한 법제도의 설정을 제안해 본다.

# 제 8 장 준수탁자 VI: 국민연금공단*

( … )

## Ⅲ. 국민연금기금의 성질과 연금수급권의 성질

### 1. 연금기금의 성질

국민연금기금을 바라보는 시각은 매우 다양하다. 몇 가지 대표적인 견해에 대해 살펴보고, 그 타당성에 대해 검토해 본다.

#### (1) 신탁자산설

우선 국민연금기금이 장래의 연금급여에 대한 책임준비금의 성격을 갖는다는 점을 중시하여 기금을 연금수급자의 신탁자산으로 이해하는 견해가 있다. 국민연금법은 "보건복지부장관은 국민연금사업에 필요한 재원을 원활하게 확보하고 이 법에 따른 급여에 충당하기 위한 책임준비금으로서 국민연금기금을 설치한다"고 규정함으로써 기금의 연금급여에 대한 책임준비금적 성격을 분명히 하고 있다(제101조 제1항). 특히 연금보험료가 가입자 및 사용자에게 의무적으로 부과되고(제88조 제2항), 납부한 연금보험료 등에 따라 연금급여 수준이 정해진다는 점(제51조)을 고려하면, 기금의 연금급여에 대한 책임준비금적 성격은 명확해진다.[1] 이러한 견해에 의하면, 기금은 연금급여에 대한 책임준비금이므로 기금운용의 목표는 기금의 재무건전성 확보를 위한 최고수익률

* 이 장은 이중기, "국민연금공단과 국민연금기금의 법적 성격과 손해전보체계", 『BFL』(2016. 5)에 기초하였음.

1) 장우영, "국민연금기금의 법적 성격과 운용원칙에 관한 연구", 『상사법연구』, 제31권 제3호(2012)(이하, '장우영'), 211면, 214면.

달성이 된다.

(2) 신탁자산 및 사회투자자본설

다음으로 기금은 신탁자산으로의 성격뿐만 아니라 사회투자자본적 성격도 갖는 것으로, 기금은 사회복지 기타 공익적 가치를 위해 투자될 수 있다고 이해하는 견해가 있다.[2] 국민연금법은 (ⅰ) 연금급여 산출시 급여산정비율에 차이를 둠으로써 소득계층간 소득재분배 수단의 특징을 갖고 있고(제51조 제1항 제1호), (ⅱ) 기금조성에 있어 국가의 관리운영비 부담, 농어업인에 대한 국고지원금 지원, 사용자의 분담금 부담 등과 같이 연금가입자가 부담하지 않는 부분이 존재하며(제87조, 제88조 제3항, 부칙 제7조), (ⅲ) 연금산정 방식으로서 확정급여 방식을 채택하고 있으므로, 기금의 운용결과에 상관없이 법상 확정된 급여를 받게 된다는 점 등을 근거로 국가는 연금기금을 사회복지를 위해 사용할 수 있다고 주장한다.[3]

(3) 신탁자산 및 국부펀드설

마지막으로 기금은 신탁자산으로의 성격뿐만 아니라 국부펀드적 성격도 갖는 것으로 이해하는 견해가 있다. 국부펀드란 '특수한 목적달성을 위해 사실상 정부가 소유 또는 관리하는 투자기구'라고 일반적으로 정의[4]되는데, 국가가 자신의 목적달성을 위해 설정한 펀드를 의미한다.[5] 국민연금은 (ⅰ) 세대내 계층간 및 세대간 소득재분배 요소를 갖고, (ⅱ) 연금제도에 먼저 진입해 낮은 보험요율로 높은 연금수준을 누리는 전세대가 후세대의 사회경제적 기반을 조성해 주도록 국가가 역할을 담당해야 한다는 측면에서 국민연금은 국부펀드적 성격을 갖는다고 한다.[6]

(4) 검 토

기금의 사회투자자본적 성격을 긍정하는 견해는 국민연금제도가 소득재

2) 제8장이 기초한 원래 논문의 각주 5)에 인용된 논문 참조.
3) 장우영, 215면.
4) IMF, Sovereign Wealth Fund, Generally Accepted Principles and Practices Santiago Principles, (Oct. 2008), p.3 참조.
5) 국부펀드의 규제에 대해서는 주강원, "국부펀드의 규제에 관한 연구", 『홍익법학』, 제11권 제1호(2010), 408면.
6) 장우영, 217면.

분배 수단의 특징을 갖고 있고, 연금가입자가 부담하지 않는 부분이 존재하므로 국가가 기금을 사회복지투자를 위해 사용할 수 있다고 본다. 하지만, 국민연금의 소득재분배 효과와 연금가입자가 부담하지 않는 국가출연 부분은 국민연금이 가입을 강제하는 사회보험이기 때문에 발생하는 것이고, 특히 국가출연 부분은 국가가 국민의 재산권침해에 대해 지불하는 대가성을 지니는 것[7]으로 볼 수 있다. 따라서 이러한 국가의 기여분 때문에 가입자가 적립한 연금급여의 책임준비금을 국가가 사회투자에 사용할 수 있다는 논거는 되지 못한다. 국민연금제도는 국가가 헌법상 의무인 사회보장의무를 "국민의 노령, 장애 또는 사망 [위험]에 대하여 연금급여를 실시할 목적으로" 제정되었고(제1조), 국가의 기여분은 이러한 국가의 사회보장의무에서 발생하는 당연히 지급부분으로 볼 수 있기 때문이다.

국민연금은 국부펀드로서 '특수한 목적달성을 위해 사실상 정부가 소유 또는 관리하는 투자기구'라고 보는 견해도 찬성하기 힘들다. 국민연금법은 제1조에서 명시적으로 국민연금의 목적은 "국민의 노령, 장애 또는 사망"이라는 사회위험에 대하여 연금급여를 실시하는 것이라고 한정하기 때문이다. 국가의 사회보장의무인 국민연금의 실시 이외에 다른 목적을 위해 기금을 사용하기 위해서는, 국민연금법에 그러한 사용목적을 명시적으로 규정해야 할 것이다. 국민연금기금은 원칙적으로 국가의 연금급여 지급이라는 장기부채에 충당하기 위한 책임준비금으로서의 단일한 목적을 갖는 자금으로 보아야 하고,[8] 국가의 다른 정책목표를 위해 사용할 수 있는 펀드가 아니다.

#### (5) 기금의 사용목적과 운용목적: 기금의 신탁자산성에 기한 사용 및 운용의 한계

국민연금기금은 '국민의 노령, 장애 또는 사망'이라는 사회위험에 대하여 연금급여를 실시하는 것을 직접적인 목적으로 하기 때문에 기금은 이러한 직접적 목적을 위해서 '사용'되어야 한다. 또한 이러한 직접적 목적에 사용할 기금의 '운용'은 이러한 연금급여의 사용을 위한 기금의 재무건전성 확보가 그

7) 원래 논문의 IV. 강제보험으로 인한 재산권침해와 보상문제: 손실보상체계 참조.
8) 장우영, 220면; 김영미, "국민연금재정의 관리 운용 체계에 대한 법적 고찰", 『사회법연구』, 제22호(2014)(이하 '김영미'), 27면, 33-34면.

목적이 되어야 하므로 기금수익률의 제고가 운용의 최고목표가 되어야 한다.

국민연금법도 "보건복지부장관은 국민연금 재정의 장기적인 안정을 유지하기 위하여 그 수익을 최대로 증대시킬 수 있도록 기금운용위원회에서 의결한 바에 따라 법정된 방법으로 기금을 관리 운용"하도록 하고, 예외적으로 "가입자, 가입자였던 자 및 수급권자의 복지증진을 위한 사업[9]에 대한 투자는 국민연금 재정의 안정을 해치지 않는 범위" 내에서 허용한다(제102조 제2항 본문). 국민연금 재정현황[10]에 따르면, 2014년 현재 국민연금재정으로 운용되는 기금은 469조 8,229억원인데, 이 가운데 복지부분에는 1,264억원이 투자되고 있고, 금융부분에 469조 2,534억원이 투자되고 있으며, 기타 부분에 4,431억원이 투자되고 있다.

## 2. 국민연금관계의 법적 성질

### (1) 권력관계로서의 행정법상 의무: 가입의무 등

사회보장법관계 특히 사회보험관계는 기본적으로 보험자와 피보험자 간에 보험법의 원리가 적용되므로,[11] 사회보험관계는 민법상의 채권·채무관계와 매우 유사한 공법상 채권·채무관계[12] 혹은 공법상 계약관계[13]로 파악하는 견해가 많다. 이에 의하면, 사회보험관계로 볼 수 있는 국민연금관계도 공법상 채권·채무관계 혹은 공법상 계약관계로 파악할 수 있다. 국민연금관계를 공법상 계약관계로 보면, 행정주체와 그 상대방이 되는 행정객체 간에 특별한 공법적 규율이 적용되기는 하지만[14] 개별법에 특별한 규정이 없는 경우 행정주체는 사인과 동일하게 사법적 규율을 받게 된다.[15]

하지만 국민연금관계는 보험관계라는 형식을 취하고 있기는 하지만, 당사자가 임의적으로 보험관계를 발생시키는 공법상 계약관계라고 볼 수는 없

9) 제46조 제1항 참조.
10) http://www.index.go.kr/potal/main/EachDtlPageDetail.do?idx_cd=2764.
11) 전광석, 『한국사회보장법론』(2012)(이하 '전광석'), 90면.
12) 전광석, 99면
13) 강희갑, 『사회복지법제론』(2008)(이하 '강희갑'),134면.
14) 예를 들어, 국가를 당사자로 하는 계약에 관한 법률 등.
15) 박균성, 『행정법강의(제11판)』(2014)(이하 '박균성'), 335면; 정형근, 『행정법』(2013)(이하, '정형근'), 44면.

다. 앞서 본 것처럼, 국민연금법에 의해 가입의무와 보험료납입의무가 강제되고, 보험료징수에 대한 국세징수법의 체납절차를 준용하는 점 등을 종합하여 보면, 국민연금관계는 국가가 공권력의 주체로서 우월한 지위에서 국민에 대하여 일방적으로 공권력을 행사하는 권력관계로 보는 것이 보다 타당[16]하다. 따라서 국민연금법에 따른 국민연금공단 등 행정주체의 행정작용은 처분성을 가지는 것이므로 민사소송이 아니라 항고소송의 대상이 된다.[17] 실무에서도 국민연금법상 연금 관련 행정작용에 대하여는 행정소송으로 처리하고 있다.

(2) 신탁자산의 수탁자로서 부담하는 의무: '준수탁자'로서의 의무

국민연금기금을 연금급여에 대한 책임준비금으로서 연금수급자의 신탁자산으로 이해하면, 국가는 기금의 운용자로서 연금가입자와 수급자에 대해 수탁자의 지위에 있게 된다.[18] 이러한 관계는 완전한 신탁법상의 신탁관계는 아니지만, '법률의 규정에 의하여 타인의 재산을 운용하는 관계'이므로 '신탁관계에 준하는 관계'로 볼 수 있고, 따라서 국가는 신탁자산에 준하는 책임재산의 수탁자로서 가입자와 수급자에 대하여 수탁자에 준하는 주의의무와 충실의무를 부담한다.[19] 마찬가지로 국가의 위탁을 받아 신탁자산의 운용사무를 담당하는 공단도 가입자와 혹은 수급자에 대하여 '준수탁자'로서 주의의무와 충실의무를 부담하게 된다.

1) 신중한 투자자로서의 주의의무

신탁투자법은 신탁재산이 전통적 부동산에서 산업화의 결과 등장하는 금융자산으로 변화함에 따라 획기적으로 발전하게 되는데,[20] 처음에는 '적법한 투자목록'을 열거하는 법정열거주의 방식을 채택하다가, 마침내 '신중한 일반인' 원칙이 등장하게 된다. '신중한 일반인 원칙'은 20세기 후반에 들어와 증권

16) 원래 논문의 II. 2. (3) 참조.
17) 박균성, 664면.
18) 조성훈·고광수·박창욱, 『공적 연금의 지배구조에 관한 연구』(한국증권연구원, 2004), 20면; 김영미, 34면.
19) '준수탁자'의 개념에 대해서는 제1편 제5장(『홍익법학』, 제14권 제4호(2013), 457면) 및 제5편 제1장 참조.
20) 자세히는 제2편 제2장(이중기, "주의의무와 충실의무법리의 분화와 발전", 349면) II. 4. 참조.

시장의 효율성에 대한 이론 및 분산투자에 대한 투자이론이 널리 인정됨에 따라 현대적 포트폴리오 이론을 반영하여 '신중한 투자자' 원칙[21]으로 진화하게 된다.

국민연금법은 금융부분에 대한 투자운용의 경우 "자산종류별 시장수익률을 넘는 수익을 낼 수 있도록 신의를 지켜 성실하게 하여야 한다"고 규정함으로써(제102조 제3항), 다양한 금융자산에 대한 분산투자의 원칙을 채택하고 있고, 그 투자운용의 목표달성 기준으로서 시장수익률을 제시함으로써 '시장에서 활동하는 다른 투자자'의 수익률, 다시 말해 '신중한 투자자'의 수익률을 그 기준을 채택하고 있다.[22] 특히 '증권의 매매 및 대여'의 방법으로 운용하는 경우, "장기적이고 안정적인 수익증대를 위하여 투자대상과 관련한 환경, 사회, 지배구조 등의 요소를 고려할 수 있다"고 규정함으로써(제102조 제4항), '장기적이고 안정적'인 수익을 증권투자의 주요 판단기준으로 설정하고 있다.

2) 수탁자로서의 충실의무

연급수급자에 대한 책임준비금으로서 신탁자산을 수탁받은 공단은 신탁자산의 운용에 있어 '수급자의 이익'을 위해 행위할 충실의무를 부담한다. 따라서 공단은 '수급자의 수익'만을 위하여 신탁자산을 운용하여야 하고, '수급자의 수익'과 이해가 상충하는 운용행위는 할 수 없고,[23] 또 신탁자산의 운용에 있어 수급자의 이익이 아닌 다른 사적인 이익을 추구해서는 안된다.[24]

21) 자세히는 제2편 제2장(이중기, 위의 논문), II. 4. (3) 이하, IV. 2. (2) 이하 참조.
22) 장우영, 233면; 김영미, 35면.
23) 장우영, 231면.
24) '이익충돌금지 원칙과 이익향유의 금지원칙'에 대해서는 제4편, 제1장 및 제2장 참조.

# 찾아보기


ㄱ

가족신탁 174
가치의 분배 82
_____ 창출 82
간접적 이익향유 282
강행규정 8, 117, 213, 446
개입권 35
_____의 행사 328
객관적 주의의무 6, 31
겸직금지 32, 129
경업거래 224, 322, 351
경업금지 32, 128, 321
경영재량 135
계약관계 46
계약론자 50, 55, 60
계약법 22, 75
계약의 보충 24, 52
____의사의 추정 25
____ 체결비용 86
고객 사이의 공평의무 496
____의 기대 492, 529
____이익우선원칙 554
____정보의 비밀유지의무 494
고유계정 233, 509
공동사업자(co-ventureres) 50, 82, 250
____생활 3
____수탁자 334
공동의 사업자 52
_____ 이익 53, 61
_____ 이익 추구 223, 354
공무원 426
공시와 동의 476, 525
_____ 승인 221, 261, 407
공정성(fairness) 209
_____ 심사 563, 564, 567
공정의 원칙(fairness test) 50
공평원칙 43
____의무 532, 542
과거고객관계 509, 522
국부펀드설 577
군인 426
권리남용법리 7
____행사 7
권한행사 33
금융기관 37
_______의 공시 530
금융법상 충실의무법 36
금융업자 37
금전배상 297

금지적 의무 10, 130, 139
기관 인식의 귀속 365
____의 인식 382
기본의무관계 4
기업의 인수·합병 508

ㄴ

내부자거래 296

ㄷ

당사자 공동의 이익 51
대리상 424
대리인의 불법행위 515
________ 인식 367
________ 적법행위 514
도덕적 의무 6
default rule 40, 54, 62, 64
default책임 62

ㅁ

명령적 의무 129, 130, 139
명의신탁 수탁자 419
물권적 청구권 327
민사신탁 175

ㅂ

background rule 51, 251
법과 도덕 4
법무법인 392, 453, 479
________의 합병 465
법원에 의한 사후통제 87
법인수탁자 322
법인의 불법행위책임 371
______ 이익충돌 388
______ 인식 383
법적 신탁관계설 547
____ 의무 6
법정열거주의 180
____재산관리인 422
____처분권한 113, 420, 441
법형성적 역할 46
보수청구 235
________권 235
보통법법원 17
복수고객 469
본인의 보호 53
부당이득법리 80, 308
부수적인 이익 317
분별관리의무 141
불공정거래의 유인 511
______판매 511
불법행위 520
비밀유지의무 32, 460
비분쟁사무 457
비용상환청구 233
____________권 231
비재산적 법률관계 442
비전형적 충실의무관계 22
________ 충실의무자 27, 44
비정형적 충실의무 254

ㅅ

사무관리자 97
____수탁자 114
____처리비용 234
사법재량(judicial discretion) 34, 38,

52, 57, 207, 211, 249
사실관계에 기한 신뢰 416
______ 충실의무자 78, 215, 380
사실관계에 기한 충실의무자(fact-based fiduciary) 249
사용자책임 374, 515
______법리 520
사적자치 208
______의 정당화 218
사전금지적(prescriptive) 243
______ 의무 126, 145, 213
사채발행의 수탁업무 505
사회투자자본설 577
사후승인 532
상대적이고 주관적 의무 30
상사관계에서의 자치 226
____신탁 175
상업사용인 326, 422
상호보유 573
상황에 기한 충실의무자 498
선관의무 30, 31, 133
______ 동질성 245
______ 최적화 84
소유와 수익의 분리 188, 430
손실요건 309
손해배상 331
______의무 183
손해의 회복 59
수익자취소권 332
수임인의 선관주의 168
______ 선관주의의무 133
______ 직무능력 76
______ 책임 81
수임제한규정 480
수탁자 139
수탁자의 권리·의무 159
______ 역할 158
______ 이익충돌 222
______ 주의의무 168
______ 충실의무 437
수탁자지위 77, 430
순환출자 573
승인한 이사 292
신뢰(trust and confidence) 4
____사회 27
신뢰와 신임(trust and confidence) 17, 73, 162
______ 관계 18, 40
신의칙 7, 78
____과 충실의무 79
____상 보호의무 149, 151, 152
신인의무 31
신중성 기준 166
신중한 일반인 원칙(prudent man rule) 164, 181
신중한 투자자 원칙 165, 181, 554
신탁 외의 방법 112, 440
신탁기회의 유용 281
신탁법(law of trust) 15, 17, 18, 39, 74
____상 default rule 41
____상 고지와 승인 449
____상 구제수단 445
____상 충실의무법 40
신탁사무(trust administration) 170, 172
______수임인 334

________의 위임금지 143
신탁사무처리 133, 212
____설정 188
____위반 요건 316
신탁의 이익 280
______ 정보 혹은 기회의 유용 281
신탁자산설 576
________성 578
신탁재산 158, 242, 280
________ 남용 175
신탁재산에 대한 변경 286
________회복설 312
신탁정보 319
________유용 322
신탁충실의무법 258
____투자법(trust investment law) 166, 177
____행위 178, 220
____형태의 집합투자기구 552
실현이익의 반환책임 47
쌍방대리 224, 455, 544
________금지 129
쌍방수임제한 480
____자문 455, 457

ㅇ

억지기능 85
억지적 이익반환 64, 66
엄격의무 206
업무집행지시자 293
ERISA법 12
역사적 경로종속성 39
연금기금 576
영미 충실의무법 16
영업점포 지배인 422
운용사지위 553
운용형 신탁 158
원상회복 287, 297, 331
________의무 183
________청구권 285
위임관계 71, 76, 93, 107, 438
____금지 497
____상 선관의무 171
위탁매매인 418
유상신탁 175
유한책임약정 232
은행의 충실의무 490
의무변경 534
____부담형 의무충돌 389
____와 이익의 충돌 462
____이행 7
____충돌형 이익충돌 504
의사 425
이기적 본성 3
이득반환청구권 285
______________자 283
이득반환청구의 상대방 283
이득의 반환범위 284, 294
이사의 경업행위 352
______ 기관성 147
______ 이익충돌 222
______ 이익향수금지 287
______ 충실의무 28, 145, 242
______ 충실의무자 지위 420
______ 회사사무처리 134
이사회 결의 567

이익 요건 318
이익반환 331
_____법리 71
_____의 범위 61
_____책임 15, 35, 41, 58, 60, 80, 307
이익실현에 대한 유지청구 47
이익억지설 310
이익의 양도청구 329
_____ 최대보호 76
이익충돌의 금지원칙 5, 10, 47, 58, 107, 126, 274
_____ 발생과 판정 217
_____ 사전적 억지 205
_____ 인식 376
_____ 입증 339
_____ 판정기준 345
_____ 해소 263
이익충돌적 지위 246
이익충돌회피의무 35, 492
이익토출책임 314
이익향수(유)의 금지원칙 5, 10, 34, 47, 59, 126, 273
_____ 주체 282
_____ 입증 340
이중수임 466
익명조합 영업자 419
인식의 귀속 법리 364, 394
일반적 주의의무 6
일임업자 424
임의규정 117
입증책임 524, 538

ㅈ

자기거래 213, 225, 271, 345
_____금지 129
자기이익과 의무의 충돌 391, 505
자기집행의무 143, 497, 528
자문업자 424
자산운용 509
_____ 업무 507
자유재량주의 164
작위명령 129
_____의무 11, 138, 142
작위적 명령과 이행 146
재량통제장치 434
_____행사 33
재산의 신탁 39, 74
_____ 회복 58
재협상유인 562
적법한 투자목록(legal lists) 164, 180
적성성 통제 232
전문수탁자 175
전형적 충실의무 56, 254
_____관계 22, 46
_____자 42, 61
정보귀속의 법리 468, 514
정보보유형 이익충돌 504
_____사용의무 460
_____수령형 의무충돌 388
정보차단장치(Chinese Wall) 400, 403, 474, 516
정치인 426
제3 이득자 293
제3자로부터의 이득 281, 289, 299
조직계약설 549

____의무 364, 367, 404
조합원 421
종교인 425
주관적인 충실의무 85
주의의무 13
주주대표소송 291
준수탁자 112, 115, 216, 243, 277, 379, 417, 423, 443, 557
준신탁관계 95
증권발행 507
증권사의 충실의무 253
증권의 위탁매매 507
증권회사의 충실의무 491
증명책임 88
지배권 프리미엄 559, 561
지배인 424
지배주주의 충실의무 569
지위에 기한 충실의무자 22, 26, 78, 215, 247, 379, 380, 417, 498
직무에 대한 신뢰 77
직접적 이익향유 282
직접적 자기거래 213, 537
징벌적 손해배상 66

ㅊ

채권·채무관계 501
채권적 청구권 327
책임의 완화절차 63
처분재량 114, 423, 441
추정된 의사(imputed consent) 51
충실의무 동질설 103, 435
________ 부정설 246
________ 위반 15, 228
________ 이질설 104, 436
________ 특칙 42, 229, 256, 484
________관계 17, 41, 101, 132, 207
________규정 28
________론 513
________법(fiduciary law) 9, 17, 161, 271
충실의무법리 7, 15
____________의 변용과 수용 41
충실의무법상 구제수단 58
__________의 변용 39
__________의 보충적 기능 83
__________적 구제수단 47
충실의무사회 26
충실의무원칙 5
충실의무의 강행성 248
__________ 구체화 111
__________ 부과 25, 49
__________ 사회(fiduciary society) 20
__________ 선언 92
__________ 엄격성 243
__________ 인정절차 14
__________ 적용유예 231
충실의무자(fiduciary) 10, 11, 12, 132
__________ 지위 38, 150
__________ 지정(fiduciary designation) 249, 376
__________의 인정 49
__________지위 101

ㅌ

타당성심사 147
타인재산 427

________의 운용 243
타인정보 428
퇴직연금신탁 수탁자 431
투자법(investment law) 161, 163
투자신탁 수탁자 430
________ 운용자 422
________계획(unit trust scheme) 551
________관계 546
________제도 195
투자재량 179, 182
특수목적법인 368
특수한 작위의무 147

ㅍ

파산관재인 422
표준화된 의무수준 56
표현대리인 368
프리미엄 수정권 572
피용자 보호의무 152

ㅎ

현재고객관계 508, 524
형평법리(equity) 17, 73
____법원 17, 19, 27, 73, 223
회사관계 4
____기회 448
회사기회 유용법리 109, 253
________유용 33, 292
________유용금지 34
________유용행위 321
회사법 33
______상 충실의무 30
회사와의 거래 350
회사의 손실 348
______ 이익 288
회사재산 288
________의 독립성 193
회사정보 혹은 회사기회의 유용 289
후견인의 충실의무 86
후견적 보충기능 24
후행적 보충성 571

■ 이 중 기 (李重基)

서울대학교 법과대학
서울대학교 대학원(법학석사)
Cambridge University LL.M.
Sheffield University Ph.D.
현재) 홍익대학교 법과대학 교수

〈주요 저서〉
『신탁법』(2007)
『공익신탁과 공익재단의 특징과 규제』(2014)

**충실의무법**
**-신뢰에 대한 법적 보호**



2016년 10월 10일 초판 인쇄
2016년 10월 15일 초판1쇄 발행
저 자 이중기
발행인 조병철
발행처 **三宇社**
경기도 고양시 일산동구 장백로 20,
102-426(백석동, 백석역동문굿모닝힐)
전화: (02)718-8553(대) Fax: (02) 718-8554
등록: 1994. 9. 23(제396-2001-000025호)

**정가 40,000원** **ISBN 978-89-91083-76-9 (93360)**